读交大之星
圆名校之梦

穿越历史线 学透小古文

孙 洋 主编

春秋战国篇

上海交通大学出版社
SHANGHAI JIAO TONG UNIVERSITY PRESS

内容提要

本系列以“历史线”为选文脉络，从分布在“历史线”上的50多种典籍里，精选166篇适合中小学生阅读的小古文，按照时间顺序，分为春秋战国篇、秦汉篇、三国两晋南北朝篇、唐宋篇、元明清篇5个分册。每个分册设置了典籍名片、小古文精讲、思维导图、智慧点拨、知识拓展、学而思等栏目。本书图文并茂、版式活泼，体例和内容的设置注重“融合”，侧重“积累”，加强“训练”，突出“有趣”，旨在培养中小学生学习小古文的兴趣，并让其从中汲取中国传统文化之精华。

图书在版编目（CIP）数据

穿越历史线.学透小古文.春秋战国篇 / 孙洋主编
.—上海：上海交通大学出版社，2024.6
（交大之星）
ISBN 978-7-313-29093-9

Ⅰ.①穿… Ⅱ.①孙…Ⅲ. ①文言文-小学-教学参考资料 Ⅳ.①G624.203

中国国家版本馆CIP数据核字（2023）第130064号

穿越历史线·学透小古文(春秋战国篇)
CHUANYUE LISHIXIAN·XUETOU XIAOGUWEN（CHUNQIU-ZHANGUO PIAN）

主　　编：孙　洋
出版发行：上海交通大学出版社　　地　　址：上海市番禺路951号
邮政编码：200030　　电　　话：021-64071208
印　　制：苏州市越洋印刷有限公司　　经　　销：全国新华书店
开　　本：787mm×1092mm 1/16　　印　　张：8.75
字　　数：147千字
版　　次：2024年6月第1版　　印　　次：2024年6月第1次印刷
书　　号：ISBN 978-7-313-29093-9　　音像书号：ISBN 978-7-88941-603-0
定　　价：199.00元（共5册）

前　言

古诗文是中华民族五千年文化的瑰宝，是中国优秀传统文化最好的载体，有丰富的历史文化价值和教育价值，处世为人的哲学，修身、齐家、治国、平天下的道理都蕴含其中。学习经典古诗文，对我们的眼界、胸怀、志气、品格修养的提升大有裨益；学习经典古诗文，也是传承中华传统文化、树立民族精神、增强文化自信的重要渠道。

统编语文教材增加了古诗文比重。小学语文古诗文占全部选篇的36%，初中语文古诗文占全部选篇的48%，较原人教版教材有大幅增加。

中小学生学习古诗文的重要性和必要性不言而喻，但市面上与古诗文相关的书籍大都以主题或类别进行分类，而学生在学习古诗文的时候，往往需要联系作者或诗人所处的时代背景，这样才能更好地理解古诗文深层次的意蕴。而以“历史线”为脉络对古诗文进行梳理分类，有助于学生提高史实意识，在历史的线条中逐渐明晰作者或诗人的生平、遭遇，理解他们所处的时代发展背景，将同时代的作者、诗人或典籍串联起来，进一步拓展学习的广度和深度。因此，我们积极联合专家团队，倾力打造了“穿越历史线•学透古诗词”“穿越历史线•学透小古文”系列图书。

“穿越历史线•学透古诗词”系列精选148首中小学生必背古诗词，按照时间顺序，分为初唐及以前篇、盛唐篇、中晚唐篇、宋代篇、宋代以后篇5个分册，每个分册设有诗人名片、诗人介绍、写作背景、注释、译文悦读、思维导图、诗词鉴赏、知识拓展、学而思等栏目。

“穿越历史线•学透小古文”系列从分布在“历史线”上的50多种典籍里，精选了166篇适合中小学生阅读的小古文，按照时间顺序，分为春秋战国篇、秦汉篇、三国两晋南北朝篇、唐宋篇、元明清篇5个分册。每个分册设置典籍名片、小古文精讲、思维导图、智慧点拨、知识拓展、学而思等栏目。套书体例和内容的设置注重“融合”，侧重“积累”，加强“训练”，突出“有趣”。

希望这套图书能使学生更方便地学习古诗文，感受中华文化的丰厚博大，从中汲取民族文化智慧，积淀文化底蕴，在点滴的学习中浸润渗透，增强学生的文化认同感和民族自豪感。

囿于编写水平，书中如有不足之处，恳请广大读者批评指正，以便我们重印再版时修订完善。

编者

目录

穿越历史线

夏
商
周
秦
汉
三国
晋
南北朝
隋
唐
五代
宋
辽
西夏
金
元
明
清

《论语》

论语

别　　名 《论》
作　　者 孔子弟子及再传弟子
文学体裁 语录体散文
创作年代 春秋战国时期
流　　派 儒家
思想主题 仁、礼、义

《论语》是我国先秦时期的一部语录体散文集，也是儒家经典著作之一。其中，“论”是由孔子弟子及再传弟子记录编纂而成，“语”指记载孔子及其弟子的言行，因此取名“论语”。《论语》以“孔子”为中心，通过人物的表情、对话和动作来展示人物形象，内容浅显易懂，含义深刻丰富，多作为古代的启蒙课本，因此对中华民族的道德行为产生重大影响。南宋朱熹将其与《孟子》《大学》《中庸》合称为“四书”。

孔子，名丘，字仲尼，是春秋末期的思想家、政治家、教育家，儒家思想的创始人。他出生在春秋时鲁国陬邑（今山东曲阜市南辛镇），享年72岁，葬于曲阜城北泗水南岸，即今天的孔林所在地。

相传他有三千多名学生，其中有72人非常有才华，是孔子学生中的精英，被称为“七十二贤人”。

名句集锦

◎敏而好学，不耻下问。
◎巧言令色，鲜矣仁。
◎工欲善其事，必先利其器。
◎有朋自远方来，不亦乐乎！
◎三人行必有我师焉，择其善者而从之，其不善者而改之。

扫码听音频

01 循循善诱[1]
xún xún shàn yòu

yán yuān kuì rán tàn yuē yǎng zhī mí gāo zuān zhī mí jiān zhān zhī
颜渊[2]喟[3]然叹曰：“仰[4]之[5]弥[6]高，钻[7]之弥坚。瞻[8]之

zài qián hū yān zài hòu fū zǐ xún xún rán shàn yòu rén bó wǒ yǐ wén yuē wǒ
在前，忽焉在后。夫子循循然善诱人，博我以文[9]，约我

yǐ lǐ yù bà bù néng jì jié wú cái rú yǒu suǒ lì zhuó ěr suī yù cóng zhī
以礼。欲罢不能。既竭吾才，如有所立卓尔。虽欲从之，

mò yóu yě yǐ
末[10]由[11]也已。”

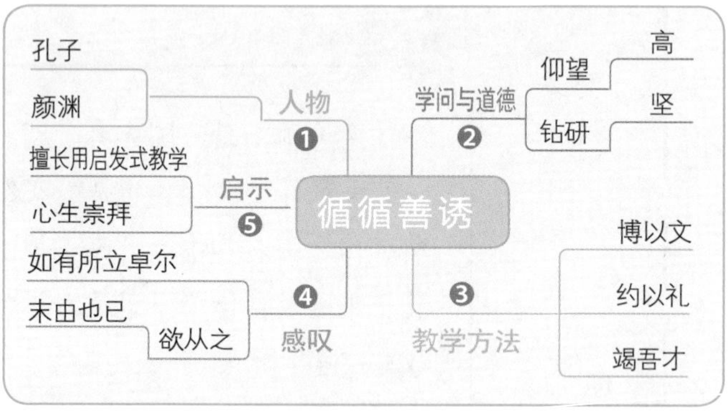

---

❶ 循循善诱：指善于有步骤地进行引导、启发。循循，有次序的样子。诱，引导。

❷ 颜渊：颜回，字子渊，是孔子七十二子弟中最好的一个，最贫困，也最肯钻研。

❸ 喟：叹息的样子。

❹ 仰：仰望。

❺ 之：指孔子之道，也指孔子其人。

❻ 弥：越发。

❼ 钻：钻研。

❽ 瞻：看。

❾ 博我以文：即“以文博我”。博，形容词作动词用，指丰富。

❿ 末：无，没有。

⓫ 由：途径，路径。

智慧点拨

教育需要掌握正确的方法。孔子的循循善诱是启迪学生心智的好办法。老师可以取其精华，通过循循善诱的方法来帮助学生学习，引导学生掌握知识。

译文悦读

颜渊感叹地说："（对于老师的学问与道德，）我抬头仰望，越望越觉得高；越是努力钻研，越是觉得深不可测。看着它好像在前面，忽然又像在后面。老师善于一步一步地引导我，用各种典籍来丰富我的知识，又用各种礼节来约束我的言行，使我想停止学习都不可能。已经用尽我的才力，好像有一个十分高大的东西立在我前面。虽然我想要追随上去，却没有前进的路径了。"

知识拓展

孔子的四大弟子

弟子	得意等级	特点
大弟子颜回	四颗星	学习认真，好学不倦，尊师重道，考虑问题全面
二弟子子路	四颗星	知错就改，武艺高强，胆识过人，是孔子的贴身保镖
三弟子子贡	三颗星	善于谋略，一生追随孔子，是孔子游学天下的赞助商
四弟子曾参	一颗星	踏实求学，忠实憨厚，谦虚谨慎，厚积薄发，至诚至孝

学而思

一、填空题。

1. ____之弥____，____之弥____。____之在前，____焉在后。

2. "夫子循循然善诱人，博我以文，约我以礼"这句话可用成语__________来概括，意思是善于有步骤地进行引导、启发。

二、下列加点字、词的解释不正确的一项是（　　）。

A. 颜渊喟然叹曰（叹息的样子）

B. 博我以文，约我以礼（丰富）

C. 如有所立卓尔（高大、超群的样子）

D. 末由也已（由于）

三、在颜回心中，老师是他永远也无法超越的高山，只能追随老师前进。颜回的做法对吗？你心目中的老师是什么样的呢？

扫码听音频

02 因材施教[1]

yīn cái shī jiào

zǐ lù wèn wén sī xíng zhū zǐ yuē yǒu fù xiōng zài rú zhī hé qí wén sī xíng zhī rǎn yǒu wèn wén sī xíng zhū zǐ yuē wén sī xíng zhī gōng xī huá yuē yóu yě wèn wén sī xíng zhū zǐ yuē yǒu fù xiōng zài qiú yě wèn wén sī xíng zhū zǐ yuē wén sī xíng zhī chì yě huò gǎn wèn zǐ yuē qiú yě tuì gù jìn zhī yóu yě jiān rén gù tuì zhī

子路[2]问："闻[3]斯[4]行[5]诸[6]？"子曰："有父兄在，如之何[7]其闻斯行之？"冉有问："闻斯行诸？"子曰："闻斯行之。"公西华[8]曰："由也问'闻斯行诸'，子曰，'有父兄在'；求也问'闻斯行诸'，子曰'闻斯行之'。赤[9]也惑，敢问。"子曰："求[10]也退[11]，故进[12]之；由也兼人，故退之。"

---

1. 因材施教：指根据受教育者在天资、志趣等方面的具体情况有针对性地进行教育。
2. 子路：孔子的学生，名由，字子路。
3. 闻：听见。
4. 斯：这，这个，这里指合乎义理的事。
5. 行：实行，实践，这里指做。
6. 诸：代词兼作助词，相当于"之乎"。
7. 如之何：相当于"如何"，询问情况，有"怎么"的意思。
8. 公西华：孔子的学生，名赤，字子华。
9. 赤：指公西华。
10. 求：冉有。
11. 退：指遇事畏缩不前。
12. 进：作使动用法，使他进取。

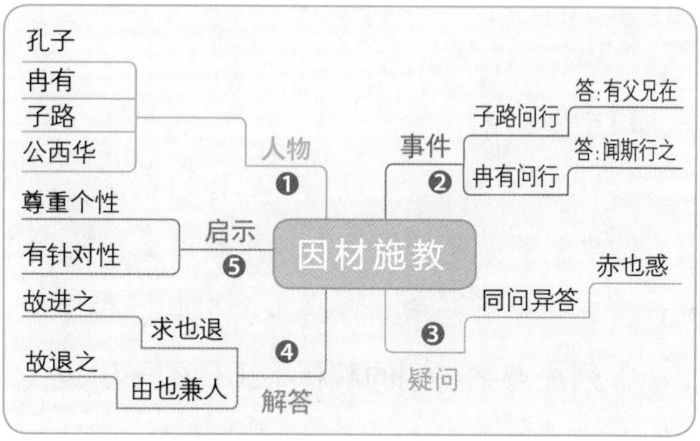

智慧点拨

因材施教在今天仍有借鉴意义。老师应针对不同性格的学生，采用相应的方法进行引导，才能达到更好的育人效果。

译文悦读

子路问孔子：“如果听到一件事情合乎义理，而且应该去做，就应该马上去做吗？”孔子回答说：“如果父亲和兄长在身边，怎么能不先问问他们的意见，然后再去做呢？”冉有问孔子：“如果听到一件事情合乎义理，而且应该去做，就应该马上去做吗？” 孔子回答说：“是的，应该马上就去做。”公西华问孔子：“子路问您，‘听到一件事情合乎义理，就要马上去做吗？’老师您说‘如果父亲和兄长在身边，应该先问问他们的意见，向他们请教’。冉有也问您，‘如果听到一件事情合乎义理，就要马上去做吗？’老师您又说‘如果听到了，就应该马上去做’。我感到迷惑不解。冒昧地问一下，(明明是同一个问题，为什么您的回答却不一样呢？)”孔子回答说：“冉有遇到事情，常常畏缩不前，所以我要鼓励他进取；子路性情好强，所以启发他，使他做事稳重。”

知识拓展

“教”的前世与今生

甲骨文的“教”字由“爻”(jiào)“子”和“攴”(pū)三部分组成，“爻”表示学数时用的算筹，“子”表示小孩子，“攴”表示手持教鞭，合起来表示手持教鞭和算筹教孩子计数。金文省“子”，整体含义不变。小篆由甲骨文演变而来，且线条更明显。

“教”的本义读作jiào，指教育、教导，如“求教”。由此引申为令、使，如“教唆”。又读作jiāo。由本义引申特指传授知识、技能，如“教唱歌”。

学而思

一、你能将下列人物的名与字正确地连起来吗？

名：仲由　　　　冉求　　　　公西赤

字：子有　　　　子华　　　　子路

二、下列说法不正确的一项是（　　）。

A. 孔子针对子路和冉有两个学生的不同情况做出了不同的教导

B. 冉有遇事畏缩不前，所以应鼓励他；子路性情好强，所以应提醒他要稳重

C. 孔子的教育思想对现代教育有一定的局限性

扫码听音频

03 子路问津

长沮、桀溺[1]耦而耕[2]，孔子过之，使子路问津[3]焉。长沮曰："夫[4]执舆[5]者为谁？"子路曰："为孔丘。"曰："是鲁孔丘与[6]？"曰："是也。"曰："是知津矣。"问于桀溺，桀溺曰："子为谁？"曰："为仲由。"曰："是鲁孔丘之徒与？"对曰："然。"曰："滔滔[7]者天下皆是也，而[8]谁[9]以[10]易[11]之？且而与其从辟[12]人[13]之士也，岂若从辟世之士[14]哉？"耰[15]而不辍[16]。子路行以告。夫子怃然[17]曰："鸟兽不可与同群，吾非斯[18]人之徒[19]与而谁与？天下有道[20]，丘不与易也。"

---

❶ 长沮、桀溺：都是虚拟的人名。
❷ 耦而耕：两人一起耕田。
❸ 问津：探询渡口。
❹ 夫：彼，那个。
❺ 执舆：执辔。辔，马缰绳。
❻ 与：同"欤"，语气助词。
❼ 滔滔：水广大的样子，这里比喻天下大乱。
❽ 而：同"尔"，你，你们。
❾ 谁：指当时诸侯。
❿ 谁以："与谁" 的倒装。以，与。
⓫ 易：改变。
⓬ 辟：同 "避"。
⓭ 人：这里指与孔子政见不同的人。
⓮ 辟世之士：隐居的人，这里是长沮、桀溺对自己的称呼。
⓯ 耰：播种后，平整土粒，掩盖种子。
⓰ 辍：停止。
⓱ 怃然：怅然，失意。
⓲ 斯：这，这些。
⓳ 徒：众人。
⓴ 有道：符合正道，这里指天下太平。

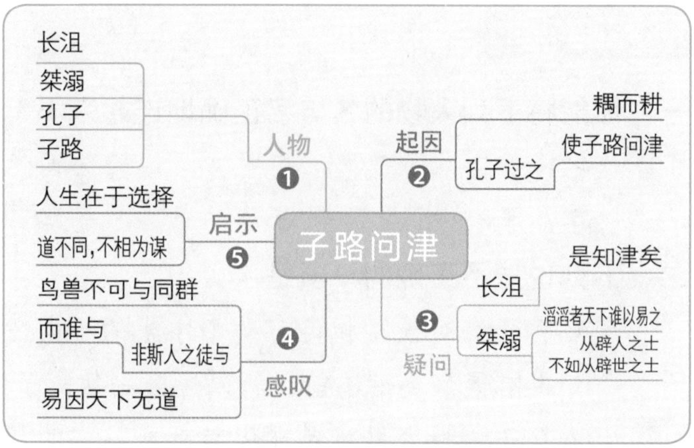

智慧点拨

面对天下的乱局，长沮、桀溺选择逃避，以保全自己；孔子选择面对，拯救天下。我们应当向孔子学习，只有坚持信念，乐观地为他人的幸福而做出努力，人生才有价值和意义。

译文悦读

长沮、桀溺两个人一起耕田，孔子从旁边经过，让子路去询问渡口在哪里。长沮问子路说："驾车子的那个人是谁？"子路说："是孔丘。"长沮说："是鲁国的孔丘吗？"子路说："是的。"长沮说："他早该知道渡口在哪了。"子路又问桀溺。桀溺说："你是谁？"子路说："我是仲由。"桀溺说："你是鲁国孔丘的学生吗？"子路回答说："是的。"桀溺说："天下大乱，谁能改变得了呢？你与其跟随政见不同的人（指孔子），还不如跟着我们这些避世隐居的人呢？"说完，就不停地平整土粒，掩盖种子。子路回来把这些告诉孔子。孔子失望地叹息说："我们既然无法跟鸟兽待在一起，若不跟天下人待在一起，又跟谁在一起呢？天下如果太平，我就用不着提倡改革了。"

知识拓展

道不同，不相为谋

孔子从"仁者爱人"的立场出发，想要拯救百姓于水火，这种为世而忧、为国而忧、为民而忧、为时而忧，身处逆境而心忧天下的胸襟抱负是很宝贵的，这也是儒家精神的精髓。问津在文中有双重含义，一方面是指自然意义上的渡口，另一方面是指现实生活中人生道路的选择。无论哪一方面，这个故事都表现了孔子四处碰壁而志向不改，走投无路却毫不懈怠的崇高精神境界。

从孔子的话语中我们还可以领悟到人是社会性的动物，不能离开社会而独立存在，否则就失去了作为一个人存在的价值。作为一个人，理应关心人、同情人，尽自己的力量去改造社会，把人类从动乱的痛苦中解救出来。

显然，长沮、桀溺是隐逸之士的代表人物，他们不满于当时的黑暗现实，不与统治者同流合污，选择了避世隐居，以求洁身自好的人生道路。这与孔子的政治理想以及积极入世、"知其不可而为之"的人生态度正好背道而驰。正如孔子所说的"道不同，不相为谋"。

学而思

一、下列加点字、词的解释不正确的一项是（　　）。

A. 使子路问津焉（询问）

B. 夫执舆者为谁（老夫）

C. 滔滔者天下皆是也（比喻天下大乱）

D. 天下有道，丘不与易也（天下太平）

二、这个故事可以用“子路问津”来概括，其中“津”的意思是指（　　）。

A. 唾液　　B. 路　　C. 汗　　D. 润泽　　E. 渡口

三、阅读这篇文章后我们得知：孔子的思想主张是（　　）。（多选）

A. 他希望和天下人待在一起

B. 他认为天下如果太平，就用不着提倡改革了

C. 他和长沮、桀溺的政见相同

D. 他希望学有所用，不赞成避世隐居

晏子春秋

别　　名　《晏子》
创作年代　春秋时期
类　　别　历史典籍
整 理 者　西汉·刘向
文学体裁　历史小说类散文
主要内容　记录春秋时期政治家、思想家晏婴的言行

《晏子春秋》是记录春秋时期齐国著名政治家、思想家、外交家晏婴言行的一部散文著作，也是我国第一部短篇小说集和传记。该书一事一记，每记自成篇目，又通过主人公晏子串联成书，书中用晏子的言论和故事编成，因此可以看成是一部晏子传。

这部著作有两大文学特点：一是故事性强，趣味浓厚，非常适合阅读；二是人物描写生动形象，个性鲜明，性格突出。

晏子（？—前500），名婴，齐国夷维(今山东高密)人，是我国历史上有名的“智者”。他年轻时就开始从政，其父晏弱去世后，他继任齐卿，历仕灵、庄、景三朝，长达五十四年。他在世时齐国不断走向衰落，国君昏聩，权臣把持朝政，外有秦、楚之患，内有天怒人怨之忧。晏婴凭借自己的聪明才智，力挽狂澜，使齐国在诸侯各国中赢得了应有的地位。

名句集锦

◎挂羊头，卖狗肉。
◎衣莫若新，人莫若故。
◎任人之长，不强其短；任人之工，不强其拙。
◎圣人千虑，必有一失；愚人千虑，必有一得。

扫码听音频

04 晏子使楚

晏子①将②使③楚。楚王闻之④，谓左右⑤曰："晏婴，齐之习⑥辞⑦者也。今方来，吾欲辱之，何以也？"左右对曰："为其来也，臣请缚一人过王而行，王曰：'何为者也？'对曰：'齐人也。'王曰：'何坐⑧？'曰：'坐盗⑨。'"

---

①晏子：晏婴，春秋时期齐国著名的政治家、思想家、外交家。

②将：将要。

③使：出使。

④之：这个消息，指"晏子将出使楚国"这件事。

⑤左右：身边的人。

⑥习：善于。

⑦辞：辞令。

⑧坐：犯罪。

⑨盗：偷窃。

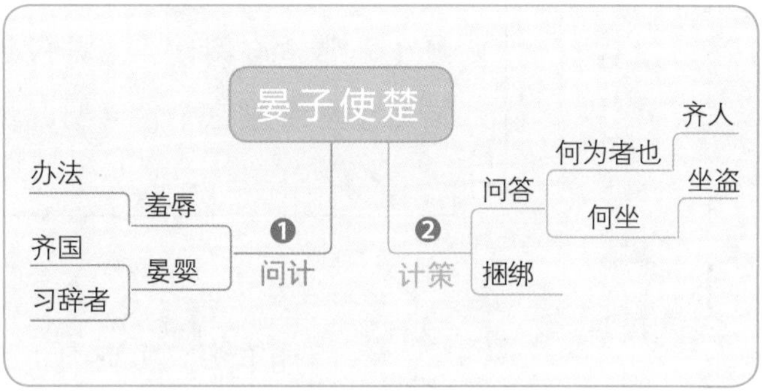

智慧点拨

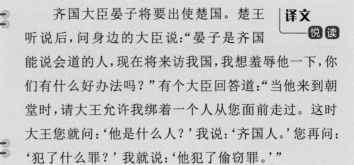

面对外交使者，楚王不仅没有以礼相待，反而恃强凌弱戏弄晏子，这种举动是不可取的。面对比自己弱小的力量，我们要学会施以援手、给予尊重，这样才能称得上是真正的强者。

译文悦读

齐国大臣晏子将要出使楚国。楚王听说后，问身边的大臣说："晏子是齐国能说会道的人，现在将来访我国，我想羞辱他一下，你们有什么好办法吗？"有个大臣回答道："当他来到朝堂时，请大王允许我绑着一个人从您面前走过。这时大王您就问：'他是什么人？'我说：'齐国人。'您再问：'犯了什么罪？'我就说：'他犯了偷窃罪。'"

知识拓展

南橘北枳

不久，晏子到了楚国，楚王赏赐给晏子酒喝。喝酒喝得正高兴时，两个官吏捆着一个人谒见楚王。楚王问道："捆着的人是什么人？"官吏回答说："他是齐国人，犯了偷盗的罪。"

楚王看着晏子说："齐国人本来就善于偷盗吗？"

晏子离开座位严肃地回答说："我听说过这样的事，橘树生长在淮河以南就是橘树，生长在淮河以北就变成枳树，它们只是叶子相似，但它们的果实味道却不一样。这样的原因是什么呢？是因为淮南淮北的水土不同啊。现在老百姓生长在齐国不偷盗，可是进入楚国就偷盗，莫非是楚国的水土让他变得善于偷盗了吧？"

楚王苦笑着说："圣人是不可以随便戏弄的，我反而自讨没趣了。"

学而思

一、下列加点字、词的解释不正确的一项是（　　）。

A. 晏子将使楚（将要）　　B. 何坐（犯罪）

C. 齐之习辞者也（辞令）　　D. 坐盗（抢劫）

二、判断题。（正确的打"√"，错误的打"×"）

1."吾欲辱之"中"之"是代词，这里指晏子。（　　）

2."何以也"中的"何以"是"以何"的倒装，"以"的意思是用。（　　）

3.“谓左右曰”中“左右”的意思是左边和右边。（　　）

4.“臣请缚一人过王而行”中的“缚”的意思捆绑。（　　）

三、下列朗读节奏、断句不正确的一项是（　　）。

A. 晏子 / 将使楚

B. 臣请缚一人 / 过王而行

C. 为 / 其来也

D. 齐之 / 习辞 / 者也

四、我国古代有很多不辱使命的外交家。请根据提示选择填空。

A. 张骞　　B. 苏武　　C. 诸葛亮

D. 蔺相如　　E. 晏子

1. 不辱气节，情愿牧羊也不投降匈奴，此人是（　　）。

2. 不畏强秦而完璧归赵，此人是（　　）。

3. 连吴抗曹而舌战群儒，此人是（　　）。

4. 两次出使西域而开辟丝绸之路，此人是（　　）。

5. 聪明机智、胆识过人的外交家，此人是（　　）。

夏
商
周
秦
汉
三国
晋
南北朝
隋
唐
五代
宋
辽
西夏
金
元
明
清

《左传》

左传

别　　称	《左氏春秋》《春秋左氏传》
作　　者	左丘明
创作年代	春秋末期
文学体裁	历史散文
类　　别	编年体史书
流　　派	儒家

《左传》是儒家经典之一，与《公羊传》《谷梁传》合称“《春秋》三传”。它以孔子的《春秋》为目录，用春秋时期大量的史实来说明《春秋》的编年体史书。《史记》和《汉书•艺文志》都被认为是孔子的同代人鲁国史官左丘明所作。清代有的学者认为是西汉刘歆改编。

《左传》不仅是重要的史学著作，还是一部优秀的文学著作。因为书中文字优美，特别善于描写战争和复杂事件，又善于通过对话和行动来表现人物的性格特征，所以对后代散文的发展有很大影响。

左丘明，姓丘，名明，春秋末期鲁国人。他晚年双目失明，相传著有中国重要的历史巨著《左传》和《国语》，两书记录了很多从西周到春秋的重要史事，具有很高的史学价值。孔子、司马迁均尊称左丘明为“君子”，后世尊为“文宗史圣”“经臣史祖”。

名句集锦

◎多行不义必自毙。
◎皮之不存，毛将焉附。
◎一鼓作气，再而衰，三而竭。
◎人谁无过，过而能改，善莫大焉。

扫码听音频

05 一鼓作气[1]

公与之[2]乘，战于长勺[3]。公将鼓[4]之，刿曰："未可。"齐人三鼓，刿曰："可矣。"齐师败绩[5]。公将驰[6]之，刿曰："未可。"下视其辙[7]，登轼[8]而望之，曰："可矣。"遂[9]逐齐师。

既克[10]，公问其故。对曰："夫[11]战，勇气也。一鼓作气，再[12]而衰，三[13]而竭。彼竭我盈[14]，故克之。夫大国，难测也，惧有伏[15]焉。吾视其辙乱，望其旗靡[16]，故逐之。"

---

❶一鼓作气：指鼓足勇气或趁着勇气十足的时候一下子把事情做完。

❷之：指曹刿。

❸长勺：鲁国地名，今山东莱芜东北。

❹鼓：名词作动词，击鼓。

❺败绩：溃败。

❻驰：驾车马追击。

❼辙：车轮滚过地面留下的痕迹。

❽轼：古代车厢前边的横木，供乘车人扶持。

❾遂：于是，就。

❿既克：已经战胜。既，已经。

⓫夫：语气词，置于句首，表示将发表议论。

⓬再：第二次。

⓭三：第三次。

⓮盈：充沛，饱满，这里指士气旺盛。

⓯伏：埋伏。

⓰靡：倒下。

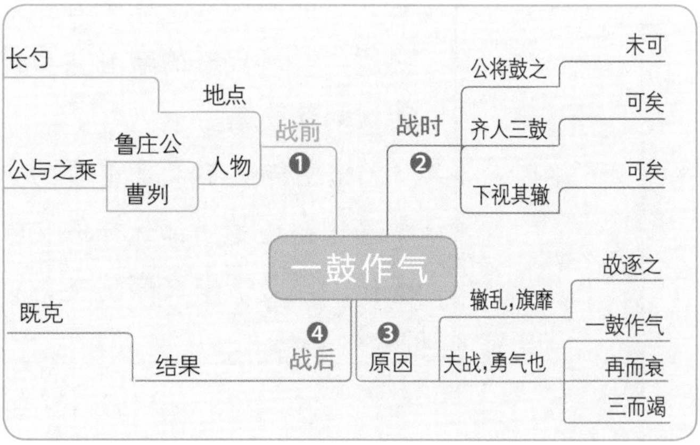

译文悦读

鲁庄公和曹刿同坐一辆战车，在长勺与齐军作战。庄公将要击鼓进军，曹刿说：“不可以。”等齐国军队三次击鼓进军后，曹刿说：“可以了。”于是齐军大败。庄公将要下令追击，曹刿说：“不可以。”曹刿从车上下来查看齐国军队车轮辗出的痕迹，登上车扶着车厢前的横木眺望齐国军队，说：“可以了。”于是追击齐国军队。

已经战胜后，鲁庄公询问其中的原因。曹刿回答：“作战靠的是勇气。第一次击鼓能够振作士气，第二次击鼓士气就衰弱了，第三次击鼓士气就竭尽了。敌方的士气竭尽而我方的士气正旺盛，所以能战胜齐国军队。齐国这样的大国是难以预测的，我担心有埋伏在那里。我看到他们的车轮辗出的痕迹混乱，又看到他们的军旗倒下了，所以下令追击他们。”

智慧点拨

长勺之战是著名的以弱胜强的战役。故事告诉我们，当面对自己弱势、他人强势的情况下，不要退缩，只要我们认清形势，巧妙地抓住机会，就能够以弱胜强。

知识拓展

鼓

“鼓”是一个会意字。甲骨文由“壴”和“攴”两部分组成，“壴”表示鼓，“攴”表示敲打，整体表示击鼓。“鼓”的本义为击鼓。由此引申为使某些乐器或东西发出声音、敲。

战鼓是古代作战时为鼓舞士气所击的鼓，它在古代军事活动中有三种作用：一是报时，二是警示立即进入战斗状态，三是鼓舞士气。古代部队驻扎和行军时都要击战鼓。

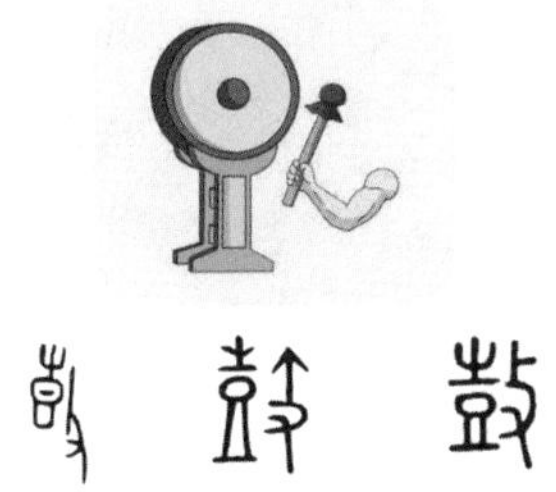

甲骨文　金文　小篆

击鼓

战鼓

学而思

一、鲁军之所以能战胜齐军是因为（　　）。

A. 齐军气竭　　B. 齐军辙乱　　C. 齐军旗靡

二、阅读下列句子，并选择其中蕴含的成语填空。

A. 一鼓作气　　B. 彼竭我盈　　C. 乘胜逐北　　D. 辙乱旗靡

1. 夫战，勇气也。一鼓作气，再而衰，三而竭。（　　）
2. 彼竭我盈，故克之。（　　）
3. 吾视其辙乱，望其旗靡，故逐之。（　　）

扫码听音频

zǐ hǎn fú shòu yù

06 子罕①弗受玉

sòng rén huò dé yù xiàn zhū zǐ hǎn zǐ hǎn fú shòu xiàn yù zhě yuē
宋人或②得玉，献诸子罕③，子罕弗受④。献玉者曰：
yǐ shì yù rén yù rén yǐ wéi bǎo yě gù gǎn xiàn zhī zǐ hǎn yuē wǒ
“以示⑤玉人⑥，玉人以为宝⑦也，故敢献之。”子罕曰：“我
yǐ bù tān wéi bǎo ěr yǐ yù wéi bǎo ruò yǐ yǔ wǒ jiē sàng bǎo yě bú ruò
以不贪为宝，尔⑧以玉为宝。若以与我⑨，皆丧宝也。不若
rén yǒu qí bǎo
人有其宝⑩。”

①子罕：人名，春秋时宋国贤臣。

②或：有人，有的，有的人。

③献诸子罕：同“献之于子罕”，意思是把玉献给子罕。献，进献。诸，之于。

④弗受：不肯接受。

⑤示：给……看。

⑥玉人：玉匠。

⑦宝：指珍贵的东西。

⑧尔：你。

⑨若以与我：如果把它给我。与，给。

⑩人有其宝：各自固守自己宝贵的东西。

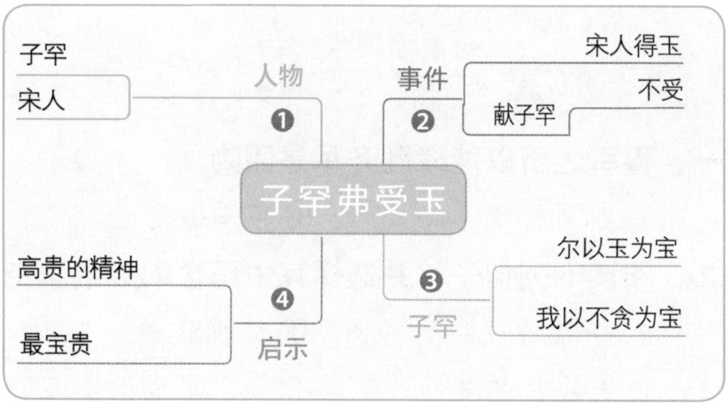

智慧点拨

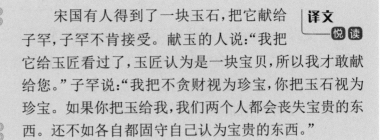

世上最可宝贵的不是黄金，也不是美玉，而是人的心灵。一个人只有具备美好的品德，才能为人们所赞颂、称道。

译文悦读

宋国有人得到了一块玉石，把它献给子罕，子罕不肯接受。献玉的人说："我把它给玉匠看过了，玉匠认为是一块宝贝，所以我才敢献给您。"子罕说："我把不贪财视为珍宝，你把玉石视为珍宝。如果你把玉给我，我们两个人都会丧失宝贵的东西。还不如各自都固守自己认为宝贵的东西。"

知识拓展

"玉"的前世与今生

"玉"的甲骨文像一根绳子上串着三块玉石，上下露出绳头的形状。"玉"的本义为玉石。由此引申喻指洁白或美丽，如"亭亭玉立"。

"玉"作部首时，称王部或玉部。"玉"作偏旁时称玉字旁。在字的左边时末笔多写作斜提，故又称斜玉或斜玉旁。可分为四类：

◎表示玉或美石名，如：瑰；

◎表示玉器或用玉做的装饰品名，如：璧；

◎表示玉的颜色、玉器的声音等，如：玲、琐；

◎表示跟玉器有关的动作行为，如：琢(雕琢玉石)、理（顺着玉的纹理加以雕琢)、班（用刀把玉石分开)、玩（把玩玉器)、弄（玩弄玉器)等。

象形字字画

文言文节奏或断句划分

文言文节奏或断句划分时不要把一个词或一个短语断开，要保持词或短语的完整性。要根据语意来停顿，把一句话分成几个语意群，不要割裂原句的语意。

◎名词与名词后面的词语之间要停顿；

◎动词与动词后面的词语之间要停顿；

◎句首语助词（又叫句首发语词）、关联词后面应有停顿；

◎倒装句倒装之处要停顿；

◎句前指示代词之后要停顿；

◎句中转折“而”前要停顿；

◎根据句中起舒缓语气作用的“之”确定朗读节奏；

◎根据文句内在的逻辑关系确定朗读节奏。

特殊说明：

（1）对古代的国号、年号、官职、爵位、史实、地名的名词要了解，否则易导致朗读停顿错误；

（2）停顿要体现出省略成分；

（3）古代是两个单音节词，而现代汉语中是一个双音节词的，要分开读。

学而思

一、子罕说：“若以与我，皆丧宝也。”子罕丧失的宝是指（　　）。

A.玉石　　B.高尚的品德　　C.国相的位置　　D.友谊

二、下列说法错误的一项是（　　）。

A.“若以与我”中“与”的意思是“给”

B.“人有其宝”中“人”的意思是“各人”

C.“尔以玉为宝”是“以……为……”结构，意思是“把……当作……”或“觉得（认为）……是……”

D.“献诸子罕”中“诸”的意思是“各位”

三、下列说法正确的是（　　）。（多选）

A.这个故事说明子罕不贪便宜的高尚品德比宝玉更珍贵

B.世上最宝贵的不是黄金、美玉，而是人的品德

C.这个故事说明了黄金、美玉一定会染污人们的灵魂

列子

作品别名	《冲虚真经》《冲虚经》
作　　者	相传列子
创作年代	战国时期
文学体裁	先秦散文
流　　派	道家
内容形式	多为民间传说、寓言故事和神话等

《列子》是列子、列子弟子以及列子后学著作的汇编，是道家的经典著作。书中记载了大量的民间故事、寓言和神话传说，开创了用寓言讲明道理的先秦散文文风，文笔优美，议论恰当而精彩。

本书主要有两大特点：一是每篇文章，不论长短，都自成系统，各有主题，浅显易懂，饶有趣味，富含睿智和哲理，只要我们逐篇阅读，细细体会，就能获得教益；二是文辞风格长于描写，多用排比句，颇似汉魏时期的文风。

列子（约前450—前375），名御寇，战国时期郑国圃田（今河南郑州）人，是当时先秦的十豪之一，又是继老子之后、庄子之前，道家学派的重要传承人物。他一生拒绝做官，只讲学修道，被后世尊为“冲虚真人”。

名句集锦

◎余音绕梁，三日不绝。
◎得时者昌，失时者亡。
◎形枉则影曲，形直则影正。
◎人不尊己，则危辱及之。

扫码听音频

07 杞人忧天[1]

qǐ rén yōu tiān

qǐ guó yǒu rén yōu tiān dì bēng zhuì shēn wú suǒ jì fèi qǐn shí zhě yòu
杞国有人忧天地崩坠[2]，身亡[3]所寄[4]，废寝食者。又

yǒu yōu bǐ zhī suǒ yōu zhě yīn wǎng xiǎo zhī yuē tiān jī qì ěr wú chù wú
有忧彼之所忧者，因往晓[5]之，曰：“天，积气耳，亡处亡

qì ruò qū shēn hū xī zhōng rì zài tiān zhōng xíng zhǐ nài hé yōu bēng zhuì hū
气。若[6]屈伸[7]呼吸，终日在天中行止[8]，奈何[9]忧崩坠乎？”

qí rén yuē tiān guǒ jī qì rì yuè xīng xiù bù dāng zhuì yé xiǎo zhī zhě
其人曰：“天果[10]积气，日、月、星宿[11]，不当坠耶[12]？”晓之者

yuē rì yuè xīng xiù yì jī qì zhōng zhī yǒu guāng yào zhě zhǐ shǐ zhuì yì bù
曰：“日、月、星宿，亦积气中之有光耀者，只使[13]坠，亦不

néng yǒu suǒ zhòngshāng qí rén yuē nài dì huài hé xiǎo zhī zhě yuē dì jī
能有所中伤[14]。”其人曰：“奈地坏何[15]？”晓之者曰：“地，积

kuài ěr chōng sāi sì xū wú chù wú kuài ruò chú bù cǐ dǎo zhōng rì zài dì shàng xíng
块耳[16]，充塞四虚[17]，亡处亡块。若躇步跐蹈[18]，终日在地上行

zhǐ nài hé yōu qí huài qí rén shì rán dà xǐ xiǎo zhī zhě yì shì rán dà xǐ
止，奈何忧其坏？”其人舍然大喜，晓之者亦舍然大喜。

---

1. 杞人忧天：借指为不必要忧虑的事而忧虑。
2. 崩坠：崩塌坠落。崩，倒塌。坠，陷落。
3. 亡：通“无”，指没有。
4. 寄：依附，依靠。
5. 晓：解释，开导。
6. 若：人称代词，你。
7. 屈伸：指身体四肢的活动。
8. 行止：行动和停留。
9. 奈何：为何，怎么。
10. 果：果然，果真。
11. 星宿：泛指星辰。
12. 耶：相当于“吗”。
13. 只使：即使。
14. 中伤：打中击伤。
15. 奈地坏何：那地坏了，又怎么办呢？
16. 积块耳：地不过是堆积的土块罢了。
17. 四虚：四方。
18. 躇步跐蹈：泛指人站立行走。

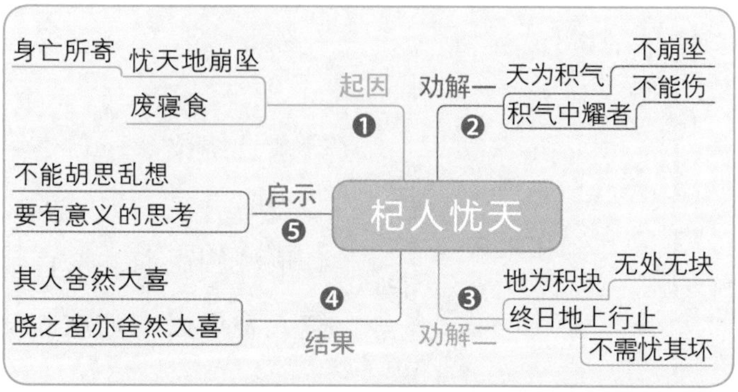

智慧点拨

生活中，有许多人像杞国人这样，他们做事往往过分小心、畏首畏尾、患得患失，结果对事情不但没有帮助，反而徒增烦恼。其实，毫无根据的忧虑都是多余的，我们需要做的就是开阔心胸，做好准备，以乐观积极的心态去迎接困难和挫折。

译文悦读

杞国有个人担忧天地会崩塌，自己无处容身，于是整天吃不好，睡不好。又有一个担心他因为有那些担心而出问题的人，就去劝他，说：“天不过是积聚的气体罢了，没有哪个地方没有空气的。你的一举一动、一呼一吸，一直都在大气里活动，怎么还担心天会塌下来呢？”那人说：“天是气体，那日、月、星辰不就会掉下来吗？”开导他的人说：“日、月、星辰是空气中发光的东西，即使掉下来，也不会伤害什么。”那人说：“如果地陷下去怎么办？”开导他的人说：“地不过是堆积的土块罢了，填满了四处，没有什么地方没有土块的。你行走跳跃，整天都在地上活动，怎么还担心地会陷下去呢？”那个杞国人这才放下心来，很高兴；开导他的人也放了心，也很高兴。

知识拓展

“大”字的衍生字

“大”的小篆像一个人正面站立、伸开双臂的样子。本义为在体积、面积、容量、数量、力量、强度、程度等方面超出一般或与之相比较的东西。

在“大”字的人头上加一横，变为“天”。本义为头或头顶。由此引申为人头上面的天空。

在“大”字的人头头发处加一横，表示成年男子所戴的发簪（zān），变为“夫”字。古代男子二十岁行加冠礼，将头发束起来别上簪子，表示已经长大成人。

在“大”的下边加一点作为指事符号，变为“太”字，表示比“大”还大。

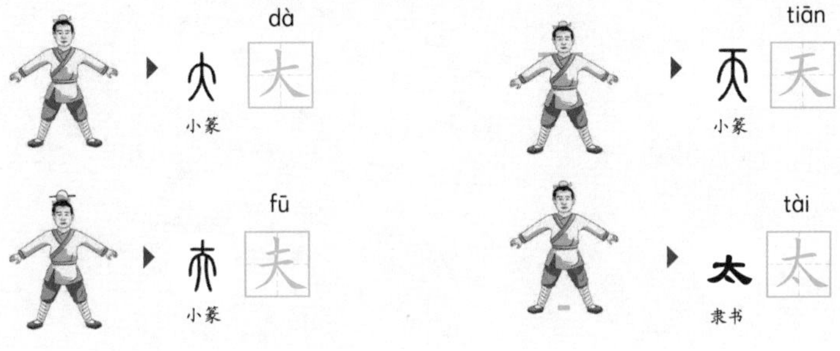

学而思

一、为下列句子中的“奈何”选择合适的意思。

A. 为什么　　B. 对……怎么办　　C. 怎么办

1. 无可奈何（　　）　　2. 奈地坏何？（　　）

3. 终日在天中行止，奈何忧崩坠乎？（　　）　　4. 奈何忧其坏？（　　）

二、有人认为“杞人无事忧天坠”是可笑的，也有人认为“杞人忧天”是一种忧患意识，是难能可贵的。你支持哪一种观点？为什么？

扫码听音频

bó yá jué xián
08 伯牙绝弦①

bó yá shàn gǔ qín zhōng zǐ qī shàn tīng bó yá gǔ qín zhì zài gāo
伯牙善②鼓③琴，锺子期④善听。伯牙鼓琴，志在高

shān zhōng zǐ qī yuē shàn zāi é é xī ruò tài shān zhì zài liú
山⑤，锺子期曰：“善哉⑥，峨峨⑦兮⑧若⑨泰山！”志在流

shuǐ zhōng zǐ qī yuē shàn zāi yáng yáng xī ruò jiāng hé bó yá suǒ niàn zhōng zǐ
水，锺子期曰：“善哉，洋洋⑩兮若江河！”伯牙所念⑪，锺子

qī bì dé zhī zǐ qī sǐ
期必得之。子期死，

bó yá wèi shì zài wú zhī
伯牙谓⑫世再无知

yīn nǎi pò qín jué xián
音⑬，乃破琴绝弦，

zhōng shēn bú fù gǔ
终身不复鼓。

① 伯牙绝弦：指知音难遇。伯牙，春秋时人，善弹琴。绝，断。弦，琴弦。

② 善：善于，擅长。

③ 鼓：弹。

④ 锺子期：名徽，字子期，春秋时期的楚国人。

⑤ 志在高山：心里想到高山。

⑥ 善哉：好啊。哉，语气词，相当于“啊”。

⑦ 峨峨：高峻的样子。

⑧ 兮：语气词，相当于“啊”。

⑨ 若：像……一样。

⑩ 洋洋：盛大的样子。

⑪ 念：想念，想法。

⑫ 谓：认为，以为。

⑬ 知音：知己。

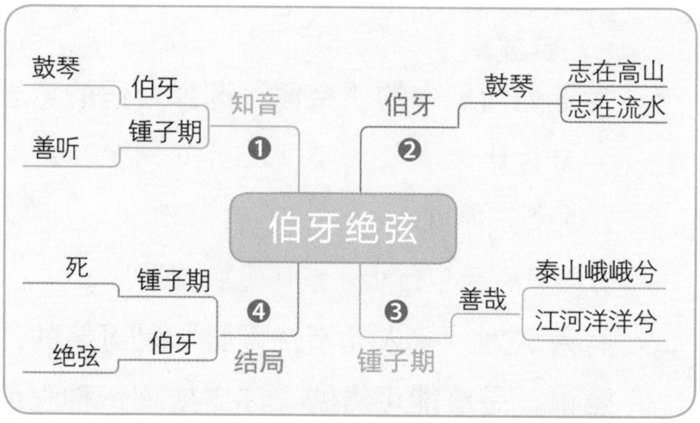

智慧点拨

朋友可以带来心灵的陪伴,友谊是人生中最不可缺少的东西。真正的友谊来自相互理解和欣赏,知音难觅,我们一定要懂得珍惜。

译文悦读

伯牙擅长弹琴,锺子期擅长听琴。伯牙弹琴的时候,心里想到高山,锺子期听了赞叹道:“好啊!高峻的样子像巍峨的泰山!”伯牙弹琴的时候,心里想到流水,锺子期听后赞叹道:“好啊!浩荡的样子像奔腾不息的江河!”无论伯牙弹琴时想到什么,锺子期一定能准确地说出他心中所想。锺子期去世后,伯牙认为世间再也没有比钟子期更了解自己的人了,于是摔坏了琴,剪断了弦,一辈子不再弹琴。

知识拓展

知 音

“伯牙绝弦”是“知音”的典故出处。相传俞伯牙善鼓琴,锺子期善听琴,伯牙每次想到什么,锺子期都能从琴声中领会到伯牙所想,子期死后,伯牙摔掉自己心爱的琴,折断琴弦再不弹琴。因为他没有知音了,再也没有更了解他的人了。两位“知音”的友谊感动了后人,所以人们常用“知音”来形容朋友之间的情谊。

明代小说家冯梦龙根据这个故事,创作了《俞伯牙摔琴谢知音》这首诗,用以表达伯牙失去知音的伤痛之情。

俞伯牙摔琴谢知音

摔碎瑶琴凤尾寒,子期不在对谁弹!
春风满面皆朋友,欲觅知音难上难。

学而思

一、填空题。

从“乃破琴绝弦,终身不复鼓”中,我们可以感受到伯牙悲痛欲绝的心情,可见他与钟子期之间的感情至深。后来,____________成为知音难遇的典故。

二、下列与“知音”有关的故事是(　　)。

A.伯牙绝弦　　B.管宁割席　　C.毛遂自荐　　D.项庄舞剑

三、下列说法不正确的一项是(　　)。

A.这个故事说明了人生得一知己足矣,愿人们都用真诚的心去交朋友

B.这个故事说明明君和贤臣就像伯牙和子期那样,彼此应该是知音,相处是极融洽的

C.伯牙与子期算不上“知音”

D.这个故事是“伯牙绝弦”和“知音”的出处

扫码听音频

hán é shàn gē

09 韩娥善歌

xī hán é dōng zhī qí kuì liáng guò yōng mén yù gē jiǎ shí jì qù

昔韩娥东之齐，匮[1]粮，过雍门[2]，鬻歌[3]假[4]食。既去，

ér yú yīn rào liáng lì sān rì bù jué zuǒ yòu yǐ qí rén fú qù guò nì lǚ

而余音绕梁[5]欐，三日不绝，左右以[6]其人弗去。过逆旅[7]，

nì lǚ rén rǔ zhī hán é yīn màn shēng āi kū yì lǐ lǎo yòu bēi chóu chuí tì xiāng

逆旅人辱之。韩娥因曼声[8]哀哭，一里[9]老幼悲愁，垂涕相

duì sān rì bù shí jù ér zhuī zhī é huán fù wèi màn shēng cháng gē yì lǐ lǎo yòu

对，三日不食。遽而追之。娥还，复为曼声长歌，一里老幼

xǐ yuè biàn wǔ fú néng zì jīn wàng xiàng zhī bēi yě nǎi hòu lù fā zhī gù yōng

喜跃抃[10]舞，弗能自禁，忘向[11]之悲也。乃厚赂[12]发之。故雍

mén zhī rén zhì jīn shàn gē kū fǎng é zhī yí shēng

门之人至今善歌哭，放[13]娥之遗[14]声。

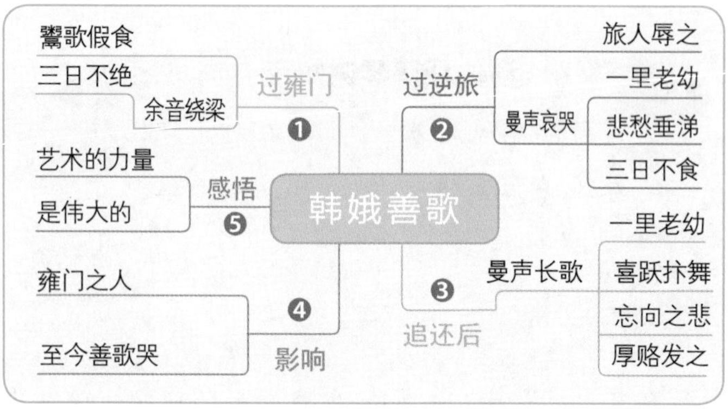

① 匮：缺乏，不足。

② 雍门：齐国城门名。

③ 鬻歌：卖唱。鬻，卖。

④ 假：借。

⑤ 余音绕梁：这里用夸张的手法描写韩娥的歌声美妙动听，令人难忘。后形容歌声优美，韵味深长。也比喻诗文韵味深长。

⑥ 以：以为。

⑦ 逆旅：迎客止宿之处，指客舍。

⑧ 曼声：拖长声音。

⑨ 里：古代的一种居民组织，先秦以二十五家为一里。

⑩ 抃：拍掌。

⑪ 向：以前。

⑫ 赂：赠送财物。

⑬ 放：仿效，模拟。

⑭ 遗：遗留，留下。

译文悦读

从前，韩娥往东打算到齐国去，但干粮不足，经过雍门时，她以卖唱来取得食物。她离开雍门后，留下来的声音还在屋梁间回荡，三天都没有断绝，附近的人都以为她还没有离开。有一天，韩娥经过一家旅店时，却遭到旅店里人的侮辱。她十分悲伤，放声痛哭，声音拉得很长，一里以内，无论男女老幼，听到她的哭声都悲伤哀愁，伤心地流下了眼泪。因为心情很糟糕，大家三天都吃不下饭。旅店里的人赶紧追上她，向她赔礼道歉，请求她的谅解。看到他们真诚的道歉，韩娥跟着他们又返回旅店，又拖长了声音为大家放声高歌。一里以内，无论男女老幼，听到她的歌声里充满喜悦，大家都拍着手跳起舞来，已经忘记了以前的悲愁。当地人在韩娥临行前还赠送给她很多财物，并送她东行。直到现在，雍门地区的人还喜欢在歌唱的时候表达欢喜和痛哭的音乐情感，那是在模仿韩娥留下来的声音啊！

知识拓展

“鬻”字的前世与今生

“鬻”和“粥”是古今字。所谓古今字，是指不同时代记录同一个词使用的不同形体的字。使用年代较早的是古字，使用年代较晚的是今字。在古代，“粥”用“鬻”来表示。

“鬻”的小篆是会意字，由“米”“鬲”和二“弓”组成，“鬲”表示蒸煮食物的陶器，二“弓”像蒸汽的象形，合起来表示陶器中的水米被煮到热气腾腾的时候，即粥已经形成。所以，“鬻”的本义读作zhōu，指将米煮成半流质的食物，又称稀饭，同“粥”，如：“僧多粥少”。另外，“鬻”又读作yù。指卖。

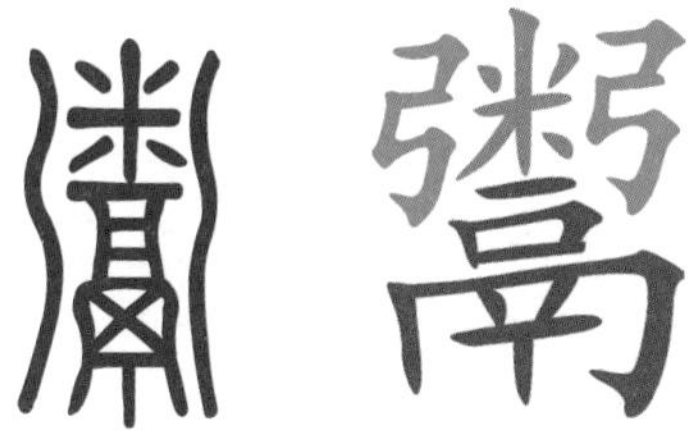

“鬻”的小篆　　“鬻”的楷体

在现代汉语中，“鬻”和“粥”已分化为形、音、义各不相同的两个字。“卖官鬻爵”中的“鬻”不能简化作“粥”。

学而思

一、填空题。

“既去，而余音绕梁欐，三日不绝，左右以其人弗去”中蕴含的成语是“__________”又可写作“______________”。后来形容____________________________；也比喻____________________。

二、“韩娥善歌”绕梁三日，表现出了音乐的巨大魅力。下列典故的含义与之相近的一项是（　　）。

A.弄玉吹箫　　B.四面楚歌　　C.三月不知肉味　　D.幽王击鼓

扫码听音频

liǎng xiǎo ér biàn rì

10 两小儿辩日

kǒng zǐ dōng yóu jiàn liǎng xiǎo ér biàn dòu wèn qí gù yì ér yuē wǒ
孔子[1]东游，见两小儿辩斗[2]，问其故[3]。一儿曰：“我

yǐ rì shǐ chū shí qù rén jìn ér rì zhōng shí yuǎn yě yì ér wǒ yǐ
以[4]日始出时去[5]人近，而日中[6]时远也。”一儿曰：“我以

rì chū chū yuǎn ér rì zhōng shí jìn yě yì ér yuē rì chū chū dà rú chē
日初出远，而日中时近也。”一儿曰：“日初出大如车

gài jí rì zhōng zé rú pán yú cǐ bù wéi yuǎn zhě xiǎo ér jìn zhě dà hū yì
盖[7]，及日中则如盘盂[8]，此不为远者小而近者大乎？”一

ér yuē rì chū chū cāng cāng liáng liáng jí qí rì zhōng rú tàn tāng cǐ bù wéi jìn
儿曰：“日初出沧沧凉凉[9]，及其日中如探汤，此不为近

zhě rè ér yuǎn zhě liáng hū kǒng zǐ bù néng jué yě liǎng xiǎo ér xiào yuē shú wèi rǔ
者热而远者凉乎？”孔子不能决也。两小儿笑曰：“孰为汝

duō zhì hū
多知乎？”

[1] 孔子：我国春秋末期著名的思想家、教育家、政治家。

[2] 辩斗：辩论，争论。

[3] 故：缘故，原因。

[4] 以：以为，认为。

[5] 去：离开，这里指距离。

[6] 日中：太阳当头，指中午的时候。

[7] 车盖：车篷。

[8] 盘盂：指圆形的杯盘。

[9] 沧沧凉凉：冷飕飕。

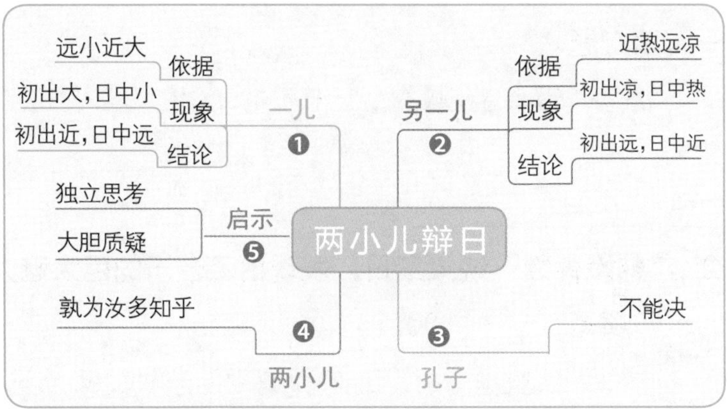

译文悦读

孔子到东方周游列国，看见两个小孩子正在辩论，便上前询问原因。一个小孩说：“我认为太阳刚出来的时候离人近，而中午时离人远。”另一个小孩说：“我认为太阳刚出来的时候离人远，而中午时离人近。”这个孩子接着说：“太阳刚出来时大得像个车篷，等到中午只剩下盘子那么大，这不是离我们远就显得小，而离我们近便显得大吗？”另一个孩子说：“太阳刚出来时天气冷飕飕的，等到中午，热得好像把手伸入开水里一样滚烫，这不是因为太阳离我们近就觉得热，而离我们远就感到凉吗？”孔子无法判断谁是谁非。两个小孩笑着说：“谁说你知识渊博呢？”

智慧点拨

知识具有无限性，哪怕是圣人也有不知道的事情。无知并不可怕，只要正视自己的不足，然后去学习、去弥补，知识就会不断增长，你就会不断进步。

知识拓展

“辩”“辨”“辫”和“瓣”

“辩”“辨”“辫”和“瓣”常因字形相似而导致使用错误，它们都为左中右结构，左右两边都相同。其区别是：“辩”“辨”和“辫”都读作biàn，“瓣”读作bàn。“辩”的中间为“讠”，与语言有关，用于区别所说的话是真是假；“辨”的中间为“刂”，有区分、辨别的意思；“辫”的中间为“纟”，通常指一种发束、辫子；而“瓣”的中间为“瓜”，指花瓣。

学而思

两小儿的观点不同，是因为他们看事物的角度不同。你能根据原文想象出日落时的样子吗？

1. 日初出大如车盖，及日中则如盘盂，日落则＿＿＿＿＿＿＿＿＿＿＿＿。
2. 日初出沧沧凉凉，及其日中如探汤，日落则＿＿＿＿＿＿＿＿＿＿＿＿。

qí lù wáng yáng

11 歧路亡羊①

yáng zǐ zhī lín rén wáng yáng jì shuài qí dǎng yòu qǐng yáng zǐ zhī shù zhuī

杨子②之邻人亡③羊，既④率其党⑤，又请杨子之竖⑥追

zhī yáng zǐ yuē xī wáng yì yáng hé zhuī zhě zhī zhòng lín rén yuē duō qí lù

之。杨子曰：“嘻！亡一羊，何追者之众？”邻人曰：“多歧路。”

jì fǎn wèn huò yáng hū yuē wáng zhī yǐ yuē xī wáng zhī yuē qí

既反⑦，问：“获羊乎？”曰：“亡之矣。”曰：“奚亡之⑧？”曰：“歧

lù zhī zhōng yòu yǒu qí yān wú bù zhī suǒ zhī suǒ yǐ fǎn yě

路之中又有歧焉，吾不知所之⑨，所以反也。”

① 歧路亡羊：比喻事理复杂，易迷失方向而误入歧途。歧路，岔道。亡，这里指走失。

② 杨子：即杨朱，战国时期的哲学家。

③ 亡：丢失，走失。

④ 既：副词，指已经。

⑤ 党：古代一种居民组织，五百家为一党，这里指亲属。

⑥ 竖：僮仆。

⑦ 反：通“返”，指回来。

⑧ 奚：为什么，怎么。

⑨ 所之：指所往，即所去的地方。之，往，到。

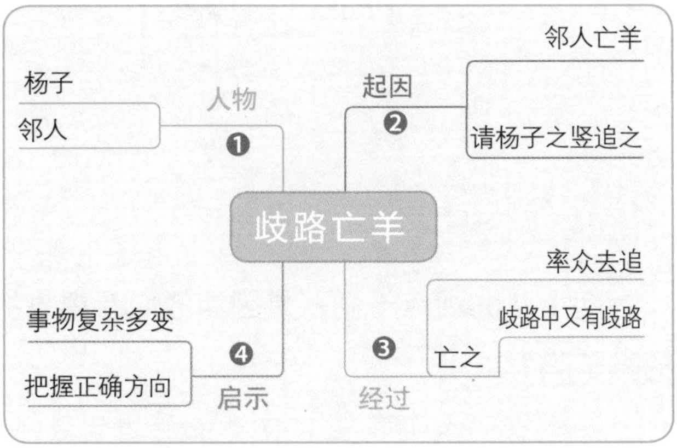

智慧点拨

面对复杂多变的事物时，必须要明确方向，这样才不至于迷失自我。当面临人生中各种选择时，要认真思考，果断做出选择，这样才不至于一事无成。

译文悦读

杨子的邻居丢失了一只羊，他已经带领他的亲戚朋友去找，又邀请杨子的僮仆帮忙去找。杨子说：“呵！跑丢了一只羊，怎么寻找的人这么多？”邻人说：“因为岔道太多。”等找羊的人都回来了，杨子问：“找到羊了吗？”邻人说：“羊丢失了。”杨子问：“怎么会跑丢呢？”邻人说：“岔路很多，岔路中又有岔路，不知道羊往哪去了，所以就回来了。”

知识拓展

“羊”和“牛”的造字理念

甲骨文

金文

小篆

隶书

“羊”的甲骨文是简化的羊头形象，而突出了羊角、羊耳等特征。金文更像羊头的形象，特别突出了弯卷的羊角，让人一看便知是羊而不是其他动物。

“牛”的甲骨文是一个牛头的简化图，而重点突出了牛角、牛耳等特征。金文的牛头栩（xǔ）栩如生。牛头上的牛角、牛耳与其他动物有别，所以聪明的古人根据这一特征造出了“牛”字。

汉字中，凡含有“牛”的字大都与牛、牛属动物及其动作行为有关，如牝（pìn）、牡、牟（móu）、牧、犀（xī）、犁、犊（dú）等。

这种以局部替代整体的造字方法，是汉字象形的主要方式之一。

甲骨文

金文

小篆

隶书

学而思

一、下列每句话中都含有“之”字，请根据含义进行填空。

A. 代词，羊　　B. 结构助词，的　　C. 往，到

1. 杨子之邻人亡羊　（　　）　　2. 亡之矣　（　　）

3. 吾不知所之　（　　）　　4. 歧路之中又有歧焉　（　　）

二、下列说法错误的一项是（　　）。

A. 当我们面对复杂多变的事物时，必须要明确奋斗目标和方向，否则将迷失自我

B. 学习不得法，就会像歧路亡羊一样，一无所获

C. 羊找不到了，杨子的邻人特别悲伤

扫码听音频

jǐ chāng xué shè

12 纪昌①学射

gān yíng gǔ zhī shàn shè zhě gòu gōng ér shòu fú niǎo xià dì zǐ míng fēi
甘蝇②，古之善射者③，彀弓④而兽伏⑤鸟下。弟子名飞
wèi xué shè yú gān yíng ér qiǎo guò qí shī jǐ chāng zhě yòu xué shè yú fēi wèi
卫，学射于⑥甘蝇，而巧过⑦其师。纪昌者，又学射于飞卫。
fēi wèi yuē ěr xiān xué bú shùn ér hòu kě yán shè yǐ
飞卫曰：“尔⑧先学不瞬⑨，而后可言⑩射矣。”

jǐ chāng guī yǎn wò qí qī zhī jī xià yǐ mù chéng qiān tǐng èr nián zhī
纪昌归，偃卧⑪其妻之机⑫下，以目承⑬牵挺⑭。二年之
hòu suī zhuī mò dào zì ér bú shùn yě yǐ gào fēi wèi fēi wèi yuē wèi yě
后，虽⑮锥末倒眦⑯，而不瞬也。以告飞卫。飞卫曰：“未也⑰，
bì xué shì ér hòu kě shì xiǎo rú dà shì wēi rú zhù ér hòu gào wǒ
必学视⑱而后可。视小如大，视微⑲如著⑳，而后告我。”

chāng yǐ máo xuán shī yú yǒu nán miàn ér wàng zhī xún rì zhī jiān jìn dà
昌以牦㉑悬㉒虱于牖㉓，南面㉔而望之。旬日㉕之间，浸㉖大
yě sān nián zhī hòu rú chē lún yān yǐ dǔ yú wù jiē qiū shān yě nǎi yǐ yān jiǎo
也；三年之后，如车轮焉。以睹余物，皆丘山也。乃㉗以燕角
zhī hú shuò péng zhī gǎn shè zhī guàn shī zhī xīn ér xuán bù jué yǐ gào fēi
之弧㉘，朔㉙蓬之簳㉚射之。贯㉛虱之心，而悬不绝㉜。以告飞
wèi fēi wèi gāo dǎo fǔ yīng yuē rǔ dé zhī yǐ
卫。飞卫高蹈㉝拊膺㉞曰：“汝得之矣！”

---

①纪昌：人名。 ②甘蝇：人名。 ③善射者：擅长射箭的人。 ④彀弓：把弓拉满。彀，拉满弓，张满弩。 ⑤伏：倒下。 ⑥于：向。 ⑦巧过：本领超过。 ⑧尔：人称代词，你。 ⑨瞬：这里指眨眼。 ⑩言：谈论。 ⑪偃卧：仰面躺下。 ⑫机：织布机。 ⑬承：这里指注视。 ⑭牵挺：指踏脚板牵引织布机不停地上下运动。 ⑮虽：即使。 ⑯锥末倒眦：指锥子尖刺眼皮。锥末，锥尖。倒，刺，扎。眦，眼眶。 ⑰未也：还不行啊。 ⑱学视：指练习视力、眼力。 ⑲微：微小，细小。 ⑳著：明显。 ㉑牦：这里指牦牛尾上的细毛。 ㉒悬：悬挂。 ㉓牖：窗户。 ㉔南面：面向南。 ㉕旬日：十天。 ㉖浸：逐渐，渐渐。 ㉗乃：就，于是。 ㉘燕角之弧：用燕国的牛角做的弓。 ㉙朔：指北方。 ㉚簳：箭。 ㉛贯：穿透。 ㉜绝：断。 ㉝高蹈：高兴得跳起来。 ㉞拊膺：拍着胸脯。

智慧点拨

只要功夫深，铁杵磨成针。学习任何一种技艺，打好基础、练好过硬的基本功都是必要的。同时，还要培养顽强的毅力和刻苦钻研的精神，再结合必要的技巧，按照由易到难、由浅入深的顺序进行学习，只有这样，最终才会取得良好的学习效果。

译文悦读

甘蝇，是古时候一个善于射箭的人，他一拉开弓，野兽就倒下，鸟也落下。甘蝇的弟子名叫飞卫，他向甘蝇学习射箭，但他的技艺已超过了老师。纪昌又在飞卫那里学习射箭。飞卫对他说：“你要先学看东西不眨眼睛，然后再谈学射箭。”

纪昌回家后，就仰面躺在妻子的织布机下，用眼紧盯着织布机的脚踏板一上一下练习不眨眼。两年之后，即便是锥子尖刺到他的眼眶上，眼睛也不眨一下。纪昌把这件事告诉了飞卫。飞卫说：“还不行啊。你一定要先练习眼力，然后才能谈到射箭。等你把小东西看得像变大了一样，把模糊的东西看得十分清楚，然后再告诉我。”

纪昌用牦牛的长毛拴了一只虱子悬挂在窗户上，面向南方远远地看着它。十天以后，他看这个虱子渐渐显得大了起来。三年以后，这个虱子看起来就像有车轮那么大。用这种方法再看别的东西，都像小山一样大了。于是，纪昌便用燕地牛角做成的弓，用北方蓬竹做成的箭杆，射那只虱子。箭穿过了虱子的中心，但悬挂虱子的牛毛却没有断。纪昌把这件事告诉了飞卫，飞卫高兴得跳了起来，拍着胸脯说：“你已经掌握了射箭的诀窍了！”

知识拓展

认识“射”“弓”和“矢”

一提到“射”，人们一定会联想到“弓”和“矢”（箭）。其实，“射”与“弓”“矢”是密切相关的。

“射”的古字像人用手拉弓射箭的样子。“射”的本义为拉弓放箭，泛指用推力或弹力发出(箭、子弹、足球等)。

“弓”的古字左边的曲线像弓背，右边弧度较小的线像弓弦，“弓”的特征被刻画得淋漓尽致。“弓”的本义为射箭或发射弹丸的器具。

“矢”的古字像一支箭，上边像箭头，中间像箭杆，下边像箭尾。所以，“矢”的本义为箭。

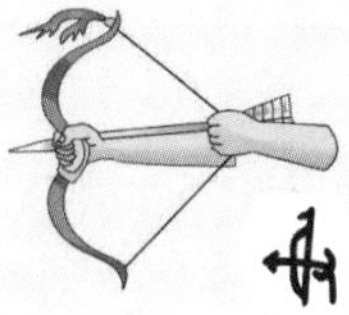
shè 射

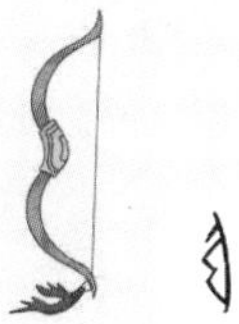
gōng 弓

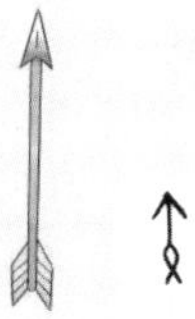
shǐ 矢

学而思

一、读一读下面的句子，圈出三位神射手的名字，你能写出他们之间的关系吗？

甘蝇，古之善射者，彀弓而兽伏鸟下。弟子名飞卫，学射于甘蝇，而巧过其师。纪昌者，又学射于飞卫。

____

____

二、纪昌跟飞卫学射，飞卫教了他哪些基本功？（　　）。（多选）

A. 不眨眼　　　B. 瞪着眼睛

C. 视小如大　　D. 视大如小

三、按照要求填空。

1. 纪昌向飞卫学习射箭技术，飞卫让他先练习 ____________ 的功夫。

2. 纪昌学习射箭技术，一共练了 ________ 年。

四、下列说法错误的一项是（　　）。

A. “昌以牦悬虱于牖”中“牦”的意思是“牦牛”

B. “汝得之矣”中的“之”是代词，指“射箭的本领”

C. “燕角之弧”中“之”的意思是“的”，“弧”的意思是“弓”

D. “飞卫高蹈拊膺曰”中“膺”的意思是“胸脯”

五、《达·芬奇画蛋》和本文有哪些相同点？对你的学习有什么启发？

____

____

____

夏
商
周
秦
汉
三国
晋
南北朝
隋
唐
五代
宋
辽
西夏
金
元
明
清

《孟子》

孟子

作　　者	孟子及其弟子和再传弟子
创作年代	战国中期
文学体裁	语录体散文
流　　派	儒家
文学地位	“四书”之一

《孟子》共七篇，是孟子的言论汇编，由孟子及其弟子和再传弟子共同编写，是记录孟子语言和政治观点的儒家经典著作。南宋朱熹将该书与《论语》《大学》《中庸》合称“四书”。本书不仅是儒家的重要经典，还是一部散文集。文章明白通畅、寓意深远，善于用形象化的事物和语言说明复杂的道理。

孟子(约前372—前289)，名轲，字子舆，鲁国邹(今山东邹城东南)人。他师承子思（孔子的孙子），十分推崇孔子，认为“自生民以来，未有盛于孔子也”。他早年游历各国宣传自己的政治主张，但未被采纳，晚年退居讲学，著书立说。

他发展了孔子的学说，在政治上强调“民贵君轻”，在哲学上主张人性本善，在教育上重视环境对人的影响，在经济上宣扬“井田制”。后世将其尊为儒家之“亚圣”，与孔子合称为“孔孟”，把孔子思想和孟子思想合称为“孔孟之道”。

名句集锦

◎不以规矩，不能成方圆。

◎以五十步笑百步，则何如？

◎孔子登东山而小鲁，登泰山而小天下。

◎老吾老，以及人之老；幼吾幼，以及人之幼。

扫码听音频

yà miáo zhù zhǎng

⑬ 揠苗助长①

sòng rén yǒu mǐn qí miáo zhī bù zhǎng ér yà zhī zhě mángmáng rán guī wèi qí rén yuē jīn rì bìng yǐ yǔ zhù miáo zhǎng yǐ qí zǐ qū ér wǎng shì zhī miáo zé gǎo yǐ

宋②人有闵③其苗之不长④而揠之⑤者，芒芒⑥然归，谓其人曰⑦："今日病⑧矣，予⑨助苗长矣！"其子趋⑩而往⑪视之，苗则槁⑫矣。

---

①揠苗助长：指拔高禾苗，帮它成长。比喻违背事物的发展规律，求其速成，反而坏事。揠，拔。

②宋：宋国。

③闵：同"悯"，指担忧、发愁。

④长：生长、发育。

⑤之：禾苗。

⑥芒芒：同"茫茫"，疲惫的样子。

⑦谓……曰：对……说。

⑧病：原指重病，这里指疲惫，困乏。

⑨予：第一人称代词，同"余"，指"我"。

⑩趋：快走。

⑪往：去，到……去。

⑫槁：枯槁，这里指枯萎。

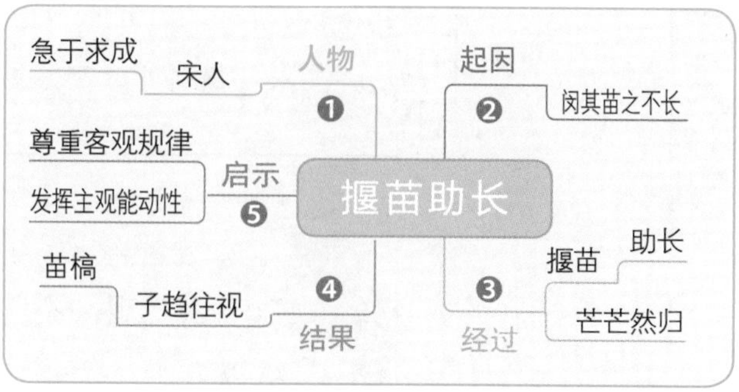

智慧点拨

自然界和人类社会都有它们发展变化的客观规律。人们如果不从实际情况出发，单凭自己的主观意愿去办事情，就会违背客观规律，把事情办坏。

译文悦读

宋国有一个人担忧自己家的禾苗长不高，就把禾苗往上拔，他十分疲劳地回到家，对家人说："今天累死我了，我帮助禾苗长高了！"他儿子赶紧到田里去看，结果禾苗都枯萎了。

知识拓展

欲速则不达

孔子的弟子子夏被派去做一名地方官员，临行前向孔子求教为政之道。孔子说："无欲速，无见小利，欲速则不达，见小利则大事不成。"意思是做事情不要那么着急，不要因为眼前一些微小的好处而忘了大局，一味地求快非但不能起到好的效果，反而容易误了大事。子夏听完孔子的教诲后，深受启发，之后做事勤勤恳恳，再也不着急了。

"欲速则不达"告诉人们，有时候不要一味追求速度，往往越想尽快达成目标，反而有可能适得其反，离目标越来越远。

学而思

一、认真阅读故事，看看下列哪个成语最适合描述这个宋国人？（　　）（多选）

A. 急于求成　　B. 刚愎自用

C. 弄巧成拙　　D. 独断独行

二、这个宋国人帮助禾苗"长高"，最终害死了禾苗。他不知道禾苗要一点一点地成长的道理，这好比：

（ 米饭 ）要（ 一口一口 ）地（ 吃 ）。

（ 个子 ）要（ 一天一天 ）地（ ____ ）。

（ 书 ）要（ ________ ）地（ 读 ）。

（ ____ ）要（ ________ ）地（ ____ ）。

扫码听音频

14 弈秋学弈[1]

yì qiū xué yì

yì qiū tōng guó zhī shàn yì zhě yě shǐ yì qiū huì èr rén yì qí yì

弈秋[2]，通国[3]之善弈者也。使弈秋诲[4]二人弈。其一

rén zhuān xīn zhì zhì wéi yì qiū zhī wéi tīng yì rén suī tīng zhī yì xīn yǐ wéi yǒu hóng

人专心致志，惟弈秋之为听；一人虽听之，一心以为有鸿

hú jiāng zhì sī yuán gōng zhuó ér shè zhī suī yǔ zhī jù xué fú ruò zhī yǐ

鹄[5]将至，思援[6]弓缴[7]而射之。虽与之[8]俱[9]学，弗若之矣[10]！

wèi shì qí zhì fú ruò yú yuē fēi rán yě

为是其智弗若与？曰：非然[11]也。

---

[1] 弈：下棋。

[2] 弈秋：名秋，他因善于下棋，所以被称为弈秋。

[3] 通国：全国。

[4] 诲：教导。

[5] 鸿鹄：天鹅。

[6] 援：引，拉。

[7] 缴：丝绳，这里指系在箭上的丝绳。射中猎物之后，拉动绳子，就可以把箭和猎物一起拉回来。

[8] 之：他，指前一个人。

[9] 俱：共同，一起。

[10] 弗若之矣：不如他呀。

[11] 非然：不是这样的。然，这样。

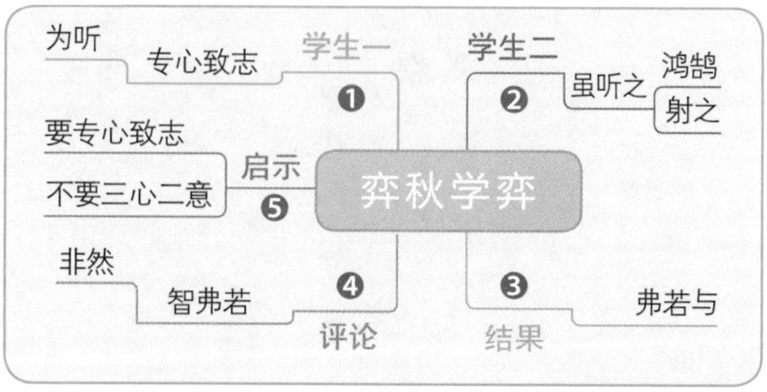

智慧点拨

学习任何知识，都必须专心致志、刻苦努力，如果精力不集中，胡思乱想，就学不到真本领。我们只有端正自己的学习态度，勤奋努力，刻苦钻研，才能把事情做好。

译文悦读

弈秋是全国最擅长围棋的人。让弈秋教两个人下棋。其中一个人全神贯注地学习，只听弈秋的教导；另一个人虽然也在听，却总想着天鹅就要飞来，想拉弓搭箭将它射下来。虽然他与人家一起学习，但他的棋艺不如人家。难道说这是他的智力不如人家吗？有人说：不是这样的。

知识拓展

弈秋不姓"弈"

弈秋的名字叫秋，不姓"弈"，而"弈"是说他的职业或技艺。

鲁班姓鲁吗？当然不是。鲁班姓"公输"，因他是鲁国人，所以叫鲁班。

叶公本来姓沈，因为他在叶县做官，所以被称为"叶公"。在古代，很多平民只有名字而没有姓氏。像"弈秋""医和""庖丁"等，就是在他们所从事的职业或具有的专长之后，加上名字构成的。所以，我们千万不能把"弈""医""庖"当成他们的姓氏。

古代的"围棋"

围棋在春秋时期已经流行，到了唐朝已定型为今天的纵横19道、361个点。围棋最初叫"弈"。"弈"也作动词用，指下围棋。从文字记载看，我国第一个围棋大师名叫"秋"，故世称"弈秋"。"围棋"这个名词在西汉以后才出现。从魏晋时代起，上至皇帝、贵族，下至平民百姓，都喜欢下围棋。

学而思

一、请选出下列各句中加点的"之"字的含义。

A. 弈秋　　B. 天鹅　　C. 弈秋的话

D. 助词，的　　E. 专心听课的同学

1. 通国之善弈者也（　　）　　2. 惟弈秋之为听（　　）

3. 一人虽听之（　　）　　4. 思援弓缴而射之（　　）

5. 虽与之俱学（　　）　　6. 弗若之矣（　　）

二、这个故事讲的是学习态度，你能用成语把这两位学生的学习态度概括一下吗？

一个学生是____________，另一个学生是____________。

扫码听音频

zài zuò féng fù

15 再作冯妇[1]

jìn rén yǒu féng fù zhě shàn bó hǔ zú wéi shàn shì zé zhī yě yǒu

晋[2]人有冯妇者，善搏[3]虎，卒[4]为善士[5]。则之野，有

zhòng zhú hǔ hǔ fù yú mò zhī

众逐虎，虎负嵎[6]，莫[7]之[8]

gǎn yīng wàng jiàn féng fù qū ér

敢撄[9]。望见冯妇，趋[10]而

yíng zhī féng fù rǎng bì xià

迎之，冯妇攘臂[11]下

chē zhòng jiē yuè zhī qí wéi

车，众皆悦之，其为

shì zhě xiào zhī

士者[12]笑之。

❶ 再作冯妇：比喻重操旧业。冯妇，晋国人，姓冯名妇，是一个勇士。

❷ 晋：晋国，西周至战国初期的一个诸侯国，在今山西省南部和河南省北部一带。

❸ 搏：搏斗。

❹ 卒：完毕，终了，这里指后来。

❺ 善士：善人，这里指行善。

❻ 负嵎：指凭借、依靠山势险要处，这里指老虎无法逃脱要同人拼命。负，背靠。嵎，同"隅"，指角落。

❼ 莫：没有（人）。

❽ 之：往，去。

❾ 撄：接触，触犯。

❿ 趋：古时慢走叫"步"，快走叫"趋"。

⓫ 攘臂：挽起袖子露出胳膊。攘，挽起袖子。

⓬ 士者：这里指士人，也指读书人。

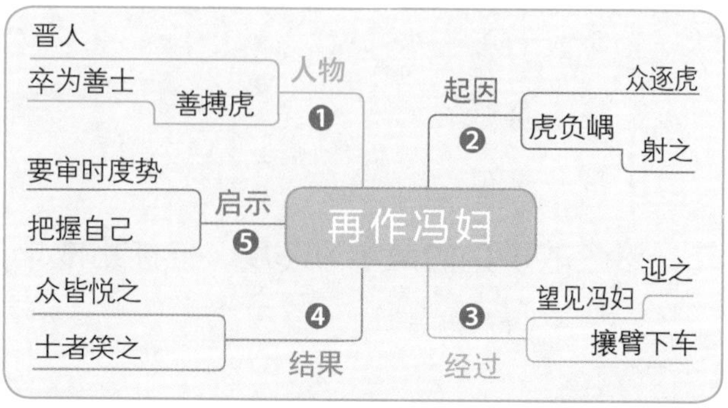

智慧点拨

无论取得多么大的成就，都应该谦虚谨慎，放低姿态，乐于帮助别人。只有这样，才能得到大家的尊重和支持。

译文悦读

古时候，晋国有个叫冯妇的人，他善于赤手空拳打老虎，后来，终于被提拔做了善士。有一次，冯妇坐车到野外，见很多人在追逐一只老虎，可是等那老虎被追得走投无路要与人拼命的时候，却没有人敢向前与老虎搏斗。这时，大家看到冯妇，赶紧迎上去请他打老虎，冯妇挽起袖子露出胳膊下了车，不费力地把老虎打死了。大家都十分高兴，可是，他的这种高尚行为却被其他士人所嘲笑。

知识拓展

古汉语中的“走路”

一、根据动作方式不同，含有“走路”意思的词语有：

◎趋：快步行走

◎亡：逃亡

◎走：跑（通常指主动行为）

◎奔：急走、快跑（带有被迫的意味）

◎步：缓慢而行

◎踱：漫步行走

◎姗姗：走路缓慢从容

◎徜徉：自由自在地来回行走

二、根据使用场合不同，含有“走路”意思的词语有：

◎奔：在大路上快走

◎跋：在草丛或山林中行走

◎涉：在水中行走

◎行：在堂上小步行走

◎步：在堂上举足慢慢行走

另外，你还知道哪些表示“走路”的词语？请找出来，写在下面的横线上。

____

____

学而思

一、下列加点字、词的解释不正确的一项是（　　）。

A. 再作冯妇（姓冯，名妇）　　B. 善搏虎（搏斗）

C. 冯妇攘臂下车（挽起袖子）　　D. 趋而迎之（慢走）

二、下列加点字的读音不正确的一项是（　　）。

A. 善搏虎（bó）　　B. 虎负嵎（yú）

C. 莫之敢撄（yīng）　　D. 众皆悦之（yūe）

三、判断下列说法是否正确。

1.“莫之敢撄”中“莫”的意思是没有（人）。（　　）

2.“卒为善士”中“善士”的意思是善人，这里指行善。（　　）

3.“其为士者笑之”中的“士者”在这里指士人。（　　）

4.“虎负嵎”中“负嵎”的意思是顽抗。（　　）

四、下列说法不正确的一项是（　　）。

A. 冯妇虽然当了士人，还能不怕嘲笑去发挥自己的长处而为民除害，这种品质是高尚的

B. 一个人无论有多大成绩，有多高的地位，只要他心系人民，肯为人民做事，人民就会拥护他，喜欢他，尊敬他，怀念他

C. 无论取得多么大的成就，都应该谦虚谨慎，放低姿态，乐于帮助别人

D. 冯妇以行动作了否定的回答，所以百姓对他大声叫好，纯属偶然

五、猜谜语。

身穿皮袍黄又黄，呼啸一声百兽慌。

虽然没率兵和将，威风凛凛山大王。（打一动物名）

谜底：________

夏 商 周 秦 汉 三国 晋 南北朝 隋 唐 五代 宋 辽 西夏 金 元 明 清

《庄子》

庄子

别　　名	《南华经》《南华真经》
作　　者	庄周及其弟子
创作年代	战国中期
文学体裁	散文
创作年代	战国中期
流　　派	道家

《庄子》由庄子及其弟子编写。本书不仅是一部先秦道家著作，还是一部散文集。书中文章极具浪漫主义色彩，摆脱了以往诸子散文的语录体写作形式，代表了先秦散文的最高成就，对后世散文产生了深远影响。文章想象丰富，语言灵活多变，把枯燥的哲理写得十分传神，后世称该书为“文学的哲学，哲学的文学”。

庄子(约前369—前286)，名周，战国时期宋国蒙(今河南商丘东北)人，是我国古代著名的哲学家、文学家、思想家，又是道家学派的代表人物之一，与老子合称“老庄”，又称“道家之祖”。因他涉及各家学说，继承和发展了老子“道法自然”的观点，一心隐居南华山著书，又被后世称为“南华真人”。

他轻视高官厚禄，要求适己任性，用他自己的话来说：“我宁游戏污渎之中自快，无为有国者所羁”。

名句集锦

◎螳螂捕蝉，黄雀在后。
◎至乐无乐，至誉无誉。
◎水之积也不厚，则其负大舟也无力。
◎知足者不以利自累也，审自得者失之而不惧。

扫码听音频

16 朝三暮四[1]

宋[2]有狙公[3]者，爱狙，养之成群，能解[4]狙之意，狙亦得公之心。损[5]其家口[6]，充[7]狙之欲[8]。俄而[9]匮[10]焉，将限其食，恐众狙之不驯[11]于己也。先诳[12]之曰："与[13]若[14]芧[15]，朝三而暮四，足乎？"众狙皆起而怒。俄而曰："与若芧，朝四而暮三，足乎？"众狙皆伏[16]而喜。

---

❶ 朝三暮四：形容变化不定、反复无常。

❷ 宋：宋国。

❸ 狙公：养猴子的老头儿。狙，猕猴，猴子的一种。

❹ 解：懂得，理解。

❺ 损：减少，压缩。

❻ 家口：人口，这里指家里的粮食。

❼ 充：满足。

❽ 欲：要求。

❾ 俄而：不久。

❿ 匮：贫乏，缺乏。

⓫ 驯：顺从，顺服。

⓬ 诳：哄骗。

⓭ 与：给。

⓮ 若：你，你们。

⓯ 芧：橡实，猴子的食物。

⓰ 伏：趴着。

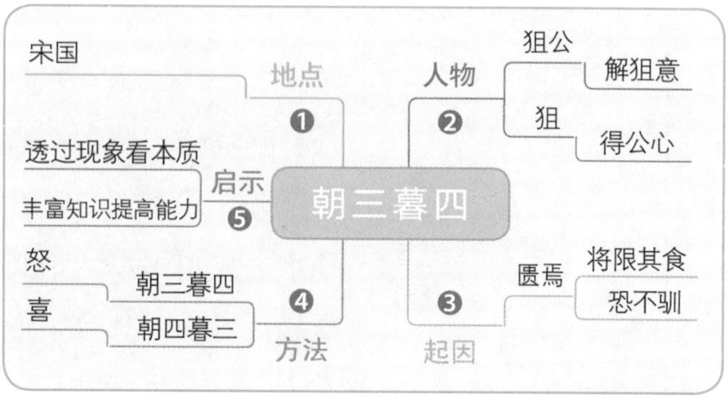

智慧点拨

做事情要看整体和本质，不要被表面现象所迷惑，不能不求甚解、盲从附和，以至于中了他人的阴谋诡计而不自知，更不要像宋人那样利用手段欺骗他人。

译文悦读

宋国有个耍猴子的老头，他因为喜爱猴子，便饲养了一大群，他能够理解猴子们的性情，猴子们也懂得他的心意。他节省家里粮食，以此来满足猴子的要求。不久，家里缺乏粮食，他打算减少猴子们的食量，但又怕猴子们不听从他的话。于是先哄骗它们说："给你们吃橡实，每天早上三颗、晚上四颗，够吃了吗？"猴子们听了都嫌少，一个个生气地站立起来吵嚷。过了一会儿，他就改口说："给你们吃橡实，每天早上四颗，晚上三颗，够吃了吗？"猴子们都摇头摆尾地趴在地上，十分满意。

知识拓展

"朝"字趣解

甲骨文由"日""月"和"艸"三部分组成，"艸"表示草丛，整体表示日月同现于草丛之中，日已出而月尚未落（每月农历十五左右可以看到），表示"朝暮"之"朝"。金文改"月"为"水"，表示日出草丛而照亮水面。

"朝"的本义为早晨（与"夕、暮"相对），读作zhāo。由此引申为日、天（时间）。

另外，"朝"又读作cháo。因古代大臣在早晨拜见君主，所以由此引申为朝拜、朝见。

学而思

一、算一算，狙公给猴子的食物数量分别是多少呢？填一填，猴子分别有怎样的表现？

朝三 + 暮四 = ________ 颗　　　　众狙：________________（用原文填空）

朝四 + 暮三 = ________ 颗　　　　众狙：________________（用原文填空）

二、如果给文中的猴子送一句歇后语，下面最贴切的一句是（　　）。

A. 猴子爬树梢——到顶了　　　　B. 猴子的屁股——坐不住

C. 猴子捞月亮——空欢喜一场　　D. 猴子看果园——欢天喜地

三、语文课本中有不少关于猴子的篇目，给你印象最深的是哪一篇？为什么？

____

扫码听音频

17 运斤成风[1]

庄子送葬，过惠子[2]之墓，顾[3]谓从者曰：“郢[4]人垩[5]慢[6]其鼻端，若蝇翼，使匠石[7]斫[8]之。匠石运斤成风，听[9]而斫之[10]，尽垩而鼻不伤，郢人立不失容。宋元君[11]闻[12]之，召匠石曰：‘尝试为寡人为之。’匠石曰：‘臣则[13]尝能斫之。虽然[14]，臣之质[15]死久矣！’自夫子[16]之死也，吾无以为质矣，吾无与言之矣！”

---

❶ 运斤成风：形容技法纯熟。

❷ 惠子：惠施，庄子的朋友。庄子送葬路过惠施墓，想起生前的情景，故以下文作譬。

❸ 顾：回头看。

❹ 郢：楚国国都，在今湖北江陵。

❺ 垩：白色土，可以刷墙。

❻ 慢：通“漫”，这里有洒落的意思。

❼ 匠石：一个名叫石的木匠。匠，古时专指木匠。

❽ 斫：砍，削。

❾ 听：任从，表示郢人技术的高明。

❿ 之：指鼻尖上的白泥土。

⓫ 宋元君：宋国的国君。

⓬ 闻：听说。

⓭ 则：确实。

⓮ 虽然：文言里“虽然”承接上文，稍微停顿，相当于“虽然如此”，这里指“臣则尝能斫之”。

⓯ 质：这里指借以施展技艺的对象，即郢人。

⓰ 夫子：古时对男子的尊称，这里指惠施。

智慧点拨

庄子讲述这段话，是为亡友施惠而发的感慨。这就像钟子期已死，俞伯牙不再弹琴一样。在人世间，如有真正相知的朋友，心心相印，就能创造人间奇迹。为此，我们应珍惜友谊。

译文悦读

庄子送葬，路过惠施的坟墓，回过头对跟随的人说：“郢人刷墙时，有白泥土洒落在鼻尖上，薄得像苍蝇的翅膀，他让名叫石的木匠把白泥土削掉。匠石便抡动板斧，只听到一阵风，一动不动，任凭匠石把白泥土削掉，可是鼻子却丝毫没有伤着，而且站立如故，面不改色。宋元君听说后，把匠石叫来，对他说：‘你给我表演一下看看！’匠石答道：‘我确实曾经能够削掉鼻尖上的白泥土。即使如此，供我砍削白泥土的那个人早已经死了！’自从老先生死后，我就没有施展技艺的对象了，就没有可以和我深谈的人了！”

知识拓展

“斤”字大家族

甲骨文的“斤”字像一把刃部朝左的曲柄斧头，斧头上加箭头以表示其锋利。金文将箭头改为被砍物的凹痕，也表示斧头很锋利。小篆线条化明显，已看不出斧头的原形了。

“斤”的本义为斧一类的工具，古时用于砍伐树木等。

凡是与“斤”组合的字大都与斧头及其作用有关，如：斧、新、断、析、折、斫等。

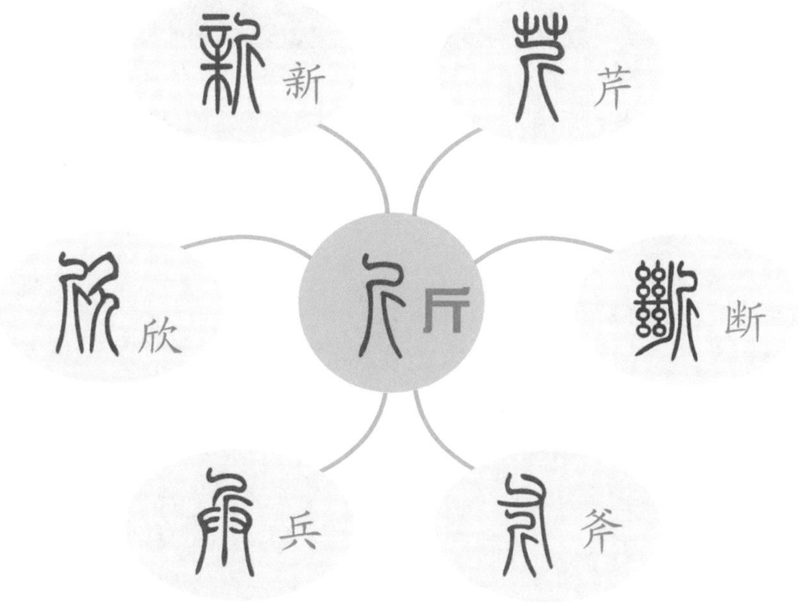

扫码听音频

zhuāng zhōu mèng dié
18 庄周梦蝶[1]

xī zhě zhuāng zhōu mèng wéi hú dié xǔ xǔ rán hú dié yě zì yú shì zhì
昔者[2]庄周梦为胡蝶[3]，栩栩[4]然胡蝶也。自喻[5]适志[6]

yú bù zhī zhōu yě é rán jué zé qú qú rán zhōu yě bù zhī zhōu zhī mèng wéi
与，不知周也。俄然[7]觉[8]，则蘧蘧[9]然周也。不知周之梦为

hú dié yú hú dié zhī mèng wéi zhōu yú zhōu yǔ hú dié zé bì yǒu fēn yǐ cǐ zhī wèi
胡蝶与？胡蝶之梦为周与？周与胡蝶则必有分矣。此之谓

wù huà
物化[10]。

---

① 庄周梦蝶：庄周在梦中变为蝴蝶。后用“庄周梦蝶”比喻人生虚幻无常。也作“庄周蝶梦”。

② 昔者：往日，从前。

③ 胡蝶：在现代汉语中写作“蝴蝶”。

④ 栩栩：活泼欢畅的样子。

⑤ 喻：通“愉”，指愉快。

⑥ 适志：合乎心意，心情愉快。

⑦ 俄然：突然。

⑧ 觉：睡醒。

⑨ 蘧蘧：原意为惊喜的样子，这里指惊疑动容的样子。

⑩ 物化：事物自身的变化。

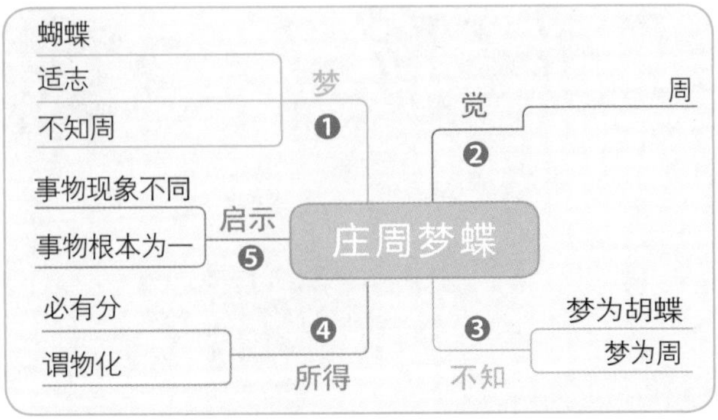

智慧点拨

通过梦蝶，庄周给自己营造了一种梦境与现实合二为一的错觉，创造了一个自我陶醉的主观主义精神世界。他认为：只要有了意识，就能打破外物和自我的界限，不管是庄周还是作为动物的蝴蝶就都没有什么区别了，人也就能永远跟随自己的内心，一生逍遥自在了。

译文悦读

从前，庄周梦见自己变成了蝴蝶，一只翩翩起舞的蝴蝶。自己非常快乐，悠然自得，不知道自己原来是庄周。突然间醒来，惊疑动容之间，才知道原来是我庄周。不知是庄周梦中变成蝴蝶呢？还是蝴蝶梦见自己变成庄周了呢？庄周与蝴蝶一定是有区别的。这应该就叫作“万物与我同化”的精神境界吧。

知识拓展

常见的通假字

通假字是中国古书的用字现象之一。“通假”是通用、借代的意思，即用读音相同或相近的字代替本字，通假字所代替的那个字即为本字。

本字	通假字	含义	本字	通假字	含义
喻	愉	愉快	止	只	只有
元	原	本来	反	返	返回
柴	寨	栅栏	支	肢	肢体，四肢
具	俱	全，皆	扳	攀	牵，引
无	毋	不要	见	现	出现
食	饲	喂	坐	座	座位
说	悦	愉快	尔	耳	罢了

学而思

一、判断下列说法是否正确。

1. “自喻适志与”中的“喻”通“悦”，指愉快。（　　）
2. “昔者庄周梦为胡蝶”中的“胡蝶”，在现代汉语中写作“蝴蝶”。（　　）
3. “庄周梦蝶”比喻人生虚幻无常。（　　）

二、下列说法不正确的一项是（　　）。

A. 梦蝶幻境是庄周的自我陶醉
B. 庄周始终跟随着自己的内心，一生逍遥自在
C. 本文体现了庄周的主观主义思想
D. 庄子主张理想与现实对立

扫码听音频

hán dān xué bù

19 邯郸学步①

shòu líng yú zǐ zhī xué xíng yú hán dān wèi dé guó néng yòu shī qí

寿陵②余子③之学行④于邯郸⑤，未得国能⑥，又失其

gù xíng yǐ zhí pú fú ér guī ěr

故⑦行⑧矣，直⑨匍匐⑩而归耳⑪。

① 邯郸学步：比喻模仿不成，反而失去自己原有的长处。邯郸，地名，战国时赵国国都。学步，学习走路。也作“学步邯郸”。

② 寿陵：战国时期的燕国地名。

③ 余子：少年。

④ 行：走路。

⑤ 邯郸：赵国的国都。

⑥ 国能：指赵国的步法。

⑦ 故：原来的，原本的。

⑧ 行：走路，行走，这里指走路的步法。

⑨ 直：只，只能。

⑩ 匍匐：爬行。

⑪ 耳：句末语气词。

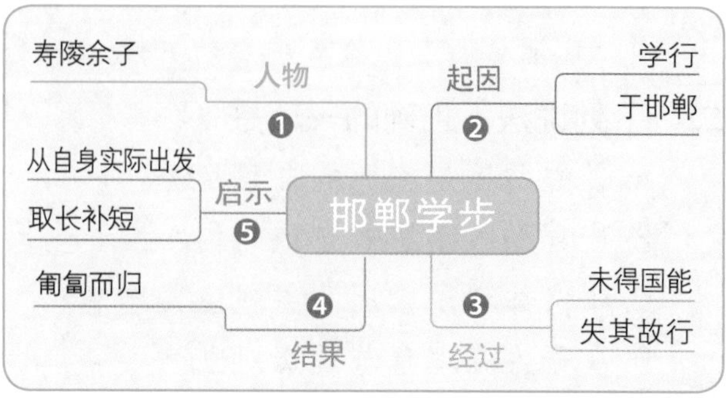

智慧点拨

在学习和生活中，我们不能盲目地模仿别人，生搬硬套，而应该从自己的实际出发，采用正确的学习方法，取人之长，补己之短，这样才能达到自己所期望的学习效果。

译文悦读

燕国寿陵有一个少年，他来到赵国都城邯郸学习赵国人走路。结果，不但没有把赵国人走路的技能学好，反而忘记了自己原来走路的方法，最后只好爬着回家了。

知识拓展

古代的国都所在地

国都	朝代	位置	国都	朝代	位置
邯郸	战国时赵国	今河北邯郸	镐京	西周	今陕西西安
阳城	夏朝都城	今河南登封东	咸阳	秦朝都城	今陕西咸阳东北
长安	西汉、唐朝	今陕西西安	东京	北宋	今河南开封
临安	南宋	今浙江杭州	大都	元朝	今北京
大兴	隋朝	今陕西西安	朝歌	商朝	今河南鹤壁

学而思

一、下列说法不正确的一项是（　　）。

A. 这位寿陵少年的学习热情可嘉，但他生搬硬套，结果导致失败

B. 不要盲目地去模仿别人

C. 这照搬、模仿的学习方法是不可取的

D. 机械地跟在人家后头，什么也学不来

二、“邯郸学步”是出自寓言故事的成语之一。你还知道哪些含有“步”字的成语？请试着写下来。

____

____

扫码听音频

20 浑沌[1]之死

hún dùn zhī sǐ

nán hǎi zhī dì wéi shū běi hǎi zhī dì wéi hū zhōng yāng zhī dì wéi hún dùn
南海[2]之帝为倏[3]，北海[4]之帝为忽[5]，中央之帝为浑沌。
shū yǔ hū shí xiāng yǔ yù yú hún dùn zhī dì hún dùn dài zhī shèn shàn shū yǔ hū móu
倏与忽时[6]相与遇于浑沌之地，浑沌待之甚善。倏与忽谋[7]
bào hún dùn zhī dé yuē rén jiē yǒu qī qiào yǐ shì tīng shí xī cǐ dú
报[8]浑沌之德[9]，曰："人皆有七窍[10]，以视、听、食、息[11]，此独[12]
wú yǒu cháng shì záo zhī rì záo yí qiào qī rì ér hún dùn sǐ
无有，尝试凿之。"日凿一窍，七日而浑沌死。

① 浑沌：指没有孔窍，浑然的一个整体，这是庄子假设的神名。
② 南海：泛指南方近海之地。
③ 倏：转眼之间，这里指神的名字。
④ 北海：泛指北方近海之地。
⑤ 忽：迅速，这里指神的名字。
⑥ 时：经常，时常。
⑦ 谋：商量，谋划。
⑧ 报：报答。
⑨ 德：恩惠，恩情。
⑩ 七窍：指两眼、两耳、两鼻和口。
⑪ 息：呼吸。
⑫ 独：偏偏，只。

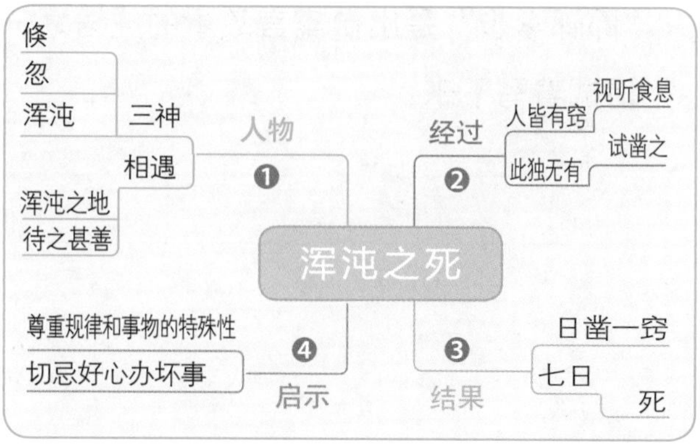

智慧点拨

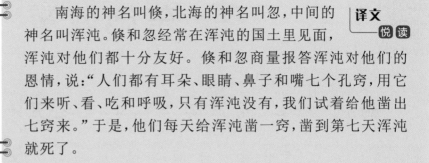

世界上的各种事物，都有自己的本来面貌，有自己固有的特点。不尊重事物各自的本来面貌和特点，硬是按照自己的面貌去“改造”，必会造成有害的后果。

译文悦读

南海的神名叫倏，北海的神名叫忽，中间的神名叫浑沌。倏和忽经常在浑沌的国土里见面，浑沌对他们都十分友好。倏和忽商量报答浑沌对他们的恩情，说：“人们都有耳朵、眼睛、鼻子和嘴七个孔窍，用它们来听、看、吃和呼吸，只有浑沌没有，我们试着给他凿出七窍来。”于是，他们每天给浑沌凿一窍，凿到第七天浑沌就死了。

知识拓展

含有“七窍”的成语

【七窍生烟】好像七窍都冒了火。形容极其愤怒或焦急。七窍：指两眼、两耳、两鼻孔和口。

【五脏七窍】泛指人的身体。五脏：脾、肺、肾、肝、心。

【七窍玲珑】①形容人五官长得精致。玲珑：精巧细致。②形容人聪明灵巧。玲珑：灵活敏捷。

【七窍流血】指因剧毒或剧震而惨死之状。

学而思

一、下列故事不是出自《庄子》的是（　　）。

A. 庖丁解牛　　B. 女娲补天

C. 朝三暮四　　D. 呆若木鸡

二、“心较比干多一窍，病如西施胜三分”出自曹雪芹的《红楼梦》，这句话讲的是（　　）。

A. 王熙凤　　B. 薛宝钗　　C. 贾探春　　D. 林黛玉

三、文中所说的“七窍”是什么？“倏”与“忽”为什么要给浑沌开“七窍”？

______

______

21 东施效颦[1]

扫码听音频

西施[2]病心[3]而颦其里[4]，其里之丑人见而美[5]之，归亦[6]捧心[7]而颦其里。其里之富人见之，坚闭门而不出；贫人见之，挈[8]妻子[9]而去[10]之走[11]。

彼[12]知颦美，而不知颦之所以[13]美。

① 东施效颦：东施，越国的丑女；效颦，模仿皱眉头。

② 西施：春秋晚期越国的美女。

③ 病心：心口痛。

④ 里：指乡里。

⑤ 美：以……为美。

⑥ 亦：也。

⑦ 捧心：托着心口。

⑧ 挈：带领。

⑨ 妻子：妻子和儿女。

⑩ 去：避开，躲避。

⑪ 走：跑。

⑫ 彼：第三人称代词，她，这里指东施。

⑬ 之所以：……的原因。

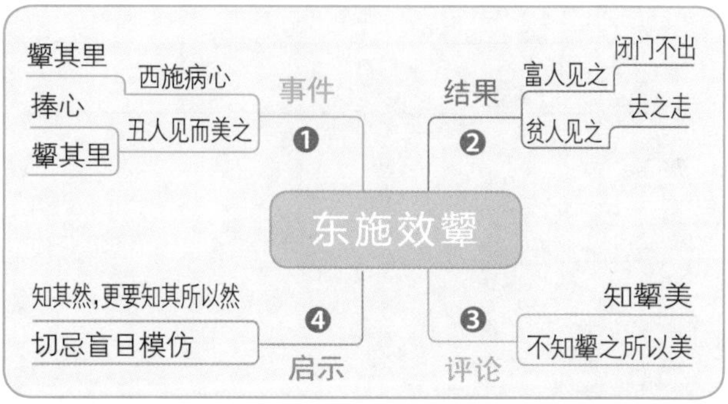

智慧点拨

我们无论做什么事情，都不能盲目模仿、生搬硬套，而是要有自知之明，弄清楚别人的长处，还要根据实际情况来选择适合自己的东西，这样才能做到取长补短，有所提高。

译文悦读

西施害了心痛病，皱着眉头从乡里走过，同乡的一个丑女见了西施这副模样觉得太美了，回去时她也捂着胸口，皱起眉头从村里走过。村里的有钱人见了她这个样子，牢牢地把大门关上不愿出去，穷人见了她这个样子，带着妻子儿女躲着她跑。

那个丑女只知道西施皱眉好看，却不知道她皱眉的原因。

知识拓展

中国古代四大美女

西施与王昭君、貂蝉、杨玉环并称为“中国古代四大美女”，其中，西施居首。四大美女享有“沉鱼落雁之容，闭月羞花之貌”的美誉。

西施——“沉鱼”

西施，又称“西子”，五官端正，粉面桃花，相貌过人。有一天，她站在河边，清澈见底的河水映照着她俊俏的身影，使她显得更加美丽。水里的鱼儿见到她美丽的身影时，都忘记了游水，渐渐沉到了河底。从此，西施“沉鱼”这个代称便传播开来。

王昭君——“落雁”

西汉时期，王昭君出塞，嫁与匈奴单于。她在去北方的路上，悲切之感难以平静。她拨动琴弦，奏起了悲壮的离别之曲。南飞的大雁听到这悦耳的琴声，看到这个美女时，竟然忘记了摆动翅膀，而跌落在地。从此，王昭君“落雁”这个代称开始传了下来。

貂蝉(diāo chán)——“闭月”

有一天，王允的女儿貂蝉在后花园拜月时，忽然轻风吹来，一块浮云将皎洁的明月遮住，刚好王允看到。他为了宣扬自己女儿的美丽，于是逢人便说月亮见到貂蝉时都要躲在云后面。从此，貂蝉就有了“闭月”的代称。

杨玉环(杨贵妃)——“羞花”

一天，杨玉环在花园里游逛时，触摸了一下花朵，没想到花瓣立即收缩了起来，这个现象被一个丫鬟看到。于是，丫鬟逢人便说杨玉环跟花儿相比时，花儿因比不过她的美丽，便害羞地低下了头。从此，杨玉环就有了“羞花”的代称。

学而思

一、按照要求填空。

1.西施因为患______而皱着眉头在路上行走。

2. ______只知道西施皱眉好看，却不知道她皱眉的原因。

3.在古代汉语中，“妻子”是指______________；这个词在现代汉语中是指______________。

二、下列句子中，“之”的用法和意思与例句中的“之”相同的一项是（　　）。

例句：其里之丑人。

A. 而不知颦之所以美　　B. 贫人见之

C. 见而美之　　D. 其里之富人见之

三、文中从哪句话可以看出东施之丑？请在文中画出来。作者运用的描写手法是（　　）。

A. 行为描写　　B. 正面描写　　C. 细节描写　　D. 侧面烘托

四、俗话说：“温故而知新。”前面我们已经学习过一些寓言故事，这些故事都有各自的道理。请把你悟出的道理填入下表。

寓言故事	值得我们学习的地方	应该吸取的教训
东施效颦	知道学习他人	不能机械地学习
邯郸学步		不能盲目照搬
弈秋学弈	一心一意的学习态度	不能三心二意
纪昌学射		

夏
商
周
秦
汉
三国
晋
南北朝
隋
唐
五代
宋
辽
西夏
金
元
明
清

《荀子》

荀子

别　　名　《荀卿新书》《孙卿子》
作　　者　荀子
成书时间　战国后期
文学体裁　说理散文
思想观点　天道自然、天人相分
流　　派　儒家

《荀子》是战国时期荀子和弟子们整理或记录他人言行的哲学著作。全书32篇，是战国后期儒家学派的重要著作。书中擅于说理，结构严密，善用比喻、排比等修辞手法来增强议论的气势，语言简练，很有说服力和感染力。

荀子(约前313—前238)，名况，字卿，战国末期的赵国人，两汉时期因避汉宣帝“询”名讳而自称“孙卿”，是著名的思想家、哲学家、教育家，儒家学派的代表人物，先秦时期百家争鸣的集大成者，被称为“后圣”“辞赋之祖”。

荀子在继承前期儒家学说的基础上，又吸收了各家的长处并建立起自己的思想体系，主张“礼法并施”；提出“制天命而用之”的人定胜天的思想，反对鬼神迷信；提出性恶论，重视习俗和教育对人的影响，强调学以致用。他还创立了先秦时期完备的朴素唯物主义哲学体系，对后世影响深远。

名句集锦

◎以善先人者，谓之教。
◎学者非必为仕，而仕者必如学。
◎善言古者必有节于今；善言天者必有征于人。
◎青，取之于蓝，而青于蓝；冰，水为之，而寒于水。

扫码听音频

22 劝学 (quàn xué)

jī tǔ chéng shān fēng yǔ xīng yān jī shuǐ chéng yuān jiāo lóng shēng yān jī shàn chéng
积土成山，风雨兴焉；积水成渊，蛟龙生焉；积善成
dé ér shén míng zì dé shèng xīn bèi yān gù bù jī kuǐ bù wú yǐ zhì qiān
德，而神明[1]自得，圣心[2]备焉。故不积跬步[3]，无以至千
lǐ bù jī xiǎo liú wú yǐ chéng jiāng hǎi qí jì yí yuè bù néng shí bù nú mǎ shí
里；不积小流，无以成江海。骐骥[4]一跃，不能十步[5]；驽马十
jià gōng zài bù shě qiè ér shě zhī xiǔ mù bù zhé qiè ér bù shě jīn shí kě
驾[6]，功在不舍。锲[7]而舍之，朽木不折；锲而不舍[8]，金石可
lòu yǐn wú zhǎo yá zhī lì jīn
镂[9]。蚓无爪牙之利，筋
gǔ zhī qiáng shàng shí āi tǔ xià
骨之强，上食埃土，下
yǐn huáng quán yòng xīn yī yě xiè
饮黄泉，用心一也。蟹
liù guì ér èr áo fēi shé shàn
六跪[10]而二螯[11]，非蛇鳝
zhī xué wú kě jì tuō zhě yòng
之穴无可寄托者，用
xīn zào yě
心躁也。

---

1. 神明：指人的智慧。
2. 圣心：圣人之心，指通明的思想。
3. 跬步：行走时两脚之间的距离，等于现在所说的一步，古人所说的半步。步，古人说一步，指左右脚都向前迈一次的距离，等于现在的两步。
4. 骐骥：骏马。
5. 步：长度单位。
6. 驾：古代马拉车时，早晨套上车，晚上卸去。套车叫“驾”，所以这里用“驾”指代马车一天的行程。十驾，套十次车，指十天的行程，这里指千里的路程。
7. 锲：刻。
8. 舍：舍弃。
9. 镂：雕刻。
10. 跪：蟹腿。
11. 螯：螃蟹等节肢动物身前的大爪，形如钳。

智慧点拨

学习一定要专心致志，注重积累，持之以恒，坚持不懈。不积跬步，无以至千里，只有注重积累，把一点一滴的小事都做好，才能成就一番大事业。

译文悦读

堆积土石成为大山，风雨就会在这里兴起；积聚雨水成为深潭，蛟龙就会在这里生长；积累善行，养成良好的品德，于是智慧就能得到发展，通明的思想也就具备了。所以不积累小步，就没有办法走到千里之远的地方；不汇聚细流，就没有办法汇成江海。骏马跳跃一次，也不足十步远；劣马拉车走十天也能走得很远，它的成功在于它不停地走。雕刻几下就放弃，腐朽的木头也不能刻断；不停地刻下去，金石也能雕刻成功。蚯蚓没有锋利的爪牙，也没有坚硬的筋骨，却能向上吃到泥土，向下喝到泉水，这是用心专一的缘故。螃蟹有六条腿和两只蟹钳，可是没有蛇和鳝鱼的洞就没有地方可以寄居，这是用心浮躁的缘故。

知识拓展

从“学”字中悟出的学习道理

“学”的甲骨文由“双手”“乂”和“宀”三部分组成，“乂”表示算筹（chóu），相当于学算数用的小棍，“宀”表示房屋，合起来表示在室内学习算数。金文在“宀”的下边加“子”，表示学习算数应该从孩童时开始；上边由一个算筹变成了两个，写作“爻”。

从“学”字中，我们可以悟出以下四个关于学习的道理：

第一，金文、小篆的下边是“子”，说明学习应该从孩童时开始；

第二，甲骨文的下边和金文、小篆的中间都是“宀”，说明学习要有固定场所；

第三，甲骨文、金文和小篆的上边有一个或两个筹算，说明学习要借助用具；

第四，甲骨文、金文和小篆的上边两侧都是手，说明学习时动手操作的重要性。

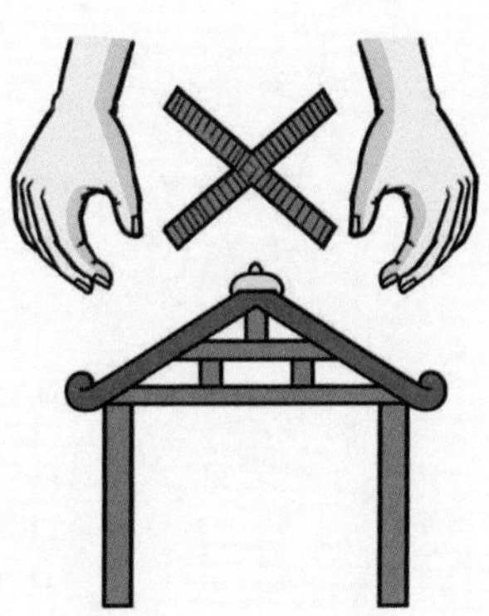

甲骨文　金文　小篆　隶书　楷书

学而思

一、请将下列句子补充完整。

1. 骐骥一跃，____________

2. ____________，朽木不折

3. 驽马十驾，____________

4. ____________，金石可镂

二、下列句子运用了什么修辞方法？

A. 拟人　　B. 比喻　　C. 夸张　　D. 对比

1. 积土成山，风雨兴焉……圣心备焉。（　　）

2. 蚓无爪牙之利，筋骨之强……用心躁也。（　　）

三、请把左边的句子与右边的道理连一连。

故不积跬步，无以至千里	不放弃
驽马十驾，功在不舍	用心专一
锲而不舍，金石可镂	积累
蚓……上食埃土，下饮黄泉	坚持

四、读了《劝学》这篇文章，你知道在学习中遇到困难该如何做吗？请用自己的话写一写。

夏 商 周 秦 汉 三国 晋 南北朝 隋 唐 五代 宋 辽 西夏 金 元 明 清

《韩非子》

韩非子

作　者	韩非
成书时间	战国
流　派	法家
文学体裁	政论文
主　张	以法治国
思想主题	唯物主义与效益主义思想等

《韩非子》是战国时期韩非的著作总集，该书是在韩非逝世后，由后人收集整理而成的。书中大量的民间传说和寓言故事成为成语典故的出处，该书也是后世研究战国文化的重要参考来源之一。

书中文章长于说理，文笔犀利，构思精巧，议论透彻，语言幽默，常用浅显的寓言和丰富的历史故事说明和论证枯燥抽象的道理，在先秦诸子散文中独树一帜。文中体现了韩非极为重视唯物主义思想，积极倡导君主专制理论，坚持以法治国，为专制君主提供富国强兵的霸道思想。

韩非(约前280—前233)，战国末期韩国贵族，著名的思想家和法家代表人物，荀子的学生，被后世尊称为“韩非子”或“韩子”。他被誉为得到老子思想精髓最多的二人之一（另一人为庄周）。

名句集锦

◎母欺子，子而不信其母，非以成教也。

◎以子之矛，攻子之盾。

◎千里之堤，溃于蚁穴。

◎不吹毛而求小疵，不洗垢而察难知。

扫码听音频

mǎi dú huán zhū

23 买椟还珠[1]

chǔ rén yǒu mài qí zhū yú zhèng zhě wéi mù lán zhī dú xūn yǐ guì jiāo zhuì

楚[2]人有卖其珠于郑者，为木兰[3]之椟[4]，薰[5]以桂椒[6]，缀[7]

yǐ zhū yù shì yǐ méi gui

以珠玉，饰[8]以玫瑰[9]，

jī yǐ fěi cuì zhèng rén mǎi

辑[10]以翡翠[11]。郑人买

qí dú ér huán qí zhū cǐ kě

其椟而还其珠。此可

wèi shàn mài dú yǐ wèi kě wèi

谓[12]善卖椟矣，未可谓

shàn yù zhū yě

善鬻[13]珠也。

---

❶ 买椟还珠：比喻没有眼光，舍本逐末，取舍失当。

❷ 楚：古代国名，春秋时期被列为五霸之一。

❸ 木兰：一种香木。

❹ 椟：这里指装珠子的木匣。

❺ 薰：同“熏”，熏染。

❻ 桂椒：桂、椒都是香料的名称。

❼ 缀：装饰，点缀。

❽ 饰：修饰，装饰。

❾ 玫瑰：这里指美丽的玉石。

❿ 辑：通“缉”，连缀，连接。

⓫ 翡翠：这里指翠鸟的羽毛。

⓬ 可谓：可以说。

⓭ 鬻：卖。

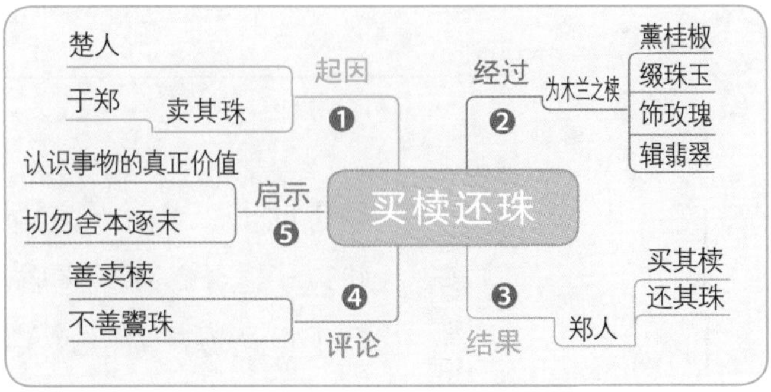

智慧点拨

过分地讲究形式，就会犯舍本逐末的错误。事物的形式和内容，内容是主要的，形式是次要的。我们看问题和办事情，一定要看重内容，不要单纯地去追求形式。

译文悦读

楚国有个人到郑国去卖宝珠，他用木兰这样名贵的香木做成了一个匣子，又用桂木和花椒这样的香料把盒子熏香，然后用珠宝、美玉、翡翠加以装饰。有个郑国人买下了他的盒子，却把里面的宝珠退还给了他。这可以说是善于卖匣子，不能说善于卖宝珠啊。

知识拓展

献玉者

魏国有个农夫在野外耕地，拾到一块直径一尺左右的宝玉。他不认识这是宝玉，便招呼邻居来看，问邻居这到底是什么东西。邻居见这是块罕见的宝玉，就骗他说："这是一块怪石，放在家里不吉利，要放回原处。"

农夫虽然疑惑，还是把宝玉带回家中。夜里，宝玉放出的光彩，照亮了整个房间。农夫全家都很害怕，又把这个情况告诉了邻居。邻居趁机恐吓说："再不扔掉，灾祸就要降临了。"于是，农夫战战兢兢地把宝玉扔到了遥远的野外。邻居暗中尾随，等农夫一走，便偷偷将宝玉捡了回来。

学而思

一、从文章最后的议论看，作者批评的重点是（　　）。

A. 卖珠者（楚人）　　B. 买珠者（郑人）

C. 卖珠者（郑人）　　D. 买珠者（楚人）

二、这则寓言故事，买卖双方都有不对的地方，请试着把他们的错误连起来。

	过度包装
卖方	缺乏眼光
	主次颠倒
买方	舍本逐末
	喧宾夺主

扫码听音频

lǎo mǎ shí tú

24 老马识途[1]

guǎn zhòng　xí péng　cóng yú huán gōng　ér fá　gū zhú　chūn wǎng dōng fǎn

管仲[2]、隰朋[3]从于桓公[4]而伐[5]孤竹[6]，春往冬反[7]，

mí huò　shī dào　guǎn zhòng yuē　lǎo mǎ zhī zhì kě yòng yě　nǎi　fàng lǎo mǎ

迷惑[8]失道[9]。管仲曰：“老马之智可用也。”乃[10]放老马

ér suí zhī　suì　dé dào　xíng shān zhōng wú shuǐ　xí péng yuē　yǐ dōng jū　shān zhī

而随之，遂[11]得道。行山中无水，隰朋曰：“蚁冬居[12]山之

yáng　xià jū shān zhī yīn　yǐ rǎng　yí cùn ér rèn yǒu shuǐ　nǎi jué dì　suì

阳[13]，夏居山之阴[14]。蚁壤[15]一寸而仞有水。”乃掘地，遂

dé shuǐ

得水。

---

[1] 老马识途：老马认识走过的路。比喻阅历多、有经验的人可以认清方向，起到引导作用。

[2] 管仲：春秋时齐国著名的政治家。

[3] 隰朋：春秋时齐国人，与管仲一起辅佐齐桓公建立霸业。

[4] 公：齐桓公。

[5] 伐：讨伐。

[6] 孤竹：春秋时的一个小国，在今河北省东部卢龙一带。

[7] 反：通“返”，返回。

[8] 迷惑：分辨不清。

[9] 失道：迷失归途。

[10] 乃：于是，就。

[11] 遂：终于。

[12] 居：处于，住。

[13] 阳：山的南面为阳。

[14] 阴：山的北面为阴。

[15] 蚁壤：蚁封，即蚁窝上的土堆。

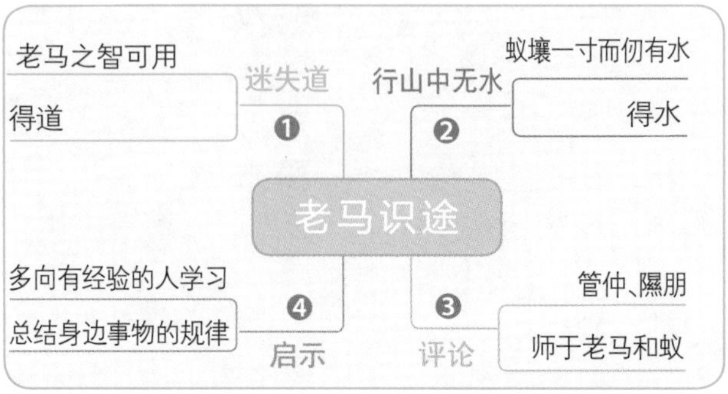

智慧点拨

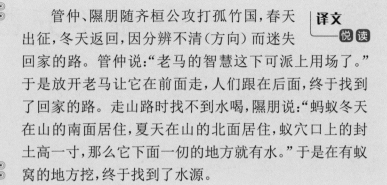

在现代社会，知识更新固然重要，但丰富的经验仍然是一笔财富。不了解的事，就要向有经验的人求教。既要善于吸取圣人的智慧，也要做到不耻下问。

译文悦读

管仲、隰朋随齐桓公攻打孤竹国，春天出征，冬天返回，因分辨不清（方向）而迷失回家的路。管仲说：“老马的智慧这下可派上用场了。”于是放开老马让它在前面走，人们跟在后面，终于找到了回家的路。走山路时找不到水喝，隰朋说：“蚂蚁冬天在山的南面居住，夏天在山的北面居住，蚁穴口上的封土高一寸，那么它下面一仞的地方就有水。”于是在有蚁窝的地方挖，终于找到了水源。

知识拓展

“人”和“戈”可以组成什么字？

“伐”的甲骨文由“人”和“戈”两部分组成，“戈”表示古代的戈形兵器，合起来像用戈砍掉人头的样子，有击刺、砍杀的意思。“伐”的本义为击刺、砍杀，如：杀伐。由砍杀引申为砍伐（树）。又引申为攻打、征伐。

“戍”的甲骨文左边像一个侧视人，右边像古代的一种戈形兵器，合起来表示手持武器守卫边疆。“戍”的本义为保卫边疆。

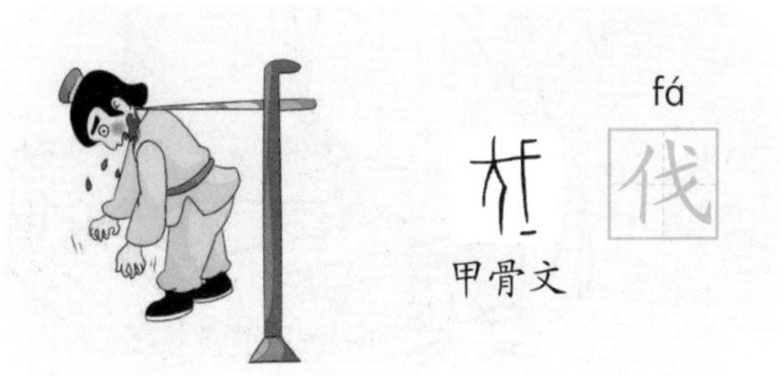

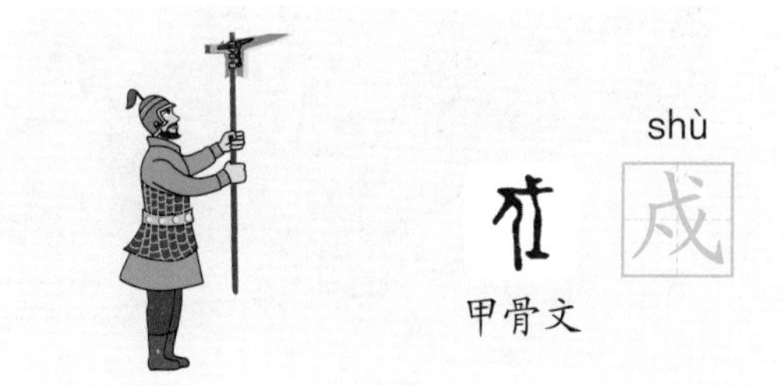

提示：与“戈”构成的字如：戌（xū）、戍（shù）、戊（wù）、戒（jiè）、戎（róng）。请按照下面的打油诗进行记忆：

横戌、点戍、戊中空，

双十为戒，单十戎。

学而思

一、请找出文中的三对反义词。

（　　）——（　　）　　（　　）——（　　）　　（　　）——（　　）

二、管仲、隰朋利用老马和蚂蚁的不同特征，成功地解决了迷路和缺水的问题。在生活中，我们可以利用北斗七星来判断方位。你还知道哪些现象？请写一写。

____

____

扫码听音频

làn yú chōng shù

25 滥竽充数[1]

qí xuān wáng shǐ rén chuī yú bì sān bǎi rén nán guō chǔ shì qǐng wèi wáng chuī yú xuān wáng yuè zhī lǐn shí yǐ shù bǎi rén xuān wáng sǐ mǐn wáng lì hào yī yī tīng zhī chǔ shì táo

齐宣王[2]使[3]人吹竽，必[4]三百人。南郭[5]处士[6]请为王吹竽，宣王说[7]之，廪食[8]以[9]数百人。宣王死，湣王[10]立[11]，好[12]一一听之，处士逃。

---

[1] 滥竽充数：借指没有本领的人混在行家当中充数。有时也用于自谦。滥，失实的。竽，一种簧管乐器。充数，凑数。

[2] 齐宣王：战国时期齐国的国君。

[3] 使：让，指使。

[4] 必：必须，一定。

[5] 南郭：复姓。

[6] 处士：没有官职的读书人。

[7] 说：通“悦”，指对……感到高兴。

[8] 廪食：官府供给的口粮。廪，粮仓，这里指官府的米仓。

[9] 以：给。

[10] 湣王：齐宣王的儿子，齐国的国君。

[11] 立：继承王位。

[12] 好：喜欢，爱好。

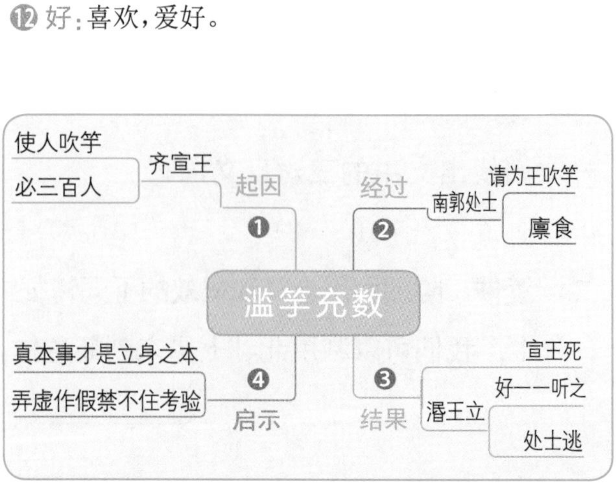

智慧点拨

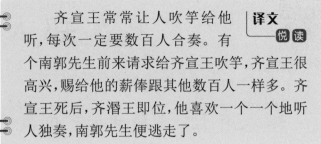

没有真才实学，冒充内行，浑水摸鱼，终究是要露出马脚的。我们只有练就一身过硬的本领，才能从容应对变化，经受住考验。

译文悦读

齐宣王常常让人吹竽给他听，每次一定要数百人合奏。有个南郭先生前来请求给齐宣王吹竽，齐宣王很高兴，赐给他的薪俸跟其他数百人一样多。齐宣王死后，齐湣王即位，他喜欢一个一个地听人独奏，南郭先生便逃走了。

知识拓展

自知之明

唐太宗李世民在位期间，经常与群臣谈笑风生地议论朝政。有一次，他谈到弓箭，说："我自幼酷爱弓箭，曾以为得到了十把良弓，但给造弓的工匠看过后，证实那些不过是些次品。"唐太宗承认自己辨别弓的能力不高明，他感叹道："我用弓箭统一了天下，但对弓箭还没有彻底了解，何况对于这世上繁杂的事务，我又怎么能都弄明白呢？"所以唐太宗曾有过这样的经验之谈："人，苦不自觉耳。"也就是说，对于一个人，最怕的就是他缺少自知之明，不能清楚地看到自己的缺点和不足，反而自高自满，目中无人。

学而思

一、文中的"南郭"是复姓，请把下列人名中的复姓圈出来。

司马迁	诸葛亮	慕容复
上官婉儿	欧阳锋	东方文英
孙悟空	贾宝玉	尉迟恭

二、"齐宣王使人吹竽，必三百人"，其中的"三百人"是指（　　）。

A. 三百个人　　　　B. 几百个人

三、从"滥竽充数"和"自知之明"这两个故事中，你明白了什么道理？请写一写。

____

____

扫码听音频

zhèng rén mǎi lǚ

26 郑人买履[1]

zhèng rén yǒu qiě zhì lǚ zhě xiān zì duó qí zú ér zhì zhī qí zuò zhì

郑人有且[2]置履者，先自度[3]其足而置[4]之其坐[5]。至[6]

zhī shì ér wàng cāo zhī yǐ dé lǚ nǎi yuē wú wàng chí dù fǎn guī qǔ

之[7]市而忘操[8]之[9]。已得履，乃[10]曰："吾忘持度[11]。"反[12]归取

zhī jí fǎn shì bà suì bù dé lǚ rén yuē hé bù shì zhī yǐ zú yuē nìng

之。及反，市罢[13]，遂不得履。人曰："何不试之以足？"曰："宁

xìn dù wú zì xìn yě

信度，无自信也。"

---

1 郑人买履：指只知生搬条文而不考虑实际情况的教条做法。郑，春秋时期的诸侯国名。履，鞋。

2 且：将要。

3 度：丈量长短，计算。

4 置：放，搁。

5 坐：通"座"，座位，席位。

6 至：等到。

7 之：动词，往，到……去。

8 操：拿。

9 之：这里指量好的尺码。

10 乃：才。

11 度：这里指量好的尺码。

12 反：通"返"，返回。

13 罢：停，歇。

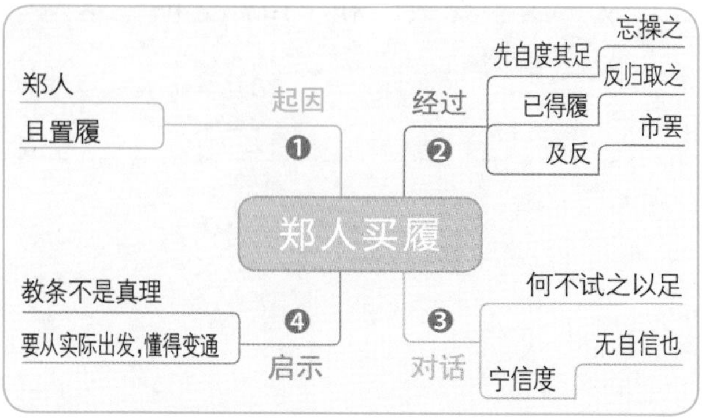

智慧点拨

做事不能固守教条，要根据实际情况随机应变。墨守成规的人是很难取得大进步的，只有懂得创新才能成就一番大事业。

译文悦读

郑国有个想要买鞋的人，他先量了一下自己的脚，然后把量好的尺码放在座位上。等到来到市场上时，却忘了带量好的尺码。他已经拿到了鞋，才说：“我忘记带尺码了。”又返回家去取。等到赶回来时，集市已散了，最终没有买到鞋子。有人问他，说：“你为什么不用脚试一试鞋子呢？”他说：“我宁愿相信量好的尺码，也不相信自己的脚。”

知识拓展

古代对鞋的称呼

履（lǚ）

在我国古代，鞋一般统称为“履”。战国以前，“履”一般只作动词用，意思是践踏。后来，因鞋在脚下是被践踏的对象，所以由此引申为鞋，作名词。

舄（xì）

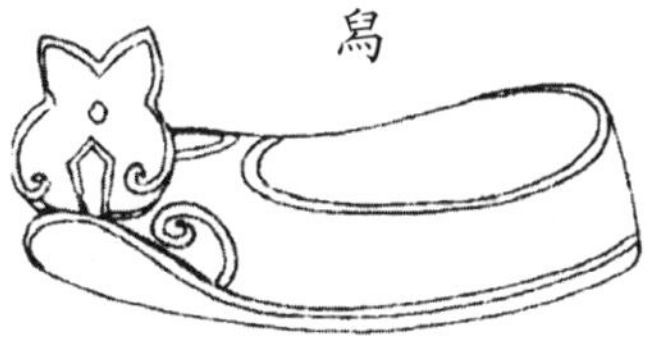

在古代，“舄”一般指重底木鞋，是古时最尊贵的鞋，多是帝王、大臣的专属，后来泛指鞋子。

屐（jī）

唐代以前，“屐”专指旅游用的鞋，宋代以后专指雨鞋，后来指用木头做鞋底的鞋，它由扁、系、齿三部分组成，又泛指鞋子。

学而思

一、找出下列句中的通假字并解释。

1. 先自度其足，而置之其坐　　______通______，意思是________________。

2. 及反，市罢，遂不得履　　______通______，意思是________________。

二、下列成语与“试之以足”结构不同的是（　　）。

A. 嗤之以鼻　　B. 一言以蔽之　　C. 动之以情　　D. 绳之以法

三、古人对衣服的称呼与现在有所不同，请试着把下面的图片与对应的称呼连接起来。

扫码听音频

zēng zǐ shā zhì

27 曾子①杀彘②

zēng zǐ zhī qī zhī shì qí zǐ suí zhī ér qì qí mǔ yuē rǔ huán

曾子之③妻之④市⑤，其子随之而泣。其母曰：“女⑥还，

gù fǎn wèi rǔ shā zhì qī shì shì lái zēng zǐ yù bǔ zhì shā zhī qī zhǐ zhī yuē

顾反⑦为女杀彘。”妻适市来⑧，曾子欲捕彘杀之。妻止之曰：

tè yǔ yīng ér xì ěr zēng zǐ yuē yīng ér fēi yǔ xì yě yīng ér fēi yǒu zhī

“特⑨与婴儿⑩戏耳⑪。”曾子曰：“婴儿非与戏也。婴儿非有知⑫

yě dài fù mǔ ér xué zhě yě tīng fù mǔ zhī jiào jīn zǐ qī zhī shì jiào zǐ qī yě

也，待⑬父母而学者也，听父母之教。今子⑭欺之，是⑮教子欺也。

mǔ qī zǐ zǐ ér bú xìn qí

母欺子，子而不信其

mǔ fēi yǐ chéng jiào yě suì pēng

母，非以成教也。”遂烹

zhì yě

彘也。

---

①曾子：曾参，孔子的弟子。

②彘：猪。

③之：的。

④之：到……去。

⑤市：市场。

⑥女：通“汝”，你。

⑦顾反：返回。顾，回，返。反，通“返”，返回。

⑧适市来：赶集回来。

⑨特：只是，不过。

⑩婴儿：刚生的小孩，这里泛指小孩。

⑪戏耳：开玩笑罢了。

⑫知：知识，智慧。

⑬待：依赖。

⑭子：你，对对方的尊称。

⑮是：指示代词，这，这里指妻子骗孩子这件事。

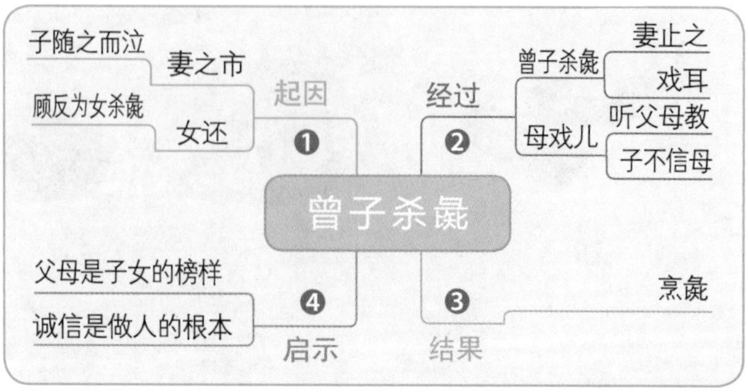

智慧点拨

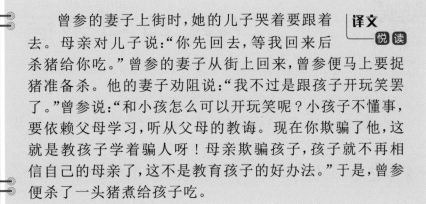

身教重于言传，父母的一言一行都会对孩子产生极大的影响。父母应当以身作则，为子女做出榜样，以培养子女诚实的品德，要注意言行一致，决不能欺骗孩子。

译文悦读

曾参的妻子上街时，她的儿子哭着要跟着去。母亲对儿子说：“你先回去，等我回来后杀猪给你吃。”曾参的妻子从街上回来，曾参便马上要捉猪准备杀。他的妻子劝阻说：“我不过是跟孩子开玩笑罢了。”曾参说：“和小孩怎么可以开玩笑呢？小孩子不懂事，要依赖父母学习，听从父母的教诲。现在你欺骗了他，这就是教孩子学着骗人呀！母亲欺骗孩子，孩子就不再相信自己的母亲了，这不是教育孩子的好办法。”于是，曾参便杀了一头猪煮给孩子吃。

知识拓展

司马光教子

北宋政治家、文学家司马光节俭淳朴，“平生衣取蔽寒，食取充腹”，但却“不敢服垢弊以矫俗干名”。他常常教育儿子司马康说，食丰而生奢，阔盛而生侈。他还不断告诫儿子说：读书要认真，工作要踏实，生活要俭朴，尤其是“由俭入奢易，由奢入俭难”的警句，已成为世人传诵的名言。

在他的教育下，儿子司马康从小就懂得俭朴的重要性，并以俭朴自律。他历任校书郎、著作郎兼任侍讲，也以博古通今、为人廉洁和生活俭朴而称誉于后世。

学而思

雁，来去定时，谓之“信禽”；鸥，随海潮定时往还，称之“信鸟”。商鞅“立木为信”，以明不欺；刘邦“约法三章”，取信于民。文中曾子之妻不（　　　），曾子杀彘教育孩子要（　　　），也提醒父母要（　　　）。

A. 信守承诺　　B. 言而有信　　C. 以身作则

扫码听音频

zì xiāng máo dùn
28 自相矛盾[1]

chǔ rén yǒu yù dùn yǔ máo zhě yù zhī yuē wú dùn zhī jiān wù mò néng xiàn yě yòu yù qí máo yuē wú máo zhī lì yú wù wú bú xiàn yě huò yuē yǐ zǐ zhī máo xiàn zǐ zhī dùn hé rú qí rén fú néng yìng yě fú bù kě xiàn zhī dùn yǔ wú bú xiàn zhī máo bù kě tóng shì ér lì

楚人有鬻[2]盾与矛者，誉[3]之曰：“吾盾之坚，物莫能陷[4]也。”又誉其矛曰：“吾矛之利[5]，于物无不陷也。”或[6]曰：“以[7]子[8]之矛，陷子之盾，何如？”其人弗[9]能应[10]也。夫[11]不可陷之盾与无不陷之矛，不可同世而立。

---

❶ 自相矛盾：言行前后不一或互相抵触。

❷ 鬻：卖。

❸ 誉：称赞，这里有夸耀、吹嘘的意思。

❹ 陷：刺破。

❺ 利：锋利。

❻ 或：有人，有的。

❼ 以：用，使用。

❽ 子：你。

❾ 弗：不。

❿ 应：回答。

⓫ 夫：用在句首，引起议论。

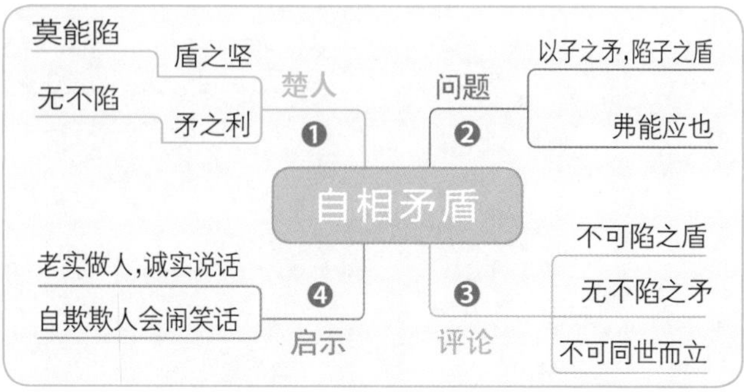

智慧点拨

说话做事应该实事求是，前后一致，切不可言过其实，自吹自擂。因为任何对立的事物都是互相制约而又互相联系的，如果把它们割裂开来，一定会闹出笑话。

译文悦读

楚国有个卖矛和盾的人，他夸耀他的盾说：“我的盾很坚固，任何武器都刺不破它。”然后，又夸他的矛说：“我的矛很锐利，什么东西都可以刺穿。”有人问他：“用你的矛去刺你的盾，结果会怎样？”那人便无法回答。坚不可破的盾和无坚不催的矛是不可能同时存在的。

知识拓展

“矛”和“盾”

“矛”的金文写作“”，像一种兵器，上边像装有青铜或铁制成的枪头，主要用于刺击，下部像一根长杆。本义为一种古代兵器，在长棒的一端装有由金属制成的枪头，用于刺杀。

“盾”的甲骨文写作“”，像盾牌，中间的竖线加一横表示握持盾牌的把手。本义为盾牌，一种古代防护武器，用来遮挡敌方刀箭。

后来，“矛”和“盾”合成“矛盾”一词，比喻言语或行为自相抵触的现象。又指认识不同或言行冲突而造成的隔阂、嫌隙。泛指事物互相抵触或排斥。另外，还具有互相排斥的性质。

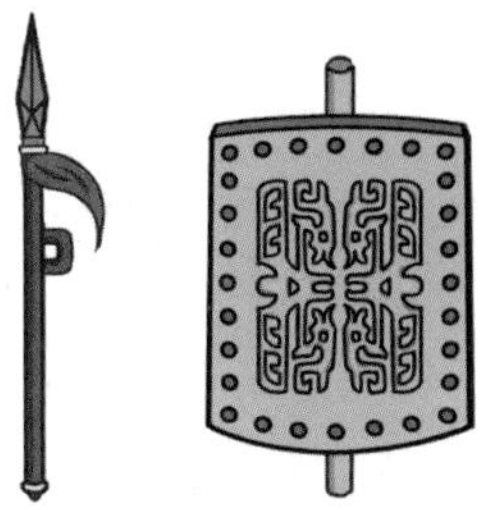

矛　　盾

学而思

一、填空题。

文中，楚人夸耀他的盾________，又夸耀他的矛________，他的言行可以用成语________来概括。最后他“弗能应也”，也可以用成语________来概括。

二、下列说法错误的一项是（　　）。

A. 这则寓言故事讽刺了那些说话前后矛盾，不能自圆其说的人

B. 说话做事都要实事求是，恰如其分，切不可言过其实，自吹自擂

C. “矛盾”和“自相矛盾”都出自这则寓言故事

D. “世界上的一切事物都普遍存在着矛盾”，这句话是错误的

三、假如你是卖矛和盾的楚人，你应该怎样推销自己的“矛”和“盾”呢？请试着写一写。

____

____

扫码听音频

shǒu zhū dài tù

29 守株待兔[1]

sòng rén yǒu gēng zhě　tián zhōng yǒu zhū　tù zǒu　chù zhū　zhé jǐng　ér sǐ

宋人有耕者[2]，田中有株，兔走[3]触株，折颈[4]而死。

yīn　shì　qí lěi　ér shǒu zhū　jì　fù dé tù　tù bù kě fù dé　ér shēn　wéi

因[5]释[6]其耒[7]而守株，冀[8]复得兔。兔不可复得，而身[9]为

sòng guó xiào

宋国笑[10]。

[1] 守株待兔：比喻心存侥幸，希望得到意外的收获。株，树桩子。

[2] 耕者：指农夫。

[3] 走：跑。

[4] 颈：脖颈，脖子。

[5] 因：于是。

[6] 释：放下。

[7] 耒：古代的一种农具，形状像犁杖，可以用来翻土。

[8] 冀：希望。

[9] 身：自己。

[10] 笑：被……耻笑。

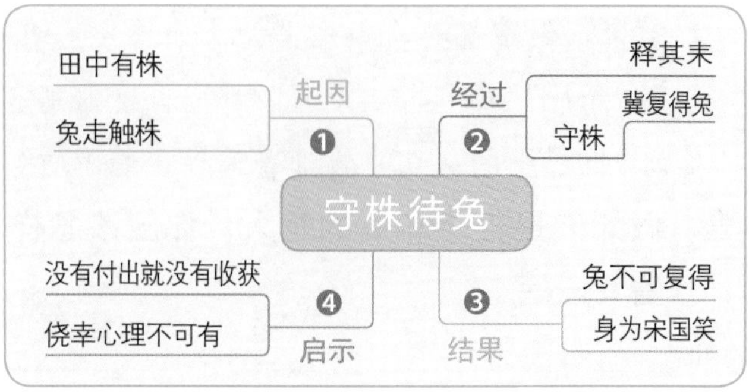

智慧点拨

世界上有的事情是偶然碰巧发生的，它和事物发展的规律并没有直接联系。如果我们放弃主观努力，把希望寄托在偶然、碰巧上，侥幸取胜，结果必然是希望落空，闹出笑话来。

译文悦读

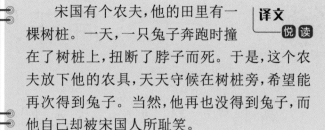

宋国有个农夫，他的田里有一棵树桩。一天，一只兔子奔跑时撞在了树桩上，扭断了脖子而死。于是，这个农夫放下他的农具，天天守候在树桩旁，希望能再次得到兔子。当然，他再也没得到兔子，而他自己却被宋国人所耻笑。

知识拓展

有趣的古动物字

在古代，表示动物的汉字是什么样的呢？聪明的古人采用象形造字法，模仿动物的特征而造出各种各样的动物字。请观察下面这些古汉字与现代汉字有什么区别？

quǎn 犬

tù 兔

jī 鸡

niǎo 鸟

guī 龟

yàn 燕

学 而 思

一、如果你遇到这个农夫，应该怎么劝告他？（　　）

A.要坚持，说不定明天就能等到兔子了。

B.你真傻，一边干活一边等兔子就不会耽误耕作了！

C.兔子撞树而亡，只是偶然，踏踏实实地劳动才是正道！

D.你在树桩旁安装一面网，要比等兔子来撞机会多。

二、猜谜语。

两只耳朵长又尖，短短尾巴翘后边。

两只眼睛像玛瑙，一张嘴巴分三片。（打一动物）

谜底：________

扫码听音频

30 扁鹊见蔡桓公

扁鹊[1]见蔡桓公，立有间[2]，扁鹊曰：“君有疾在腠理[3]，不治将恐深。”桓侯曰：“寡人[4]无疾。”扁鹊出，桓侯曰：“医之好治不病以为功[5]。”居[6]十日，扁鹊复见，曰：“君之病在肌肤[7]，不治将益[8]深。”桓侯不应。扁鹊出，桓侯又不悦[9]。居十日，扁鹊复见，曰：“君之病[10]在肠胃，不治将益深。”桓侯又不应。扁鹊出，桓侯又不悦。居十日，扁鹊望桓侯而还走[11]。桓侯故[12]使人问之。扁鹊曰：“疾在腠理，汤熨[13]之所及[14]也；在肌肤，针石[15]之所及也；在肠胃，火齐[16]之所及也；在骨髓，司命[17]之所属[18]，无奈何也。今在骨髓，臣是以[19]无请[20]也。”居五日，桓侯体痛，使人索[21]扁鹊，已逃秦矣。桓侯遂[22]死。

---

[1] 扁鹊：战国时期的名医。 [2] 有间：一会儿。 [3] 腠理：指皮肤的纹理。 [4] 寡人：古代君王的自称。 [5] 功：意思是说医生总爱给没病的人治病，以此表功。 [6] 居：过了。 [7] 肌肤：这里指肌肉。 [8] 益：更加。 [9] 悦：高兴。 [10] 病：小病，轻病。 [11] 还走：转身就走。还，通“旋”，调转，回转。走，小步快跑。 [12] 故：故意。 [13] 汤熨：一种中医治病的方法。 [14] 及：到。 [15] 针石：用金属针和石针进行针灸。 [16] 火齐：火剂汤，一种汤药。 [17] 司命：旧时迷信的人称掌管人的生死的神为“司命”。 [18] 属：掌管。 [19] 是以：即“以是”，指所以，因此。 [20] 请：询问。 [21] 索：求，寻找。 [22] 遂：于是，就。

智慧点拨

这则寓言是说，大问题是由小问题发展而来的，一次次的量变积累到一定程度，必然会引起质变。对于疾病以至任何其他坏事，都要及早处理，防微杜渐；否则就有可能像蔡桓侯那样，小病不治，酿成大病，以致把性命丢掉。

译文悦读

扁鹊进见蔡桓公，站了一会儿，扁鹊说：“您有小病在皮肤的纹理间，不医治恐怕会加重。”蔡桓公说：“我没病。”扁鹊离开后，蔡桓公说：“医生总喜欢给没病的人治病来捞取功劳！”过了十天，扁鹊再次进见蔡桓公，说：“您的病到了肌肉里，再不治将会更加严重。”蔡桓公不理睬。扁鹊离开后，蔡桓公又不高兴。又过了十天，扁鹊再一次进见蔡桓公，说：“您的病已经到肠胃里了，再不治疗将更加严重。”蔡桓公还是不理睬。扁鹊离开后，蔡桓公又不高兴了。又过了十天，扁鹊远远地看到蔡桓公，转身就跑。于是蔡桓公故意派人问他跑的原因。扁鹊说：“小病在皮肤纹理之间，通过汤熨就能治好；病在肌肉里面，用针灸可以治好；病在肠胃里，用火剂汤可以治好；病在骨髓里，那是司命神管的事情了，医生是没有办法医治的。桓侯的病现在已到了骨髓，所以我不再过问了。”过了五天，桓侯浑身剧痛，派人去寻找扁鹊，扁鹊已经逃到秦国去了。于是桓侯病死了。

知识拓展

趣说“看见”

“看”小篆的左上像一只手，右下像一只眼睛，合起来表示用手挡住额头前的强光，以便眺（tiào）望远方。“看”的本义为远望，即往远地方看。由此引申泛指看、瞧。由看引申为看待、照料等义。

“见”的甲骨文下面像一个面朝左的侧立人，头上有一只大眼睛，表示张开眼睛凝视的样子。“见”的本义为看到、看见。由此引申为遇到、接触。还引申为看出、显露出。也引申为对事物的看法等。

综上，“看”和“见”都表示用眼睛瞧。区别：“看”多用口语，可单独使用；因“看”的古文字是用手搭在眼睛上，是为了看清楚，所以强调的是看的动作；“见”强调的是看的结果，如“看得见、视而不见”。“看”和“见”可作合成词“看见”，表示看到。

小篆

kàn 看

甲骨文

jiàn 见

学而思

一、下列加点字的解释不正确的一项是（　　）。

A. 不治将益深（更加）　　B. 桓侯故使人问之（所以）

C. 扁鹊望桓侯而还走（小步快跑）　　D. 臣是以无请也（询问）

二、请给下列加点的字、词注音。

A. 医之好治不病以为功 ________　　B. 汤熨之所及也 ________

C. 扁鹊见蔡桓公，立有间 ________　　D. 君有疾在腠理 ________

E. 火齐之所及也 ________　　F. 扁鹊望桓侯而还走 ________

三、填空题。

1. 成语“讳疾忌医”就出自这篇文章，其中“讳”的意思是 ____________，“忌”的意思是 ____________；这个成语的意思是 ____________________；比喻 ____________________；其近义词是 ________，反义词是 ________。

2. 蔡桓公派人寻找扁鹊，发现扁鹊已经逃到了 ______ 国。

四、下列词语与“寡人无疾”中的“疾”意思相同的一项是（　　）。

A. 积劳成疾　　B. 大声疾呼

C. 深恶痛疾　　D. 手疾眼快

五、桓公的病有一个发展过程，请把他的病情和治疗方法中的空项补充完整。

时间	病情	治疗方法
最初	腠理	汤熨
十天		针石
又十天	肠胃	
再十天		无救

夏 商 周 秦 汉 三国 晋 南北朝 隋 唐 五代 宋 辽 西夏 金 元 明 清

《吕氏春秋》

吕氏春秋

别　　名　《吕览》
作　　者　吕不韦及其门客
创作年代　战国时期
风格特点　兼儒墨，合名法
流　　派　杂家

《吕氏春秋》是战国末年秦国的丞相吕不韦集合门客共同编写的。成书是为秦始皇统一天下、治理国家提供历史经验和思想武器，因此，书中引用了各科知识和大量古史旧闻，以儒、道为主，兼收各家，在中国历史上第一次将各家所长有组织、按计划地编成文集。

书中每篇都有一个议论的主旨，或作抽象的说理，或以史实作证，文字比较朴实，辩论色彩极淡，正面阐述较多。传说全书定稿之后，悬赏征求各家的意见，能易一字者赐千金，竟没有人来改动。这就是成语“一字千金”的典故出处。

吕不韦（？—前235），姜姓，吕氏，名不韦，卫国濮阳（今河南省安阳市滑县）人。战国末期著名的政治家、思想家，秦国丞相，姜子牙的二十三世孙。

名句集锦

◎善学者，假人之长以补其短。
◎不知而自以为知，百祸之宗也。
◎知之盛者，莫大于成身，成身莫大于学。

扫码听音频

kè zhōu qiú jiàn

31 刻舟求剑[1]

chǔ rén yǒu shè jiāng zhě, qí jiàn zì zhōu zhōng zhuì yú shuǐ, jù qì qí

楚人有涉[2]江者，其剑自舟中坠[3]于水，遽[4]契[5]其

zhōu, yuē: "shì wú jiàn zhī suǒ cóng zhuì." zhōu zhǐ, cóng qí suǒ qì zhě rù shuǐ qiú

舟，曰："是[6]吾剑之所从坠。"舟止，从其所契者入水求

zhī. zhōu yǐ xíng yǐ, ér jiàn bù xíng; qiú jiàn ruò cǐ, bú yì huò hū!

之。舟已行矣，而剑不行；求剑若此，不亦惑[7]乎！

---

❶ 刻舟求剑：比喻拘泥不知变通，不懂得根据实际情况处理问题。舟，船。求，寻找。剑，古代的一种兵器。

❷ 涉：指徒步渡水或趟水，这里指乘船渡过江河。

❸ 坠：落下，掉下。

❹ 遽：迅速。

❺ 契：用刀刻。

❻ 是：此，这。

❼ 惑：这里有糊涂的意思。

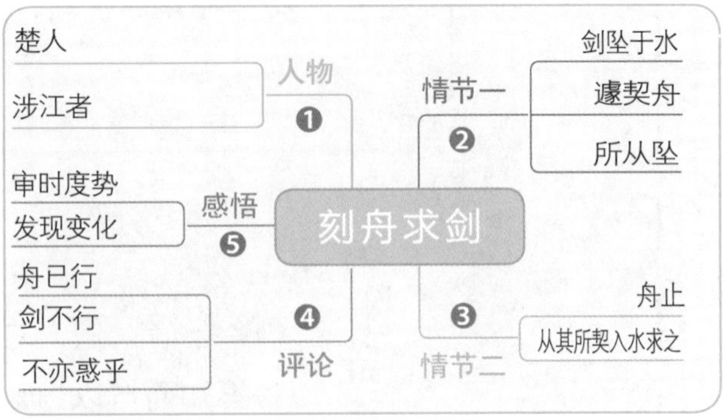

智慧点拨

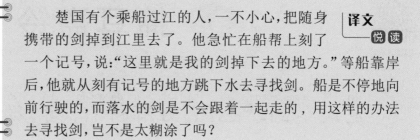

世界上的事物总是在不断地发展变化。我们想问题、办事情，都应当考虑到这种变化，并适应这种变化，千万不能墨守成规、故步自封。

译文悦读

楚国有个乘船过江的人，一不小心，把随身携带的剑掉到江里去了。他急忙在船帮上刻了一个记号，说：“这里就是我的剑掉下去的地方。”等船靠岸后，他就从刻有记号的地方跳下水去寻找剑。船是不停地向前行驶的，而落水的剑是不会跟着一起走的，用这样的办法去寻找剑，岂不是太糊涂了吗？

知识拓展

文言知识

“者”在文言中多作助词用，相当于“……的人”“……的事物”“……的地方”。“……者……也”为判断句，翻译成现代文相当于“是”。文中“涉江者”，意为渡江的人；“契者”，意为刻记号的地方。另外，“项羽者，楚人也”，意为项羽是楚国人。

学而思

一、这则寓言故事对你的启示是（　　）。

A. 做事按自己想象就可以了

B. 不能因循守旧，死守教条

C. 记牢书本，学鲁迅刻“早”

D. 不能乱刻乱画，要爱惜公物

二、请写出下列加点字所指代的内容。

1. 其剑自舟中坠于水　　其：__________

2. 从其所契者入水求之　　之：__________

扫码听音频

32 掩耳盗铃[1]

范氏[2]之亡[3]也，百姓有得钟[4]者。欲负[5]而走[6]，则钟大不可负。以椎[7]毁之，钟况然[8]有音，恐人闻之[9]而夺己[10]也，遽[11]掩[12]其耳。恶[13]人闻之，可也；恶己自闻之，悖[14]矣！

---

[1] 掩耳盗铃：比喻自己欺骗自己。掩耳，捂住耳朵。

[2] 范氏：春秋末期晋国的贵族，被其他四家贵族联合打败后，逃往齐国。

[3] 亡：逃亡。

[4] 钟：古代铜铸的打击乐器，即“编钟”。

[5] 负：用背驮东西。

[6] 走：跑，这里指逃跑。

[7] 椎：敲打东西的工具。

[8] 况然：形容钟声。

[9] 之：代词，指钟声。

[10] 夺己：指从自己手中夺走（钟）。

[11] 遽：急忙，赶快。

[12] 掩：掩盖，这里指捂住。

[13] 恶：讨厌，这里指害怕。

[14] 悖：荒谬。

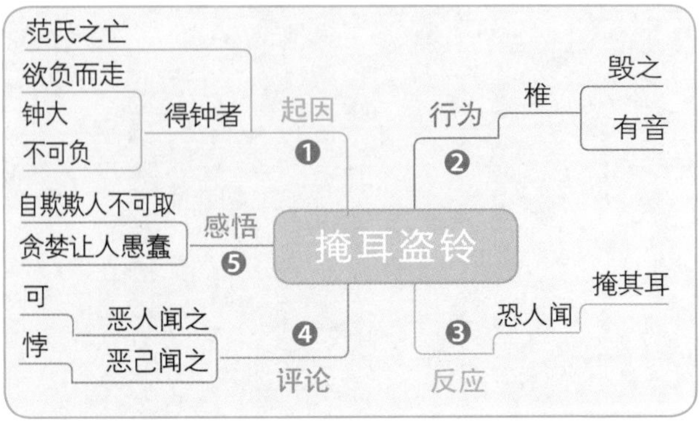

智慧点拨

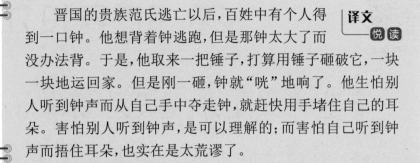

在生活中，对客观存在的现实不正视、不研究，闭目塞听，是自欺欺人的做法。我们必须尊重、承认客观事实，否则一定会自食恶果。

译文悦读

晋国的贵族范氏逃亡以后，百姓中有个人得到一口钟。他想背着钟逃跑，但是那钟太大了而没办法背。于是，他取来一把锤子，打算用锤子砸破它，一块一块地运回家。但是刚一砸，钟就"咣"地响了。他生怕别人听到钟声而从自己手中夺走钟，就赶快用手堵住自己的耳朵。害怕别人听到钟声，是可以理解的；而害怕自己听到钟声而捂住耳朵，也实在是太荒谬了。

知识拓展

文中明明盗的是"钟"，为何却叫"掩耳盗铃"？

"钟"是古代的打击乐器，有大有小。所谓"编钟"，是把大小不等的钟编排在一起，演奏时可发出不同的乐声。古人很讲究音乐，尤其是宫中，所以齐景公筑台，在台上置钟。

随着社会的发展，"铃"作为乐器而成为人们日常生活中的常见之物，加之铃的形体比钟小，编钟逐渐被淘汰了，所以"掩耳盗钟"也就逐渐演变成了"掩耳盗铃"。

学而思

一、读一读，连一连。

1. 掩耳盗铃	A. 违背事物的发展规律，求其速成，反而坏事
2. 拔苗助长	B. 自欺欺人
3. 坐井观天	C. 出了问题应及时补救，以免再受损失
4. 亡羊补牢	D. 眼界狭窄，见识不广

二、下列声音都可以用拟声词来形容，请连一连，记一记。

钟　声	咚 咚 锵	铃　声	哗啦啦
雷　声	噼里啪啦	风　声	呜　呜
爆竹声	轰 隆 隆	汽笛声	呼　呼
锣鼓声	嘀嗒嘀嗒	流水声	丁零零

三、下列关于本文的说法不正确的一项是（　　）。

A. "掩耳盗铃"的意思是自欺欺人，若要人不知，除非己莫为

B. 世间万物都是客观存在的，不因为你堵着耳朵就不复存在

C. 客观事物不管你承认还是不承认，它都是存在的，决不会因你的主观愿望而改变

D. 出了问题应及时补救，以免再受损失

扫码听音频

33 引①婴投江

有过②于江上者，见人方③引婴儿而欲④投之江中。婴儿啼。人问其故⑤，曰：“此其父善游。”其父虽善游，其子岂⑥遽⑦善游哉⑧？以此任⑨物，亦必悖⑩矣。

① 引：拉，牵。
② 过：经过。
③ 方：正在。
④ 欲：想要。
⑤ 故：原因。
⑥ 岂：难道。
⑦ 遽：就。
⑧ 哉：语气词，表示反问，相当于“吗”。
⑨ 任：处理，对待。
⑩ 悖：荒谬，谬误。

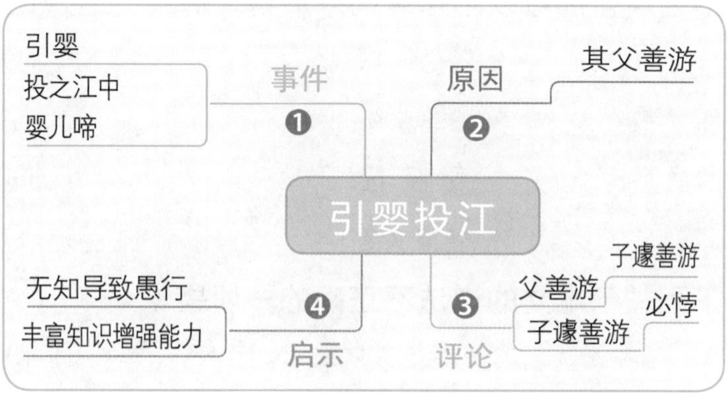

智慧点拨

其父善游，其子未必善游。因为人的才智和本领不是父母遗传的，而是在后天学习和实践中获得的。我们处理事情不能凭主观臆断，要从实际出发，具体情况应具体分析。

译文悦读

有个经过江边的人，看到一个人正拉着一个孩子要把他扔到江里去。小孩被吓得哭了起来。有人问他原因，他说：“这个孩子的父亲善于游泳。”孩子的父亲虽然善于游泳，他的孩子难道就善于游泳吗？用这种方法处理事物，也一定是荒谬的。

知识拓展

趣谈“江河”

“江”是一个形声字。金文的形旁为“水”（氵），声旁为“工”。本义为长江的专称，指我国最长的河流。

“河”也是一个形声字。甲骨文的形旁为“水”（氵），声旁为“可”。本义为黄河，指我国的第二大河。

综上，在现代汉语中，“江”“河”是一对同义词。在古代，“江”专指长江，“河”专指黄河。古籍中说的江、河、淮、济分别指长江、黄河、淮河、济水四大河流，称为“四渎(dú)”。现在江东父老、江南、江右以及河南、河北、河西走廊等词语中还保留着古义。

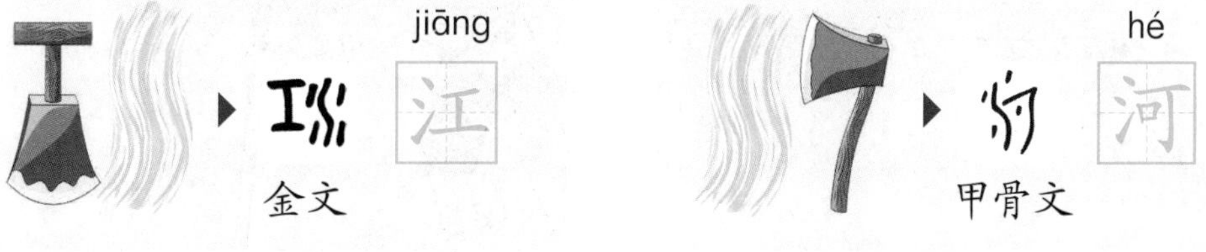

学而思

一、下面是出自这则寓言故事中的疑问句，你能在意思不变的情况下将其改成陈述句吗？

疑问句：其父虽善游，其子岂遽善游哉？

陈述句：________________________________

二、在生活中，父母会做的事情，有的你会做，有的你不会做。请结合本文想一想为什么。（　　）

A. 能力是通过学习得来的。　　B. 爸爸年长，会做的事情自然多。

C. 我现在年龄还小，等长大就会做了。　　D. 爸爸没有把能力遗传给我。

34 循表[1]夜涉

扫码听音频

荆[2]人欲袭宋[3]，使人先表[4]澭水。澭水暴[5]益[6]，荆人弗[7]知，循表而夜涉[8]，溺[9]死者千有余人，军惊而坏都舍[10]。向[11]其先表之时可导[12]也，今水已变而益多矣；荆人尚犹[13]循表而导之，此其所以败也。

❶ 循表：顺着标记。表，标记。

❷ 荆：楚国的别称。

❸ 宋：宋国。

❹ 表：这里作动词，作标记，作记号。

❺ 暴：突然。

❻ 益：通“溢”，涨。

❼ 弗：不。

❽ 涉：蹚水过河。

❾ 溺：沉于水，淹没。

❿ 坏都舍：这里指像房屋倒塌的样子。

⓫ 向：从前。

⓬ 导：引导，这里指通过。

⓭ 尚犹：依然，仍旧。

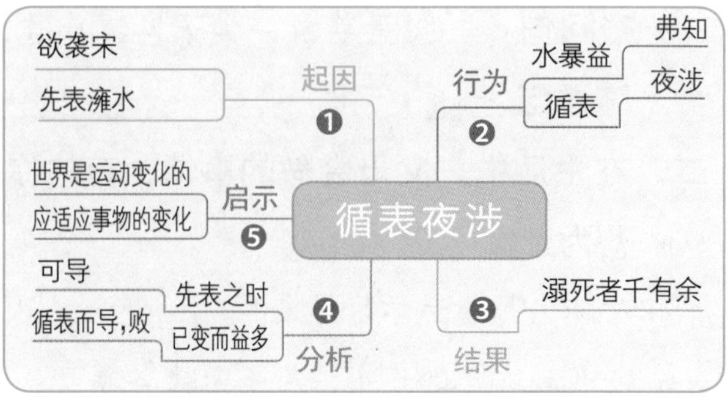

智慧点拨

世界上的一切事物都在运动、变化、发展着。人们要达到预定的目的，收到预期的效果，就一定要不断研究新情况，使自己的认识跟上客观事物的发展变化。

译文悦读

楚国人想偷袭宋国，就派人先在澭河里测量好水深并做好记号。后来河水突然猛涨，楚国人不知道，仍旧照着原来的标记在夜间渡水，一千多人被淹死了，军队惊恐的喊叫声，如同房屋倒塌了一样。以前楚国人在水中设立标记的时候，是可以安全渡河的，现在水势发生了很大变化，水在不断地上涨，楚国人仍按照原来的标记渡水，这就是楚国人失败的原因。

知识拓展

趣谈“夜涉”

“夜”是一个形声字。小篆“夜”的形旁为“夕”，表示月亮，声旁为“亦”(省略一点)。隶书定型后写作“夜”。“夜”的本义为从天黑到天亮的一段时间(与“日、昼”相对)。

“涉”是一个会意字。甲骨文中间的曲线表示弯曲的河流，两边各有一个“止”(表示脚趾，这里指行走)，合起来表示人徒步渡水。“涉”的本义为徒步渡水。

“夜”和“涉”可以作合成词“夜涉”，表示夜里徒步渡水。

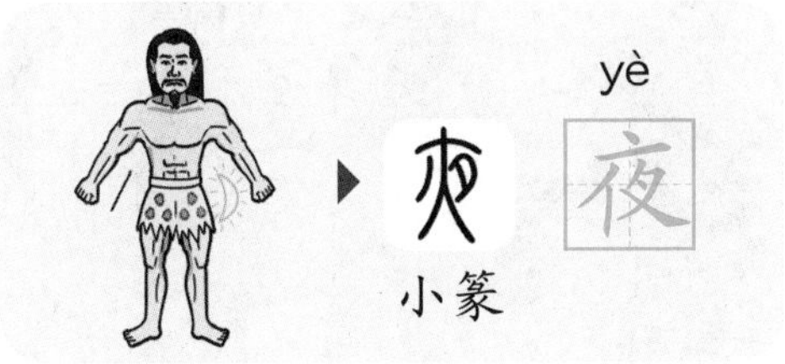

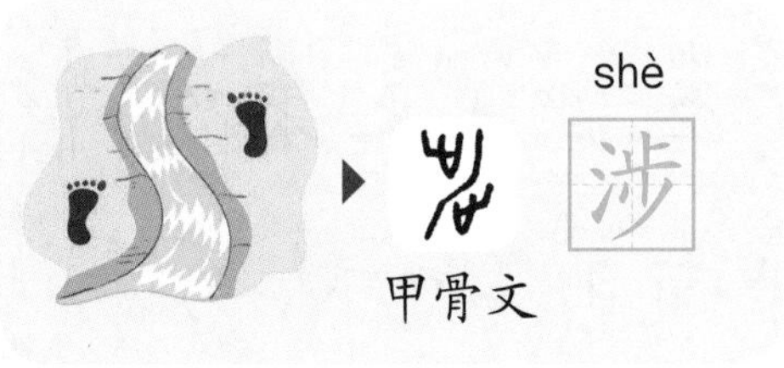

学而思

一、在文言文中，“表”字的常用义有以下几种，请选择填空。

A. 作标记，作记号　　B. 标记，记号

C. 外面，外表　　D. 写文章

1. 人尚犹循表而导之(　　)　　2. 向其先表之时可导也(　　)

3. 使人先表水　　(　　)　　4. 循表而夜涉　　(　　)

二、下列寓言故事不是出自《吕氏春秋》的是(　　)。

A. 守株待兔　　B. 刻舟求剑　　C. 掩耳盗铃　　D. 循表夜涉

扫码听音频

yōu wáng jī gǔ

35 幽王击鼓

zhōu zhái fēng hào jìn róng rén yǔ zhū hóu yuē wéi gāo bǎo dǎo yú
周宅[1]丰[2]、镐[3]，近戎人[4]。与诸侯[5]约，为高葆[6]祷于
wáng lù zhì gǔ qí shàng yuǎn jìn xiāng wén jí róng kòu zhì chuán gǔ xiāng gào zhū
王路[7]，置鼓其上，远近相闻。即[8]戎寇[9]至，传鼓相告，诸
hóu zhī bīng jiē zhì jiù tiān zǐ róng kòu cháng zhì yōu wáng jī gǔ zhū hóu zhī bīng
侯之兵皆至救天子。戎寇尝[10]至，幽王[11]击鼓，诸侯之兵
jiē zhì bāo sì dà yuè xǐ zhī yōu wáng yù bāo sì zhī xiào yě yīn shuò jī
皆至。褒姒[12]大说[13]，喜之。幽王欲褒姒之笑也，因数[14]击
gǔ zhū hóu zhī bīng shuò zhì ér
鼓。诸侯之兵数至而
wú kòu zhì yú hòu róng kòu zhēn
无寇。至于后，戎寇真
zhì yōu wáng jī gǔ zhū hóu
至，幽王击鼓，诸侯
bīng bú zhì yōu wáng zhī shēn nǎi
兵不至。幽王之身乃
sǐ yú lí shān zhī xià wèi
死于丽山[15]之下，为
tiān xià xiào
天下笑。

---

1. 宅：居住，这里指定都。
2. 丰：丰京，周文王时期的都城，今陕西省西安市西南。
3. 镐：镐京，今陕西省西安市长安区西北。周武王在位时，把都城迁到这里。
4. 戎人：西戎，古代对西方游牧民族的称呼。
5. 诸侯：周王室把王室和重臣分封到各地建立国家，称为“诸侯”。
6. 高葆：堡垒一类的建筑物。
7. 王路：官方修建的大路。
8. 即：假如，如果。
9. 寇：入侵者。
10. 尝：曾经。
11. 幽王：周幽王，是西周时期的君主。
12. 褒姒：周幽王的宠妃，是褒国进献给周幽王的美女。
13. 说：通“悦”，高兴，喜悦。
14. 数：屡次，多次。
15. 丽山：即“骊山”，在今陕西省西安市临潼区。

智慧点拨

人无信则不立。一个君王不讲信用，就会国破身亡。一个普通人如果不讲信用，也会招致灭顶之灾。所以做人千万不能失信于别人。

译文悦读

西周的都城建在丰京、镐京一带，接近西戎。周幽王与诸侯约定：在大路上修筑了一座高堡，把大鼓放在高堡上，远近都能听到鼓声。如果戎寇进犯，就以鼓声传递信息，诸侯的军队都要来救幽王。戎寇曾经来过，幽王下令击鼓，诸侯的军队都来了，褒姒高兴得笑了起来。幽王为了看褒姒的笑，就多次击鼓，诸侯的军队多次来到都城，但都没有戎寇。后来，戎寇真的来了，幽王下令击鼓，但是诸侯的军队都没有来。结果幽王被杀于骊山之下，被天下人所嘲笑。

知识拓展

狼来了

从前，有个放羊娃，每天都去山上放羊。

一天，他觉得十分无聊，就想了个捉弄大家寻开心的主意。他向着山下正在种田的农夫们大声喊："狼来了！狼来了！救命啊！"农夫们听到喊声急忙拿着锄头和镰刀往山上跑，他们边跑边喊："不要怕，孩子，我们来帮你打恶狼！"

农夫们气喘吁吁地赶到山上一看，连狼的影子也没有！放羊娃哈哈大笑："真有意思，你们上当了！"农夫们生气地走了。

第二天，放羊娃故伎重演，善良的农夫们又冲上来帮他打狼，可还是没有见到狼的影子。

放羊娃笑得直不起腰："哈哈！你们又上当了！哈哈！"

大伙儿对放羊娃一而再再而三地说谎的行为十分生气，从此再也不相信他的话了。

过了几天，狼真的来了，一下子闯进了羊群。放羊娃害怕极了，拼命地向农夫们喊："狼来了！狼来了！快救命呀！狼真的来了！"

农夫们听到他的喊声，以为他又在说谎，大家都不理睬他，没有人去帮他，结果放羊娃的许多羊都被狼咬死了。

学而思

一、下列加点字的解释不正确的一项是（　　）。

A. 为天下笑（被）　　B. 幽王之身乃死于丽山之下（的）

C. 即戎寇至（敌人来侵略）　　D. 戎寇尝至（曾经）

二、按照要求，请用自己的话来概括“烽火戏诸侯”这个故事。

1. 起因：________________

2. 经过：________________

3. 结果：________________

三、下列说法不正确的一项是（　　）。

A. 因博美人一笑而失江山和性命，实在可悲。国事兵法非同儿戏，为一人之乐，拿国法开玩笑，不仅害己，而且误国

B. 为了博取爱妃一笑便击鼓调兵，当真的“狼来了”时，诸侯却不发一兵一卒，这又怨谁呢？看来当权者不可拿严肃的法令开玩笑，否则将失信于民

C. 周幽王为了博褒姒一笑来满足自己的“小开心”，招致国破身亡的结果，这样的君王只能误国害民

D. 这个故事出自《列子》

参考答案

01 循循善诱

一、1.仰 高 钻 坚 瞻 忽 2.循循善诱 二、D 三、示例:颜回的做法是对的。我们是跟着老师学习的,不仅要学习知识,更要学习方法。

02 因材施教

一、仲由—子路 冉求—子有 公西赤—子华 二、C

03 子路问津

一、B 二、E 三、ABD

04 晏子使楚

一、D 二、1.√ 2.√ 3.× 4.√ 三、D 四、1.B 2.D 3.C 4.A 5.E

05 一鼓作气

一、A 二、1.A 2.B 3.D

06 子罕弗受玉

一、B 二、D 三、AB

07 杞人忧天

一、1.C 2.B 3.A 4.A 二、略

08 伯牙绝弦

一、伯牙绝弦 二、A 三、C

09 韩娥善歌

一、余音绕梁 绕梁三日 歌声优美,韵味深长 诗文韵味深长 二、C

10 两小儿辩日

1.如车盖 2.沧沧凉凉

11 歧路亡羊

一、1.B 2.A 3.C 4.B 二、C

12 纪昌学射

一、甘蝇、飞卫、纪昌 甘蝇是飞卫的老师,飞卫是纪昌的老师,甘蝇是纪昌的师祖。二、A C 三、1.不眨眼 2.五 四、A 五、示例:苦练基本功。做任何事情都要打牢基础。

13 揠苗助长

一、AC 二、长 一页一页 路 一步一步 走

14 弈秋学弈

一、1.D 2.C 3.C 4.B 5.E 6.E 二、专心致志(一心一意) 三心二意(心不在焉)

15 再作冯妇

一、D 二、D 三、1.√ 2.√ 3.√ 4.× 四、D 五、老虎

16 朝三暮四

一、七 皆起而怒 七 皆伏而喜 二、C 三、略

18 庄周梦蝶

一、1.× 2.√ 3.√ 二、D

19 邯郸学步

一、D 二、示例:故步自封 步步高升 亦步亦趋 举步维艰

20 浑沌之死

一、B 二、D 三、耳朵、眼睛、鼻子、嘴。因为人们都有七窍而混沌没有。

21 东施效颦

一、1.心痛病 2.东施 3.妻子和儿女 男子的配偶 二、D 三、其里之富人见之,坚闭门而不出;贫人见之,挈妻子而去之走。D 四、学习别人 尊师重教 不能一蹴而就

22 劝 学

一、1.不能十步 2.锲而舍之 3.功在不舍 4.锲而不舍 二、1.B 2.D 三、故不积跬步,无以至千里—积累 驽马十驾,功在不舍—坚持 锲而不舍,金石可镂—不放弃 蚓……上食埃土,下饮黄泉—用心专一

四、略

23 买椟还珠

一、A 二、卖方—过度包装 卖方—喧宾夺主 买方—缺乏眼光 买方—主次颠倒 买方—舍本逐末

24 老马识途

一、往—返 得—失 阴—阳 二、示例:信鸽、蜜蜂、树枝的南北差异等,叙述略。

25 滥竽充数

一、司马 诸葛 慕容 上官 欧阳 东方 尉迟 二、B 三、略

26 郑人买履

一、1.坐—座 座位 2.反—返 返回—二、B 三、略

27 曾子杀彘

A B C

28 自相矛盾

一、坚不可摧 无坚不摧 自相矛盾 瞠目结舌(或哑口无言等) 二、D 三、略

29 守株待兔

一、C 二、兔子

30 扁鹊见蔡桓公

一、B 二、A. hào B. tàng yùn C. jiàn D. còu E. jì F. xuán 三、1. 忌讳,隐瞒 害怕 隐瞒疾病,不愿就医 掩饰缺点、错误,不愿改正 文过饰非 知错必改 2.秦 四、A 五、肌肤 火齐 骨髓

31 刻舟求剑

一、B 二、1. 楚人 2. 剑

32 掩耳盗铃

一、1.B 2.A 3.D 4.C 二、钟声—嘀嗒嘀嗒 雷声—轰隆隆 爆竹声—噼里啪啦 锣鼓声—咚咚锵 铃声—丁零零 风声—呼呼 汽笛声—呜呜 流水声—哗啦啦 三、D

33 引婴投江

一、其父虽善游,其子不一定善游 二、A

34 循表夜涉

一、1.B 2.B 3.A 4.B 二、A

35 幽王击鼓

一、C 二、1. 周幽王与诸侯约定戎寇来犯即击鼓求救 2. 周幽王为博宠妃一笑,在无戎寇时屡次击鼓 3. 在戎寇来犯时再次击鼓,诸侯不至,幽王死 三、D

目 录

01 循循善诱

颜渊喟然叹曰："仰之弥高，钻之弥坚。瞻之在前，忽焉在后。夫子循循然善诱人，博我以文，约我以礼。欲罢不能。既竭吾才，如有所立卓尔。虽欲从之，末由也已。"

一、填空题。

"夫子循循然善诱人"中蕴含的成语是________，其中"循循"是指________，"善诱"是指________；这句成语多用来形容________________，其近义词有________、________，多用于______（褒／贬）义。

二、下列加点字、词的解释错误的是（　　）。

A. 颜渊喟然叹曰（叹息的样子）　　B. 博我以文，约我以礼（丰富）

C. 如有所立卓尔（高大，超群的样子）　　D. 末由也已（由于）

三、判断题。（正确的打"√"，错误的打"×"）

1. "博我以文"是倒装句，其中"博"是形容词用作动词，指丰富。（　　）

2. "仰之弥高"中的"之"指代孔子。（　　）

3. "约我以礼"中的"约"是动词，意思是"约束、规范"。（　　）

4. "钻之弥坚"中"弥"的意思是"遍、满"。（　　）

四、把下列语句翻译成现代汉语。

1. 仰之弥高，钻之弥坚。

____

2. 夫子循循然善诱人，博我以文，约我以礼。欲罢不能。

____

五、下列说法不正确的是（　　）。

A. 文中颜渊极力推崇自己的老师，认为老师的学问和道德是高不可攀的

B. 文中谈到孔子对学生的教育方法——循循善诱

C. 在颜渊赞叹式的描述里，孔子的道德和学问似乎可望而不可即

D. 至今，孔子的道家思想深深地融入教育行业，被众多人所追寻

六、请用一个成语来概括文中孔子的教学方法。他的这种教学方法对我们今天的教育有哪些启发？

____

____

02 因材施教

子路问："闻斯行诸？"子曰："有父兄在，如之何其闻斯行之？"冉有问："闻斯行诸？"子曰："闻斯行之。"公西华曰："由也问'闻斯行诸'，子曰，'有父兄在'；求也问'闻斯行诸'，子曰'闻斯行之'。赤也惑，敢问。"子曰："求也退，故进之；由也兼人，故退之。"

一、下列加点字、词的解释不正确的是（　　）。

A. 闻斯行诸（听见）　　B. 求也退，故进之（指遇事畏缩不前）

C. 由也兼人，故退之（倍）　　D. 赤也惑，敢问（冒昧地问一下）

二、判断题。（正确的打"√"，错误的打"×"）

1. "闻斯行诸"中的"斯"在这里指"合乎义理的事"。（　　）

2. "求也退，故进之"中的"求"是动词，指求助。（　　）

3. "由也问"中的"也"是语气助词，表示舒缓语气。（　　）

三、填空题。

这个故事可用成语"因材施教"来概括，其中，"因"是指＿＿＿＿＿＿＿＿，"材"是指＿＿＿＿＿＿＿＿＿＿，这句成语是指依据受教育者在天资、志趣等方面的具体情况有针对性地进行教育，多用于＿＿＿＿（褒／贬）义。

四、把下列语句翻译成现代汉语。

1. 有父兄在，如之何其闻斯行之？

____

2. 求也退，故进之；由也兼人，故退之。

____

五、文中孔子是如何回答子路和冉有的？反映出孔子怎样的教育思想？

____

____

____

03 子路问津

长沮、桀溺耦而耕，孔子过之，使子路问津焉。长沮曰："夫执舆者为谁？"子路曰："为孔丘。"曰："是鲁孔丘与？"曰："是也。"曰："是知津矣。"问于桀溺，桀溺曰："子为谁？"曰："为仲由。"曰："是鲁孔丘之徒与？"对曰："然。"曰："滔滔者天下皆是也，而谁以易之？且而与其从辟人之士也，岂若从辟世之士哉？"耰而不辍。子路行以告。夫子怃然曰："鸟兽不可与同群，吾非斯人之徒与而谁与？天下有道，丘不与易也。"

一、下列加点字、词的解释不正确的一项是（　　）。

A. 使子路问津焉（探问渡口）　　B. 夫执舆者为谁（没有实际意义）

C. 滔滔者天下皆是也（比喻天下大乱）　　D. 天下有道，丘不与易也（天下太平）

二、判断题。（正确的打"√"，错误的打"×"）

1. "是鲁孔丘与"中的"与"同"欤"，这里作语气助词。　（　　）
2. "而谁以易之"中的"而"是连词，这里指"而且"。　（　　）
3. "且而与其从辟人之士也"中的"辟"义同"避"。　（　　）
4. "吾非斯人之徒与而谁与"中"斯"的意思是"这，这些"。　（　　）

三、把下列语句翻译成现代汉语。

1. 滔滔者天下皆是也，而谁以易之？

____

2. 鸟兽不可与同群，吾非斯人之徒与而谁与？

____

四、下列对本文理解错误的一项是（　　）。

A. "问津"在文中有双重含义，一是指自然意义上的渡口，二是指现实生活中人生道路的选择

B. 这个故事表现了孔子四处碰壁而志向不移，走投无路时仍毫不懈怠的崇高精神境界

C. 面对天下的乱局，孔子选择面对，拯救天下

D. 长沮、桀溺是隐逸之士的代表人物，他们选择避世隐居符合儒家"积极入世"的主张

五、结合“怃然”一词，说说文章体现了孔子什么政治态度。

04 晏子使楚

晏子将使楚。楚王闻之，谓左右曰：“晏婴，齐之习辞者也。今方来，吾欲辱之，何以也？”左右对曰：“为其来也，臣请缚一人过王而行，王曰：‘何为者也？’对曰：‘齐人也。’王曰：‘何坐？’曰：‘坐盗。’”

一、下列加点字的解释不正确的是（　　）。

A. 晏子将使楚（将要）　　B. 何坐（犯罪）

C. 齐之习辞者也（辞令）　　D. 坐盗（抢劫）

二、判断题。（正确的打“√”，错误的打“×”）

1.“吾欲辱之”中的“之”是代词，这里指“晏子”。（　　）

2.“何以也”中的“何以”是“以何”的倒装，“以”的意思是“用”。（　　）

3.“谓左右曰”中“左右”的意思是“左边和右边”。（　　）

4.“臣请缚一人过王而行”中“缚”的意思是“捆绑”。（　　）

三、“坐盗”中“坐”的意思是（　　）。

A. 席地而坐　　B. 座位

C. 因为，由于　　D. 犯……罪

四、下列句子朗读节奏划分正确的是（　　）。

A. 晏子 / 将使楚　　B. 臣请缚一人 / 过王而行

C. 为 / 其来也　　D. 齐之 / 习辞 / 者也

五、把下列语句翻译成现代汉语。

1. 晏子将使楚。

2. 今方来，吾欲辱之，何以也？

六、楚王为什么想羞辱晏子？

05 一鼓作气

公与之乘，战于长勺。公将鼓之，刿曰：“未可。”齐人三鼓，刿曰：“可矣。”齐师败绩。公将驰之，刿曰：“未可。”下视其辙，登轼而望之，曰：“可矣。”遂逐齐师。

既克，公问其故。对曰：“夫战，勇气也。一鼓作气，再而衰，三而竭。彼竭我盈，故克之。夫大国，难测也，惧有伏焉。吾视其辙乱，望其旗靡，故逐之。”

一、下列加点字的解释不正确的是（　　）。

A. 公将鼓之（击鼓）　　B. 公将驰之（松弛）

C. 遂逐齐师（于是，就）　　D. 再而衰，三而竭（第二次）

二、下列加点字的读音不正确的是（　　）。

A. 夫战，勇气也（fú）　　B. 下视其辙，登轼而望之（zhé）

C. 望其旗靡，故逐之（mǐ）　　D. 遂逐齐师（shuì）

三、下列朗读节奏划分不正确的是（　　）。

A. 彼竭 / 我盈，故 / 克之

B. 望 / 其旗靡，故 / 逐之

C. 一鼓 / 作气，再 / 而衰，三 / 而竭

D. 下 / 视其辙，登轼 / 而望 / 之

四、把下列语句翻译成现代汉语。

1. 夫战，勇气也。一鼓作气，再而衰，三而竭。

____

2. 吾视其辙乱，望其旗靡，故逐之。

____

五、你从这个故事中得到了什么启发？

____

____

06 子罕弗受玉

宋人或得玉，献诸子罕，子罕弗受。献玉者曰：“以示玉人，玉人以为宝也，故敢献之。”子罕曰：“我以不贪为宝，尔以玉为宝。若以与我，

皆丧宝也。不若人有其宝。”

一、解释下列加点字。

1. 子罕弗受玉（　　　）　　2. 尔以玉为宝　（　　　）

3. 故敢献之　（　　　）　　4. 宋人或得玉　（　　　）

二、下列朗读节奏划分不正确的是（　　）。

A. 子罕 / 弗受　　B. 若以与 / 我

C. 皆 / 丧宝也　　D. 不若 / 人有其宝

三、选择题。

子罕曰：“若以与我，皆丧宝也。”其中的“宝”是指（　　）。

A. 玉石　　B. 高尚的品德　　C. 国相的位置　　D. 友谊

四、把下列语句翻译成现代汉语。

1. 宋人或得玉，献诸子罕，子罕弗受。

____

2. 若以与我，皆丧宝也。

____

五、请结合原文给子罕写一句评语，最好嵌入“子”“罕”两个字。

____

____

07　杞人忧天

杞国有人忧天地崩坠，身亡所寄，废寝食者。又有忧彼之所忧者，因往晓之，曰：“天，积气耳，亡处亡气。若屈伸呼吸，终日在天中行止，奈何忧崩坠乎？”其人曰：“天果积气，日、月、星宿，不当坠耶？”晓之者曰：“日、月、星宿，亦积气中之有光耀者，只使坠，亦不能有所中伤。”其人曰：“奈地坏何？”晓之者曰：“地，积块耳，充塞四虚，亡处亡块。若躇步跐蹈，终日在地上行止，奈何忧其坏？”其人舍然大喜，晓之者亦舍然大喜。

一、填空题。

这个故事可以用成语“杞人忧天”概括，其中“忧天”的意思是______________________________；“杞人忧天”指______________________________，含

______（褒 / 贬）义，其近义词有 __________，反义词有 __________、__________。

二、下列加点字、词的解释不正确的一项是（　　）。

A. 身亡所寄（依附，依靠）　　B. 不当坠耶（吗）

C. 奈何忧崩坠乎（为何，怎么）　　D. 其人舍然大喜（开心）

三、下列说法错误的是（　　）。

A.“躇步跐蹈”中的“躇”读作 cú，“跐”读作 cǐ

B.“身亡所寄”中的“亡”通“无”，意思是“没有”

C.“地，积块耳”中“耳”的意思是“罢了”

D.“其人舍然大喜”中的“舍”通“释”，意思是“释然”

四、把下面的语句翻译成现代汉语。

1. 若躇步跐蹈，终日在地上行止，奈何忧其坏？

____

2. 其人舍然大喜，晓之者亦舍然大喜。

____

五、杞人为什么忧天？这则寓言故事嘲讽了什么样的人？

____

____

08 伯牙绝弦

伯牙善鼓琴，锺子期善听。伯牙鼓琴，志在高山，锺子期曰：“善哉，峨峨兮若泰山！”志在流水，锺子期曰：“善哉，洋洋兮若江河！”伯牙所念，锺子期必得之。子期死，伯牙谓世再无知音，乃破琴绝弦，终身不复鼓。

一、填空题。

1. 这个故事可以用成语“伯牙绝弦”来概括，其中，“伯牙”善于 __________。“绝”的意思是 ________；后用“伯牙绝弦”表达 ______________________。

2. 这个故事是讲伯牙与子期的故事，传说子期死后，伯牙不再鼓琴，说没有这样好的知音了，这就是“____________”一词的由来。

二、下列加点字的解释不正确的是（　　）。

A. 伯牙善鼓琴（击鼓）　　B. 锺子期善听（善于，擅长）

C. 伯牙谓世再无知音（认为，以为） D. 乃破琴绝弦（于是，就）

三、用“/”标出下列句子中的朗读节奏。（标四处）

子 期 死，伯 牙 谓 世 再 无 知 音，乃 破 琴 绝 弦，终 身 不 复 鼓。

四、把下面的语句翻译成现代汉语。

1. 子期死，伯牙谓世再无知音。

____

2. 乃破琴绝弦，终身不复鼓。

____

五、伯牙绝弦的原因是什么？

____

____

09 韩娥善歌

昔韩娥东之齐，匮粮，过雍门，鬻歌假食。既去，而余音绕梁欐，三日不绝，左右以其人弗去。过逆旅，逆旅人辱之。韩娥因曼声哀哭，一里老幼悲愁，垂涕相对，三日不食。遽而追之。娥还，复为曼声长歌，一里老幼喜跃抃舞，弗能自禁，忘向之悲也。乃厚赂发之。故雍门之人至今善歌哭，放娥之遗声。

一、下列加点字、词的解释不正确的是（ ）。

A. 匮粮，过雍门（缺乏） B. 鬻歌假食（卖唱）

C. 乃厚赂发之（贿赂） D. 放娥之遗声（仿效，模拟）

二、下列加点字的读音错误的是（ ）。

A. 匮粮，过雍门（kuì） B. 一里老幼善跃抃舞（biàn）

C. 鬻歌假食（yù） D. 放娥之遗声（wèi）

三、判断题。（正确的打“√”，错误的打“×”）

1. “左右以其人弗去”中“以”的意思是“以为”。（ ）

2. “忘向之悲也”中“向”的意思是“向着”。（ ）

3. “韩娥因曼声哀哭”中“曼声”的意思是“拖长声音”。（ ）

四、把下面的语句翻译成现代汉语。

1. 既去，而余音绕梁欐，三日不绝，左右以其人弗去。

2. 故雍门之人至今善歌哭，放娥之遗声。

五、请你至少写出两个与音乐有关的成语。

六、“韩娥善歌”这个故事是如何体现音乐魅力的？请试着写一写。

10 两小儿辩日

孔子东游，见两小儿辩斗，问其故。一儿曰：“我以日始出时去人近，而日中时远也。”一儿曰：“我以日初出远，而日中时近也。”一儿曰：“日初出大如车盖，及日中则如盘盂，此不为远者小而近者大乎？”一儿曰：“日初出沧沧凉凉，及其日中如探汤，此不为近者热而远者凉乎？”孔子不能决也。两小儿笑曰：“孰为汝多知乎？”

一、下列加点字、词的解释不正确的是（　　）。

A. 见两小儿辩斗（辩论，争斗）　B. 而日中时远也（中午的时候）

C. 孰为汝多知乎（知识丰富，博学多才）　D. 及其日中如探汤（液体）

二、“孔子东游，见两小儿辩斗，问其故”中“故”的意思是（　　）。

A. 事情，事故　B. 缘故，原因　C. 故意，有意

D. 所以，因此　E. 原来的，从前的　F. 朋友

三、下列说法不正确的一项是（　　）。

A. 文中两个儿童在两千多年前就知道太阳什么时候离地球近，什么时候离地球远

B. 看问题不能各执一端，而要避免主观、片面性，要学会客观地、全面地看问题

C. 对于知识的获得，要有实事求是的态度

D. 看问题的角度不同，得出的结论也就各异

四、把下面的语句翻译成现代汉语。

1. 此不为近者热而远者凉乎？

2. 孰为汝多知乎？

____

五、文中，两小儿为什么会得出不同的结论？

____

11　歧路亡羊

杨子之邻人亡羊，既率其党，又请杨子之竖追之。杨子曰：“嘻！亡一羊，何追者之众？”邻人曰：“多歧路。”既反，问：“获羊乎？”曰：“亡之矣。”曰：“奚亡之？”曰：“歧路之中又有歧焉，吾不知所之，所以反也。”

一、下列加点字的解释不正确的是（　　）。

A. 又请杨子之竖追之（僮仆）　　B. 杨子之邻人亡羊（丢失）

C. 获羊乎（找到）　　D. 所以反也（相反）

二、下列说法错误的一项是（　　）。

A. “所以反也”中的“反”通“返”

B. “既率其党”中“既”的意思是“于是”

C. “何追者之众”中“众”的意思是“众多”

三、请补充句子中的省略成分。

既反，（　　）问：“获羊乎？”（　　）曰：“亡之矣。”

四、把下面的语句翻译成现代汉语。

歧路之中又有歧焉，吾不知所之，所以反也。

____

五、本文告诉我们什么道理？

____

____

12　纪昌学射

甘蝇，古之善射者，彀弓而兽伏鸟下。弟子名飞卫，学射于甘蝇，而巧过其师。纪昌者，又学射于飞卫。飞卫曰：“尔先学不瞬，而后可言射矣。”

纪昌归，偃卧其妻之机下，以目承牵挺。二年之后，虽锥末倒眦，而不瞬也。以告飞卫。飞卫曰：“未也，必学视而后可。视小如大，视微如著，而后告我。”

昌以牦悬虱于牖，南面而望之。旬日之间，浸大也；三年之后，如车轮焉。以睹余物，皆丘山也。乃以燕角之弧，朔蓬之簳射之。贯虱之心，而悬不绝。以告飞卫。飞卫高蹈拊膺曰：“汝得之矣！”

一、下列加点字、词的解释不正确的是（　　）。

A. 虽锥末倒眦（锥尖）　　B. 朔蓬之簳射之（寒冷）

C. 必学视而后可（视力、眼力）　　D. 尔先学不瞬（你）

二、飞卫的教学方法是（　　）。

A. 循循善诱　　B. 举一反三　　C. 好为人师　　D. 教学相长

三、请圈出加点字的正确读音。

1. 甘蝇，古之善射者（shè　sè）

2. 偃卧其妻之机下（yàn　yàng）

3. 尔先学不瞬（sùn　shùn）

四、把下面的语句翻译成现代汉语。

1. 尔先学不瞬，而后可言射矣。

____

2. 飞卫高蹈拊膺曰：“汝得之矣！”

____

五、你觉得纪昌是什么样的人？

____

____

13　揠苗助长

宋人有闵其苗之不长而揠之者，芒芒然归，谓其人曰：“今日病矣，予助苗长矣！”其子趋而往视之，苗则槁矣。

一、下列加点字的解释不正确的是（　　）。

A. 其子趋而往视之（禾苗）　　B. 今日病矣（生病）

C. 予助苗长矣（我） D. 苗则槁矣（枯萎）

二、下列加点字的读音不正确的是（ ）。

A. 宋人有闵其苗之不长而揠之者（mǐn zhǎng） B. 苗则槁矣（gǎo）

C. 其子趋而往视之（qū） D. 予助苗长矣（zù）

三、填空题。

这个故事可用成语“揠苗助长”来概括，又可写作____________，比喻违背事物的发展规律，求其速成，反而坏事，用于_____（褒／贬）义。其近义词有____________、____________，反义词有____________、____________。

四、把下面的语句翻译成现代汉语。

1. 宋人有闵其苗之不长而揠之者。

____

2. 今日病矣，予助苗长矣！

____

五、这则寓言故事告诉我们什么道理？

____

____

14 弈秋学弈

弈秋，通国之善弈者也。使弈秋诲二人弈。其一人专心致志，惟弈秋之为听；一人虽听之，一心以为有鸿鹄将至，思援弓缴而射之。虽与之俱学，弗若之矣！为是其智弗若与？曰：非然也。

一、解释下列加点字、词。

1. 通国之善弈者也（ ） 2. 使弈秋诲二人弈（ ）

3. 非然也 （ ） 4. 为是其智弗若与（ ）

二、判断题。（正确的打“√”，错误的打“×”）

1. “思援弓缴而射之”中“援”的意思是“引、拉”。 （ ）

2. “虽与之俱学”中“俱”的意思是“具备”。 （ ）

3. “为是其智弗若与”中的“与”同“欤”，相当于“吗”。 （ ）

三、选择题。

1. “弗若之矣”中“之”的意思是（ ）。

A．指前一个人　　B．指弈秋　　C．指后一个人　　D．无实意

2．“为是其智弗若与”中“其”的意思是（　　）。

A．指前一个人　　B．指后一个人　　C．其中　　D．无实意

3．“使弈秋诲二人弈”中“使”的意思是（　　）。

A．命令　　B．使者　　C．让　　D．使用

四、下列与“弈秋，通国之善弈者也”句式不同的是（　　）。

A．夫战，勇气也　　B．此则岳阳楼之大观也

C．甚矣，汝之不惠　　D．莲，花之君子者也

五、下列对本文理解不正确的是（　　）。

A．学习任何一项技能都必须专心致志，刻苦努力

B．弈秋教的这两个学生，从学习条件看是相同的。但一个是一心一意地学，一个是三心二意地听，所以他们的学习效果大相径庭

C．这个故事说明了学习效果的好坏关键在于是否专心，是否刻苦努力

D．外界条件是学习好坏的主要原因

六、读了这个故事后，你受到了什么启发？

____

____

15　再作冯妇

晋人有冯妇者，善搏虎，卒为善士。则之野，有众逐虎，虎负嵎，莫之敢撄。望见冯妇，趋而迎之，冯妇攘臂下车，众皆悦之，其为士者笑之。

一、填空题。

“再作冯妇”的意思是 ______________________________，用来比喻重操旧业。

二、下列加点字的解释不正确的是（　　）。

A. 善搏虎（擅长）　　B. 卒为善士（吏卒、差役）

C. 虎负嵎（背靠）　　D. 众皆悦之（都）

三、下列加点字的读音不正确的是（　　）。

A. 卒为善士（cù）　　B. 有众逐虎（zhú）

C. 趋而迎之（qū）　　D. 攘臂下车（rǎng）

四、“则之野”中“之”的意思是（　　）。

A. 第三人称代词　　B. 指示代词，相当于“此”，“这”

C. 往，到……去　　D. 结构助词，无实义

五、你觉得冯妇是一个什么样的人？

____

16 朝三暮四

宋有狙公者，爱狙，养之成群，能解狙之意，狙亦得公之心。损其家口，充狙之欲。俄而匮焉，将限其食，恐众狙之不驯于己也。先诳之曰：“与若芧，朝三而暮四，足乎？”众狙皆起而怒。俄而曰：“与若芧，朝四而暮三，足乎？”众狙皆伏而喜。

一、填空题。

“朝三暮四”与“朝四暮三”实质是一回事，总量并无变化，可是自以为聪明的猴子却被这表面现象所迷惑。后来，人们用这个成语来形容反复无常的人。也指用名义上改变而______上不改变的手法欺骗人；多用于____（褒／贬）义，近义词有______________、______________，反义词有______________、______________。

二、下列加点字词的解释不正确的是（　　）。

A. 宋有狙公者（……的人）　　B. 能解狙之意（懂得，理解）

C. 损其家口（人口）　　D. 俄而匮焉（不久）

三、下列加点字的读音不正确的是（　　）。

A. 狙公（jū）　　B. 损其家口（sǔn）

C. 俄而匮焉（guì）　　D. 诳之曰（kuáng）

四、下列对本文理解错误的一项是（　　）。

A. 我们处理问题或办事情要有一定的判断力，不要被花言巧语和假象所迷惑

B. 这则寓言不能说明贪心迷住了猴子的双眼

C. “朝三暮四”用来形容变化不定，反复无常

D. 我们看问题不要只停留在表面，要善于透过表面现象看清本质

五、把下面的语句翻译成现代汉语。

1. 损其家口，充狙之欲。

____

2. 俄而匮焉，将限其食，恐众狙之不驯于己也。

____

六、养狙之人如何使猕猴们满意的呢？请用自己的话写一写。

____

____

____

17 运斤成风

庄子送葬，过惠子之墓，顾谓从者曰：“郢人垩慢其鼻端，若蝇翼，使匠石斫之。匠石运斤成风，听而斫之，尽垩而鼻不伤，郢人立不失容。宋元君闻之，召匠石曰：‘尝试为寡人为之。’匠石曰：‘臣则尝能斫之。虽然，臣之质死久矣！’自夫子之死也，吾无以为质矣，吾无与言之矣！”

一、填空题。

“运斤成风”的意思是挥动斧头，快速如风，多形容______________。

二、下列加点字的解释不正确的一项是（　　）。

A. 顾谓从者曰（回头看）　　B. 使匠石斫之（砍，削）

C. 虽然，臣之质死久矣（郢人）　　D. 臣则尝能斫之（于是，就）

三、下列加点字的读音不正确的是（　　）。

A. 郢人垩慢其鼻端（yǐng）　　B. 使匠石斫之（zhuó）

C. 尝试为寡人为之（wéi）　　D. 尽垩而鼻不伤（è）

四、判断题。（正确的打“√”，错误的打“×”）

1. “尝试为寡人为之”中前一个“为”是介词，指替，表示行为的对象；后一个“为”是动词，指做，这里指削、表演。（　　）

2.“虽然，臣之质死久矣”中的“虽然”在文言文中承接上文，稍微停顿，有“虽然如此”的意思。（　　）

3. “自夫子之死也”中的“夫子”指对老年男子的尊称。（　　）

五、把下列语句翻译成现代汉语。

1. 郢人垩慢其鼻端，若蝇翼。

____

2. 自夫子之死也，吾无以为质矣。

六、下列说法不正确的是（　　）。

A. 唐代诗人刘禹锡有“郢人斤斫无痕迹，仙人衣裳弃刀尺”之句，前一句诗的典故即出于此

B. 庄子通过这个故事说明自己失去了好友，丧失了辩论的对手、谈心的知己，表示对亡友的痛惜和伤感

C. 匠石技艺高超，是因为他熟练地掌握了基本功和工作的技巧

D. 高明的技艺不需要有恰当的配合也可以施展；精深的道理要有足以领会的对象才便于发挥

18 庄周梦蝶

昔者庄周梦为胡蝶，栩栩然胡蝶也。自喻适志与，不知周也。俄然觉，则蘧蘧然周也。不知周之梦为胡蝶与？胡蝶之梦为周与？周与胡蝶则必有分矣。此之谓物化。

一、下列加点字、词的解释不正确的是（　　）。

A. 昔者庄周梦为胡蝶（往日，从前）

B. 栩栩然胡蝶也（活泼欢畅的样子）

C. 俄然觉（一会儿）

D. 此之谓物化（事物自身的变化）

二、下列加点字的读音不正确的是（　　）。

A. 栩栩然胡蝶也（xǔ）

B. 俄然觉（jiào）

C. 则蘧蘧然周也（qú）

D. 自喻适志与（yú）

三、下列“然”字的意义和用法与其他三项不同的是（　　）。

A. 栩栩然胡蝶也

B. 虎见之，庞然大物也

C. 此亦不然矣

D. 夫子喟然叹曰

四、把下列语句翻译成现代汉语。

1. 自喻适志与，不知周也。

2. 周与胡蝶则必有分矣。此之谓物化。

五、下列说法不正确的一项是（　　）。

A. 通过梦蝶，庄周给自己营造了一种梦境与现实合二为一的错觉

B. 庄周认为：不管是作为人的庄周，还是作为动物的蝴蝶都没有什么区别了，人也就能永远跟随自己的内心，一生逍遥自在了

C. 庄子通过对“蝴蝶梦”的典型描写，创造了一个自我陶醉的主观主义精神境界

D. 庄子认为：有了意识，也不能打破外物和自我的界限，这种脱离实际的理想主义状态，在现实中我们应该给予纠正，将理想与现实对立起来

19 邯郸学步

寿陵余子之学行于邯郸，未得国能，又失其故行矣，直匍匐而归耳。

一、下列加点字、词的解释错误的是（　　）。

A. 寿陵余子之学行于邯郸（少年）　　B. 未得国能（没有）

C. 又失其故行矣（所以）　　D. 直匍匐而归耳（只能）

二、按照要求填空。

这则寓言故事可用成语“__________”来概括，用来比喻______________________________。其近义词有____________，反义词有__________、__________。

三、判断题。（正确的打“√”，错误的打“×”）

1. “又失其故行矣”中的“故”有“原来的”的意思。　　（　　）

2. “直匍匐而归耳”中的“耳”表示句末语气词。　　（　　）

四、下列与“寿陵余子之学行于邯郸”句式不同的是（　　）。

A. 况吾与子渔樵于江渚之上　　B. 管仲任政于齐

C. 我以日始出时去人近，而日中时远也　　D. 具告以事

五、请你针对寿陵人失败的原因，给他提出一些建议。

____

____

20 浑沌之死

南海之帝为倏，北海之帝为忽，中央之帝为浑沌。倏与忽时相与遇于浑沌之地，浑沌待之甚善。倏与忽谋报浑沌之德，曰：“人皆有七窍，以视、听、食、息，此独无有，尝试凿之。”日凿一窍，七日而浑沌死。

一、解释下列加点字、词。

1. 儵与忽时相与遇于浑沌之地　　（　　　　　　）

2. 以视、听、食、息　　（　　　　　　）

3. 此独无有，尝试凿之　　（　　　　　　）

4. 儵与忽谋报浑沌之德　　（　　　　　　）

二、下列加点字、词的读音不正确的是（　　）。

A. 浑沌之死（hún dùn）　　B. 南海之帝为儵（shū）

C. 日凿一窍（zhuó）　　D. 儵与忽谋报浑沌之德（dé）

三、下列朗读节奏划分不正确的是（　　）。

A. 浑沌 / 待之 / 甚善

B. 儵与忽 / 谋报 / 浑沌之德

C. 日 / 凿一窍，七日而 / 浑沌死

D. 儵与忽 / 时 / 相与遇 / 于浑沌之地

四、下列说法错误的是（　　）。

A. “七窍”指两眼、两耳、两鼻和脚

B. “中央之帝为浑沌”这一句把浑沌作为自然的象征，把儵、忽作为有为的象征

C. 文中的“儵”“忽”是庄子假设的神名，取其神速、快捷的意思，象征庄子思想的对立面——“有为”

D. “混沌”指浑然一体、阴阳不分的原始状态，作为神名，取其淳朴自然、无知无欲的本意，象征庄子思想的核心——“无为”

五、把下列语句翻译成现代汉语。

1. 此独无有，尝试凿之。

____

2. 日凿一窍，七日而浑沌死。

____

六、这个故事告诉我们什么道理？

____

____

21 东施效颦

西施病心而颦其里，其里之丑人见而美之，归亦捧心而颦其里。其里之富人见之，坚闭门而不出；贫人见之，挈妻子而去之走。

彼知颦美，而不知颦之所以美。

一、下列加点字、词的解释不正确的是（　　）。

A. 西施病心而颦其里（皱眉头） B. 归亦捧心而颦其里（也）

C. 挈妻子而去之走（走路） D. 彼知颦美，而不知颦之所以美（……的原因）

二、按照要求填空。

1. 西施因为有 ________ 而皱着眉头在路上行走。

2. ________ 只知道西施皱眉好看，却不知道她皱眉的原因。

3. 在文言文中，“妻子”的意思是 ________________，在现代汉语中“妻子”的意思是 ________________。

4. “东施效颦”用来比喻盲目模仿，效果适得其反，也比喻刻意模仿。其近义词有 ______________，反义词有 ______________。

三、把下列语句翻译成现代汉语。

1. 其里之丑人见而美之，归亦捧心而颦其里。

____

2. 彼知颦美，而不知颦之所以美。

____

四、下列对本文理解不正确的是（　　）。

A. 西施因为是美女，所以她捧胸皱眉也是美的；丑妇不知道这个原因，也跟着捧胸皱眉，结果更加丑陋

B. 无论做什么事情都不能模仿，否则便会像“东施效颦”那样适得其反

C. 向别人学习要有一个正确的态度。不仅要知其然，还要知其所以然，同时要结合自己的具体情况学习别人的长处

五、这个故事讽刺了什么样的人？

____

____

22 劝 学

积土成山，风雨兴焉；积水成渊，蛟龙生焉；积善成德，而神明自得，圣心备焉。故不积跬步，无以至千里；不积小流，无以成江海。骐骥一跃，不能十步；驽马十驾，功在不舍。锲而舍之，朽木不折；锲而不舍，金石可镂。蚓无爪牙之利，筋骨之强，上食埃土，下饮黄泉，用心一也。蟹六跪而二螯，非蛇鳝之穴无可寄托者，用心躁也。

一、下列加点字的解释不正确的是（　　）。

A. 故不积跬步（所以）　　B. 锲而舍之，朽木不折（刻）

C. 锲而不舍，金石可镂（雕刻）　　D. 蟹六跪而二螯（蟹脚）

二、下列加字、词的意思与其在现代汉语中的意思相同的是（　　）。

A. 驽马十驾　　B. 蚓无爪牙之利

C. 朽木不折　　D. 蟹六跪而二螯

三、填空题。

1. “积土成山，风雨兴焉；积水成渊，蛟龙生焉”中蕴含两个成语，一个是“____________”，指土堆积起来可以成为大山，比喻积小成大；另一个是“____________”，指水汇集起来可以成为深渊，比喻积少成多。

2. “积善成德，而神明自得”中蕴含的成语是“____________”，指善行积累多了，就能形成好的品德。

3. “故不积跬步，无以至千里”中蕴含的成语是“____________”，指一小步一小步地走，也能行至千里，比喻只要逐步积累，坚持不懈，就会取得成功。

4. “骐骥一跃，不能十步；驽马十驾，功在不舍”中蕴含的成语是“____________”，指劣马拉车走十天也可以走很远的路程，比喻能力差的人只要坚持不懈地努力，也能到达目的地。

5. “锲而舍之，朽木不折；锲而不舍，金石可镂”中蕴含的成语是“____________”，指一直雕刻下去不停止，形容坚持不懈。

四、请写出一句有关劝学的名句。

____

23 买椟还珠

楚人有卖其珠于郑者，为木兰之椟，薰以桂椒，缀以珠玉，饰以玫瑰，辑以翡翠。郑人买其椟而还其珠。此可谓善卖椟矣，未可谓善鬻珠也。

一、下列加点字的读音不正确的是（　　）。

A. 为木兰之椟（dú）　　B. 薰以桂椒（xūn）

C. 缀以珠玉，饰以玫瑰（zuì）　　D. 未可谓善鬻珠也（yù）

二、请圈出下列加点字的正确读音。

1. 为（wéi　wèi）木兰之椟

2. 郑人买其椟而还（hái　huán）其珠

三、“薰以桂椒，缀以珠玉”的句式是（　　）。

A. 判断句　　B. 被动句　　C. 倒装句

四、填空题。

1. 这则寓言故事中的卖方和买方都存在问题，你知道是什么问题吗？

卖方问题：________________________________

买方问题：________________________________

2. “买椟还珠”中的“椟”的意思是__________，“还”的意思是__________。后用“买椟还珠”比喻____________________，多用于_____（褒／贬）义；其近义词有____________、____________，反义成词有____________。

五、下列加点字、词的解释不正确的是（　　）。

A. 为木兰之椟（一种香木）　　B. 此可谓善卖椟矣（可以说）

C. 饰以玫瑰（花的一种）　　D. 未可谓善鬻珠也（卖）

六、找出下列句中的通假字并解释。

辑以翡翠　　__________通__________，意思是__________。

七、下列对本文理解错误的是（　　）。

A. 在任何情况下，都不要太讲究外观的华丽

B. 这则寓言故事具有双重的讽刺作用

C. 过分地讲究形式以致形式超过了内容，从而掩盖内容，就会犯舍本逐末的错误

八、读了这则寓言后，你认为楚人和郑人应分别汲取什么教训？

____

____

24 老马识途

管仲、隰朋从于桓公而伐孤竹，春往冬反，迷惑失道。管仲曰："老马之智可用也。"乃放老马而随之，遂得道。行山中无水，隰朋曰："蚁冬居山之阳，夏居山之阴。蚁壤一寸而仞有水。"乃掘地，遂得水。

一、下列加点字的解释不正确的是（　　）。

A. 春往冬反（返回）　　B. 蚁冬居山之阳（位置）

C. 乃掘地，遂得水（挖）　　D. 遂得道（路）

二、在文言文中"遂"有以下常见义，请选择填空。

A. 于是，就　　B. 终，终于

C. 顺利做到，成功　　D. 顺心，称心，如意

1. 乃放老马而随之，遂得道（　　）　　2. 乃掘地，遂得水（　　）

3. 百事不遂（　　）　　4. 累寸不已，遂成丈匹（　　）

三、填空题。

1. 本故事是成语"＿＿＿＿＿＿"的出处，原指＿＿＿＿＿＿＿＿＿＿，现比喻阅历多、有经验的人可以认清方向，起到引导作用，多用于＿＿＿（褒／贬）义。其反义词有＿＿＿＿＿＿＿、＿＿＿＿＿＿＿。

2. 文中含有四对反义词，请按照要求写在下面的横线上。

＿＿与＿＿相对，＿＿与＿＿相对，＿＿与＿＿相对，＿＿与＿＿相对。

3. "山之阳"是指山的＿＿＿＿＿＿；"山之阴"是指山的＿＿＿＿＿＿。

四、请用"/"标出下面句子的两处朗读停顿。

蚁　冬　居　山　之　阳

五、读了本文后，你觉得怎样才能获得一些生活小常识？

＿＿＿＿＿＿＿＿＿＿＿＿＿＿＿＿＿＿＿＿＿＿＿＿＿＿＿＿＿＿

＿＿＿＿＿＿＿＿＿＿＿＿＿＿＿＿＿＿＿＿＿＿＿＿＿＿＿＿＿＿

25 滥竽充数

齐宣王使人吹竽，必三百人。南郭处士请为王吹竽，宣王说之，廪食以数百人。宣王死，湣王立，好一一听之，处士逃。

一、下列加点字的读音不正确的是（　　）。

A. 廪食以数百人（lǐn）　　B. 宣王死，湣王立（mǐn）

C. 好一一听之（hào）　　D. 宣王说之（shuō）

二、下列加点字的解释不正确的是（　　）。

A. 廪食以数百人（官府的米仓）　　B. 必三百人（一定，必须）

C. 滥竽充数（失实的）　　D. 好一一听之（友好）

三、判断题。（正确的打“√”，错误的打“×”）

1.“南郭处士请为王吹竽”中的“为”读作wèi，意思是“给”。（　　）

2.“宣王说之”中的“说”通“悦”，是指“对……感到高兴”。（　　）

3.“廪食以数百人”中“廪食”的意思是“官府供给的口粮”。（　　）

四、填空题。

成语“滥竽充数”借指________________________，其近义词有__________，反义词有__________，多用于______（褒/贬）义。

五、下列对本文理解错误的是（　　）。

A. 这则寓言告诉我们没有真才实学，冒充内行，浑水摸鱼，终究是要露出马脚的

B. 南郭处士的做人诀窍就是“混”，到混不下去时，才一走了之

C. 齐宣王有些昏庸，他办事只讲排场，用人不务实际，让南郭先生钻了空子

D. 齐湣王讲排场，爱吃“大锅饭”，滥竽才得以充数。齐宣王一一听其独奏，南郭先生只好逃走

六、南郭处士为什么要逃走？你从中受到了什么启示？

____

____

26 郑人买履

郑人有且置履者，先自度其足而置之其坐。至之市而忘操之。已得履，乃曰：“吾忘持度。”反归取之。及反，市罢，遂不得履。人曰：“何不试之以足？”曰：“宁信度，无自信也。”

一、在文言文中“度”有以下常见义，请选择填空。

A. duó，丈量长短，计算　　B. duó，衡量

C. duó，揣度，估计，推测　　D. dù，量好的尺码　　E. dù，法度，制度

1. 先自度其足 （　　）　2. 吾忘持度（　　）

3. 宁信度，无自信也 （　　）

二、找出下列句中的通假字并解释。

1. 反归取之 ________ 通 ________，意思是 ____________。

2. 宁信度，无自信也 ________ 通 ________，意思是 ____________。

3. 而置之其坐 ________ 通 ________，意思是 ____________。

三、下列加点字的解释不正确的是（　　）。

A. 市罢（停，歇）　B. 而置之其坐（放置）

C. 郑人有且置履者（将要）　D. 至之市而忘操之（代词）

四、在文言文中“之”有以下常见义，请选择填空。

A. 到……去　B. 第三人称代词，可指代人、事、物，一般作宾语

C. 指示代词，相当于这、这个，这种，这样的　D. 结构助词

1. 而置之其坐（　　）　2. 至之市 （　　）

3. 而忘操之 （　　）　4. 何不试之以足（　　）

五、这则寓言故事讽刺了什么人？告诉了我们什么道理？

____

____

____

27 曾子杀彘

曾子之妻之市，其子随之而泣。其母曰：“女还，顾反为女杀彘。”妻适市来，曾子欲捕彘杀之。妻止之曰：“特与婴儿戏耳。”曾子曰：“婴儿非与戏也。婴儿非有知也，待父母而学者也，听父母之教。今子欺之，是教子欺也。母欺子，子而不信其母，非以成教也。”遂烹彘也。

一、下列加点字的解释不正确的是（　　）。

A. 曾子杀彘（猪）　B. 婴儿非有知也（知识，智慧）

C. 今子欺之（儿子）　D. 是教子欺也（这）

二、选择题。

A. 第三人称代词。可代人、代事、代物，一般用作宾语

B. 结构助词　C. 动词，到……去

D. 指示代词，相当于此、这、这个、这样的、这种

1. 听父母之教（　　）

2. 今子欺之　　　（　　）

3. 其子随之而泣　　（　　）

4. 曾子之妻之市　　（　　）（　　）

5. 曾子欲捕彘杀之　（　　）

6. 妻止之曰　　　（　　）

三、“顾反为女杀彘”中含有两个通假字，其一是______通______，意思是________________；其二是______通______，意思是______。

四、把下列语句翻译成现代汉语。

1. 女还，顾反为女杀彘。

____

2. 母欺子，子而不信其母，非以成教也。

____

五、下列说法不正确的是（　　）。

A. 家长是孩子做人的一面镜子，做家长的一定要注意言传身教，切不可随随便便，言行不一

B. 故事以小事喻理，强调了身教重于言传的重要性

C. 父母对于孩子，身教胜于言传，所以话可以随便说

六、对于“曾子杀彘”的故事你有何看法？你认为曾子有必要杀彘吗？说说你的理由。

____

____

____

28　自相矛盾

楚人有鬻盾与矛者，誉之曰：“吾盾之坚，物莫能陷也。”又誉其矛曰：“吾矛之利，于物无不陷也。”或曰：“以子之矛，陷子之盾，何如？”其人弗能应也。夫不可陷之盾与无不陷之矛，不可同世而立。

一、解释下列加点字。

1. 誉之曰（　　　）　　2. 其人弗能应也（　　　）

二、下列加点字的解释不正确的是（　　）。

A. 楚人有鬻盾与矛者（卖）　　B. 吾矛之利（好处）

C. 陷子之盾（刺破）　　D. 或曰（有的）

三、在文言文中，“其”字的常见义有以下几种，请选择填空。

A. 他（们）的、她（们）的、它（们）的　　B. 这，那（个）

C. 他（们）、她（们）、它（们）　　D. 如果，假设

1. 又誉其矛曰　　（　　）　　2. 其人弗能应也（　　）

3. 见其发矢十中八九（　　）

四、下列朗读节奏划分正确的是（　　）。

A. 楚人有 / 鬻盾与矛者

B. 吾 / 盾之坚，物莫 / 能陷也

C. 以 / 子之矛，陷 / 子之盾

D. 夫不可 / 陷之盾 / 与 / 无不陷之矛，不可 / 同世而立

五、填空题。

“自相矛盾”比喻____________________，也可以写作__________，多用于____（褒 / 贬）义。其反义词有____________、____________。

六、“其人弗能应也”的原因是什么？请在文中画出来。

七、当有人问“以子之矛，陷子之盾，何如”时，这个楚国商人会有什么反应呢？请展开想象，写一写。

____

____

____

____

29　守株待兔

宋人有耕者，田中有株，兔走触株，折颈而死。因释其耒而守株，冀复得兔。兔不可复得，而身为宋国笑。

一、下列加点字的读音不正确的是（　　）。

A. 折颈而死（jǐng）　　B. 因释其耒而守株（lěi）

C. 冀复得兔（jì）　　D. 而身为宋国笑（wèi）

二、判断题。（正确的打“√”，错误的打“×”）

1.“冀复得兔”中“冀”的意思是“希望”。（　　）

2.“兔走触株”中“走”的意思是“行走”。（　　）

3.“而身为宋国笑”是被动句，其中“笑”的意思是“被……耻笑”。（　　）

4.“因释其耒而守株”中“因”的意思是“于是”。（　　）

三、下列与“因释其耒而守株”中的“释”意思相同的一项是（　　）。

A. 解疑释惑　　B. 冰释前嫌

C. 手不释卷　　D. 冰消雪释

四、填空题。

“守株待兔”用来比喻__________________，也比喻死守狭隘经验，不知变通，多用于____（褒／贬）义。其近义词有__________，其反义词有__________、__________。

五、下列对原文理解不正确的一项是（　　）。

A. 切不可把偶然的侥幸作为做事的根据，如果抱着侥幸心理，片面地凭着老经验去办事，是不会获得成功的

B. 这个故事既讽刺墨守成规，不会灵活办事的人；又讽刺了那种妄想不劳而获，坐享其成的人

C. 这个故事启示我们，要用不变的眼光看待变化的事物

D. 世界上有的事情是偶然发生的，它和事物发展的本质规律并没有直接联系

六、根据原文回答下列问题。

1. 为什么宋人不会再得到兔子？

____

2. 读了这则寓言故事，我想对宋人说：你要______，对意外的收获不要有______心理。

3. 宋人的行为是可笑的，在实际生活中会有这样可笑、愚蠢的人吗？请你说一说。

____

____

30 扁鹊见蔡桓公

扁鹊见蔡桓公，立有间，扁鹊曰："君有疾在腠理，不治将恐深。"桓侯曰："寡人无疾。"扁鹊出，桓侯曰："医之好治不病以为功。"居十日，扁鹊复见，曰："君之病在肌肤，不治将益深。"桓侯不应。扁鹊出，桓侯又不悦。居十日，扁鹊复见，曰："君之病在肠胃，不治将益深。"桓侯又不应。扁鹊出，桓侯又不悦。居十日，扁鹊望桓侯而还走。桓侯故使人问之。扁鹊曰："疾在腠理，汤熨之所及也；在肌肤，针石之所及也；在肠胃，火齐之所及也；在骨髓，司命之所属，无奈何也。今在骨髓，臣是以无请也。"居五日，桓侯体痛，使人索扁鹊，已逃秦矣。桓侯遂死。

一、请选择加点字在句子中的正确读音。

1. 医之好治不病以为功（　　）　A. hǎo　B. hào
2. 桓侯不应（　　）　A. yìng　B. yīng
3. 扁鹊望桓侯而还走（　　）　A. huán　B. xuán
4. 疾在腠理，汤熨之所及也（　　）　A. tāng　B. tàng
5. 在肠胃，火齐之所及也（　　）　A. qí　B. jì

二、下列词语完全正确的一组是（　　）。

A. 韩非　谕老　谦称　功劳
B. 先秦　阐明　严重　喜悦
C. 规劝　缓合　线索　肌肤
D. 忠告　拒绝　固执　污告

三、解释下列加点字、词。

1. 不治将益深　将：________　益：________　深：________
2. 扁鹊望桓侯而还走　走：________
3. 桓侯故使人问之　故：________　使：________

四、写出下列加点字、词的古今义。

1. 扁鹊望桓侯而还走

古义：________________，今义：________________。

2. 臣是以无请也

古义：________________，今义：________________。

3. 医之好治不病以为功

古义：＿＿＿＿＿＿＿＿，今义：＿＿＿＿＿＿＿＿。

五、找出下列句中的通假字并解释。

1. 扁鹊望桓侯而还走　　＿＿＿＿ 通 ＿＿＿＿，意思是 ＿＿＿＿＿＿。

2. 火齐之所及也　　＿＿＿＿ 通 ＿＿＿＿，意思是 ＿＿＿＿＿＿。

3. 汤熨之所及也　　＿＿＿＿ 通 ＿＿＿＿，意思是 ＿＿＿＿＿＿。

六、根据本文回答下列问题。

1. “扁鹊望桓侯而还走”的原因是什么？

＿＿＿＿＿＿＿＿＿＿＿＿＿＿＿＿＿＿＿＿＿＿＿＿＿＿＿＿

2. 这则故事告诉了我们什么道理？

＿＿＿＿＿＿＿＿＿＿＿＿＿＿＿＿＿＿＿＿＿＿＿＿＿＿＿＿

3. 蔡桓公屡次拒绝扁鹊的善良劝告，表现了蔡桓公什么心理？

＿＿＿＿＿＿＿＿＿＿＿＿＿＿＿＿＿＿＿＿＿＿＿＿＿＿＿＿

31　刻舟求剑

楚人有涉江者，其剑自舟中坠于水，遽契其舟，曰：“是吾剑之所从坠。”舟止，从其所契者入水求之。舟已行矣，而剑不行；求剑若此，不亦惑乎！

一、解释加点字。

1. 楚人有涉江者　　涉：＿＿＿＿＿＿

2. 其剑自舟中坠于水　　于：＿＿＿＿＿＿

3. 是吾剑之所从坠　　是：＿＿＿＿＿＿

二、下列加点字的解释不正确的是（　　）。

A. 其剑自舟中坠于水（落下，掉下）　　B. 楚人有涉江者（乘船渡过江河）

C. 不亦惑乎（愚蠢）　　D. 遽契其舟（迅速）

三、请圈出下列加点字的正确读音。

A. 楚人有涉江者（shè　sè）　　B. 其剑自舟中坠于水（zhuì　zuì）

C. 舟已行矣（háng　xíng）　　D. 不亦惑乎（huò　huō）

四、下列与“而剑不行”中的“而”用法相同的是（　　）。

A. 先自度其足，而置之其坐　　B. 至之市，而忘操之

五、填空题。

1.“刻舟求剑”比喻 ______________________________，多用于 ____（褒／贬）义。

2. 这则寓言故事给我们的启示是 ____。

六、在文言文中“者”有以下常见义，请选择填空。

A. ……的，……的人　　B. ……的地方

C. 用在名词之后，表示语气停顿

D. 用在判断句、叙述句的主语之后，表示语气的停顿

1. 楚人有涉江者（　　）　　2. 从其所契者入水求之（　　）

3. 昔者十日并出（　　）　　4. 陈胜者，阳城人也　（　　）

七、下列对原文理解不正确的是（　　）。

A. 客观事物因时间、地点的改变而发生变化，要用变化的眼光看待事物

B. 做事不考虑客观条件的变化，仍然死守老一套、不知变通，是行不通的

C. 楚人不顾客观情况的变化，肯定是找不回剑的

D. 这个故事出自《韩非子》

八、文中描写楚人运用了哪些方法？突出了他什么特点？

____

____

32　掩耳盗铃

范氏之亡也，百姓有得钟者。欲负而走，则钟大不可负。以椎毁之，钟况然有音，恐人闻之而夺己也，遽掩其耳。恶人闻之，可也；恶己自闻之，悖矣！

一、下列加点字的解释不正确的是（　　）。

A. 范氏之亡也　（逃亡）　　B. 欲负而走（担负）

C. 恐人闻之而夺己也（代词，指钟声）　　D. 恶己自闻之，悖矣（荒谬）

二、请圈出下列加点字的正确读音。

A. 范氏之亡也（wán　wáng）　　B. 欲负而走（yù　yùn）

C. 以椎毁之（huǐ　guǐ）　　D. 钟况然有音（yīng　yīn）

三、填空题。

“掩耳盗铃”用来比喻 ______________________________，多用于 ____（褒／贬）义。

其近义词有________________。

四、请用“/”标出下列句子中的朗读节奏。（标两处）

恐 人 闻 之 而 夺 己 也，遽 掩 其 耳。

五、请写出加点字所指代的内容。

A. 以椎毁之 ________________

B. 恶人闻之 ________________

六、根据原文回答问题。

“恶己自闻之，悖矣”，文中盗钟者到底“悖”在哪里？

____

____

33 引婴投江

有过于江上者，见人方引婴儿而欲投之江中。婴儿啼。人问其故，曰：“此其父善游。”其父虽善游，其子岂遽善游哉？以此任物，亦必悖矣。

一、下列加点字的解释不正确的一项是（　　）。

A. 亦必悖矣（荒谬，谬误）　　B. 引婴投江（拉，牵）

C. 此其父善游（善于）　　D. 其子岂遽善游哉（立刻）

二、填空题。

1. 文中作者用一个“______”字评价了“引婴投江”这件荒唐事。

2. 那个人要把小孩子扔到江里的原因是________________________________。（用原文语句回答）

3. 这个故事给你的启示是____。

三、下列加点字的读音不正确的是（　　）。

A. 婴儿啼（dí）　　B. 其子岂遽善游哉（jù）

C. 亦必悖矣（bèi）　　D. 以此任物（wù）

四、下列节奏划分正确的是（　　）。

A. 见人 / 方引婴儿 / 而欲投之于江中　　B. 见人方 / 引婴儿而欲投 / 之于江中

C. 见人方 / 引婴儿而欲投之 / 于江中　　D. 见人 / 方引婴儿而欲投 / 之于江中

五、请补充下列句子中的主语。

1. (　　　　)见人方引婴儿而欲投之江中。

2. (　　　　)曰：此其父善游。

六、把下列语句翻译成现代汉语。

1. 见人方引婴儿而欲投之江中。

____

2. 其父虽善游，其子岂遽善游哉？

____

七、本文的主旨句是什么？

____

34 循表夜涉

荆人欲袭宋，使人先表澭水。澭水暴益，荆人弗知，循表而夜涉，溺死者千有余人，军惊而坏都舍。向其先表之时可导也，今水已变而益多矣；荆人尚犹循表而导之，此其所以败也。

一、下列加点字的解释不正确的是(　　)。

A. 使人先表澭水(作记号)　　B. 溺死者千有余人(淹没)

C. 此其所以败也(……的原因)　　D. 向其先表之时(向下)

二、判断题。(正确的打"√"，错误的打"×")

1. "荆人尚犹循表而导之"中"尚犹"的意思是"依然，仍旧"。　(　　)

2. "澭水暴益"中的"益"通"溢"，有"涨"的意思。　(　　)

3. "循表而夜涉"中"涉"的意思是"涉及"。　(　　)

三、下列加点字的读音不正确的是(　　)。

A. 荆人欲袭宋(jīn)　　B. 澭水暴益(yōng)

C. 溺死者千有余人(nì)　　D. 荆人尚犹循表而导之(shàng)

四、把下列语句翻译成现代汉语。

1. 溺死者千有余人，军惊而坏都舍。

____

2. 今水已变而益多矣；荆人尚犹循表而导之，此其所以败也。

____

五、下列对本文理解不正确的是(　　)。

A. 客观事物是不断发展变化的，人的认识必须随之变化，以适应新情况

B. 文中淹死人的原因是荆人只根据原来知道的情况行动，但不知道已经变化的情况

C. 无论做什么事情都应该估计到各种因素的存在及变化情况，以采取切实可行的措施

D. 故事中淹死了一千多人的原因是用假象蒙蔽人

六、荆人失败的原因是什么？

____

____

35 幽王击鼓

周宅丰、镐，近戎人。与诸侯约，为高葆祷于王路，置鼓其上，远近相闻。即戎寇至，传鼓相告，诸侯之兵皆至救天子。戎寇尝至，幽王击鼓，诸侯之兵皆至。褒姒大说，喜之。幽王欲褒姒之笑也，因数击鼓。诸侯之兵数至而无寇。至于后，戎寇真至，幽王击鼓，诸侯兵不至。幽王之身乃死于丽山之下，为天下笑。

一、下列加点字、词的读音不正确的是（　　）。

A. 戎寇尝至（cháng）　　B. 褒姒大说而笑（shuō）

C. 因数击鼓（shuò）　　D. 幽王欲褒姒之笑也（bāo sì）

二、判断题。（正确的打“√”，错误的打“×”）

1. “近戎人”中的“近”是形容词用作动词，意思是“临近，接近”。（　　）

2. “为高葆祷于王路”中的“为”和“为天下笑”中的“为”意思相同。（　　）

3. “为天下笑”是被动句式。（　　）

4. “四夷”是古代对中原周边各族的统称，分别指东夷、南蛮、西戎和北狄。（　　）

三、解释下列加点字词的意思。

1. 戎寇尝至（　　）　　2. 褒姒大说，喜之（　　）

3. 因数击鼓（　　）（　　）　　4. 置鼓其上（　　）

四、周幽王的过错是什么？这个故事给你的启示是什么？

____

____

参考答案

01 循循善诱

一、循循善诱 有步骤的样子 善于引导 善于有步骤地进行引导、启发 诲人不倦 谆谆告诫 褒 二、D 三、1. √ 2. √ 3. √ 4. × 四、1.（对于老师的学问与道德，）我抬头仰望，越望越觉得高；越是努力钻研，越是觉得深不可测。 2. 老师善于一步一步地引导我，用各种典籍来丰富我的知识，又用各种礼节来约束我的言行，使我想停止学习都不可能。 五、D 六、示例：循循善诱。用典籍丰富学生的知识，用礼节约束学生的言行。教学要循循善诱，引导学生独立思考。

02 因材施教

一、C 二、1. √ 2. × 3. √ 三、依据 人的天资、志趣等 褒 四、1. 如果父亲和兄长在身边，怎么能不先问问他们的意见，然后再去做呢？ 2. 冉有遇到事情，常常畏缩不前，所以我要鼓励他进取；子路性情好强，所以启发他，使他做事稳重。 五、对子路的回答是不能马上去做，要去询问父兄；对冉有的回答是听到就要马上去做。这反映出孔子因材施教的教育思想。

03 子路问津

一、B 二、1. √ 2. × 3. √ 4. √ 三、1. 天下大乱，谁能改变得了呢？ 2. 我们既然无法跟鸟兽待在一起，若不跟天下人待在一起，又跟谁在一起呢？ 四、D 五、“怃然”一词流露出孔子怅惘失意的心态。孔子在多次碰壁之后已知自己的主张、抱负不能实现，却仍然坚定地为之奋斗，表现出一种“知其不可而为之”的精神，体现了孔子“积极入世”的政治态度。

04 晏子使楚

一、D 二、1. √ 2. √ 3. × 4. √ 三、D 四、D 五、1. 齐国大臣晏子将要出使楚国。 2. 现在将来访我国，我想羞辱他一下，你们有什么好办法吗？ 六、因为晏子是齐国能说会道的人。

05 一鼓作气

一、B 二、D 三、D 四、1. 作战靠的是勇气。第一次击鼓能够振作士气，第二次击鼓士气就衰弱了，第三次击鼓士气就竭尽了。 2. 我看到他们的车轮辗出的痕迹混乱，又看到他们的军旗倒下了，所以下令追击他们。 五、示例：无论做什么事情，都要一鼓作气，并把握机会。“气可鼓，不可泄”，只有一鼓作气，同时保持高度的热情，学会借力、借势，才能把事情做好。

06　子罕弗受玉

一、1. 不 2. 你 3. 所以 4. 有人　二、B　三、B　四、1. 宋国有人得到了一块玉石，把它献给子罕，子罕不肯接受。2. 如果你把玉给我，我们两个人都会丧失宝贵的东西。五、示例：子罕者，古今罕见廉政爱民之君子也。

07　杞人忧天

一、担心天塌下来　为不必要忧虑的事忧虑　贬　庸人自扰　高枕无忧　无忧无虑　二、D　三、A　四、1. 你行走跳跃，整天都在地上活动，怎么还担心地会陷下去呢？　2. 那个杞国人这才放下心来，很高兴；开导他的人也放了心，也很高兴。　五、杞人怕天会塌下来。这则寓言故事嘲讽了对一些不必要的事或基本不会发生的事而担心的人。

08　伯牙绝弦

一、1. 弹琴　断　知音难遇　2. 知音　二、A　三、子期死，伯牙 / 谓 / 世再无知音，乃 / 破琴绝弦，终身 / 不复鼓。　四、1. 锺子期去世后，伯牙认为世间再也没有比锺子期更了解自己的人了。　2. 于是摔坏了琴，剪断了弦，一辈子不再弹琴。　五、锺子期去世后，伯牙认为世间再也没有比锺子期更了解自己的人了。

09　韩娥善歌

一、C　二、D　三、1. √　2. ×　3. √　四、1. 她离开雍门后，留下来的声音还在屋梁间回荡，三天都没有断绝，附近的人都以为她还没有离开。　2. 直到现在，雍门地区的人还喜欢在歌唱的时候表达欢喜和痛哭的音乐情感，那是在模仿韩娥留下来的声音啊！　五、示例：弦外之音、高山流水、余音绕梁、一唱三叹等。　六、示例：韩娥用真情歌唱，让听到她歌声的人都为之哭、为之笑。她的歌声富有很强的感染力，使她迅速融入雍门地区的人群之中。她的歌声可以表达情绪、传递情感并引起人们的共鸣，这就是音乐的魅力所在。

10　两小儿辩日

一、D　二、B　三、A　四、1. 这不是因为太阳离我们近就觉得热，而离我们远就感到凉吗？2. 谁说您知识渊博呢？　五、因为两小儿判断太阳远近的标准不同。

11　歧路亡羊

一、D　二、B　三、杨子　邻人　四、岔道之中又有岔道，我不知（羊）逃到哪条路上去了，所以就回来了。　五、示例：人生选择太多，我们应有明确的目标，否则很容易迷失自我。或做事不专一，就会一无所获。

12　纪昌学射

一、B　二、A　三、1. shè　2. yàn　3. shùn　四、1. 你要先学着看东西不眨眼睛，然后再谈学射箭。　2. 飞卫高兴得跳了起来，拍着胸脯说："你已经掌握了射箭的诀窍了！"　五、示例：纪昌是一个勤奋好学，有恒心、有毅力，又对事业有执着追求的人。

13 揠苗助长

一、B　二、D　三、拔苗助长　贬　急于求成　操之过急　循序渐进　瓜熟蒂落　四、1. 宋国有一个人担忧他的禾苗长不高，就把禾苗往上拔。　2. 今天累死我了，我帮助禾苗长高了！　五、示例：万事万物都要遵循客观规律，我们应该一切从实际出发，凡事顺其自然；如果急于求成，只会适得其反。

14 弈秋学弈

一、1. 下棋　2. 教导　3. 不是这样的　4. 不如，比不上　二、1. √　2. ×　3. √　三、1. A　2. B　3. C　四、C　五、D　六、俗话说："师父领进门，修行在个人。"老师的水平固然重要，但是学生的学习态度更重要。如果学习态度不端正，三心二意，即使老师水平再高，自己还是学不好。我们应该端正态度，努力学习。

15 再作冯妇

一、打虎勇士冯妇再次打虎　二、B　三、A　四、C　五、冯妇是一个力大无穷、胆识过人的人。

16 朝三暮四

一、实际　贬　朝秦暮楚　反复无常　始终如一　矢志不渝　二、C　三、C　四、B　五、1. 他节省家里粮食，以此来满足猴子们的要求。　2. 不久，家里缺乏粮食，他打算减少猴子们的食量，但又怕猴子们不听从他的话。　六、原来他早上给猴子们三颗橡实，晚上四颗橡实，后来变为早晨四颗，晚上三颗。总量没有变化，只是调整了早晚的量。

17 运斤成风

一、技法纯熟　二、D　三、C　四、1. √　2. √　3. ×　五、1. 郢人刷墙时，有白泥土洒落在鼻尖上，薄得像苍蝇的翅膀。　2. 自从老先生死后，我就没有施展技艺的对象了。　六、D

18 庄周梦蝶

一、C　二、B　三、C　四、1. 自己非常快乐，悠然自得，不知道自己原来是庄周。2. 庄周与蝴蝶一定是有区别的。这应该就叫作"万物与我同化"的精神境界吧。　五、D

19 邯郸学步

一、C　二、邯郸学步　模仿不成，反而失去自己原有的长处　东施效颦　标新立异　取长补短　三、1. √　2. √　四、C　五、示例：我们做事要从实际出发，取人之长，不可盲目模仿。

20 浑沌之死

一、1. 经常、时常　2. 呼吸　3. 偏偏，只　4. 恩惠，恩情　二、C　三、C　四、A　五、1. 只有浑沌没有，我们试着给他凿出七窍来。　2. 于是，他们每天给浑沌凿一窍，凿到第七天浑沌就死了。　六、示例：要按客观规律办事，否则好心也会办坏事。

21　东施效颦

一、C　二、1. 心痛病　2. 东施　3. 妻子和儿女　男子的配偶　4. 邯郸学步　标新立异　三、1. 同乡的一个丑女见了西施这副模样觉得太美了，回去时她也捂着胸口，皱起眉头从村里走过。　2. 那个丑女只知道西施皱眉好看，却不知道她皱眉的原因。　四、B　五、示例：这个故事讽刺了那些不知自丑，不识时务，只知道盲目效仿他人的人。

22　劝　学

一、D　二、C　三、1. 积土成山　积水成渊　2. 积善成德　3. 跬步千里　4. 驽马十驾　5. 锲而不舍　四、示例：书山有路勤为径，学海无涯苦作舟。

23　买椟还珠

一、C　二、1. wéi　2. huán　三、C　四、1. 卖方过分讲究形式，以至于形式超过了内容，导致事与愿违的结果。　买方只重外表而忽略内容，舍本逐末地不当取舍，也是不可取的。　2. 木匣子　退还　没有眼光，舍本逐末，取舍失当　贬　舍本逐末　本末倒置　去粗取精　五、C　六、辑　缉　连缀、连接　七、A　八、示例：楚人，不要过分崇尚形式而忽略内容。郑人，要有眼光，不要取舍不当。

24　老马识途

一、B　二、1. B　2. B　3. D　4. A　三、1. 老马识途　老马认识走过的路　褒　初出茅庐　少不更事　2. 南　北　阳　阴　往　返　得　失　3. 南边　北边　四、蚁 / 冬居 / 山之阳　五、示例：多接触日常生活，积累宝贵经验。

25　滥竽充数

一、D　二、D　三、1. √　2. √　3. √　四、没有本领的人混在行家当中充数　鱼目混珠　名副其实　宁缺毋滥　贬　五、D　六、示例：齐湣王喜欢听独奏，而南郭处士不会吹竽，只能灰溜溜地逃走。　启示：做人要实事求是，要有真才实学。那些弄虚作假的人是经不住时间考验的，终究会露出马脚。

26　郑人买履

一、1. A　2. D　3. D　二、1. 反　返　返回　2. 无　毋　不要　3. 坐　座　座位　三、D　四、1. B　2. A　3. B　4. B　五、示例：故事讽刺了那些因循守旧，不知变通，不懂得根据客观实际灵活改变对策的人。告诉我们的道理是做事情要灵活变通，不要死守教条。

27　曾子杀彘

一、C　二、1. B　2. A　3. A　4. BC　5. A　6. D　三、反　返　返回　女　汝　你

四、1. 你先回去，等我回来后杀猪给你吃。　2. 母亲欺骗孩子，孩子就不再相信自己的母亲了，这不是教育孩子的好办法。　五、C　六、略（言之有理即可）

28　自相矛盾

一、1. 称赞　2. 回答　二、B　三、1.A　2.B　3.C　四、C　五、言行前后不一或互相抵触　以子之矛，攻子之盾　贬　言行一致　表里如一　六、夫不可陷之盾与无不陷之矛，不可同世而立。　七、示例：楚国商人的脸立刻变白，不知道怎么回答这个问题，窘迫极了，额头直冒冷汗。

29　守株待兔

一、D　二、1. √　2. ×　3. √　4. √　三、C　四、心存侥幸，希望得到意外的收获　贬　刻舟求剑　随机应变　见机行事　五、C　六、1. 兔子撞在树桩上死掉是偶然事件，是不可能经常发生的。　2. 努力耕作　侥幸　3. 可能有。示例：有人偶尔一次买彩票中奖，之后就寄希于买彩票中奖过日子，什么事也不做。

30　扁鹊见蔡桓公

一、1.B　2.A　3.B　4.B　5.B　二、B　三、1. 要　更加　加重　2. 小步快跑　3. 故意　派遣　四、1. 跑　行走　2. 请求　敬辞，用于希望对方做某事　3. 把……当作……　作为，用作　五、1. 还　旋　调转，回转　2. 齐　剂　火剂汤　3. 汤　烫　用热水焐　六、1. 因为蔡桓公的病已经到了骨髓，无药可救。　2. 故事告诉我们不要讳疾忌医，有病就要及时找医生治疗。3. 讳疾忌医。

31　刻舟求剑

一、1. 指徒步渡水或蹚水，这里指乘船渡过江河　2. 在……中　3. 指示代词，此，这　二、C　三、A. shè　B. zhuì　C. xíng　D. huò　四、B “而剑不行”中的“而”是转折连词，却。A. 连词，表顺承。B. 转折连词，却。　五、1. 拘泥不知变通，不懂得根据实际情况处理问题　贬　2. 人们要用变化的眼光看待事物，不能死守教条　六、1. A　2. B　3. C　4. D　七、D　八、运用了语言描写和动作描写，突出楚人死板、愚昧等特点。

32　掩耳盗铃

一、B　二、A. wáng　B. yù　C. huǐ　D. yīn　三、自己欺骗自己，明明掩盖不了的事偏要设法掩盖　贬　自欺欺人　四、恐人闻之 / 而夺己也，遽 / 掩其耳。　五、A. 代指钟　B. 代指钟声　六、示例：捂住自己的耳朵，别人依旧可以听到声音，这只不过是自欺欺人罢了。

33　引婴投江

一、D　二、1. 悖　2. 此其父善游　3. 人们很多能力的获得是后天学习的结果，而不是生来就有的　三、A　四、A　五、1. 过江者　2. 引婴儿而欲投之江中者　六、1. 看到一个人正拉着一个孩子要把他扔到江里去。　2. 孩子的父亲虽然善于游泳，他的孩子难道就善于游泳吗？　七、以此任物，亦必悖矣。

34　循表夜涉

一、D　二、1. √　2. √　3. ×　三、A　四、1. 一千多人被淹死了，军队惊恐的喊叫声，如同房屋倒塌了一样。　2. 现在水势发生了很大变化，水在不断地上涨；楚国人仍旧按照原来的标记渡水，这就是楚国人失败的原因。　五、D　六、河水在不断上涨，荆人仍按照原来的标记过河。

35　幽王击鼓

一、B　二、1. √　2. ×　3. √　4. √　三、1. 曾经　2. 通“悦”，高兴、喜悦　3. 于是　屡次，多次　4. 指高葆　四、失信于诸侯。示例：做人要讲信用；当权者不可玩弄法令，否则将失信于民。

读交大之星
圆名校之梦

越历史线 学透小古文

孙 洋 主编

秦汉篇

上海交通大学出版社
SHANGHAI JIAO TONG UNIVERSITY PRESS

内容提要

本系列以“历史线”为选文脉络，从分布在“历史线”上的50多种典籍里，精选166篇适合
古文，按照时间顺序，分为春秋战国篇、秦汉篇、三国两晋南北朝篇、唐宋篇、元明清篇5个分册。
籍名片、小古文精讲、思维导图、智慧点拨、知识拓展、学而思等栏目。本书图文并茂、版式活泼，
注重“融合”，侧重“积累”，加强“训练”，突出“有趣”，旨在培养中小学生学习小古文的兴趣，并让
统文化之精华。

图书在版编目（CIP）数据

穿越历史线.学透小古文.秦汉篇 / 孙洋主编.—
上海：上海交通大学出版社，2024.6
（交大之星）
ISBN 978-7-313-29093-9

Ⅰ.①穿… Ⅱ.①孙… Ⅲ.①文言文–小学–教学参
考资料 Ⅳ.①G624.203

中国国家版本馆CIP数据核字（2023）第130065号

穿越历史线·学透小古文(秦汉篇)
CHUANYUE LISHIXIAN·XUETOU XIAOGUWEN（QIN-HAN PIAN）

主　　编：孙　洋
出版发行：上海交通大学出版社　　地　　址：上海市番禺路951号
邮政编码：200030　　电　　话：021-64071208
印　　制：苏州市越洋印刷有限公司　　经　　销：全国新华书店
开　　本：787mm×1092mm　1/16　　印　　张：9.75
字　　数：163千字
版　　次：2024年6月第1版　　印　　次：2024年6月第1次印刷
书　　号：ISBN　978-7-313-29093-9　　音像书号：ISBN　978-7-88941-603-0
定　　价：199.00元（共5册）

前 言

古诗文是中华民族五千年文化的瑰宝，是中国优秀传统文化最好的载体，有丰富的历史文化价值和教育价值，处世为人的哲学，修身、齐家、治国、平天下的道理都蕴含其中。学习经典古诗文，对我们的眼界、胸怀、志气、品格修养的提升大有裨益；学习经典古诗文，也是传承中华传统文化、树立民族精神、增强文化自信的重要渠道。

统编语文教材增加了古诗文比重。小学语文古诗文占全部选篇的 36%，初中语文古诗文占全部选篇的 48%，较原人教版教材有大幅增加。

中小学生学习古诗文的重要性和必要性不言而喻，但市面上与古诗文相关的书籍大都以主题或类别进行分类，而学生在学习古诗文的时候，往往需要联系作者或诗人所处的时代背景，这样才能更好地理解古诗文深层次的意蕴。而以“历史线”为脉络对古诗文进行梳理分类，有助于学生提高史实意识，在历史的线条中逐渐明晰作者或诗人的生平、遭遇，理解他们所处的时代发展背景，将同时代的作者、诗人或典籍串联起来，进一步拓展学习的广度和深度。因此，我们积极联合专家团队，倾力打造了“穿越历史线·学透古诗词”“穿越历史线·学透小古文”系列图书。

“穿越历史线·学透古诗词”系列精选 148 首中小学生必背古诗词，按照时间顺序，分为初唐及以前篇、盛唐篇、中晚唐篇、宋代篇、宋代以后篇 5 个分册，每个分册设有诗人名片、诗人介绍、写作背景、注释、译文悦读、思维导图、诗词鉴赏、知识拓展、学而思等栏目。

“穿越历史线·学透小古文”系列从分布在“历史线”上的 50 多种典籍里，精选了 166 篇适合中小学生阅读的小古文，按照时间顺序，分为春秋战国篇、秦汉篇、三国两晋南北朝篇、唐宋篇、元明清篇 5 个分册。每个分册设置典籍名片、小古文精讲、思维导图、智慧点拨、知识拓展、学而思等栏目。套书体例和内容的设置注重“融合”，侧重“积累”，加强“训练”，突出“有趣”。

希望这套图书能使学生更方便地学习古诗文，感受中华文化的丰厚博大，从中汲取民族文化智慧，积淀文化底蕴，在点滴的学习中浸润渗透，增强学生的文化认同感和民族自豪感。

囿于编写水平，书中如有不足之处，恳请广大读者批评指正，以便我们重印再版时修订完善。

编者

目录

淮南子

别　　名	《淮南鸿烈》《刘安子》
作　　者	刘安及其门客
创作年代	西汉
流　　派	杂家
文学体裁	古代议论文
风格特点	说林、说山、人闲诸篇多纪古事

《淮南子》由淮南王刘安及其门客共同编写而成。该书以道家思想为主，同时吸收了诸子百家的思想理论，是西汉时期道家学派理论体系的代表作，《四库全书》将其归入杂家。书中在阐明作者广大而光明道理的同时保存了一些远古神话，如“女娲补天”“后羿射日”“共工怒触不周山”“嫦娥奔月”“塞翁失马”等。

刘安（前179—前122），沛郡(今属江苏)人，汉高祖刘邦之孙、淮南厉王刘长之子，16岁袭封淮南王，后因谋反事发而自杀。

刘安是西汉时期著名的思想家、文学家。他博学多通，擅长写作，喜欢弹琴，爱好藏书，与河间献王刘德一样都因藏书而知名，但《汉书》称他所藏之书，“多浮辩之书，无实用者甚多”。他曾奉汉武帝之命著作《离骚传》。

名句集锦

◎此何遽不为福乎？

◎尧之时，十日并出，焦禾稼，杀草木，而民无所食。

◎塞翁失马，焉知非福？

◎圣人之于善也，无小而不举；其于过也，无微而不改。

◎言而必有信，期而必当，天下之高行也。

扫码听音频

gòng gōng nù chù bù zhōu shān

01 共工①怒触不周山

xī zhě gòng gōng yǔ zhuān xū zhēng wéi dì nù ér chù bù zhōu zhī shān

昔②者，共工与颛顼争③为帝，怒而④触⑤不周之山，

tiān zhù zhé dì wéi jué tiān qīng xī běi gù rì yuè xīng chén yí yān dì bù

天柱⑥折，地维⑦绝⑧，天倾⑨西北⑩，故日月星辰移焉⑪；地不

mǎn dōng nán gù shuǐ lǎo chén āi guī yān

满东南，故水潦⑫尘埃⑬归焉。

---

①共工：传说中的部落领袖，炎帝的后裔(yì)。

②昔：从前。

③争：争夺。

④而：连词，表示承接关系。

⑤触：碰，撞。

⑥天柱：支撑天的柱子。

⑦维：绳子。

⑧绝：断。

⑨倾：倾斜。

⑩西北：作动词，指向西北。

⑪焉：这，这里。

⑫水潦：泛指江湖流水。潦，积水。

⑬尘埃：尘土，这里指泥沙。

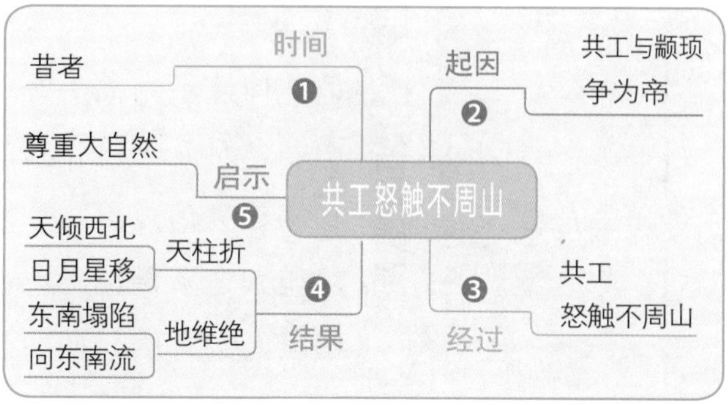

智慧点拨

这个故事曲折地反映了在原始部落中的激烈斗争和大自然的剧变，用神话来解释天地运行的自然现象，表达古代劳动人民认识大自然的思想，神奇的传说中具有现实主义色彩，提醒我们要尊重大自然，与大自然和谐相处。

译文悦读

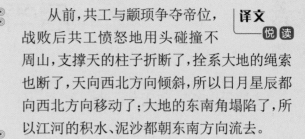

从前，共工与颛顼争夺帝位，战败后共工愤怒地用头碰撞不周山，支撑天的柱子折断了，拴系大地的绳索也断了，天向西北方向倾斜，所以日月星辰都向西北方向移动了；大地的东南角塌陷了，所以江河的积水、泥沙都朝东南方向流去。

知识拓展

“山”“丘”之别

“山”的甲骨文像山峰交错的样子；“丘”的甲骨文像两座小土山丘并立的形状。

“山”和“丘”的区别：“山”多指石头山，而“丘”多指土山。二者可构成合成词“山丘”，表示小土山或山地。

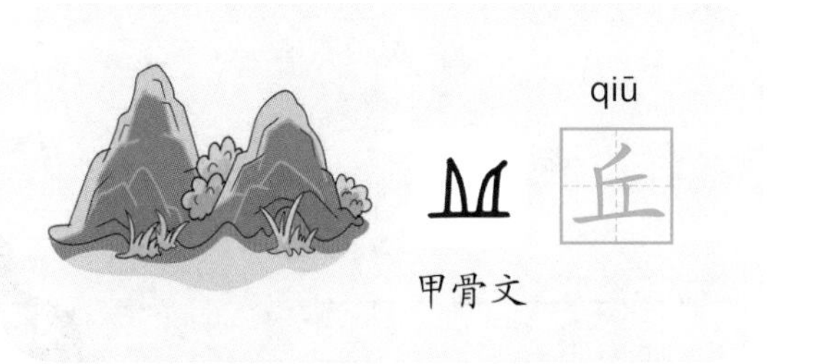

学而思

一、下列加点字含义不同的是（　　）。（多选）

A. 北饮大泽／南辕北辙　　B. 饮于河、渭／河汉江淮

C. 地维绝／以为妙绝　　D. 故水潦尘埃归焉／无缘无故

二、常言道：有因必有果，有果必有因。请根据原文把下列短句的因果关系连一连。

天倾西北　　　　日月星辰移焉

地不满东南　　　　水潦尘埃归焉

扫码听音频

02 后羿射日

逮[1]至尧[2]之时，十日并出，焦[3]禾稼[4]，杀[5]草木，而民无所食。猰貐[6]、凿齿[7]、九婴[8]、大风[9]、封狶[10]、修蛇[11]，皆为民害。尧乃使[12]羿[13]诛[14]凿齿于畴华[15]之野，杀九婴于凶水[16]之上，缴[17]大风于青丘[18]之泽，上射十日[19]而下杀猰貐，断[20]修蛇于洞庭，禽[21]封狶于桑林。万民皆喜，置尧以为天子。

---

1. 逮：等到。
2. 尧：传说中上古帝王名。
3. 焦：使……烧焦。
4. 禾稼：庄稼。
5. 杀：使……死。
6. 猰貐：传说中的一种怪兽，跑得很快，叫声像婴儿啼哭，还经常吃人。
7. 凿齿：传说中的一种怪兽，牙齿有三尺长，外形像凿子，暴露在下巴外面。
8. 九婴：传说中的一种怪物，长着九个脑袋，既能喷水，又会喷火。
9. 大风：传说中的一种大鸟，性情凶猛。
10. 封狶：传说中的一种大野猪。
11. 修蛇：传说中一种身体修长的大蛇，能吃掉大象，三年后才吐出骨头。
12. 使：派。
13. 羿：后羿，善于射箭。
14. 诛：杀。
15. 畴华：传说中南方的一个水泽。
16. 凶水：传说中北方的一条河流。
17. 缴：一种箭，末端绑着绳子，这里指用缴射物。
18. 青丘：传说中东方的一个大泽。
19. 射十日：传说古时候，天上突然出现了十个太阳，后羿用箭射掉了九个，只留下一个。
20. 断：斩断。
21. 禽：同“擒”，抓，捉拿。

智慧点拨

故事中后羿上射九日，下除六害，鼓励人民为改造大自然、战胜大自然而斗争。当然，像故事中那样改造大自然是不符合实际的，我们应该顺应自然规律，利用它，改变它，才能为人民造福。

译文悦读

到了尧的时代，天上一下出现了十个太阳。灼热的阳光晒焦了庄稼，使花草树木枯死，老百姓连吃的东西都没有。这时，又出现了猰貐、凿齿、九婴、大风、封豨、修蛇六种怪物，都来祸害百姓。于是，尧派后羿到畴华之野去诛杀凿齿，到北方的凶水杀死九婴，在青丘湖用箭射死了大风，又射落天上的九个太阳、杀死地上的猰貐，在洞庭湖斩杀了修蛇，在桑林擒住了封豨。老百姓都很高兴，共同推举尧为天子。

知识拓展

请根据下图推断出"杳"的意思

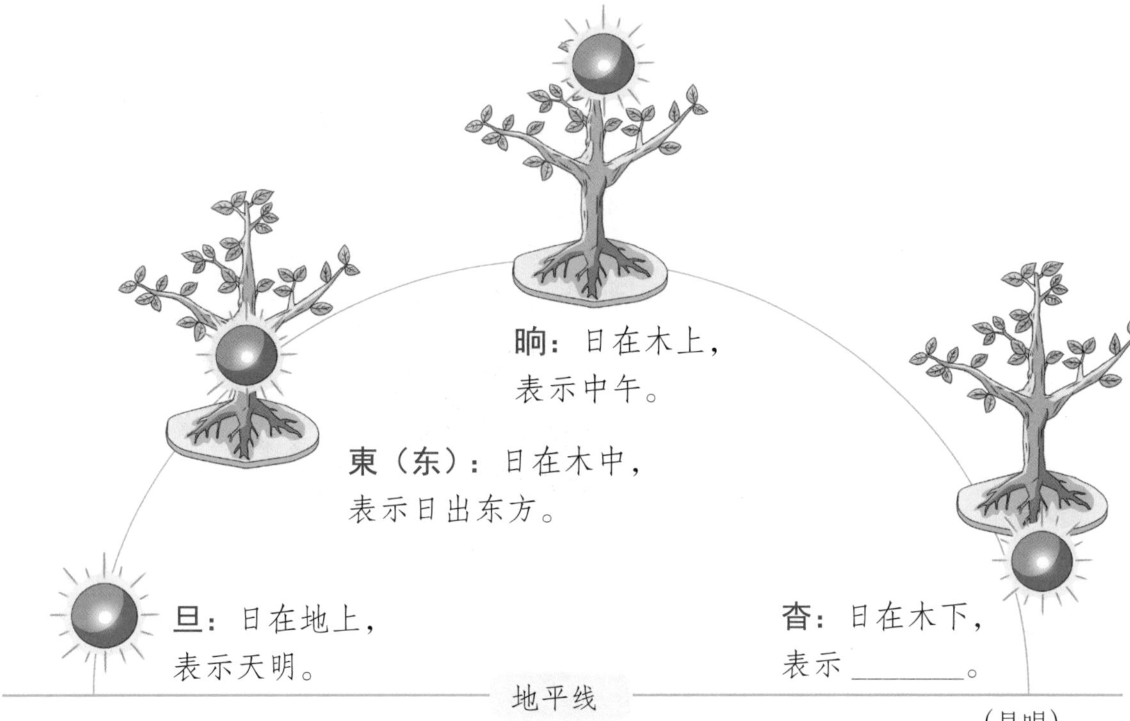

昫：日在木上，
表示中午。
東（东）：日在木中，
表示日出东方。
旦：日在地上，
表示天明。
杳：日在木下，
表示 ________。
地平线

（黄昏）

学而思

后羿是我国远古神话中的英雄人物，他最为人们熟知的贡献是"上射十日"，其实他为人类所作出的贡献还有：

诛 ______，杀 ______，缴 ______，杀 ______，断 ______，禽 ______。

扫码听音频

03 女娲补天[1]

nǚ wā bǔ tiān

wǎng gǔ zhī shí sì jí fèi jiǔ zhōu liè tiān bù jiān fù dì bù zhōu zài huǒ làn yán ér bú miè shuǐ hào yáng ér bù xī měng shòu shí zhuān mín zhì niǎo jué lǎo ruò

往古[2]之时，四极[3]废，九州[4]裂，天不兼[5]覆[6]，地不周载[7]。火爁炎[8]而不灭，水浩洋而不息，猛兽食颛民[9]，鸷鸟[10]攫[11]老弱。

yú shì nǚ wā liàn wǔ sè shí yǐ bǔ cāng tiān duàn áo zú yǐ lì sì jí shā hēi lóng yǐ jì jì zhōu jī lú huī yǐ zhǐ yín shuǐ cāng tiān bǔ sì jí zhèng yín shuǐ hé jì zhōu píng jiǎo chóng sǐ zhuān mín shēng

于是，女娲炼五色石以补苍天，断鳌[12]足以立四极，杀黑龙以济[13]冀州[14]，积芦灰以止淫水[15]。苍天补，四极正；淫水涸[16]，冀州平[17]；狡虫[18]死，颛民生[19]。

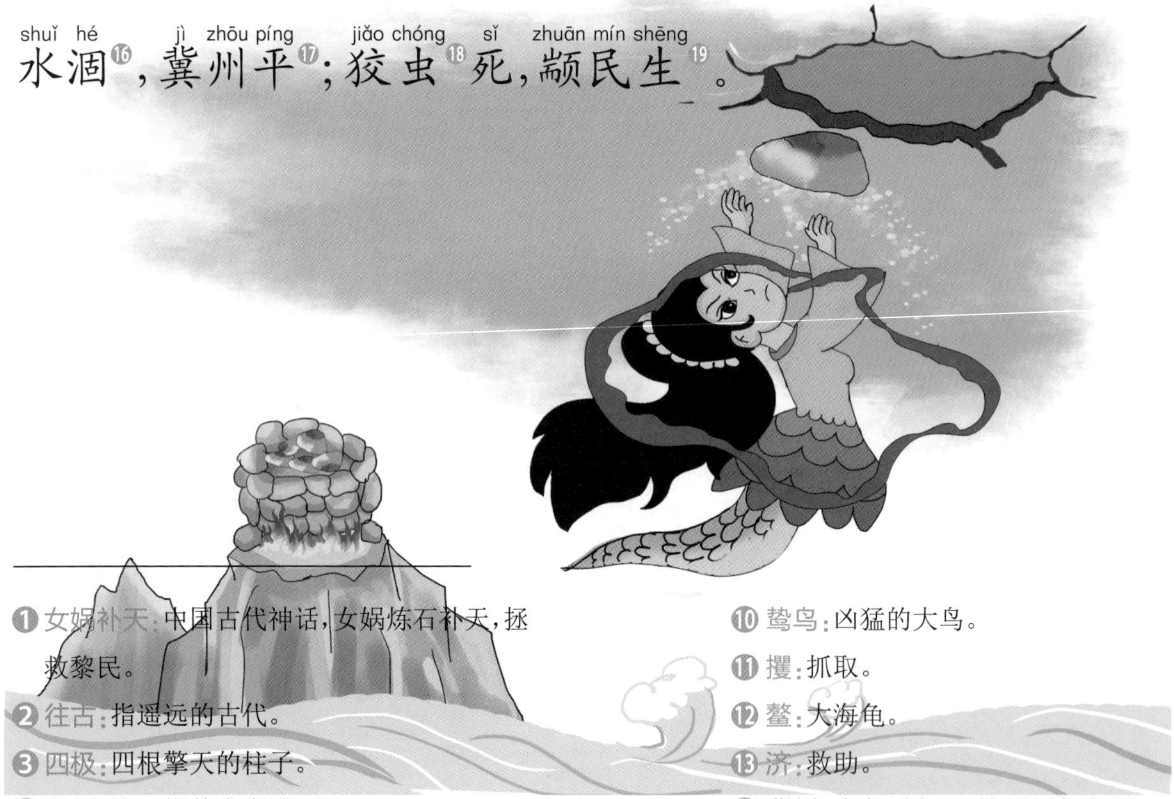

---

1 女娲补天：中国古代神话，女娲炼石补天，拯救黎民。
2 往古：指遥远的古代。
3 四极：四根擎天的柱子。
4 九州：这里指整个大地。
5 兼：全部，整个。
6 覆：覆盖。
7 地不周载：大地崩裂而不能容载万物。
8 爁炎：大火燃烧的样子。炎，火花，火焰。
9 颛民：淳朴善良的百姓。颛，善良。
10 鸷鸟：凶猛的大鸟。
11 攫：抓取。
12 鳌：大海龟。
13 济：救助。
14 冀州：古九州之一，这里泛指九州。
15 淫水：泛滥的洪水。
16 涸：水干。
17 平：平定。
18 狡虫：指猛兽。
19 生：生存，存活。

智慧点拨

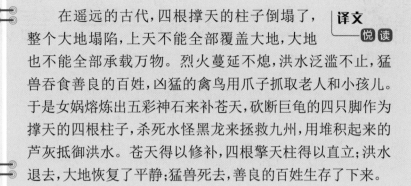

女娲具有改造天地的雄伟气魄和大无畏的斗争精神，我们要向女娲学习勇敢、善良、乐于助人、不惧危险、勇于奉献的精神品质。

译文悦读

在遥远的古代，四根撑天的柱子倒塌了，整个大地塌陷，上天不能全部覆盖大地，大地也不能全部承载万物。烈火蔓延不熄，洪水泛滥不止，猛兽吞食善良的百姓，凶猛的禽鸟用爪子抓取老人和小孩儿。于是女娲熔炼出五彩神石来补苍天，砍断巨龟的四只脚作为撑天的四根柱子，杀死水怪黑龙来拯救九州，用堆积起来的芦灰抵御洪水。苍天得以修补，四根擎天柱得以直立；洪水退去，大地恢复了平静；猛兽死去，善良的百姓生存了下来。

知识拓展

九 州

九州，又名汉地、中土、神州、十二州。最早出现在先秦时期典籍《尚书·禹贡》中，是中国汉族先民自古以来的民族地域概念。自战国以来，九州即成为古代中国的代称，而自汉朝起，又成为汉族地区的代称，称为“汉地九州”。

汉族先民自古就将汉族原居住地划分为九个区域，即所谓的“九州”。根据《尚书·禹贡》记载，九州分别是冀州、兖州、青州、徐州、扬州、荆州、豫州、梁州和雍州。《尔雅》中有幽州与营州，没有青州和梁州。《周礼》中有幽州和并州，没有徐州和梁州。

学而思

一、对偶句读起来节奏感很强，请连一连，记一记。

四极废 •	• 地不周载
天不兼覆 •	• 九州裂
猛兽食颛民 •	• 鸷鸟攫老弱
苍天补 •	• 颛民生
淫水涸 •	• 冀州平
狡虫死 •	• 四极正

二、本文歌颂了女娲心怀苍生，勇于与天地抗争的气魄与精神。请问女娲为什么要补天？她是怎样补天的？

____

____

扫码听音频

sài wēng shī mǎ yān zhī fēi fú

04 塞翁失马，焉知非福

jìn sài shàng zhī rén yǒu shàn shù zhě mǎ wú gù wáng ér rù hú rén jiē diào

近[1]塞上[2]之人，有善术[3]者，马无故亡[4]而入胡[5]。人皆吊[6]

zhī qí fù yuē cǐ hé jù bù wéi fú hū jū shù yuè qí mǎ jiàng hú jùn mǎ

之，其父曰："此何遽[7]不为福乎？"居[8]数月，其马将[9]胡骏马

ér guī rén jiē hè zhī qí fù yuē cǐ hé jù bù néng wéi huò hū jiā fù liáng

而归。人皆贺之，其父曰："此何遽不能为祸乎？"家富[10]良

mǎ qí zǐ hào qí duò ér zhé qí bì rén

马，其子好骑，堕[11]而折其髀[12]。人

jiē diào zhī qí fù yuē cǐ hé jù

皆吊之，其父曰："此何遽

bù wéi fú hū jū yì

不为福乎？"居一

nián hú rén dà rù sài

年，胡人大入[13]塞，

dīng zhuàng zhě yǐn xián ér

丁壮者[14]引弦而

zhàn jìn sài zhī rén sǐ

战[15]。近塞之人，死

zhě shí jiǔ cǐ dú yǐ bǒ zhī gù fù zǐ xiāng bǎo

者十九[16]。此[17]独以跛[18]之故，父子相保。

1. 近：靠近。
2. 塞上：这里是指长城一带。塞，边境地区。
3. 善术：精通术数。术，指占卜之类。
4. 亡：逃跑。
5. 胡：泛指北方和西方的少数民族。
6. 吊：对其不幸表示安慰。
7. 何遽：怎么就，表示反问。遽，于是，就。
8. 居：经过，过了。
9. 将：带领。
10. 富：很多。
11. 堕：掉下来，这里指坠落马下。
12. 髀：大腿骨。
13. 入：侵入。
14. 丁壮者：壮年男子。
15. 引弦而战：拿起弓箭准备打仗。引弦，拉开弓弦。
16. 十九：十分之九。这里指绝大部分。
17. 此：指塞翁之子。
18. 跛：腿瘸（qué）。

智慧点拨

祸与福、得与失、好与坏之间并无绝对的界限，在一定条件下都可以相互转化，即福可以变为祸，祸可以转为福，坏事可以变成好事，好事也可以转化为坏事。

译文悦读

靠近边塞的地区有个精通数术的人。有一天，他家的一匹马跑到胡人的驻地去了。人们都来安慰他，他的父亲却说："这怎么就不是一件好事呢？"过了几个月，那匹马竟带着一匹胡人的骏马回来了。人们都来向他道贺，他的父亲却说："这怎么就不可能变成一件坏事呢？"他家有很多骏马，儿子喜欢骑马，有一次，儿子从马上跌下来摔断了大腿。人们又来安慰他，他的父亲又说："这怎么就不可能变成一件好事呢？"过了一年，胡人大举侵入边塞，青壮年人都拿起武器跟敌人作战。靠近边塞一带的百姓绝大部分都战死了，唯独这家人的儿子因为腿瘸的缘故而免于征战，父子得以保全性命。

知识拓展

经典解析

作者用"塞翁失马，焉知非福"的故事是为了说明"祸福之转而相生，其变难见"的道理。

塞翁懂得"祸兮福之所倚，福兮祸之所伏"的道理。故事启发我们，在好事情里，我们要善于发现和防止向坏的方面转化的不利因素；在坏事情里，更要善于吸取有用的东西。俗话说，"物极必反"，事物发展到极端，就要走向反面。当然，好与坏的转化需要一定的条件。在这里，条件是十分重要的。就这一点来说，事物矛盾的转化并不是不可知的。我们的任务不是像塞翁那样消极坐等，而应该充分发挥人的主观能动性，掌握矛盾转化的规律，尽一切努力创造向好的方面转化的条件，尽量避免出现坏事。

"胡人"是指长有大胡子的人吗？

胡人是中国古代汉人对外部民族的称呼，通常指中国北方以及西北的游牧民族，与"胡子"无关。先秦时期中国将北方游牧民族称为"北狄"，秦汉以后又称为"胡人"，主要包括匈奴、鲜卑、氐（dī）、羌（qiāng）、吐蕃（bō）、突厥（jué）、蒙古国、契丹、女真等部落。

常见的八字俗语

塞翁失马，焉知非福　　用人不疑，疑人不用

成则为王，败则为寇　　城门失火，殃及池鱼

八仙过海，各显神通　　三天打鱼，两天晒网

学而思

一、福与祸、好与坏、得与失在一定条件下是可以相互转化的，所以我们应该全面、辩证地看问题。下列成语或名句与这个故事的寓意相近的是（　　）。（多选）

A. 祸兮福之所倚，福兮祸之所伏　　B. 亡羊补牢

C. 揠苗助长　　D. 失之东隅，收之桑榆

二、“死者十九”中“十九”的意思是（　　）。

A. 十分之九　　B. 十九

C. 约数　　D. 十点九

三、判断题。（正确的打“√”，错误的打“×”）

1. “马无故亡而入胡”中“亡”的意思是“死”。（　　）

2. “居数月”中 “居”的意思是“经过，过了”。（　　）

3. “堕而折其髀”中“堕”的意思是“坠落马下”。（　　）

4. “丁壮者引弦而战”中“丁壮者”的意思是“壮年男子”。（　　）

夏
商
周
秦
汉
《礼记》
三国
晋
南北朝
隋
唐
五代
宋
辽
西夏
金
元
明
清

礼记

别　　称	《小戴礼记》《小戴记》
作　　者	戴圣
创作年代	西汉
文学体裁	古代散文
流　　派	儒家
风格特点	章法谨严，文辞婉转，语言整齐而多变

《礼记》相传是西汉礼学家戴圣所著，记录了中国古代各种重要的典章制度，是研究先秦社会的重要资料，也是儒家思想的资料汇编。

《礼记》文章短小精悍、章法严谨、文辞婉转，注重前后照应，语言整齐而多变，善用各种比喻手法。其中，“经解”一篇提倡六艺之教，即温柔敦厚的“诗教”，疏通知远的“书教”，广博易良的“乐教”，浩静精微的“易教”，恭俭庄重的“礼教”，属辞比事的“春秋之教”；“礼运”一篇提出了“小康世”“大同世”，对后世影响深远。唐时尊为“经”，是“三礼（《周礼》《仪礼》《礼记》）”之首。

戴圣，生卒年不详，字次君，西汉官员、学者，汉代经学的开创者，世称“小戴”，与叔父戴德并称为“大小戴”。宣帝时以博士参与石渠阁论议，曾任九江太守。

名句集锦

◎苛政猛于虎也。

◎凡事预则立，不预则废。

◎玉不琢，不成器；人不学，不知义。

◎礼尚往来。往而不来，非礼也；来而不往，亦非礼也。

扫码听音频

jiē lái zhī shí
05 嗟来之食①

qí dà jī qián áo wéi shí yú lù yǐ dài è zhě ér sì zhī yǒu è
齐大饥②。黔敖③为食④于路⑤，以待饿者而食之⑥。有饿

zhě méng mèi jí jù mào mào rán lái qián áo zuǒ fèng shí yòu zhí yǐn yuē
者蒙袂⑦辑屦⑧，贸贸然⑨来。黔敖左奉⑩食，右执⑪饮，曰：

jiē lái shí yáng qí mù ér shì zhī yuē yǔ wéi bù shí jiē lái zhī shí yǐ zhì
“嗟！来食！”扬其目⑫而视之，曰：“予⑬唯不食嗟来之食，以至

yú sī yě cóng ér xiè yān zhōng bù shí ér sǐ zēng zǐ wén zhī yuē wēi yǔ
于斯⑭也！”从而谢⑮焉，终⑯不食而死。曾子闻之，曰：“微与⑰？

qí jiē yě kě qù qí xiè yě kě shí
其嗟也可去⑱，其谢也可食。”

---

① 嗟来之食：泛指带有侮辱性的施舍。嗟，不礼貌的招呼声，相当于“喂”。
② 饥：饥荒。
③ 黔敖：春秋时期齐国的富商。
④ 为食：摆放食物。
⑤ 于路：在路旁。
⑥ 食之：拿食物给人吃。
⑦ 蒙袂：用袖子遮住脸。袂，衣袖。
⑧ 辑屦：拖着鞋子。形容身体沉重迈不开步子的样子。屦，古代用麻、葛等制成的鞋。辑，拖。
⑨ 贸贸然：昏昏沉沉的样子。
⑩ 奉：捧着，端着。
⑪ 执：拿。
⑫ 扬其目：瞪着眼。
⑬ 予：我。
⑭ 斯：这地步。
⑮ 谢：认错，道歉。
⑯ 终：到底，最终。
⑰ 微与：不必这样啊。微，不应当。与，表示感叹的语气词。
⑱ 去：离开。

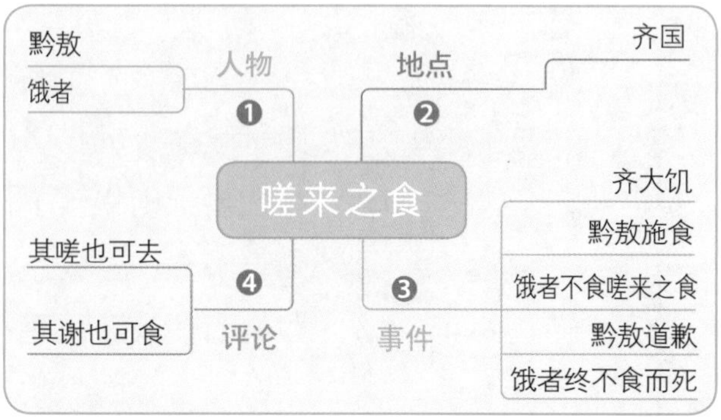

智慧点拨

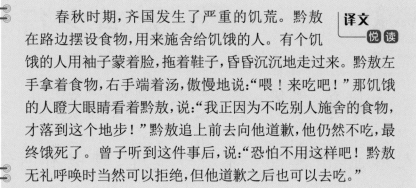

故事中的饥饿者是一个有志气的人，宁可饿死，也不接受侮辱性的施舍，表现了古代人民对待生活的严肃态度，具有宁死不屈、贫贱不移的高尚品质。

译文悦读

春秋时期，齐国发生了严重的饥荒。黔敖在路边摆设食物，用来施舍给饥饿的人。有个饥饿的人用袖子蒙着脸，拖着鞋子，昏昏沉沉地走过来。黔敖左手拿着食物，右手端着汤，傲慢地说："喂！来吃吧！"那饥饿的人瞪大眼睛看着黔敖，说："我正因为不吃别人施舍的食物，才落到这个地步！"黔敖追上前去向他道歉，他仍然不吃，最终饿死了。曾子听到这件事后，说："恐怕不用这样吧！黔敖无礼呼唤时当然可以拒绝，但他道歉之后也可以去吃。"

知识拓展

"为什么说"去"和"往"是一对近义字？

"去"的甲骨文上面像人远去的背影，下面像原始人居住的穴居，即住处，合起来表示人离开住处，所以"去"的本义为离开，即从所在地到别的地方。

"往"的甲骨文上面像一只脚（表示动作），下面像土堆（这里指住处），合起来表示人从住处走出去，所以"往"的本义为到某地方去。

综上所述，"去"用人从穴居走出来表示，而"往"用脚从土堆处走出来表示，二者的共同点是从一个地方走出来到另一个地方去，所以"去"和"往"是一对近义字。

学而思

一、下面都是关于气节的名言警句，请连一连，记一记。

粉骨碎身浑不怕	俯首甘为孺子牛
横眉冷对千夫指	要留清白在人间
宁为玉碎	贫贱不能移
富贵不能淫	不为瓦全

二、文中曾子的话寓意深刻并点明主题，下列句子能正确概述其含义的是（　　）。

A. 对方道歉了，就可以原谅他，但还是不能吃"嗟来之食"

B. 人一定要有骨气，坚决不能吃别人吃剩的东西

C. 不吃"嗟来之食"尽管是有骨气的表现，但不能过于固执，要懂得变通

扫码听音频

06 大道之行也

dà dào zhī xíng yě

dà dào zhī xíng yě tiān xià wéi gōng xuǎn xián jǔ néng jiǎng xìn xiū mù gù

大道[1]之行[2]也，天下为公，选贤[3]与[4]能[5]，讲信修睦。故

rén bù dú qīn qí qīn bù dú zǐ qí zǐ shǐ lǎo yǒu suǒ zhōng zhuàng yǒu suǒ yòng yòu

人不独亲[6]其亲[7]，不独子其子，使老有所终，壮有所用，幼

yǒu suǒ zhǎng guān guǎ gū dú fèi jí zhě jiē yǒu suǒ yǎng nán yǒu fèn nǚ

有所长，矜[8]、寡[9]、孤[10]、独[11]、废[12]疾[13]者皆有所养，男有分[14]，女

yǒu guī huò wù qí qì yú dì yě

有归[15]。货恶[16]其弃于地也，

bú bì cáng yú jǐ lì wù qí bù chū yú

不必藏于己；力恶其不出于

shēn yě bú bì wèi jǐ shì gù móu bì ér

身也，不必为己。是故[17]谋闭而

bù xīng dào qiè luàn zéi ér bú zuò

不兴，盗窃乱[18]贼[19]而不作[20]，

gù wài hù ér bú bì shì wèi

故外户[21]而不闭。是谓

dà tóng

大同[22]。

---

1. 大道：指上古时代政治上的最高理想。
2. 行：施行。
3. 贤：指品德高尚的人。
4. 与：同“举”，指推举，推荐。
5. 能：指才干出众。
6. 亲：名词作意动用法。以……为亲。
7. 亲：指父母。
8. 矜：通“鳏”，指老而无妻的人。
9. 寡：老而无夫的人。
10. 孤：幼而丧父的人。
11. 独：老而无子的人。
12. 废：残疾的人。
13. 疾：有病的人。
14. 分：职分。这里指职守、职业道德。
15. 归：女子出嫁。
16. 恶：憎恶。
17. 是故：因此，所以。
18. 乱：指造反。
19. 贼：动词，这里指害人。
20. 作：兴起。
21. 外户：泛指大门。
22. 大同：指儒家宣扬的理想社会。

智慧点拨

文章表达了作者迫切希望出现一个太平盛世的思想感情，也告诉我们：做人要真诚善良，不贪不骄，敬老爱幼，与他人和睦相处。

译文 悦读

在大道施行的时候，天下是人们所共有的，把有贤德、有才能的人选出来给大家办事，人人讲求诚信，崇尚和睦。因此，人们不只是奉养自己的父母，不只是抚育自己的子女，要使老人能终其天年，中年人能为社会效力，幼童能顺利地成长，使老而无妻的人、老而无夫的人、幼年丧父的孩子、老而无子的人、残疾有病的人都能得到供养。男子要有职业，女子要有归宿。人们憎恶财货被抛弃在地上的现象而要去收贮它，却不是为了独自享用；也憎恶那种在共同劳动中不肯尽力的行为，不能总是为了私利而劳动。这样一来，奸邪之谋不会发生，不会有人盗窃财物、作乱害人，因此家家户户都不用关上大门了，这就叫作理想社会。

知识拓展

"之"字的主要用法

在文言文中，"之"字随处可见，但在不同的语言环境里有着不同的含义。要正确地阅读和理解文言文，就要弄清"之"字的用法。

1. 作指示代词，可以表示人、事和物。

   公与之乘。意思是鲁庄公和曹刿同乘一辆战车。

2. 作结构助词"的"。

   水陆草木之花。意思是水中、陆地上各种各样的花。

3. 作动词，有"往、到"的意思。

   送杜少府之任蜀州。意思是送杜少府到蜀州上任。

4. 没有实际意义。

   无丝竹之乱耳。意思是没有嘈杂的音乐声扰乱"我"的耳朵。

助记要诀

"之"的用法很重要，
文言文中常用到。
指人事物要记好，
结构助词用得妙，
表示动作往和到，
没有实义用得少。

学而思

"鳏寡孤独"泛指无依无靠、生活艰难的人，你知道它们分别表示哪类人吗？

鳏	年幼丧父的孩子
寡	年老无妻或丧妻的男子
孤	年老无子女的人
独	年老无夫或丧夫的女子

扫码听音频

shàn xué zhě
07 善学者

shàn xué zhě shī yì ér gōng bèi yòu cóng ér yōng zhī bú shàn xué zhě shī qín ér gōng bàn yòu cóng ér yuàn zhī shàn wèn zhě rú gōng jiān mù xiān qí yì zhě hòu qí jié mù jí qí jiǔ yě xiāng yuè yǐ jiě bú shàn wèn zhě fǎn cǐ

善学者，师逸❶而功❷倍，又从而庸❸之。不善学者，师勤而功半，又从而怨之。善问者，如攻❹坚木，先其易者，后其节目❺，及其久也，相说❻以解❼。不善问者反此。

---

❶逸：安闲。这里指费力小。

❷功：效果。

❸庸：这里指功劳。

❹攻：治。指加工处理（木材）。

❺节目：木头的关节。关节处纹路扭结，最难砍锯。

❻说：通“悦”，愉快。

❼解：破开，砍断。

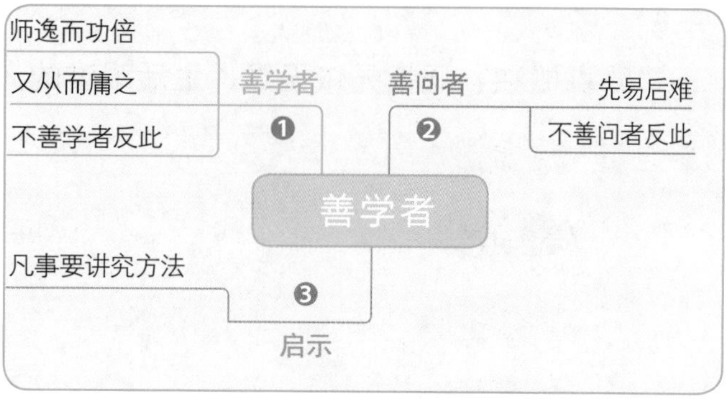

智慧点拨

老师讲学，学生听课，都需要讲究方法。老师教育学生，要由浅入深，善于诱导；学生学习要善于回答问题和提出问题，这样才能更好地掌握知识。

译文悦读

善于学习的人，老师费力小且学习效果很好，又归功于老师教导有方。不善于学习的人，老师费力大而收获却很小，又因此埋怨老师。善于提问的人就像加工处理坚硬的木材，先从容易处理的地方下手，然后才对木头的关节进行加工，时间长了，问题就愉快地解决了。不善于提问的人则与此相反。

知识拓展

“又”偏旁古文字荟萃

“又”的甲骨文像有三个手指朝左的一只手，向右下伸展的一笔表示手臂，突出三指特征。用三指表示五指，是古人习惯的表达方式。以“又”作偏旁的字多与手的部位或手部动作有关。下列古文字中都含有“又”字，请根据图形把你猜出的意思讲给家长听。

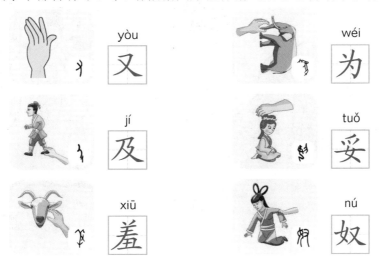

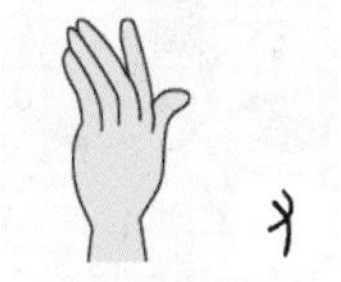

yòu 又

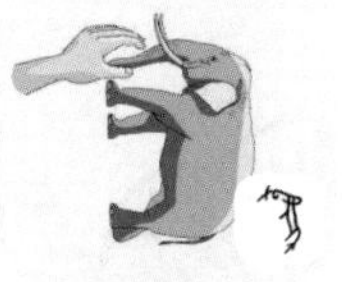

wéi 为

jí 及

tuǒ 妥

xiū 羞

nú 奴

学而思

一、对下列加点字的解释不正确的一项是（　　）。

A. 师逸而功倍（费力小）　　B. 又从而庸之（不高明，没有作为）

C. 善问者如攻坚木（加工处理）　　D. 相说以解（破开，砍断）

二、请把下列关于学习的俗语连一连，记一记。

读书破万卷	铁杵磨成针
读书不觉已春深	老大徒伤悲
若要功夫深	下笔如有神
少壮不努力	一寸光阴一寸金

扫码听音频

kē zhèng měng yú hǔ

08 苛政猛于虎

kǒng zǐ guò tài shān cè yǒu fù rén kū yú mù zhě ér āi fū zǐ shì ér tīng
孔子过泰山侧，有妇人哭于墓者而哀①。夫子式②而听

zhī shǐ zǐ lù wèn zhī yuē zǐ zhī kū yě yī sì zhòng yǒu yōu zhě ér yuē
之，使③子路④问之，曰："子之哭也，壹似⑤重有忧者。"而⑥曰：

rán xī zhě wú jiù sǐ yú hǔ wú fū yòu sǐ yān jīn wú zǐ yòu sǐ yān fū zǐ
"然⑦。昔者，吾舅⑧死于虎，吾夫又死焉，今吾子又死焉。"夫子

yuē hé wéi bú qù yě yuē wú kē zhèng fū zǐ yuē xiǎo zi zhì zhī kē
曰："何⑨为不去也？"曰："无苛政。"夫子曰："小子⑩识⑪之：苛

zhèng měng yú hǔ yě
政 猛于虎也。"

---

①哀：忧伤。

②式：通"轼"。古代车厢前作为扶手的横木。这里作动词，指扶着横木。

③使：让。

④子路：孔子的弟子。

⑤壹似：很像。壹，真是，实在。

⑥而：于是，就。

⑦然：是的。

⑧舅：这里指丈夫的父亲，即公公。古以舅姑称公婆。

⑨何：为什么。

⑩小子：古时长者称晚辈为小子，这里指孔子对学生的称呼。

⑪识：记住。

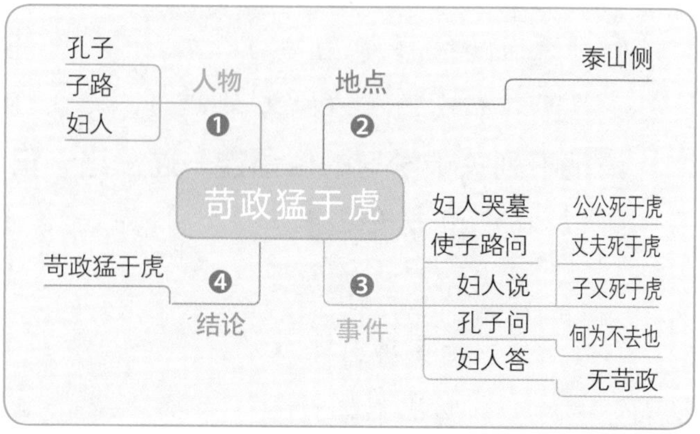

智慧点拨

贵族官吏的横征暴敛比老虎吃人还要厉害。短文深刻地揭示了阶级社会剥削压迫的严重程度，告诉人们：苛政比老虎吃人还要可怕，从而警示当权者，要施行仁政，只有这样，百姓才能安居乐业。

译文悦读

孔子从泰山旁路过，有个妇人在坟墓旁哭得很悲伤。孔子扶着车前的横木站起来仔细地听，对她这么伤心感到很奇怪，便让子路去问她，说："看你哭得这么悲伤，好像心里很忧愁，一定是遇到了什么不幸的事吧？"她便说："是的。以前我公公死在老虎口中，我丈夫也死在老虎口中，现在我儿子又被老虎咬死了。"孔子问道："为什么不离开这儿呢？"那妇人回答道："这儿没有繁重的徭役和赋税。"孔子说："弟子们记着，繁重的徭役和赋税比老虎还要凶猛啊！"

知识拓展

古代对"死"的不同说法

"死"是一个常用词，又是人们不喜欢的字，都想方设法地避开它。古代对"死"的说法有很多，且有严格的等级区别。

《礼记》记载：天子死了叫"崩（bēng）"，诸侯死了叫"薨（hōng）"，大夫死了叫"卒"，士死了叫"不禄"，没有爵位的庶人（老百姓）死了才叫"死"。除了这五个等级之外，还有一个泛指的说法叫"殁（mò）"。

"死"与"亡"既有相同点而又有区别，二者都可以指生命的终结，区别是："亡"很少单独使用，常构成合成词，如"亡妻""未亡人"；"死"的用法较为灵活，可单独用，也可构成合成词。

此外，"亡"还有逃跑的意思，如"逃亡""出亡"，还指国家的灭亡，如"天下兴亡，匹夫有责"，而"死"则无此义。

学而思

一、下列加点字与"苛政猛于虎"中"于"的含义及用法相同的一项是（　　）。

A. 青，取之于蓝，而青于蓝　　B. 昔者吾舅死于虎

C. 业精于勤，荒于嬉　　D. 有妇人哭于墓者而哀

二、下列句子与"何为不去也"句式特点不同的一项是（　　）。

A. 子何恃而往（你靠什么去呢）

B. 何陋之有（有什么简陋的呢）

C. 何常之有乎（哪里有固定不变的标准呢）

D. 吾父何在（我的父亲在哪）

扫码听音频

jiào xué xiāng zhǎng

09 教学相长[1]

suī yǒu jiā yáo fú shí bù zhī qí zhǐ yě suī yǒu zhì dào fú xué

虽有嘉肴[2]，弗食，不知其旨[3]也；虽有至道[4]，弗学，

bù zhī qí shàn yě shì gù xué rán hòu zhī bù zú jiāo rán hòu zhī kùn zhī bù

不知其善[5]也。是故[6]学然后知不足，教然后知困[7]。知不

zú rán hòu néng zì fǎn yě zhī kùn rán hòu néng zì qiǎng yě gù yuē jiào xué

足，然后能自反[8]也；知困，然后能自强[9]也。故[10]曰：“教学

xiāng zhǎng yě

相长也。”

---

❶ 教学相长：教和学相辅相成，互相促进。后多指老师和学生之间互相促进，共同提高。

❷ 嘉肴：美味的菜肴。嘉，美好。肴，熟的肉食。

❸ 旨：甘美。这里指味美。

❹ 至道：最好的道理。至，极，最。

❺ 善：良好。

❻ 是故：因此，所以。

❼ 困：困惑，弄不清道理。

❽ 自反：自我反思。

❾ 自强：自己勉励自己。强，勉励。

❿ 故：因此，所以。

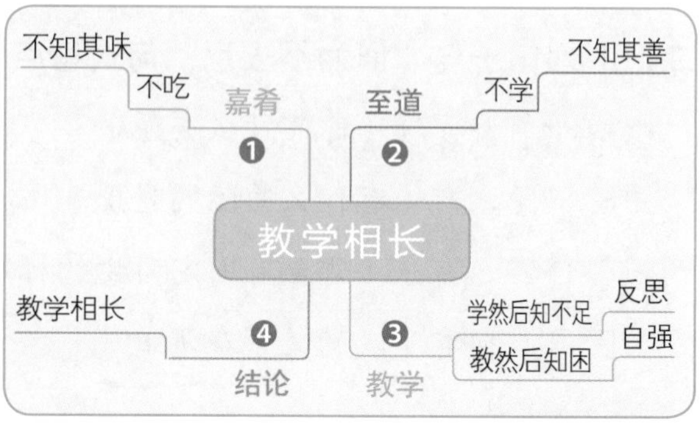

智慧点拨

教与学是互相促进的。教了才知道自己的不足之处；学了，才知道自己的知识尚浅。现在的教育就是老师教，学生学，两者互相促进，推动教育的发展，也促进彼此的进步。我们只有认清两者的关系，才能更好地去学习。

译文悦读

虽然有美味佳肴，不去吃，就不知道它的味美；虽然有最好的道理，不去学习，就不知道它的美好可贵。所以学了之后才知道自己的不足；教别人之后才发现自己学识上的困惑。知道自己的不足，才能自我反思；知道有困惑，然后才能自我勉励。所以说教与学是互相促进的。

知识拓展

“教”与“学”的关系

（1）教等于学，是教与学之间的第一种关系。这种关系意指教师教多少，学生也学多少，就是人们常说的“名师出高徒”的关系。

（2）在教学过程中，还可能会出现学生所学多于教师所教的情况，从而构成教与学的第二种关系，这种关系可谓之“青出于蓝而胜于蓝”。一般而言，只要学生上课能认真听讲，对教师提出的要点仔细咀嚼，并将这些新知识、新技能与以前所学的有关知识和技能进行分析、比较、综合，触类旁通，这样，“学多于教”是完全可能的。

（3）教大于学是教与学的第三种逻辑关系。这种情况是说，学生对于教师所教的东西无法全部吸收，只能学到部分内容。至于每个学生究竟能学到多少，则取决于学生个人的能力和努力程度了。

脑筋急转弯

最和谐的师生关系 → 教学相长

最大的嘴巴 → 气吞山河

最好的作品 → 千古绝唱

最反常的气候 → 晴天霹雳

最锋利的刀剑 → 斩钉截铁

最快的手术 → 手到病除

最危急的时刻 → 千钧一发

最大的浪费 → 穷奢极侈

最无奈的事 → 木已成舟

学而思

一、本文运用比喻巧妙地论述了教与学的关系，说明了教学互相促进的道理，浅显易懂。请结合原文进行填空。

本文论述时，先以 ________ 作比，引入 __________，又对教与学两个方面加以说明，最后归结到 __________ 这个结论。

二、判断题。（正确的打“√”，错误的打“×”）

1.“教然后知困”中“困”的意思是“困乏”。（　　）

2.“弗食”和“弗学”中“弗”的意思都是“不”。（　　）

3.“是故”中“故”的意思是“所以”。（　　）

4.“惟弈秋之为听”是“惟……为”结构；“惟命是从”是“惟……是”结构。两句分别用“为”“是”将宾语提前。（　　）

三、下列说法不正确的一项是（　　）。

A. 教与学是互相促进的

B. 现在的教育就是老师教，学生学习，这样的模式，两者互相促进，推动着教育的发展，也促进着彼此的进步

C. 在教和学的方法上，老师教授是次要的，学生听课才是主要的

D. 本文说明了教与学互相促进的道理，这本是指教师的教学与进修的关系，把它的外延伸展开来，就发展到师生关系了

夏
商
周
秦
汉
《史记》
三国
晋
南北朝
隋
唐
五代
宋
辽
西夏
金
元
明
清

史记

别　　名	《太史公书》
作　　者	司马迁
创作年代	西汉
文学体裁	纪传体通史
类　　别	历史
风格特点	善序事理，辩而不华，质而不俚

《史记》是司马迁以其“究天人之际，通古今之变，成一家之言”的史识完成的史学巨著，是中国第一部纪传体通史，也是“二十四史”之首，与班固的《汉书》，范晔、司马彪的《后汉书》，陈寿的《三国志》合称“前四史”，与司马光的《资治通鉴》并称为“史学双璧”。鲁迅称之为“史家之绝唱，无韵之离骚”。

司马迁，字子长，西汉夏阳人，是中国古代伟大的史学家、文学家、思想家，被后人尊称为“史圣”。他继承父亲司马谈的遗志，元封五年，着手撰写《史记》。然而世事难料，汉将李陵投降匈奴，司马迁因向汉武帝上疏应客观评价好友李陵的功过而身陷绝境，惨遭宫刑。这是肉体和精神上的双重摧残，司马迁甚至想过离开人世，但想到自己的史书“草创未就”，决心忍辱苟活完成自己的事业，是以“就极刑而无愠色”，最终写成了《史记》。

名句集锦

◎丞相误邪？谓鹿为马。
◎卒相与欢，为刎颈之交。
◎五步之内，相如请得以颈血溅大王矣。
◎今两虎共斗，其势不俱生。

扫码听音频

10 完璧归赵[1]

相如[2]因[3]持璧却[4]立，倚柱，怒发上冲冠，谓秦王曰：“大王欲得璧，使人发书[5]至赵王，赵王悉[6]召群臣议，皆曰‘秦贪，负[7]其强，以空言求璧，偿[8]城恐不可得’。议不欲予[9]秦璧。臣以为布衣[10]之交尚不相欺，况大国乎[11]！且以一璧之故[12]逆[13]强秦之欢，不可。于是赵王乃斋戒[14]五日，使臣奉璧，拜送书于庭。何者？严[15]大国之威以修敬[16]也。今臣至，大王见臣列观[17]，礼节甚倨[18]；得璧，传之美人，以戏弄臣。臣观大王无意偿赵王城邑，故臣复取璧。大王必欲急臣，臣头今与璧俱碎于柱矣！”

---

1. 完璧归赵：比喻把原物完整无缺地归还原主。
2. 相如：战国时赵国著名的政治家、外交家。
3. 因：于是，就。
4. 却：退后。
5. 书：信。
6. 悉：全，都。
7. 负：倚仗。
8. 偿：偿还。
9. 予：给。
10. 布衣：百姓。
11. 乎：语气词，相当于“呢”。
12. 故：缘故，原因。
13. 逆：违逆，违背。
14. 斋戒：古人在祭祀或进行重大活动前，沐浴更衣，不喝酒，不吃荤，洁净身心，以表示恭敬。
15. 严：尊敬，尊重。
16. 修敬：表示敬意。
17. 列观：普通的宫殿。
18. 倨：傲慢。

智慧点拨

这则故事告诉我们：做人要诚实守信，行事要光明正大；遇事要沉着冷静，开动脑筋解决问题；面对强势的敌人，也要有勇气去抗衡，不能畏缩；做事要随机应变，有勇有谋。

译文悦读

蔺相如于是手持宝璧退后站定，身体靠在柱子上，怒发冲冠，对秦王说："大王想得到宝璧，派人送信给赵王，赵王召集全体大臣商议，都说：'秦国贪得无厌，倚仗它的强大，想用空话得到宝璧，偿还城邑恐怕是得不到的。'商议的结果是不想把宝璧给秦国。我认为，百姓的交往尚且不互相欺骗，何况是大国呢！况且，为了一块宝璧而使强大的秦国不高兴，是不可以的。于是赵王就斋戒了五天，派我捧着宝璧，在殿堂上恭敬地拜送国书。是什么原因呢？是尊重大国的威望以表示敬意呀。如今我来到贵国，大王却在普通的宫殿接见我，礼节十分傲慢；得到宝璧后，把它传给姬妾及侍臣，而且让他们随意地戏耍。我观察大王没有给赵王城邑的诚意，所以我又收回了宝璧。如果大王一定要逼迫我，我的头现在就与宝璧一起撞碎在柱子上了！"

知识拓展

词语的借代

借代是一种修辞方法，即不直接把所要说的事物名称说出来，而是用跟它有关系的另一种事物名称代替它。借代可以引人联想，达到形象突出、特点鲜明、具体生动等效果。

词语	借代	词语	借代
白丁、布衣	百姓	桃李	学生
须眉	男子	婵娟、嫦娥	月亮
桑麻	农事	社稷（jì）	国家
朱门	豪富人家	巾帼（guó）	妇女
汗青	史册	烽烟	战争
同窗	同学	伉俪（kànglì）	夫妻
庙堂	朝廷	丝竹	音乐

学而思

一、"怒发上冲冠"可用成语________来概括，原指愤怒得头发都立起来，把帽子都顶起来了，形容极为愤怒，其近义词有________；反义词有________。你还知道哪些表示愤怒的成语？请说给家长听。

二、在我国漫长而悠久的五千年历史长河中，涌现出了许多著名的外交家，他们被称为使者。下面不是外交家的一位是（　　）。

A. 晏子　　B. 张骞　　C. 蔺相如　　D. 诸葛亮

扫码听音频

11 西门豹[1]治邺

有顷[2]，曰："巫妪[3]何久也？弟子趣[4]之！"复以弟子一人投河中。有顷，曰："弟子何久也？复使一人趣之！"复投一弟子河中。凡投三弟子。西门豹曰："巫妪、弟子，是女子也，不能白[5]事。烦三老[6]为入白之。"复投三老河中。西门豹簪笔磬折[7]，向河立待良久。长老[8]、吏、傍[9]观者皆惊恐。西门豹曰："巫妪、三老不来还，奈之何？"欲复使廷掾[10]与豪长者[11]一人入趣之。皆叩头，叩头且破，额血流地，色如死灰。

---

① 西门豹：战国前期人，魏文侯时曾为邺县（今河北省邯郸市临漳县境内）令，凿渠引水，禁止巫风，是当时有名的人物。

② 有顷：过了一会儿。

③ 巫妪：巫婆。妪，指年老的女人。

④ 趣：同"促"，催促。

⑤ 白：下对上禀告。

⑥ 三老：古代掌管教化的乡官。

⑦ 簪笔磬折：古人插笔备礼，像磬一样弯着腰作揖，以示恭敬。磬，中国古代打击乐器，形似曲尺。

⑧ 长老：对年长者的一种敬称。

⑨ 傍：通"旁"，旁边。

⑩ 廷掾：县令的属吏。

⑪ 豪长者：豪绅。

智慧点拨

本文刻画了西门豹有勇有谋、以人为本、敢作敢为、为民做主、为民除害的形象，启示我们：要有勇于斗争的精神；要讲究斗争的策略；要敢于破除迷信；要有勇有谋，敢作敢为。

译文悦读

过了一会儿，西门豹说："巫婆为什么去这么久还不回来呢？叫她的弟子去催催她！"又把她的一个弟子抛到河中。又过了一会儿，西门豹说："这个弟子为什么也去这么久？再派一个人去催催她们！"又把一个弟子投进河里。总共投了三个弟子。西门豹说："巫婆、弟子，这些都是女人，不会禀告事由。烦劳三老替我进去禀告河神。"又把三老投到河中。西门豹头上插着笔，弯着腰，恭恭敬敬地面对河站着等了很久。长老、官吏和在旁边看的人都感到惊慌害怕。西门豹说："巫婆、三老都不回来，怎么办？"西门豹想再派廷掾和豪绅中的一人进去催促他们。廷掾和豪绅都跪在地上磕头，把头都磕破了，血流在地上，吓得脸色像灰烬一样。

知识拓展

簪

簪，又称发簪、冠簪，古人用以固定头发或顶戴的发饰，同时有装饰作用，一般为单股（单臂）。双股（双臂）的称为钗或发钗，形似叉。簪子一般长三四寸，更长一些的也有，但很少。簪子头部尖细，尾部有一个圆疙瘩（gē da）。头部尖细易插入发髻，尾部的小疙瘩能使之牢固。还有一种扁簪子，两头粗，中间细，多是银、铜质。古代的簪和钗除了用金属和荆枝制作之外，还有用竹、木、玉石、玳瑁（dài mào）、陶瓷、骨、牙、金、银、铜等各种材质制造的。也有用笔作簪的，方便随时记事，称为簪笔，就是把笔插在冠或笏（hù）上，以备书写。古代帝王的近臣、书吏及士大夫均有此装束。

汉代簪笔奏事官吏

簪

学而思

一、西门豹找出什么理由把三老投入河里？（请在文中画出来）。西门豹这一行为可以用"以其人之道，________________"来概括。

二、细品全文，文中写西门豹破除迷信妙在何处？（　　）（多选）

A. 安排周密　　B. 假戏真做

C. 声东击西　　D. 讲究策略

扫码听音频

pò fǔ chén zhōu

12 破釜沉舟[1]

xiàng yǔ yǐ shā qīng zǐ guàn jūn wēi zhèn chǔ guó míng wén zhū hóu nǎi qiǎn dāng
项羽已杀卿子冠军[2]，威震楚国，名闻诸侯。乃遣当

yáng jūn pú jiāng jūn jiàng zú èr wàn dù hé jiù jù lù zhàn shǎo lì chén yú
阳君[3]、蒲[4]将军将卒二万渡河[5]，救钜鹿。战少[6]利，陈馀[7]

fù qǐng bīng xiàng yǔ nǎi xī yǐn bīng dù hé jiē chén chuán pò fǔ zèng shāo lú
复[8]请兵。项羽乃悉[9]引[10]兵渡河，皆沉船，破釜甑[11]，烧庐

shè chí sān rì liáng yǐ shì shì zú bì sǐ wú yī huán xīn yú shì zhì zé wéi
舍[12]，持三日粮，以示士卒必死[13]，无一还心[14]。于是至则围

wáng lí yǔ qín jūn yù jiǔ zhàn jué qí yǒng dào dà pò zhī shā sū jiǎo lǔ
王离，与秦军遇，九战[15]，绝其甬道[16]，大破之，杀苏角，虏

wáng lí
王离。

1 破釜沉舟：比喻不留退路，下定决心一拼到底。釜，古时用来煮饭的大锅。

2 卿子冠军：这里指宋义。卿子是尊称之词，宋义是上将军，为军中之冠，故合称“卿子冠军”。

3 当阳君：指项羽的大将英布。

4 蒲：姓。

5 河：指漳河，发源于山西，流经河北南部。

6 少：略，稍微。

7 陈馀：和项羽一起抗秦的赵国将领。

8 复：再，又。

9 悉：全部。

10 引：率领。

11 甑：做饭的工具。

12 庐舍：房屋。

13 必死：决死之心。

14 无一还心：没有一点儿后退的打算。

15 九战：经过多次战斗。九，泛指多数。

16 甬道：指两旁有墙或其他障蔽物的驰道或通道。

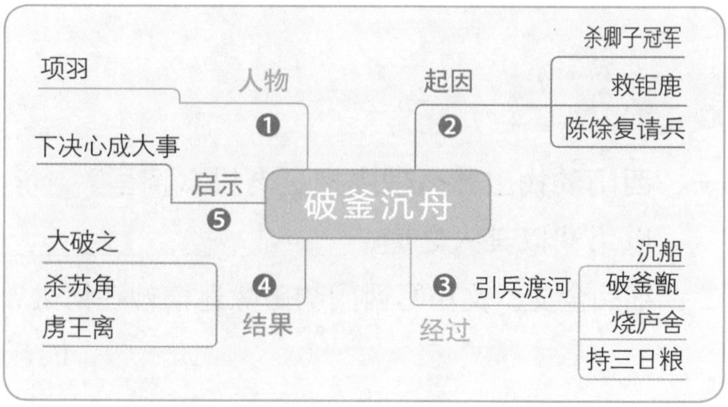

智慧点拨

这个故事体现了项羽英勇无畏的气魄和士兵们不胜不罢休的信心。我们在生活中，面对困难，就需要这种下定决心、一往无前的果敢行动，只有这样才能为自己赢得更多的机会。

译文悦读

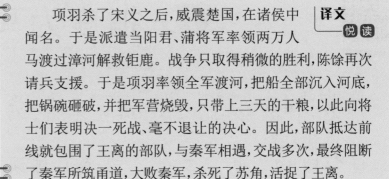

项羽杀了宋义之后，威震楚国，在诸侯中闻名。于是派遣当阳君、蒲将军率领两万人马渡过漳河解救钜鹿。战争只取得稍微的胜利，陈馀再次请兵支援。于是项羽率领全军渡河，把船全部沉入河底，把锅碗砸破，并把军营烧毁，只带上三天的干粮，以此向将士们表明决一死战、毫不退让的决心。因此，部队抵达前线就包围了王离的部队，与秦军相遇，交战多次，最终阻断了秦军所筑甬道，大败秦军，杀死了苏角，活捉了王离。

知识拓展

釜

釜是古人用来放在炉灶上煮食物的器具，圆底，下面无足，使用时需要用其他物体支撑，可以直接用来煮、炖、煎、炒等，是现在所使用的锅的前身。釜的构造比起三足鼎、鬲更能集中火力，节省时间和燃料，因此逐渐取代鼎、鬲，成为古人的主要炊器。

釜

鼎

鬲

学而思

一、下列不属于“破釜沉舟”举动的一项是（　　）。

A. 皆沉船　　B. 借东风　　C. 烧庐舍　　D. 破釜甑

二、下列典故中与项羽无关的一项是（　　）。

A. 乌江自刎　　B. 霸王别姬　　C. 赤壁之战　　D. 破釜沉舟

三、对下列这首古诗理解正确的选项有（　　）。（多选）

夏日绝句

〔宋〕李清照

生当作人杰，死亦为鬼雄。

至今思项羽，不肯过江东。

A. 歌颂了项羽生死都无愧的英雄豪气　　B. 借史实抒写爱国热情

C. 借项羽的壮举鞭挞当权派的无耻　　D. 人活着就要为国家建功立业

扫码听音频

zhǐ lù wéi mǎ
13 指鹿为马

zhào gāo yù wéi luàn kǒng qún chén bù tīng nǎi xiān shè yàn chí lù xiàn yú
赵高[1]欲[2]为乱[3]，恐[4]群臣不听，乃先设验[5]，持鹿献于
èr shì yuē mǎ yě èr shì xiào yuē chéngxiàng wù yé wèi lù wéi mǎ wèn
二世[6]，曰：“马也。”二世笑曰：“丞相误[7]邪？谓鹿为马。”问
zuǒ yòu zuǒ yòu huò mò huò yán mǎ yǐ ē shùn zhào gāo huò yán lù gāo yīn
左右[8]，左右或[9]默[10]，或言马以阿顺[11]赵高，或言鹿。高因[12]
yīn zhòng zhū yán lù zhě yǐ fǎ hòu qún chén jiē wèi gāo
阴[13]中[14]诸言鹿者以法。后群臣皆畏高。

---

❶ 赵高：秦始皇宠信的宦官，秦始皇死后任中丞相，专权，后被子婴所杀。

❷ 欲：想，想要。

❸ 为乱：指夺取朝政大权。乱，作乱，这里指篡夺秦朝政权。

❹ 恐：害怕，担心。

❺ 设验：设法试探。验，试探，试验。

❻ 二世：指秦始皇的小儿子胡亥。

❼ 误：误会，错误。

❽ 左右：身边的人。

❾ 或：有的，有的人。

❿ 默：沉默不言。

⓫ 阿顺：阿谀顺从。

⓬ 因：于是，就。

⓭ 阴：暗中，暗地里。

⓮ 中：中伤，陷害。这里指借法律条文扣以罪名。

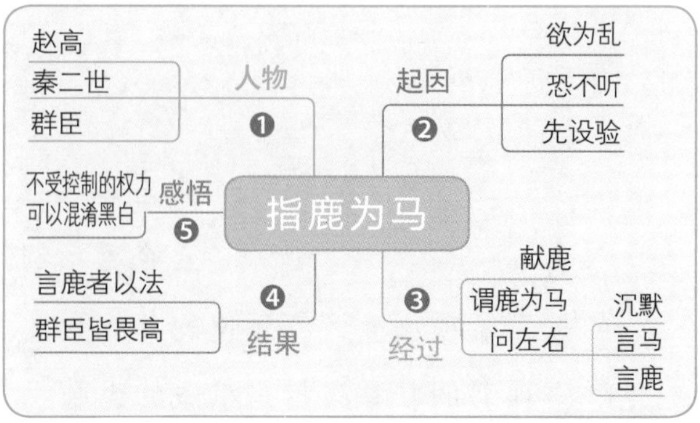

智慧点拨

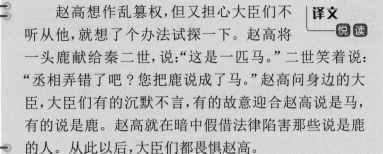

为了让别人顺从，权势者可以故意颠倒黑白，指鹿为马；说假话的人飞黄腾达，说真话的人只好倒霉。我们要坚信：只要社会正义的力量仍在，狡诈之徒是不会有好下场的。

译文悦读

赵高想作乱篡权，但又担心大臣们不听从他，就想了个办法试探一下。赵高将一头鹿献给秦二世，说：“这是一匹马。”二世笑着说：“丞相弄错了吧？您把鹿说成了马。”赵高问身边的大臣，大臣们有的沉默不言，有的故意迎合赵高说是马，有的说是鹿。赵高就在暗中假借法律陷害那些说是鹿的人。从此以后，大臣们都畏惧赵高。

知识拓展

“马”字为什么要竖着写？

“马”的古字像一匹头朝上、背朝右、尾朝下的马，马头附近加短斜线来表示马的鬃（zōng）毛。

“马”本来是横着的，为什么表示它的古字要竖着写呢？这是因为那个年代还没有纸，古人都是在竹片或木片上写字，这些竹片或木片被称为“简”。因为这种“简”很窄，如果将“马”字横着写，无法写下，所以聪明的古人常常将原来横着写的汉字竖着写。像这种竖着写的汉字有很多。

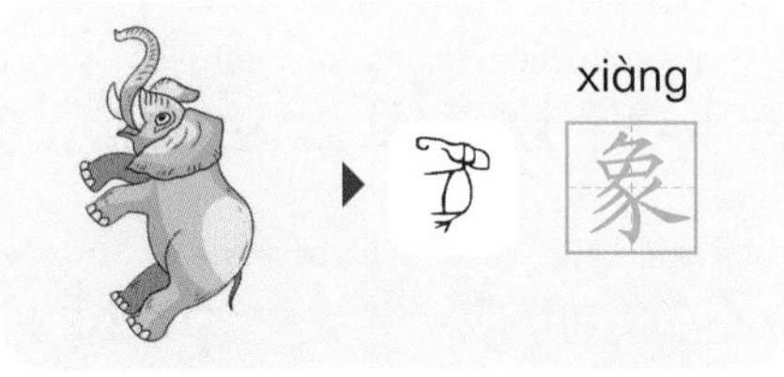

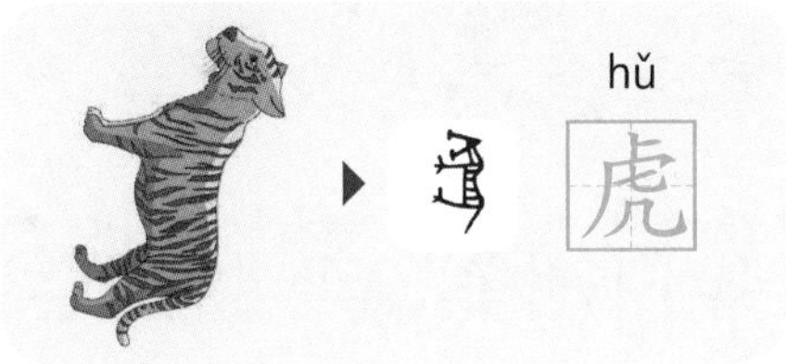

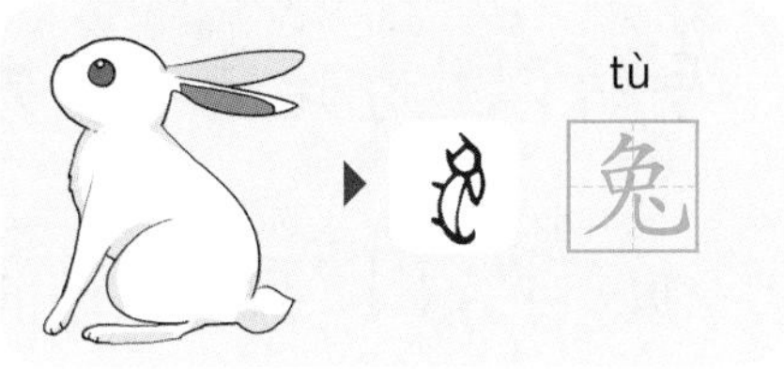

学而思

一、明明是鹿，赵高却说是马，他的用意是什么？（　　）

A. 找出对自己不满的人　　B. 哄秦二世（胡亥）开心

C. 欺骗大臣　　D. 他也不认识鹿

二、下列不是出自历史故事的成语是（　　）。

A. 指鹿为马　　B. 揠苗助长

C. 老马识途　　D. 望梅止渴

扫码听音频

fù jīng qǐng zuì

14 负荆请罪[1]

jì bà guī guó yǐ xiàng rú gōng dà bài wéi shàng qīng wèi zài lián pō zhī yòu lián

既罢归国，以相如[2]功大，拜为上卿，位在廉颇[3]之右[4]。廉

pō yuē wǒ wéi zhào jiàng yǒu gōng chéng yě zhàn zhī dà gōng ér lìn xiàng rú tú yǐ kǒu shé wéi

颇曰："我为赵将，有攻城野战之大功，而蔺相如徒以口舌为

láo ér wèi jū wǒ shàng qiě xiàng rú sù jiàn rén wú xiū bù rěn wéi zhī xià xuān yán yuē

劳，而位居我上，且相如素贱[5]人，吾羞，不忍为之下。"宣言[6]曰：

wǒ jiàn xiàng rú bì rǔ zhī xiàng rú wén bù kěn yǔ huì xiàng rú měi cháo shí cháng chēng

"我见相如，必辱[7]之。"相如闻，不肯与会[8]。相如每朝时，常称

bìng bú yù yǔ lián pō zhēng liè yǐ ér xiàng rú chū wàng jiàn lián pō xiàng rú yǐn chē bì

病，不欲与廉颇争列[9]。已而相如出，望见廉颇，相如引车[10]避

nì yú shì shè rén xiāng yǔ jiàn yuē lìn xiàng rú gù zhǐ zhī yuē gōng zhī shì lián jiāng jūn

匿。于是舍人相与谏曰……蔺相如固止之，曰："公之视廉将军

shú yǔ qín wáng yuē bú ruò yě xiàng rú yuē fú yǐ qín wáng zhī wēi ér xiàng rú tíng

孰与[11]秦王？"曰："不若也。"相如曰："夫以秦王之威，而相如廷

chì zhī rǔ qí qún chén xiàng rú suī nú dú wèi lián jiāng jūn zāi gù wú niàn zhī qiáng qín

叱之，辱其群臣，相如虽驽[12]，独畏廉将军哉？顾[13]吾念之，强秦

zhī suǒ yǐ bù gǎn jiā bīng yú zhào zhě tú yǐ wú liǎng rén zài yě jīn liǎng hǔ gòng dòu qí shì

之所以不敢加兵于赵者，徒以吾两人在也。今两虎共斗，其势

bú jù shēng wú suǒ yǐ wéi cǐ zhě yǐ xiān guó jiā zhī jí ér hòu sī chóu yě lián pō wén

不俱生。吾所以[14]为此者，以先国家之急而后私仇也。"廉颇闻

zhī ròu tǎn fù jīng yīn bīn kè zhì lìn xiàng rú mén xiè zuì yuē bǐ jiàn zhī rén bù

之，肉袒[15]负荆[16]，因[17]宾客至蔺相如门谢罪。曰："鄙贱之人，不

zhī jiāng jūn kuān zhī zhì cǐ yě zú xiāng yǔ huān wéi wěn jǐng zhī jiāo

知将军宽之至此也。卒[18]相与欢，为刎颈之交。

---

[1] 负荆请罪：指主动向对方承认错误，赔礼道歉。负，背（bēi）。荆，荆条，古时用来鞭打人的刑具。
[2] 相如：战国时期赵国的上卿（相当于宰相）。 [3] 廉颇：战国时赵国大将。 [4] 右：秦汉以前以右为上。 [5] 贱：指出身低贱。 [6] 宣言：扬言。 [7] 辱：侮辱。 [8] 会：遇见。 [9] 争列：争位次的排列。 [10] 引车：把车调转方向。引，退。 [11] 孰与：何如，怎么样。 [12] 驽：劣马，常喻指人蠢笨。 [13] 顾：但。 [14] 所以：……的原因。 [15] 肉袒：光着上身。袒，裸露。 [16] 负荆：身背荆条，表示愿受责罚。 [17] 因：依靠，通过。 [18] 卒：终于。

译文 悦读

渑池之会结束以后，由于蔺相如功劳大，被封为上卿，官位在廉颇之上。廉颇说："我是赵国将军，有攻城略地的大功，而蔺相如只不过靠能说会道立了点功，可是他的官位却在我之上，况且蔺相如本来是卑贱之人，我感到羞耻，在他之下我难以忍受。"并且扬言说："我遇见相如，一定要羞辱他。"相如听到后，不肯与他相会。相如每到上朝时，常常推说有病，不愿和廉颇去争官位的高低。没过多久，相如外出，远远看到廉颇，他就掉转车子回避。于是相如的门客就一起来直言进谏……蔺相如坚决地挽留他们，说："诸位认为，廉将军和秦王相比，谁更厉害？"大家回答说："廉将军比不了秦王。"相如说："以秦王的威势，而我尚敢在朝廷上呵斥他，羞辱他的群臣，我蔺相如虽然无能，难道会怕廉将军吗？但是我想到，强大的秦国之所以不敢对赵国用兵，就是因为有我们两个人在呀，如今两虎相斗，势必不能共存。我之所以这样忍让，就是为了把国家的急难摆在前面，而把个人的私怨放在后面。"廉颇听说了这些话后，就脱去上衣，露出上身，背着荆条，由宾客带引，来到蔺相如的门前请罪。他说："我是个粗野卑贱的人，想不到将军的胸怀如此宽大啊！"二人终于交欢和好，成为生死与共的好友。

知识拓展

成语猜猜猜！

根据下图的含义，在横线上写下图片所蕴含的成语。

__________　　__________　　__________

（本末倒置　掩耳盗铃　负荆请罪）

学而思

本文不仅赞扬了廉颇知错能改的美好品德，还称颂了蔺相如的高贵品质。请结合本文和《完璧归赵》一文，分析蔺相如的性格特征并填写下表。

性格特征	事迹	典故
智	将和氏璧完好送回赵国	完璧归赵
	持璧当庭怒斥秦王	完璧归赵
谦让		负荆请罪
以大局为重	先国家之急而后私仇也	
宽恕	卒相与欢，为刎颈之交	

扫码听音频

kuà xià zhī rǔ

15 胯下之辱[1]

huái yīn tú zhōng shào nián yǒu wǔ xìn zhě yuē ruò suī cháng dà hào dài

淮阴[2]屠中少年[3]，有侮[4]信者，曰：“若[5]虽长大[6]，好[7]带

dāo jiàn zhōng qíng qiè ěr zhòng rǔ zhī yuē xìn néng sǐ cì wǒ bù néng sǐ chū

刀剑，中情[8]怯[9]耳。”众[10]辱之[11]曰：“信能死，刺我；不能死，出

wǒ kuà xià yú shì xìn shú shì zhī fǔ chū kuà xià pú fú yí shì rén jiē xiào

我胯[12]下。”于是信孰视之[13]，俯[14]出胯下，蒲伏[15]。一市[16]人皆笑

xìn yǐ wéi qiè

信，以为怯。

---

[1] 胯下之辱：指有才能的人在不得志时遭受的屈辱。

[2] 淮阴：地名，在今江苏省淮安市淮阴区东南。

[3] 屠中少年：卖肉的少年。屠，以宰杀牲畜为业的人。

[4] 侮：侮辱。

[5] 若：代词，你。

[6] 长大：身体高大。

[7] 好：喜欢。

[8] 中情：内心。

[9] 怯：胆小，害怕。

[10] 众：作状语，当众。

[11] 之：代词，指韩信。

[12] 胯：人体腰部两侧到大腿之间的部分。

[13] 孰视之：仔细地看了看他。

[14] 俯：低着头。

[15] 蒲伏：同“匍匐”，爬行。

[16] 一市：全市。一，整体，全部。

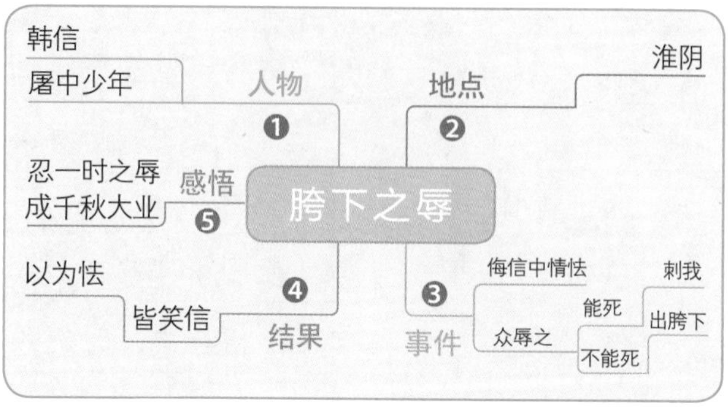

智慧点拨

大丈夫要能屈能伸，要像韩信那样，在身处逆境时保存实力、忍辱负重，暗中磨炼自己，以便将来一鸣惊人。一时被人看不起没有关系，只要不肯放弃，终有成功的机会。

译文悦读

淮阴屠户中有个侮辱韩信的年轻人，说：“你虽然长得高大，喜欢带刀佩剑，其实是个胆小鬼罢了。”又当众侮辱他说：“你要不怕死，就拿剑刺我；如果怕死，就从我胯下爬过去。”于是韩信仔细地打量了他一番后，就低下身，趴在地上，从他的胯下爬了过去。满街的人都嘲笑韩信，认为他胆小怕事。

知识拓展

经典解析

卖肉少年侮辱韩信并让他从胯下爬过去，韩信爬过去后围观者都讥笑他胆小怕事。忍辱负重并不是懦弱胆小的表现，其实是一种不与他人计较的高姿态。在前行的道路上，我们可能会遇到很多像卖肉少年这样的小人，有时候必要的忍耐是为了更好地保护自己，但是，在违背自己原则的情况下一直忍辱负重，则是错误的选择。

俗话说：“大丈夫能屈能伸”。韩信不愧为大丈夫。

学而思

一、填空题。

这个故事可以用成语“____________”来概括，意思是忍受屈辱，承担压力。

二、韩信面对羞辱，选择“俯出胯下，蒲伏”，说明了他是一个（　　）的人。（多选）

A. 胆小怕事　　B. 能忍　　C. 大度　　D. 机智

三、判断题。（正确的打“√”，错误的打“×”）

1.“俯出胯下，蒲伏”中“蒲伏”同“匍匐”，意思是爬行。（　　）

2.“出我胯下”中“胯”的意思是“人体腰部两侧到大腿之间的部分”。（　　）

3.“一市人皆笑信”中“一”的意思是“数字一”。（　　）

4.“屠中少年”中“屠”的意思是“以宰杀牲畜为业的人”。（　　）

四、下列典故与韩信无关的一项是（　　）。

A. 一饭千金　　B. 背水一战

C. 明修栈道，暗度陈仓　　D. 刮目相看

扫码听音频

duō duō yì shàn

16 多多益善[1]

shàng cháng cóng róng yǔ xìn yán zhū jiàng néng bù gè yǒu chā shàng wèn yuē rú
上[2]尝[3]从容与信[4]言诸将能不，各有差[5]。上问曰：“如

wǒ néng jiàng jǐ hé xìn yuē bì xià bú guò néng jiàng shí wàn shàng yuē yú jūn
我能将[6]几何[7]？”信曰：“陛下不过能将十万。”上曰：“于君

hé rú yuē chén duō duō yì shàn ěr shàng xiào yuē duō duō yì shàn hé wèi wéi wǒ
何如？”曰：“臣多多益善耳。”上笑曰：“多多益善，何为为我

qín xìn yuē bì xià bù néng jiàng bīng ér shàn jiàng jiàng cǐ nǎi xìn zhī suǒ yǐ wéi
禽[8]？”信曰：“陛下不能将兵，而善[9]将将，此乃信之所以为

bì xià qín yě
陛下禽也。”

[1] 多多益善：原指带兵越多越能成事，即打胜仗。后泛指越多越好。益，更加。

[2] 上：皇帝，这里指汉高祖刘邦。

[3] 尝：曾经。

[4] 信：韩信。

[5] 差：不同，差别。

[6] 将：统帅，率领。

[7] 几何：疑问代词，指多少。

[8] 禽：通“擒”，抓住，这里指控制。

[9] 善：擅长，善于。

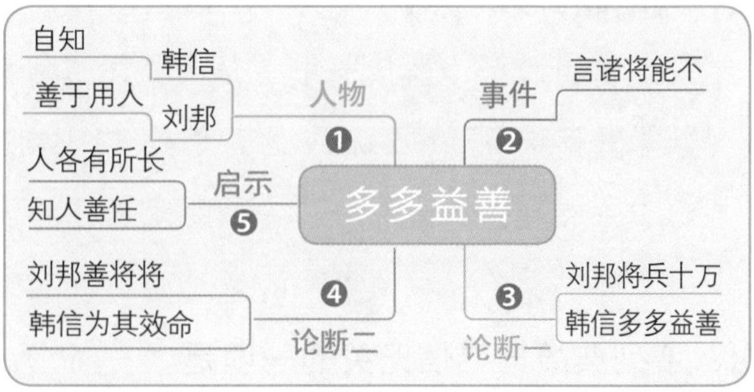

智慧点拨

从文中可以看出韩信自负、直率和机智,刘邦自骄、喜好奉承。诸将各有所长,刘邦和韩信也是如此,重要的是知人善任、各尽其职、各尽其能,这样的团队才能做成大事。

译文悦读

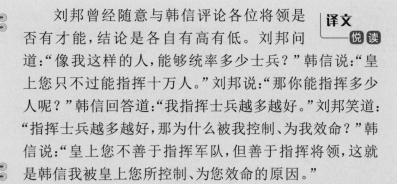

刘邦曾经随意与韩信评论各位将领是否有才能,结论是各自有高有低。刘邦问道:“像我这样的人,能够统率多少士兵?”韩信说:“皇上您只不过能指挥十万人。”刘邦说:“那你能指挥多少人呢?”韩信回答道:“我指挥士兵越多越好。”刘邦笑道:“指挥士兵越多越好,那为什么被我控制、为我效命?”韩信说:“皇上您不善于指挥军队,但善于指挥将领,这就是韩信我被皇上您所控制、为您效命的原因。”

知识拓展

“陛”和“孤”

“陛”字原指帝王宫殿的台阶。古代臣子向天子进言时,不能直呼天子,而需要先呼唤站在台阶下保护天子的侍者,请他代为转告,所以臣子称呼“陛下”,叫的不是天子,而是叫站在陛下的侍者。后来,陛下就演变为对天子的敬称。

“孤”是东周以前国王的自称。春秋时期,诸侯多自称“寡人”。先秦时期这个词通常作为“王侯”的自称,而不是天子。

秦始皇统一中国前,中国处于群雄割据的状态,比较强盛的有七个国家,称为“战国七雄”。那时,各国都没有皇帝这一概念,国王便是最高的统治者,拥有至高无上的权力。

作为国王,他的地位极高、权力极大,而且整个社会等级森严,一般人都不会轻易跟国王走得太近,正所谓“伴君如伴虎”。所以,那时的国王身边能亲近的人很少,仿佛自己就是一个人,没有人能和他相比,才自称“孤”,或“孤王”,或“寡人”。人们普遍认为,“孤”“寡”是王公的自谦之辞。三国时期,东吴的孙权也自称“孤”。

学而思

一、下面列举了“将”字的常用义,请按照要求选择填空。

A. 将官　　　　B. 带领,指挥

1. 言诸将能不(　　)　　2. 不过能将十万(　　)

3. 能将几何(　　)　　4. 而善将将(　　)(　　)

二、“胯下之辱”和“多多益善”都是与韩信有关的历史故事,鲜明地刻画出了韩信的性格特征。下列对其性格的总结正确的是(　　)。(多选)

A. 胆小懦弱　　B. 自信　　C. 隐忍

D. 才高过人　　E. 知人善任

lǐ guǎng shè hǔ

17 李广[1]射虎

guǎng chū liè jiàn cǎo zhōng shí yǐ wéi hǔ ér shè zhī zhòng shí mò zú shì

广出猎[2]，见草中石，以为[3]虎而射之。中[4]石没镞[5]，视

zhī shí yě yīn fù gèng shè zhī zhōng bù néng fù rù shí yǐ guǎng suǒ jū jùn wén

之石也。因[6]复[7]更[8]射之，终不能复入石矣。广所居[9]郡[10]闻

yǒu hǔ cháng zì shè zhī jí jū yòu běi píng shè hǔ hǔ téng shāng guǎng guǎng yì jìng

有虎，尝[11]自射之。及[12]居右北平[13]射虎，虎腾伤广，广亦竟[14]

shè shā zhī

射杀之。

❶ 李广：汉代名将，善于射箭，机智骁勇，被称为“飞将军”。

❷ 猎：打猎。

❸ 以为：认为。

❹ 中：射中。

❺ 镞：用金属制作的箭头。

❻ 因：于是。

❼ 复：又，再。

❽ 更：再次。

❾ 居：居住。

❿ 郡：古代地方区域名称。

⓫ 尝：曾经。

⓬ 及：待，等到。

⓭ 右北平：古地名，位于渔阳（今天津市蓟州区）东北。

⓮ 竟：终，最终。

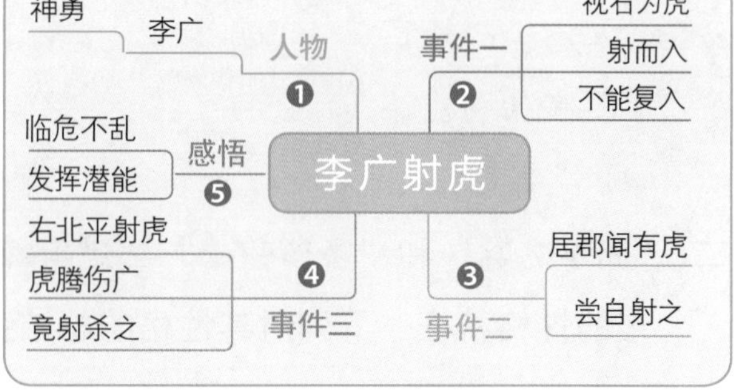

智慧点拨

这个故事生动地描绘和赞扬了汉代名将李广高超的箭法，告诉人们：做事情如果聚精会神、全力以赴，往往会取得意想不到的效果。故事也表现了李广无畏的打虎精神。

译文悦读

李广出去打猎，看见草丛中的一块石头，认为是老虎，立即弯弓搭箭，射中了石头，箭头都陷了进去。李广走近一看，是一块石头。于是李广重新又射了箭，最终箭头再也射不进石头了。听说李广居住的郡有一只老虎，他曾经亲自射死了这只老虎。等到他居住在右北平，一次射击老虎时，恶虎跳起伤害了李广，李广带伤最终也射死了那只老虎。

知识拓展

李广是谁？

李广是西汉时期的名将，他从小喜欢骑马射箭，练就了一身能骑善射的好功夫。汉文帝时，匈奴入侵，李广从军抗击匈奴，他骑射技法熟练，因功被封为中郎。汉武帝时，他任骁骑将军，带领万余骑兵出雁门抗击匈奴。后因众寡悬殊而负伤被俘，匈奴兵将他置卧在两马间，李广佯死，在途中趁机跃起，奔马返回。漠北之战中，李广任前将军，他因迷失道路，未能参战，回朝后自杀。

李广为人正直，诚实宽厚，又拙于辞令，寡言少语。他关心部下，体贴士卒，“饮食与士共之”。司马迁称赞他“桃李不言，下自成蹊”，比喻为人真诚笃实，自然能感召人心。

学而思

一、填空题。

这个故事可以用八字成语“________________”来概括，指人的诚心所至，能感天动地，使金石为之开裂。形容只要真心诚意、坚持不懈，总能排除困难，达到目的。

二、“飞将军”李广是西汉名将和民族英雄，历史上留有许多关于他的诗句。请按要求填空。

1. 卢纶的《塞下曲》中，“__________，__________”展现了李广神射之风采。

2. 王昌龄的《出塞》中，“__________，__________”述说因战争不断却国无良将而怀念李广。

三、下列说法错误的一项是（　　）。

A. 从文中可以看出，李广三次射死老虎

B. 老虎跳起来伤害李广，最终反被他射死

扫码听音频

máo suì zì jiàn
18 毛遂自荐[1]

mén xià yǒu máo suì zhě qián zì zàn yú píng yuán jūn yuē suì wén jūn jiāng hé zòng yú
门下有毛遂者，前，自赞于平原君曰：“遂闻君将合从于

chǔ yuē yǔ shí kè mén xià èr shí rén xié bú wài suǒ jīn shǎo yì rén yuàn jūn jí yǐ
楚，约[2]与食客门下二十人偕[3]，不外索[4]。今少一人，愿君即以

suì bèi yuán ér xíng yǐ píng yuán jūn yuē xiān sheng chǔ shèng zhī mén xià jǐ nián yú cǐ yǐ
遂备员而行矣。”平原君曰：“先生处胜之门下几年于此矣？”

máo suì yuē sān nián yú cǐ yǐ píng yuán jūn yuē fú xián shì zhī chǔ shì yě pì ruò
毛遂曰：“三年于此矣。”平原君曰：“夫贤士之处世也，譬若[5]

zhuī zhī chǔ náng zhōng qí mò lì xiàn jīn xiān sheng chǔ shèng zhī mén xià sān nián yú cǐ yǐ zuǒ
锥之处囊[6]中，其末立见。今先生处胜之门下三年于此矣，左

yòu wèi yǒu suǒ chēng sòng shèng wèi yǒu suǒ wén shì xiān sheng wú suǒ yǒu yě xiān sheng bù néng xiān
右未有所称诵[7]，胜未有所闻，是先生无所有也。先生不能，先

sheng liú máo suì yuē chén
生留。”毛遂曰：“臣

nǎi jīn rì qǐng chǔ náng zhōng ěr
乃今日请处囊中耳。

shǐ suì zǎo dé chǔ náng zhōng nǎi
使遂早得处囊中，乃

yǐng tuō ér chū fēi tè qí
颖脱而出[8]，非特其

mò xiàn ér yǐ
末见而已。”

---

[1] 毛遂自荐：借指自告奋勇，自己推荐自己去做某事。毛遂，战国时赵国平原君的门客。自荐，自我推荐。 [2] 约：约定。 [3] 偕：一同，偕同。 [4] 索：搜寻，寻求。 [5] 譬若：比如。譬，比喻，比方。 [6] 囊：口袋。 [7] 称诵：称赞。诵，称赞。 [8] 颖脱而出：即脱颖而出，比喻才能完全显露出来。颖，锥子上部的环。

智慧点拨

有才能的人，其才能不被人轻易发现是常有的事。毛遂自荐的做法表现了他敢于肯定自己、相信自己、表现自己，这一点是值得我们学习的。

译文悦读

门下有一个叫毛遂的人，走上前来，向平原君自我推荐，说："我听说先生将要去联合楚国。约请门下食客二十人一同前往，而且不到外面寻找。现在还少一人，希望先生就以毛遂来凑足人数出发吧！"平原君说："先生来到赵胜门下已有几年了？"毛遂说："到现在有三年了。"平原君说："有才能的人在世上，好比锥子放在口袋里，那锥子尖立刻就会显露出来。现在先生在我的门下已经三年了，身边的人对您没有什么称道，我也没有听说什么，这表明先生没有什么本领。先生能力不足，还是留下来吧！"毛遂说："臣今日才得请处囊中。如果我早能进入囊中，就连锥子上部的环儿都会脱露出来，岂止是露个锥子尖呢。"

知识拓展

经典解析

"毛遂自荐"被传为千古佳话，这个故事给我们以下两点启发：

启发一：所谓人才，是指在某一专业领域有着超越一般的研究和创造能力的人。这种能力，只有放在与之相适应的环境条件下才能脱颖而出，充分发挥作用。因此，创造尽可能优越的条件，与培养和使用人才关系极大。

启发二：古今中外，许多大贤大才的成就，往往与别人的大力推荐和栽培分不开。人才是客观存在的，但它需要一个被发现的机会。在这里，依靠伯乐识千里马是一个方面，而毛遂自荐也是一个重要方面。这就需要我们从国家利益出发，消除一切私心杂念和顾虑，不怕议论和讥笑，敢于冒尖，敢于自我推荐。

学而思

一、文中有不少句子能概括出大家熟知的成语，请把左边句子对应的成语写在横线上。

1.譬若锥之处囊中，其末立见。　　成语：________

2.乃颖脱而出，非特其末见而已。　　成语：________

二、下列说法错误的一项是（　　）。

A.有才能的人不被发现是常见的，毛遂自荐的做法是勇敢的，敢于肯定自己、相信自己、表现自己，值得我们去学习

B.若遇到自己的才能不被人发现时，一定要努力展现自己，推荐自己

C.人才不是客观存在的，它需要有被发现的机会

扫码听音频

shāng yāng lì xìn

19 商鞅①立信

shāng yāng lìng jì jù wèi bù kǒng mín zhī bú xìn jǐ nǎi lì sān zhàng zhī
商鞅①令②既具③，未布④，恐⑤民之不信己，乃⑥立三丈之

mù yú guó dū shì zhī nán mén mù mín yǒu néng xǐ zhì běi mén zhě yǔ shí jīn mín
木于国都市之南门，募⑦民有能徙⑧置北门者予⑨十金⑩。民

guài zhī mò gǎn xǐ fù yuē néng xǐ zhě yǔ wǔ shí jīn yǒu yì rén xǐ zhī zhé
怪⑪之，莫敢徙。复曰：“能徙者予五十金。”有一人徙之，辄⑫

yǔ wǔ shí jīn yǐ míng bù qī mín xìn zhī zú xià lìng
予五十金，以⑬明⑭不欺。民信之，卒⑮下令。

① 商鞅：战国时期的政治家，法家的代表人物。

② 令：变法的法令。

③ 既具：已经具备，这里指制定完备。具，准备。

④ 未布：尚未公布。

⑤ 恐：恐怕，担心。

⑥ 乃：于是，就。

⑦ 募：招募。

⑧ 徙：搬动，迁移。

⑨ 予：给予。

⑩ 金：中国古代货币单位。

⑪ 怪：对……感到奇怪，是意动用法。

⑫ 辄：就，于是。

⑬ 以：用来。

⑭ 明：表明。

⑮ 卒：终于，最后。

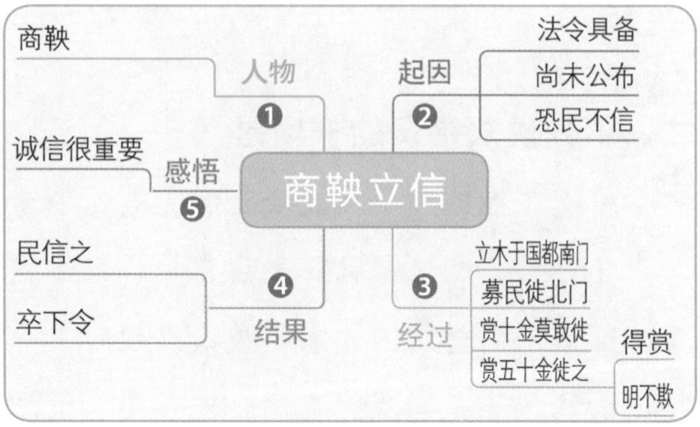

智慧点拨

做人要以诚为本，说到做到，这样才能树立威信。以诚为本、依法治国、照章办事，才能够取信于民、得信于民，才能够做到令行禁止、政通人和。

译文悦读

商鞅变法的法令已制定完备，还没公布，担心百姓不相信自己，于是在都城南门放置一根高三丈的木桩，招募百姓中有能把木桩搬到北门的人，给予十金。百姓看到后对此感到奇怪，却没有人敢去搬木桩。商鞅又说："能把木桩搬到北门的，就赏他五十金。"有一个人搬了木桩，商鞅就给了他五十金，以此来表明他没有欺骗百姓。百姓就此相信了商鞅，商鞅终于顺利地颁布了变法令。

知识拓展

商鞅为什么会被车裂?

商鞅被车裂的根本原因在于触动了贵族阶层的利益。秦孝公对商鞅变法十分重视和推崇，贵族阶层不敢轻易弹劾商鞅。秦孝公去世后，商鞅便遭到贵族阶层的围攻。

第二个原因是秦国百姓对商鞅十分拥护，商鞅的存在威胁到了统治阶层的利益，这让刚继位的秦惠文王嬴驷(yíng sì)很不安心。朝中大臣诬陷商鞅想谋反，嬴驷借机抓捕商鞅，并将商鞅的同党一并剿灭，不给他们留发言权。

最后一点是因为秦惠文王的私心。在他还是太子时，因为触犯了法令，商鞅认为太子触犯法令更要以身作则接受惩罚。碍于太子年幼，便用重刑惩罚了秦惠文王的老师，这一做法让秦惠文王怀恨在心。

学而思

一、请根据"之"的含义选择填空。

A. 到……去　　B. 第三人称代词　　C. 指示代词

D. 的　　E. 无实质意义

1. 恐民之不信已　(　　)　　2. 民怪之，莫敢徙　(　　)

3. 民信之，卒下令　(　　)　　4. 有一人徙之　(　　)

5. 乃立三丈之木于国都之南门　(　　)(　　)

二、这个故事讲述了诚信的重要性，下列说法不合适的一项是(　　)。

A. 商鞅想通过此事来取得百姓的信任

B. 商鞅想把木桩从南门搬到北门去

C. 故事表明商鞅是不会欺骗别人的

D. 商鞅为变法的实施做准备

扫码听音频

tián jì sài mǎ

20 田忌赛马

jì shuò yǔ qí zhū gōng zǐ chí zhú zhòng shè sūn zǐ jiàn qí mǎ zú bú

忌[1]数[2]与齐诸公子[3]驰逐[4]重射[5]。孙子[6]见其马足[7]不

shèn xiāng yuǎn mǎ yǒu shàng zhōng xià bèi yú shì sūn zǐ wèi tián jì yuē jūn dì

甚相远[8]，马有上、中、下辈[9]。于是孙子谓田忌曰："君弟[10]

zhòng shè chén néng lìng jūn shèng tián jì xìn rán zhī yǔ wáng jí zhū gōng zǐ zhú shè qiān

重射，臣能令君胜。"田忌信然[11]之，与王及诸公子逐射千

jīn jí lín zhì sūn zǐ yuē jīn yǐ jūn zhī xià sì yǔ bǐ shàng sì qǔ jūn

金[12]。及临质[13]，孙子曰："今以君之下驷[14]与彼上驷，取君

shàng sì yǔ bǐ zhōng sì qǔ jūn zhōng sì yǔ bǐ xià sì jì chí sān bèi bì ér tián

上驷与彼中驷，取君中驷与彼下驷。"既驰三辈毕，而田

jì yī bú shèng ér zài shèng zú dé wáng qiān jīn

忌一不胜而再胜，卒得王千金。

1. 忌：田忌，战国时期齐国的大将。他出身于齐国王室，为齐国取得了许多重要的军事胜利。
2. 数：屡次，多次。
3. 公子：古代称诸侯的儿子。
4. 驰逐：赛马。
5. 重射：下大赌注打赌。射，打赌。
6. 孙子：孙膑（bìn），战国时期的齐国人，军事家，是孙武的后裔（yì）。
7. 马足：马的脚力。
8. 不甚相远：与对方相差不大。相，相距。
9. 辈：原指辈分，这里指等级。
10. 弟：同"第"，只管。
11. 然：答应。
12. 逐射千金：下千金的赌注赌驾马车比赛的输赢。逐射，赌赛。
13. 临质：临场比赛。
14. 下驷：下等的马。驷，古代驾车一车四马，同驾一辆车的马叫作"驷"。

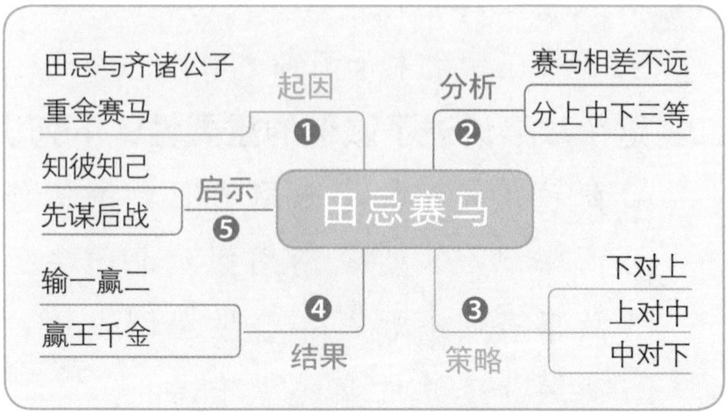

智慧点拨

既要知彼知己，还要善于筹划，制订最佳方案，才能出奇制胜。孙膑在这里是以统筹优选之法而获胜的，有所得，必有所失，少失而多得，从全局来说，仍属胜利。

译文悦读

田忌屡次和齐国的公子们下大赌注赛马。孙膑看到那几匹马的脚力相差不多，但这些马可分上、中、下三等。于是，孙膑对田忌说："你只管下重金打赌，我能让你取胜。"田忌相信并答应了他，与齐王和诸公子用千金打赌。等到比赛即将开始，孙膑对田忌说："现在用您的下等马对付他们的上等马，用您的上等马对付他们的中等马，用您的中等马对付他们的下等马。"三场赛马结束，田忌一场输了，两场取胜，最终赢得齐王的千金赌注。

知识拓展

"上"与"下"是轴对称图形

"上"的甲骨文下面的长弧线表示地面，上面的短线是指示符号，表示在地面之上。"上"的本义为位置在上的（与"下"相对）。

"下"的甲骨文上面的长弧线也表示地面，下面的短线是指示符号，表示在地面之下。"下"的本义为位置在下的（与"上"相对）。

另外，"卡"字里既有"上"字，又有"下"字，表示上不来、下不去，意思是夹在中间而不能活动，如"鱼刺卡在嗓子里"，在这里读作qiǎ。

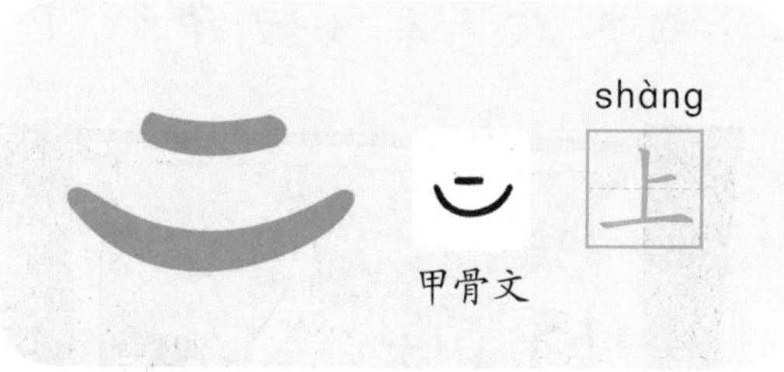

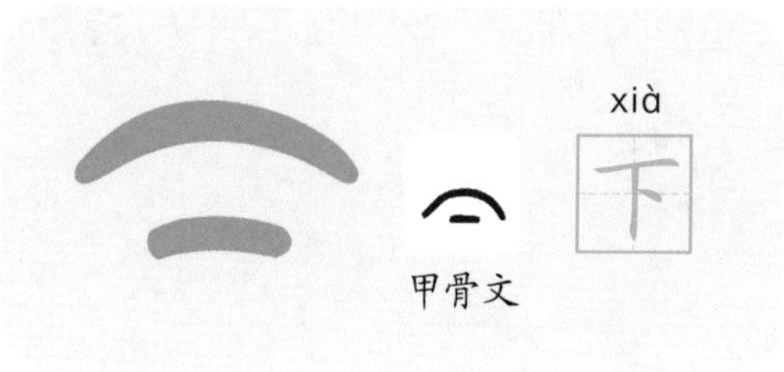

学而思

一、根据故事内容，分别用一个四字词语来描述孙膑、田忌和齐威王的性格特征。

1. 孙膑是一个（　　　　　）的人。

2. 田忌是一个（　　　　　）的人。

3. 齐威王是一个（　　　　　）的人。

二、下表是田忌和齐威王赛马的对阵情况，请分别填写空白项。

参赛双方	第一场	第二场	第三场
田忌		上等马	中等马
齐威王	上等马		

扫码听音频

wéi wèi jiù zhào

21 围魏救赵[1]

wèi fá zhào zhào jí qǐng jiù yú qí

魏伐[2]赵，赵急，请救于齐。

qí wēi wáng yù jiàng sūn bìn bìn cí xiè yuē xíng yú zhī rén bù kě yú shì nǎi yǐ tián jì wéi jiàng ér sūn zǐ wéi shī jū zī chē zhōng zuò wéi jì móu

齐威王欲将[3]孙膑。膑辞谢曰：“刑余之人[4]不可。”于是乃以田忌为将，而孙子[5]为师[6]，居辎车[7]中，坐为计谋。

tián jì yù yǐn bīng zhī zhào sūn zǐ yuē fú jiě zá luàn fēn jiū zhě bú kòng quán jiù dòu zhě bù bó jǐ pī gāng dǎo xū xíng gé shì jìn zé zì wéi jiě ěr jīn liáng zhào xiānggōng qīng bīng ruì zú bì jié yú wài lǎo ruò pí yú nèi jūn bú ruò yǐn bīng jí zǒu dà liáng jù qí jiē lù chōng qí fāng xū bǐ bì shì zhào ér zì jiù shì wǒ yì jǔ jiě zhào zhī wéi ér shōu bì yú wèi yě tián jì cóng zhī wèi guǒ qù hán dān yǔ qí zhàn yú guì dà pò liáng jūn

田忌欲引兵之[8]赵，孙子曰：“夫解杂乱纷纠者不控[9]卷[10]，救斗者不搏撠[11]。批亢捣虚[12]，形格势禁[13]，则自为解耳。今梁赵相攻，轻兵锐卒必竭于外，老弱罢[14]于内。君不若引兵疾[15]走大梁，据其街路[16]，冲其方虚[17]，彼必释赵而自救。是我一举解赵之围而收弊于魏也。”田忌从之。魏果去邯郸，与齐战于桂。大破梁军。

---

[1] 围魏救赵：指包抄进攻敌人的后方迫使其撤兵的战术。

[2] 伐：攻打。

[3] 将：使……为将军。

[4] 刑余之人：受过肉刑，身体不完整的人。

[5] 孙子：这里指孙膑。

[6] 师：军师。

[7] 辎车：带有帷盖的车。

[8] 之：动词，去，到。

[9] 控：握紧。

[10] 卷：通“拳”，拳头。

[11] 撠：击刺。

[12] 批亢捣虚：抓住敌人的要害乘虚而入。

批，用手击。亢，通“吭”，咽喉，这里喻指要害。

[13] 形格势禁：在用兵的形势上控制住敌人。

[14] 罢：通“疲”，疲乏，疲劳。

[15] 疾：赶快。

[16] 街路：道路，街道。

[17] 方虚：正当空虚之处。

智慧点拨

“围魏救赵”之所以胜利，在于在战争中使用避实就虚、声东击西之法。在现实生活中，我们解决问题，也应学会利用事物之间普遍存在的相互联系、相互制约和相互影响的关系。

译文悦读

魏国攻打赵国。赵国形势危急，向齐国求救。齐威王想任命孙膑为主将。孙膑辞谢说：“受过酷刑的人，不能胜任。”于是，齐威王就任命田忌做主将，孙膑做军师，坐在带篷帐的车里出谋划策。

田忌想要率领救兵直奔赵国，孙膑说：“想解开乱丝的人，不可抓紧拳头使劲。想劝解斗殴的人，不能卷入搏击。要扼住争斗者的要害，争斗者因形势限制，就不得不自行解开。现在，魏国和赵国互相攻打，精锐的军队一定都派到外边去了，国内只有老弱残兵。你不如率兵赶快去攻打魏国的都城大梁，占领他们的交通要道，冲击他们正空虚的地方，魏军必定会放弃攻打赵国而回去自救。这样，我们就可以解赵国之围，而收到使魏军疲于奔命的效果。”田忌听从了孙膑的建议。魏军果然离开邯郸回师，与齐国在桂陵地区交战。齐军把魏军打得大败。

知识拓展

活用“围魏救赵”

“围魏救赵”的胜利是通过仔细研究和充分掌握敌我情况得来的，这是孙子兵法的具体运用。后来常用这个故事说明在军事上围攻来犯之敌的后方据点，迫使其撤回兵力，从而更好地歼灭敌人的策略。毛泽东同志在《抗日游击战争的战略问题》一文中说：“如果敌人在根据地内久踞不去，我可以倒置地使用上述方法，即以一部留在根据地内围困该敌，而用主力进攻敌所从来之一带地方，在那里大肆活动，引致久踞之敌撤退出去打我主力；这就是‘围魏救赵’的办法。”

学而思

一、“三十六计”是根据我国古代卓越的军事思想和丰富的斗争经验总结出来的三十六条谋略，“围魏救赵”就是其中之一。下列不属于“三十六计”的是（　　）。

A. 远交近攻　　B. 暗度陈仓

C. 笑里藏刀　　D. 背水一战

二、下列句子中都含有一个通假字，请找出来并按照要求填空。

1. 夫解杂乱纷纠者不控卷　________通________

2. 批亢捣虚　________通________

3. 老弱罢于内　________通________

三、连一连，记一记。

围魏救赵	战国·蔡桓公	四面楚歌	汉·华佗
讳疾忌医	战国·孙膑	对症下药	秦·项羽
草船借箭	春秋·管仲	投笔从戎	三国·诸葛亮
老马识途	三国·诸葛亮	开诚布公	汉·班超

扫码听音频

22 卧薪尝胆[1]

吴[2]既[3]赦[4]越[5]，越王勾践反[6]国，乃[7]苦[8]身焦[9]思，置胆于坐[10]，坐卧即仰[11]胆，饮食亦尝胆也。曰：“女[12]忘会稽之耻[13]邪？”身自耕作，夫人自织；食不加肉，衣不重采[14]；折节[15]下贤人，厚遇[16]宾客；振[17]贫吊[18]死，与百姓同其劳。终灭吴。

---

1. 卧薪尝胆：形容人刻苦自励，立志雪耻图强。薪，柴草。
2. 吴：春秋时期的吴国，都城在今江苏苏州。
3. 既：已经。
4. 赦：免除或减轻刑罚。
5. 越：春秋时期的越国，都城在今浙江绍兴。
6. 反：通“返”，返回。
7. 乃：于是。
8. 苦：劳累。
9. 焦：忧虑。
10. 坐：通“座”，座位，席位。
11. 仰：抬起头。
12. 女：通“汝”，你。
13. 会稽之耻：指吴王率兵围攻越都会稽山，越王勾践屈膝称臣求和一事。
14. 采：通“彩”，色彩。
15. 折节：降低自己的身份。
16. 厚遇：极为尊敬地接待。
17. 振：通“赈”，救济。
18. 吊：慰问，安抚。

智慧点拨

越王勾践卧薪尝胆，十年生聚，十年教训，终于灭吴，报仇雪耻。两千多年来，这个故事一直鼓舞着人们刻苦自励，奋发图强。今天我们更要学习古人的优秀品质，艰苦奋斗，自强不息。

译文悦读

吴王赦免了越王勾践以后，越王勾践便返回越国，于是他焦思苦虑，还把苦胆挂在座位上方，坐下或躺下时都要抬头看看苦胆，吃饭时也要舔尝苦胆，并常提醒自己说："你忘掉了在会稽山被吴王打败的耻辱了吗？"勾践还亲自下田耕作，并让妻子亲自织布；饭菜不放肉，不穿色彩华丽的衣服；降低自己的身份而礼待贤士，厚待宾客；救济贫苦百姓，安抚死者的家属，和百姓们同甘共苦，最终消灭了吴国。

知识拓展

勾践雪耻称霸

勾践（？—前464），越国国君，越王允常的儿子。越王勾践三年（前494），越国兴兵讨伐吴国，结果大败。勾践集合5000名残兵败将，退守在会稽山上。吴王夫差乘胜追击，包围了会稽山。勾践只好派人去向夫差求和，并跟着去了吴国。之后，勾践忍辱负重，给夫差当臣仆，为他做些喂马之类的低贱事情。夫差认为勾践真心归顺了他，便放他回国。勾践在国内卧薪尝胆、任用贤臣、发展生产、重建武装，用了22年的时间让越国重新强大起来。不久，越国进攻并灭掉吴国，统一了江南一带，勾践终于成为霸主。

学而思

一、请写出下列句子中加点字的通假字及其含义。

1. 越王勾践反国　　“反”通________，意思是____________。
2. 置胆于坐　　“坐”通________，意思是____________。
3. 女忘会稽之耻邪　　“女”通________，意思是____________。
4. 振贫吊死　　“振”通________，意思是____________。
5. 衣不重采　　“采”通________，意思是____________。

二、请把与“卧薪尝胆”含义相近的成语圈起来。

厚积薄发　　自暴自弃　　忍辱负重　　心灰意懒

奋发图强　　自甘堕落　　自怨自艾　　十年磨一剑

扫码听音频

23 鸿鹄之志[1]

陈胜者，阳城人也，字涉。吴广者，阳夏人也，字叔。陈涉少时，尝与人佣耕[2]，辍[3]耕之垄上，怅恨[4]久之，曰：“苟[5]富贵，勿相忘。”佣者笑而应曰：“若[6]为佣耕，何富贵也？”陈涉太息[7]曰：“嗟乎！燕雀安知鸿鹄之志哉！”

[1] 鸿鹄之志：比喻远大的志向。鸿鹄，天鹅，因它飞得很高，故常用来比喻志向远大的人。

[2] 佣耕：被雇佣耕地。

[3] 辍：停止。

[4] 怅恨：惆怅地叹息。怅，失望。

[5] 苟：如果。

[6] 若：你。

[7] 息：叹气。

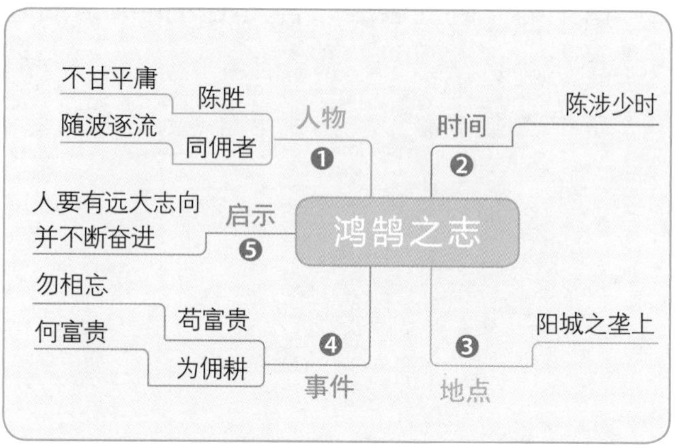

智慧点拨

人贵有“鸿鹄之志”，但不可好高骛远、眼高手低。先“认识你自己”，再去确立不断奋进的目标。从日常生活中的点滴做起，并相信自己，日积月累，才会有大的收益。

译文悦读

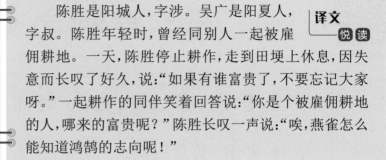

陈胜是阳城人，字涉。吴广是阳夏人，字叔。陈胜年轻时，曾经同别人一起被雇佣耕地。一天，陈胜停止耕作，走到田埂上休息，因失意而长叹了好久，说：“如果有谁富贵了，不要忘记大家呀。”一起耕作的同伴笑着回答说：“你是个被雇佣耕地的人，哪来的富贵呢？”陈胜长叹一声说：“唉，燕雀怎么能知道鸿鹄的志向呢！”

知识拓展

动物的寓意

鸿鹄　象征纯洁、生命力顽强、志向远大等

乌鸦　象征吉祥、仁孝、忠义等

鹰　象征刚劲、自由、勇敢等

燕子　象征喜庆、美好、自由等

狗　象征忠诚、富足、亲情等

鸳鸯（yuān yāng）象征爱情、忠贞、和谐等

猿（yuán）猴　象征智慧、长寿、高官厚禄等

杜鹃（子规）象征思亲、凄凉、哀伤等

学而思

一、按照要求填空。

1.“燕雀安知鸿鹄之志哉”可以用成语“鸿鹄之志”来概括，比喻__________，其近义成语有__________、__________。其中，“燕雀”是指__________，喻指__________；“鸿鹄”是指__________，喻指__________。

2. 从文中可以看出：陈胜是一个__________的人。

二、“苟富贵，勿相忘”这句话反映出陈胜的什么愿望？

____

扫码听音频

guǎn bào zhī jiāo

24 管鲍之交[1]

guǎnzhòng yí wú zhě yǐng shàng rén yě shào shí cháng yǔ bào shū yá yóu bào shū
管仲[2]夷吾者，颍[3]上人也。少时常与鲍叔牙[4]游[5]，鲍叔
zhī qí xián guǎnzhòng pín kùn cháng qī bào shū bào shū zhōngshàn yù zhī bù yǐ wéi yán yǐ ér
知其贤。管仲贫困，常欺[6]鲍叔，鲍叔终善遇之，不以为言[7]。已而
bào shū shì qí gōng zǐ xiǎo bái guǎnzhòng shì gōng zǐ jiū jí xiǎo bái lì wéi huángōng gōng zǐ
鲍叔事齐公子小白[8]，管仲事公子纠。及小白立为桓公，公子
jiū sǐ guǎnzhòng qiú yān bào shū suì jìn guǎnzhòng guǎnzhòng jì yòng rèn zhèng yú qí qí huán
纠死，管仲囚焉。鲍叔遂进[9]管仲。管仲既用，任政于齐，齐桓
gōng yǐ bà jiǔ hé zhū hóu yì kuāng tiān xià guǎnzhòng zhī móu yě
公以霸[10]，九合[11]诸侯，一匡[12]天下，管仲之谋也。

① 管鲍之交：指朋友之间深厚的交情。

② 管仲：齐桓公的宰相，相传他在未做宰相时，曾用箭射过齐桓公。

③ 颍：颍河，发源于河南，流入安徽。

④ 鲍叔牙：春秋时期齐国的大夫。

⑤ 游：交往。

⑥ 欺：这里有占便宜的意思。

⑦ 言：有怨言。

⑧ 公子小白：指齐桓公。

⑨ 进：推荐，保举。

⑩ 霸：称霸。

⑪ 合：会盟。

⑫ 匡：匡正，纠正。

智慧点拨

朋友需要选择，更需要惺惺相惜。友谊之花需要细心呵护，用心浇灌。友谊是以诚相待、肝胆相照，更是相互包容、荣辱与共，是得意时的相互鼓励与欢欣，更是失意时的不离不弃。

译文悦读

管仲名叫夷吾，颍上人。他年轻时经常与鲍叔牙来往，鲍叔牙知道他很有才能。管仲家境贫寒，常常占鲍叔牙的便宜，鲍叔牙却一直对他很好，不因此而产生怨言。后来，鲍叔牙侍奉齐国的公子小白，管仲侍奉公子纠。到了公子小白即位，成为齐桓公后，公子纠被杀死，管仲也被囚禁。鲍叔牙向齐桓公举荐管仲。管仲被录用后，在齐国掌管政事，齐桓公因此而称霸，多次召集诸侯会盟，匡正天下，这些都是管仲的谋略。

知识拓展

表示朋友关系的成语

在古代，表示朋友关系的成语有很多，请读一读，记一记。

管鲍之交 →	指朋友之间深厚的交情
刎颈之交 →	指有着同生共死交情的朋友
患难之交 →	指一起经历过艰难处境而有深厚交情的朋友
莫逆之交 →	指思想一致、感情深厚的朋友
淡水之交 →	指没有功利目的的道义之交
忘年之交 →	指不拘年龄、辈分的差异而结交的朋友
布衣之交 →	指平民之间的交往
贫贱之交 →	指贫贱时结交的朋友
生死之交 →	指有着同生共死交情的朋友
八拜之交 →	指结拜为异姓兄弟姐妹关系
点头之交 →	指点点头打个招呼的交情
金兰之交 →	指情投意合的朋友

其中，“刎颈之交”是指廉颇和蔺相如的交往；“莫逆之交”是指子祀、子舆、子犁、子来四人的交往。

“八拜之交”中的“八拜”不是指拜八次，而是指古代世交子弟见长辈时行的礼节，旧时异姓结拜也采用这种礼节。“八拜之交”指结拜为异姓兄弟姐妹的关系。

学而思

一、下列六句话被编为四组，其中都能表现鲍叔牙善知人且有容贤心胸的一组是（　　）。

①鲍叔知其贤　　②管仲贫困，常欺鲍叔，鲍叔终善遇之

③鲍叔遂进管仲　　④管仲既用，任政于齐

⑤多鲍叔能知人也　　⑥鲍叔既进管仲，以身下之

A.①②③　　B.①③④　　C.③④⑥　　D.②③⑤

二、下列加点字与“公子怪之”中“怪”的用法相同的一项是（　　）。

A.鲍叔不以我为愚　　B.知我不羞小节

C.召忽死之　　D.以身下之

三、下列句子中加点词语的意思与现代汉语相同的一项是（　　）。

A.不以为言　　B.吾尝为鲍叔谋事而更穷困

C.鲍叔不以我为不肖　　D.吾尝为鲍叔谋事而更穷困

说苑

别　　名	《新苑》
作　　者	刘向
创作年代	西汉末年
文学体裁	杂史小说集
流　　派	杂家
风格特点	文辞浅畅，立意峻切

《说苑》是西汉末年的刘向所撰。内容取材广泛，采集了大量的历史资料，分类辑录了先秦至汉代的史实，每类之前列总说，事后加按语来说明儒家的哲学思想、政治思想和伦理道德。文辞浅畅，立意峻切，表现了作者匡救时弊的热情。这部书除“谈丛”外，各卷的多数篇目都是独立成篇的小故事，有故事情节，有人物对话，文字简洁生动，清新隽永，是一部富有文学意味的重要文献。叙事以讽喻为主，故事性颇强，又以对话体为主，好用格言警句，有较高的文学价值，对魏晋乃至明清的笔记小说也有一定影响。

刘向原名更生，字子政，沛县人，西汉时期著名的文学家、经学家。他主张“天人感应”学说，和他的儿子刘歆一起，为古代图书的编目整理工作作出了巨大贡献，著作有《战国策》《新序》《说苑》《列女传》等。

名句集锦

◎螳螂捕蝉，黄雀在后。

◎谋先事则昌，事先谋则亡。

◎能言者，未必能行；能行者，未必能言。

◎物各有短长，谨愿敦厚，可事主，不施用兵。

◎一死一生，乃知交情；一贫一富，乃知交态。

扫码听音频

25 师旷[1]论学

晋平公[2]问于师旷曰："吾年七十，欲学，恐[3]已暮[4]矣。"师旷曰："何不炳烛[5]乎？"平公曰："安[6]有为人臣而戏[7]其君乎？"师旷曰："盲臣[8]安敢戏其君乎？臣闻[9]之：少而好学，如日出之阳[10]；壮而好学，如日中[11]之光[12]；老而好学，如炳烛之明。炳烛之明，孰与[13]昧行[14]乎？"平公曰："善哉[15]！"

---

❶ 师旷：春秋时期晋国有名的乐师，名旷，盲人，故下文自称"盲臣"。

❷ 晋平公：春秋时期晋国的国君。

❸ 恐：恐怕，担心。

❹ 暮：本指天晚，这里指晚了，来不及。

❺ 烛：点燃蜡烛。炳，点燃。

❻ 安：怎么，哪里。

❼ 戏：戏弄。

❽ 盲臣：师旷双眼失明，故自称盲臣（古代乐师大多是盲人）。

❾ 闻：听说。

❿ 日出之阳：太阳初升的光芒。

⓫ 日中：正午。

⓬ 光：这里指阳光。

⓭ 孰与：相当于"何如"，意思是比……怎么样。

⓮ 昧行：在黑暗中行动。昧，黑暗。

⓯ 善哉：对极了。

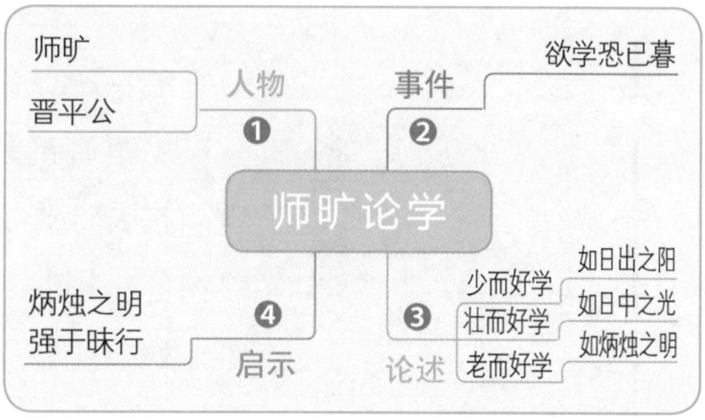

智慧点拨

人的寿命是有限的，但学习是无止境的，只要愿意学习，任何时候都不算晚。活到老，学到老，终身学习将会使自己受益无穷。

译文悦读

晋平公对师旷说：“我已经七十岁了，想要学习，恐怕已经晚了。”师旷回答说：“为什么不点上蜡烛呢？”晋平公说：“哪有做臣子的戏弄他的君主的呢？”师旷说：“我是一个双目失明的人，怎敢戏弄君主？我曾经听说，少年的时候喜欢学习，如同初升太阳的光芒；壮年的时候喜欢学习，就像正午时的阳光；晚年时喜好学习，就像点燃蜡烛的光亮。点上蜡烛照明比起在黑暗中走路，究竟哪个好呢？”晋平公说：“讲得好啊！”

知识拓展

古代常用语气词

古代语气词有乎、嗟乎、也、矣、呜呼、夫、哉等。现对“乎”说明如下：

1. 表示疑问或反问，相当于“吗”“呢”。

何不炳烛乎？（《说苑》） 为什么不点上蜡烛呢？

王侯将相宁有种乎？（《史记·陈涉》） 王侯将相难道是天生的吗？

2. 表示祈使，相当于“吧”。

长铗归来乎！食无鱼。（《战国策·齐策四》） 长铗咱们回去吧！吃饭连鱼都没有。

3. 表示感叹，相当于“啊”。

呜呼！孰知赋敛之毒，有甚是蛇者乎！（《捕蛇者说》） 唉！谁知道赋敛的毒害，比这毒蛇还厉害啊！

学而思

一、填空题。

“恐已暮矣”中“暮”的意思是“晚了，来不及”。晋平公在这里采用了__________的修饰手法，而师旷却将“暮”字理解成了__________。晋平公认为师旷在戏弄自己，其实，师旷是在__________，意在引出秉烛之喻。

二、下列对原文的理解和分析错误的一项是（　　）。

A. 学无止境，一个人应该活到老，学到老　B. 在人生的每一个阶段，学习都是有益的

C. 虚心接受别人的意见，做到从善如流　D. 为了让人信服自己，必须要用打比方的方法

三、下列句子中运用了什么修辞手法？

A. 反问　B. 比喻、排比　C. 拟人　D. 夸张

1. 盲臣安敢戏其君乎？（　　）

2. 少而好学，如日出之阳；壮而好学，如日中之光；老而好学，如炳烛之明。（　　）

扫码听音频

26 枭[1]将东徙[2]

枭逢鸠。鸠[3]曰："子将安之[4]？"枭曰："我将东徙。"鸠曰："何故？"枭曰："乡人皆恶[5]我鸣，以故[6]东徙。"鸠曰："子[7]能更[8]鸣，可矣；不能更鸣，东徙犹[9]恶子之声。"

❶ 枭：猫头鹰。猛禽类，昼伏夜出，捕食小动物。

❷ 东徙：向东迁徙。徙，迁移。

❸ 鸠：鸽子一类的鸟，常见的有斑鸠、山鸠等。

❹ 安之：到哪里去。安，哪里。之，往，到……去。

❺ 恶：厌恶，讨厌。

❻ 以故："以此之故"的省略说法，因为这个缘故。以，因为。

❼ 子：对别人的尊称。

❽ 更：改变。

❾ 犹：还。

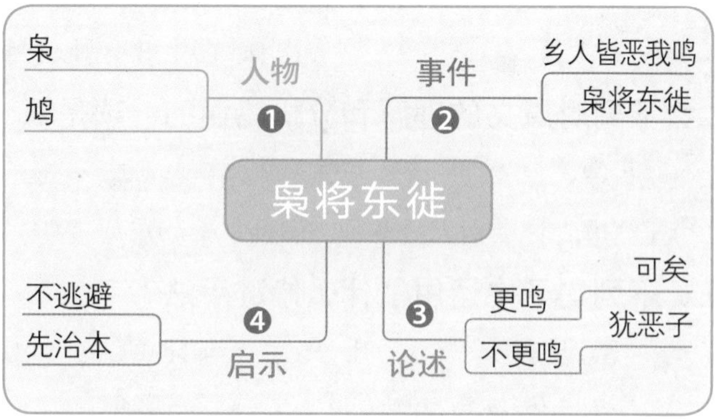

智慧点拨

一个人如果有了缺点和毛病，要想改变人们对自己的看法，关键在于自己本身的改正，要从自身寻找原因，从根本上解决问题，而不能采取逃避的方法，企图通过单纯地改变环境来解决问题。

译文悦读

猫头鹰在飞行中碰见了斑鸠。斑鸠说："你将要到哪儿去？"猫头鹰说："我将要向东搬家。"斑鸠问："是什么原因呢？"猫头鹰说："乡里人都讨厌我的叫声，因为这我要向东迁移。"斑鸠说："如果你能改变叫声，就可以；要是不改变叫声，即使你向东迁移，那里的人照样会讨厌你的叫声。"

知识拓展

颍考叔劝谏

郑庄公的母亲溺爱庄公的弟弟段，后来段反叛被杀，郑庄公发誓永远不再和母亲相见。

颍考叔知道后，带着几只猫头鹰，托词说是献野味求见郑庄公。他对郑庄公说："这种鸟叫猫头鹰，小的时候妈妈喂它吃东西，长大后它反而吃掉母亲，这种鸟太不孝顺了，所以我抓来给您吃。"

郑庄公知道他是存心讽刺自己，心里十分不是滋味。这时，厨子送上一大盘香喷喷的羊肉，郑庄公让颍考叔吃。哪知他并没有吃，拣了块肉包好，藏在袖子里。

郑庄公问他这样做的原因，颍考叔说："我家里很穷，老母亲一辈子没尝过这么好吃的羊肉，我想到这儿，实在咽不下去。我想把肉带回家，让母亲尝尝。"

郑庄公想到自己的母亲，惭愧得低下了头，后来在颍考叔的帮助下，郑庄公母子终于和好如初。

学而思

一、下列成语中的"更"与"子能更鸣，可矣"中的"更"意思相同的是（　　）。

A. 改弦更张　　B. 少不更事　　C. 自立更生　　D. 三更半夜

二、下列成语中的动物都不翼而飞了，请把它们找回家。

（　）程万里　　一箭双（　）　　（　）鬼（　）神　　（　）（　）无声

风声（　）唳　　（　）目寸光　　（　）背（　）腰　　化（　）为（　）

三、下列选项符合原文意思的一项是（　　）。

A. 解决问题要从根本上着手，"治标不治本"不是解决问题的办法

B. 猫头鹰迁到东边就好了，换个环境没人认识它

C."树挪死，人挪活。"猫头鹰懂得变通，这里不合适就换个地方

D. 斑鸠劝说猫头鹰是因为它不懂装懂，好像很会为别人思考

扫码听音频

gè yǒu suǒ cháng

27 各有所长[1]

gān wù shǐ yú qí dù dà hé chuán rén yuē hé shuǐ jiàn ěr jūn bù

甘戊[2]使于齐[3]，渡大河[4]。船人曰：“河，水间[5]耳！君[6]不

néng zì dù néng wéi wáng zhě zhī shuì hū gān wù yuē bù rán rǔ bù zhī yě

能自渡，能为[7]王者之说[8]乎？”甘戊曰：“不然[9]，汝不知[10]也。

wù gè yǒu duǎn cháng jǐn yuàn dūn hòu kě shì zhǔ bù shī yòng bīng qí jì lù ěr

物各有短长，谨愿敦厚[11]，可事主，不施用兵[12]；骐骥騄駬[13]，

zú jí qiān lǐ zhì zhī gōng shì shǐ zhī bǔ shǔ zēng bù rú xiǎo lí gān jiāng wéi lì

足[14]及千里，置之宫室，使之捕鼠，曾[15]不如小狸[16]；干将[17]为利，

míng wén tiān xià jiàng yǐ zhì mù bù rú jīn fǔ jīn chí jí ér shàng xià suí liú wú bù

名闻天下，匠以治[18]木，不如斤[19]斧。今持楫[20]而上下随流，吾不

rú zǐ shuì qiān shèng zhī jūn wàn shèng zhī zhǔ zǐ yì bù rú wù yǐ

如子；说千乘之君，万乘之主，子亦不如戊矣。”

[1] 各有所长：指各有各的长处。
[2] 甘戊：战国时期秦武王的丞相。
[3] 使于齐：出使齐国。
[4] 大河：黄河。
[5] 间：缝隙，这里指河面很窄。
[6] 君：你（您）。
[7] 为：充当，胜任。
[8] 说：用作名词，说客。
[9] 不然：不是这样。
[10] 不知：不了解。
[11] 谨愿敦厚：恭谨而又厚道老实。谨愿，谨慎、老实。敦厚，厚道。
[12] 不施用兵：不能够用他们带兵打仗。
[13] 骐骥騄駬：四种良马名。
[14] 足：足力。
[15] 曾：竟，还。
[16] 狸：野猫。
[17] 干将：宝剑名，传说为吴国人干将所造。
[18] 治：加工，砍伐。
[19] 斤：古代砍伐树木的工具。
[20] 楫：船桨。

智慧点拨

人各有所长，也各有所短。所谓本领、能力，也不过是某些方面的专长，“全能”的人是没有的。所以用人要量才使用，扬长避短。

译文悦读

甘戊出使齐国，要渡过黄河。船夫说：“这条河并不很宽，你都不能够自己过河，又怎么能当君王的说客呢？”甘戊说：“不是这样的，你不知道其中的道理。世间万物各有各的短处，也各有各的长处。老实谨慎地做事，可以辅助国君不战而胜；骐骥騄駬这样的好马，可以日行千里，如果把它们放在家里，去捕捉老鼠，还不如一只小猫；锋利的宝剑，如果木匠拿它去砍木头，还比不上一把斧头。现在在河中拿着船桨摇船，进退自如，我不如您；游说那些大国小国的君主，你也不如我啊。”

知识拓展

古代的“水”“州”“川”

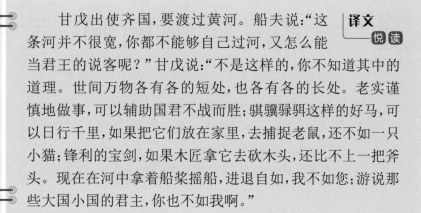

“水”的甲骨文像一条弯曲的河流。“水”的本义为河流，如“淮水”。

“州”的甲骨文像河流中间有一小块陆地。“州”的本义为水中的一块陆地。

水中的陆地被泛称作“洲”；水中浪沙冲积成的陆地称作“淤”；海中的陆地专称作“岛”，小岛称作“屿”。

“川”的甲骨文两边像弯曲的河岸，中间像通畅的水流，合起来像弯曲的河流。“川”的本义为河流、水道，如“川流不息”。

综上所述，“水”和“川”都可以指河流，而“州”和“洲”都指水中的陆地，不过“州”是实指，而“洲”是泛指。

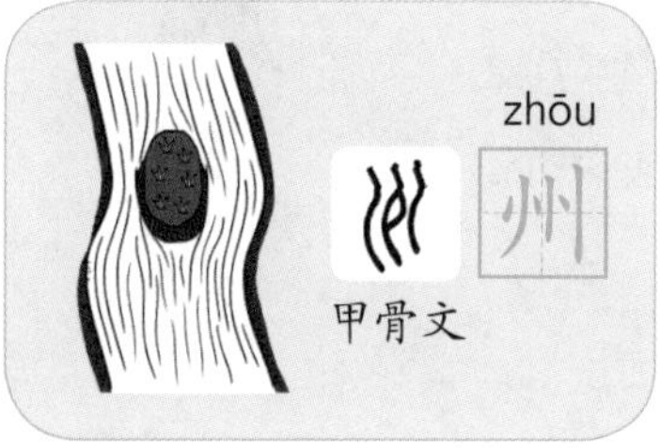

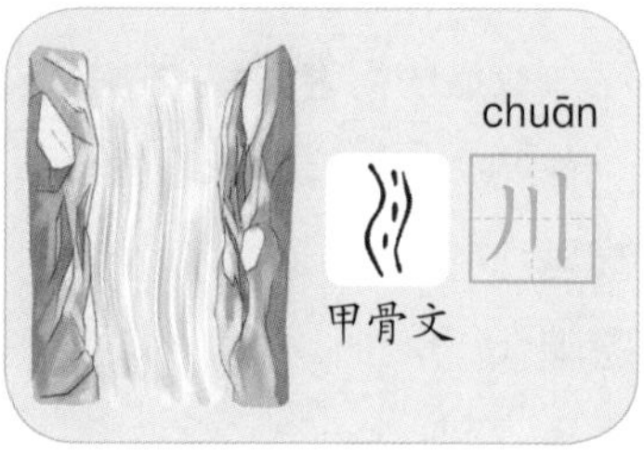

学而思

一、“各有所长”是指各有各的长处，下列词语与其含义相近的是（　　）。（多选）

A. 尺有所短，寸有所长　　B. 意味深长

C. 不经一事，不长一智　　D. 取长补短

二、下列加点的词都是人称代词，其中不是第二人称代词的一项是（　　）。

A. 不然，汝不知也　　B. 盲臣安敢戏其君乎

C. 君不能自渡　　D. 子亦不如戊

扫码听音频

28 螳螂捕蝉，黄雀在后①

táng láng bǔ chán huáng què zài hòu

yuán zhōng yǒu shù qí shàng yǒu chán chán gāo jū bēi míng yǐn lù bù zhī táng láng zài
园中有树，其上有蝉。蝉高居②悲鸣③饮露，不知螳螂在
qí hòu yě táng láng wěi shēn qū fù yù qǔ chán ér bù zhī huáng què zài qí páng yě
其后也；螳螂委身④曲附⑤欲取蝉⑥，而⑦不知黄雀在其傍⑧也；
huáng què yán jǐng yù zhuó táng láng ér bù zhī dàn wán zài qí xià yě cǐ sān zhě jiē wù
黄雀延颈⑨欲啄螳螂，而不知弹丸在其下⑩也。此三者皆务
yù dé qí qián lì ér bú gù qí hòu zhī yǒu huàn yě
欲得其前利⑪，而不顾其后之有患⑫也。

① 螳螂捕蝉，黄雀在后：比喻只图眼前利益，却不知背后的祸害即将来临。螳螂又叫刀螂，一种昆虫，臂长，善捕小虫。蝉，又叫知了。

② 高居：高高地栖息。

③ 悲鸣：高声鸣叫。

④ 委身：弯曲身子。委，缩着。

⑤ 曲附：弯起前肢。附，通“跗”，脚背，这里指脚。

⑥ 欲取蝉：将要捕蝉。欲，将要。

⑦ 而：但，却，表示转折。

⑧ 在其傍：在它（螳螂）的旁边。傍，同“旁”。

⑨ 延颈：伸长了脖子。延，伸延。

⑩ 弹丸在其下：弹丸已射到它（黄雀）的下面。

⑪ 前利：眼前的利益。

⑫ 而不顾其后之有患：却不顾及在它们后面的祸患。患，有祸患、灾难的意思。

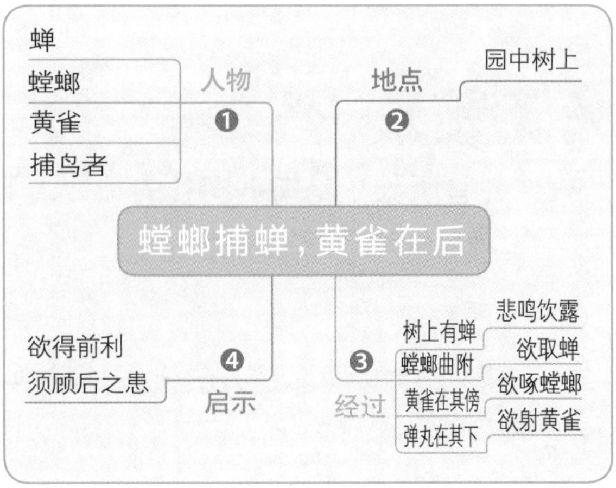

智慧点拨

蝉、螳螂和黄雀鼠目寸光，毫无远见。他们都只贪图眼皮底下的小利益，而看不到毁灭性的灾难就将临头。这个故事告诉我们：办事情要把眼光放开一些，看到根本的、长远的利益，要顾大局、识大体，决不能自私狭隘，因小失大。

译文悦读

花园中有树，树上有蝉。蝉高居在树上，一味悲鸣、吸取露水，而不知道螳螂在它的后面；螳螂紧挨着树枝弯起前肢，将要捕食蝉，但它又不知道黄雀在自己的旁边；黄雀伸长脖子，将要去啄吃螳螂，但它又不知道有人在树下手拿着弹弓，安上弹丸正要射它。蝉虫、螳螂、黄雀这三种动物都想得到眼前的利益，却不顾及在它们后面的祸患。

知识拓展

少孺子智谏吴王

春秋时期，吴王阖闾（hé lǘ）利令智昏，他为了伐楚，什么话都听不进去，最后却被少儒子用“螳螂捕蝉，黄雀在后”这则寓言故事说服了。在诸侯割据称雄的纷乱局面里，乘人不备、弱肉强食的现象，确实与蝉、螳螂、黄雀的情况相类似，这正是吴王听了这个故事后能够省悟的原因。这则寓言启发我们：考虑问题和处理事情应有远见，要瞻前顾后，通盘谋划。如果鼠目寸光，顾前不顾后，那就难免有黄雀之患了。

蝉

〔唐〕虞世南

垂緌饮清露，
流响出疏桐。
居高声自远，
非是借秋风。

[译 文] 蝉垂下像帽带一样的触角吸食甘露，长鸣的蝉声从高大稀疏的梧桐树枝间传出来。蝉鸣声传得远的原因是蝉栖息在高处，而不是凭借秋风的吹送。

[赏 析] 这是一首托物言志的咏物诗。诗人运用象征手法，通过对蝉的歌咏，暗示自己和蝉共同具有的高洁品质。

全诗语言清丽，用词生动传神，构思巧妙，意蕴深刻，诗中处处在写蝉，处处暗含诗人的志向和高尚节操，达到了很好的托物言志的效果，因此成为一首流传千古的名篇佳作。

学而思

一、填空题。

这篇寓言让我想到了一个八字俗语“＿＿＿＿＿＿＿＿＿＿＿＿＿＿”，也就是说，我们考虑问题，处理事情，应该思前想后，全面斟酌。既要看到事物的正面，也要看到它的反面；既要看到有利因素，也要想到可能出现的不利因素，以免为了眼前利益而牺牲根本利益。

二、“其”在文言文中多用作指示代词，下列句子中的“其”各指代什么？请连一连。

园中有树，其上有蝉	螳螂
而不知黄雀在其傍也	树
不知螳螂在其后也	黄雀
而不知弹丸在其下也	蝉

三、这则寓言故事发生在花园里的一棵树上，有蝉、螳螂、黄雀和拿着弹弓的人四个角色，请按照要求填空。

例如：蝉只看到（树上的露汁），这是它的眼前利益；但没有看到（身后的螳螂），这是危险。

1.螳螂只看到＿＿＿＿＿＿＿＿，这是它的眼前利益；但没有看到＿＿＿＿＿＿＿＿，这是它的危险。

2.黄雀只看到＿＿＿＿＿＿＿＿，这是它的眼前利益；但没有看到＿＿＿＿＿＿＿＿，这是它的危险。

3.拿着弹弓的人只看到＿＿＿＿＿＿＿，这是他的眼前利益，却不顾自己身后是否有危险。

列女传

作　　者　刘向
创作年代　西汉
文学体裁　纪传体
类　　别　古代女子教科书
风格特点　叙事简约，理论畅达，舒缓平易

《列女传》是西汉文学家、经学家、目录学家刘向编写的，共分7卷，记叙了105位妇女的故事，是一部介绍中国古代女性的书，也有观点认为该书是一部妇女史。但是，作者编写《列女传》不是为了反映客观历史进程，而是有感于汉成帝后宫之事始撰。全书记述了上古至汉代妇女的嘉言懿行，以劝讽皇帝、妃嫔和外戚，进而感悟天子，宣扬封建伦理道德。

《列女传》中的故事体现了儒家对妇女的看法，其中有一些所赞扬的内容在如今多数人看来是对妇女的不公平待遇。该书对后世影响很大，“盖凡以列女名书者，皆祖之刘氏”。无论是纪传体史书中的妇女列传，还是野史杂传和地方史志中的妇女列传，都受到了《列女传》的影响。

名句集锦

◎君子谓孟母善以渐化。
◎复徙舍学宫之旁。其嬉游乃设俎豆，揖让进退。
◎仪貌壮丽，不可不自修整。衣锦絅裳，饰在舆马，是不贵德也。

扫码听音频

mèng mǔ sān qiān

29 孟母三迁[1]

zōu mèng kē zhī mǔ yě hào mèng mǔ qí shè jìn mù mèng zǐ zhī shào yě xī
邹孟轲[2]之母也，号[3]孟母。其舍[4]近墓。孟子之少也，嬉

yóu wéi mù jiān zhī shì yǒng yuè zhù mái mèng mǔ yuē cǐ fēi wú suǒ yǐ jū chǔ
游[5]为墓间之事[6]，踊跃筑埋[7]。孟母曰：“此非吾所以[8]居处

zǐ yě nǎi qù shè shì páng qí xī xì wéi gǔ rén xuàn mài zhī shì mèng mǔ
子[9]也。”乃去[10]。舍[11]市旁[12]，其嬉戏为贾人[13]衒卖[14]之事。孟母

yòu yuē cǐ fēi wú suǒ yǐ jū chǔ zǐ yě fù xǐ shè xué gōng zhī páng qí xī yóu
又曰：“此非吾所以居处子也。”复徙舍[15]学宫[16]之旁。其嬉游

nǎi shè zǔ dòu yī ràng jìn tuì mèng mǔ yuē zhēn kě yǐ jū wú zǐ yǐ suì
乃设俎豆[17]，揖让进退[18]。孟母曰：“真可以[19]居吾子矣！”遂

jū jí mèng zǐ zhǎng xué liù yì zú chéng dà rú zhī míng
居。及孟子长，学六艺，卒成大儒之名。

---

[1] 孟母三迁：指父母对子女教育的重视。迁，搬家。

[2] 孟轲：姓孟，名轲，字子舆，战国时期的思想家、教育家。

[3] 号：叫作，称。

[4] 舍：居住的房子。

[5] 嬉游：游乐，游玩。嬉，游戏，玩乐。

[6] 墓间之事：埋葬、祭祀之类的事。

[7] 踊跃筑埋：喜欢筑穴埋葬。

[8] 所以：用来。

[9] 处子：安顿儿子的地方。

[10] 乃去：于是离开。

[11] 舍：定居，落户。

[12] 市旁：集市的附近。

[13] 贾人：商人。

[14] 衒卖：吆喝买卖，叫卖。

[15] 徙舍：搬家。

[16] 学宫：学校，学舍。

[17] 俎豆：古代祭祀、宴会时盛放食物的两种礼器。

[18] 揖让进退：在朝廷上鞠躬行礼及进退的礼制。

[19] 可以：可以用来。

智慧点拨

“近朱者赤，近墨者黑。”环境对人的影响很大。所处的环境不同，人的生活和学习态度也往往不同。我们应尽量选择有利于自己学习的环境。

译文悦读

邹地孟轲的母亲，世人称她孟母。当初，她的家靠近一片坟墓。孟子小时候，总是玩一些丧葬之类的事，喜欢筑穴埋葬。孟母说：“这里不适合用来安顿我的孩子。”于是选择离开，把家搬到集市旁。孟子又玩起了商贩沿街叫卖之类的事。孟母又说：“这里不适合用来安顿我的孩子。”后来，她再次迁居到学校的旁边。孟子游乐的时候就摆设一些祭祀礼器，学一些打躬作揖、进退朝堂之类的礼仪。孟母说：“这里才适合安顿我的孩子啊！”终于定居了下来。等到孟子长大成人后，他博学了各种经书，终于成就了大儒的美名。

知识拓展

中国古代“四大贤母”

中国古代四大贤母是指孟母、陶母、欧母、岳母，她们分别是孟子的母亲、陶侃的母亲、欧阳修的母亲和岳飞的母亲。这四位母亲由于教子有方，都把自己的儿子培养成了杰出的人才，她们也因而得以名留青史，而她们教子的故事也被世人津津乐道。

孟母　孟母仉(zhǎng)氏，战国时期的邹国人。据史料记载，孟母一生克勤克俭，坚守志节。她在对孟子的教育上倾注了极大的心血，单是为了让孟子有一个良好的成长环境就数次搬家，成为流传后世的一段佳话。孟子始终铭记母亲的教导，终于不负母望。可以说，孟子之所以有后来的成就，与孟母的教导、督促有着重要关系，孟母也因此留下了“孟母三迁”“断机教子”等教子佳话。

陶母　陶母湛氏是中国古代一位有名的贤母。陶侃年幼丧父，家贫无所依托，湛氏只好携陶侃由鄱阳回到外祖父家。陶母即以纺织谋生养子，供陶侃读书。湛氏家教严谨，教子惜阴读书，树建功立业之志，还以忠顺勤俭为美德熏陶其子。为此，小小陶侃总以清贫为乐，发愤进取，自幼伴母夜织而读书，闻鸡鸣而劳作。

欧母　欧母指欧阳修之母郑氏。宋欧阳修早岁丧父，母郑氏督教甚严，家贫无纸笔，尝以荻(dí)画地教子。后以“欧母”为称颂贤母之词。

岳母　岳母教子精忠报国。宋元帅宗泽病重，把印信交给岳飞代管，后吐血而死。杜充奉旨代印，抗金不利，岳飞心情郁闷，私自回家探母。岳母促其回营抗敌，并在岳飞背上刺“精忠报国”四个大字，使其以报国为志。

孟子

陶侃

欧阳修

岳飞

学而思

一、下列说法错误的一项是（　　）。

A.“遂居”中的“遂”与“卒成大儒之名”中的“卒”都是“终于”的意思

B.“此非吾所以居处子也”中的“所以”是连词，表示结果

C.“真可以居吾子矣”中“可以”的意思是“可以用来”

二、下列语句中都含有“舍”字，请根据其含义选择填空。

A. 住宿　　B. 安置　　C. 定居，落户　　D. 居住的房子

1.其舍近墓。（　　）

2.乃去，舍市旁。（　　）

三、为给孟子一个好的成长环境，孟母搬家三次，下列与本文意思相近的是（　　）。（多选）

A.近朱者赤，近墨者黑

B.蓬生麻中，不扶而直；白沙在涅，与之俱黑

C.出淤泥而不染，濯清涟而不妖

D.跟着好人学好人，跟着巫婆学鬼神

四、《三字经》中也提到了“孟母三迁”这个典故，请把下列句子补充完整。

昔孟母，择邻处。子不学，________。

窦燕山，________。教五子，名俱扬。

养不教，________。教不严，________。

子不学，________。幼不学，________。

战国策

别　　名	《战国策》
作　　者	刘向等
创作年代	初稿战国，定稿西汉
文学体裁	国别体史书
流　　派	纵横家

《战国策》大多记载战国时期纵横家（游说之士）的政治主张和策略，或说记录了战国时纵横家游说各国的活动和说辞及其权谋智变斗争的故事，展示了战国时期的历史特点和社会风貌。书中引用了大量寓言故事，内容生动活泼，语言简练，含义深刻。

西汉刘向把战国时期人们记录纵横家的言谈行事的专集重新编校，定名为《战国策》。该书主要记载了战国时期，即从周贞定王17年（前452）到秦始皇31年（前216）共236年间，西周、东周、秦、齐、楚、赵、韩、魏、燕、中山、宋、卫12国在政治、军事、外交方面的动态，共计33篇。

名句集锦

◎宁为鸡口，勿为牛后。

◎士为知己者死，女为悦己者容。

◎兔而顾犬，未为晚也；亡羊而补牢，未为迟也。

◎人之有德于我也，不可忘也；吾有德于人也，不可不忘也。

扫码听音频

hú jiǎ hǔ wēi

30 狐假虎威[1]

虎求[2]百兽而食[3]之，得狐。狐曰：“子[4]无敢[5]食我也！天帝使[6]我长[7]百兽，今子食我，是逆[8]天帝命也。子以我为不信[9]，吾为子先行[10]，子随我后，观百兽之见我而敢不走[11]乎？”虎以为然[12]，故遂与之行。兽见之皆走。虎不知兽畏己而走也，以为畏狐也。

❶ 狐假虎威：比喻倚仗别人的威势吓唬、欺压人。

❷ 求：寻找。

❸ 食：吃。

❹ 子：你。

❺ 无敢：不敢。

❻ 使：派遣。

❼ 长：首领。这里作动词，指领导，做首领。

❽ 逆：违背。

❾ 信：诚实，老实。

❿ 行：走。

⓫ 走：逃跑。

⓬ 然：真的，正确的。

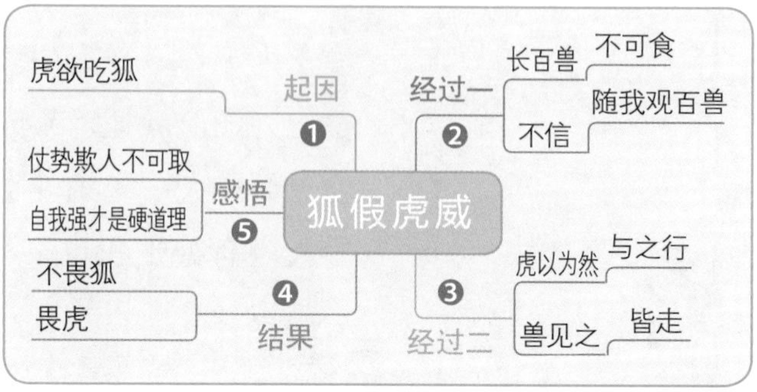

智慧点拨

一个复杂的事物往往被许多表面现象遮蔽着，有的虚假，有的真实。我们要善于去伪存真，由表及里，步步深入，这样才能揭露事物的本质。否则，很容易被“狐假虎威”式的人物所蒙蔽。

译文悦读

在茂密的森林里，老虎寻找各种野兽吃，它抓到一只狐狸。狐狸说：“你不敢吃我！天帝派遣我来做百兽的首领，如果你吃掉我，就是违背天帝的命令。你如果认为我的话不诚实，就让我在你的前面行走，你跟在我的后面，看百兽见了我敢不逃跑吗？”老虎认为狐狸的话有道理，就跟在它后面。百兽见了它们，果然都撒腿就跑了。老虎不知道野兽是害怕自己而逃跑的，还以为它们是害怕狐狸。

知识拓展

“狐假虎威”背后的故事

战国时期，楚国一直比较强大。一次，楚宣王问众大臣，北方为什么都很害怕他的大将昭奚恤。众人都不知该如何回答才好，这时，一个名叫江一的大臣站出来，给楚宣王讲了这则“狐假虎威”的故事。讲完这个故事后，江一接着说：“大王您如今有国土方圆五千里，大军一百万。您把这些军队交给昭奚恤，北方当然怕他。”楚宣王如梦初醒。这则故事深刻地讽刺了狐狸借着别人的权势招摇撞骗、欺负弱小的卑劣行径，同时也嘲笑了那种被人利用而自己却不察觉的愚蠢的强者。

学而思

一、下列加点字不表示“你”的一项是（　　）。

A. 子随我后　　B. 汝虽有志　　C. 待尔成人　　D. 吾为子先行

二、下列说法错误的一项是（　　）。

A. 我们一定要擦亮双眼，深入了解事物的本质，不要被坏人狡猾的外表所迷惑

B. 狐狸并没有了不起的力量，借助老虎的威风却能慑服百兽，连老虎也受到了欺骗

C. 故事与其说是讽刺狐狸，还不如说是讽刺老虎

三、下列加点字用法不相同的一组是（　　）。

A. 子以我为不信　　虎以为然　　B. 子无敢食我也　　今子食我

C. 敢不走乎　　见之皆走　　D. 虎求百兽而食之　　观百兽之见我

四、连一连，读一读，记一记。

拉虎皮，作大旗	有声有色
眼药使用说明	引人注目
百花齐放，百家争鸣	狐假虎威
宣传车上演节目	载歌载舞
搬起石头砸自己的脚	瞻前顾后
顾虑太多，犹豫不决	自作自受

扫码听音频

31 惊弓之鸟[1]

有间[2]，雁从东方来，更羸[3]以虚发而下之。魏王曰："然则射可至此乎？"更羸曰："此孽[4]也。"王曰："先生何以[5]知之？"对曰："其飞徐[6]而鸣悲。飞徐者，故疮[7]痛也；鸣悲者，久失[8]群也，故疮未息[9]，而惊心未去[10]也。闻弦音，引[11]而高飞，故疮陨[12]也。"

---

① 惊弓之鸟：指受过箭伤，一听弓弦之声就惊恐的鸟。比喻心有余悸，一有动静就慌乱不安的人。

② 有间：过了一会儿。

③ 更羸：战国时期魏国有名的射手。

④ 孽：这里指受过伤。

⑤ 何以：即"以何"，意思是凭什么，怎么就。

⑥ 徐：缓慢。

⑦ 故疮：旧伤口。故，旧，与"新"相对。

⑧ 失：迷失。

⑨ 息：停止。这里有痊愈的意思。

⑩ 去：消除。

⑪ 引：伸展（翅膀）。这里指奋力向上飞。

⑫ 陨：坠落，掉下。

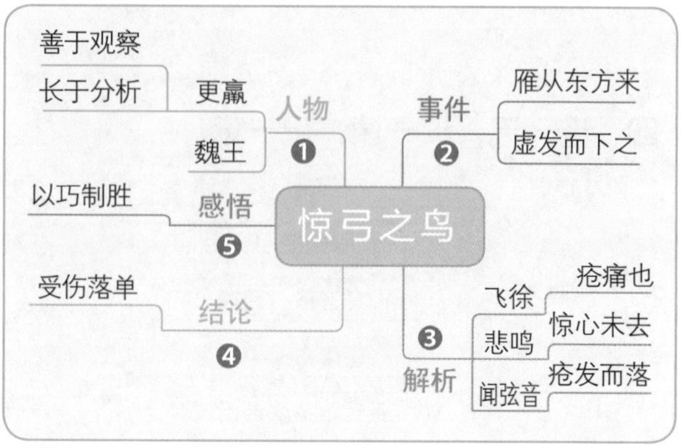

智慧点拨

细致的观察、严密的分析、准确的判断是更赢虚拉弓弦就能射落大雁的原因。这种观察、分析、判断的能力，只有通过长期刻苦的学习和实践才能培养出来。

译文悦读

过了一会儿，有一只大雁从东方飞过来，更羸拿起弓拉了一下空弦，大雁就从高空落了下来。魏王惊叹地说："你的箭术真的达到了这种地步吗？"更羸说："这是一只受过箭伤还未好的雁。"魏王更惊奇了，问道："先生是怎么知道的呢？"更羸回答说："这只大雁飞得很慢，是因为旧伤口疼痛；鸣声悲凉，是因为它长时间失群，旧伤口还未愈合，惊魂不定。它一听到弓弦声，便急忙展翅高飞，一使劲便引起伤口破裂，所以才跌落下来。"

知识拓展

趣说"东西南北"

"东"的甲骨文像一个两头扎起来的没有底的大口袋。本义为口袋。又作方位词，指东方（与"西"相对）。古代有"主位在东，客位在西"的说法。

"西"的甲骨文像一个鸟巢。本义为鸟巢。"西"又作方位词，指西方。

"南"的甲骨文像一个悬挂起来的瓦制乐器。本义为古代的一种敲击乐器。因古代寺院的钟多陈列在建筑物朝阳的一面，所以由此引申作方位词，指南方。

"北"的甲骨文像两个人相背而侧立的样子。本义为背或相违背（后作"背"），读作bèi。因"北"指背阳的一面，所以由此引申作方位词，指北方（跟"南"相对），读作běi。

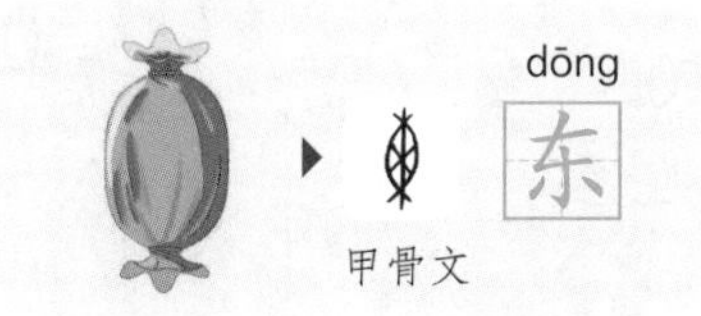

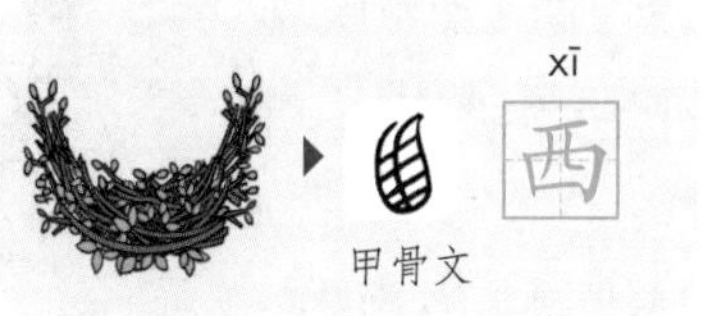

学而思

一、根据原文填空。

引弓虚发而下鸟，这看来是一件不可思议的事情，但经过________分析，又感到颇有道理。更羸从鸟的"__________"推断出"__________"，从鸟的"__________"推断出"__________"，从"故疮未息，而惊心未去"断定它听到弦音会掉下来。

二、本文讲的是古代射箭能手更羸的故事，从中可以看出他是一个（　　）的人。

A.自以为是　　B.善于观察、善于分析

C.能言善辩　　D.学识渊博

扫码听音频

nán yuán běi zhé

32 南辕北辙[1]

jīn zhě chén lái jiàn rén yú tài háng fāng běi miàn ér chí qí jià gào chén
今者臣来，见人于大行[2]，方北面[3]而持其驾[4]，告臣[5]
yuē wú yù zhī chǔ chén yuē jūn zhī chǔ jiāng xī wéi běi miàn yuē wú mǎ
曰：“吾欲之[6]楚。”臣曰：“君之楚，将奚为[7]北面？”曰：“吾马
liáng chén yuē mǎ suī liáng cǐ fēi chǔ zhī lù yě yuē wú yòng duō chén yuē
良。”臣曰：“马虽良，此非楚之路也。”曰：“吾用[8]多。”臣曰：
yòng suī duō cǐ fēi chǔ zhī lù yě yuē wú yù zhě shàn cǐ shù zhě yù shàn
“用虽多，此非楚之路也。”曰：“吾御者善[9]。”此数者[10]愈善，
ér lí chǔ yù yuǎn ěr
而离楚愈远耳。

---

[1] 南辕北辙：比喻行动和目的截然相反。辕，车辕，车前驾牲口的两根直木。辙，车轮轧出的痕迹。

[2] 大行：太行山，位于山西与河北、河南两省的交界处。大，通“太”。

[3] 北面：向北方。

[4] 持其驾：驾着他的车。持，握。驾，用作名词，指马车。

[5] 臣：这里指“我”。

[6] 之：往，到。

[7] 奚为：即“为奚”，指为什么。

[8] 用：资金，费用。

[9] 御者善：赶车的人技术高超。御者，车夫，即赶车的人。善，好。

[10] 此数者：这几个条件，指上面所说的马好、路费多、赶车的人技术高超。

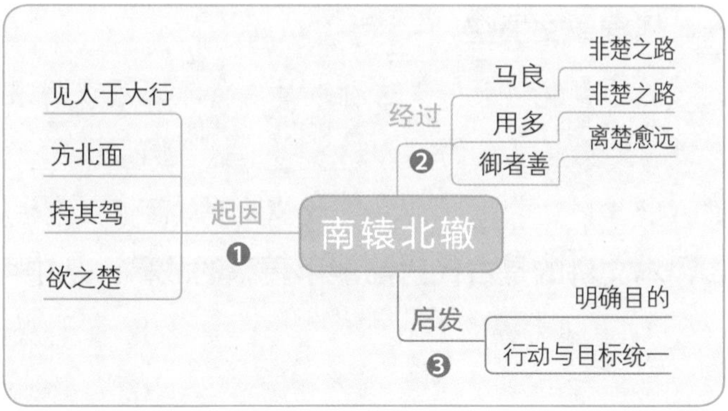

智慧点拨

无论做任何事情，在明确好目标之后，还要选择正确的方向和道路。如果只有好的目标，而没有正确的方向，那就如同南辕北辙一样，永远也达不到预期目标。

译文悦读

今天我来的时候，在太行山看到有个人驾着车向北方行驶，他告诉我说："我想到楚国去。"我说："您到楚国去，为什么要朝北走呢？"他说："我的马是良马。"我说："您的马虽然是良马，可是这不是到楚国去的路啊！"那人又说："我带的路费多。"我又说："带的路费虽然多，这却不是去楚国的路呀！"那人又说："我的车夫技术高超。"这几个条件越好，而距离楚国就会越远。

知识拓展

古代的车马

古代马车的结构极其巧妙，以车轴为中心线，大致分为两个部分，一部分是车舆和车轮，另一部分是车辕和马匹。

车舆好比现在的客舱，乘车人站或坐在车舆中。车舆配有车盖或侧窗，使乘坐感受有所改善。车轮的边框叫辋（wǎng），轮的中心处是一块有孔的圆木，叫毂（gǔ），连接辋和毂的是辐。车轴是一根横梁，上面是车舆，两端套上车轮。轴的两端露在毂外，上面插着一个三四寸长的销叫辖，不使车轮外脱。露在毂外的车轴末端，叫轨。轨又指一车两轮之间的距离，引申为两轮在路上碾出来的痕迹，叫辙。

辕又叫辀（zhōu），即架在牲畜上的直木或稍弯曲的木杠。辕的后端连着车轴，前端拴着一根弯曲的横木叫轭（è）。轭卡在牛马的颈上。马匹相当于马车的"发动机"。若有三匹或四匹马，则有骖（cān）、服之分，两旁的马叫骖，中间的马叫服。马匹的数量也有严格的等级规定。

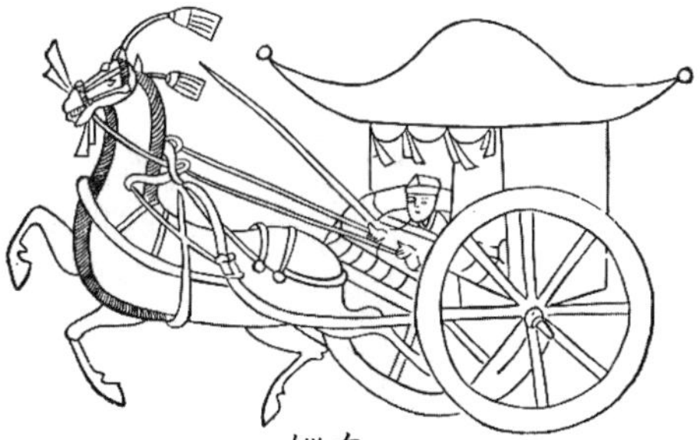

辎车

学而思

一、下列成语与"南辕北辙"不是一类的是（　　）。（多选）

A. 南来北往　　B. 南橘北枳　　C. 事与愿违

D. 背道而驰　　E. 大相径庭　　F. 缘木求鱼

二、将下列成语补充完整，看看它们有什么特点。

___辕___辙　　积___成___　　___往___来　　直___直___

___将___相　　挑___拣___　　古今______

___思___想　　转___为___　　___罗___网

三、这则寓言让我们明白的道理是（　　）。（多选）

A. 无论做什么事都要善于听取别人的意见

B. 做事情首先要选择正确的方向和路线

C. 做事情要先想清楚再做

扫码听音频

sū qín cì gǔ

33 苏秦刺股

sū qín nǎi luò yáng rén xué zòng héng zhī shù yóu shuì qín wáng shū shí shàng ér bú

苏秦[1]乃洛阳人，学纵横之术[2]，游说[3]秦王，书十上而不

wèi yòng zī yòng kuì fá liáo dǎo ér guī zhì jiā qī bú xià rèn sǎo bú wéi chuī fù mǔ

为用，资用匮乏，潦倒而归。至家，妻不下纴[4]，嫂不为炊，父母

bù yǐ wéi zǐ sū qín nǎi tàn yuē cǐ jiē qín zhī zuì yě nǎi fā fèn dú shū yuē

不以为子。苏秦乃叹曰：“此皆秦之罪也！”乃发愤读书，曰：

ān yǒu shuì rén zhǔ ér bù dé zhě hū dú shū yù shuì yǐn zhuī zì cì qí gǔ xuè

“安有说人主而不得[5]者乎？”读书欲睡，引锥自刺其股[6]，血

liú zhì zú

流至足。

---

❶ 苏秦：战国时期的洛阳人，著名策士。

❷ 纵横之术：战国时期外交所使用的谋术。

❸ 说：劝说。

❹ 纴：织布机。

❺ 得：得到。这里指成功。

❻ 股：大腿。

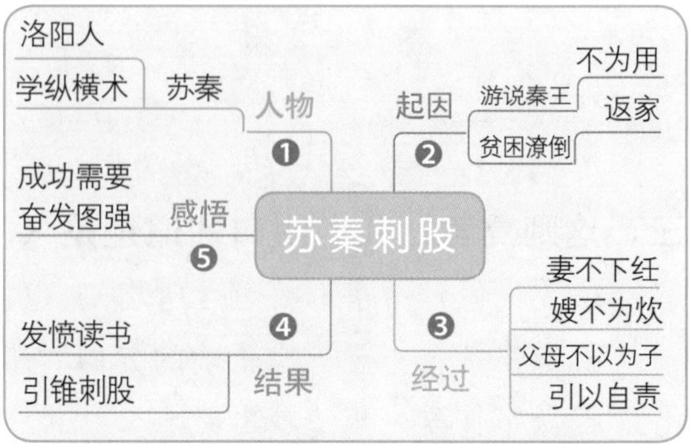

智慧点拨

尽管功利主义者有些自私自利，但在正义目的下的个人奋斗精神，充分张扬了人的智慧、个性和气度，显示了人的力量和存在的价值。

译文悦读

苏秦是洛阳人，他学习的是外交谋略，去劝说秦王采纳他的意见，劝说秦王的奏折多次呈上，而他的主张仍未被采纳。他因钱财缺乏、穷困潦倒而返回家乡。回到家里，妻子不下织布机，嫂子不去做饭，父母不把他当作自己的儿子。苏秦长叹道："这都是我的过错啊！"于是他发奋读书，说："哪有去游说国君而不能成功的人呢？"读书到昏昏欲睡时，他就拿锥子刺自己的大腿，鲜血一直流到脚跟。

知识拓展

何为"纵横"？

战国末年，出现了研究"纵横之术"的纵横家。所谓"纵"，是指"合纵"，代表人物是苏秦，他主张把东方六国——齐、楚、燕、赵、魏、韩联合起来，抗击秦国。所谓"横"，是指"连横"，代表人物是张仪，他主张以秦国为中心，联合东方某些国家，攻击另外一些国家，采用"各个击破"的策略。最终"合纵"失败，"连横"获胜，秦国击败了六国，统一了中国。

学而思

一、"乃"在文言文中有以下含义，请为下列句子中的"乃"选择正确的含义。

A. 第二人称代词，你，你的　　B. 副词，表承接，于是

C. 副词，却，竟然　　D. 副词，只，仅仅

E. 副词，即，是，就是　　F. 副词，就，这才

1. 苏秦乃洛阳人（　　）　　2. 苏秦乃叹曰（　　）

3. 乃发奋读书（　　）　　4. 家祭无忘告乃翁（　　）

二、下列句子是对原文内容的概括和分析，其中不正确的一项是（　　）。

A. 苏秦耗尽资用，游说秦王没有成功，最后狼狈回家，受到家人的蔑视

B. 苏秦不怕失败，发奋读书，刻苦钻研，充满自信

C. 苏秦读书到昏昏欲睡，就拿锥子刺自己的大腿

D. 苏秦失败回家，一蹶不振，愤怒地刺破自己的大腿

扫码听音频

34 鹬蚌相争，渔翁得利[1]

蚌方[2]出曝[3]，而鹬啄[4]其肉，蚌合而钳[5]其喙[6]。鹬曰："今日不雨[7]，明日不雨，即有死蚌。"蚌亦谓鹬曰[8]："今日不出，明日不出，即[9]有死鹬。"两者不肯相舍[10]，渔者[11]得而并禽[12]之。

---

[1] 鹬蚌相争，渔翁得利：比喻双方相持不下，两败俱伤，结果让第三者从中得利。鹬，一种水鸟，嘴长。蚌，软体动物，有两个椭圆形的硬壳。

[2] 方：刚刚。

[3] 曝：晒。

[4] 啄：鸟用嘴取食。

[5] 钳：夹住，夹持。

[6] 喙：鸟嘴。

[7] 雨：用作动词，指下雨。

[8] 谓……曰：对……说。

[9] 即：就，便。

[10] 相舍：互相放弃、舍弃。舍，放弃。

[11] 渔者：以捕鱼为业的人。

[12] 禽：通"擒"，捉住，抓获。

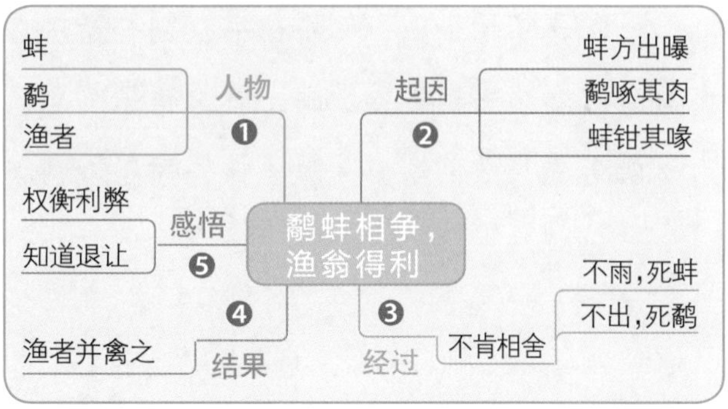

智慧点拨

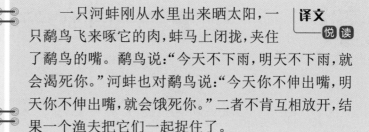

朋友之间应当团结互助，而不应当钩心斗角，要看清和对付共同的敌人。否则，就必然会造成可乘之机，让敌人钻了空子，彼此都遭受灾难。

译文悦读

一只河蚌刚从水里出来晒太阳，一只鹬鸟飞来啄它的肉，蚌马上闭拢，夹住了鹬鸟的嘴。鹬鸟说："今天不下雨，明天不下雨，就会渴死你。"河蚌也对鹬鸟说："今天你不伸出嘴，明天你不伸出嘴，就会饿死你。"二者不肯互相放开，结果一个渔夫把它们一起捉住了。

知识拓展

八字成语荟萃

百尺竿头，更进一步	金玉其外，败絮其中
百花齐放，百家争鸣	近朱者赤，近墨者黑
比上不足，比下有余	鞠躬尽瘁，死而后已
兵马未动，粮草先行	己所不欲，勿施于人
得道多助，失道寡助	明枪易躲，暗箭难防
动之以情，晓之以理	谋事在人，成事在天
读书百遍，其义自见	眉头一皱，计上心来
兼听则明，偏信则暗	宁为玉碎，不为瓦全
金无足赤，人无完人	取之不尽，用之不竭

学而思

一、填空题。

有一只________刚刚开壳________，一只________飞来啄它的肉，________马上闭拢，夹住了________的嘴。在它们互不相让的时候，一个________看见了它们，便把它们一起捉走了。这则寓言故事启示我们：____________________________。

二、下列寓言故事与"鹬蚌相争，渔翁得利"寓意相近的是（　　）。

A. 惊弓之鸟　　B. 画蛇添足

C. 螳螂捕蝉　　D. 叶公好龙

三、猜谜语。

两块瓦片盖间房，一个肚子卧中央。

水里生来水里长，就怕抓它到岸上。（打一动物）

谜底：________

扫码听音频

huà shé tiān zú

35 画蛇添足[1]

chǔ yǒu cí zhě cì qí shè rén zhī jiǔ shè rén xiāng wèi yuē shù rén yǐn zhī
楚有祠者[2]，赐其舍人[3]卮[4]酒，舍人相谓[5]曰：“数人饮之

bù zú yì rén yǐn zhī yǒu yú qǐng huà dì wéi shé xiān chéng zhě yǐn jiǔ yì rén shé xiān
不足，一人饮之有余。请画地为蛇，先成者饮酒。”一人蛇先

chéng yǐn jiǔ qiě yǐn zhī nǎi zuǒ shǒu chí zhī yòu shǒu huà shé yuē wú néng wèi zhī
成，引[6]酒且[7]饮之，乃左手持卮，右手画蛇，曰：“吾能为之

zú wèi chéng yì rén zhī shé chéng duó qí zhī yuē shé gù wú zú zǐ ān néng
足。”未成，一人之蛇成，夺其卮，曰：“蛇固[8]无足，子安能[9]

wèi zhī zú suì yǐn qí jiǔ wèi shé zú zhě zhōng wáng qí jiǔ
为[10]之足？”遂[11]饮其酒。为蛇足者，终[12]亡[13]其酒。

[1] 画蛇添足：比喻多此一举，弄巧成拙。也作“为蛇画足”。

[2] 祠者：主管祭祀的官员。祠，祭祀。

[3] 舍人：门客。

[4] 卮：古时用来盛酒的器具，类似壶。

[5] 相谓：互相商议。

[6] 引：拿。

[7] 且：将要。

[8] 固：本来，原本。

[9] 安能：怎能，哪能。

[10] 为：给，替。

[11] 遂：于是，就。

[12] 终：最终。

[13] 亡：失去，丢失。

智慧点拨

对待任何事情，都要采取实事求是的态度，一是一，二是二，切不可随意卖弄自己的小聪明。那个给蛇画脚的人，就是因为爱耍小聪明，到头来反而弄巧成拙。

译文悦读

楚国有个主管祭祀的官员，把一壶酒赏给来帮忙祭祀的门客。门客们互相商量说：“几个人喝这壶酒不够，一个人喝这壶酒还有剩余。请大家在地上画蛇，先画好的人喝这壶酒。”一个人最先完成了，拿起酒壶将要饮酒。于是左手拿着酒壶，右手画蛇，说：“我能够为它画脚。”他还没有把蛇脚画完，另一个人的蛇画好了，抢过他的酒壶，说：“蛇本来没有脚，你怎么能给它添上脚呢？”于是就把壶中的酒喝了下去。那个给蛇画脚的人最终失去了那壶酒。

知识拓展

成语猜猜猜！

根据下列图片的含义，在横线上写出图中所蕴含的成语。

① ____________________

② ____________________

③ ____________________

④ ____________________

⑤ ____________________

⑥ ____________________

答案：① 画蛇添足 ② 鹤立鸡群 ③ 揠苗助长 ④ 节外生枝 ⑤ 照猫画虎 ⑥ 一箭双雕

学而思

一、下列句子中的“之”与“一人饮之有余”中的“之”含义相同的是（　　）。

A. 引酒且饮之　　　　B. 子安能为之足

C. 一人之蛇成　　　　D. 吾能为之足

二、读了这则寓言故事后，你明白的道理是（　　）。（多选）

A. 故意卖弄是会弄巧成拙的

B. 真理越出一步往往会变成谬误

C. 做事情就要比别人多做一些

D. 做事不顾客观实际，往往会把事情弄得更糟

三、含有“足”的成语有很多，它们主要有以下三种含义，请将下列成语按“足”的意思分组。

A. 画蛇添足　　B. 手足情深　　C. 评头品足

D. 神气十足　　E. 丰衣足食　　F. 无足轻重

G. 心满意足　　H. 微不足道　　I. 不足挂齿

脚	富足，充足	值得，能够
（　　）	（　　）	（　　）

西京杂记

作　　者　刘歆
创作年代　汉代
文学体裁　古代历史笔记体小说集
古籍级别　入选第六批《国家珍贵古籍名录》
价值影响　具有较高的史学价值和文学价值

《西京杂记》是汉代刘歆著、东晋葛洪编辑抄录的古代历史笔记体小说集，共129则。该书的主要内容是西汉杂史及传闻逸事，涉及很多领域，其中“西京”是指西汉国都长安。

作为一部笔记体小说，该书叙事视角独特、描写曲折生动、语言幽默简洁，思想性和艺术性俱佳，对后世作品影响深远。同时对西汉时期的科学技术成果多有记载，内容涉及纺织机械、生物物种学、气象学、数学、医学等领域，保存了西汉时期科技发展的诸多珍贵史料，对后世研究中国科技发展史具有重要的参考价值。

刘歆（约前50—公元23），字子骏，西汉宗室、大臣、经学家。他编写的《七略》是中国第一部图书分类目录。他的《三统历谱》是世界上最早的天文年历的雏形，他还计算出圆周率为3.1547，世称“刘歆率”。

名句集锦

◎至诚则金石为开。
◎每持此镜，感咽移辰，常以琥珀笥盛之，缄以戚里织成锦。
◎日照其花有光采，故名苜蓿为怀风，茂陵人谓之连枝草。
◎昆明池刻玉石为鱼，每至雷雨，鱼常鸣吼，鬐尾皆动。
◎黄鹄飞兮下建章，羽衣肃兮行跄跄，金为衣兮菊为裳。

扫码听音频

záo bì tōu guāng

36 凿壁偷光

kuāng héng qín xué ér wú zhú lín jū yǒu zhú ér bú dài héng nǎi chuān bì yǐn

匡衡[1]勤学而无烛[2]，邻居有烛而不逮[3]，衡乃穿壁[4]引

qí guāng yǐ shū yìng guāng ér dú zhī yì rén dà xìng wén bù shí jiā fù duō shū héng

其光，以书映光而读之。邑人[5]大姓[6]文不识[7]家富多书，衡

nǎi yǔ qí yōng zuò ér bù qiú cháng zhǔ rén guài wèn héng héng yuē yuàn dé zhǔ rén

乃与[8]其佣作[9]而不求偿[10]。主人怪[11]问衡，衡曰：“愿[12]得主人

shū biàn dú zhī zhǔ rén gǎn tàn zī jǐ yǐ shū suì chéng dà xué

书遍[13]读之。”主人感叹，资给以书[14]，遂[15]成大学[16]。

❶ 匡衡：西汉经学家，官至丞相。

❷ 烛：蜡烛。

❸ 不逮：指隔壁光透不过来。逮，及，达到。

❹ 穿壁：在墙上凿洞。穿，凿。

❺ 邑人：同乡的人。

❻ 大姓：富户，大户人家。

❼ 文不识：人名，姓文，名不识。

❽ 与：替，给。

❾ 佣作：做雇工，即受雇为人干活。

❿ 偿：报酬。

⓫ 怪：对……感到奇怪。

⓬ 愿：希望。

⓭ 遍：普遍，全面。

⓮ 资给以书：把书借给他。资，资助、帮助，这里作“借”的意思。以，把。

⓯ 遂：终于，最终，表示结果。

⓰ 大学：有学识的人。

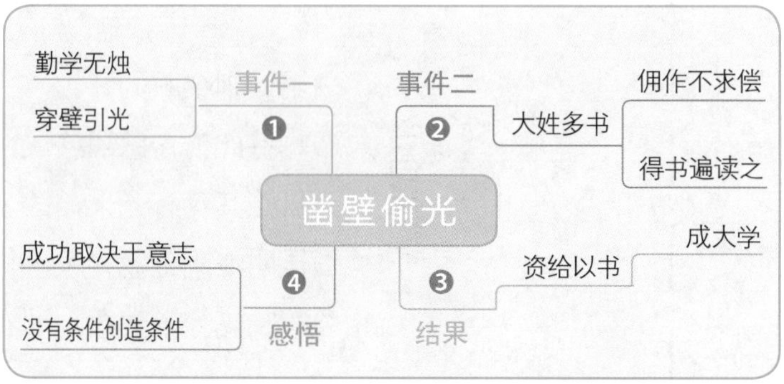

智慧点拨

匡衡如此勤奋好学、努力上进,实在令人敬佩。现在生活条件好了,我们更应该勤奋学习,努力读书,将来成为对社会有用之人。

译文悦读

匡衡勤奋好学,但家中没有蜡烛照明,邻居家有蜡烛,但隔壁烛光透不过来,匡衡就凿穿墙壁引来邻居家的烛光,用烛光照着书来读。同乡有个大户人家叫文不识,家中富有,有很多藏书,匡衡就到他家去做雇工,却不要报酬。主人感到很奇怪,问他这样做的原因,匡衡说:"我希望能读遍主人家的书。"主人听后感慨不已,就把书借给他,最终匡衡成了大学问家。

知识拓展

古时候没有电灯,人们夜晚用什么来照明?

在原始社会,人们用篝火、火把等取暖照明,后来古人用油灯照明。《楚辞•招魂》中说:"兰膏明烛,华镫错些。"其中的"镫"即为"灯",说明当时已出现了油灯。

当然,除用油灯外,一些发亮的东西也可以用来照明,比如自然界中的萤火虫和珍贵的夜明珠。成语"囊萤夜读"是说车胤将许多萤火虫装到袋子里,然后悬挂起来当作照亮的东西。当然,普通人很少这样做。夜明珠是达官贵人或家世显赫的人家才能有机会使用的,平常百姓家还是使用油灯较多。

唐代的白瓷灯盏

点蒿子灯

公元前3世纪,已出现用蜂蜡制作的蜡烛雏形。李商隐的《无题》诗:"春蚕到死丝方尽,蜡炬成灰泪始干"后一句就是以蜡烛做比喻。《西游记》中也有"蜡烛烧断铁锁"这一情节。而蜡烛的出现也成就了我国许多的风俗习惯,最著名的就是各种灯会。18世纪时,有人用石蜡制作成了现在我们所使用的蜡烛,并开始大规模生产,使得照明等变得更加方便。

在19世纪末,爱迪生发明了电灯,发展至今,出现了白炽灯、节能灯、装饰灯等各种各样的灯。综合来看,人类照明的历史其实也是人类发展历史的写照。

学而思

一、下列加点字词的解释不正确的一项是（　　）。

A. 匡衡勤学而无烛（蜡烛）　　B. 衡乃穿壁引其光（在墙上凿洞）

C. 愿得主人书遍读之（愿意）　　D. 遂成大学（最终）

二、匡衡夜以继日地苦读，终于成为大学问家。下列与学习有关的故事是（　　）。（多选）

A. 囊萤映雪　　B. 卧薪尝胆

C. 悬梁刺股　　D. 破釜沉舟

三、请将下列关于勤学的谚语连接起来。

愚昧来自懒惰	聪明来自勤奋
泉水挑不完	人无恒心万事崩
种田不离田头	读书不想不知意
人有恒心万事成	知识学不完
吃饭不嚼不知味	读书不离案头

夏
商
周
秦
汉
《汉书》
三国
晋
南北朝
隋
唐
五代
宋
辽
西夏
金
元
明
清

汉书

作　者	班固
别　名	《前汉书》
创作年代	东汉
文学体裁	纪传体断代史
文学地位	开创了"包举一代"的断代史体例

《汉书》由东汉班固所著，共120卷，是我国第一部纪传体断代史，此后历代的"正史"都采用了这种体裁，这是班固对我国史学的重大贡献。它与《史记》《后汉书》《三国志》并称为"前四史"。全书记载了西汉时期共230年的历史，在塑造人物、表现手法、语言运用等方面都取得了很高成就，对后代史学、文学产生了巨大影响。从传记文学角度看，此书刻画人物不逊于《史记》；此书对文学史的研究也有一定参考价值，其人物传记中辑录了大量辞赋和散文，保存了大量汉代文学的珍贵资料；此书本身富有文学性，不少文学用语成为后世之楷模。

班固(32—92)，字孟坚，扶风安陵(今陕西咸阳东北)人，东汉著名史学家、文学家，代表作有史书《汉书》，赋作《两都赋》，经学著作《白虎通义》。

名句集锦

◎临渊羡鱼，不如归而结网。

◎王者以民为天，而民以食为天。

◎水至清则无鱼，人至察则无徒。

◎积善在身，犹长日加益，而人不知也；积恶在身，犹火之销膏，而人不见也。

扫码听音频

37 苏武牧羊

律[1]知武终不可胁，白[2]单于[3]。单于愈益[4]欲降[5]之。乃幽[6]武，置大窖中，绝不饮食[7]。天雨雪[8]，武卧啮[9]雪，与旃[10]毛并咽之，数日不死。匈奴以为神，乃徙武北海上无人处，使牧羝[11]，羝乳[12]乃得归。别[13]其官属常惠等，各置他所。

武既至海上，廪食[14]不至，掘野鼠去[15]草实而食之。杖[16]汉节[17]牧羊，卧起操持，节旄尽落。

---

[1] 律：卫律，原为汉朝大臣，后投靠了匈奴。

[2] 白：告诉。

[3] 单于：匈奴的最高首领。

[4] 益：更加。

[5] 降：使……投降。

[6] 幽：禁闭。

[7] 绝不饮食：断绝供给，不给吃的、喝的东西。

[8] 雨雪：下雪。雨，名词用作动词。

[9] 啮：咬，嚼(jiáo)。

[10] 旃：通“毡(zhān)”，一种毛织物。

[11] 羝：公羊。

[12] 乳：名词作动词，生小羊产乳。

[13] 别：分开安置。

[14] 廪食：官方供给的粮食。

[15] 去：通“弆”，意思是藏。

[16] 杖：名词作动词，指拄着。

[17] 汉节：即符节，古代使者用来作凭证，以竹为主，柄长八尺。

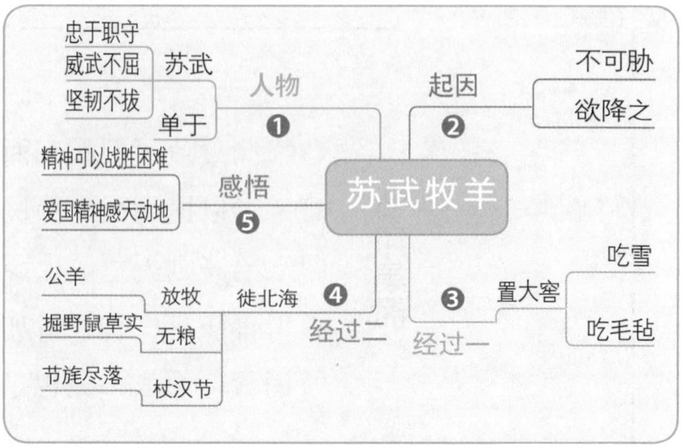

智慧点拨

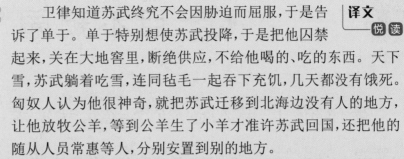

不畏强权、坚守节操是每个人都应当具有的美好品德。我们要坚持气节与操守，始终不忘自己的职责，为了国家和民族的利益，受多大苦都不能屈服。

译文悦读

卫律知道苏武终究不会因胁迫而屈服，于是告诉了单于。单于特别想使苏武投降，于是把他囚禁起来，关在大地窖里，断绝供应，不给他喝的、吃的东西。天下雪，苏武躺着吃雪，连同毡毛一起吞下充饥，几天都没有饿死。匈奴人认为他很神奇，就把苏武迁移到北海边没有人的地方，让他放牧公羊，等到公羊生了小羊才准许苏武回国，还把他的随从人员常惠等人，分别安置到别的地方。

苏武迁移到北海以后，公家供给的粮食运不到，他只能挖野鼠所储藏的野果子充饥。他拄着汉朝的符节牧羊，睡觉、起来都会拿着，最终以致系在符节上的牦牛尾毛全部脱落。

知识拓展

为何古代放牛称“牧”，放羊称“养”？

“牧”的甲骨文像手持鞭子放养牛的样子，所以“牧”的本义为放养牛。

在古代，放牛为“牧”，后来“牧”的使用范围扩大，放马、放羊等也称作“牧”。那时，统治者把老百姓视为牛马，自己则以牧人自居，所以称管理和统治老百姓为“牧民”，但这个词与现代的“牧民”含义大相径庭。现代的“牧民”是指牧区中以畜牧为生的人。

“养”的甲骨文像手持木棒赶羊的样子，所以“养”的本义为放养羊，后来由此引申泛指牧养牲畜。

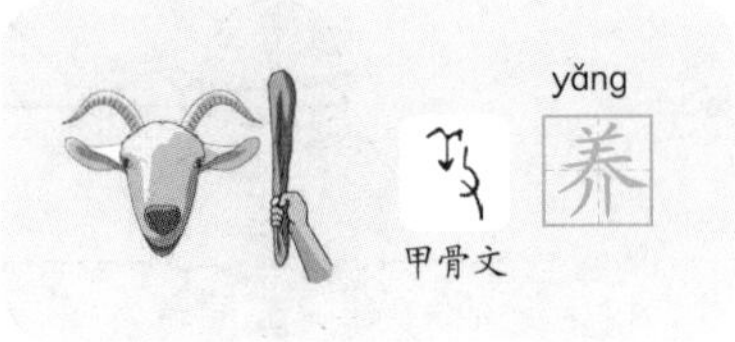

学而思

一、填空题。

本文表现出了苏武崇高的民族气节，可用《孟子》中的这句话“____”来概括。

二、判断题。（正确的打“√”，错误的打 ×）

1. 在“天雨雪，武卧啮雪”中，“雨雪”的意思是下雨或下雪。（　　）
2. 在“律知武终不可胁，白单于”中，“单”读作 chán 。（　　）
3. 在“使牧羝，羝乳乃得归”中，“乳”的意思是生小羊产乳。（　　）
4. 在“杖汉节牧羊”中，“杖”的意思是拄着。（　　）

扫码听音频

mù bù kuī yuán

38 目不窥园[1]

dǒng zhòng shū guǎng chuān rén yě shào zhì chūn qiū xiào jǐng shí wéi bó shì xià

董仲舒，广川人也。少[2]治《春秋》，孝景时为博士[3]。下

wéi jiǎng sòng dì zǐ chuán yǐ jiǔ cì xiāng shòu yè huò mò jiàn qí miàn gài sān nián bù kuī

帷讲诵，弟子传以久次[4]相授业，或[5]莫见其面。盖[6]三年不窥

yuán qí jīng rú cǐ jìn tuì róng zhǐ fēi lǐ bù xíng xué shì jiē shī zūn zhī

园，其精如此。进退容止[7]非礼不行，学士皆师尊之[8]。

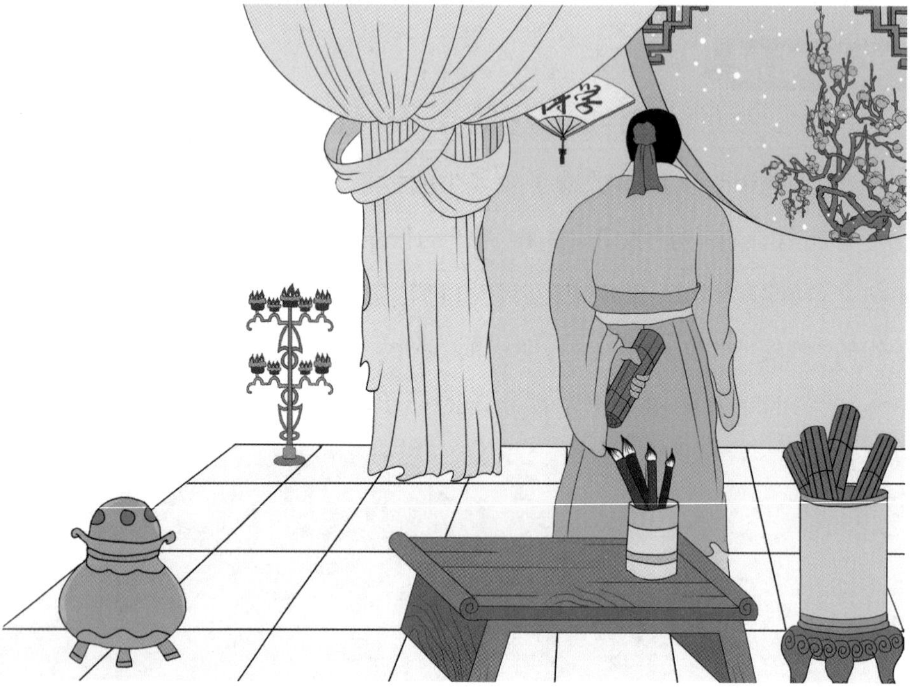

---

[1] 目不窥园：形容学习专心致志、十分刻苦。窥园，偷偷地去花园里看风景。这里指走近花园。窥，看。园，花园。

[2] 少：年幼，年轻。

[3] 博士：学官名，始于战国，秦汉相承。

[4] 久次：入学的先后顺序。

[5] 或：有的，有的人，有人。

[6] 盖：句首语气词。

[7] 容止：仪容举止。

[8] 之：代词，指董仲舒。

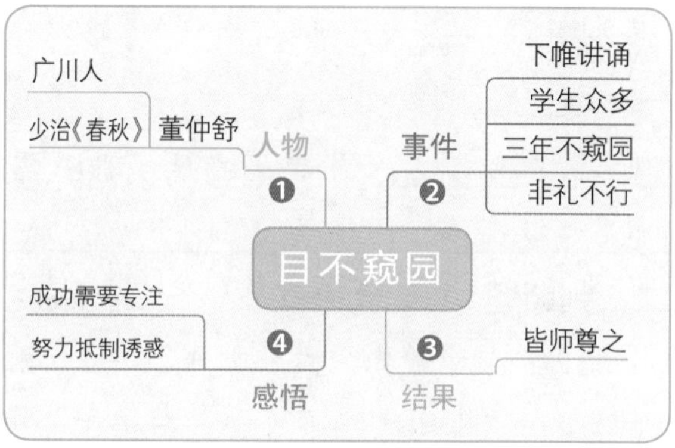

智慧点拨

故事告诉我们"抵住诱惑才能成功"的道理,让我们学习专注的态度,埋头苦读。

译文悦读

董仲舒,广川人。年轻时研究《春秋》,汉景帝时当上了博士。他在室内挂上帷幕,坐在帷幕后面讲学,弟子们先入学的对后入学的传授学业,有的学生甚至没有见过他。董仲舒三年不看园圃,精心钻研学问到如此程度。他的进退仪容举止,不符合礼仪的不做,学士们都尊他为老师。

知识拓展

博　士

"博士"在战国时期是一种官名。从秦到汉初,博士负责保管文献档案、编撰著述并传授学问、培养人才。汉朝的博士,相当于六百石的官员。汉武帝时,设立了五经博士,即《诗》《书》《礼》《易》《春秋》均设置一名博士,故称为五经博士。从此,博士成为专门传授儒家经学的学官。到了唐朝,人们把对某一种职业非常精通的人称为"博士",如"书学博士""算学博士""医学博士"等。

古文字学家为区别"小"与"少",做了哪些工作?

"小"和"少"本为一字,都像颗粒的形状。为便于区别,古文字学家把三个颗粒称作"小",四个颗粒称作"少"。在金文中,"少"又在"小"字下面加一长条,来表示"少"是"小"的变化。

"小"的本义为微小,读作xiǎo,泛指在体积、面积、力量、数量、容量、强度、范围等方面比不上所比较的对象或一般对象(与"大"相对),如"我比你小三岁"。

"少"的本义为数量小(与"多"相对),读作shǎo,如"凶多吉少"。"少"又读作shào,由本义引申为年轻(与"老"相对),如"少年"。

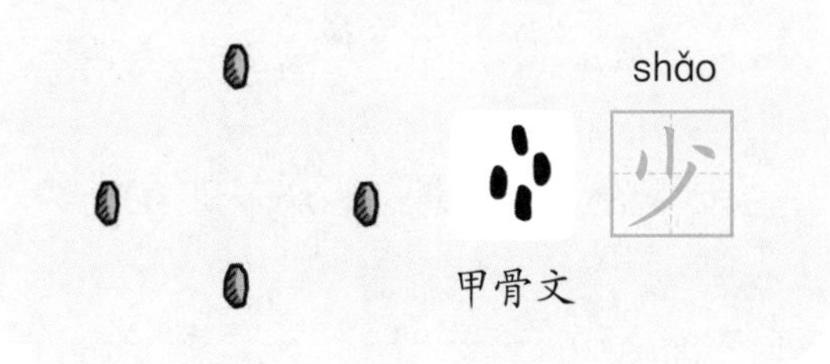

学而思

一、下列加点字的解释不正确的一项是（　　）。

A. 少治《春秋》（研究）　　B. 盖三年不窥园（看）

C. 或莫见其面（或者）　　D. 非礼不行（不）

二、“盖三年不窥园”中“盖”的意思是（　　）。

A. 大概　　B. 无实意

C. 掩盖　　D. 器物的盖子

三、“下帷讲诵”中“下”的意思是（　　）。

A. 位置在低处　　B. 下面

C. 低　　D. 挂上

四、“目不窥园”形容学习专心致志、十分刻苦，下列成语与其意义相近的是（　　）。（多选）

A. 专心致志　　B. 一心一意

C. 全心全意　　D. 全神贯注

参考答案

01 共工怒触不周山

一、CD 二、天倾西北—日月星辰移焉 地不满东南—水潦尘埃归焉

02 后羿射日

凿齿 九婴 大风 猰貐 修蛇 封豨

03 女娲补天

一、四极废—九州裂 天不兼覆—地不周载 猛兽食颛民—鸷鸟攫老弱 苍天补—四极正 淫水涸—冀州平 狡虫死—颛民生 二、因为撑天柱子倒塌,整个大地塌陷,百姓无法生存,女娲不忍百姓遭受天灾,所以补天。 她炼出五色石补好天,砍断巨龟的四只脚作为撑天的柱子,平息洪水,杀死猛兽,人类终于能够安居乐业。

04 塞翁失马,焉知非福

一、AD 二、A 三、1.× 2.√ 3.√ 4.√

05 嗟来之食

一、粉骨碎身浑不怕—要留清白在人间 横眉冷对千夫指—俯首甘为孺子牛 宁为玉碎—不为瓦全 富贵不能淫—贫贱不能移 二、C

06 大道之行也

鳏—年老无妻或丧妻的男子 寡—年老无夫或丧夫的女子 孤—年幼丧父的孩子 独—年老无子女的人

07 善学者

一、B 二、读书破万卷—下笔如有神 读书不觉已春深—一寸光阴一寸金 若要功夫深—铁杵磨成针 少壮不努力—老大徒伤悲

08 苛政猛于虎

一、A 二、D

09 教学相长

一、饮食 学习的道理 教学相长 二、1.× 2.√ 3.√ 4.√ 三、C

10 完璧归赵

一、怒发冲冠 火冒三丈 兴高采烈 示例:怒气冲天、大发雷霆、雷霆大怒、暴跳如雷 二、D

11 西门豹治邺

一、巫妪、弟子,是女子也,不能白事。烦三老为入白之。 还治其人之身 二、ABD

12 破釜沉舟

一、B 二、C 三、ABCD

13 指鹿为马

一、A 二、B

14 负荆请罪

勇 常称病,不欲与廉颇争列 负荆请罪 刎颈之交

15 胯下之辱

一、忍辱负重 二、BCD 三、1.√ 2.√ 3.× 4.√ 四、D

16 多多益善

一、1.A 2.B 3.B 4.B A 二、BCD

17 李广射虎

一、精诚所至,金石为开 二、1.平明寻白羽 没在石棱中 2.但使龙城飞将在 不教胡马度阴山 三、A

18 毛遂自荐

一、1.锥处囊中 2.脱颖而出 二、C

19 商鞅立信

一、1.E 2.B 3.B 4.B 5.D D 二、B

20 田忌赛马

一、1.足智多谋 2.善于交友 3.知人善任 二、下等马 中等马 下等马

21 围魏救赵

一、D 二、1.卷 拳 2.亢 吭 3.罢 疲 三、围魏救赵—战国·孙膑 讳疾忌医—战

国·蔡桓公　草船借箭—三国·诸葛亮　老马识途—春秋·管仲　四面楚歌—秦·项羽　对症下药—汉·华佗　投笔从戎—汉·班超　开诚布公—三国·诸葛亮

22 卧薪尝胆

一、1.返　返回　2.座　座位　3.汝　你　4.赈　救济　5.彩　色彩　二、忍辱负重　奋发图强　十年磨一剑

23 鸿鹄之志

一、1.远大的志向　壮志凌云　雄心壮志　燕子与麻雀　目光短浅的人　大雁和天鹅　志向远大的人　2.有远大志向　二、这句话反映出了陈胜对现状的不满情绪，以及渴求改变命运的心态，也表现出他誓与穷朋友同甘共苦的心愿。

24 管鲍之交

一、D　二、B　三、C

25 师旷论学

一、一语双关　天晚了　借题发挥　二、D　三、1.A　2.B

26 枭将东徙

一、A　二、鹏　雕　牛　蛇　鸦　雀　鹤　鼠　虎　熊　枭　鸠　三、A

27 各有所长

一、AD　二、B

28 螳螂捕蝉，黄雀在后

一、人无远虑，必有近忧　二、园中有树，其上有蝉—树　而不知黄雀在其傍也—螳螂　不知螳螂在其后也—蝉　而不知弹丸在其下也—黄雀　三、1.树上的蝉　身后的黄雀　2.螳螂　身后拿着弹弓的人　3.树上的黄雀

29 孟母三迁

一、B　二、1.D　2.C　三、ABD　四、断机杼　有义方　父之过　师之惰　非所宜　老何为

30 狐假虎威

一、D　二、C　三、D　四、拉虎皮，作大旗—狐假虎威　眼药使用说明—引人注目　百花齐放，百家争鸣—有声有色　宣传车上演节目—载歌载舞　搬起石头砸自己的脚—自作自受　顾虑太多，犹豫不决—瞻前顾后

31 惊弓之鸟

一、更羸　飞徐　故疮痛　悲鸣　久失群　二、B

32 南辕北辙

一、AB　二、南　北　少　多　古　今　上　下　出　入　肥　瘦　中外　朝　暮　危　安　天　地　三、ABC

33 苏秦刺股

一、1.E　2.B　3.B　4.A　二、D

34 鹬蚌相争，渔翁得利

一、河蚌　晒太阳　鹬　河蚌　鹬　渔夫　做事要权衡得失，化解矛盾冲突，相互谦让　二、C　三、河蚌

35 画蛇添足

一、A　二、ABD　三、脚：ABC　富足，充足：DEG　值得，能够：FHI

36 凿壁偷光

一、C　二、AC　三、愚昧来自懒惰—聪明来自勤奋　泉水挑不完—知识学不完　种田不离田头—读书不离案头　人有恒心万事成—人无恒心万事崩　吃饭不嚼不知味—读书不想不知意

37 苏武牧羊

一、富贵不能淫，贫贱不能移，威武不能屈　二、1.×　2.√　3.√　4.√

38 目不窥园

一、C　二、B　三、D　四、AD

目 录

01 共工怒触不周山

昔者，共工与颛顼争为帝，怒而触不周之山，天柱折，地维绝，天倾西北，故日月星辰移焉；地不满东南，故水潦尘埃归焉。

一、下列加点字的解释不正确的是（　　）。

A. 昔者，共工与颛顼争为帝（从前）　　B. 故日月星辰移焉（原因）

C. 怒而触不周之山（碰，撞）　　D. 地维绝（绳子）

二、判断题。（正确的打“√”，错误的打“×”）

1.“共工与颛顼争为帝”中“争”的意思是“争夺”。（　　）

2.“地不满东南”中的“东南”是方位词，这里指向东南。（　　）

3.“故水潦尘埃归焉”中“潦”的意思是“积水”。（　　）

4.“怒而触不周之山”中的“怒”字表现了共工的勇敢，也反映出他性格的暴躁。（　　）

三、把下列语句翻译成现代汉语。

1. 故日月星辰移焉。

____

2. 故水潦尘埃归焉。

____

四、查阅资料，说明“共工怒触不周山”的原因是什么。

____

五、根据原文回答下列问题。

1.“日月星辰移焉”的原因是什么？（请用文中语句回答）

____

2. 这个神话故事表现了共工的什么精神？

____

3. 共工的行为给自然界带来了哪些变化？

____

____

02 后羿射日

逮至尧之时，十日并出，焦禾稼，杀草木，而民无所食。猰貐、凿齿、九婴、大风、封豨、修蛇，皆为民害。尧乃使羿诛凿齿于畴华之野，杀九婴于凶水之上，缴大风于青丘之泽，上射十日而下杀猰貐，断修蛇于洞庭，禽封豨于桑林。万民皆喜，置尧以为天子。

一、下列加点字的解释不正确的是（　　）。

A. 逮至尧之时（等到）　　B. 尧乃使羿诛凿齿于畴华之野（出使）

C. 置尧以为天子（推举）　　D. 禽封豨于桑林（抓，捉住）

二、下列加点字的读音不正确的是（　　）。

A. 逮至尧之时（dǎi）　　B. 焦禾稼（jià）

C. 诛凿齿于畴华之野（chóu）　　D. 禽封豨于桑林（sāng）

三、下列说法错误的是（　　）。

A.“禽封豨于桑林”中的“禽”通“擒”。

B.“焦禾稼，杀草木”中的“焦”和“杀”都是使动用法,“焦”的意思是“使……烧焦”,“杀”的意思是“使……死”。

C.“杀九婴于凶水之上”中“凶水”的意思是“传说中南方的一条河流”。

D.“断修蛇于洞庭”中“断”的意思是“斩断”。

四、按照要求填空。

1. 到了______的时代，天上出现了十个太阳。

2. 后羿在__________用箭射死了大风，又射落天上的九个________，在__________斩杀修蛇，在______擒住了封豨。

3. 羿_____凿齿于畴华之野，_____九婴于凶水之上，_____大风于青丘之泽，_____十日，而_____猰貐，_____修蛇于洞庭，_____封豨于桑林。（用原文填空）

五、下列朗读节奏划分正确的是（　　）。

A. 尧 / 乃 / 使羿 / 诛凿齿 / 于畴华之野

B. 尧 / 乃使羿 / 诛凿齿 / 于畴华之野

C. 尧 / 乃使羿 / 诛凿齿 / 于畴华 / 之野

D. 尧 / 乃 / 使羿 / 诛凿齿 / 于畴华 / 之野

六、根据原文回答下列问题。

1. 后羿为什么要射日？（试着用自己的话概括）

2. 文中危害百姓的因素有哪些？

3. 这个神话故事表现了人类什么样的精神？

03 女娲补天

往古之时，四极废，九州裂，天不兼覆，地不周载。火爁炎而不灭，水浩洋而不息，猛兽食颛民，鸷鸟攫老弱。

于是，女娲炼五色石以补苍天，断鳌足以立四极，杀黑龙以济冀州，积芦灰以止淫水。苍天补，四极正；淫水涸，冀州平；狡虫死，颛民生。

一、下列加点字、词的读音不正确的是（　　）。

A. 火爁炎而不灭（làn　yán）
B. 九州裂（liě）
C. 天不兼覆（jiān）
D. 鸷鸟攫老弱（jué）
E. 狡虫死，颛民生（jiǎo　zhuān）
F. 杀黑龙以济冀州（jì　jì）

二、下列加点字、词的解释不正确的是（　　）。

A. 天不兼覆（全部，整个）
B. 火爁炎而不灭（大火燃烧的样子）
C. 鸷鸟攫老弱（抓取）
D. 淫水涸，冀州平（平坦）

三、判断题。（正确的打“√”，错误的打“×”）

1. “积芦灰以止淫水”中“淫水”的意思是“泛滥的洪水”。（　　）
2. “狡虫死，颛民生”中“生”的意思是“生存，存活”。（　　）
3. “淫水涸，冀州平”中“涸”的意思是“水干”。（　　）
4. “鸷鸟攫老弱”中“鸷鸟”的意思是“老鹰”。（　　）

四、下列朗读节奏划分错误的是（　　）。

A. 水 / 浩洋 / 而不息
B. 断 / 鳌足 / 以立四极，杀 / 黑龙 / 以济冀州
C. 猛兽 / 食颛民，鸷鸟 / 攫老弱
D. 女娲 / 炼 / 五色石 / 以补 / 苍天

五、根据原文回答问题。

1. 女娲为什么要补天？她是怎样补天的？

2. 文中表现了女娲怎样的气魄和精神？

04 塞翁失马，焉知非福

近塞上之人，有善术者，马无故亡而入胡。人皆吊之，其父曰：“此何遽不为福乎？”居数月，其马将胡骏马而归。人皆贺之，其父曰：“此何遽不能为祸乎？”家富良马，其子好骑，堕而折其髀。人皆吊之，其父曰：“此何遽不为福乎？”居一年，胡人大入塞，丁壮者引弦而战。近塞之人，死者十九。此独以跛之故，父子相保。

一、下列加点字的读音不正确的是（　　）。

A. 此何遽不为福乎（jù）　　B. 近塞上之人，有善术者（sài）

C. 堕而折其髀（bì）　　D. 此独以跛之故（bó）

二、下列加点字、词的解释不正确的是（　　）。

A. 近塞上之人，有善术者（边境地区）　　B. 其马将胡骏马而归（将要）

C. 丁壮者引弦而战（拉开弓弦）　　D. 家富良马（很多）

三、下列句中“而”的用法和意思与例句中“而”相同的是（　　）。

例句：其马将胡骏马而归

A. 马无故亡而入胡　　B. 引弦而战

C. 堕而折其髀　　D. 而疑邻人之父

四、下列朗读节奏划分错误的是（　　）。

A. 此 / 何遽 / 不为福乎

B. 家 / 富良马，其子 / 好骑

C. 此 / 独以跛之故，父子 / 相保

D. 其马 / 将胡骏马 / 而归

五、“此何遽不能为祸乎？”的问句类型是（　　）。

A. 反问句　　B. 疑问句　　C. 设问句

六、请用“福事”“祸事”分别概括归纳文中所写之事。（用原文回答）

福事：________________

祸事：________________

七、这则寓言故事的寓意是什么？请写出两个与这则寓言故事寓意相关的成语、俗语或名言警句。

____

____

05 嗟来之食

齐大饥。黔敖为食于路，以待饿者而食之。有饿者蒙袂辑屦，贸贸然来。黔敖左奉食，右执饮，曰："嗟！来食！"扬其目而视之，曰："予唯不食嗟来之食，以至于斯也！"从而谢焉，终不食而死。曾子闻之，曰："微与？其嗟也可去，其谢也可食。"

一、下列加点字的读音不正确的是（　　）。

A. 嗟来之食（jiē）　　B. 黔敖为食于路（qián）

C. 蒙袂辑屦（mèi）　　D. 其谢也可食（sì）

二、下列加点字、词的解释不正确的是（　　）。

A. 其嗟也可去（离开）　　B. 终不食而死（到底，最终）

C. 扬其目而视之（瞪着眼）　　D. 黔敖左奉食（给）

三、判断题。（正确的打"√"，错误的打"×"）

1. "从而谢焉"中"谢"的意思是"道谢，感谢"。（　　）

2. "微与"的意思是"不必这样啊"，"与"是表示感叹的语气词。（　　）

3. "蒙袂辑屦"中"屦"的意思是"鞋子"。（　　）

四、请给下列"食"字选择合适的意思。

A. 吃　　B. 吞没　　C. 粮食，食物　　D. 喂养，供养

1. 黔敖左奉食　（　　）

2. 黔敖为食于路　（　　）

3. 以待饿者而食之　（　　）

4. 嗟来之食　（　　）

五、本文内容虽然短小但用了多种描写手法，请按照要求摘录原文中的句子。

1. 外貌描写：________________

2. 语言描写：________________

3. 动作描写：________________

4. 神情描写：________________

六、请用一句话概括本文的中心思想。（不超过 10 个字）

____

七、饿者宁肯饿死也不食“嗟来之食”的行为你赞同吗？请说说你的看法。

____

____

06 大道之行也

大道之行也，天下为公，选贤与能，讲信修睦。故人不独亲其亲，不独子其子，使老有所终，壮有所用，幼有所长，矜、寡、孤、独、废疾者皆有所养，男有分，女有归。货恶其弃于地也，不必藏于己；力恶其不出于身也，不必为己。是故谋闭而不兴，盗窃乱贼而不作，故外户而不闭。是谓大同。

一、下列加点字、词的解释不正确的是（　　）。

A. 选贤与能（指品德高尚）　　B. 男有分，女有归（回去）

C. 是故谋闭而不兴（因此，所以）　　D. 故外户而不闭（泛指大门）

二、下列加点字的读音不正确的是（　　）。

A. 选贤与能（jǔ）　　B. 矜、寡、孤、独、废疾者（guān）

C. 男有分，女有归（fèn）　　D. 货恶其弃于地也（è）

三、下列句子中加点字的古今义相同的是（　　）。

A. 不独子其子　　B. 选贤与能

C. 男有分，女有归　　D. 故外户而不闭

四、写出下列句子中蕴含的成语。

1. 大道之行也，天下为公。　　成语：________________

2. 矜、寡、孤、独、废疾者皆有所养。　　成语：________________

五、判断题。（正确的打“√”，错误的打“×”）

1. “故人不独亲其亲”中前一个“亲”的意思是“以……为亲”，后一个“亲”的意思是“父母”。（　　）

2.“选贤与能”中的“与”通“举”，指推举，推荐。（　　）

3.“矜、寡、孤、独、废疾者”中的“矜”指老而无妻的人。（　　）

4.“盗窃乱贼而不作”中的“贼”在这里作动词，指害人。（　　）

六、下列朗读节奏划分错误的是（　　）。

A. 货／恶／其弃于地也，不必／藏于己

B. 大道／之行也，天下／为公

C. 故／外户而不闭，是谓／大同

D. 是故／谋闭／而不兴，盗窃／乱贼／而不作

七、下列对本文理解不正确的是（　　）。

A. 本文的主旨是阐明儒家思想中的“大同”社会的基本特征

B. 首句“大道之行也”用提顿语气读，表明以下三句是“大道”的内涵

C.“天下为公”是说所有社会成员都要有公心，为人民多做好事

D.“故人不独亲其亲……不必为己”阐述了“大同”社会的基本特征

八、文中描写的大同社会是什么景象？（用原文回答）

____

____

07 善学者

善学者，师逸而功倍，又从而庸之。不善学者，师勤而功半，又从而怨之。善问者，如攻坚木，先其易者，后其节目，及其久也，相说以解。不善问者反此。

一、下列加点字的读音不正确的是（　　）。

A. 师逸而功倍（yì）

B. 又从而庸之（yōng）

C. 及其久也，相说以解（shuō）

D. 又从而怨之（yuàn）

二、下列加点字的解释不正确的是（　　）。

A. 师逸而功倍（安逸，这里指费力小）

B. 又从而怨之（埋怨、抱怨）

C. 先其易者（简单的，容易的）

D. 相说以解（解说，说明）

三、判断题。（正确的打“√”，错误的打“×”）

1.“师逸而功倍”中“逸”的意思是“安闲”。（　　）

2.“先其易者，后其节目”中“节目”的意思是“木头的关节”。（　　）

3. “相说以解”中的“说”通“悦”，意思是“愉快”。 (   )

4. “又从而怨之”中的“之”作代词，指代老师。 (   )

四、下列加点字与“先其易者”中的“易”意思相同的是（   ）。

A. 移风易俗　　B. 轻而易举

C. 易地而处　　D. 平易近人

五、根据原文回答下列问题。

1. 简要说明文中“善学者”与“善问者”的主要特征。

善学者：________________________________

善问者：________________________________

2. 文中提倡先易后难、循序渐进的学习方法的格言警句是____（请用原文语句回答）

3. 读了这篇文章后，你在学习方面有哪些收获？（请试着回答，至少两点）

____

____

08 苛政猛于虎

孔子过泰山侧，有妇人哭于墓者而哀。夫子式而听之，使子路问之，曰：“子之哭也，壹似重有忧者。”而曰：“然。昔者，吾舅死于虎，吾夫又死焉，今吾子又死焉。”夫子曰：“何为不去也？”曰：“无苛政。”夫子曰：“小子识之：苛政猛于虎也。”

一、下列加点字、词的解释不正确的是（   ）。

A. 苛政猛于虎也（残暴的命令）　　B. 壹似重有忧者（很像）

C. 昔者，吾舅死于虎（妈妈的弟兄）　　D. 夫子式而听之（孔子）

二、判断题。（正确的打“√”，错误的打“×”）

1. “夫子式而听之”中的“式”通“轼”，指古代车厢前作为扶手的横木，这里作动词，指扶着横木。 (   )

2. “有妇人哭于墓者而哀”中“哀”的意思是“忧伤”。 (   )

3. “而曰”中的“而”意思是“于是，就”。 (   )

4. “小子识之”中的“识”意思是“认识”。 (   )

三、在括号内补充省略的成分。

1.（　　　）使子路问之。

2.（　　　）曰：“（　　　）无苛政。”

四、下列说法不正确的是（　　）。

A. 故事借劳动妇女之口，说明残暴的压迫和剥削比老虎还要凶猛

B. 苛政导致民不聊生，比老虎吃人还要可怕，从而警示当权者要施行仁政

C. 贵族官吏的横征暴敛不比老虎厉害

D. 这个故事深刻地揭露了阶级社会剥削压迫的严重程度

五、根据原文回答下列问题。

1. 妇人一家有三人被老虎吃掉，这三人分别是谁？

____

2. 孔子为什么说“苛政猛于虎也”？

____

____

六、下列哪句诗反映了文中描写的社会状况？（　　）

A. 锄禾日当午，汗滴禾下土。　　B. 田家少闲月，五月人倍忙。

C. 四海无闲田，农夫犹饿死。　　D. 雨足高田白，披蓑半夜耕。

09　教学相长

虽有嘉肴，弗食，不知其旨也；虽有至道，弗学，不知其善也。是故学然后知不足，教然后知困。知不足，然后能自反也；知困，然后能自强也。故曰：“教学相长也。”

一、下列加点字的读音不正确的是（　　）。

A. 虽有嘉肴（yáo）　　B. 教然后知困（jiào）

C. 然后能自强也（qiǎng）　　D. 弗学，不知其善也（fú）

二、下列加点字、词的解释不正确的是（　　）。

A. 故曰：教学相长也（所以）　　B. 虽有至道（极，最）

C. 然后能自强也（强壮）　　D. 虽有嘉肴（美味的菜）

三、判断题。（正确的打“√”，错误的打“×”）

1.“不知其旨也”中“旨”的意思是“意旨，意思”。（　　）

2. “虽有至道”中的“道”意思是“道理，规律”。 （　　）

3. “教然后知困”中的“然后”是古今异义词，古义是“这样以后”。（　　）

4. “教学相长”中“长”的意思是“促进”。 （　　）

四、用“/”标出下列句子中的朗读节奏。（标三处）

是 故 学 然 后 知 不 足，教 然 后 知 困。

五、把下列语句翻译成现代汉语。

1. 虽有嘉肴，弗食，不知其旨也。

____

2. 故曰：“教学相长也。”

____

六、根据原文回答下列问题。

1. 本文在论述时先以＿＿＿＿＿＿作比，继而引入＿＿＿＿＿＿＿＿＿，进而又从＿＿＿＿＿与＿＿＿＿＿＿两个方面加以说明，最后归结到＿＿＿＿＿＿＿＿＿＿这个结论。

2. 为什么说“教”与“学”是互相促进的？

____

____

10　完璧归赵

相如因持璧却立，倚柱，怒发上冲冠，谓秦王曰：“大王欲得璧，使人发书至赵王，赵王悉召群臣议，皆曰‘秦贪，负其强，以空言求璧，偿城恐不可得’。议不欲予秦璧。臣以为布衣之交尚不相欺，况大国乎！且以一璧之故逆强秦之欢，不可。于是赵王乃斋戒五日，使臣奉璧，拜送书于庭。何者？严大国之威以修敬也。今臣至，大王见臣列观，礼节甚倨；得璧，传之美人，以戏弄臣。臣观大王无意偿赵王城邑，故臣复取璧。大王必欲急臣，臣头今与璧俱碎于柱矣！”

一、下列加点字的解释不正确的是（　　）。

A. 相如因持璧却立（因为）　　B. 秦贪，负其强（依仗）

C. 严大国之威以修敬也（尊重）　　D. 故臣复取璧（因此，所以）

二、请圈出加点字的正确读音。

1. 怒发上冲冠（guān　guàn）　　2. 布衣之交尚不相欺（xiāng　xiàng）

3. 臣观大王无意偿赵王城邑（yí　yì）　　4. 礼节甚倨（jù　jū）

三、填空题。

1.“完璧归赵”是指蔺相如将和氏璧完好无损地自秦国送回赵国，用来比喻________________________________，近义词有____________。

2.“怒发冲冠”指愤怒得头发直立起来，把帽子都顶起来了，形容__________________，近义词有__________、__________，反义词有__________、__________。

四、请给下列语句中的“以”字选择合适的含义。

A. 用　　B. 认为，认为……是……　　C. 因为，由于

D. 连词，相当于“而，而且”　　E. 用来

1. 以空言求璧　（　　）

2. 臣以为布衣之交尚不相欺　（　　）

3. 且以一璧之故逆强秦之欢　（　　）

4. 严大国之威以修敬也　（　　）

5. 以戏弄臣　（　　）

五、“拜送书于庭”的句式是（　　）。

A. 判断句　　B. 倒装句　　C. 被动句

六、蔺相如是从什么地方看出“大王无意偿赵王城邑”的？

____

____

11　西门豹治邺

有顷，曰：“巫妪何久也？弟子趣之！”复以弟子一人投河中。有顷，曰：“弟子何久也？复使一人趣之！”复投一弟子河中。凡投三弟子。西门豹曰：“巫妪、弟子，是女子也，不能白事。烦三老为入白之。”复投三老河中。西门豹簪笔磬折，向河立待良久。长老、吏、傍观者皆惊恐。西门豹曰：“巫妪、三老不来还，奈之何？”欲复使廷掾与豪长者一人入趣之。皆叩头，叩头且破，额血流地，色如死灰。

一、下列加点字的解释不正确的是（　　）。

A. 有顷（过了一会儿）　　B. 弟子趣之（趣味）

C. 复投三老河中（又）　　D. 长老、吏、傍观者皆惊恐（旁边）

二、下列加点字的读音不正确的是（　　）。

A. 巫妪何久也（yù）　　B. 欲复使廷掾与豪长者（yuàn）

C. 西门豹簪笔磬折（zān）　　D. 欲复使廷掾与豪长者（cháng）

三、判断题。（正确的打“√”，错误的打“×”）

1. 在“巫妪何久也”中的“妪”意思是“年老的女人”。（　　）

2. “长老、吏、傍观者皆惊恐”中的“长”应读作 zhǎng。（　　）

3. 在“皆叩头，叩头且破”中，“叩头”的意思是“磕头”。（　　）

4. “凡投三弟子”中的“凡”意思是“凡是”。（　　）

四、找出下列句子中的通假字并解释。

1. 复使一人趣之　________ 通 ________　意思是 ________________。

2. 傍观者皆惊恐　________ 通 ________　意思是 ________________。

五、把下列语句翻译成现代汉语。

1. 巫妪、弟子，是女子也，不能白事。

____

2. 欲复使廷掾与豪长者一人入趣之。

____

六、根据原文回答下列问题。

1. 西门豹把哪些人投入了河中？

____

2. 品读文章结尾的描写，你能从中体会到廷掾和豪绅怎样的心情？

____

12　破釜沉舟

项羽已杀卿子冠军，威震楚国，名闻诸侯。乃遣当阳君、蒲将军将卒二万渡河，救钜鹿。战少利，陈馀复请兵。项羽乃悉引兵渡河，皆沉船，破釜甑，烧庐舍，持三日粮，以示士卒必死，无一还心。于是至则围王离，与秦军遇，九战，绝其甬道，大破之，杀苏角，虏王离。

一、下列加点字的读音不正确的是（　　）。

A. 皆沉船，破釜甑（zèng）　　B. 绝其甬道，大破之（yǒng）

C. 项羽已杀卿子冠军（qīng）　　　　D. 杀苏角，虏王离（jué）

二、下列加点字的解释不正确的是（　　）。

A. 项羽乃悉引兵渡河（全部）　　　　B. 破釜沉舟（锅）

C. 陈馀复请兵（再，又）　　　　D. 九战，绝其甬道（九次）

三、判断题。（正确的打“√”，错误的打“×”）

1. “战少利，陈馀复请兵”中的“少”意思是“稍微”。（　　）

2. “与秦军遇，九战”中的“九战”意思是“经过多次战斗”，“九”泛指多数。（　　）

3. “大破之”中的“之”是代词，指代秦军。（　　）

4. “项羽已杀卿子冠军”中的“冠军”与现代汉语的意思不同。（　　）

四、填空题。

1. 文中的________和________是秦将。

2. “破釜沉舟”用来比喻________________________，其近义词有____________、____________，反义词有____________、____________。

五、下列朗读节奏划分正确的是（　　）。

A. 乃遣 / 当阳君、蒲 / 将军将卒 / 二万 / 渡河，救 / 钜鹿

B. 乃 / 遣当阳君、蒲将军 / 将卒二万 / 渡河，救 / 钜鹿

C. 乃 / 遣当阳君、蒲将军将卒 / 二万 / 渡河，救 / 钜鹿

六、根据原文填空。

项羽乃悉______兵渡河，皆______船，______釜甑，______庐舍，______三日粮，以示士卒必死，无一还心。（用原文字词填空）

七、根据原文回答下列问题。

1. 项羽是如何向战士们表明决一死战、毫不退让的决心的？

____

____

2. 你觉得项羽是一个怎样的人？

____

13　指鹿为马

赵高欲为乱，恐群臣不听，乃先设验，持鹿献于二世，曰：“马也。”二世笑曰：“丞相误邪？谓鹿为马。”问左右，左右或默，或言马以阿顺

赵高，或言鹿。高因阴中诸言鹿者以法。后群臣皆畏高。

一、下列加点字的读音不正确的是（　　）。

A. 丞相误邪（yé）　　B. 后群臣皆畏高（jiē）

C. 高因阴中诸言鹿者以法（zhōng）　　D. 或言马以阿顺赵高（ē）

二、下列加点字、词的解释不正确的是（　　）。

A. 后群臣皆畏高（都）　　B. 左右或默（身边的人）

C. 或言马以阿顺赵高（或者）　　D. 赵高欲为乱（想）

三、判断题。（正确的打“√”，错误的打“×”）

1. “赵高欲为乱”中“欲”的意思是“想，想要”。（　　）

2. “恐群臣不听”中“恐”的意思是“害怕，担心”。（　　）

3. “高因阴中诸言鹿者以法”中“因”的意思是“因为”。（　　）

4. “后群臣皆畏高”中“皆”的意思是“都”。（　　）

四、填空题。

成语“指鹿为马”的意思是指着鹿说成是马，用来比喻______________，多用于_____（褒／贬）义；其近义词有____________、____________，其反义词有____________、____________。

五、把下列语句翻译成现代汉语。

1. 二世笑曰：“丞相误邪？谓鹿为马。”

____

2. 问左右，左右或默，或言马以阿顺赵高，或言鹿。

____

六、根据原文回答下列问题。

1. 赵高“指鹿为马”的目的是什么？

____

____

2. 群臣为什么“或言马”“或言鹿”？

____

____

14 负荆请罪

既罢归国，以相如功大，拜为上卿，位在廉颇之右。廉颇曰："我为赵将，有攻城野战之大功，而蔺相如徒以口舌为劳，而位居我上，且相如素贱人，吾羞，不忍为之下。"宣言曰："我见相如，必辱之。"相如闻，不肯与会。相如每朝时，常称病，不欲与廉颇争列。已而相如出，望见廉颇，相如引车避匿。于是舍人相与谏曰……蔺相如固止之，曰："公之视廉将军孰与秦王？"曰："不若也。"相如曰："夫以秦王之威，而相如廷叱之，辱其群臣，相如虽驽，独畏廉将军哉？顾吾念之，强秦之所以不敢加兵于赵者，徒以吾两人在也。今两虎共斗，其势不俱生。吾所以为此者，以先国家之急而后私仇也。"廉颇闻之，肉袒负荆，因宾客至蔺相如门谢罪。曰："鄙贱之人，不知将军宽之至此也。卒相与欢，为刎颈之交。

一、下列加点字的读音不正确的是（　　）。

A. 卒相与欢，为刎颈之交（jìng）　　B. 相如虽驽，独畏廉将军哉（nú）

C. 而蔺相如徒以口舌为劳（lìn）　　D. 肉袒负荆（tǎn）

二、下列加点字、词的解释不正确的是（　　）。

A. 宣言曰（扬言）　　B. 且相如素贱人（卑鄙）

C. 为刎颈之交（割）　　D. 卒相与欢（终于）

三、与"而蔺相如徒以口舌为劳"中"徒"的意思相同的是（　　）。

A. 徒有虚名　　B. 徒劳无功　　C. 好事之徒

四、判断题。（正确的打"√"，错误的打"×"）

1. "吾所以为此者"中"所以"的意思是"……的原因"。（　　）
2. "相如虽驽"中"驽"的意思是"劣马"，常比喻人的愚笨。（　　）
3. "不肯与会"中"会"的意思是"遇见"。（　　）
4. "必辱之"中的"之"作动词，有"到……去"的意思。（　　）

五、填空题。

1. "廉颇闻之，肉袒负荆，因宾客至蔺相如门谢罪"中包含的成语是"________"，表示主动向对方承认错误，赔礼道歉，其反义词有________，多用于____（褒/贬）义。

2. “卒相与欢，为刎颈之交”中包含的成语是“__________”，指可以同生死共患难的朋友，其近义词有__________，反义词有__________，多用于______（褒/贬）义。

六、根据原文回答下列问题。

1. 廉颇为何要“辱”相如？

____

____

2. 听到廉颇要羞辱他后，蔺相如采取了哪些避让行为？

____

____

3. 廉颇为什么要“负荆请罪”？

____

____

4. 请分别用几个成语来评价廉颇和蔺相如。

廉颇：______________________________

蔺相如：______________________________

15 胯下之辱

淮阴屠中少年，有侮信者，曰：“若虽长大，好带刀剑，中情怯耳。”众辱之曰：“信能死，刺我；不能死，出我胯下。”于是信孰视之，俯出胯下，蒲伏。一市人皆笑信，以为怯。

一、下列加点字的读音不正确的是（　　）。

A. 好带刀剑（hǎo）　　B. 俯出胯下（fǔ）

C. 出我胯下（kuà）　　D. 蒲伏（pú）

二、下列加点字的解释不正确的是（　　）。

A. 出我胯下（腰部到大腿之间的部分）　　B. 俯出胯下（低着头）

C. 好带刀剑（喜欢）　　D. 若虽长大（假如）

三、判断题。（正确的打“√”，错误的打“×”）

1. “淮阴”是地名，在今江苏淮阴东南。（　　）

2. “若虽长大”中“长大”的意思是“身体高大”。（　　）

3. “众辱之”中的“之”是虚词，无实际意义。 （ ）

四、“淮阴屠中少年，有侮信者”的句式是（ ）。

A. 判断句 B. 倒装句 C. 省略句

五、下列对本文理解错误的是（ ）。

A. 韩信的做法是与他人过分计较，对待事情持有忍辱负重的态度

B. 我们对待事情有时需要据理力争，有时需要针锋相对，有时则需要忍辱负重，这要根据具体情况而论

C. 在原则问题上要实事求是、坚持真理，在非原则问题上就不要过分计较，应当有高姿态，必要时可以忍辱负重

D. 在前行的道路上，有时必要的忍耐是为了更好地保护自己，但在违背自己原则的情况下一直忍辱负重是错误的选择

六、根据原文回答下列问题。

1. 淮阴少年是如何羞辱韩信的？

____

2. 你觉得韩信是个胆小怕死的人吗？为什么？

____

____

16 多多益善

上尝从容与信言诸将能不，各有差。上问曰：“如我能将几何？”信曰：“陛下不过能将十万。”上曰：“于君何如？”曰：“臣多多益善耳。”上笑曰：“多多益善，何为为我禽？”信曰：“陛下不能将兵，而善将将，此乃信之所以为陛下禽也。”

一、下列加点字的读音不正确的是（ ）。

A. 各有差（chāi） B. 何为为我禽（qín）

C. 陛下不能将兵（jiàng） D. 陛下不过能将十万（bì）

二、下列加点字的解释不正确的是（ ）。

A. 多多益善（更加） B. 上尝从容与信言诸将能不（曾经）

C. 各有差（不同，差别） D. 而善将将（和善）

三、判断题。（正确的打“√”，错误的打“×”）

1. “何为为我禽”中的“禽”通“擒”，指抓住，这里指控制。（　　）

2. “能将几何”中的“几何”是疑问代词，意思是“多少”。（　　）

3. “与信言诸将能不”中“信”的意思是“诚信”。（　　）

4. “此乃信之所以为陛下禽也”中“之所以”的意思是“……的原因”。（　　）

四、下列加点的字词与现代汉语意思相同的是（　　）。

A. 上尝从容与信言诸将能不　　B. 如我能将几何

C. 陛下不过能将十万　　D. 此乃信之所以为陛下禽也

五、根据原文回答下列问题。

1. 韩信认为自己能率领多少兵？

____

2. 韩信认为他被刘邦控制的原因是什么？

____

____

3. 你比较喜欢文中的哪个人物？为什么？

____

____

17　李广射虎

广出猎，见草中石，以为虎而射之。中石没镞，视之石也。因复更射之，终不能复入石矣。广所居郡闻有虎，尝自射之。及居右北平射虎，虎腾伤广，广亦竟射杀之。

一、下列加点字的读音不正确的是（　　）。

A. 广亦竟射杀之（jìng）　　B. 中石没镞（méi）

C. 因复更射之（gèng）　　D. 中石没镞（zhòng）

二、下列加点字的解释不正确的是（　　）。

A. 广出猎，见草中石（打猎）　　B. 中石没镞（射中）

C. 以为虎而射之（认为）　　D. 及居右北平射虎（到，到达）

三、判断题。（正确的打“√”，错误的打“×”）

1. “广亦竟射杀之”中“竟”的意思是“终，最终”。（　　）

2.“及居右北平射虎”中“北平”的意思是指今天的“北京”。　（　　）

3.“因复更射之”中“更”的意思是“再次”。　（　　）

4.“尝自射之”中“尝”的意思是“曾经”。　（　　）

四、用“/”标出句子中的朗读节奏。（标两处）

以 为 虎 而 射 之，中 石 没 镞。

五、请写出下列语句中“之”的含义。

1. 因复更射之　　之：________

2. 虎腾伤广，广亦竟射杀之　　之：________

六、“广出猎，见草中石，以为虎而射之，中石没镞”这一句描述的场景与诗句（　　）描写的相似。

A. 林暗草惊风，将军夜引弓。平明寻白羽，没在石棱中

B. 月黑雁飞高，单于夜遁逃。欲将轻骑逐，大雪满弓刀

七、下列对原文理解错误的是（　　）。

A. 做事情如果聚精会神、全力以赴，往往会取得意想不到的效果

B. 文中写李广三次射杀老虎

C. 老虎跳起来伤害了李广，但后来却被他射杀

八、根据原文填空。

文中描写李广三次射虎，第一次是________________________；第二次是________________________，第三次是在右北平射虎时被老虎所伤，但最后仍射死了老虎。其中第____次写得最详细，这件事突出了李广________________的特点。

九、你觉得李广是一个怎样的人？

____

____

18　毛遂自荐

门下有毛遂者，前，自赞于平原君曰：“遂闻君将合从于楚，约与食客门下二十人偕，不外索。今少一人，愿君即以遂备员而行矣。”平原君曰：“先生处胜之门下几年于此矣？毛遂曰：“三年于此矣。”平原君曰：“夫贤士之处世也，譬若锥之处囊中，其末立见。今先生处胜之门下三年

于此矣，左右未有所称诵，胜未有所闻，是先生无所有也。先生不能，先生留。”毛遂曰：“臣乃今日请处囊中耳。使遂早得处囊中，乃颖脱而出，非特其末见而已。”

一、下列加点字的读音不正确的是（　　）。

A. 乃颖脱而出（yǐng）　　B. 譬若锥之处囊中（pì）

C. 约与食客门下二十人偕（xié）　　D. 使遂早得处囊中（nāng）

二、下列加点字、词的解释不正确的是（　　）。

A. 毛遂自荐（自我推荐）　　B. 处囊中（口袋）

C. 约与食客门下二十人偕（一同）　　D. 乃颖脱而出（锥子下部的环）

三、判断题。（正确的打“√”，错误的打“×”。）

1.“譬若锥之处囊中”中“囊”的意思是“口袋”。（　　）

2.“不外索”中“索”的意思是“搜寻、寻求”。（　　）

3.“约与食客门下”中“约”的意思是“约定”。（　　）

4.“未有所称诵”中“称诵”的意思是“称赞”。（　　）

四、用“/”标出下列句子中的朗读节奏。（标两处）

遂 闻 君 将 合 从 于 楚

五、把下列语句翻译成现代汉语。

1. 今少一人，愿君即以遂备员而行矣。

____

2. 使遂早得处囊中，乃颖脱而出，非特其末见而已。

____

六、填空题。

成语__________、__________都出自这篇文章，前者借指__________，后者比喻__________。

七、根据原文回答下列问题。

1. 毛遂是如何说服平原君带他到楚国的？

____

____

2. 你是如何看待毛遂“自荐”这件事的？

____

____

19 商鞅立信

商鞅令既具，未布，恐民之不信己，乃立三丈之木于国都市之南门，募民有能徙置北门者予十金。民怪之，莫敢徙。复曰："能徙者予五十金。"有一人徙之，辄予五十金，以明不欺。民信之，卒下令。

一、下列加点字的解释不正确的是（　　）。

A. 商鞅令既具（已经）　　B. 恐民之不信己（担心）

C. 以明不欺（明白）　　D. 民信之，卒下令（终于）

二、"民怪之，莫敢徙"中"之"的意思是（　　）。

A. 动词，到……去

B. 第三人称代词，可代人、代事、代物，一般用作宾语

C. 指示代词，相当于此、这、这个、这样的、这种

D. 相当于现代汉语的助词"的"，放在定语和中心语之间

三、判断题。（正确的打"√"，错误的打"×"。）

1. "乃立三丈之木于国都市之南门"属于状语后置句。（　　）
2. "民怪之"中的"怪"是形容词作意动用法，意思是"对……感到奇怪"。（　　）
3. 商鞅最后没有给搬运木桩的人五十金。（　　）
4. "金"是古代的货币单位。（　　）

四、把下列语句翻译成现代汉语。

1. 民怪之，莫敢徙。

____

2. 有一人徙之，辄予五十金，以明不欺。

____

五、根据原文回答下列问题。

1. 商鞅在变法令颁布前做了一件什么事？他为什么要这样做？

____

____

2. 读了这篇文章后，你明白了什么道理？

____

____

六、你还知道哪些与诚信有关的故事？

____

20 田忌赛马

忌数与齐诸公子驰逐重射。孙子见其马足不甚相远，马有上、中、下辈。于是孙子谓田忌曰："君弟重射，臣能令君胜。"田忌信然之，与王及诸公子逐射千金。及临质，孙子曰："今以君之下驷与彼上驷，取君上驷与彼中驷，取君中驷与彼下驷。"既驰三辈毕，而田忌一不胜而再胜，卒得王千金。

一、下列加点字、词的解释不正确的是（　　）。

A. 孙子见其马足不甚相远（马的脚）　　B. 君弟重射，臣能令君胜（只管）

C. 及临质（等到）　　D. 卒得王千金（最终）

二、下列加点字的读音不正确的是（　　）。

A. 忌数与齐诸公子驰逐重射（shù）　　B. 君弟重射（zhòng）

C. 与王及诸公子逐射千金（zhú）　　D. 卒得王千金（zú）

三、填空题。

1.（　　）经常与齐国众公子赛马，并设重金赌注。

2. 田忌与齐威王比赛采取的方法是______________________________________，比赛结果是__________。其原因是____。

四、田忌把孙膑推荐给了（　　）。

A. 齐桓公　　B. 齐威王

C. 楚庄王　　D. 齐宣公

五、把下列语句翻译成现代汉语。

1. 君弟重射，臣能令君胜。

____

2. 既驰三辈毕，而田忌一不胜而再胜，卒得王千金。

____

六、田忌运用孙膑的方法最终赢得赛马胜利，从中你得到什么启示？

____

____

21 围魏救赵

魏伐赵，赵急，请救于齐。

齐威王欲将孙膑。膑辞谢曰："刑余之人不可。"于是乃以田忌为将，而孙子为师，居辎车中，坐为计谋。

田忌欲引兵之赵，孙子曰："夫解杂乱纷纠者不控卷，救斗者不搏撠。批亢捣虚，形格势禁，则自为解耳。今梁赵相攻，轻兵锐卒必竭于外，老弱罢于内。君不若引兵疾走大梁，据其街路，冲其方虚，彼必释赵而自救。是我一举解赵之围而收弊于魏也。"田忌从之。魏果去邯郸，与齐战于桂。大破梁军。

一、解释下列句中加点的字。

1. 齐威王欲将孙膑（　　）　　2. 而孙子为师　　（　　）

3. 田忌欲引兵之赵（　　）　　4. 君不若引兵疾走大梁（　　）

二、填空题。

"围魏救赵"原指战国时齐军用围攻魏国的方法，迫使魏国撤回攻赵部队而使赵国得救，现借指____________________________________，多用于_____（褒／贬）义，近义词有__________________、__________________。

三、下列句子朗读节奏划分正确的是（　　）。

A. 君不若／引兵／疾走大梁，据／其街路，冲／其方虚，彼必／释赵而自救

B. 君不／若引兵／疾走大梁，据／其街路，冲／其方虚，彼必／释赵而自救

C. 君不若引／兵／疾走大梁，据／其街路，冲／其方虚，彼必／释赵而自救

D. 君不若／引兵／疾走大梁，据／其街路，冲／其方虚，彼必释／赵而自救

四、把下列语句翻译成现代汉语。

1. 今梁赵相攻，轻兵锐卒必竭于外，老弱罢于内。

____

2. 魏果去邯郸，与齐战于桂。大破梁军。

____

五、下列对本文的理解和分析不正确的是（　　）。

A. 齐威王非常认可孙膑的军事才能，想任命孙膑为主将

B. 田忌采用了孙膑的战略建议

C. 因为孙膑早料到魏国会撤兵，所以他劝田忌不要出兵

D. 齐国最后不仅救了赵国，还狠狠地打击了魏国

六、根据原文填空。

1. 在赵国求救时，孙膑带兵进攻魏国是为了________________________。

2. 孙膑率兵占据魏国的交通要道，是为了________________________。

七、根据原文回答下列问题。

1. 田忌想直接带兵去援救赵国，孙膑给了他什么建议？

____

____

2. 这个故事是“三十六计”之一，除此之外，你还知道“三十六计”中的哪些计策？请试着写几个。

____

22 卧薪尝胆

吴既赦越，越王勾践反国，乃苦身焦思，置胆于坐，坐卧即仰胆，饮食亦尝胆也。曰：“女忘会稽之耻邪？”身自耕作，夫人自织；食不加肉，衣不重采；折节下贤人，厚遇宾客；振贫吊死，与百姓同其劳。终灭吴。

一、下列加点字的解释不正确的是（　　）。

A. 吴既赦越（已经）　　B. 女忘会稽之耻耶（你）

C. 坐卧即仰胆（抑制）　　D. 振贫吊死（慰问）

二、下列句子节奏划分有误的是（　　）。

A. 吴 / 既赦越，越王 / 勾践反国，乃 / 苦身焦思

B. 置胆 / 于坐，坐卧 / 即仰胆，饮食 / 亦尝胆也

C. 身自 / 耕作，夫人 / 自织；食 / 不加肉，衣 / 不重采

D. 折节 / 下贤人，厚遇 / 宾客；振贫 / 吊死，与百姓 / 同其劳

三、填空题。

“卧薪尝胆”形容刻苦自励，发愤图强，多用于____（褒 / 贬）义，近义词有__________、__________，反义词有__________、__________。

四、下列语句中“于”字用法与例句相同的是（　　）。

例句：乃苦身焦思，置胆于坐

A. 常衔西山之木石，以堙于东海

B. 楚人卖其珠于郑

C. 盘古在其中，一日九变，神于天，圣于地

D. 渴，欲得饮，饮于河、渭

五、把下列语句翻译成现代汉语。

1. 坐卧即仰胆，饮食亦尝胆也。

____

2. 折节下贤人，厚遇宾客；振贫吊死，与百姓同其劳。

____

六、根据原文回答下列问题。

1. 越王勾践是怎样对待失败的？

____

2. 你认为越王勾践是一个什么样的人？

____

3. 孟子说：“生于忧患，死于安乐。”请结合这个故事，说说忧患意识对于个人和国家有什么意义？

____

____

____

23 鸿鹄之志

陈胜者，阳城人也，字涉。吴广者，阳夏人也，字叔。陈涉少时，尝与人佣耕，辍耕之垄上，怅恨久之，曰：“苟富贵，勿相忘。”佣者笑而应曰：“若为佣耕，何富贵也？”陈涉太息曰：“嗟乎！燕雀安知鸿鹄之志哉！”

一、下列加点字、词的解释不正确的是（　　）。

A. 尝与人佣耕（曾经）　　B. 怅恨久之（失望）

C. 若为佣耕（如果）　　D. 陈涉太息曰（长叹）

二、下列加点字、词的读音不正确的是（　　）。

A. 吴广者，阳夏人也（jiǎ）　　B. 辍耕之垄上（chuò）

C. 燕雀安知鸿鹄之志哉（hóng gào）　　D. 苟富贵，勿相忘（gǒu）

三、下列句子是什么问句？你能将它换一种句式吗？

若为佣耕，何富贵也？

______

四、把下列语句翻译成现代汉语。

1. 苟富贵，勿相忘。

______

2. 嗟乎！燕雀安知鸿鹄之志哉！

______

五、下列说法错误的是（　　）。

A. “辍耕之垄上”中“之……上”的意思是“到……上”

B. “陈涉少时”中“少”的意思是“少年”

C. “陈涉太息曰”中“太息”的意思是“叹息”

D. “嗟乎！燕雀安知鸿鹄之志哉”中的“嗟乎”是语气词，意思相当于“唉”

六、根据原文回答下列问题。

1. 陈涉是一个什么样的人？

______

2. 在文中陈涉分别用“鸿鹄”和“燕雀”来比喻谁？

______

3. 回望历史，你知道还有哪些人被比作“鸿鹄”？

______

______

24　管鲍之交

管仲夷吾者，颍上人也。少时常与鲍叔牙游，鲍叔知其贤。管仲贫困，常欺鲍叔，鲍叔终善遇之，不以为言。已而鲍叔事齐公子小白，管仲事公子纠。及小白立为桓公，公子纠死，管仲囚焉。鲍叔遂进管仲。管仲既用，任政于齐，齐桓公以霸，九合诸侯，一匡天下，管仲之谋也。

一、解释下列语句中加点的字。

1. 少时常与鲍叔牙游（　　　　）　2. 不以为言（　　　　）

3. 鲍叔遂进管仲（　　　　）　4. 一匡天下（　　　　）

二、请给下列语句中的“善”字选择正确的解释。

A. 好的，美好的　B. 擅长　C. 善事，好的行为

1. 择其善者而从之（　　）

2. 积善成德（　　）

3. 能谋善断（　　）

三、下列“其”字的用法与其他三项不同的是（　　）。

A. 鲍叔知其贤　B. 鸟，吾知其能飞

C. 其一犬坐于前　D. 秦王恐其破璧，乃辞谢

四、把下列语句翻译成现代汉语。

管仲既用，任政于齐，齐桓公以霸，九合诸侯，一匡天下，管仲之谋也。

____

五、根据原文回答下列问题。

1. 本文主要写了哪两件事？你从中感受到了什么？

____

____

2. 文中的鲍叔牙是一个怎样的人？

____

3. 你还知道哪些与友情有关的故事？

____

____

25 师旷论学

晋平公问于师旷曰：“吾年七十，欲学，恐已暮矣。”师旷曰：“何不炳烛乎？”平公曰：“安有为人臣而戏其君乎？”师旷曰：“盲臣安敢戏其君乎？臣闻之：少而好学，如日出之阳；壮而好学，如日中之光；老而好学，如炳烛之明。炳烛之明，孰与昧行乎？”平公曰：“善哉！”

一、解释下列加点的字。

1. 恐已暮矣（　　　　）　2. 何不炳烛乎（　　　　）

3. 盲臣安敢戏其君乎（　　　　）　4. 孰与昧行乎（　　　　）

二、下列句子中“之”字的用法与其他不同的是（　　）。

A. 臣闻之　B. 如日出之光

C. 默而识之　D. 学而时习之

三、把下列语句翻译成现代汉语。

1. 平公曰：“安有为人臣而戏其君乎？

____

2. 炳烛之明，孰与昧行乎？

____

四、文中师旷用了哪三个比喻？意在说明一个什么道理？

____

____

____

26　枭将东徙

枭逢鸠。鸠曰：“子将安之？”枭曰：“我将东徙。”鸠曰：“何故？”枭曰：“乡人皆恶我鸣。以故东徙。”鸠曰：“子能更鸣，可矣；不能更鸣，东徙犹恶子之声。”

一、写出下列句子中“之”指代的意思。

1. 子将安之　　之：__________

2. 东徙犹恶子之声　　之：__________

二、解释下列句子中加点的字。

1. 我将东徙（　　　　）　2. 以故东徙（　　　　）

3. 乡人皆恶我鸣（　　　　）　4. 不能更鸣（　　　　）

三、“子将安之”的句式是（　　）。

A. 倒装句　B. 判断句　C. 省略句

四、把下列语句翻译成现代汉语。

1. 乡人皆恶我鸣。以故东徙。

2. 不能更鸣，东徙犹恶子之声。

五、鸠的最后一句话给我们以启示，下列说法不正确的是（　　）。（多选）

A. 只治标而不治本是不能解决问题的

B. 要正视自己的缺点，改正缺点才能被大家接受

C. 不能改变自己，换一个环境也是一种方法

D. 当别人不理解自己的时候，可以寻找适合自己的发展环境

六、根据原文回答下列问题。

1. “枭将东徙”的原因是什么？

2. 鸠对枭东徙持有什么态度？（用原文回答）

3. 你对枭东徙持有什么态度？请简要说明你的理由。

27　各有所长

甘戊使于齐，渡大河。船人曰：“河，水间耳！君不能自渡，能为王者之说乎？”甘戊曰：“不然，汝不知也。物各有短长，谨愿敦厚，可事主，不施用兵；骐骥騄駬，足及千里，置之宫室，使之捕鼠，曾不如小狸；干将为利，名闻天下，匠以治木，不如斤斧。今持楫而上下随流，吾不如子；说千乘之君，万乘之主，子亦不如戊矣。”

一、解释下列句子中加点的字。

1. 甘戊使于齐（　　　）　　2. 可事主（　　　）

3. 足及千里（　　　）　　4. 曾不如小狸（　　　）

二、下列句子与例句中的“之”用法相同的是（　　）。

例句：使之捕鼠

A. 观之正浓　　B. 至之市

C. 是吾剑之所从坠　　D. 千乘之君

三、下列句子中“说”的用法与其他两项不同的是（　　）。

A. 说千乘之君，万乘之主　　B. 能为王者之说乎　　C. 游说各国

四、用“/”标出下列句子中的朗读节奏。（标一处）

子 亦 不 如 戊 矣

五、把下列语句翻译成现代汉语。

1. 物各有短长，谨愿敦厚，可事主，不施用兵。

____

2. 今持楫而上下随流，吾不如子。

____

六、根据原文填空。

1. 甘戊到齐国去的任务是________________。（用原文回答）

2. “骐骥騄駬”的长处是__________，但在__________这件事上，它们比不上“小狸”；“干将”的长处是__________，但在__________这件事上，它们比不上“斤斧”。

3. 文中表达主旨的句子是________________________；运用的论证方法是________________。

七、对于船夫的言论，甘戊持有什么观点？这个故事给你什么启示？

____

____

28　螳螂捕蝉，黄雀在后

园中有树，其上有蝉。蝉高居悲鸣饮露，不知螳螂在其后也；螳螂委身曲附欲取蝉，而不知黄雀在其傍也；黄雀延颈欲啄螳螂，而不知弹丸在其下也。此三者皆务欲得其前利，而不顾其后之有患也。

一、下列加点字、词的解释不正确的是（　　）。

A. 蝉高居悲鸣饮露（高声鸣叫）　　B. 不知螳螂在其后也（置后，一般不译）

C. 螳螂委身曲附欲取蝉（想）　　D. 黄雀延颈欲啄螳螂（伸延）

二、下列说法错误的是（　　）。

A. “而不顾其后之有患也”中“患”的意思是“祸患，灾难”

B. “此三者皆务欲得其前利”中“前利”的意思是“眼前的利益”

C.“而不知黄雀在其傍也”中“傍”的意思是“依傍”

D.“螳螂委身曲附欲取蝉”中“委身”的意思是“弯曲身子”

三、根据原文写出下列句子中“其”指代的事物。

1. 园中有树，其上有蝉　　　　其：________

2. 不知螳螂在其后也　　　　其：________

3. 而不知黄雀在其傍也　　　　其：________

4. 而不知弹丸在其下也　　　　其：________

四、按照要求填空。

1. 蝉、螳螂、黄雀的“前利”分别是______、______、______；它们的后患分别是______、______、______。

2. 这个故事可以用成语________________来概括。除此之外，我们还接触过一些这类八字成语，如：当局者迷，__________；__________，不见泰山；不入虎穴，__________；君子一言，__________等。

3. 这个故事告诉我们的道理是____。

五、下列对本文理解错误的是（　　）。

A. 人无远虑，必有近忧。我们考虑问题、处理事情时应全面斟酌

B. 世界上的一切事物都存在着肯定和否定两方面。这两方面互相斗争，当否定的方面战胜肯定的方面并取得支配地位时，会使事物发生质的变化

C. 人与人之间的利害是互相关联的。只图眼前的利益，甚至为了眼前的利益而损害别人的利益，这种人往往没有好结果

D. 有利往往预兆着不利，成功常常隐藏着失败，这种变化往往是可以预料的

29　孟母三迁

邹孟轲之母也，号孟母。其舍近墓。孟子之少也，嬉游为墓间之事，踊跃筑埋。孟母曰：“此非吾所以居处子也。”乃去。舍市旁，其嬉戏为贾人衒卖之事。孟母又曰：“此非吾所以居处子也。”复徙舍学宫之旁。其嬉游乃设俎豆，揖让进退。孟母曰：“真可以居吾子矣！”遂居。及孟子长，学六艺，卒成大儒之名。

一、下列加点字、词的解释不正确的是（　　）。

A. 号孟母（称）　　B. 乃去（出去）

C. 复徙舍学宫之旁（学校）　　D. 嬉游为墓间之事（游乐）

二、请圈出下列加点字的正确读音。

1. 其舍近墓 (shè shě)

2. 遂居 (suí suì)

3. 揖让进退 (jī yī)

三、选择题。

1. 中国古代有两个大学问家、教育家，人称“孔孟”。“孟”是指______，名叫______；（　　）“孔”是指______，名叫____。（　　）

A. 孟子　孟获　　B. 孟子　孟轲　　C. 孟获　孟轲

D. 孔子　孔颖达　　E. 姓孔的人的儿子　孔丘　　F. 孔子　孔丘

2. 用下列哪个语句概括本文主旨最恰当？（　　）

A. 事不过三　　B. 知错就改

C. 择邻而居　　D. 知子莫若父

四、把下列语句翻译成现代汉语。

1. 卒成大儒之名。

____

2. 此非吾所以居处子也。

____

五、根据本文内容填空。（用原文回答）

1. 孟母第一次迁居的原因是__________________________。

2. 孟母第二次迁居的原因是__________________________。

3. 孟母第三次决定定居下来的原因是______________________。

六、你觉得孟母是一个什么样的人？

____

七、本文告诉我们环境对一个人成长的重要性，这让我想到了一个八字成语，即“____________，____________”。

30 狐假虎威

虎求百兽而食之，得狐。狐曰：“子无敢食我也！天帝使我长百兽，今子食我，是逆天帝命也。子以我为不信，吾为子先行，子随我后，观百兽之见我而敢不走乎？”虎以为然，故遂与之行。兽见之皆走。虎不知兽畏己而走也，以为畏狐也。

一、下列加点字的解释不正确的是（　　）。

A. 狐假虎威（凭借）　　B. 虎以为然（真的，正确的）

C. 故遂与之行（原因）　　D. 天帝使我长百兽（派遣）

二、下列说法错误的是（　　）。

A.“虎不知兽畏己而走也”中的“己”原指自己，这里指老虎

B.“子无敢食我也”中的“子”是代词，一般用作第二人称，这里指老虎

C.“天帝使我长百兽”中的“长”在这里读作 zhǎng，名词用作动词，指领导

D.“虎求百兽而食之”中的“食”读作 sì，意思是食物

三、填空题。

成语“狐假虎威”多用来比喻 ______________________。其近义词有 __________、__________，多用于 ______（褒 / 贬）义。

四、给下列句子中的“之”选择正确的含义。

A. 它们，代百兽　　B. 它，代老虎

C. 它，代狐狸　　D. 它们，代老虎和狐狸

1. 虎求百兽而食之　　（　　）

2. 虎以为然，故遂与之行　　（　　）

3. 兽见之皆走　　（　　）

五、写出下列句子中加点字的古今义。

1. 子无敢食我也。　古义 __________，今义 __________。

2. 兽见之皆走。　古义 __________，今义 __________。

六、下列句子翻译正确的是（　　）。

A. 天帝使我长百兽　　译文：上天派我来做百兽之长

B. 子以我为不信　　译文：我不会认为你在说谎

C. 吾为子先行　　译文：我与你先走

D. 观百兽之见我而敢不走乎　译文：看看百兽见到我的表现而不走开吗

七、根据原文回答下列问题。

1. 你知道百兽看到狐狸四处逃散的真正原因是什么吗？

____

2. 请你评价一下故事中的狐狸和老虎。

____

____

31 惊弓之鸟

有间，雁从东方来，更羸以虚发而下之。魏王曰："然则射可至此乎？"更羸曰："此孽也。"王曰："先生何以知之？"对曰："其飞徐而鸣悲。飞徐者，故疮痛也；鸣悲者，久失群也，故疮未息，而惊心未去也。闻弦音，引而高飞，故疮陨也。"

一、下列加点字的解释不正确的是（　　）。

A. 此孽也（受过伤）　　B. 引而高飞（指引）

C. 故疮陨也（坠落）　　D. 飞徐者（缓慢）

二、下列说法错误的是（　　）。

A. "更羸以虚发而下之"中的"下之"属于使动用法，意思是"使鸟掉下来"

B. "飞徐者，故疮痛也"属于"……者，……也"判断句

C. "此孽也"是判断句，意思是"这是一只受过箭伤还未好的雁"

D. "故疮痛也"中"疮"的意思是"一种皮肤病"

三、请给下列语句的"故"选择恰当的意思。

A. 因此，所以　　B. 旧，与"新"相对　　C. 因为　　D. 本来

1. 闻弦音，引而高飞，故疮陨也。（　　）

2. 飞徐者，故疮痛也（　　）

3. 故疮未息，而惊心未去也（　　）

四、写出下列句子中"之"字指代的内容。

1. 更羸以虚发而下之 ______________________________

2. 先生何以知之 ______________________________

五、填空题。

成语"惊弓之鸟"用来比喻 ______________________________，其近义词有 ______________，反义词有 ______________、______________。

六、根据原文回答下列问题。

1. 更嬴是根据什么现象判断这是一只受伤未愈的雁的？（用原文回答）

____

2. 你觉得更嬴是一个什么样的人？

____

3. 读了这则寓言后，你从大雁身上吸取到什么教训？

____

____

32 南辕北辙

今者臣来，见人于大行，方北面而持其驾，告臣曰："吾欲之楚。"臣曰："君之楚，将奚为北面？"曰："吾马良。"臣曰："马虽良，此非楚之路也。"曰："吾用多。"臣曰："用虽多，此非楚之路也。"曰："吾御者善。"此数者愈善，而离楚愈远耳。

一、下列加点字、词的解释不正确的是（　　）。

A. 我欲之楚（的）　　B. 方北面而持其驾（向北方）

C. 将奚为北面（为什么）　　D. 吾御者善（好）

二、请圈出下列加点字的正确读音。

1. 将奚为北面（jiāng　jiàng）

2. 此数者愈善（shǔ　shù）

3. 而离楚愈远耳（yù　yùn）

三、下列说法错误的是（　　）。

A. "方北面而持其驾"中的"驾"意思是"驾车"

B. "将奚为北面"中的"北面"意思是"北方"

C. "吾御者善"中的"御者"意思是"赶车的人"

D. "见人于大行"中的"大"通"太"，"行"读作 háng，"大行"的意思是"太行山"

四、原文中"者"字共出现了三次，每次意思都不同，请选择填空。

A. 用在数词的后面，表示前文提到的事物

B. ……的（人、东西、事情）

C. 用在时间词语的后面，……的时候

1. 吾御者善　　　　　　　　（　　）

2. 今者臣来，见人于大行　　（　　）

3. 此数者愈善，而离楚愈远耳　（　　）

五、下列句子朗读节奏划分正确的是（　　）。

A. 此数 / 者愈善，而离楚 / 愈远耳

B. 此数者 / 愈善，而离楚 / 愈远耳

C. 此数者 / 愈善，而离楚愈 / 远耳

D. 此数 / 者愈善，而离楚愈 / 远耳

六、下列对本文理解错误的是（　　）。

A. 在工作中，不仅要有十足的干劲，还要有科学的态度，方向也要正确

B. 办事必须方向正确，否则条件越好，主观越努力，距离目的地就越远

C. 条件不优越，只要主观努力，距离目的地就越近

七、根据原文回答下列问题。

1. 这则寓言故事讲了一件什么事？

____

2. 去楚国的人朝北走的原因有哪些？

____

3. 你想对那个去楚国的人说些什么？

____

____

33　苏秦刺股

苏秦乃洛阳人，学纵横之术，游说秦王，书十上而不为用，资用匮乏，潦倒而归。至家，妻不下纴，嫂不为炊，父母不以为子。苏秦乃叹曰："此皆秦之罪也！"乃发愤读书，曰："安有说人主而不得者乎？"读书欲睡，引锥自刺其股，血流至足。

一、填空题。

成语"____________"是关于苏秦和孙敬苦学故事的概括。

二、下列加点字的解释不正确的是（　　）。

A. 学纵横之术（谋略）　　　　B. 游说秦王（劝说）

C. 妻不下纴（织布机） D. 引锥自刺其股（屁股）

三、下列加点字、词的读音不正确的是（ ）。

A. 游说秦王（shuō） B. 妻不下纴（rèn）

C. 资用匮乏，潦倒而归（kuì fá） D. 引锥自刺其股（gǔ）

四、下列句子朗读节奏划分不正确的是（ ）。

A. 苏秦 / 乃 / 洛阳人 B. 学纵横 / 之术

C. 妻 / 不下纴 D. 引锥 / 自刺其股

五、下列翻译不正确的是（ ）。

A. 妻不下纴 译文：妻子不下织布机

B. 此皆秦之罪也 译文：这都是我的过错啊

C. 安有说人主而不得者乎 译文：没有去游说国君而不能成功的人啊

D. 引锥自刺其股 译文：拿锥子刺自己的大腿

六、下列词语不属于同一类的是（ ）。

A. 孙敬悬梁 苏秦刺股 囊萤映书

B. 书籍 童话 诗歌

C. 竹简 帛书 卷轴

七、根据原文回答下列问题。

1. 苏秦没有受到秦王的重用，家人是怎样对待他的？（用原文语句回答）

____

2. 这个故事给你的启示是什么？

____

3. 你是如何看待苏秦的学习方法的？请说出你的理由。

____

____

34 鹬蚌相争，渔翁得利

蚌方出曝，而鹬啄其肉，蚌合而钳其喙。鹬曰：“今日不雨，明日不雨，即有死蚌。”蚌亦谓鹬曰：“今日不出，明日不出，即有死鹬。”两者不肯相舍，渔者得而并禽之。

一、下列加点字的解释不正确的是（ ）。

A. 蚌方出曝（刚刚） B. 今日不雨（雨）

C. 即有死鹬（就）　　D. 渔者得而并禽之（捉住）

二、下列说法错误的是（　　）。

A. “明日不雨，即有死蚌”中“即”的意思是“立刻，马上”

B. “两者不肯相舍”中“舍”的意思是“放弃”

C. “蚌亦谓鹬曰”中“亦”的意思是“也”

三、下列朗读节奏划分正确的是（　　）。

A. 渔者 / 得而 / 并 / 禽之

B. 渔者 / 得 / 而 / 并 / 禽之

C. 渔者 / 得而 / 并 / 禽 / 之

D. 渔 / 者 / 得 / 而 / 并 / 禽之

四、填空题。

成语“鹬蚌相争”用来比喻 ________________________________，其近义词有 ________________，________________。

五、下列各组加点字中意思不同的是（　　）。

A. 蚌合而钳其喙　　渔者得而并禽之

B. 今日不雨，明日不雨，即有死蚌　　今日不出，明日不出，即有死鹬

C. 而鹬啄其肉　　其人弗能应也

六、请简要概括本文的主要内容。

____

____

七、这个故事说明了什么道理？

____

____

35 画蛇添足

楚有祠者，赐其舍人卮酒，舍人相谓曰：“数人饮之不足，一人饮之有余。请画地为蛇，先成者饮酒。”一人蛇先成，引酒且饮之，乃左手持卮，右手画蛇，曰：“吾能为之足。”未成，一人之蛇成，夺其卮，曰：“蛇固无足，子安能为之足？”遂饮其酒。为蛇足者，终亡其酒。

一、解释下列句子中加点的字。

1. 引酒且饮之（　　　）　　2. 蛇固无足（　　　）

3. 吾能为之足（　　　）　　4. 终亡其酒（　　　）

二、请圈出下列加点字的正确读音。

1. 楚有祠者（cǔ　chǔ）

2. 终亡其酒（zōng　zhōng）

3. 夺其卮，曰（yuē　rì）

三、下列说法错误的是（　　）。

A. “卮”是指古时的盛器，类似壶

B. “祠者”指主管祭祀的官员

C. “子安能为之足？”是一个设问句

D. “舍人相谓”中“相谓”的意思是“互相商议”

四、“子安能为之足”中的“子”是指（　　）。

A. 孔子　　B. 画蛇添足之人

C. 主人　　D. 夺酒之人

五、下列句子中“之”的意思相同的两项是（　　）。

A. 数人饮之不足　　B. 吾能为之足

C. 一人之蛇成　　D. 引酒且饮之

六、把下列语句翻译成现代汉语。

1. 数人饮之不足，一人饮之有余。

____

2. 蛇固无足，子安能为之足？

____

七、根据原文回答下列问题。

1. “画蛇添足”之人没有喝到酒，他心里一定很__________，会想：__________

______________________________。

2. 文中先画成蛇者是一个怎样的人？你想对他说些什么？

____

____

____

八、下列说法不准确的是（　　）。

A. 故事告诉我们，节外生枝、多此一举反而坏事

B. 我们做任何事情都要实事求是，不要卖弄聪明，否则不但不能把事情做好，还会把事情办得更糟

C. 做什么事都要敢于创新，不能墨守成规

36　凿壁偷光

匡衡勤学而无烛，邻居有烛而不逮，衡乃穿壁引其光，以书映光而读之。邑人大姓文不识家富多书，衡乃与其佣作而不求偿。主人怪问衡，衡曰："愿得主人书遍读之。"主人感叹，资给以书，遂成大学。

一、下列加点字词的解释不正确的是（　　）。

A. 愿得主人书遍读之（普遍，全面）　　B. 邻居有烛而不逮（捉）

C. 资给以书（借）　　D. 遂成大学（有学识的人）

二、下列加点字的读音不正确的是（　　）。

A. 邻居有烛而不逮（dǎi）　　B. 其佣作而不求偿（cháng）

C. 愿得主人书遍读之（biàn）　　D. 遂成大学（suì）

三、下列说法错误的是（　　）。

A. "邑人大姓文不识"中"文不识"是"不识文"的倒装

B. "遂成大学"中的"遂"表示结果，意思是"终于，最终"

C. "主人怪问衡"中的"怪"意思是"对……感到奇怪"，是形容词活用作动词

D. "其佣作而不求偿"中的"偿"意思是"报酬"，不能理解为"奖赏"或"补偿"

四、用文中的话回答下列问题。

1. "衡乃与其佣作而不求偿"的目的：________________

2. 主人得知匡衡愿望后的反应和做法：________________

五、用自己的话回答下列问题。

1. 为了能读书，匡衡都想了哪些办法？

____

2. 匡衡为什么能成为大学问家？

____

3. 匡衡的故事给了你什么启发？

____

37 苏武牧羊

律知武终不可胁，白单于。单于愈益欲降之。乃幽武，置大窖中，绝不饮食。天雨雪，武卧啮雪，与旃毛并咽之，数日不死。匈奴以为神，乃徙武北海上无人处，使牧羝，羝乳乃得归。别其官属常惠等，各置他所。

武既至海上，廪食不至，掘野鼠去草实而食之。杖汉节牧羊，卧起操持，节旄尽落。

一、下列加点字的解释不正确的是（　　）。

A. 白（·）单于（白白地）　　B. 单于愈益欲降（·）之（使……投降）

C. 别（·）其官属常惠等（分开安置）　　D. 杖（·）汉节牧羊（拄着）

二、下列加点字词的读音不正确的是（　　）。

A. 天雨（·）雪，武卧啮雪（yǔ）　　B. 廪（·）食不至（lǐn）

C. 与旃（·）毛并咽之（zhān）　　D. 掘野鼠去（·）草实而食之（jǔ）

三、下列朗读节奏划分正确的是（　　）。

A. 掘 / 野鼠 / 去草实 / 而食之

B. 掘野鼠 / 去草实 / 而食之

C. 掘野鼠 / 去草实 / 而 / 食之

D. 掘 / 野鼠 / 去草实 / 而食之

四、把下列语句翻译成现代汉语。

1. 别其官属常惠等，各置他所。

2. 杖汉节牧羊，卧起操持，节旄尽落。

五、通过阅读文章，你认识了一位怎样的苏武？

38 目不窥园

董仲舒，广川人也。少治《春秋》，孝景时为博士。下帷讲诵，弟子传以久次相授业，或莫见其面。盖三年不窥园，其精如此。进退容止非礼不行，学士皆师尊之。

一、“少治《春秋》”中的“治”意思是（　　）。

A. 整理　　B. 消灭　　C. 研究　　D. 惩治

二、“目不窥园”的意思是什么？

____

三、把下列语句翻译成现代汉语。

1. 盖三年不窥园，其精如此。

____

2. 进退容止非礼不行，学士皆师尊之。

____

四、这个故事讲述了什么道理？

____

____

参考答案

01　共工怒触不周山

一、B　二、1. √　2. √　3. √　4. √　三、1. 所以日月星辰都向西北方向移动了。　2. 所以江河的积水和泥沙都朝东南方向流去。　四、共工在争当部落领袖时惨败。　五、1. 天柱折，地维绝，天倾西北。　2. 这个神话故事表现了共工勇敢、坚强，但愿牺牲自己来改造山河的大无畏精神。　3. 天空向西北方向倾倒，日月星辰每天都从东边升起，从西边降落；大地向东南角塌陷，江河之水向东奔流入大海。

02　后羿射日

一、B　二、A　三、C　四、1. 尧　2. 青丘湖　太阳　洞庭湖　桑林　3. 诛　杀　缴上射　下杀　断　禽　五、B　六、1. 灼热的阳光晒焦了庄稼，使花草树木枯死，老百姓连吃的东西都没有。　2. 天上的十个太阳以及猰貐、凿齿、九婴、大风、封豨、修蛇六种怪物。　3. 表现了人类勇敢地与自然做斗争，在恶劣的自然条件下仍然自强不息的精神。

03　女娲补天

一、B　二、D　三、1. √　2. √　3. √　4. ×　四、D　五、1. 因为人们处在水深火热之中。　她炼五色石以补苍天，断鳌足以立四极，杀黑龙以济冀州，积芦灰以止淫水。2. 文中表现了女娲勇敢无畏的气魄和拯救人类的大爱精神。

04　塞翁失马，焉知非福

一、D　二、B　三、B　四、D　五、A　六、福事：其马将胡骏马而归；此独以跛之故，父子相保。　祸事：马无故亡而入胡；其子好骑，堕而折其髀。　七、对待任何事物都要辩证地分析，好坏、祸福在一定的条件下是可以相互转化的。（意思正确即可）　塞翁失马，焉知非福　乐极生悲　否极泰来　因祸得福　祸兮福之所倚，福兮祸之所伏。（答案不唯一）。

05　嗟来之食

一、D　二、D　三、1. ×　2. √　3. √　四、1. C　2. C　3. D　4. C　五、1. 蒙袂辑屦　2. 嗟！来食！　3. 左奉食，右执饮　4. 贸贸然　扬其目而视之　六、有志者不食嗟来之食。　七、言之有理即可。

06　大道之行也

一、B　二、D　三、B（“不独子其子”中的“子”指儿女，现在指儿子；“选贤与能”中的“选”是指选择，与今义相同；“男有分，女有归”中的“归”是指女子出嫁，今义是返回；“故外户而不闭”中的“户”是指大门，今义为人家。）　四、1. 天下为公　2. 鳏寡孤独　五、1. √　2. √　3. √　4. √　六、D　七、C　八、是故谋闭而不兴，盗窃乱贼而不作，故外户而不闭，是谓大同。

07　善学者

一、C　二、D　三、1. ×　2. √　3. √　4. √　四、B　五、1. 善学者：善于学习的人，老师费力小且学习效果很好，又归功于老师教导有方。　善问者：善于提问的人就像加工处理坚硬的木材，先从容易处理的地方下手，然后才对木头的关节进行加工，时间长了，问题就愉快地解决了。　2. 善问者，如攻坚木，先其易者，后其节目。　3. 示例：(1) 善于学习应有正确的学习方法。(2) 善于反思可以查漏补缺。(3) 要善于发现问题，提出问题，解决问题。(4) 学习要讲究方法，先易后难，循序渐进。

08　苛政猛于虎

一、C　二、1. √　2. √　3. √　4. ×　三、1. 孔子　2. 妇人　这里　四、C　五、1. 妇人的公公、丈夫和孩子。　2. 妇人一家有三人被老虎吃掉，但因为这里没有繁重的徭役和赋税，妇人仍没有离开这里。　六、C

09　教学相长

一、B　二、C　三、1. ×　2. √　3. √　4. √　四、是故／学／然后知不足，教／然后知困。　五、1. 虽然有美味佳肴，不去吃，就不知道它的味美。　2. 所以说教与学是互相促进的。　六、1. 饮食　学习道理　教　学　教学相长　2. 学了之后才知道自己的不足，教别人之后才发现自己学识上的困惑。知道自己的不足，才能自我反思，知道有困惑，然后才能自我勉励，所以说"教"与"学"是相互促进的。

10　完璧归赵

一、A　二、1. guān　2. xiāng　3. yì　4. jù　三、1. 把原物完整无缺地归还原主　物归原主　2. 极为愤怒　怒气冲天　大发雷霆　欣喜若狂　兴高采烈　四、1. A　2. B　3. C　4. D　5. E　五、B　六、秦王在普通的宫殿接见一国使臣显得无礼，把和氏璧随手传给姬妾及侍臣显得不隆重。

11　西门豹治邺

一、B　二、D　三、1. √　2. √　3. √　4. ×　四、1. 趣　促　催促　2. 傍　旁　旁边　五、1. 巫婆、弟子这些都是女人，不会禀告事由。　2.（西门豹）想再派廷掾和豪绅中的一人进去催促他们。　六、1. 投入河中的有巫婆、巫婆的弟子们和掌管教化的乡官。　2. 从中可以体会到此时这些人惊恐、害怕、绝望的心情。

12　破釜沉舟

一、D　二、D　三、1. √　2. √　3. √　4. √　四、1. 苏角　王离　2. 不留退路，下定决心拼到底　背水一战　孤注一掷　瞻前顾后　望风而逃　五、B　六、引　沉　破　烧

持　七、1. 项羽率领全军渡河后，把船全部沉入河底，把锅碗砸破，并把军营烧毁，只带上三天的干粮，不给自己留后路。　2. 项羽是一个勇敢果断、英勇无畏的人。

13　指鹿为马

一、C　二、C　三、1. √　2. √　3. ×　4. √　四、故意颠倒黑白，混淆是非　贬　颠倒黑白　混淆是非　泾渭分明　是非分明　五、1. 二世笑着说："丞相弄错了吧？您把鹿说成了马。"　2. 赵高问身边的大臣，大臣们有的沉默不言，有的故意迎合赵高说是马，有的说是鹿。　六、1. 检测群臣对自己忠心与否，从而迷惑秦二世，以达到篡权的目的。2. 说马的大臣惧怕赵高，以免招致杀身之祸；说鹿的大臣不与赵高同流合污，坚持真理。

14　负荆请罪

一、A　二、B　三、A　四、1. √　2. √　3. √　4. ×　五、1. 负荆请罪　兴师问罪　褒　2. 刎颈之交　生死之交　泛泛之交　褒　六、1. 廉颇是赵国将军，有攻城略地的大功，看不惯蔺相如只靠能说会道立功。他认为蔺相如本是卑贱之人，自己官位居相如之下，他感到羞耻且难以忍受。　2. 蔺相如每到上朝时，常常推说有病，不愿和廉颇去争官位的高低；相如外出，远远看到廉颇，他就掉转车子回避。　3. 廉颇居功自傲，一直想要羞辱相如，而蔺相如以国家利益为重，处处避让廉颇。相如深明大义的话语和处处避让的行为深深地感化了廉颇，使他觉得自己心胸狭窄、羞愧难当。　4. 示例：知错就改、光明磊落　示例：深明大义、顾全大局、宽容大度

15　胯下之辱

一、A　二、D　三、1. √　2. √　3. ×　四、B　五、A　六、1. 淮阴少年当众对韩信说："你要不怕死，就拿剑刺我；如果怕死，就从我胯下爬过去。"　2. 示例：我不觉得韩信是个胆小鬼。大丈夫要能屈能伸，有时低头也是智慧的体现。

16　多多益善

一、A　二、D　三、1. √　2. √　3. ×　4. √　四、C　五、1. 韩信认为自己率领的士兵越多越好。　2. 韩信认为他虽然善于统率士兵，但刘邦善于统率将领，所以他才会被刘邦所控。　3. 示例一：我比较喜欢汉高祖刘邦。因为他胸怀宽广、知人善任、从容沉稳。示例二：我比较喜欢韩信。因为他才华出众、机智聪明。

17　李广射虎

一、B　二、D　三、1. √　2. ×　3. √　4. √　四、以为虎 / 而射之，中石 / 没镞。五、1. 指石头　2. 指老虎　六、A　七、B　八、打猎时错把石头当老虎，箭射入石头中　在以前住过的郡射杀了一只老虎　一　力大无穷、擅长射箭　九、李广是一个武艺高强、敢于射杀老虎的人。

18 毛遂自荐

一、D 二、D 三、1. √ 2. √ 3. √ 4. √ 四、遂闻 / 君将 / 合从于楚 五、1. 现在还少一人，希望先生就以毛遂来凑足人数出发吧！ 2. 如果我早能进入囊中，就连锥子上部的环都会脱露出来，岂止是露个锥子尖呢。 六、毛遂自荐 脱颖而出 自告奋勇，自己推荐自己去做某事 才能完全显露出来 七、1. 用委婉的语言、恰当的比喻，希望平原君给他展示才能的机会。 2. 人要善于把握机会展现自己的才能，毛遂自荐是自信的表现。（扣住“把握机会”“自信”“勇敢”等，言之成理即可）

19 商鞅立信

一、C 二、B 三.1. √ 2. √ 3. × 4. √ 四、1. 百姓看到后对此感到奇怪，没有人敢去搬木桩。 2. 有一个人搬了木桩，商鞅就给了他五十金，以此来表明没有欺骗百姓。 五、1. 商鞅在南门立了一根木桩，说谁能把这根木头搬到北门就给谁五十金，有人搬了，他就给了那人五十金。他这样做是为了取信于民，为变法做准备。 2. 诚信很重要，“人无信而不立”，要想让人相信自己，必须“言必信，信必果”。 六、示例：一诺千金，名句“黄金百斤，不如季布一诺”。（言之有理即可）

20 田忌赛马

一、A 二、A 三、1. 田忌 2. 先用下等马对齐威王的上等马，然后用上等马对齐威王的中等马，最后用中等马对齐威王的下等马 田忌赢 调换出场顺序，可以取长补短、转败为胜 四、B 五、1. 你只管下重金打赌，我能让你取胜。 2. 三场赛马结束，田忌一场输了，两场取胜，最终赢得齐王的千金赌注。 六、无论做什么事情，都要细致观察、认真思考，方法得当。

21 围魏救赵

一、1. 使……为将军 2. 军师 3. 动词，去，到 4. 赶快 二、用包抄敌人的后方来迫使他撤兵的战术 褒 声东击西 调虎离山 三、A 四、1. 现在，魏国和赵国互相攻打，精锐的军队一定都派到外边去了，国内只有老弱残兵。 2. 魏军果然离开邯郸回师，与齐国在桂陵地区交战。齐军把魏军打得大败。 五、C 六、1. 使魏军从赵国撤兵 2. 在魏军撤回的途中设下埋伏，予以痛击 七、1. 孙膑建议田忌率兵去包围魏国，这样魏国不得不放弃攻打赵国，返回来保卫自己的国家。 2. 示例：瞒天过海、空城计、反间计

22 卧薪尝胆

一、C 二、A 三、褒 奋发图强 自强不息 一蹶不振 自暴自弃 四、B 五、1. 坐下或躺下时都要抬头看看苦胆，吃饭时也要舔尝苦胆。 2. 降低自己的身份而礼待贤士，厚待宾客；救济贫苦百姓，安抚死者的家属，和百姓们同甘共苦。 六、1. 越王刻意折磨自己，不忘败兵耻辱，努力翻身。 2. 越王勾践是一个忍辱负重、励精图治的人。

3. 要时刻保持忧患意识。对于个人来说，能磨炼意志并激励自己不断进步；对于一个国家而言，能使国家兴旺发达。

23 鸿鹄之志

一、C 二、C 三、示例：这个句子是反问句。改为陈述句为：若为佣耕，无富贵也。” 四、1. 如果有谁富贵了，不要忘记大家呀。 2. 唉，燕雀怎么能知道鸿鹄的志向呢！ 五、B 六、1. 陈涉是一个胸怀大志的人。 2. 陈涉用“鸿鹄”比喻自己，用“燕雀”比喻和他一起佣耕的、无远大志向的人。 3. 可列举有远大志向或有较高成就的历史人物，如岳飞、范仲淹、司马迁等。

24 管鲍之交

一、1. 交往 2. 有怨言 3. 推荐，保举 4. 匡正，纠正 二、1.A 2.C 3.B 三、C 四、管仲被录用后，在齐国掌管政事，齐桓公因此而称霸，多次召集诸侯会盟，匡正天下，这些都是管仲的谋略。 五、1. 第一件事：管仲年轻时常常占鲍叔牙的便宜，鲍叔牙对管仲从来没有怨言，一直对他很好；第二件事：管仲侍奉的公子纠被杀，鲍叔牙向齐桓公举荐管仲。 我感受到鲍叔牙对管仲非常体谅和欣赏。 2. 鲍叔牙是一个轻利重才、知人识人的贤士。 3. 示例：伯牙绝弦(俞伯牙与钟子期)、舍命之交(羊角哀与左伯桃) 鸡黍之交（范式与张劭）

25 师旷论学

一、1. 晚 2. 点燃 3. 戏弄 4. 黑暗 二、B 三、1. 晋平公说:“哪有做臣子的戏弄他的君主的呢？” 2. 点上蜡烛照明比起在黑暗中走路，究竟哪个好呢？ 四、年少时喜欢学习，好像是太阳刚刚出来时的光芒；壮年时喜欢学习，好像是正午的阳光；老年时喜欢学习，好像是点燃蜡烛照明时的光亮。 有志不在年高，要活到老学到老。

26 枭将东徙

一、1. 动词，去 2. 代词，的 二、1. 迁徙 2. 因为 3. 厌恶，讨厌 4. 改变 三、A 四、1. 乡里人都讨厌我的叫声，因为这我要向东迁移。 2. 你要是不改变叫声，即使向东迁移，那里的人照样会讨厌你的叫声。 五、CD 六、1. 枭的叫声被人厌恶，它想改变现状。 2. 子能更鸣，可矣；不能更鸣，东徙犹恶子之声。 3. 示例：枭东徙的做法并不明智，不能解决根本问题。因为大家讨厌的是枭的鸣叫声，如果枭不能改变，不管迁徙到哪里还是一样被人们讨厌。

27 各有所长

一、1. 出使 2. 侍奉 3. 足力 4. 竟，还 二、A 三、B 四、子 / 亦不如戊矣 五、1. 世间万物各有各的短处，也各有各的长处，老实谨慎地做事可以辅助国君不战而胜。 2. 现在在河中拿着船桨摇船，进退自如，我不如您。 六、1. 为王者之说（或“说千乘之君，万乘之主”） 2. 足及千里 捕鼠 锋利 治木 3. 物各有短长，谨愿敦厚，可事主，不施用兵　比喻论证、对比论证　七、观点：物各有所长，应该要用其长处，发挥其优点。　启示示例：不能因为别人的短处而瞧不起别人，要学会取长补短，完善自己的知识。

28　螳螂捕蝉，黄雀在后

一、C　二、C　三、1. 树　2. 蝉　3. 螳螂　4. 黄雀　四、1. 露水　蝉　螳螂　螳螂　黄雀　弹丸　2. 螳螂捕蝉，黄雀在后　旁观者清　一叶障目　焉得虎子　驷马难追　3. 在考虑问题和处理事情的时候，要瞻前顾后，通盘谋划，同时要注意一种倾向会掩盖另一种倾向　五、D

29　孟母三迁

一、B　二、1. shè　2. suì　3. yī　三、1. B　F　2. C　四、1. 终于成就了大儒的美名。　2. 这里不适合用来安顿我的孩子。　五、1. 孟子嬉游为墓间之事　2. 孟子嬉戏为贾人衒卖之事　3. 孟子嬉游乃设俎豆，揖让进退　六、孟母是一个深爱儿子、教子有方的好母亲。　七、近朱者赤　近墨者黑

30　狐假虎威

一、C　二、D　三、倚仗别人的威势吓唬、欺压人　狗仗人势　仗势欺人　贬　四、1. A　2. C　3. D　五、1. 第二人称，您　儿子　2. 跑　行走　六、A　七、1. 百兽四处逃散的真正原因是害怕老虎。　2. 提示：围绕“狡猾”或“聪明”来评价狐狸，扣住“愚蠢”来评价老虎。

31　惊弓之鸟

一、B　二、D　三、1. A　2. C　3. B　四、1. 指那只受伤的雁　2. 指那只雁是一只受伤的孤雁这一情况　五、心有余悸，遇有动静就慌乱不安的人　心有余悸　无所畏惧　初生牛犊不畏虎　六、1. 其飞徐而鸣悲。　2. 更羸是一个善于观察、善于分析的人。　3. 遇到挫折或打击后，如果不能从打击和失败的阴影中走出来，遇事仍心有余悸，将会遭受更惨重的失败。

32　南辕北辙

一、A　二、1. jiāng　2. shù　3. yù　三、B　四、1. B　2. C　3. A　五、B　六、C　七、1. 一个人本来要去南边的楚国，却驾车向北行驶的事情。　2. 一是马跑得快，二是盘缠多，三是车夫本领高。　3. 我们做任何事情都要搞清方向，如果方向错了，无论条件有多好，也无法到达目的地。

33　苏秦刺股

一、悬梁刺股　二、D　三、A　四、B　五、C　六、B　七、1. 妻不下纴，嫂不为炊，父母不以为子。　2. 示例：这个故事给我的启示是要胸怀大志，发奋学习。　3. 示例：苏秦引锥刺股的“苦学”精神值得我们学习，同时我们也要合理地安排自己的学习与休息时间，并注意身体健康。（言之有理即可）

34 鹬蚌相争，渔翁得利

一、B　二、A　三、A　四、双方相持不下，两败俱伤，结果让第三者从中得利　鱼死网破　两败俱伤　五、C　六、有个河蚌正晒太阳，一只鹬飞来啄它的肉，河蚌马上闭拢，夹住了鹬的嘴，在它们互不相让时，渔夫便把它们一起捉走了。　七、内部争斗不休、互不相容，只会两败俱伤，使第三者得利。

35 画蛇添足

一、1. 将要　2. 本来，原本　3. 画脚　4. 失去、丢失　二、1. chǔ　2. zhōng　3. yuē　三、C　四、B　五、AD　六、1. 几个人喝这壶酒不够，一个人喝这壶酒还有剩余。　2. 蛇本来没有脚，你怎么能给它添上脚呢？　七、1. 后悔　我怎么这么笨，真是多此一举　2. 示例：画蛇添足的人是一个缺乏思考，喜欢自作聪明的人。（意思对即可）做事不可多此一举，故意卖弄自己会弄巧成拙，得不偿失。　八、C

36 凿壁偷光

一、B　二、A　三、A　四、1. 愿得主人书遍读之。　2. 主人感叹，资给以书。五、1. 示例：从这篇短文中可以看出匡衡想了两个办法，一个是在墙壁上凿洞引来邻居家的光亮，另一个是给同乡的大户人家做雇工而不要报酬，以此换来看他家的书。　2. 示例：因为匡衡非常爱读书，并努力创造一切条件去读书，所以最后成了一个大学问家。　3. 要学习匡衡凿壁偷光的精神，学习他不怕艰难学习的恒心与毅力。

37 苏武牧羊

一、A　二、A　三、B　四、1. 还把他的随从人员常惠等人，分别安置到别的地方。2. 他拄着汉朝的符节牧羊，睡觉、起来都会拿着，最终以致系在符节上的牦牛尾毛全部脱落。五、一个有民族气节、信念坚定、意志顽强的苏武。

38 目不窥园

一、C　二、形容学习专心致志、十分刻苦。三、1. 三年不看园圃，他治学心志专一到如此程度。　2. 他的进退仪容举止，不符合礼仪的不做，学士们都尊他为师。四、这个故事告诉我们“抵住诱惑才能成功”的道理，更让我们要学习专注的态度，埋头苦读。

读交大之星
圆名校之梦

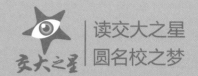

穿越历史线 学透小古文

孙 洋 主编

三国两晋南北朝篇

上海交通大学出版社
SHANGHAI JIAO TONG UNIVERSITY PRESS

内容提要

本系列以“历史线”为选文脉络，从分布在“历史线”上的50多种典籍里，精选166篇适合中小学生阅读的小古文，按照时间顺序，分为春秋战国篇、秦汉篇、三国两晋南北朝篇、唐宋篇、元明清篇5个分册。每个分册设置了典籍名片、小古文精讲、思维导图、智慧点拨、知识拓展、学而思等栏目。本书图文并茂、版式活泼，体例和内容的设置注重“融合”，侧重“积累”，加强“训练”，突出“有趣”，旨在培养中小学生学习小古文的兴趣，并让其从中汲取中国传统文化之精华。

图书在版编目（CIP）数据

穿越历史线.学透小古文.三国两晋南北朝篇 / 孙洋主编.—上海：上海交通大学出版社，2024.6

（交大之星）

ISBN 978-7-313-29093-9

Ⅰ.①穿… Ⅱ.①孙… Ⅲ.①文言文–小学–教学参考资料 Ⅳ.①G624.203

中国国家版本馆CIP数据核字（2023）第130063号

穿越历史线•学透小古文(三国两晋南北朝篇)

CHUANYUE LISHIXIAN•XUETOU XIAOGUWEN（SANGUO–LIANGJIN–NANBEICHAO PIAN）

主　　编：孙　洋

出版发行：上海交通大学出版社　　地　　址：上海市番禺路951号

邮政编码：200030　　电　　话：021-64071208

印　　制：苏州市越洋印刷有限公司　　经　　销：全国新华书店

开　　本：787mm×1092mm 1/16　　印　　张：8.5

字　　数：140千字

版　　次：2024年6月第1版　　印　　次：2024年6月第1次印刷

书　　号：ISBN 978-7-313-29093-9　　音像书号：ISBN 978-7-88941-603-0

定　　价：199.00元（共5册）

前言

古诗文是中华民族五千年文化的瑰宝，是中国优秀传统文化最好的载体，有丰富的历史文化价值和教育价值，处世为人的哲学，修身、齐家、治国、平天下的道理都蕴含其中。学习经典古诗文，对我们的眼界、胸怀、志气、品格修养的提升大有裨益；学习经典古诗文，也是传承中华传统文化、树立民族精神、增强文化自信的重要渠道。

统编语文教材增加了古诗文比重。小学语文古诗文占全部选篇的 36%，初中语文古诗文占全部选篇的 48%，较原人教版教材有大幅增加。

中小学生学习古诗文的重要性和必要性不言而喻，但市面上与古诗文相关的书籍大都以主题或类别进行分类，而学生在学习古诗文的时候，往往需要联系作者或诗人所处的时代背景，这样才能更好地理解古诗文深层次的意蕴。而以“历史线”为脉络对古诗文进行梳理分类，有助于学生提高史实意识，在历史的线条中逐渐明晰作者或诗人的生平、遭遇，理解他们所处的时代发展背景，将同时代的作者、诗人或典籍串联起来，进一步拓展学习的广度和深度。因此，我们积极联合专家团队，倾力打造了“穿越历史线•学透古诗词”“穿越历史线•学透小古文”系列图书。

“穿越历史线•学透古诗词”系列精选 148 首中小学生必背古诗词，按照时间顺序，分为初唐及以前篇、盛唐篇、中晚唐篇、宋代篇、宋代以后篇 5 个分册，每个分册设有诗人名片、诗人介绍、写作背景、注释、译文悦读、思维导图、诗词鉴赏、知识拓展、学而思等栏目。

“穿越历史线•学透小古文”系列从分布在“历史线”上的 50 多种典籍里，精选了 166 篇适合中小学生阅读的小古文，按照时间顺序，分为春秋战国篇、秦汉篇、三国两晋南北朝篇、唐宋篇、元明清篇 5 个分册。每个分册设置典籍名片、小古文精讲、思维导图、智慧点拨、知识拓展、学而思等栏目。套书体例和内容的设置注重“融合”，侧重“积累”，加强“训练”，突出“有趣”。

希望这套图书能使学生更方便地学习古诗文，感受中华文化的丰厚博大，从中汲取民族文化智慧，积淀文化底蕴，在点滴的学习中浸润渗透，增强学生的文化认同感和民族自豪感。

囿于编写水平，书中如有不足之处，恳请广大读者批评指正，以便我们重印再版时修订完善。

编者

目　录

穿越历史线

穿越历史线

夏
商
周
秦
汉
三国
晋
南北朝
隋
唐
五代
宋
辽
西夏
金
元
明
清

《笑林》

笑林

别名	《笑林记》
作者	邯郸淳
创作年代	汉末魏初
文学体裁	小说集
文学价值	中国古代第一部笑话专集

《笑林》是三国时期魏国文学家邯郸淳撰写的小说集，是中国古代第一部笑话专集。原书三卷，后被宋代人增添至十卷后亡佚，现今留存的还有二十余则，大多散存于《艺文类聚》《太平御览》《太平广记》等书中。全书都是短小的讽刺性作品，幽默生动，讽刺辛辣，其中记载较多的是讽刺现实弊病。因其具有较强的社会意义，所以流传很广。后世的一些笑话书，都受《笑林》一书影响，比如鲁迅在《古小说钩沉》里就辑录了《笑林》中的29则故事。

邯郸淳(约132—221)，名竺，字子叔，三国时期颍川阳翟（今河南禹州）人，官至给事中。邯郸淳是中国第一位写寓言笑话的专门作家，他被后世尊称为“笑林祖师”。他博学多才，精通训诂，擅长书法。

名句集锦

◎吾非圣人，但见事多矣！何不以锯中截而入？

◎路人不遑惜金，惟恨不得以献楚王。

◎王感其欲献己也，召而厚赐之，过于买凤之直十倍矣。

◎螳螂伺蝉自障叶可以隐形。

◎默然大喜，赍（jī）叶入市，对面取人物。吏遂缚诣县。

扫码听音频

01 截竿入城

jié gān rù chéng

lǔ yǒu zhí cháng gān rù chéng mén zhě chū shù zhí zhī bù kě rù héng zhí zhī yì bù kě rù jì wú suǒ chū é yǒu lǎo fǔ zhì yuē wú fēi shèng rén dàn jiàn shì duō yǐ hé bù yǐ jù zhōng jié ér rù suì yī ér jié zhī

鲁[1]有执[2]长竿入[3]城门者[4]，初[5]竖执之，不可入；横执之，亦不可入。计无所出[6]。俄[7]有老父[8]至，曰：“吾非圣人，但[9]见事多矣！何不以锯[10]中截[11]而入？”遂[12]依而截之。

[1] 鲁：鲁国。

[2] 执：持，握。

[3] 入：进入。

[4] 者：……的人。

[5] 初：起初。

[6] 计无所出：想不出办法。

[7] 俄：一会儿。

[8] 老父：古代对老年男性的尊称。

[9] 但：只，仅。

[10] 以锯：用锯子。以，用。

[11] 中截：从中间截断。

[12] 遂：于是，就。

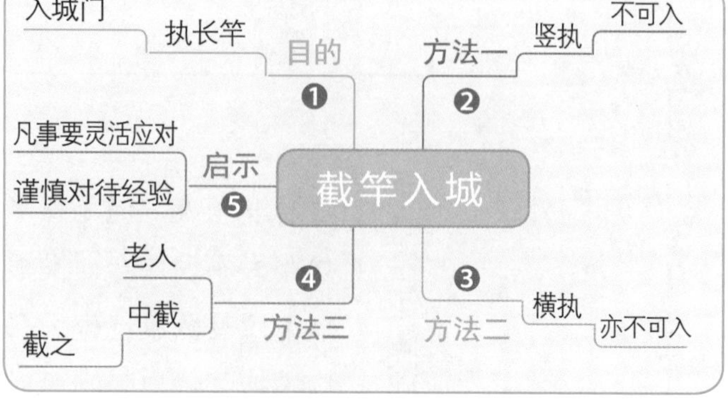

智慧点拨

做事要积极动脑筋，从多个角度思考，要懂得变通，不要过于死板。虚心求教是对的，但也不能盲目顺从别人的意见，要有一定的判断能力。

译文悦读

鲁国有个人拿着长竿想进入城门，起初他竖起来拿着长竿，不能进入城门；又横过来拿着它，也不能进入城门。他实在想不出办法。一会儿，一个老人走过来，说："我并不是有大智慧的人，只是见过的事情多罢了！为什么不用锯子将长竿从中截断后进入城门呢？"于是，那个鲁国人按照老人的办法将长竿截断了。

知识拓展

"父"字的前世与今生

"父"的甲骨文像手持石斧的样子，左边像手，右边的一点表示石斧一类的工具。"父"的金文与甲骨文大致相同，其小篆线条画明显。所以，"父"的本义为石斧（后作"斧"），读作fù。

因为在古代，持斧工作或作战的一般是成年男子，所以由石斧引申为父亲，如"父慈子孝"。

"父"又读作fǔ。由家族或亲戚中的男性长辈引申为对老年男子的称呼。

后来，由父亲引申为家族或亲戚中的男性长辈，如"祖父"。

如丧考妣

《尔雅》："父为考。""考"的甲骨文与"老"同形，都像老人扶杖的样子，后专指死去的父亲。《礼记》："生曰父，死曰考。"现代不单用。

《尚书》："二十有八载，帝（指尧）乃殂（cú）落，百姓如丧考妣。"帝尧严肃恭谨，上下分明，能团结族人，使邦族之间和睦相处，团结得像一家人。他生活简朴，吃粗米饭，喝野菜汤，并深得人民的爱戴和尊重。《尚书》用"如丧考妣"来形容尧的去世让老百姓特别伤心，非常悲痛。

学而思

一、下列加点字的解释不正确的一项是（　　）。

A.初竖执之（起初）　　B.俄有老父至（一会儿）

C.但见事多矣（不过）　　D.遂依而截之（于是）

二、判断题。（正确的打“√”，错误的打“×”）

1.“鲁有执长竿入城门者”中“者”的意思是“……的人”。（　　）

2.“计无所出”的意思是“无计可施”。（　　）

3.“俄有老父至”中“老父”的意思是“老父亲”。（　　）

三、这则寓言读来令人啼笑皆非。如果遇到故事中的人，你想对他们说点什么？

1.对执竿者说：________________。

2.对老者说：________________。

三国志

别　　名　《国志》

作　　者　陈寿

创作年代　西晋时期

文学体裁　纪传体国别史

历史地位　“二十四史”之一

《三国志》是一部记载魏、蜀、吴三国鼎立时期的纪传体国别史。本书是三国分立时期结束后文化重新整合的产物，完整地记述了自汉末至晋初近百年间中国由分裂走向统一的历史全貌。本书很少重复，叙事简略，记事翔实。在材料的取舍上也十分严谨，为历代史学家所重视。史学界把它与《史记》《汉书》《后汉书》合称为“前四史”，视为纪传体史学名著。

陈寿(233-297)，字承祚，巴西郡安汉县(今四川南充)人，西晋时期著名的史学家。他的前半生在蜀汉度过。280年，晋灭吴，统一全国。陈寿时年48岁，开始写作《三国志》，历时十年，书成后时人称他为“一代良史”。

名句集锦

◎苟不能以善始，未有能令终者也。

◎海以合流为大，君子以博识为弘。

◎志行万里者，不中道而辍足；图四海者，匪怀细以害大。

◎非成业难，得贤难；非得贤难，用之难；非用之难，任之难。

扫码听音频

cáo chōng chēng xiàng

02 曹冲称象

cáo chōng shēng wǔ liù suì zhì yì suǒ jí yǒu ruò chéng rén zhī zhì shí sūn
曹冲①生②五六岁，智意③所及，有若④成人之智。时孙

quán céng zhì jù xiàng tài zǔ yù zhī qí jīn zhòng fǎng zhī qún xià xián mò néng
权⑤曾致⑥巨象，太祖⑦欲知其⑧斤重，访⑨之群下⑩，咸⑪莫⑫能

chū qí lǐ chōng yuē zhì xiàng dà chuán zhī shàng ér kè qí shuǐ hén suǒ zhì chēng wù
出其理⑬。冲曰：“置⑭象大船之上，而刻其水痕所至⑮，称物

yǐ zài zhī zé jiào kě zhī yǐ tài zǔ dà yuè jí shī xíng yān
以载之，则校可知矣。”太祖大悦，即施行焉。

① 曹冲：东汉末曹操之子，自幼聪慧异常。
② 生：长到。
③ 智意：知识和判断能力。
④ 若：仿佛，比得上。
⑤ 孙权：三国时东吴国君。
⑥ 致：送给。
⑦ 太祖：指曹操，曹冲的祖父。
⑧ 其：大象。
⑨ 访：询问。
⑩ 群下：手下众人。
⑪ 咸：都，全。
⑫ 莫：没有。
⑬ 理：指称象的办法。
⑭ 置：放置。
⑮ 所至：达到的地方。

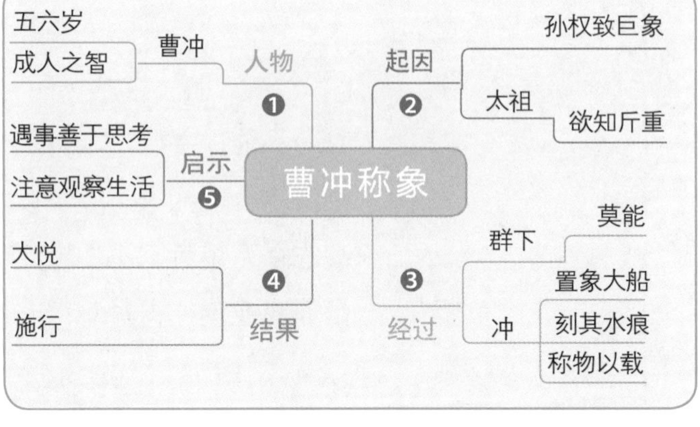

智慧点拨

曹冲幼时的智慧确实过人，这与他能缜密思考问题是分不开的。各人智慧固然不同，但思考分析问题的习惯是可以培养的。

译文悦读

曹冲长到五六岁的时候，知识和判断能力所达到的程度，就像成人一样。当时孙权曾经送来一头巨象，曹操想知道这头象的重量，便在群臣中询问称象的办法，却没有人能说出可行的办法来。曹冲说：“把象放在大船上，在船边刻上水痕所到的地方，然后把大象牵下来，让船装上同样多的东西，再称一下这些东西的重量，那么比较后就可以知道了。”曹操听后很高兴，就按照这种办法做了。

知识拓展

“象”的起源

“象”的甲骨文像一头大象的样子，上面是大象的头，长鼻子向右上方伸展，下面是身子，最下端是尾巴。金文更像大象的样子。所以，“象”的本义为大象，是一种生活在陆地上、现存最大的哺乳动物。

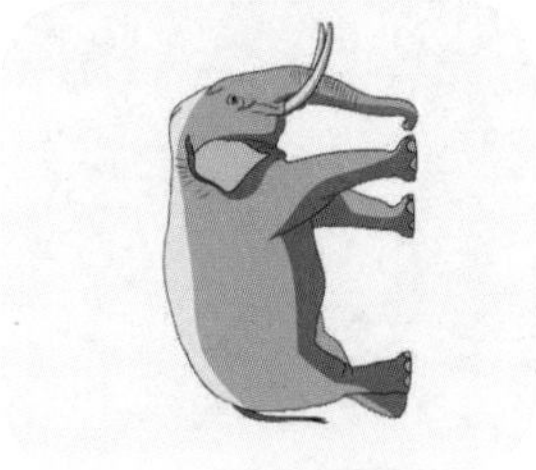

甲骨文　金文　小篆　隶书　楷书

含有“象”的谚语有：人心不足蛇吞象；含有“象”的歇后语有：盲人摸象——各执一词。

下列成语与大象无关的一项是（ C ）。

A. 曹冲称象　　B. 盲人摸象　　C. 包罗万象　　D. 象耕鸟耘

学而思

仔细阅读原文，然后把下面的句子按照先后顺序排队。

A. 刻其水痕所至。

B. 得象之斤重。

C. 置象大船之上。

D. 称物之重。

E. 装物至水痕。

扫码听音频

huái jú wèi mǔ

03 怀橘遗①母

lù jì zì gōng jì wú jùn wú rén yě fù kāng hàn mò wéi lú jiāng tài
陆绩②，字公纪，吴郡吴人也。父康，汉末为庐江太

shǒu jì nián liù suì yú jiǔ jiāng jiàn yuán shù shù chū jú jì huái sān méi qù
守。绩年六岁，于③九江④见袁术⑤。术出⑥橘，绩怀三枚。去，

bài cí duò dì shù wèi
拜辞⑦堕⑧地。术谓

yuē lù láng zuò bīn kè
曰：“陆郎⑨作宾客

ér huái jú hū jì
而怀⑩橘乎？”绩

guì dá yuē yù guī wèi
跪答曰：“欲归遗

mǔ shù dà qí zhī
母。”术大奇⑪之。

① 遗：送给，送。
② 陆绩：三国时期吴国著名的学者。
③ 于：在。
④ 江：古地名，今江西的九江。
⑤ 袁术：当时的大豪强。
⑥ 出：拿出。
⑦ 辞：告别。
⑧ 堕：坠落。
⑨ 郎：对少年的美称。
⑩ 怀：怀里藏着。
⑪ 奇：对……感到惊奇。

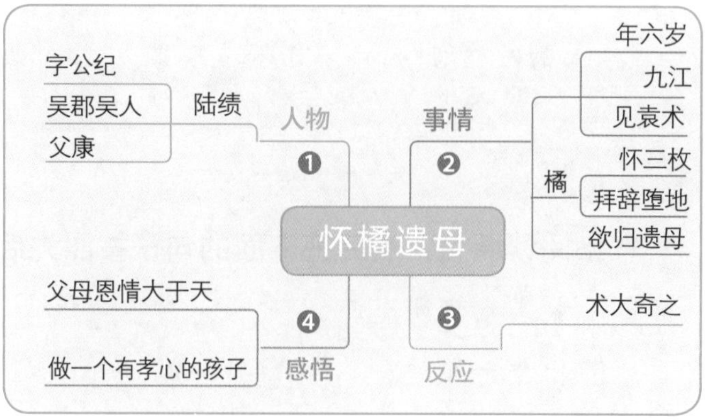

陆绩，字公纪，吴郡吴县人。他的父亲陆康，曾任庐江太守。陆绩六岁的时候，他随父亲在九江拜见袁术。袁术拿出橘子招待他们，陆绩往怀里藏了三个橘子。临行时，陆绩行礼告辞，橘子坠落在地。袁术问："陆郎来我家做客，走的时候还要怀藏主人的橘子吗？"陆绩急忙跪在地上回答说："母亲喜欢吃橘子，我想拿回去给母亲尝尝。"袁术见他小小年纪就懂得孝顺母亲，对此感到很惊奇。

译文悦读

智慧点拨

孝道是中华民族的传统美德。关心父母、赡养父母，是小辈应尽的责任和义务。陆绩从小便懂得孝顺母亲，这种美德值得传承。

知识拓展

趣解"出""去"

"出"的甲骨文上面像一只朝外走的脚，下面像古人的居住地的出入口，合起来表示人从居住地走出来。"出"的本义为从里面到外面（与"进、入"相对）。

"去"的甲骨文上面像人离去的背影，下面像古人的居住地的出入口，合起来表示人离开住处（口）。"去"的本义为离开，即从所在地到别的地方（与"来"相对）。

提示："出"和"去"都有离开居住地的意思。不同的是："出"的上边是脚，强调从里到外的过程；"去"的上边是"大"，强调离开居住地。

"去"的现代用法与古代用法正好相反，如"我去北京"，意思是我到北京去，而不是离开北京。在上古时期，"去"表示离开，如"我去北京"，意思是我离开北京。

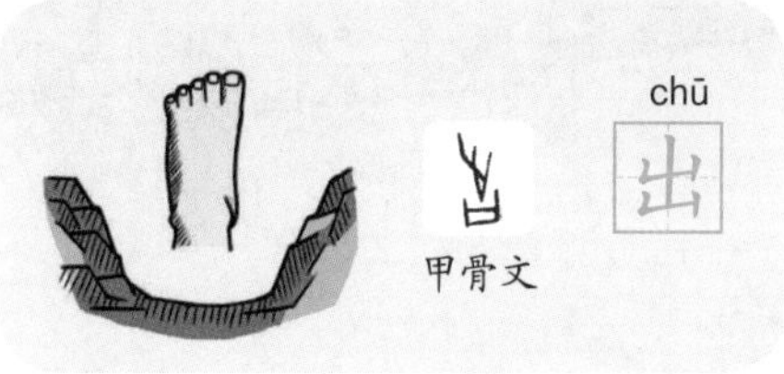

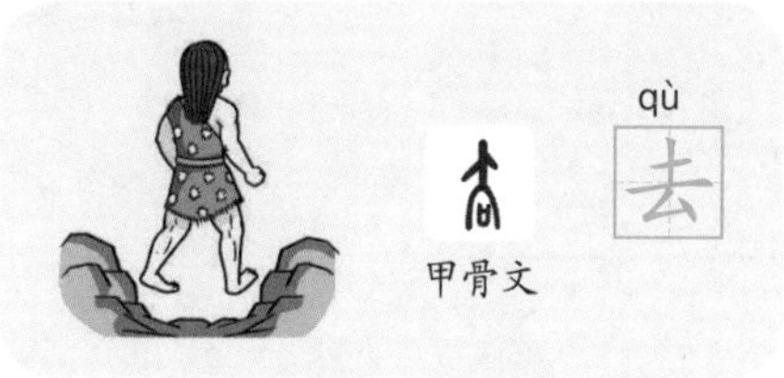

学而思

一、下列加点字的读音不正确的一项是（　　）。

A. 怀橘遗母（ yí ）　　B. 陆绩字公纪（ jì ）

C. 术大奇之（ qí ）　　D. 吴郡吴人也（ jùn ）

二、猜谜语。

小小金团子，装满黄饺子。

咬口黄饺子，吐出白珠子。（打一水果）

谜底：________

扫码听音频

guā gǔ liáo shāng

04 刮骨疗伤

yǔ cháng wèi liú shǐ suǒ zhòng guàn qí zuǒ bì hòu chuāng suī yù měi zhì yīn

羽①尝为②流矢③所中，贯④其左臂，后创⑤虽愈，每至阴

yǔ gǔ cháng téng tòng yī yuē shǐ zú yǒu dú dú rù yú gǔ dāng pò bì zuò chuāng

雨，骨常疼痛。医曰：“矢镞⑥有毒，毒入于骨，当破臂作创，

guā gǔ qù dú rán hòu cǐ huàn nǎi chú ěr yǔ biàn shēn bì lìng yī pī zhī shí

刮骨去毒，然后此患⑦乃⑧除耳⑨。”羽便伸臂令医劈⑩之。时

yǔ shì qǐng zhū jiàng yǐn shí xiāng

羽适请诸将饮食相

duì bì xuè liú lí yíng yú pán

对，臂血流离，盈于盘

qì ér yǔ gē zhì yǐn jiǔ yán

器，而羽割炙饮酒，言

xiào zì ruò

笑自若⑪。

①羽：关羽。

②为：被。

③流矢：飞箭。矢，箭。

④贯：穿透。

⑤创：伤口。

⑥镞：箭头。

⑦患：病毒。

⑧乃：才。

⑨耳：语气词，表示肯定。

⑩劈：切开。

⑪自若：和平常一样。

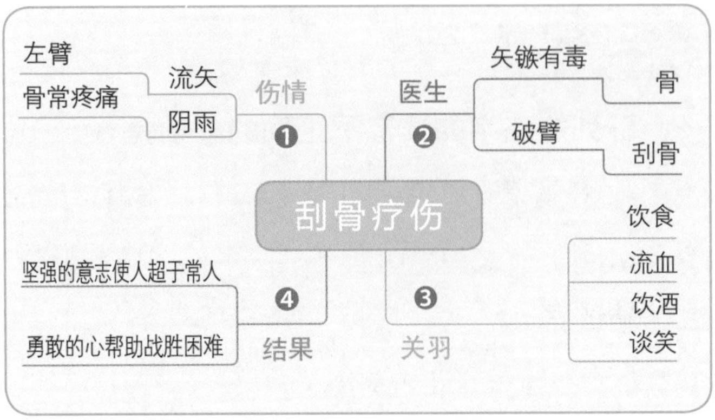

智慧点拨

成大事不在才能，而在坚强。关羽在刮骨疗毒之时依然能够泰然自若地喝酒吃肉，他的坚强意志令人佩服。我们要学习关羽这种坚忍不拔之志，敢于直面困难。

译文悦读

关羽曾经被飞箭射中，飞箭穿透了他的左臂，后来，伤口虽然愈合，但是每到阴天下雨，骨头经常疼痛。医生说："箭头有毒，毒已渗入骨头，应当切开伤口，刮去骨头上的毒，就可以除掉毒，这样以后，病患就可以根除。"于是关羽伸出左臂让医生切。当时，关羽恰好邀请各位将领在一起喝酒，左臂上鲜血淋漓，血流满了盘子，而关羽依然切烤肉吃，举起酒杯喝酒，谈笑自如。

知识拓展

为何《三国志》与《三国演义》是一实一虚？

《三国志》是二十四史之一，由西晋史学家陈寿所著，记载了三国时期的曹魏、蜀汉、东吴纪传体断代史，是二十四史中评价最高的"前四史"之一。

《三国演义》是元末明初小说家罗贯中根据陈寿的《三国志》和民间三国故事传说，经过艺术加工创作而成的长篇章回体历史演义小说，与《西游记》《水浒传》《红楼梦》并称为中国古典四大名著。《三国演义》有"七分事实，三分虚构"之说，其中"借东风""草船借箭""三气周瑜"等都是作者虚构的，所以不能把《三国演义》与《三国志》等同起来。

学而思

一、填空题。

文中，关羽的疮口已经愈合，为什么还要"刮骨疗伤"呢？请把原因在原文中画出来。他疗伤时的动作是__________，表情是__________。

二、下列说法中最合适的一项是（　　）。

A. 故事主要赞扬了医生的医术高超

B. 故事主要表现了关羽和诸将关系融洽，打成一片

C. 故事主要揭露了敌人的阴险狡猾

D. 故事主要赞扬了关羽超乎常人的坚强意志

05 乐不思蜀[1]

lè bù sī shǔ

tā rì wáng wèn shàn yuē pō sī shǔ fǒu shàn yuē cǐ jiān lè

他日，王[2]问禅[3]曰：“颇[4]思蜀否[5]？”禅曰：“此间乐，

bù sī shǔ xì zhèng wén zhī qiú jiàn shàn yuē wáng ruò hòu wèn yí qì ér dá

不思蜀。”郤正[6]闻之，求见禅曰：“王若后问，宜泣而答

yuē xiān rén fén mù yuǎn zài mín shǔ nǎi xīn xī bēi wú rì bù sī yīn bì qí

曰：‘先人坟墓远在岷、蜀[7]，乃心西悲，无日不思。’因闭其

mù huì wáng fù wèn

目。”会王复[8]问，

duì rú qián wáng yuē hé

对如前，王曰：“何

nǎi sì xì zhèng yǔ yé

乃似郤正语邪？”

shàn jīng shì yuē chéng rú

禅惊视曰：“诚如[9]

zūn mìng zuǒ yòu jiē xiào

尊命。”左右皆笑。

---

[1] 乐不思蜀：指快乐得不想回国。比喻乐而忘返或乐而忘本。蜀，三国时蜀汉，在今四川东部、重庆和云南、贵州北部及陕西汉中一带。

[2] 王：司马昭，三国时期曹魏权臣。

[3] 禅：刘禅，蜀汉后主，刘备之子，小名“阿（ē）斗”。

[4] 颇：非常。

[5] 否：用在肯定、否定式表示选择的句子里，表示否定的一方面。

[6] 郤正：刘禅旧臣，与刘禅一起被遣送到洛阳。

[7] 岷、蜀：指四川。

[8] 复：又，再。

[9] 如：按照。

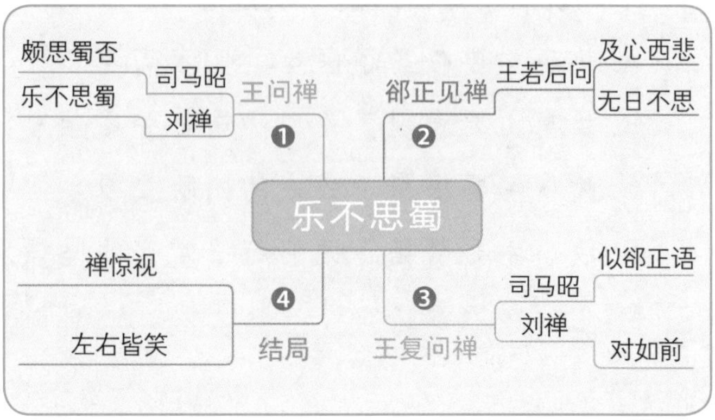

智慧点拨

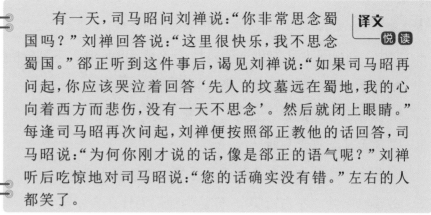

刘禅身为一国之君，沦为亡国奴后，在敌国居然乐不思蜀。我们千万不能像他一样。在任何情况下，我们都不应放任自己，而要志存高远，并为之不懈奋斗。

译文悦读

有一天，司马昭问刘禅说："你非常思念蜀国吗？"刘禅回答说："这里很快乐，我不思念蜀国。"郤正听到这件事后，谒见刘禅说："如果司马昭再问起，你应该哭泣着回答'先人的坟墓远在蜀地，我的心向着西方而悲伤，没有一天不思念'。然后就闭上眼睛。"每逢司马昭再次问起，刘禅便按照郤正教他的话回答，司马昭说："为何你刚才说的话，像是郤正的语气呢？"刘禅听后吃惊地对司马昭说："您的话确实没有错。"左右的人都笑了。

知识拓展

表示坟墓的词

早在旧石器时代就有了"墓"，春秋晚期才有"坟"。"墓"是指地下的葬室，又作坟墓的总称。"坟"指坟头，即高出地面的土堆。"垄"是"坟"出现后对坟墓的最早称呼。"丘"指山丘状的坟墓，是坟墓的泛称。"冢"是"垄"之后对坟墓的统称。汉代盛行"上冢"墓祭之礼，故西汉中期在坟墓前出现祠堂建筑。"茔"(yíng)指墓地，即坟墓所在的地域。

"乐不思蜀"的背后

历史上的刘禅并不算是十足的昏君，因为在蜀汉他很少做过真正属于自己的事情，但后人已将刘禅逐步丑化成一无所成的人了。其实只要认真想一想就会明白，三国时期做皇帝时间最长的就是刘禅，如果他真的昏庸到了极点，怎么会坐那么长时间的皇位?所以，刘禅"乐不思蜀"，很可能是他明哲保身的方法。

学而思

一、文中，刘禅回答司马昭的问题时为什么要闭上眼睛？下列分析恰当的一项是（　　）。

A. 他慑于司马昭的威势，所以闭眼而不敢正视

B. 因郤正告诉他要“泣对”，但他心里不悲伤，哭不出泪，所以闭眼硬挤

C. 表示默默追思先祖

D. 他为了掩盖自己昏愚、乐不思蜀，不敢喜形于色，所以回答时闭上了眼睛

二、故事结尾处“左右皆笑”，你认为他们为什么会发笑？（　　）（多选）

A. 嘲笑、讥讽刘禅的平庸、无能。

B. 嘲笑刘禅贪图安乐。

C. 称赞刘禅回答巧妙。

D. 嘲笑刘禅是扶不起来的阿斗。

三、你能把左边的成语与右边对应的人物用线连起来吗？

乐不思蜀	春秋·晋景公
病入膏肓	三国·刘禅
胯下之辱	春秋·孙阳
按图索骥	西汉·韩信
焚书坑儒	三国·曹操
望梅止渴	秦朝·嬴政
洛阳纸贵	春秋·重耳
退避三舍	西晋·左思

大般涅槃经

别　　名　《大涅槃经》
译　　者　昙无谶（chèn）
译作年代　北凉
流　　派　佛家

《大般涅槃经》又称《大本涅槃经》《大涅槃经》，简称《涅槃经》。相传这部著作出现在今克什米尔地区，当时印度笈多王朝兴起，因此并不流传。北凉玄始十年（421），著名的译经师昙无谶在北凉都城凉州（今甘肃武威），首次将该书的完整版本译成，从此《涅槃经》只指此书。

该书对中国佛教发展产生了重大影响。“大般涅槃”是本经特别彰显的名相，它含具法身、般若、解脱的佛之三德，代表着大乘佛教的真实理想。其中，以禅宗思想和禅悟思维作为载体的禅宗诗歌，通过生动地吟咏，创造出的文学意象构成了别具一格的佛理意境图。这些诗作对中国文人产生了很大影响，为禅林诗苑增添了许多华贵深远、灵动空明的篇章。

昙无谶，中天竺人，僧侣、佛教著名译经师。代表作品有汉译《大涅槃经》《金光明经》等。

名句集锦

◎有为之法则有坏灭，无为之法无有坏灭。
◎一切有为皆是无常，虚空无为是故为常。
◎依法不依人、依智不依识、依义不依语、依了义不依不了义。
◎人谁无过，过而能改，善莫大焉。

06 盲人摸象①

扫码听音频

尔时②大王即唤众盲各各问言："汝③见象耶？"众盲各言："我已得见。"王言："象为何类？"其触牙者即言象形如芦菔④根。其触耳者言象如箕⑤。其触头者言象如石。其触鼻者言象如杵。其触脚者言象如木臼⑥。其触脊者言象如床。其触腹者言象如瓮⑦。其触尾者言象如绳。

---

① 盲人摸象：比喻对事物只凭片面的认识和了解就妄加猜测，以偏概全。

② 尔时：其时，彼时。

③ 汝：你。

④ 芦菔：萝卜。

⑤ 箕：簸箕，去糠的器具。

⑥ 臼：舂米用的器具。

⑦ 瓮：口小腹大的陶制容器。

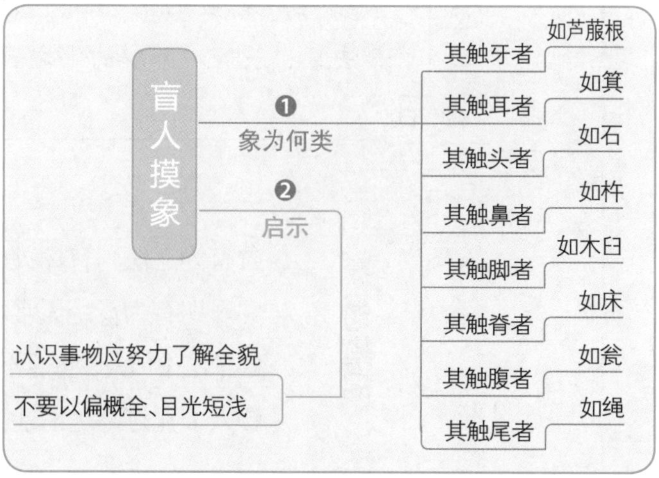

智慧点拨

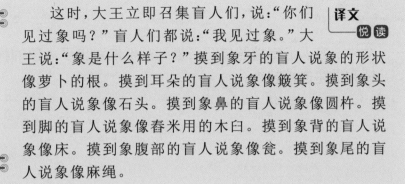

我们不能只看到事物的一部分，便妄加猜测，而应把握全局，看清事物的真实面貌，掌握并运用好全面观察事物的方法，只有这样才能真正认清事物。

译文悦读

这时，大王立即召集盲人们，说："你们见过象吗？"盲人们都说："我见过象。"大王说："象是什么样子？"摸到象牙的盲人说象的形状像萝卜的根。摸到耳朵的盲人说象像簸箕。摸到象头的盲人说象像石头。摸到象鼻的盲人说象像圆杵。摸到脚的盲人说象像舂米用的木臼。摸到象背的盲人说象像床。摸到象腹部的盲人说象像瓮。摸到象尾的盲人说象像麻绳。

知识拓展

有趣的重叠字

中国汉字博大精深，其中重叠字更有意思。常见有二叠字和三叠字，现以"从""众"为例加以说明。"人"的甲骨文像一个面部朝左的侧立人。"从"的甲骨文像一个人紧随着另一个人的样子，表示跟从、随从。"众"的甲骨文上边是"日"（表示太阳），下边是三个弯着腰的人（三人表示众人），合起来表示众人在烈日下劳作的情景。

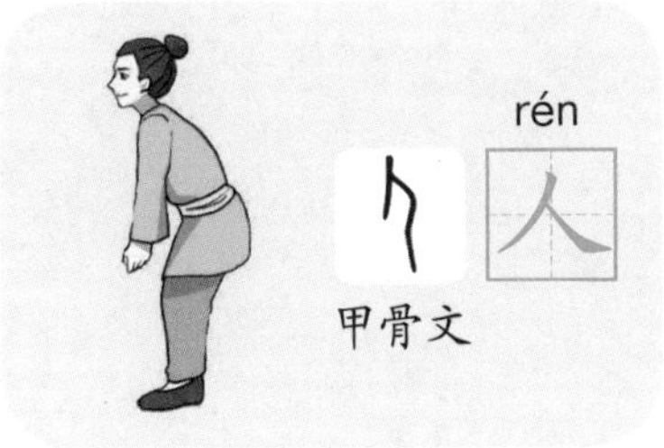

你还知道哪些重叠字？请找出来写一写。

____

____

____

学而思

一、文中，盲人们都按照自己所摸到的部位说出了大象的样子。请把他们摸到的部位和描述连接起来。

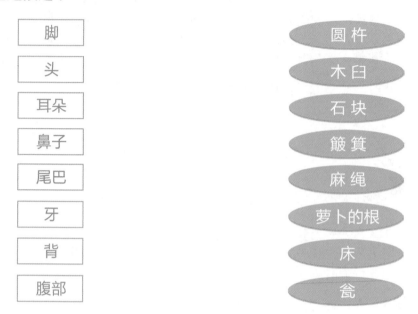

脚	圆杵
头	木臼
耳朵	石块
鼻子	簸箕
尾巴	麻绳
牙	萝卜的根
背	床
腹部	瓮

二、文中，盲人们都以偏概全，自以为是，读起来令人发笑。这个故事让我明白了（　　）的道理。

A. 未见全貌，不下定言

B. 眼见为实，耳听为虚

C. 管中窥豹，略见一斑

D. 见微知著，一叶知秋

夏
商
周
秦
汉
三国
晋
南北朝
隋
唐
五代
宋
辽
西夏
金
元
明
清

《后汉书》

后汉书

作　　者　范晔
创作年代　432-445
文学体裁　纪传体史书
文学地位　中国"二十四史"之一
价值影响　具有较高思想价值和文学价值

《后汉书》是一部记载东汉历史的纪传体史书。全书记载了从汉光武帝元年（25）至汉献帝建安二十五年（220）共195年的史实，与《史记》《汉书》《三国志》合称为"前四史"。

《后汉书》文辞优美，书中"范滂传""班超传"等传记生动感人，都是值得一读的散文名篇。

范晔（398-445），字蔚宗，河南淅川人，南朝宋史学家、文学家。宋文帝元嘉九年（432）范晔开始撰写《后汉书》，书没写完就因谋反而被杀。现仅存的《后汉书》中的八志三十卷，是南朝梁刘昭从司马彪的《续汉书》中抽出来补进去的。范晔存世作品有《后汉书》《双鹤诗序》《乐游应诏诗》等。

名句集锦

◎故人知君，君不知故人，何也？
◎天知，神知，我知，子知。何谓无知？
◎一丝而累，以至于寸，累寸不已，遂成丈匹。
◎大丈夫处世，当扫除天下，安事一室乎？

扫码听音频

07 投笔从戎[1]

tóu bǐ cóng róng

yǒng píng wǔ nián xiōng gù bèi zhào yì jiào shū láng chāo yǔ mǔ suí zhì luò yáng
永平[2]五年，兄固[3]被召诣校书郎[4]，超[5]与母随至洛阳[6]。
jiā pín cháng wèi guān yōng shū yǐ gōng yǎng jiǔ láo kǔ cháng chuò yè tóu bǐ tàn yuē dà zhàng
家贫，常为官佣书[7]以供养。久劳苦，尝辍业[8]投笔叹曰：“大丈
fu wú tā zhì lüè yóu dāng xiào fù jiè zǐ zhāng qiān lì gōng yì yù yǐ qǔ fēng hóu
夫[9]无他志略[10]，犹当效傅介子[11]、张骞[12]立功异域，以取封侯，
ān néng jiǔ shì bǐ yàn jiān hū zuǒ yòu jiē xiào zhī chāo yuē xiǎo zi ān zhī zhuàng
安[13]能久事笔砚[14]间乎？”左右皆笑之。超曰：“小子[15]安知壮
shì zhì zāi hòu chāo chū
士志哉！”后超出
shǐ xī yù jìng lì gōng
使西域[16]，竟[17]立功
fēng hóu
封侯。

---

1. 投笔从戎：指文人从军。投，扔。戎，军队。
2. 永平：汉明帝年号。
3. 固：班固，东汉著名史学家、文学家。
4. 校书郎：官职名，主管校勘古籍等。
5. 超：班超，东汉大将，外交家。
6. 洛阳：东汉都城，今河南洛阳。
7. 佣书：给官府作雇工抄写书籍。
8. 辍业：停止工作。辍，停止。
9. 大丈夫：有作为的男子。
10. 志略：志向谋略。
11. 傅介子：西汉时著名使者，他出使西域，设计刺杀了与汉朝为敌的楼兰王。
12. 张骞：西汉著名旅行家、外交家、探险家，对古代丝绸之路的开拓有重大贡献。
13. 安：怎么，哪里。
14. 笔砚：笔和砚台。这里指文墨书写之事。
15. 小子：小人物，平庸的人。
16. 西域：汉代对玉门关、阳关以西地区的总称。
17. 竟：终于。

智慧点拨

班超想为国立功，却不怕他人的嘲笑，勇敢追逐梦想。我们应像班超这样，从小树立远大的志向，并为之不懈努力。

译文悦读

永平五年，班超的哥哥班固被征召做主管校勘古籍的官员，班超和母亲也跟随他来到洛阳。家里很穷，班超常给官府做雇工抄写书籍养家。长期经受劳作之苦，班超曾经停止工作，扔掉笔感叹，说："大丈夫没有其他志向谋略，应该效仿傅介子、张骞在西域立功，从而获得封侯，怎么能长期在笔砚间忙碌呢？"旁边的人都嘲笑他。班超说："平庸之人怎么能知道心雄胆壮者的志向呢？"后来班超出使西域，最终立功，被封为定远侯。

知识拓展

言简意丰的成语如同粒粒明珠散落在五千年的文明史中，每个成语背后都有一个有趣的故事。请读一读、记一记。

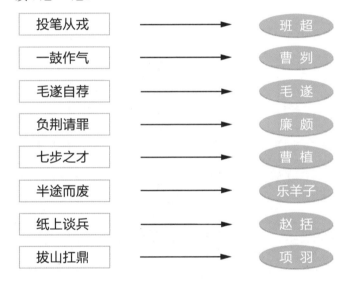

投笔从戎 →	班超
一鼓作气 →	曹刿
毛遂自荐 →	毛遂
负荆请罪 →	廉颇
七步之才 →	曹植
半途而废 →	乐羊子
纸上谈兵 →	赵括
拔山扛鼎 →	项羽

学而思

一、"家贫，常为官佣书以供养"这句话在文中的作用是（　　　）。

A. 主要写班超家境贫寒，以博取读者的同情

B. 交代班超家里的情况及其职业，以渲染气氛

C. 突出家境的贫寒，为班超的宏大志向打下坚实的基础

D. 主要写班超家境贫寒，为下文作铺垫

二、班超"投笔从戎"，陈胜有"鸿鹄之志"，最终二人都成就了大业。这说明树立远大理想的重要性。你一定也有理想，请写一写吧！

____

____

扫码听音频

08 陈蕃欲扫天下

chén fān yù sǎo tiān xià

chén fān zì zhòng jǔ, rǔ nán píng yú rén yě. fān nián shí wǔ, cháng xián chǔ yí shì,

陈蕃字仲举，汝南平舆人也。蕃年十五，尝闲处一室，

ér tíng yǔ wú huì. fù yǒu tóng jùn xuē qín lái hòu zhī, wèi fān yuē: "rú zǐ hé bù

而庭宇芜秽❶。父友同郡薛勤来候之，谓藩曰："孺子❷何不

sǎ sǎo yǐ dài bīn kè?" fān yuē: "dà zhàng fu chǔ shì, dāng sǎo chú tiān xià, ān shì

洒扫以待宾客？"藩曰："大丈夫处世，当扫除天下，安事

yí shì hū?" qín zhī qí yǒu qīng shì zhì, shèn qí zhī.

一室乎？"勤知其有清世❸志，甚奇之。

❶ 芜秽：杂乱肮脏。

❷ 孺子：小孩子。

❸ 清世：使世道澄清。

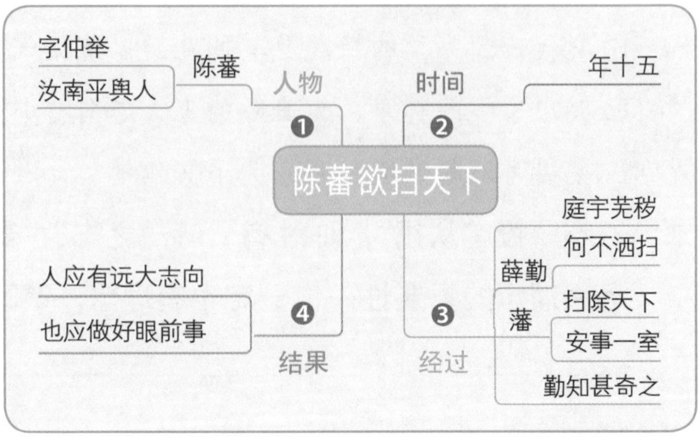

智慧点拨

陈蕃十五岁时便立志“扫除天下”，可谓年少志高。陈蕃的志向虽然未能实现，但他“扫除天下”的豪气值得我们学习。

译文悦读

陈蕃字仲举，是汝南平舆人。陈蕃十五岁的时候，曾经闲居在一间房子里，庭院里杂乱无章。他父亲同城的朋友薛勤来拜访他，对陈蕃说：“小伙子你为什么不打扫房间来迎接客人？”陈蕃说：“大丈夫处理事情，应当以扫除天下的祸患为己任。为什么要在意一间房子呢？”薛勤知道他有让世道澄清的志向，认为他非常特别。

知识拓展

“汝南”的来历

汝南是中国古地名。西周时期，它属于沈国封地；春秋战国时，先后归蔡国和楚国管辖；公元前221年，秦统一六国并推行郡县制，汝南一带又短暂地归属颍川郡。

汉高祖四年（前203）设置汝南郡，这是“汝南”作为地理专属名词首次出现，其辖颍水、淮河之间的37县，属豫州刺史监察范围，因为大部分管辖地都在“汝河之南”而得名。

禹分天下为九州，豫为九州之中，而汝南为豫州之中，故有“天中”之称，因此，汝南有座山被命名为天中山。明宪宗成化十年（1474），崇简王朱见泽就藩于此，在离城向西30多公里处设有驿站，驿站所在地称为驻马店。

1965年，驻马店改称驻马店专区，管辖九县，汝南是其中之一。

汝南也是秦丞相李斯、法家思想代表人物韩非、志怪小说《搜神记》作者干宝的故里。

汝南人文鼎盛，有梁祝故里，还有董永、七仙女的传说，而九九重阳节登高、饮酒、赏菊花和佩戴茱萸囊的风俗，也诞生于汝南。“李愬雪夜入蔡州”中提到的“鹅鸭池”就在此处。

现在，汝南县拥有亚洲最大的人工湖，还有亚洲最大的寺院——南海禅寺。

学而思

一、“词类活用”是文言文中常见的一种实词运用现象，形容词活用作动词便是其中之一。请找出下列句子中的活用词语，并加以解释。

A. 富国强兵（　　　　　　）　　B. 春风又绿江南岸（　　　　　　）

C. 勤知其有清世志（　　　　　　）　　D. 甚奇之（　　　　　　）

二、下列句子符合文意的是（　　　）。（多选）

A. 勿以恶小而为之，勿以善小而不为　　B. 己所不欲，勿施于人

C. 脚踏实地，仰望星空　　D. 一室不扫，何以扫天下

扫码听音频

09 乐羊子妻

河南①乐羊子远寻师学。一年来归，妻跪②问其故。羊子曰："久行怀思③，无它④异也。"妻乃引⑤刀趋⑥机而言曰："此织生自蚕茧，成于机杼⑦，一丝而累⑧，以至于寸，累寸不已⑨，遂成丈匹⑩。今若⑪断斯织也，则捐失⑫成功，稽废⑬时月。夫子⑭积学⑮，当日知其所亡⑯，以就懿德⑰。若中道而归，何异断斯织乎？"羊子感其言，复还终业⑱。

---

①河南：河南郡，在今河南洛阳一带。
②跪：跪着，即两膝着地，伸直腰和大腿。
③怀思：想念。
④无它：没有其他的。
⑤引：拿，提。
⑥趋：快走，跑。
⑦机杼：织布机的转轴和梭子，借指织布机。杼，织布梭子。
⑧一丝而累：一根丝一根丝地累积起来。
⑨不已：不停止。已，停止。
⑩匹：计算布和绸缎的长度单位。
⑪若：如果，假如。
⑫捐失：丧失。捐，舍弃。
⑬稽废：迟延荒废。
⑭夫子：古时对男子的美称。
⑮积学：积累学问。
⑯所亡：这里指不懂的东西。亡，通"无"。
⑰懿德：美德。懿，美好。
⑱终业：完成学业。

译文悦读

河南人乐羊子远离家门拜师求学。一年后乐羊子就回家了，妻子跪着问他回来的原因。乐羊子说：“因出门太久而想念家人，没有其他的情况。”于是妻子拿起刀快步走到织布机前，说：“这些丝织品都是从蚕茧上抽出来的，又在织布机上织成，一根丝一根丝地累积起来，才有一寸长，一寸一寸地累积不断，才能成丈成匹。现在如果剪断这些织物，那就会丧失成功的机会，迟延荒废时光。你要积累学问，就应该每天都学到自己不懂的知识，用来成就自己的美德。如果求学中途就回来了，那同割断这些织物又有什么不同呢？”乐羊子被妻子的话感动了，重新回去完成了自己的学业。

智慧点拨

织未成匹而被切断，会变得毫无用处。学习半路终止，如同断织。因此，在学习上，我们要有志向，有恒心，有毅力，持之以恒，把学业学成、学精，才能成为有用的人才。

知识拓展

“妻”的前世与今生

“妻”是一个会意字。甲骨文由“女”“屮”和“又”组成，“屮”表示草，这里指头发，“又”表示手，合起来表示用手抓着妇女的长发。这是对古代抢婚习俗的形象描绘。

抢婚习俗曾在原始社会风行，某一部落的男子可以到另一部落中去抢掠女子为妻。

金文将“又”与表示头发的“屮”相交，整体含义不变。隶书定型后写作“妻”。

“妻”的本义为妻子，即男子的配偶，古代特指男子的嫡配。

学而思

一、下列成语与“一丝而累，以至于寸，累寸不已，遂成丈匹”这句话意思相近的是（　　）。（多选）

A. 集腋成裘　　B. 积少成多　　C. 积沙成塔　　D. 积土成山

二、填空题。

1. 乐羊子妻用“引刀趋机”的行动和纺织必须日积月累的例子，规劝丈夫________________，最后，促成丈夫深刻反省并最终完成学业。故事主要表现了乐羊子妻的____________，表达了乐羊子____________的精神。

2.《三字经》中“________，________，________，________。”这个典故与《乐羊子妻》很相似。

扫码听音频

fàn shì shǒu xìn
⑩ 范式守信

fàn shì zì jù qīng shān yáng jīn xiāng rén yě shào yóu tài xué wéi zhū shēng yǔ
范式字巨卿，山阳①金乡人也。少游太学②，为诸生③，与
rǔ nán zhāng shào wéi yǒu shào zì yuán bó èr rén bìng gào guī xiāng lǐ shì wèi yuán bó
汝南④张劭为友。劭字元伯。二人并⑤告⑥归乡里。式谓元伯
yuē hòu èr nián dāng huán jiāng guò bài zūn qīn jiàn rú zǐ yān nǎi gòng kè qī rì hòu
曰：“后二年当还，将过拜尊亲，见孺子焉。”乃共克⑦期日。后
qī fāng zhì yuán bó jù yǐ bái mǔ qǐng shè zhuàn yǐ hòu zhī mǔ yuē èr nián zhī bié
期⑧方至，元伯具以白⑨母，请设馔以候之。母曰：“二年之别，
qiān lǐ jié yán ěr hé xiāng xìn zhī shěn yé duì yuē jù qīng xìn shì bì bù
千里结言，尔何相信之审邪？”对曰：“巨卿信士，必不
guāi wéi mǔ yuē ruò rán dāng wèi ěr yùn jiǔ zhì qí rì jù qīng guǒ dào shēng táng
乖⑩违。”母曰：“若然，当为尔酝酒。”至其日，巨卿果到，升堂⑪
bài yǐn jìn huān ér bié
拜饮，尽欢而别。

---

① 山阳：今山东济宁附近。
② 太学：汉朝设在京城的最高学府。
③ 诸生：众儒生。泛指在学的人。
④ 汝南：在今河南驻马店。
⑤ 并：都。
⑥ 告：告假。
⑦ 克：严格限定。
⑧ 期：约定的日期。
⑨ 白：告诉，说。
⑩ 乖：违背。
⑪ 升堂：登上大厅。

智慧点拨

诚信是立身之本，也是为人处世的基本原则。诚实守信、言行一致是人所公认的最为重要和宝贵的品德。做人要像范式一样诚实守信、言行一致，承诺他人的事不论多么困难都要做到。

译文悦读

范式字巨卿，是山阳金乡人。他年轻时在太学求学，和汝南人张劭是好朋友。张劭字元伯。两个人都请假回到家乡。范式对张劭说："两年以后应当返回，我将拜访你的父母大人，来看你。"便一起约定了见面的日期。后来约定的日期就要到了，张劭把这件事禀告母亲，请母亲准备酒食来等候范式。母亲说："两年前分别，约定在千里之外见面，你何必这么认真地相信呢？"张劭对母亲说："范式是一个讲信用的人，一定不会违背约定。"母亲说："如果这样，我应当为你酿酒。"到了约定的那一天，范式果然来到，二人一起登上大厅拜见饮酒，尽情欢饮，然后分别。

知识拓展

古代的称呼

中华文明源远流长，人们之间的称呼也随历史发生了很大的变化。

	古代称呼		古代称呼
称对方的父母	尊亲	称自己的妹妹	舍妹
称对方的父亲	令尊	称自己的父母	高堂或双亲
称对方的母亲	令堂	称自己的父亲	家父
称对方的儿子	令郎	称自己的母亲	家母
称对方的女儿	令媛	称自己的儿子	犬子
称自己的哥哥	家兄	称自己的女儿	小女
称自己的弟弟	舍弟	称自己的妻子	贱内

学而思

一、"范式字巨卿，山阳金乡人也"是"(姓名)+字××，××(地名)+人也"的陈述句式。请按照这种陈述句式介绍一下"张绍"。

与汝南张少为友。邵字元伯。________________

二、断句是古代启蒙教育的第一步，也是考查文言文阅读的传统方式。下列句子中断句正确的一项是（　　）。

A. 至，其日巨卿果到，/升堂拜饮。尽欢而别

B. 至其日，巨卿果到，升堂拜饮，尽欢而别

C. 至。其日，/巨卿果到升堂拜饮，尽欢而别

D. 至其日，巨卿果到升堂。/拜饮。尽欢而别

扫码听音频

yáng zhèn mù yè què jīn
11 杨震暮夜①却②金

yáng zhèn sì qiān jīng zhōu cì shǐ dōng lái tài shǒu dāng zhī jùn dào jīng chāng
（杨震）四迁③荆州刺史、东莱太守。当之④郡，道经⑤昌
yì gù suǒ jǔ jīng zhōu mào cái wáng mì wéi chāng yì lìng yè jiàn zhì yè huái jīn shí
邑，故所举⑥荆州茂才⑦王密为昌邑令，谒见⑧，至夜怀金十
jīn yǐ wèi zhèn zhèn yuē gù rén zhī jūn jūn bù zhī gù rén hé yě mì
斤以遗⑨震。震曰：“故人⑩知⑪君，君不知故人，何也⑫？”密
yuē mù yè wú zhī zhě zhèn yuē tiān zhī shén zhī wǒ zhī zǐ zhī hé wèi wú
曰：“暮夜无知者。”震曰：“天知，神知，我知，子知。何谓⑬无
zhī mì kuì ér chū
知！”密愧而出。

①暮夜：深夜。
②却：拒绝。
③迁：升迁，升职。
④之：到……去。
⑤道经：路过。
⑥举：推荐。
⑦茂才：秀才。东汉时期，为避讳光武帝刘秀的名字，而将“秀才”改为“茂才”。
⑧谒见：拜见。
⑨遗：赠予，送予。
⑩故人：老朋友。
⑪知：了解，知道。
⑫何也：为什么呢。
⑬何谓：为什么。

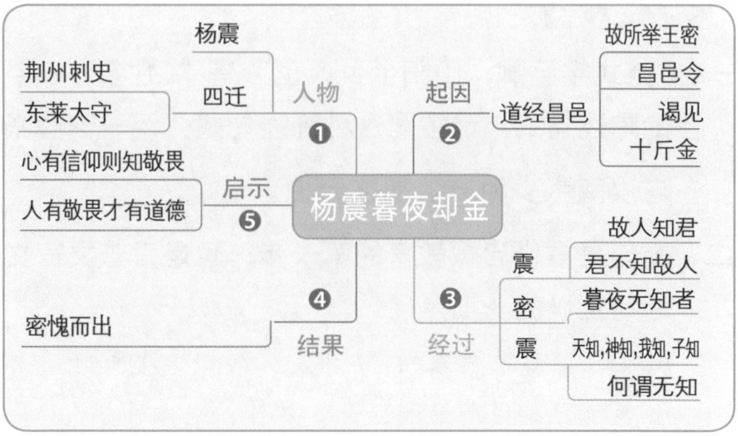

智慧点拨

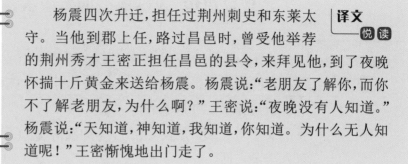

杨震清正廉洁，不取不义之财，就算没有其他人知道，他也坚决不放松对自己的要求。我们应该学习他这种为官、为人之道，成为一个品行高尚的人。

译文 悦读

杨震四次升迁，担任过荆州刺史和东莱太守。当他到郡上任，路过昌邑时，曾受他举荐的荆州秀才王密正担任昌邑的县令，来拜见他，到了夜晚怀揣十斤黄金来送给杨震。杨震说："老朋友了解你，而你不了解老朋友，为什么啊？"王密说："夜晚没有人知道。"杨震说："天知道，神知道，我知道，你知道。为什么无人知道呢！"王密惭愧地出门走了。

知识拓展

郡

"郡"是古代行政区划名，中国秦代以前郡比县小，从秦代起郡比县大。秦分天下为三十六郡后，郡等同"省"下的"市"；从汉代起，郡是州的下级行政单位。郡的行政长官称"太守""尹""相"等。

太守

"太守"是战国时郡守的尊称。汉景帝更名为太守，为一郡的最高行政长官。

南北朝时，新增的州较多。郡的管辖范围缩小，州郡的区别不大，至隋初保留了州废除了郡，以州刺史代郡守之任。宋以后改郡为府或州，此后太守不再是正式官名，仅用作刺史或知府的别称。宋朝时期的知州通俗叫法也叫太守，这正是明清小说中出现宋朝太守的原因，明清则专称知府。

刺史

"刺史"，又称刺使，古代官名。"刺"是检核问事的意思，即监察之职。"史"为"御史"之意。

秦制，每郡设御史，任监察之职，称监御史（监郡御史）。

汉初复置。文帝命丞相另派人员出刺各地，不常置。汉武帝继废诸郡监察御史后，又于元封五年（公元前106年）分全国为十三部（州），各部始置刺史一人。

刺史制度在西汉中后期得到进一步发展，对维护皇权，澄清吏治，促使昭宣中兴局面的形成起着积极的作用。

汉成帝绥和元年（前8年）刺史改称州牧，职权进一步扩大，西汉中后期由监察官变为地方军事行政长官。

古代汉语中，表示尊敬的第二人称代词

人称代词	含义	例句
君	对对方的尊称，相当于“您”	落花时节又逢君。(《江南逢李龟年》)
卿	表尊敬或爱意。可用于君对臣、长辈对晚辈、朋友之间以及夫妻之间	卿欲何言。(《赤壁之战》)
子	对人的尊称，多指男子，相当于“您”	卫君待子而为政，子将奚先？（《论语》)
公	对人的尊称	吾孰与城北徐公美？（《邹忌讽齐王纳谏》)

学而思

一、文中，杨震被称为“四知先生”，你知道是哪“四知”吗？请用文中的原话回答。

____

二、杨震“暮夜却金”的高风亮节被载入史册。你读了这个故事后，明白的道理是（　　）。（多选）

A. 要想人不知，除非己莫为

B. 为人不做亏心事，夜半不怕鬼敲门

C. 杨震清正廉洁、两袖清风的精神值得我们学习

D. 杨震时刻警醒自己的“四知”思想，值得我们学习

三、请将左边的典故与右侧的历史人物正确配对。

暮夜却金	战国 · 蔺相如
背水一战	东汉 · 杨震
完璧归赵	西汉 · 韩信
负荆请罪	三国 · 曹操
望梅止渴	战国 · 廉颇

世说新语

别　　名　《世说》
编　　者　刘义庆组织编写
创作年代　南朝宋
文学体裁　笔记小说
文学地位　魏晋轶事小说的集大成之作

《世说新语》是一部记述魏晋士大夫玄学言谈轶事的笔记小说。由南北朝刘宋宗室临川王刘义庆组织编写而成，梁代刘峻作注。从书中可以看到魏晋时期谈玄成风，而玄学又以道家思想为基本，所以道家思想对魏晋士人的思维方式和生活状况，乃至整个社会风气都产生了重大影响。书中记述了自汉末到刘宋时期名士贵族的言行趣事，是研究魏晋风流人物的优秀史料。在中国文学史上也有重要地位，鲁迅先生称之为“一部名士底（的）教科书”。

刘义庆（403–约444），字季伯，江苏徐州人，南朝宋文学家。宋宗室，袭封临川王赠任荆州刺史等官职，从政8年，政绩颇佳。他自幼才华出众，爱好文学。其中，《世说新语》是他的代表作。

名句集锦

◎树犹如此，人何以堪？
◎清风朗月，辄思玄度。
◎覆巢之下，焉有完卵。
◎夜光之珠，不必出于孟津之河；盈握之璧，不必采于昆仑之山。

⑫ 望梅止渴①

wàng méi zhǐ kě

wèi wǔ xíng yì shī jí dào jūn jiē kě nǎi lìng yuē qián yǒu dà méi lín ráo zǐ gān suān kě yǐ jiě kě shì zú wén zhī kǒu jiē chū shuǐ chéng cǐ dé jí qián yuán

魏武②行役③，失汲道④，军皆渴，乃令曰：“前有大梅林，饶⑤子，甘酸可以解渴。”士卒⑥闻之，口皆出水⑦，乘此⑧得及前源。

---

① 望梅止渴：比喻用空想来安慰自己，实际上愿望无法实现。

② 魏武：即曹操。

③ 行役：这里指部队行军。役，打仗。

④ 汲道：取水的路。汲，取水。

⑤ 饶：多。

⑥ 士卒：士兵。

⑦ 出水：流出口水。

⑧ 乘此：利用这个计策。乘，凭借，趁着。

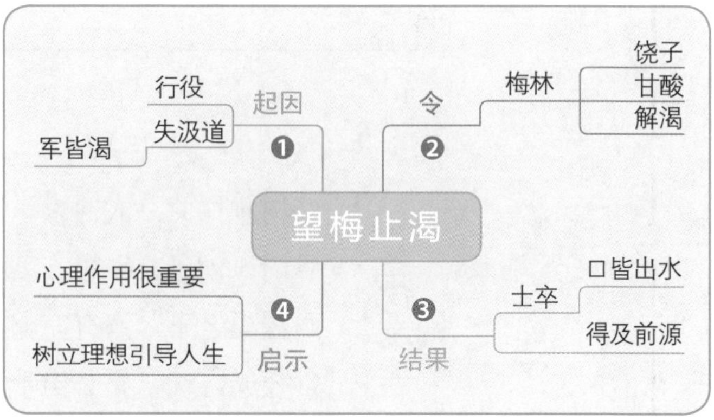

智慧点拨

曹操多智，谎称前面有梅林，让军队振作起来，走出困境，从而挽救了军队。否则，大军陷在无水之地，后果不堪设想。

译文悦读

曹操带领部队行军，路上找不到取水的路，将士们都非常口渴，于是曹操传下命令说：“前面有一片大梅林，梅树上结满了梅子，味道酸甜，可以用来解渴。”士兵们听了这番话，口水都流了出来，利用这个计策才得以到达了前面有水源的地方。

知识拓展

望梅为什么能止渴？

条件反射是人出生以后在生活过程中逐渐形成的后天性反射，是高级神经活动的基本方式。梅子含天然有机酸，其强烈的酸味，可以促进唾液腺与胃液腺的分泌，这就是为什么吃梅子会流口水的原因。

人们第一次吃梅子时，往往会因为梅子很酸而流很多口水，这是非条件反射。在这个基础上，如果人们再次看到梅子或者听到“梅子”这两个字，大脑皮质会将梅子的形象或者文字，与之前吃梅子时流口水的中枢神经的反应暂时性地联系起来，所以仅仅是看到或者谈到梅子，人们也会流口水。这就属于条件反射。

“望梅止渴”的典故出自曹操在沙漠中行军，因为口渴，称前面有处梅林，勉励士兵行军。这里的“望”是指在脑海中想象的意思，这是语言中心参与的条件反射。

曹操正是利用了人们对梅子的条件反射，达到了让士兵们口舌生津的目的。可以想象一下，如果当年曹操的士兵都没有吃过梅子，也从没有人告诉他们梅子是酸的，那将是什么样的结局？

学而思

一、“望梅止渴”比喻用空想来宽慰自己，实际上愿望无法实现。下列成语与其含义相近的是（　　）。

A. 画饼充饥　　B. 望洋兴叹　　C. 得陇望蜀　　D. 口舌生津

二、“望梅止渴”的原意是因为梅子酸，人想到吃梅子就会流口水。这是一种“条件反射”。请把非条件反射与条件反射归类放置。（只填序号）

A. 排尿反射　　B. 针刺指尖引起的缩手

C. 一朝被蛇咬，十年怕井绳　　D. 听到老师喊“上课”迅速起立

E. 遇到强光后马上闭眼　　F. 画饼充饥

G. 看见红灯停步　　H. 当别人朝你挥舞拳头时会眨眼

条件反射：________________　　非条件反射：________________

扫码听音频

shēn wú zhǎng wù

13 身无长物[1]

王恭[2]从会稽[3]还，王大[4]看之。见其[5]坐六尺簟[6]，因[7]语[8]恭："卿[9]东来[10]，故应有此物，可以[11]一领[12]及[13]我？"恭无言。大去后，即举[14]所坐者送之。既[15]无余席，便坐荐[16]上。后大闻之[17]，甚惊，曰："吾本谓[18]卿多，故求耳。"对曰："丈人[19]不悉恭，恭作人无长物。"

1. 身无长物：指除自身外再没有多余的东西。形容贫穷或俭朴。
2. 王恭：晋代重臣。
3. 会稽：郡名，今浙江绍兴。
4. 王大：人名，王恭的族叔。
5. 其：代词，指王恭。
6. 簟：供坐卧用的竹席。
7. 因：就，于是。
8. 语：对……说。
9. 卿：您。原指尊者称卑者，后同辈间也可互称"卿"。
10. 东来：东晋的国都，在今江苏南京，故称会稽一带为"东"。
11. 可以：可以拿。
12. 一领：一条，一张。
13. 及：本义为到达，这里指给。
14. 举：拿，把。
15. 既：已经。
16. 荐：草垫。
17. 之：代词，指这件事。
18. 谓：以为，认为。
19. 丈人：古时对亲戚长辈的通称。

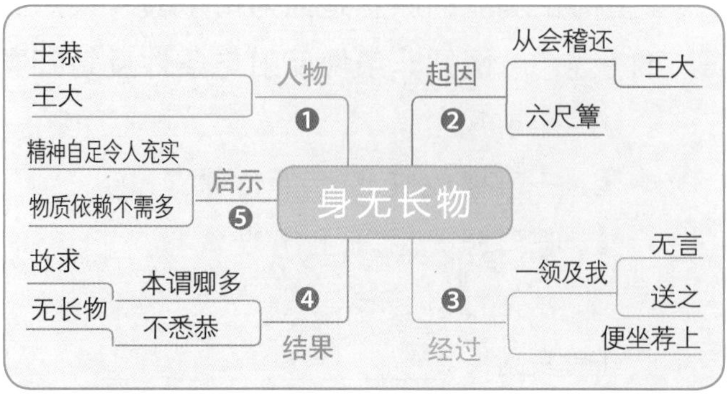

智慧点拨

简朴是一种美德，不要对物质有过分的需求，精神充实才是王道。王恭自称很穷，表明他的简朴以及节约。

译文悦读

王恭从会稽回来，王大来探望他。王大看到王恭坐着一张六尺长的竹席，就对他说："你从东晋都城回来，一定有很多这种竹席，可以拿一张给我吗？"王恭没有回答。王大离开后，王恭就将自己所坐的这张席子送给了王大。而自己已经没有竹席可以坐了，于是坐在草垫上。后来，王大听说了此事，十分吃惊，对王恭说："我本以为你有很多竹席，所以才向你要。"王恭回答说："您并不了解我，我从来就没有多余的东西。"

知识拓展

说"坐"道"席"

"坐"是个会意字，本义是两个人相对而坐。现代的"坐"，是指把臀部放在椅子、凳子或其他物体上，以支撑身体的重量。古人的"坐"与现在的坐姿有所不同。

古时候，没有凳子、椅子之类的坐具，人们习惯于席地而坐，即铺席于地，跪坐其上，臀部压在脚跟上。所以称坐次、席位为"席"，由此产生了一系列与"席"相关的词语。

举行宴会或仪式时各就各位，叫"入席"；空着座位等候，叫"虚席"；陪同参加宴会，叫"陪席"；退出宴会，叫"退席"；为表谦逊或对对方的尊敬，站起身来暂时离开坐席，叫"避席"；席间不辞而别，叫"逃席"；朋友绝交，叫"割席"等。

成语"席上之珍"比喻至美的义理或人才；"席珍待聘"意为怀才待用；"席不暇暖"形容奔走忙碌；"席地幕天"指以地为席，以天为幕，形容胸襟旷达。

学而思

一、下列每句话中都含有"之"字，请根据含义选择填空。

A. 指王恭　　B. 指王大　　C. 指王恭把竹席送给王大后只能坐草垫这件事情

1. 王大看之　　（　　）
2. 即举所坐者送之　　（　　）
3. 后大闻之　　（　　）

二、连一连，记一记。

古地名	今所在地
会稽	河南开封
临安	浙江杭州
东京	浙江绍兴
建康	江苏苏州
姑苏	江苏南京

扫码听音频

guǎn níng gē xí

14 管宁割席[1]

guǎn níng huà xīn gòng yuán zhōng chú cài jiàn dì yǒu piàn jīn guǎn huī chú yǔ wǎ shí bú yì huà zhuō ér zhì qù zhī yòu cháng tóng xí dú shū yǒu chéng xuān miǎn guò mén zhě níng dú rú gù xīn fèi shū chū kàn níng gē xí fēn zuò yuē zǐ fēi wú yǒu yě

管宁、华歆[2]共园中锄菜，见地有片金，管挥锄与瓦石不异[3]，华捉[4]而掷[5]去[6]之。又尝同席读书，有乘轩冕[7]过门者，宁读如故[8]，歆废书[9]出看。宁割席分坐，曰："子非吾友也[10]！"

---

[1] 管宁割席：指绝交，即不与志趣不同的人为友。管宁，三国时期的魏人，清廉自守，气节高傲。割席，割断坐席。

[2] 华歆：三国时期曹魏初年大臣。

[3] 不异：没有差别。

[4] 捉：拿起，握着。

[5] 掷：扔。

[6] 去：抛去。

[7] 轩冕：比喻官位爵禄，这里指高官。轩，古代的一种有围棚的车。冕，古代地位在大夫以上的官戴的礼帽。

[8] 如故：像原来一样。如，如同，好像。故，原来。

[9] 废书：放下书。废，放下，中止。

[10] 子非吾友也：你不再是我的朋友了。子，你。非，不。吾，我。

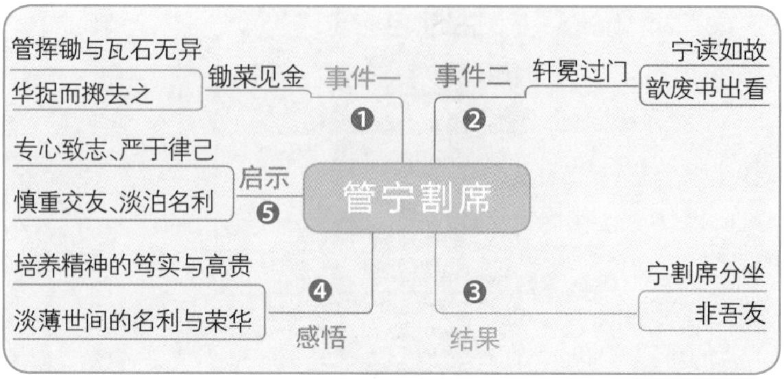

智慧点拨

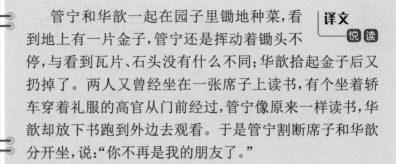

管宁做事、学习都能专心致志，集中精力，不受外界条件的干扰，这是正确的工作和学习的态度。我们做人也要像管宁一样严于律己、慎重交友。

译文悦读

管宁和华歆一起在园子里锄地种菜，看到地上有一片金子，管宁还是挥动着锄头不停，与看到瓦片、石头没有什么不同；华歆拾起金子后又扔掉了。两人又曾经坐在一张席子上读书，有个坐着轿车穿着礼服的高官从门前经过，管宁像原来一样读书，华歆却放下书跑到外边去观看。于是管宁割断席子和华歆分开坐，说："你不再是我的朋友了。"

知识拓展

管宁割的是用什么编织的席？

在古代，"席"通常指坐席，现在人们用的床席古代称"簟"。因古人有席地而坐的习惯，因此地上要铺席子。

坐席有用草、芦苇编织的，也有用竹、芦苇编织的，贵族人家冬天则用锦绣与丝绵制的席子。文中"宁割席分坐"的意思是把坐席一割为二，两人分开来坐。因用竹编织的席不易分割，而管宁和华歆又与贵族无缘。由此看来：管宁与华歆的坐席是用草或芦苇等编织的。

学而思

一、填空题。

这个故事可以用成语________来概括，意思是割开席子分别坐，指________________。从故事看出：管宁是一个________________的人。

二、本文说明了管宁割席与华歆绝交的原因。下列分析不合适的一项是（　　）。

A. 本文通过日常生活中的两件小事，表现了两个人性格的差异

B. 管宁见黄金"与瓦石无异"，华歆见黄金则"捉而掷去之"

C. 逢显贵，管宁"废书出观"，华歆则"读书如故"。由此可见两个人品格之优劣

D. 管宁和华歆不同的处世态度和道德观，由这两件小事就显示了出来

扫码听音频

zhèng xuán bài shī

15 郑玄拜师

zhèng xuán zài mǎ róng mén xià sān nián bù dé xiāng jiàn gāo zú dì zǐ chuán shòu ér yǐ cháng suàn hún tiān bù hé zhū dì zǐ mò néng jiě huò yán xuán néng zhě róng zhào lìng suàn yí zhuàn biàn jué zhòng xián hài fú jí xuán yè chéng cí guī jì ér róng yǒu lǐ yuè jiē dōng zhī tàn kǒng xuán shàn míng ér xīn jì yān xuán yì yí yǒu zhuī nǎi zuò qiáo xià zài shuǐ shàng jù jī róng guǒ zhuàn shì zhú zhī gào zuǒ yòu yuē xuán zài tǔ xià shuǐ shàng ér jù mù cǐ bì sǐ yǐ suì bà zhuī xuán jìng yǐ dé miǎn

郑玄[1]在马融[2]门下，三年不得相见，高足弟子传授而已[3]。尝[4]算浑天[5]不合，诸弟子莫[6]能解。或[7]言玄能者，融召令算，一转便决，众咸[8]骇服。及[9]玄业成辞归，既而融有“礼乐皆东”之叹，恐[10]玄擅名而心忌焉。玄亦疑有追，乃[11]坐桥下，在水上据屐[12]。融果转式[13]逐之，告左右曰：“玄在土下水上而据木，此必死矣。”遂罢追。玄竟以得免。

---

1. 郑玄：东汉人，精通历算。
2. 马融：东汉古文、经学家。
3. 而已：罢了。
4. 尝：曾经。
5. 浑天：古代的一种天体学说，多利用浑天仪这种算具进行演算。
6. 莫：不。
7. 或：有的，有的人，有人。
8. 咸：全，都。
9. 及：等到。
10. 恐：怕。
11. 乃：于是，就。
12. 据屐：脚穿木屐。
13. 转式：转动栻(shì)盘推演吉凶，是古代的一种占卜方法。

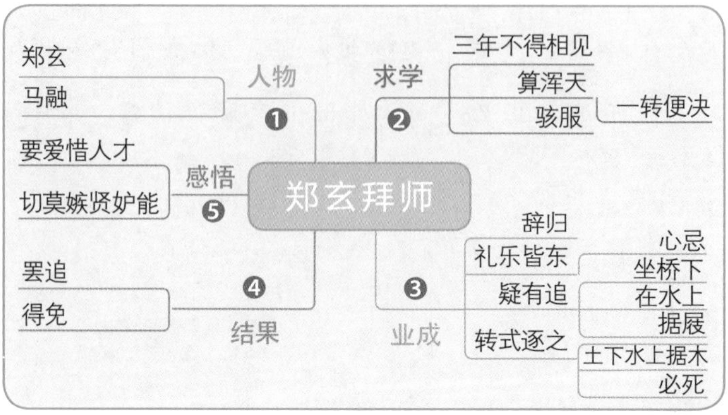

智慧点拨

做人千万不要像马融那样因为别人强于自己便心生忌恨，善妒是不好的品性。当然，害人之心不可有，防人之心不可无。

译文悦读

郑玄在马融门下求学，三年都没看到马融，都是由马融的高才弟子传授知识罢了。马融曾用浑天仪测算天体的位置，但计算得不准确，弟子们也没有讲解出来的。有的人说郑玄可以解决这一难题，马融就找来郑玄让他测算，郑玄一测算就得出了结果，大家都惊叹佩服。等到郑玄学成离去，马融发出了“礼乐都随郑玄东去了”的感叹，他怕郑玄的名声超过自己，而心生嫉妒。郑玄也疑心会被追杀，就坐在桥下，穿着木屐浮在水面上。马融果然在转动栻盘占卜他的行踪，他对身边的人说：“郑玄现在在土下水上，而且脚踩木头，这是必死的前兆。”于是不再追杀。郑玄因此得以脱身。

知识拓展

古代的拜师礼有哪些程序？

古代一般拜师礼多分为以下三个程序：

1. 拜祖师、拜行业保护神

表示对本行业的敬重，又表示从业的虔(qián)诚，同时也是祈求祖师爷“保佑”，使自己学业有成。

2. 行拜师礼

一般是师傅、师母坐上座，学徒行三叩首之礼，然后跪献红包和投师帖子。

3. 师傅训话，宣布门规及赐名等

训话一般是教育徒弟尊祖守规，勉励徒弟做人要清白，学艺要刻苦努力等。

学而思

一、在文言文中，“拜”的常用义有以下三种。请选择合适的意思填空。

A. 一种表示恭敬的礼节　　B. 谒见，拜见　　C. 授给官职

1. 八拜之交（　　）　　2. 郑玄拜师（　　）

3. 封坛拜将（　　）　　4. 自我崇拜（　　）

5. 升堂拜母（　　）　　6. 拜官授爵（　　）

二、文中，马融为什么要追杀郑玄？郑玄是怎样逃脱的？请在文中用横线画出来。

扫码听音频

16 荀巨伯[1]探友

xún jù bó tàn yǒu

xún jù bó yuǎn kàn yǒu rén jí zhí hú zéi gōng jùn yǒu rén yù jù bó
荀巨伯远[2]看友人疾[3]，值[4]胡贼[5]攻郡[6]。友人语[7]巨伯
yuē wú jīn sǐ yǐ zǐ kě qù jù bó yuē yuǎn lái xiāng shì zǐ lìng wú
曰："吾今死矣，子[8]可去[9]。"巨伯曰："远来相视[10]，子令[11]吾
qù bài yì yǐ qiú shēng qǐ xún jù bó suǒ xíng yé zéi jì zhì wèi jù bó
去，败义[12]以求生，岂荀巨伯所行邪[13]？"贼既[14]至，谓巨伯
yuē dà jūn zhì yí jùn jìn kōng rǔ hé nán zǐ ér gǎn dú zhǐ jù bó yuē
曰："大军至，一[15]郡尽空，汝何男子，而敢独止[16]！"巨伯曰：
yǒu rén yǒu jí bù rěn wěi
"友人有疾，不忍委[17]
zhī nìng yǐ wú shēn dài yǒu rén
之，宁以吾身代友人
mìng zéi xiāng wèi yuē wú bèi
命。"贼相谓曰："吾辈
wú yì zhī rén ér rù yǒu yì
无义之人，而入有义
zhī guó suì bān jūn ér huán
之国。"遂班军而还，
yí jùn bìng huò quán
一郡并获全。

---

[1] 荀巨伯：东汉义士。

[2] 远：从远方。

[3] 疾：重病。

[4] 值：正好，恰巧。

[5] 胡贼：古代汉人对北方匈奴族人的蔑称。胡，泛指我国古代居住在北部和西北部的少数民族。

[6] 郡：城池。

[7] 语：对……说，告诉。

[8] 子：第二人称代词，相当于"您"。

[9] 去：离开。

[10] 相视：照顾，看望。

[11] 令：使，让。

[12] 败义：损害道义。

[13] 邪：用于疑问，相当于"吗""呢"。

[14] 既：已经。

[15] 一：全，整个。

[16] 独止：一个人留下。

[17] 委：抛弃，舍弃。

智慧点拨

患难见真情。古希腊有位哲学家曾说过:我们交朋友,应当选择那些在危难时能挺身而出的人。文中的荀巨伯就是这样的人。

译文悦读

荀巨伯从远方来探望患重病的朋友,正好赶上胡兵攻打城池。朋友对荀巨伯说:“我如今就要死了,您可以离开。”荀巨伯说:“我从远方来探望您,您却让我离开,为了苟且偷生而毁掉道义,这难道是我荀巨伯做的事吗?”这时胡兵已经来到了,对荀巨伯说:“大军到了,整个城都空了,你是什么男人,竟敢一个人留下来?”荀巨伯说:“我的朋友身患重病,我不忍心舍弃他,我宁愿用自己的性命换取朋友的性命。”胡人相互议论说:“我们这些不懂得道义的人,却侵入了这么重道义的国家。”于是胡人撤军离开了,整座城的人都因此得以保全。

知识拓展

“八拜之交”是需要拜八次吗?

在古代文学作品中,人们常用“八拜之交”来指结拜为异姓兄弟姐妹关系。也指结拜而成的异姓兄弟姐妹关系。那么,“八拜之交”就是拜了八次吗?

“八拜”是指古代世交子弟见长辈时行的礼节,旧时异姓结拜也采用这种礼节。后来,“八拜之交”也指古代非常有名的八组朋友的友情。其中比较著名的有以下五组。

俞伯牙与钟子期 →	知音之交
廉颇与蔺相如 →	刎颈之交
刘备、张飞、关羽 →	生死之交
管仲与鲍叔牙 →	管鲍之交
孔融与祢衡 →	忘年之交

学而思

一、填空题。

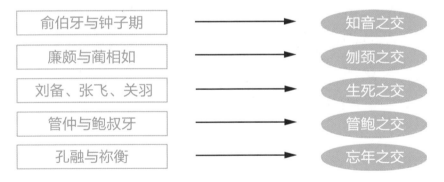

读过这篇文章后,让我想到一个五字谚语“______________”,意思是只有经过共同的患难才能看出谁是自己的知心朋友。古希腊有位哲学家曾说过:我们交朋友,应当选择那些在危难时能挺身而出的人。本文中的 ____________ 就是这样的人。

二、下列句子中的“之”与“吾辈无义之人”中的“之”用法相同的一项是(　　)。

A. 具答之　　　　B. 水陆草木之花

C. 大道之行也　　D. 何陋之有

扫码听音频

wáng róng bù qǔ dào páng lǐ

17 王戎不取道旁李

wáng róng qī suì cháng yǔ zhū xiǎo ér yóu kàn dào biān lǐ shù duō zǐ zhé

王戎[1]七岁，尝[2]与诸[3]小儿游[4]。看道边李树多子[5]折

zhī zhū ér jìng zǒu qǔ zhī wéi róng bú dòng rén wèn zhī dá yuē shù

枝[6]，诸儿竞[7]走[8]取之，唯[9]戎不动。人问之，答曰：“树

zài dào biān ér duō zǐ cǐ bì kǔ lǐ qǔ zhī xìn rán

在道边而多子，此必[10]苦李。”取之，信然[11]。

❶ 王戎：晋朝人，“竹林七贤”之一。

❷ 尝：曾经。

❸ 诸：许多，众。

❹ 游：玩，玩耍。

❺ 子：果实。

❻ 折枝：压弯了树枝。

❼ 竞：争着。

❽ 走：跑。

❾ 唯：只有。

❿ 必：一定。

⓫ 信然：的确如此。然，这样。

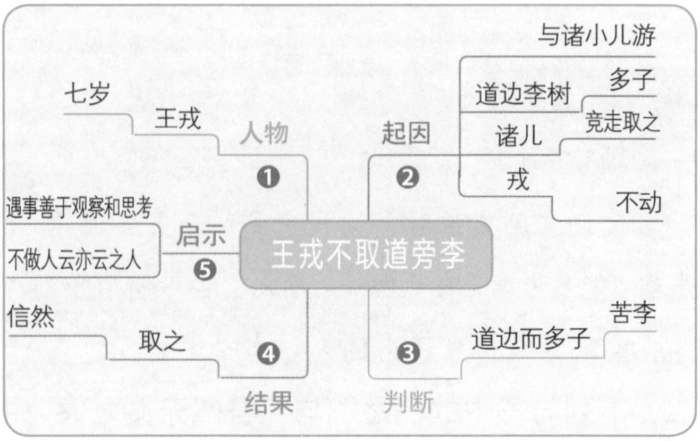

智慧点拨

做事要善于观察和动脑思考，要通过表面现象看清事物的本质，并根据有关现象进行推理判断，如此便可以避免做无用功。

译文悦读

王戎七岁的时候，曾经和很多小朋友一起玩耍。看见路边的李树结了很多果实，枝条都被压弯了，那些小朋友都争先恐后地跑过去摘李子。只有王戎没有去。有人问他为什么不去摘李子，王戎回答说："这树长在路边上，还有这么多李子，这李子一定是苦的。"摘来一尝，的确如此。

知识拓展

在古代，"走"和"奔"哪个较快一些？

"走"和"奔"的甲骨文，上面部分都像一个人甩开两臂快走的样子。区别："走"的下面有一个脚印，而"奔"的下面有三个脚印，强调速度之快。

另外，从模拟图上人的摆臂和跨步动作，也可以看出"奔"比"走"快。

"走"的本义是跑，而"奔"本义是急走、快跑。

古代的"跑"却不是跑步的意思，相当于现在的"刨"字，意思是动物用脚刨地。后来，"跑"才有迅速前进的意思。

学而思

一、填空题。

本文可概括出成语"道旁苦李"，又可写作"道傍苦李"，意思是____________。比喻庸才、无用之才。

二、从文中看出，王戎与诸小儿相比有其过人之处。下列选项中正确的是（　　）。（多选）

A. 仔细观察　　B. 善于根据有关现象进行推理判断

C. 学会动脑筋　　D. 先人后己，懂得谦让

三、下列故事不是体现儿童机敏聪慧的一项是（　　）。

A. 司马光砸缸　　B. 孔融让梨

C. 道旁苦李　　D. 曹冲称象

扫码听音频

yáng shì zhī zǐ

18 杨氏之子

liáng guó yáng shì zǐ jiǔ suì shèn cōng huì kǒng jūn píng yì qí fù fù bú

梁国杨氏子九岁，甚①聪惠②。孔君平③诣④其父，父不

zài nǎi hū ér chū wèi shè guǒ guǒ yǒu yáng méi kǒng zhǐ yǐ shì ér yuē cǐ shì

在，乃⑤呼儿出。为设⑥果，果有杨梅。孔指以示⑦儿曰：“此是

jūn jiā guǒ ér yìng shēng dá yuē wèi wén kǒng què shì fū zǐ jiā qín

君⑧家果。”儿应声答曰：“未闻⑨孔雀是夫子⑩家禽。”

---

①甚：很，非常。

②惠：通“慧”，指智慧。

③孔君平：孔坦，字君平。

④诣：拜见，拜访。

⑤乃：就，于是。

⑥设：摆放，摆设。

⑦示：给……看。

⑧君：对对方的尊称。

⑨未闻：没听说。未，没有。

⑩夫子：旧时对老师或学者的尊称。

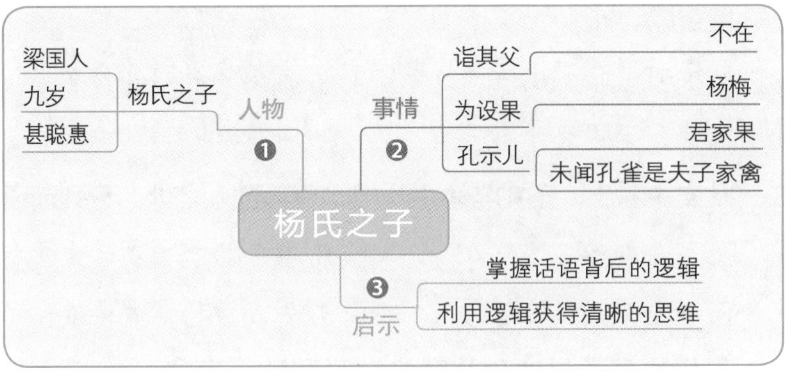

智慧点拨

好的口才对于一个人的成功至关重要，杨氏之子能言善辩，用幽默风趣的回答使他人心情愉悦。

译文悦读

梁国杨姓人家九岁的儿子，非常聪明。孔君平来拜访他的父亲，可是他父亲不在，于是叫孩子出来。孩子为孔君平端来水果，水果中有杨梅。孔君平指着杨梅对孩子说：“这是你家的水果。”孩子马上回答说：“没有听说孔雀是先生您家的鸟。”

知识拓展

请将左边的甲骨文及图画与右边对应的汉字连起来。

子　像新生婴儿裹在襁褓中双手乱动的样子。

儿　像囟门还没长合的孩子。

人　像面部朝左站立的一个人。

学而思

一、填空题。

“梁国杨氏子九岁，甚聪惠”这句话告诉我们：文中的主人翁是__________，人物的特点是__________，这句话在文中的作用是__________。

二、文中，孔君平与杨氏之子的一组对话非常精妙，妙在（　　）。

A. 二人针锋相对，鲜明地体现了二人的语言特点

B. 语句精练，表明了二人不同的立场

C. 都是根据对方的姓氏来借题发挥的，表现了杨氏之子才思敏捷

D. 语言幽默含蓄，都蕴含深刻的道理

扫码听音频

kǒng róng ràng lí
19 孔融让梨

kǒng róng zì wén jǔ lǔ guó rén kǒng zǐ èr shí shì sūn yě gāo zǔ fù shàng jù
孔融，字文举，鲁国人，孔子二十世孙也。高祖父尚，巨

lù tài shǒu fù zhòu tài shān dū wèi kǒng róng nián sì suì shí yǔ zhū xiōng gòng shí lí róng
鹿太守。父宙，泰山都尉①。孔融年四岁时，与诸兄共食梨，融

zhé yǐn xiǎo zhě dà rén wèn qí gù dá yuē xiǎo ér fǎ dāng qǔ xiǎo zhě yóu
辄②引③小者。大人问其故④，答曰：“小儿，法⑤当取小者。”由

shì zōng zú qí zhī
是⑥宗族奇⑦之。

①都尉：武官名。
②辄：于是，就。
③引：取过来，这里指拿。
④故：原因。
⑤法：按照规则。
⑥由是：由于这个原因，因此。
⑦奇：认为……很特别。

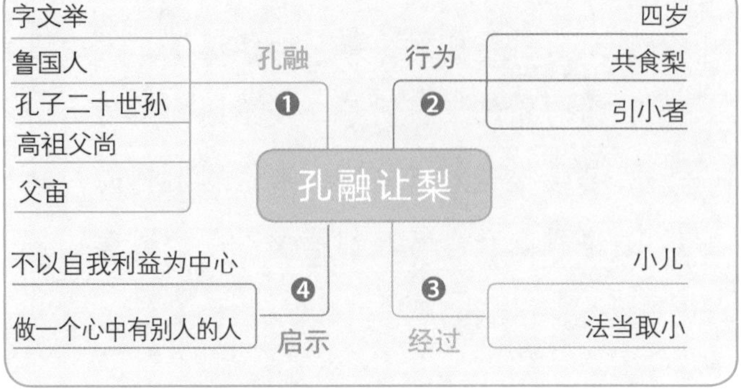

智慧点拨

凡事应该懂得遵守公序良俗。古人对道德常识非常重视。道德常识是启蒙教育的基本内容，融于日常生活、学习的方方面面。

译文悦读

孔融，字文举，鲁国人，是孔子的第二十世孙。他的高祖父叫孔尚，是钜鹿太守。他的父亲叫孔宙，是泰山都尉。孔融四岁的时候，和哥哥们一起吃梨，孔融就拿了一个小梨。他的父亲问他这样做的原因，孔融回答说："我是小孩子，按照规矩就应该拿最小的梨。"因此家人们都认为他很特别。

知识拓展

孝 悌

"仁、义、礼、智、信，忠、孝、悌(tì)、节、恕、勇、让"是儒家思想的核心。其中，"孝"主要指敬奉父母、善事父母。儒家认为孝是各种道德中最根本的。孝是维护封建宗法等级制度在家庭关系中的表现，在长期的封建社会中，"孝"一直被视为最高的美德，束缚了人们的思想。"悌"指敬爱兄长，顺从兄长。常与"孝"并列，称为"孝悌"。

孔子非常重视"孝悌"，把"孝悌"作为实行仁政的根本，提出"父母在，不远游"等主张。孟子也把"孝悌"视为基本的道德规范。秦汉时的《孝经》则进一步提出："孝为百行之首。"

学而思

一、当大人问孔融为什么拿小梨时，孔融回答："________________。"（用原文句子回答）这个故事告诉我们的道理是（　　）。

A. 要懂得孝敬父母，感恩父母的良苦用心

B. 要懂得谦让，这是中华民族的传统美德

C. 要懂得感恩，不忘师恩，尊敬师长

二、《三字经》中描述"孔融让梨"的句子是："____________，____________。____________，____________。"

扫码听音频

20 陶母责子

táo mǔ zé zǐ

táo gōng shào shí zuò yú liáng lì cháng yǐ gān zhǎ xiǎng mǔ mǔ fēng zhǎ fù shǐ fǎn shū zé kǎn yuē rǔ wéi lì yǐ guān wù jiàn xiǎng fēi wéi bú yì nǎi zēng wú yōu yě

陶公①少时作②鱼梁吏③，尝以坩④鲊⑤饷母⑥。母封鲊⑦付使，反书⑧责侃曰：“汝为⑨吏，以⑩官物⑪见饷⑫，非唯⑬不益⑭，乃增吾忧也！”

---

①陶公：晋朝大诗人陶渊明之曾祖，姓陶名侃。

②作：担任。

③鱼梁吏：管理河道及渔业的官。鱼梁，指捕鱼的场所。

④坩：盛物的陶器。

⑤鲊：一种经过腌制的鱼。

⑥饷母：款待母亲。饷，把食物赠送给人家吃。

⑦封鲊：封上了装鲊鱼的坛口。

⑧反书：回信。书，信。

⑨为：是。

⑩以：拿、用。

⑪官物：公物。

⑫见饷：送给我吃。见，助词，表示被动或他人的行为涉及自己。

⑬非唯……乃……：不但……而且……。

⑭不益：没好处。

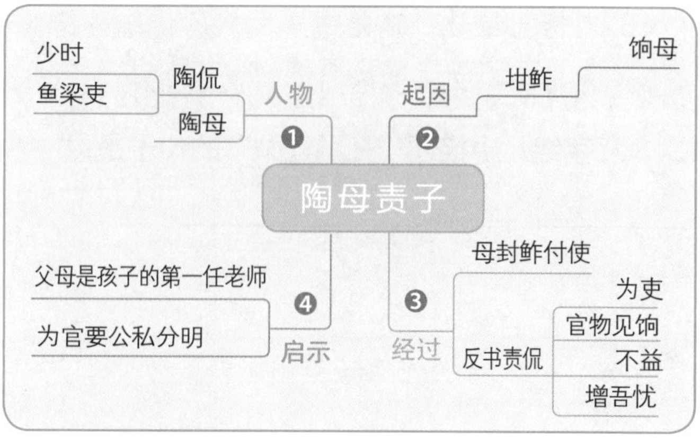

智慧点拨

陶母严于律己，教子有方，谴责儿子的过错，奉劝儿子秉公守法。这种美德在封建社会就被人称颂，在当今社会更应大力提倡和发扬。

译文悦读

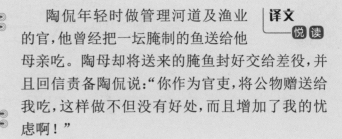

陶侃年轻时做管理河道及渔业的官，他曾经把一坛腌制的鱼送给他母亲吃。陶母却将送来的腌鱼封好交给差役，并且回信责备陶侃说："你作为官吏，将公物赠送给我吃，这样做不但没有好处，而且增加了我的忧虑啊！"

知识拓展

读一读，记一记

我国第一部笔记体小说集	《世说新语》
我国第一首长篇抒情诗	《离骚》
我国第一部百科全书	《永乐大典》
我国第一首长篇叙事诗	《孔雀东南飞》
我国第一部纪传体通史	《史记》
我国第一部军事著作	《孙子兵法》
我国第一部国别体史书	《国语》
我国第一部编年体史书	《春秋》
我国第一部字典	《说文解字》
我国第一部诗歌总集	《诗经》
我国第一部农业百科全书	《齐民要术》

学而思

父母是孩子的第一任老师，陶母的一言一行都深深地影响了陶侃的成长。下列对原文理解正确的是（　　）。

A. 陶母因鲊鱼过于昂贵而回信责备陶侃，不要再送了

B. 陶母之所以责备儿子，是因为陶侃拿公家的东西给自己

C. 这个故事说明陶母是一个懒惰、怕麻烦的人

D. 陶母认为儿子送来的东西对自己没有一点儿用处，所以回信责备他

扫码听音频

chén tài qiū yǔ yǒu qī

21 陈太丘与友期

chén tài qiū yǔ yǒu qī xíng qī rì zhōng guò zhōng bú zhì tài qiū shě qù qù hòu nǎi zhì yuán fāng shí nián qī suì mén wài xì kè wèn yuán fāng zūn jūn zài fǒu dá yuē dài jūn jiǔ bú zhì yǐ qù yǒu rén biàn nù yuē fēi rén zāi yǔ rén qī xíng xiāng wěi ér qù yuán fāng yuē jūn yǔ jiā jūn qī rì zhōng rì zhōng bú zhì zé shì wú xìn duì zǐ mà fù zé shì wú lǐ yǒu rén cán xià chē yǐn zhī yuán fāng rù mén bú gù

陈太丘[1]与友期行[2]，期日中[3]。过中不至，太丘舍去[4]，去后乃[5]至。元方[6]时年七岁，门外戏。客问元方："尊君在不[7]？"答曰："待君久不至，已去。"友人便怒曰："非人哉！与人期行，相委而去[8]。"元方曰："君[9]与家君[10]期日中。日中不至，则是无信；对子骂父，则是无礼。"友人惭，下车引[11]之。元方入门不顾[12]。

[1] 陈太丘：陈寔（shí），字仲弓，曾做太丘县令。

[2] 期行：相约同行。期，约定。

[3] 日中：正午时分。

[4] 舍去：不再等候就走了。舍，放弃。去，离开。

[5] 乃：才。

[6] 元方：陈纪，字元方，陈寔的长子。

[7] 尊君在不：令尊在不在？尊君，对别人父亲的尊称。不，同"否"，句末语气词，表询问。

[8] 相委而去：丢下别人离开。委，丢下，舍弃。去，离开。

[9] 君：对对方的尊称，您。

[10] 家君：谦词，对别人称自己的父亲。

[11] 引：拉。

[12] 顾：回头看。

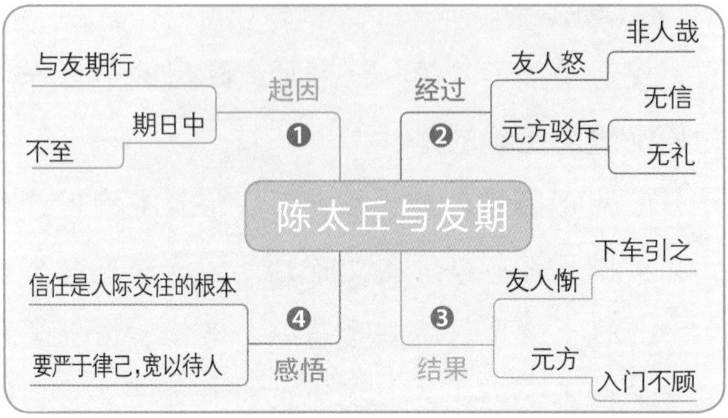

智慧点拨

做人要讲诚信、懂礼貌，这是最基本的道德规范。信守承诺的人才会得到他人的信任和尊重；懂得礼貌才能和他人愉快相处。

译文悦读

陈太丘和朋友相约同行，约定在中午时分。过了正午朋友还没有到，陈太丘不再等候他而离开了，陈太丘离开后朋友才到。元方当时七岁，在门外玩耍。陈太丘的朋友问元方："令尊在不在？"元方回答说："我父亲等待您很长时间而您却没有来到，他已经离开了。"友人便生气地说："真不是君子啊！和别人相约同行，却丢下别人自己走了。"元方说："您与我父亲约在正午。中午您没到，这是不讲信用；当着孩子的面骂他的父亲，这是没有礼貌。"朋友听罢感到十分惭愧，便下车想去拉元方。元方头也不回地走进了自家的大门。

知识拓展

五　常

"五常"是指仁、义、礼、智、信，也是儒家所提倡的人与人之间的道德标准。

仁　是指与他人相处时要做到融洽、和谐。但不能只想着自己，不能自私自利，要多设身处地为他人着想，为他人考虑。儒家重"仁"，仁者，爱人也，简言之，能爱人即为仁。

义　是中国古代哲学概念，儒家意为仁义，墨家意为道义。即在他人有难时出手帮助别人一把，即为义。

礼　世人以曲者，己弯腰则人高，对他人即为有礼，因此敬人即为礼。古之礼，世人如弯曲的谷物，只有结满谷物的谷穗才会弯下头，"礼"之精要在于"曲"。

智　知道日常的东西，把平时生活中的东西琢磨透了，了解宇宙运行的规律，了解人与人之间的关系，这就叫作"智"。

信　人言也。远古时没有纸，经验技能全靠言传身教，是用生命或教训换来的对周围世界的认识，所以不信长辈的教诲是要吃亏的。

学而思

我国五千年文化博大精深，其中有许多褒奖美德的成语。你能帮左边的成语找到右边的美德朋友吗？请连一连。

平易近人	
竭诚相待	
言出必行	守信
彬彬有礼	
一诺千金	礼貌
一言九鼎	

扫码听音频

22 各人啖[1]一口

人饷[2]魏武[3]一杯酪，魏武啖少许[4]，盖头上题“合”字，以示众。众莫[5]能解。次至[6]杨修[7]，修便啖，曰：“公教[8]人啖一口也，复[9]何疑？”

[1] 啖：吃。
[2] 饷：赠送。
[3] 魏武：曹操，三国时政治家、军事家，曹魏政权奠基人。
[4] 少许：少量，一点点。
[5] 莫：不。
[6] 次至：依次轮到。
[7] 杨修：曹操的谋士。
[8] 教：让。
[9] 复：又，还。

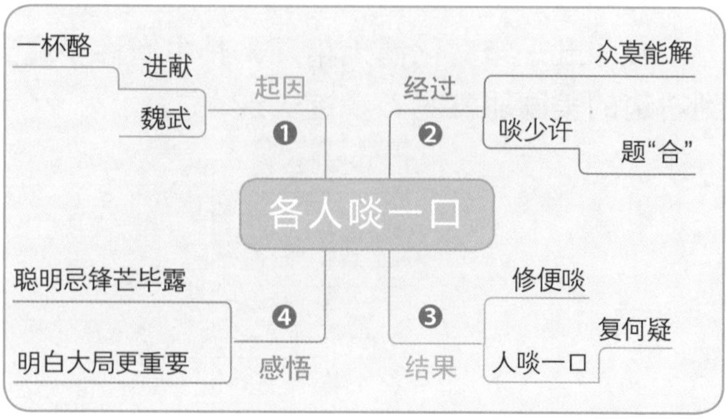

智慧点拨

从故事中可以看出曹操的性格是爱才又忌才，当杨修一下子说出谜底，他又很不痛快。其实曹操是不想让其他人吃。而杨修自作聪明，后来招致杀身之祸。

译文悦读

有人进献给魏武帝曹操一杯乳制品，他吃了一点儿后，在盖子上写了一个“合”字，拿给大家看。大家都不能理解其意。依次轮到杨修时，杨修拿了就吃，说：“曹公是让大家每人吃一口，还要疑虑什么？”

知识拓展

曹操是中国古代杰出的政治家、军事家、文学家、书法家、诗人，是东汉末年权相，太尉曹嵩之子，曹魏的奠基者，但他的文学功底非常好，他的儿子们也是文采了得，特别是曹丕和曹植。

有一次他和两个儿子坐着谈论古书，突然想试试两个孩子的才学，便对曹丕和曹植说：“我给你们出个上联，你们来对下联，如何？”俩儿子都跃跃欲试。曹操就给出了一句：

风吹马尾千根线。

曹植才思敏捷，父亲刚说完，他就脱口而出：

雨打羊毛一片毡。

曹操看着曹丕，曹丕也想好了一句：

日照龙鳞万点星。

曹操听后，觉得曹植的脑子转得快，但是所对的句子太柔弱无力，不是成大器的样子；而曹丕的句子，是有王者之相的好文，看来自己后继有人了。于是，他点头赞赏：“曹丕我儿，对得果然大气！有王者风范！”

《短歌行》其一

〔三国〕曹操

对酒当歌，人生几何？譬如朝露，去日苦多。
慨当以慷，忧思难忘。何以解忧，唯有杜康。
青青子衿，悠悠我心。但为君故，沉吟至今。
呦呦鹿鸣，食野之苹。我有嘉宾，鼓瑟吹笙。
明明如月，何时可掇？忧从中来，不可断绝。
越陌度阡，枉用相存。契阔谈讌，心念旧恩。
月明星稀，乌鹊南飞。绕树三匝，何枝可依？
山不厌高，海不厌深。周公吐哺，天下归心。

学而思

一、在古代，未经主人允许吃东西是不对的，但杨修拿着曹操递过来的东西就吃，他这样做的原因是（　　）。

A. 正好肚子饿，便拿着就吃

B. 既然是吃的，干吗想那么多

C. 曹操既然拿给大家，就是让人品尝的

D. 曹操暗含大家一人吃一口

二、有人说：性格决定命运。本文主人公杨修最终被曹操杀死，这与他的性格有很大关系。下列对杨修的性格分析不合适的一项是（　　）。

A. 聪明过人、恃才放荡

B. 才思敏捷、狂妄轻率

C. 城府深沉、深得人心

D. 知识渊博、才华横溢

百喻经

全　　名	《百句譬喻经》
作　　者	僧伽斯那
创作年代	公元五世纪的古天竺
文学体裁	文言文佛经
价值意义	佛教文学寓言宝典

《百喻经》的作者是古天竺高僧僧伽斯那，后由南朝萧齐天竺三藏法师求那毗地(撰者弟子)翻译。“百喻”指有100篇譬喻故事，但原经真正的譬喻故事只有98篇，称“百”为取约整数而言，加上卷首引言和卷尾偈颂共为百则。全书结构单一，每篇都采用两步式，第一步是讲故事，作引子，第二步是比喻，阐述佛学道理。本书最初出现在印度盛行寓言文学时期，又因为该经是针对外行请问而说，故事大多与邪见愚行有关，所以又被称之为《百愚经》或《百寓经》。

《百喻经》是大藏经譬喻类经典中流行最广的一部，因其规格的统一、文风的优美而被誉为佛教文学寓言宝典。

僧伽斯那，又称僧伽斯、僧伽先，是公元5世纪印度的大乘法师。他一生研究佛学。

名句集锦

◎天下之事皆然，过则非唯无益，反害之。

◎既杀驼，复破瓮。如此痴人，为世人所笑。

◎要少名利，致毁大行。苟容己身，不顾礼义。

扫码听音频

yú rén shí yán

23 愚人食盐

xī yǒu yú rén zhì yú tā jiā zhǔ rén yǔ shí xián dàn wú wèi zhǔ rén wén
昔[1]有愚人，至于他家，主人与食，嫌淡无味。主人闻
yǐ gèng wèi yì yán jì dé yán měi biàn zì niàn yán suǒ yǐ měi zhě
已[2]，更[3]为益[4]盐。既[5]得盐美[6]，便自念言：“所以[7]美者，
yuán yǒu yán gù shǎo yǒu shàng ěr kuàng fù duō yě yú rén wú zhì biàn kōng shí
缘[8]有盐故。少有尚尔，况复多也？”愚人无智，便空食
yán shí yǐ kǒu shuǎng
盐。食已口爽[9]，
fǎn wéi qí huàn
返为其患[10]。

---

❶昔：从前。
❷闻已：听到之后。
❸更：再，复，又。
❹益：增加。
❺既：已经。
❻美：美味。
❼所以：……的原因。
❽缘：因为。
❾口爽：口味败坏。爽，差，败坏。
❿患：祸患。

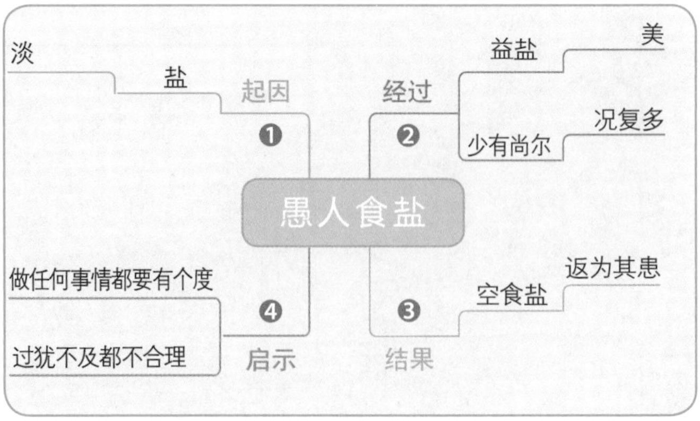

智慧点拨

做任何事情都要根据实际情况，要注意分寸，掌握恰当的方法，坚持适度的原则。如果事情做得过了头，反而无法达到预期的目的。

译文悦读

从前有个愚蠢的人，到别人家去，主人给他食物吃，他嫌弃食物淡而无味。主人听到之后，又给他增加了盐。已经感觉到了盐的美味之后，他就自言自语说："这个菜变得这么好吃的原因，是因为加了盐的缘故。稍微加一点盐，就这么好吃，更何况盐多呢？"这个愚蠢的人没有智慧，就空口吃盐。吃后味觉损坏，反而成为他的祸患。

知识拓展

卖盐和卖伞

一个老奶奶有两个儿子，大儿子卖盐，小儿子卖伞。如果遇到天阴下雨，老奶奶就发愁了："太糟了！大儿子的盐卖不出去了！"可是等到晴天出太阳，她又发愁："太糟了！小儿子的伞又卖不出去了！"所以，她成天愁眉苦脸，担惊受怕，一直很烦恼。结果，两个儿子也受她影响，心情很糟糕，生意自然做不好。

老奶奶遇到一个智者，告诉她："您不如换个角度想问题。下雨时想：'太好了！小儿子的伞可以卖出去了！'出太阳时就想：'太好了！大儿子的盐又可以卖出去了！'"老奶奶真的按智者的话去做了。果然，她的心情变了：不论天气怎样，她都很高兴，每天活得开开心心，乐乐呵呵，两个儿子的生意也红火了起来……

学而思

一、"酸甜苦辣咸"是食物中的五种味道。请根据生活体会填写下表。

味道	食物	过量引发的后果
酸	橘子	倒牙齿
	糖	血糖高，引起糖尿病
苦		是药三分毒
辣	辣椒	
咸		败坏味觉

二、俗话说："过犹不及。"文中的"愚人"就犯了这种错误，最终害了自己。下列对原文理解错误的是（　　）。

A. 做任何事情都要有度，恰到好处时美妙无比，一旦过头就会走向反面

B. 有时真理再向前跨越一步，就变成了谬误

C. 任何食物只有加足够多的盐才能变成美味

D. 事情做得过分了，就像做得不够一样，都是不好的

扫码听音频

yù shí bàn bǐng yù

24 欲食半饼喻

pì rú yǒu rén yīn qí jī gù shí qī méi jiān bǐng shí liù méi bàn yǐ

譬①如有人，因其饥故②，食七枚煎饼。食六枚半已③，

biàn dé bǎo mǎn qí rén huì huǐ yǐ shǒu zì dǎ ér zuò shì yán wǒ jīn bǎo

便得饱满。其人恚悔④，以手自打，而作是⑤言：“我今⑥饱

zú yóu cǐ bàn bǐng

足⑦，由此半饼。

rán qián liù bǐng táng zì

然前六饼，唐⑧自

juān qì shè zhī bàn bǐng

捐弃⑨。设⑩知半饼

néng chōng zú zhě yīng xiān

能充足者，应先

shí zhī

食之。”

①譬：假如。

②故：原因，缘故。

③已：停止。

④恚悔：即懊恼又后悔。

⑤是：这。

⑥今：现在。

⑦足：吃饱。

⑧唐：徒然，白白地。

⑨捐弃：浪费。

⑩设：假如，如果。

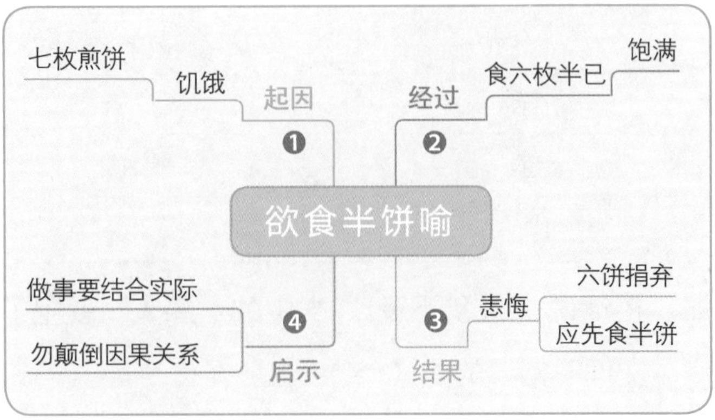

智慧点拨

做事千万不能钻牛角尖，更要注重过程，不要只关心结果。只有把过程走好了，最后自然会如愿以偿。千万不要像食饼之人那样颠倒因果，徒增苦恼。

译文悦读

譬如有一个人，因为肚子饿的原因，拿七块饼来吃。当吃到六块半时停住了，觉得已经吃饱。这人既懊恼又后悔，用手打了自己，又这样说："我现在饱了，是因为吃了这半个饼。前面的六个饼都白白浪费了！假如知道这半个饼能吃饱，就应该先吃这半个饼了。"

知识拓展

夫妇食饼共为要喻

有一对夫妇，家里有三块饼。两人各吃了一块，剩下一块。两人约定："若是谁说话了，不给他吃这块饼了。"之后，为了这一块饼的缘故，两人都不敢说话。过了一会儿，有个贼入室来偷东西，家中值钱的东西都被贼拿在手中。夫妇两人因为有约定，眼看着家里财物被偷光却都不说话。贼看他们一言不发，就在其丈夫的面前调戏起他的妻子来。丈夫亲眼见了，也依然不说话。妻子便大喊有贼，对丈夫叫道："你这愚痴的人，怎么为了一块饼，眼看着贼这样也不喊？"丈夫拍手笑道："咄！蠢婢子，这个饼是我的，没你的份了。"世人听了此事，无不嗤笑。

学而思

一、文中，"枚"是量词，意思是"张"或"个"。不同的事物所用量词有所不同。请在下面的括号里填写合适的量词。

一（　　）硬币　一（　　）床　一（　　）帽子　一（　　）伞

一（　　）汽车　一（　　）猪　一（　　）马　一（　　）花

二、文中，食饼人前面的六块饼真的浪费了吗？见到食饼人，你应该对他怎么说？（　　）（多选）

A. 别打了，没有前面的六张饼你现在还饿着肚子呢！

B. 哎呀，我怎么没算出来呀，岂不是白白丢了六张饼？

C. 你要知道：没有量的积累，怎么会吃饱？

D. 你知道吗？这则寓言故事讽刺的是忘恩负义的人。

扫码听音频

shā tuó pò wèng

25 杀驼破瓮

xī yǒu yì rén xiān wèng zhōngchéng gǔ luò tuo rù tóu wèngzhōng shí gǔ shǒu bù
昔有一人，先瓮[1]中盛[2]谷。骆驼入头瓮中食谷，首不

dé chū jì bù dé chū qí rén yǐ wéi yōu yǒu yì lǎo rén lái yù zhī yuē
得[3]出。既不得出，其人以为忧。有一老人来语之[4]曰：

rǔ mò chóu wú jiāo rǔ chū rǔ dāng zhǎn tóu zì néng chū zhī jí yòng qí yǔ
“汝[5]莫愁，吾[6]教汝出。汝当斩头，自能出之[7]。”即用其语[8]，

yǐ dāo zhǎn tóu jì shā tuó ér fù pò wèng
以刀斩头。既杀驼，而复破瓮。

[1] 瓮：一种口小腹大的陶器。

[2] 盛：用器物盛装（物品）。

[3] 不得：不能够。

[4] 语之：告诉他。

[5] 汝：你。

[6] 吾：我。

[7] 出之：使（让）它出来。

[8] 即用其语：就采用那个人的话。

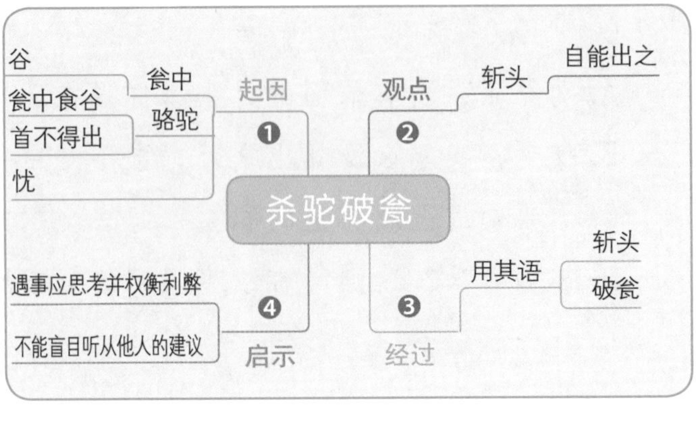

智慧点拨

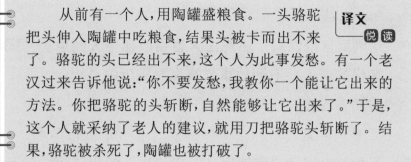

凡事要认真思考，仔细研究，要自己独立判断，不能因小失大，也不能盲目听从他人。当然，更不要不懂装懂，胡乱给他人提建议。

译文悦读

从前有一个人，用陶罐盛粮食。一头骆驼把头伸入陶罐中吃粮食，结果头被卡而出不来了。骆驼的头已经出不来，这个人为此事发愁。有一个老汉过来告诉他说：“你不要发愁，我教你一个能让它出来的方法。你把骆驼的头斩断，自然能够让它出来了。”于是，这个人就采纳了老人的建议，就用刀把骆驼头斩断了。结果，骆驼被杀死了，陶罐也被打破了。

知识拓展

含有“瓮”字的成语

【瓮声瓮气】瓮：一种口小腹大的陶制盛器。形容声音粗重而低沉。

【瓮中之鳖】比喻已在掌控之中，逃不了的人或动物。

【瓮中捉鳖】从坛子里捉甲鱼。比喻想要捕捉的对象已在掌握之中，伸手可得。

【抱瓮灌园】灌：浇灌。指安于不用智巧的淳朴生活。

【请君入瓮】比喻以其人之道还治其人之身。

表示陶器的字，你知多少？

古人盛食物的器具大多是陶制的。文中所说的“瓮”，是一种口小腹大的陶器，多用来盛谷子。

另外，“瓯（ōu）”“缶（fǒu）”“瓿（bù）”“罂（yīng）”“盎（àng）”“甏（bèng）”“缸”等，也是盛器，有的口小腹大，有的口大腹小，或盛酒，或盛粮食等。现简要说明如下：

“瓯”指瓯子，即盅（zhōng）。多用于方言。

“缶”指古代一种大肚子小口的瓦器。

“瓿”指小瓮。

“罂”指古代一种小口大肚的瓶子。

“盎”指古代一种腹大口小的器皿。

“甏”指瓮，又称“坛子”。

“缸”一般底小口大，有陶、瓷、搪瓷等材质。

缸

缶

罂

学而思

一、这则寓言既讽刺了骆驼主人盲目听信他人的意见，同时又嘲讽了那个不懂装懂的老人。下列故事与其寓意相近的是（　　）。

A. 司马光砸缸　　　　B. 执竿入城

C. 盲人摸象　　　　D. 画蛇添足

二、下列加点字与“自能出之”中“出”的用法相同的一项是（　　）。

A. 首不得出　　　　B. 其人以为忧

C. 以刀斩头　　　　D. 既来之，则安之

三、猜谜语。

头像绵羊颈似鹅，

不是牛马不是骡。

戈壁滩上万里行，

能耐渴来能忍饿。（打一动物）

谜底：__________

四、如果你遇到文中的骆驼主人，你能帮他想出一个好的办法吗？

____

____

____

弘明集

作　者	僧祐
创作年代	南朝梁天监年间
文学体裁	佛教文集
收录范围	东汉至南朝齐、梁
价值影响	中国佛教史上第一部护法弘教的文献汇编

《弘明集》是一部佛教文集，由南朝梁僧祐在天监年间编撰而成，共14卷。该书序云："道以人弘，教以文明，弘道明教，故称之《弘明集》。"书中收录的佛教文论，从不同角度反映了东汉末年至南朝梁时期佛教的基本教义、传播状况以及佛教与儒家、道教等本土思潮的相互关系。本书价值在其文献性，是研究中国佛教史的重要材料。

僧祐(445—518)，齐梁时代的一位律学大师，南朝僧人，佛教史学家，也是古代杰出的佛教文史学家。他原籍在彭城下邳(今江苏徐州)，生于江南建业(今江苏南京)，俗姓俞氏。僧祐编撰的《弘明集》是中国佛教史上第一部护法弘教的文献汇编；他在建初、定林两寺建立经藏，编写了《出三藏记集》15卷，为中国现存的最古的佛教经录。

名句集锦

◎万物无常，有存当亡。

◎天道法四时，人道法五常。

◎转为蚊虻之声，孤犊之鸣，即掉尾奋耳，蹀躞而听。

◎江海所以异于行潦者，以其深广也；五岳所以别于丘陵者，以其高大也。

扫码听音频

26 对牛弹琴[1]

duì niú tán qín

gōng míng yí　wèi niú tán　qīng jiǎo　zhī cāo　fú shí rú gù　fēi　niú bù

公明仪[2]为牛弹《清角》之操[3]，伏食如故[4]。非[5]牛不

wén　bù hé　qí ěr yǐ　zhuǎn wéi wén méng　zhī shēng　gū dú　zhī míng　jí diào wěi

闻[6]，不合[7]其耳矣。转为蚊虻[8]之声，孤犊[9]之鸣，即掉尾

fèn ěr　dié xiè　ér tīng

奋耳[10]，蹀躞[11]而听。

---

1. 对牛弹琴：比喻说话不看对象，对外行说内行话或对不讲理的人讲道理。
2. 公明仪：古代音乐家，善弹琴。
3. 操：琴曲。
4. 如故：像以前一样。
5. 非：不，不是。
6. 闻：听。
7. 合：合适。
8. 虻：牛虻，比苍蝇稍大的昆虫，吸食人和牲畜的血液，又叫牛蚊子。
9. 孤犊：离群的小牛犊。
10. 掉尾奋耳：摇摆尾巴，竖起耳朵。掉，摇摆。奋，本指鸟类展翅，引申为举起来。这里指竖起来。
11. 蹀躞：小步走路。

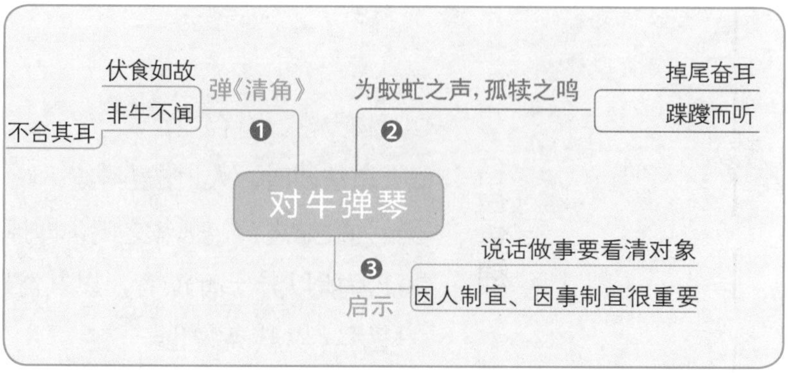

智慧点拨

做任何事情都应该有的放矢，看清对象。“到什么山上唱什么歌”，这样才能够符合实际，收到效果。我们常常说的“从实际出发”，也就包含了这个意思在里面。

译文悦读

公明仪为牛弹奏古雅《清角》调的琴曲，牛像以前一样低头吃草。不是牛没有听见，是这首曲子不适合牛的耳朵罢了。后来，公明仪改变了弹法，模仿着蚊虻的嗡嗡声，以及离群小牛犊寻找母亲的悲鸣声，这时，牛开始摇尾巴，竖起耳朵，小步走着听。

知识拓展

关于“动物”的成语

【牛】 汗牛充栋　对牛弹琴　庖丁解牛　牛刀小试　九牛一毛
初生牛犊不怕虎

【龙】 龙飞凤舞　藏龙卧虎　龙腾虎跃　龙马精神　攀龙附凤
龙凤呈祥　群龙无首　望子成龙　老态龙钟　龙争虎斗

【虎】 狐假虎威　狼吞虎咽　如虎添翼　虎落平阳　谈虎色变
虎口逃生　降龙伏虎　养虎为患　骑虎难下　调虎离山
龙潭虎穴　龙盘虎踞　不入虎穴，焉得虎子

【马】 走马观花　万马齐喑　马到成功　悬崖勒马　蛛丝马迹
马革裹尸　人仰马翻　金戈铁马　马失前蹄　单枪匹马
兵荒马乱　马不停蹄　一言既出，驷马难追

【羊】 羊肠小道　顺手牵羊　羊入虎口　亡羊补牢
羊毛出在羊身上　挂羊头，卖狗肉

【狗】 狗仗人势　狗急跳墙　狼心狗肺　狗血淋头　狐朋狗友
关门打狗　偷鸡摸狗　狗眼看人低　狗嘴里吐不出象牙

【猴】 尖嘴猴腮　猴年马月　猴头猴脑　杀鸡儆猴　沐猴而冠
猴子捞月　山上无老虎，猴子称大王

【兔】 兔死狐悲　守株待兔　狡兔三窟　兔死狗烹

【鼠】 抱头鼠窜　投鼠忌器　胆小如鼠　鼠目寸光　贼眉鼠眼

【鸡】 鸡飞狗跳　鸡犬升天　鸡鸣狗盗　杀鸡取卵　鸡飞蛋打
鸡毛蒜皮　缚鸡之力　金鸡报晓　金鸡独立　鹤立鸡群

学而思

一、按照要求填空。

“对牛弹琴”原用来比喻对蠢人讲大道理，白费唇舌。毛主席活用这个成语，把讽刺对象改为“弹琴者”，明知别人不欣赏你那套自以为很好的说话，仍唠唠叨叨，这便是“______________”。所以，一定要看清对象，有的放矢，才会有效。

二、下列是对“非牛不闻，不合其耳也”的理解，其中正确的是（　　）。

A. 牛并非没有听见，而是这种曲调不适合它听

B. 不是牛不想听，是因为它的耳朵聋了

C. 不是牛不想听，是因为牛是动物，不懂音乐

D. 并不是牛不想听，是因为琴声太难听了

三、六畜是指马、牛、羊、鸡、犬、猪六种动物。请将下列俗话或成语中缺少的动物字写在横线上。

____肠小道　　闻____起舞　　____到成功

____毛蒜皮　　气冲斗____　　____ ____升天

____八戒上阵，倒打一耙　　____鼻里插葱，装象

夏
商
周
秦
汉
三国
晋
南北朝
隋
唐
五代
宋
辽
西夏
金
元
明
清

《颜氏家训》

颜氏家训

作　　者	颜之推
创作年代	南北朝
文学体裁	家训
流　　派	儒家为主
价值影响	古今家训，以此为祖

《颜氏家训》是南北朝时期颜之推创作的家训。全书共7卷，20篇，以儒家传统思想为立身治家之道，讲述了作者的经历、思想、学识，借以告诫、训诲家中子弟的书籍。用历史和时事作为例证，正反论述，说明做人和读书的道理，以忠厚朴实为宗旨，成为传统社会的典范教材。它直接开启后世"家训"之先河，被誉为"古今家训之祖"，是我国古代家庭教育理论宝库中的一份珍贵遗产。

颜之推（531—597），字介，生于湖北江陵县，他博览群书，对经史、政治和文字声韵都很精通。他也是中国古代文学家、教育家。

名句集锦

◎观天下书未遍，不得妄下雌黄。

◎幼而学者，如日出之光；老而学者，如秉烛夜行，犹贤乎瞑目而无见者也。

◎是以与善人居，如入芝兰之室，久而自芳也；与恶人居，如入鲍鱼之肆，久而自臭也。

扫码听音频

zhū zhān tūn zhǐ

27 朱詹吞纸

yì yáng zhū zhān shì jū jiāng líng hòu chū yáng dū hào xué jiā pín wú zī lěi rì
义阳[1]朱詹，世居江陵，后出扬都。好学，家贫无资，累[2]日

bú cuàn nǎi shí tūn zhǐ yǐ shí fù hán
不爨[3]，乃时吞纸以实腹[4]。寒

wú zhān bèi bào quǎn ér wò quǎn yì jī
无毡被，抱犬而卧。犬亦饥

xū qǐ xíng dào shí hū zhī bú zhì
虚，起行盗食，呼之不至，

āi shēngdòng lín yóu bú fèi yè
哀声动邻，犹[5]不废业[6]，

zú chéng xué shì guān zhì zhèn
卒[7]成学士[8]。官至镇

nán lù shì cān jūn wéi
南录事参军，为

xiào yuán suǒ lǐ
孝元所礼。

---

[1] 义阳：与后面的江陵、扬都，都是古地名。

[2] 累：连续。

[3] 爨：烧火煮饭。

[4] 实腹：充饥。

[5] 犹：仍然。

[6] 废业：荒废学业。

[7] 卒：终，终于。

[8] 学士：官职名。

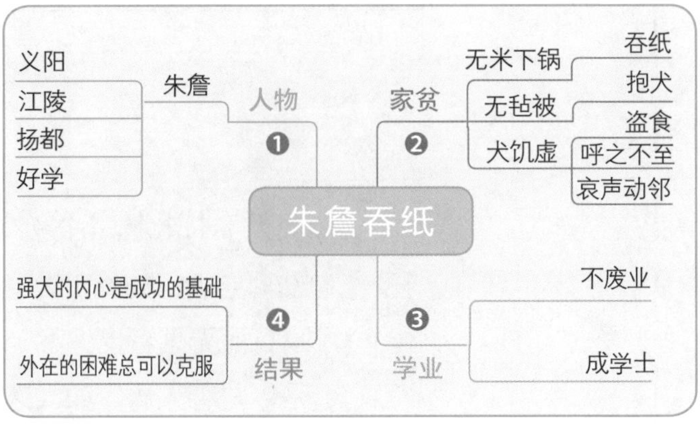

智慧点拨

朱詹在如此艰苦的条件下依旧勤奋刻苦地学习，最终成为学士。我们拥有这么好的学习条件，更要努力学习，掌握更多知识。

译文悦读

（湖北）义阳的朱詹，世代住在江陵，后来到了扬都。他喜爱学习，但因家中贫穷没有钱财，有时竟连续几天都没烧火煮饭，就时常靠吞食废纸来充饥。天气寒冷没有被子，就抱着狗取暖而睡。狗也饿得受不了，就跑到外面去偷食，朱詹怎么叫它也不肯回来，那悲哀的叫声，惊动了四邻，但他仍然没有荒废学业，最后，终于成为学士。官至镇南将军府录事参军，受到梁元帝的礼遇。

知识拓展

古代与“吃饭”有关的字

“乡”的甲骨文左右两边像面对面的两个人，中间像盛满食物的器皿，合起来表示二人相对着吃饭。“乡”的本义为对着饮食。

“既”的甲骨文左边像一个装满食物的高脚食器，右边像一个人跪着头向后扭而不看的样子，合起来表示人已经吃饱了。“既”的本义为已经吃过饭。

“即”的甲骨文左边像一只装满食物的高脚食器，右边像一个侧身跪着的人，合起来表示人坐在食器前准备用餐。“即”的本义为人准备吃饭。

综上：“乡”表示正在吃饭，是进行时；而“既”表示吃饭结束，是过去时；“即”表示人准备吃饭，是将来时。

学而思

一、中国历史上，有许多勤学苦读的人，他们都有着不同的经历。文中，朱詹异于常人的行为表现在什么地方？

____

二、本文可以用成语“吞纸抱犬”来概括，讲的是朱詹苦读的故事。我国历史上还有许多勤学苦读的典故，请完成下面的表格。

典故		韦编三绝	囊萤映雪	凿壁偷光
人物	孙敬、苏秦		车胤、孙康	
时期	汉朝、战国	春秋		西汉

扫码听音频

rén shēng xiǎo yòu

28 人生小幼

rén shēng xiǎo yòu jīng shén zhuān lì zhǎng chéng yǐ hòu sī lǜ sàn yì gù xū
人生小幼，精神专利❶，长成已后，思虑散逸，固❷须❸
zǎo jiào wù shī jī yě wú qī suì shí sòng líng guāng diàn fù zhì yú jīn rì shí
早教，勿失机也。吾七岁时，诵《灵光殿赋》，至于今日，十
nián yì lǐ yóu bù yí wàng èr shí zhī wài suǒ sòng jīng shū yí yuè fèi zhì biàn
年一理，犹❹不遗忘；二十之外，所诵经书，一月废置，便
zhì huāng wú yǐ rán rén yǒu kǎn lǎn shī yú
至荒芜❺矣。然人有坎壈❻，失于
shèng nián yóu dāng wǎn xué bù kě zì
盛年❼，犹当晚学❽，不可自
qì kǒng zǐ yún wǔ shí yǐ
弃。孔子云：“五十以
xué yì kě yǐ wú
学《易》，可以无
dà guò yǐ
大过矣。”

❶ 专利：专一而敏锐。
❷ 固：因此，所以。
❸ 须：需要。
❹ 犹：仍然。
❺ 荒芜：荒废学业。
❻ 坎壈：困顿，不得志。
❼ 失于盛年：壮年时期失去了（学习的机会）。
❽ 晚学：在晚年的时候学习。

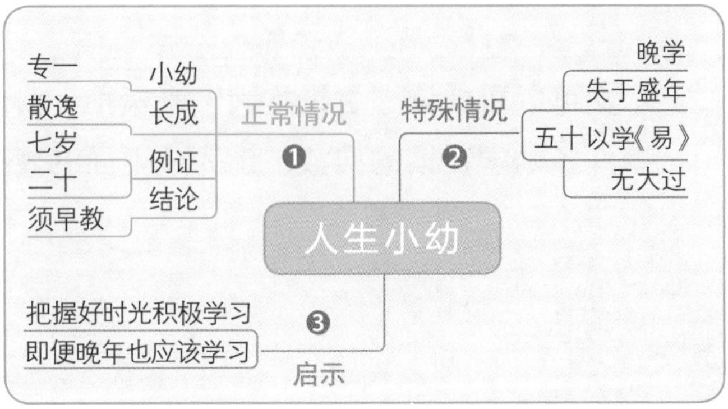

智慧点拨

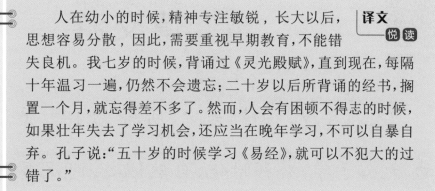

人越年少，注意力越专注，记东西更快更牢固，因此青少年们要珍惜时光，好好读书；当然，如果年轻时没有学习的机会，年老时学习也不算晚。

译文悦读

人在幼小的时候，精神专注敏锐，长大以后，思想容易分散，因此，需要重视早期教育，不能错失良机。我七岁的时候，背诵过《灵光殿赋》，直到现在，每隔十年温习一遍，仍然不会遗忘；二十岁以后所背诵的经书，搁置一个月，就忘得差不多了。然而，人会有困顿不得志的时候，如果壮年失去了学习机会，还应当在晚年学习，不可以自暴自弃。孔子说："五十岁的时候学习《易经》，就可以不犯大的过错了。"

知识拓展

关于"惜时"的诗句

花有重开日，人无再少年。　　莫等闲、白了少年头，空悲切！

少壮不努力，老大徒伤悲。　　三更灯火五更鸡，正是男儿读书时。

明日复明日，明日何其多。　　我生待明日，万事成蹉跎。

劝君莫惜金缕衣，劝君惜取少年时。

关于"惜时"的谚语和名言

一寸光阴一寸金，寸金难买寸光阴。

一年之计在于春，一日之计在于晨。

关于"惜时"的词语

分秒必争　　争分夺秒　　时不我待　　千金一刻　　爱日惜力　　见缝插针

学而思

本文讲述了"求学易早，勿失良机"的道理。下列诗句表达的意思与其相近的是（　　）。（多选）

A. 少壮不努力，老大徒伤悲　　B. 黑发不知勤学早，白首方悔读书迟

C. 读书破万卷，下笔如有神　　D. 少年易学老难成，一寸光阴不可轻

扫码听音频

shèn jiāo yóu
29 慎交游

rén zài nián shào shén qíng wèi dìng suǒ yǔ kuǎn xiá xūn zì táo rǎn yán xiào jǔ
人在年少，神情[1]未定，所与[2]款狎[3]，熏渍陶染[4]，言笑举

dòng wú xīn yú xué qián yí àn huà zì rán sì zhī hé kuàng cāo lǚ yì néng jiào míng
动，无心于学，潜移暗化，自然似之。何况操履[5]艺能[6]，较明[7]

yì xí zhě yě shì yǐ yǔ shàn rén jū rú rù zhi lán zhī shì jiǔ ér zì fāng yě yǔ
易习者也！是以与善人居，如入芝兰之室，久而自芳也；与

è rén jū rú rù bào yú zhī sì jiǔ ér zì chòu yě mò zǐ bēi yú rǎn sī shì zhī
恶人居，如入鲍鱼[8]之肆[9]，久而自臭也。墨子悲于染丝，是之

wèi yǐ jūn zǐ bì shèn jiāo yóu yān
谓矣，君子必慎交游焉。

[1] 神情：思想情操。

[2] 与：结交。

[3] 款狎：指相互之间关系亲密。

[4] 熏渍陶染：熏陶感染，即受影响。渍，染。

[5] 操履：操守德行。

[6] 艺能：本领，技能。

[7] 较明：明显。较，通“皎”，明显。

[8] 鲍鱼：咸鱼，气味腥臭。

[9] 肆：店铺。

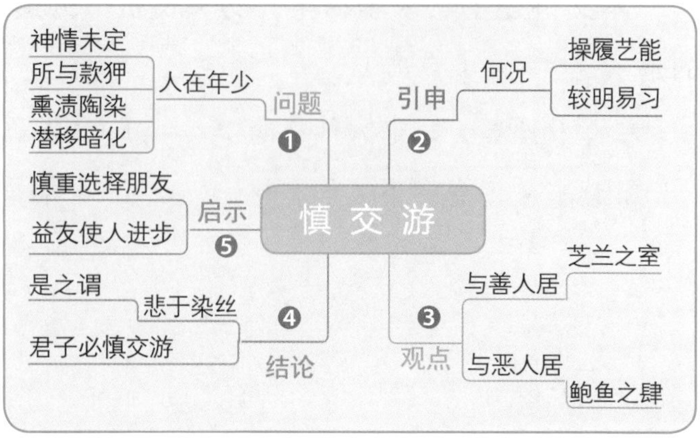

智慧点拨

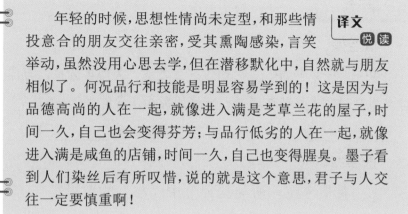

近朱者赤，近墨者黑，自古便是如此。我们交友一定要慎重，跟有坏习惯的人做朋友，很容易染上恶习，跟高雅之士做朋友则容易变得高雅。

译文悦读

年轻的时候，思想性情尚未定型，和那些情投意合的朋友交往亲密，受其熏陶感染，言笑举动，虽然没用心思去学，但在潜移默化中，自然就与朋友相似了。何况品行和技能是明显容易学到的！这是因为与品德高尚的人在一起，就像进入满是芝草兰花的屋子，时间一久，自己也会变得芬芳；与品行低劣的人在一起，就像进入满是咸鱼的店铺，时间一久，自己也变得腥臭。墨子看到人们染丝后有所叹惜，说的就是这个意思，君子与人交往一定要慎重啊！

知识拓展

“交”字趣解

“交”是一个象形字。甲骨文像一个人两小腿交叉的样子。金文与甲骨文相似。小篆与甲骨文相同。隶定作“交”。

“交”的本义为交叉着小腿，泛指交错、交叉。由此引申为接触、交接，如“交头接耳”。又引申作动词，指结交、交往，如“交朋友”。由上义引申为友谊、交情，如“生死之交”。

君子之交淡如水

唐初名将薛仁贵在没有得志之前，跟妻子住在一个破窑洞里，日子过得极为清贫，好朋友王茂生知道他家困难后，经常拿钱拿粮来接济。后薛仁贵参军入伍，他因武艺高强，屡立战功，被封为“平辽王”。

有一天，王茂生送来两坛酒，薛仁贵见到好朋友心中高兴，命令手下当众打开酒坛一起品尝。不想手下打开酒坛后，发现坛中装的不是美酒而是清水！没想到薛仁贵毫不生气，当众连饮三碗清水，感慨地说：“我过去贫穷时靠王兄弟经常接济，没有他就没有我薛仁贵，也就没有今天的平辽王。如今，我美酒不沾，厚礼不收，却偏偏要收下王兄弟送来的清水，我知道王兄弟贫寒，送清水也是王兄弟的一番美意，这就叫“君子之交淡如水”。

学而思

一、填空题。

文中“是以与善人居，如入芝兰之室，久而自芳也；与恶人居，如入鲍鱼之肆，久而自臭也”说明了外部环境对人性格的影响，旨在告诉我们：____。这句话的意思与俗语“____________________”十分相近。

二、选择题。

1.“神情未定，所与款狎”中“与”的意思是（　　）。

A.给予、授予　　B.结交、亲附

C.对付　　D.参加

2. 青少年只有养成良好的习惯，才能少走弯路。因此，我们应践行文中所倡导的（　　）。

A.学习时与朋友切磋　　B.择良友而交

C.交友要善始善终　　D.择友要志同道合

梁书

作　　者	姚察、姚思廉
创作年代	唐初
文学体裁	纪传体史书
文学地位	中国“二十四史”之一
风格特点	文字简练，引用部分以散文书写

《梁书》是中国“二十四史”之一。其中，包含本纪6卷、列传50卷，无表、无志。它主要记述了南朝萧齐末年的政治和萧梁皇朝50余年的史事。该书由姚察、姚思廉父子共同完成，他们虽然是史学家，但都有深厚的文字素养。史书文字简洁朴素，同时继承了司马迁及班固的文风与笔法，在南朝诸史中是难能可贵的。

姚察(533–606)，字伯审，浙江湖州人，南朝历史学家。先后在梁、陈、隋三朝做官，参与修史工作，因此史称“学兼儒史，见重于三代”。

姚思廉(557–637)，字简之，唐初“十八学士”之一。他继承了父亲遗志，修撰梁、陈二史。《旧唐书》称姚思廉的人品和史学是：“志苦精勤，纪言实录。临危殉义，余风励俗。”

名句集锦

◎此言足使还淳反朴，激薄停浇矣。

◎翔居小选公清，不为请属易意，号为平允。

扫码听音频

míng shān bīn mài niú

30 明山宾卖牛

shān bīn xìng dǔ shí jiā zhōng cháng fá yòng huò suǒ chéng niú jì shòu niú shòu

山宾①性笃②实，家中尝乏用，货③所乘牛。既④售牛受

qián nǎi wèi mǎi zhǔ yuē cǐ niú jīng huàn lòu tí zhì chài yǐ jiǔ kǒng hòu tuō

钱，乃谓买主曰：“此牛经患漏蹄⑤，治差⑥已久，恐后脱⑦

fā wú róng bù xiāng yǔ mǎi zhǔ jù zhuī qǔ qián chǔ shì ruǎn xiào xù wén zhī tàn

发，无容不相语。”买主遽⑧追取钱。处士⑨阮孝绪闻之，叹

yuē cǐ yán zú shǐ huán

曰：“此言足使还

chún fǎn pǔ jī bó tíng

淳反朴，激薄停

jiāo yǐ

浇⑩矣。”

---

① 山宾：明山宾，南北朝时期梁朝人。

② 笃：忠诚，厚道。

③ 货：卖。

④ 既：已经。

⑤ 漏蹄：漏蹄病，即化脓性蹄炎。

⑥ 差：病愈。

⑦ 脱：副词，或许，也许。

⑧ 遽：急忙。

⑨ 处士：隐士。

⑩ 激薄停浇：制止不淳朴、不厚道的坏风气。

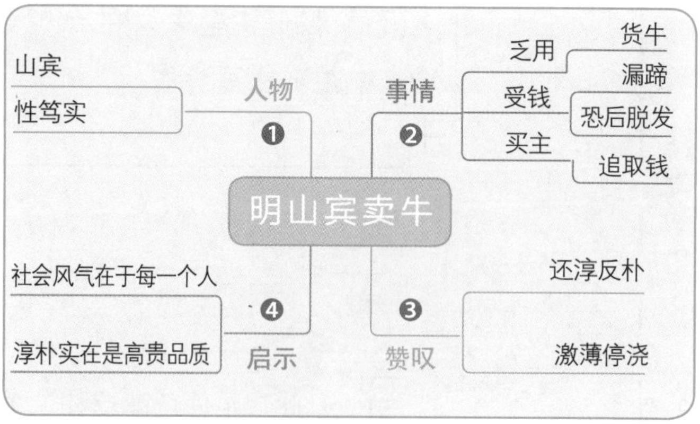

智慧点拨

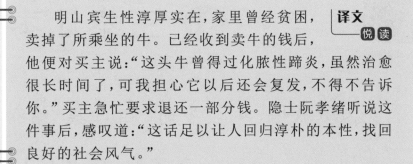

诚信是一切道德的基础和根本，是为人的最重要品德。诚信是发自内心的、自愿的，是道德人格不可或缺的因素，每个人都应该成为诚信的人。

译文悦读

明山宾生性淳厚实在，家里曾经贫困，卖掉了所乘坐的牛。已经收到卖牛的钱后，他便对买主说："这头牛曾得过化脓性蹄炎，虽然治愈很长时间了，可我担心它以后还会复发，不得不告诉你。"买主急忙要求退还一部分钱。隐士阮孝绪听说这件事后，感叹道："这话足以让人回归淳朴的本性，找回良好的社会风气。"

知识拓展

华盛顿

华盛顿七岁时，他在园中游玩时用斧子把一棵樱桃树砍断了。他父亲回来，看到被砍断的樱桃树后，生气地说："这是我喜欢的樱桃树，谁把它砍断了？"家人都很害怕，不敢说话。华盛顿便跑到父亲跟前，自己承认说："砍樱桃树的是我。"父亲马上消气，握着他的手说："你能不欺骗我，我就不责罚你了。"

一诺千金

秦朝末年有个叫季布的人，他一向说话算数，信誉也非常高，许多人都与他建立起了深厚的友情。当时甚至流传着这样的话："得黄金百斤，不如得季布一诺。"（这就是成语"一诺千金"的出处）后来，他得罪了汉高祖刘邦，被悬赏捉拿。他的旧友不仅不被重金所惑，而且冒着灭九族的危险来保护他，使他免遭祸殃。一个人诚实有信，自然得道多助，能获得大家的尊重和友谊。反过来，如果贪图一时的安逸或小便宜，而失信于朋友，表面上得到了"实惠"，实际上他却毁了自己更重要的声誉，得不偿失。

学而思

这个故事对今天那些以次充好、以劣充优、以假乱真的投机者，以及造假的经营者有着很大的教育意义。下列对原文分析不合适的一项是（　　）。

A. 本文赞扬了明山宾的做法，认为它足以让人回归淳朴本性，找回良好的社会风气

B. 像明山宾那样实话实说，根本做不成买卖，卖东西就要只说好的，不能说坏的

C. 从文中可以看出：明山宾是一个淳朴老实、守信的人

D. 做生意讲究的是诚信，就要像明山宾那样诚实无欺

扫码听音频

wáng tài ràng zǎo

31 王泰让枣

泰幼敏悟，年数岁时，祖母集[1]诸孙侄，散枣栗于床上。群儿皆竞[2]之[3]，独泰不取。问其故[4]，对曰：“不取，自当得赐[5]。”由是中表[6]异之[7]。既长，通和温雅，人不见其喜愠[8]之色。

[1] 集：召集。

[2] 竞：抢。

[3] 之：代词，指枣和栗。

[4] 故：原因。

[5] 赐：赐予。

[6] 中表：古称父之姐妹所生子女为外兄弟姐妹，母之姐妹所生子女为内兄弟姐妹。外为表，内为中，合称“中表”。

[7] 异之：认为他与别的小孩不一样。

[8] 愠：怒，怨恨。

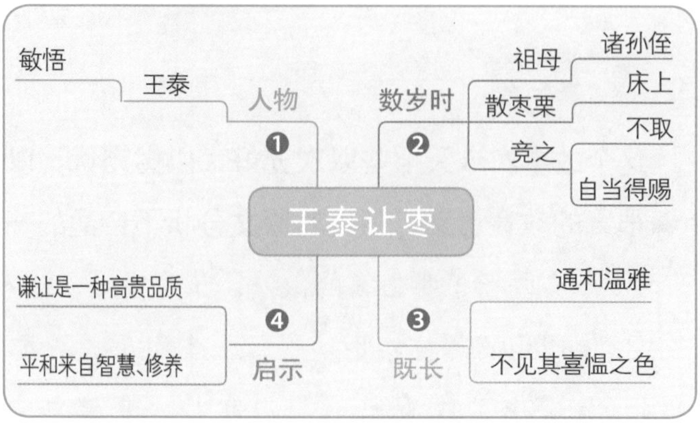

智慧点拨

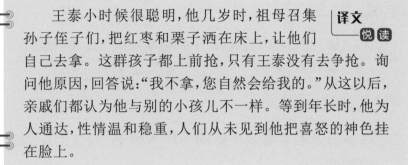

"满招损，谦受益。"谦让是每个人都不可缺少的美好品质，王泰从小便懂得恭敬友爱、谦让兄长。我们也要像他那样学会谦让、懂得分享。

译文悦读

王泰小时候很聪明，他几岁时，祖母召集孙子侄子们，把红枣和栗子洒在床上，让他们自己去拿。这群孩子都上前抢，只有王泰没有去争抢。询问他原因，回答说："我不拿，您自然会给我的。"从这以后，亲戚们都认为他与别的小孩儿不一样。等到年长时，他为人通达，性情温和稳重，人们从未见到他把喜怒的神色挂在脸上。

知识拓展

实词"取"字趣解

"取"是一个会意字。在甲骨文中，"取"的左边像一只耳朵的大致轮廓，右边是"又"字，表示手，整体表示把左耳割下来。在古代作战或捕捉野兽过程中，割下战俘或野兽的左耳，然后按耳朵的数量来记功。

"取"的本义为割取敌人的耳朵，有所获取。由此引申为拿在手中，如"取书"。因从中拿出合乎需要的，由此引申为挑选，如"录取"。又引申为寻求，如"取笑"（开玩笑）。还引申为接受，采用，如"听取群众的意见"。

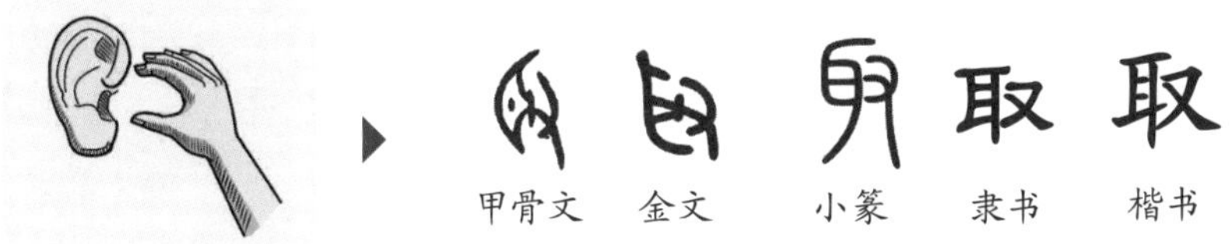

六尺巷

在我国安徽的桐城，有一条巷子非常有名，人们总爱讲起这条巷子的来历：清朝康熙年间，有一个大学士名叫张英。一天，张英收到家信，说家人为了争三尺宽的宅基地，与邻居发生纠纷，要他用职权疏通关系，打赢这场官司。张英看完信后坦然一笑，挥笔写了一封信，并附诗一首："千里修书只为墙，让他三尺又何妨？万里长城今犹在，不见当年秦始皇。"意思是说，从千里之外来的家书只是为了一堵墙，你再让对方三尺又有多大损失呢？你看，雄伟的万里长城今天依然蜿蜒曲折，但是当年建造它的秦始皇早已经不在人世了。

学而思

一、古人谦让的故事有很多，下列故事与谦让无关的是（　　）。

A. 王泰让枣　　B. 孔融让梨

C. 蔺相如让廉颇　　D. 荀巨伯探友

二、许多历史故事蕴涵丰富的中华传统美德。请给左边的历史故事找到右边的美德朋友吧。

明山宾卖牛	礼让他人
道旁李苦	诚实厚道
王泰让枣	见微知著
孔融让梨	聪明机智
范式守信	尊敬兄长
杨氏之子	一诺千金

参考答案

01 截竿入城

一、C　二、1. √　2. √　3. ×　三、示例：1. 遇到困难，你要学会动脑筋解决；别人提意见时，你要学会分析，不能盲目听信别人　2. 做人不能自以为是，有时候经验之谈并非正确。

02 曹冲称象

C　A　E　D　B

03 怀橘遗母

一、A　二、橘子

04 刮骨疗伤

一、原因：矢镞有毒，毒入于骨，当破臂作创，刮骨去毒，然后此患乃除耳。　割炙饮酒　言笑自若　二、D

05 乐不思蜀

一、B　二、ABD　三、乐不思蜀—三国·刘禅　病入膏肓—春秋·晋景公　胯下之辱—西汉·韩信　按图索骥—春秋·孙阳　焚书坑儒—秦朝·嬴政　望梅止渴—三国·曹操　洛阳纸贵—西晋·左思　退避三舍—春秋·重耳

06 盲人摸象

一、脚—木臼　头—石块　耳朵—簸箕　鼻子—圆杵　尾巴—麻绳　牙—萝卜的根　背—床　腹部—瓮　二、A

07 投笔从戎

一、C　二、略

08 陈蕃欲扫天下

一、A. 富：使……富裕　强：使……强壮　B. 绿：使……变绿　C. 清：使……清　D. 奇：以……为奇　二、ACD

09 乐羊子妻

一、ABCD　二、1. 专心求学、持之以恒　深明大义、教育有方　知错能改　2. 昔孟母　择邻处　子不学　断机杼

10 范式守信

一、张绍字元伯，汝南人也。　二、B

11 杨震暮夜却金

一、天知、神知、我知、子知。　二、ACD　三、暮夜却金—东汉·杨震　背水一战—西汉·韩信　完璧归赵—战国·蔺相如　负荆请罪—战国·廉颇　望梅止渴—三国·曹操

12 望梅止渴

一、A　二、非条件反射：A　B　E　H　条件反射：C　D　F　G

13 身无长物

一、1. A　2. B　3. C　二、会稽—浙江绍兴　临安—浙江杭州　东京—河南开封　建康—江苏南京　姑苏—江苏苏州

14 管宁割席

一、割席分坐　不与志趣不同的人为友　爱憎分明、不慕荣华、淡泊名利　二、C

15 郑玄拜师

一、1. A　2. A　3. C　4. A　5. B　6. C　二、恐玄擅名而心忌焉。玄亦疑有追，乃坐桥下，在水上据屐。

16 荀巨伯探友

一、患难见真情　荀巨伯　二、C

17 王戎不取道旁李

一、路边的苦李子，不能食用　二、ABC　三、B

18 杨氏之子

一、杨氏之子　聪明机智　总起全文，引出下文　二、C

19 孔融让梨

一、小儿，法当取小者　B　二、融四岁　能让

梨　弟于长　宜先知

20 陶母责子

B

21 陈太丘与友期

守信：一言九鼎、一诺千金、言出必行　礼貌：彬彬有礼、竭诚相待、平易近人

22 各人啖一口

一、D　二、D

23 愚人食盐

一、甜　药　上火　盐　二、C

24 欲食半饼喻

一、枚　张　顶　把　辆　头　匹　朵　二、AC

25 杀驼破瓮

一、B　二、D　三、骆驼　四、示例：把瓮敲碎就可以了，或者在陶罐的边缘擦点油，以减少阻力。

26 对牛弹琴

一、胡乱弹琴　二、A　三、羊　鸡　马　鸡　牛　鸡　犬　猪　猪

27 朱詹吞纸

一、乃时吞纸以实腹；抱犬而卧。　二、悬梁刺股　孔子　晋代　匡衡

28 人生小幼

ABD

29 慎交游

一、交友要谨慎，多与名贤交往，方能受到有益熏陶　近朱者赤，近墨者黑　二、1.B　2.B

30 明山宾卖牛

B

31 王泰让枣

一、D　二、明山宾卖牛—诚实厚道　道旁李苦—见微知著　王泰让枣—礼让他人　孔融让梨—尊敬兄长　范式守信—一诺千金　杨氏之子—聪明机智

目录

01 截竿入城

鲁有执长竿入城门者，初竖执之，不可入；横执之，亦不可入。计无所出。俄有老父至，曰："吾非圣人，但见事多矣！何不以锯中截而入？"遂依而截之。

一、解释下列句子中加点的字词。

1. 执长竿入城门者（　　　　）　　2. 初竖执之　（　　　　）

3. 俄有老父至　（　　　　）　　4. 何不以锯中截而入（　　　　）

二、判断题。（正确的打"√"，错误的打"×"）

1."鲁有执长竿入城门者"中"入"的意思是"出入"。（　　）

2."计无所出"可以理解为"无所出计"。（　　）

3. 古文中表示时间短暂的词有"俄""俄而""少时""顷刻"等。（　　）

三、下列与"遂依而截之"中的"而"意思相同的是（　　）。

A. 言而无信　　B. 青取之于蓝，而青于蓝

C. 人而无信，不知其可也　　D. 登轼而望之

四、把下列语句翻译成现代汉语。

1. 初竖执之，不可入；横执之，亦不可入。

____

____

2. 吾非圣人，但见事多矣！何不以锯中截而入？

____

____

五、根据原文回答下列问题。

1. 老父在劝执长竿者时，为什么要说"吾非圣人，但见事多矣"？

____

2. 有人认为，鲁人傻就傻在"依"字上，你是怎么认为的？

____

____

____

3. 你觉得“老父”的办法好吗？如果你是那个“执长竿”的人，会怎样入城门？

______

______

六、你读了这篇文章后有什么启示？

______

______

02 曹冲称象

曹冲生五六岁，智意所及，有若成人之智。时孙权曾致巨象，太祖欲知其斤重，访之群下，咸莫能出其理。冲曰：“置象大船之上，而刻其水痕所至，称物以载之，则校可知矣。”太祖大悦，即施行焉。

一、下列加点字的解释不正确的是（　　）。

A. 有若成人之智（假如）　　B. 太祖欲知其斤重（想）

C. 太祖大悦（高兴）　　D. 咸莫能出其理（都）

二、请圈出下列加点字的正确读音。

1. 智意所及（zhì zì）

2. 太祖大悦（zǔ zhǔ）

3. 太祖欲知其斤重（zhòng chòng）

三、判断题。（正确的打“√”，错误的打“×”）

1.《三国志》是一部记载魏、楚、吴三国鼎立时期的纪传体国别史。（　　）

2.“智意所及”中“智意”的意思是“知识和判断能力”。（　　）

3.“访之群下”中“群下”的意思是“手下众人”。（　　）

四、文中采用对比的修辞手法来突出曹冲聪明过人，与曹冲对比的对象是（　　）。

A. 巨象　　B. 群下

C. 太祖　　D. 孙权

五、请把曹冲称大象的步骤按顺序排列。（　　）

A. 校可知矣　　B. 称物以载之

C. 刻其水痕　　D. 置象大船之上

六、根据原文回答下列问题。

1. 从称象这件事上，你觉得曹冲是个什么样的孩子？

______

2. 曹冲智慧过人，善于观察，遇事想办法，我们要向他学习。曹冲的办法好在什么地方？如果现在要称大象，你有什么好方法？

____

____

____

3. 这个故事对你的启示是什么？

____

____

03 怀橘遗母

陆绩，字公纪，吴郡吴人也。父康，汉末为庐江太守。绩年六岁，于九江见袁术。术出橘，绩怀三枚。去，拜辞堕地。术谓曰："陆郎作宾客而怀橘乎？"绩跪答曰："欲归遗母。"术大奇之。

一、下列加点字的解释不正确的是（　　）。

A. 术出橘，绩怀三枚（走出）　　B. 拜辞堕地（坠落）

C. 欲归遗母（想）　　D. 于九江见袁术（在）

二、下列加点字的读音不正确的是（　　）。

A. 吴郡吴人也（jùn）　　B. 拜辞堕地（duò）

C. 陆郎作宾客而怀橘乎（bīn）　　D. 欲归遗母（yí）

三、把下列语句翻译成现代汉语。

1. 术出橘，绩怀三枚。

____

2. 绩跪答曰："欲归遗母。"术大奇之。

____

____

四、从故事中可以看出陆绩是一个（　　）的孩子。

A. 乐于助人　　B. 有孝心

C. 机智勇敢　　D. 有礼貌

五、陆绩怀橘的原因是什么？（用文中的句子回答）

____

六、你是怎样评价陆绩的？

____

____

04 刮骨疗伤

羽尝为流矢所中，贯其左臂，后创虽愈，每至阴雨，骨常疼痛。医曰："矢镞有毒，毒入于骨，当破臂作创，刮骨去毒，然后此患乃除耳。"羽便伸臂令医劈之。时羽适请诸将饮食相对，臂血流离，盈于盘器，而羽割炙饮酒，言笑自若。

一、填空题。

本文选自《____________》，三国是指 _________、_________、_________，关羽是 __________ 国的大将。

二、下列加点字、词的解释不正确的是（　　）。

A. 羽尝为流矢所中（箭）　　B. 矢镞有毒（箭）

C. 令医劈之（切开）　　D. 然后此患乃除耳（这样以后）

三、请圈出下列加点字的正确读音。

1. 羽尝为流矢所中（zhōng　zhòng）

2. 后创虽愈（chuāng　chuān）

3. 盈于盘器（yín　yíng）

四、下列说法错误的是（　　）。

1. "然后此患乃除耳"中的"耳"是语气词，表示肯定

2. "后创虽愈"中"创"的意思是"开创"

3. "盈于盘器"中"盈"的意思是"满"

4. "贯其左臂"中"贯"的意思是"穿透"

五、"羽尝为流矢所中"的句式是一个（　　）。

A. 省略句　　B. 倒装句　　C. 被动句

六、把下列语句翻译成现代汉语。

1. 然后此患乃除耳。

____

2. 而羽割炙饮酒，言笑自若。

七、根据原文回答下列问题。

1. 请简要概括本文的主要内容。

____

____

2. 关羽是忠勇的化身，文中的哪些语句体现了关羽的“勇”？（用原文回答）

____

____

3. 文中作者采用了什么修辞手法？是如何描写关羽的英雄本色的？

____

____

05 乐不思蜀

他日，王问禅曰：“颇思蜀否？”禅曰：“此间乐，不思蜀。”郤正闻之，求见禅曰：“王若后问，宜泣而答曰：‘先人坟墓远在岷、蜀，乃心西悲，无日不思。’因闭其目。”会王复问，对如前，王曰：“何乃似郤正语邪？”禅惊视曰：“诚如尊命。”左右皆笑。

一、下列加点字的解释不正确的是（　　）。

A. 颇思蜀否（非常）　　B. 此间乐，不思蜀（快乐）

C. 会王复问（重复）　　D. 诚如尊命（按照）

二、下列加点字的读音不正确的是（　　）。

A. 郤正闻之（xì）　　B. 宜泣而答曰（qì）

C. 先人坟墓远在岷、蜀（mín）　　D. 求见禅曰（chán）

三、下列说法错误的是（　　）。

A. 刘禅，蜀汉后主，刘备之子，小名“阿斗”

B. 司马昭是三国时期的曹魏权臣

C. “郤正闻之”中的“之”是代词，指代事

D. “何乃似郤正语邪”中的“邪”读作 xié，是表示疑问或反诘的语气词

四、按照要求填空。

“乐不思蜀”原指____________________，比喻乐而忘返或乐而忘本，其

近义词有 ______________，反义词有 ______________。

五、把下面的语句翻译成现代汉语。

1. 此间乐，不思蜀。

____

2. 何乃似郤正语邪？

____

六、故事中的刘禅是一个怎样的人？

____

06 盲人摸象

尔时大王即唤众盲各各问言：“汝见象耶？”众盲各言：“我已得见。”王言：“象为何类？”其触牙者即言象形如芦菔根。其触耳者言象如箕。其触头者言象如石。其触鼻者言象如杵。其触脚者言象如木臼。其触脊者言象如床。其触腹者言象如瓮。其触尾者言象如绳。

一、解释下列语句中加点的字、词。

1. 尔时大王即唤众盲（　　　）　2. 汝见象耶（　　　）

3. 象为何类（　　　）　4. 其触牙者即言象形如芦菔根（　　　）

二、下列加点字的读音不正确的是（　　）。

A. 其触耳者言象如箕（jī）　B. 其触鼻者言象如杵（cǔ）

C. 其触脚者言象如木臼（jiù）　D. 其触腹者言象如瓮（wèng）

三、把下列语句翻译成现代汉语。

1. 王言：“象为何类？”

____

2. 其触耳者言象如箕。

____

四、根据原文回答下列问题。

1. 盲人们摸到的大象分别是什么样子的？

____

____

____

2. 盲人们所说的大象的样子对不对？为什么？

____

____

五、成语“盲人摸象”中的“盲人”真的是指眼睛看不见的人吗？你能写出与“盲人摸象”意思相近的成语吗？

____

07　投笔从戎

永平五年，兄固被召诣校书郎，超与母随至洛阳。家贫，常为官佣书以供养。久劳苦，尝辍业投笔叹曰：“大丈夫无他志略，犹当效傅介子、张骞立功异域，以取封侯，安能久事笔砚间乎？”左右皆笑之。超曰：“小子安知壮士志哉！”后超出使西域，竟立功封侯。

一、下列加点字、词的解释错误的是（　　）。

A. 尝辍业投笔叹曰（曾经）　　B. 安能久事笔砚间乎（怎么）

C. 左右皆笑之　　（都）　　D. 小子安知壮士志哉（小孩子）

二、用“/”画出下列句子的朗读停顿。（标两处）

犹 当 效 傅 介 子、张 骞 立 功 异 域

三、把下列语句翻译成现代汉语。

1. 家贫，常为官佣书以供养。

____

2. 小子安知壮士志哉！

____

四、下面的句子是什么问句？你能将它变换为陈述句吗？

安能久事笔砚间乎？

____

五、请完成下面的成语接龙。

投笔从戎→ ________ → ________ → ________ → ________ → ________

六、请用原文中的语句回答下列问题。

1. 描写班超孝顺、不辞辛苦的语句是什么？

____

2. 描写班超胸怀大志的语句是什么？

____

08 陈蕃欲扫天下

陈蕃字仲举，汝南平舆人也。蕃年十五，尝闲处一室，而庭宇芜秽。父友同郡薛勤来候之，谓藩曰："孺子何不洒扫以待宾客？"藩曰："大丈夫处世，当扫除天下，安事一室乎？"勤知其有清世志，甚奇之。

一、解释下列句子中加点的字、词。

1. 尝闲处一室（　　　　）　　2. 而庭宇芜秽　　（　　　　）

3. 大丈夫处世（　　　　）　　4. 孺子何不洒扫以待宾客（　　　　）

二、下列加点字的读音不正确的是（　　）。

A. 陈蕃字仲举（fān）　　B. 尝闲处一室（chǔ）

C. 而庭宇芜秽（huì）　　D. 当扫除天下（shǎo）

三、下列加点字的用法与其他不同的是（　　）。

A. 甚奇之　　B. 渔人甚异之

C. 邑人奇之，稍稍宾客其父　　D. 直可惊天地，泣鬼神

四、判断题。（正确的打"√"，错误的打"×"）

1. 古代的称谓有尊称和谦称，如"尊君""家君"，前者尊称自己的父亲，后者尊称对方的父亲。（　　）

2. 古人向别人介绍自己的父母时常用"令尊""令堂"来称呼。（　　）

3. "尊君在不"中的"尊君"是对别人父亲的敬称，又称"令尊"。（　　）

五、下列句子朗读节奏划分正确的是（　　）。

A. 父友 / 同郡薛勤 / 来 / 候之

B. 父友同郡 / 薛勤 / 来 / 候之

C. 父友同 / 郡薛勤 / 来 / 候之

D. 父友同郡 / 薛勤来 / 候之

六、把下列语句翻译成现代汉语。

1. 蕃年十五，尝闲处一室，而庭宇芜秽。

____

2. 大丈夫处世，当扫除天下，安事一室乎？

七、根据原文回答下列问题。

1. 读了这个故事后，你认为陈蕃的说法对吗？为什么？

2. 陈蕃十五岁就有“扫除天下”之志，对此你有什么感想？

3. 你对“扫天下”和“事一室”是如何理解的？

09 乐羊子妻

河南乐羊子远寻师学。一年来归，妻跪问其故。羊子曰：“久行怀思，无它异也。”妻乃引刀趋机而言曰：“此织生自蚕茧，成于机杼，一丝而累，以至于寸，累寸不已，遂成丈匹。今若断斯织也，则捐失成功，稽废时月。夫子积学，当日知其所亡，以就懿德。若中道而归，何异断斯织乎？”羊子感其言，复还终业。

一、下列加点字、词的解释不正确的是（　　）。

A. 妻乃引刀趋机而言曰（于是）　　B. 妻跪问其故（所以）

C. 夫子积学（积累学问）　　D. 复还终业（完成学业）

二、下列说法错误的是（　　）。

A.“久行怀思，无它异也”中的“异”是代词，指他的、另外的、别的

B.“此织生自蚕茧”中“自”的意思是“从”

C.“遂成丈匹”中“遂”的意思是“终于”

D.“夫子积学”中的“夫子”指孔夫子

三、下列朗读节奏划分正确的是（　　）。

A. 河南 / 乐羊子 / 远 / 寻 / 师学

B. 河南乐羊子 / 远 / 寻 / 师学

C. 河南 / 乐羊子 / 远寻 / 师学

D. 河南乐羊子/远寻/师/学

四、把下列语句翻译成现代汉语。

1. 累寸不已，遂成丈匹。

____

2. 若中道而归，何异断斯织乎？

____

____

五、下列对本文理解错误的是（　　）。

A. 这个故事与“昔孟母，择邻处，子不学，断机杼”很相似

B. 在学习上，我们要有志向、有恒心、有毅力

C. 古人常用织布的不间断性来比喻学习的规律性，是不正确的

D. 这个故事赞扬了乐羊子妻严肃认真的态度，说明学习贵在持之以恒

六、根据原文回答下列问题。

1. 文中乐羊子妻告诉乐羊子什么道理？她对乐羊子产生了怎样的影响？

____

____

2. 乐羊子妻是如何规劝丈夫改正中途辍学错误的？

____

____

____

3. 乐羊子妻是一个怎样的人？

____

4. 这个故事对我们学习有什么启示？

____

10　范式守信

范式字巨卿，山阳金乡人也。少游太学，为诸生，与汝南张劭为友。劭字元伯。二人并告归乡里。式谓元伯曰：“后二年当还，将过拜尊亲，见孺子焉。”乃共克期日。后期方至，元伯具以白母，请设馔以候之。母曰：“二年之别，千里结言，尔何相信之审邪？”对曰：“巨卿信士，必不

乖违。”母曰：“若然，当为尔酝酒。”至其日，巨卿果到，升堂拜饮，尽欢而别。

一、解释下列句子中加点的字。

1. 与汝南张劭为友 ________　　2. 二人并告归乡里 ________

3. 乃共克期日 ________　　4. 尔何相信之审邪 ________

二、请解释下列句子中的“信”字。

1. 尔何信之诚耶 ________

2. 巨卿信士 ________

三、下列每组句子中加点字的意义和用法相同的是（　　）。

A. 少游学于太学　　青，取之于蓝，而青于蓝

B. 乃共克期日　　胜败乃兵家常事

C. 设馔以候之　　以子之矛，陷子之盾

D. 尽欢而别　　启窗而观

四、判断题。（正确的打“√”，错误的打“×”）

1. “太学”是古代设在京城里的最高学府。（　　）

2. 古人有“名”又有“字”，字与名互为表里，故称“表字”。（　　）

3. “二人并告归乡里”中“告”的意思是“告别”。（　　）

4. “必不乖违”中“乖”的意思是“违背”。（　　）

五、把下列语句翻译成现代汉语。

1. 二人并告归乡里。

____

2. 元伯具以白母，请设馔以候之。

____

六、填空题。

1. 文中体现张绍对朋友充分信任的一句话是 ________________；这句话的译文是 ________________________。

2. 本文通过描写元伯母亲的质疑来表现范式的诚信，运用了 ________ 的写作方法。

七、根据原文回答下列问题。

1. 这个故事赞扬了范氏什么品格？他这种品格给你什么启迪？

2. 你能写出一句关于诚信的名句吗？

11 杨震暮夜却金

（杨震）四迁荆州刺史、东莱太守。当之郡，道经昌邑，故所举荆州茂才王密为昌邑令，谒见，至夜怀金十斤以遗震。震曰：“故人知君，君不知故人，何也？”密曰：“暮夜无知者。”震曰：“天知，神知，我知，子知。何谓无知！”密愧而出。

一、下列加点字的解释不正确的是（　　）。

A. 四迁荆州刺史、东莱太守（迁移）

B. 当之郡，道经昌邑（到……去）

C. 至夜怀金十斤以遗震（赠予）

D. 天知，神知，我知，子知（你）

二、下列加点字的读音不正确的是（　　）。

A. 荆州刺史（jīng）

B. 道经昌邑（yì）

C. 谒见（yè）

D. 至夜怀金十斤以遗震（yí）

三、按照要求填空。

1. 杨震 ______ 次升迁，担任过荆州刺史和东莱太守。

2. 王密夜晚怀揣 ______ 斤黄金来送给杨震。

四、写出下列译文对应的原句。

1. 王密说：“夜晚没有人知道。”

2. 杨震说：“老朋友了解你，而你不了解老朋友，为什么啊？”

五、把下面的语句翻译成现代汉语。

1. 至夜怀金十斤以遗震。

2. 天知，神知，我知，子知。何谓无知！

六、根据原文回答下列问题。

1. 杨震为什么没有收下金子？你觉得他是一个什么样的人？

____

____

2. 题目中去掉“暮夜”二字好不好？为什么？

____

____

3. 品读文中对杨震拒金的描写，你能体会到杨震怎样的神态和语气？

____

4. 读了这则故事后，你会想到生活中的哪类人？你应该对这类人说些什么？

____

____

____

12 望梅止渴

魏武行役，失汲道，军皆渴，乃令曰：“前有大梅林，饶子，甘酸可以解渴。”士卒闻之，口皆出水，乘此得及前源。

一、下列加点字、词的解释不正确的是（　　）。

A. 魏武行役（打仗）　　B. 士卒闻之（士兵）

C. 乘此得及前源（乘车）　　D. 前有大梅林，饶子（梅子）

二、按照要求填空。

1.“魏武”指的是“曹操”，他是________时期著名的政治家、军事家、文学家。关于他的故事还有________________________________。

2. 成语“望梅止渴”比喻________________________________，其近义词有________________，用于______（褒 / 贬）义。

3. 从生物学角度讲，“望梅止渴”是一种______________现象。

三、文中，曹操的行为也可用成语____________来概括。

A. 急中生智　　B. 就地取材

C. 饥不择食　　D. 言不由衷

四、下列说法错误的是（　　）。

A. 酸梅可以促进唾液分泌，可起到暂时止渴的作用

B. 这个故事是用空想来安慰人，其结果是错误的

C. 给人希望就是给人勇气，可以暂时摆脱困境

D. 曹操谎称前面有梅林，从而让军队走出了困境。否则后果不堪设想

五、根据原文回答下列问题。

1. 曹操谎称前面有梅林，这对士兵行军有什么帮助？

____

____

2. 文中的曹操是一个什么样的人？

____

____

13　身无长物

王恭从会稽还，王大看之。见其坐六尺簟，因语恭："卿东来，故应有此物，可以一领及我？"恭无言。大去后，即举所坐者送之。既无余席，便坐荐上。后大闻之，甚惊，曰："吾本谓卿多，故求耳。"对曰："丈人不悉恭，恭作人无长物。"

一、下列加点字、词的解释不正确的是（　　）。

A. 见其坐六尺簟（王恭）　　B. 吾本谓卿多（说）

C. 即举所坐者送之（拿）　　D. 丈人不悉恭（古时对亲戚长辈的通称）

二、下列加点字的读音不正确的是（　　）。

A. 王恭从会稽还（kuài）　　B. 身无长物（cháng）

C. 因语恭（yù）　　D. 见其坐六尺簟（diàn）

三、用"/"标出下列句子的朗读节奏。（标两处）

即 举 所 坐 者 送 之。

四、"见其坐六尺簟"中"其"的意思是（　　）。

A. 代词，其中的　　B. 假设，如果

C. 代词，他　　D. 大概，恐怕

五、下列说法错误的是（　　）。

A.“王恭从会稽还”中“还”的意思是“回来”

B.“可以一领及我”中“可以”的意思与现代汉语中的意思相同

C.“既无余席”中“既”的意思是“已经”

D.“恭作人无长物”中“长物”的意思是“多余的东西”

六、下列是对“可以一领及我”的翻译，其中正确的是（　　）。

A. 可以跟我的相比吗　　B. 可以拿一张给我吗

C. 可以让我拿一条吗　　D. 可以让我欣赏一下吗

七、根据原文回答下列问题。

1. 当王大请求王恭送他一张多余的竹席时，王恭为什么没有回答？

______

2. 从文中可以看出王恭是一个什么样的人？

______

14　管宁割席

管宁、华歆共园中锄菜，见地有片金，管挥锄与瓦石不异，华捉而掷去之。又尝同席读书，有乘轩冕过门者，宁读如故，歆废书出看。宁割席分坐，曰:“子非吾友也！”

一、下列加点字、词的解释不正确的是（　　）。

A. 管宁割席（睡觉用的席子）　　B. 又尝同席读书（曾经）

C. 宁读如故（像原来一样）　　D. 歆废书出看（放下，中止）

二、请给下列加点的字、词注音。

1. 管宁、华歆共园中锄菜　______

2. 华捉而掷去之　______

3. 有乘轩冕过门者　______

三、下列与“华捉而掷去之”中“而”的用法相同的是（　　）。

A. 思而不学则殆　　B. 面山而居

C. 可远观而不可亵玩焉　　D. 启窗而观

四、下列朗读节奏划分正确的是（　　）。

A. 子非 / 吾友也　　B. 子 / 非 / 吾友也

C. 子 / 非 / 吾友 / 也　　　　　　D. 子非 / 吾友 / 也

五、下列说法错误的是（　　）。

A. “物以类聚，人以群分”，我们在交友时应该以共同的思想为基础

B. 管宁做事、学习都能专心致志，不受外界条件的干扰，这是一种正确的态度

C. 管宁割席分坐的做法一点儿也不过分

D. 管宁和华歆不同的处世态度，早在青年时代便由这两件小事显示出来了

六、根据原文回答下列问题。

1. 文章写了几件事？请用自己的话概括。

____

____

2. 文中从哪些方面可以看出管宁、华歆两人的品格？

____

____

____

3. 你对管宁的做法是否赞同？为什么？

____

____

4. 这个故事给我们很多启示，请任选一个角度说一说。

____

____

15　郑玄拜师

郑玄在马融门下，三年不得相见，高足弟子传授而已。尝算浑天不合，诸弟子莫能解。或言玄能者，融召令算，一转便决，众咸骇服。及玄业成辞归，既而融有“礼乐皆东”之叹，恐玄擅名而心忌焉。玄亦疑有追，乃坐桥下，在水上据屐。融果转式逐之，告左右曰：“玄在土下水上而据木，此必死矣。”遂罢追。玄竟以得免。

一、下列加点字、词的解释不正确的是（　　）。

A. 三年不得相见（没有）　　　　B. 或言玄能者（或者）

C. 在水上据屐（木屐，古代的一种鞋）　　D. 乃坐桥下（于是，就）

二、下列加点字的读音不正确的是（　　）。

A. 在水上据屐（jī）　　B. 恐玄擅名而心忌焉（yān）

C. 众咸骇服（xián）　　D. 诸弟子莫能解（jiè）

三、判断题。（正确的打“√”，错误的打“×”）

1.“高足弟子传授而已”中“而已”的意思是“罢了”。（　　）

2.“众咸骇服”中“咸”的意思是“全、都”。（　　）

3.“礼乐皆东”中的“东”是方位词，指东边。（　　）

4.“告左右曰”中“左右”的意思是“身边的人”。（　　）

四、把下面的语句翻译成现代汉语。

1. 玄竟以得免。

____

2. 玄亦疑有追，乃坐桥下，在水上据屐。

____

五、下列对本文理解错误的是（　　）。

A. 郑玄在马融门下三年未得见，可见马融的学问之大

B. 有人推举郑玄来演算，说明有人知道他的才能

C. 从马融追赶郑玄的举动可以看出他心胸狭隘

D. 郑玄能成功地逃过追赶，得益于他的聪明才智

六、根据原文回答下列问题。

1. 马融“果转式逐之”的原因是______________________________

______________。（用原文语句回答）

2. 面对追杀，郑玄是如何脱身的？

____

____

3. 你觉得郑玄是一个什么样的人？

____

16 荀巨伯探友

荀巨伯远看友人疾，值胡贼攻郡。友人语巨伯曰：“吾今死矣，子可去。”巨伯曰：“远来相视，子令吾去，败义以求生，岂荀巨伯所行邪？”

贼既至，谓巨伯曰："大军至，一郡尽空，汝何男子，而敢独止！"巨伯曰："友人有疾，不忍委之，宁以吾身代友人命。"贼相谓曰："吾辈无义之人，而入有义之国。"遂班军而还，一郡并获全。

一、下列加点字、词的解释不正确的是（　　）。

A. 荀巨伯远看友人疾（病）　　B. 值胡贼攻郡（当时）

C. 一郡尽空（全，整个）　　D. 贼相谓曰（相互议论）

二、下列加点字的注音不正确的是（　　）。

A. 岂荀巨伯所行邪（yé）　　B. 贼既至（jì）

C. 友人语巨伯曰（yǔ）　　D. 曾夜行拾得银二百余两（dé）

三、与"宁以吾身代友人命"中"以"的意思不同的是（　　）。

A. 何以战？　　B. 以德报怨

C. 以权谋私　　D. 全力以赴

四、下列朗读节奏划分正确的是（　　）。

A. 宁以 / 吾身 / 代友人命。

B. 岂 / 荀巨伯 / 所行 / 邪？

C. 荀巨伯 / 远看 / 友人疾。

D. 遂 / 班军 / 而还，一郡 / 并 / 获全。

五、下列语句翻译不正确的是（　　）。

A. 败义以求生　　译文：为了苟且偷生而毁掉道义

B. 岂荀巨伯所行耶　　译文：这难道是我荀巨伯做的事吗

C. 贼既至，谓巨伯曰　　译文：不久，胡人闯进家来，（友人）对荀巨伯说

D. 友人有疾，不忍委之　　译文：我的朋友身患重病，我不忍心舍弃他

六、把下列语句翻译成现代汉语。

1. 吾今死矣，子可去。

____

2. 遂班军而还，一郡并获全。

____

七、根据原文回答下列问题。

1. 胡贼"班军而还"的原因是什么？

____

2. 请简评荀巨伯的行为。

____

3. 对于这个故事的主题，历来有不同的说法。有人认为是赞扬荀巨伯的“义气”，有人认为是挖苦荀巨伯的“迂腐”，你的观点是什么？请简要回答。

____

____

17 王戎不取道旁李

王戎七岁，尝与诸小儿游。看道边李树多子折枝，诸儿竞走取之，唯戎不动。人问之，答曰：“树在道边而多子，此必苦李。”取之，信然。

一、下列加点字的解释不正确的是（　　）。

A. 尝与诸小儿游（曾经）　　B. 看道边李树多子（说）

C. 诸儿竞走取之（李子）　　D. 此必苦李（一定）

二、把下列加点字的意思写在横线上。

1. 树在道边而多子　　子：__________

2. 取之，信然　　之：__________

3. 唯戎不动　　唯：__________

三、判断题。（正确的打“√”，错误的打“×”）

1. “看道边李树多子折枝”的意思是路边的李树结满了果实，把树枝都压断了。（　　）

2. “诸儿竞走取之”中的“之”指代李子。（　　）

3. “人问之”中的“之”指代王戎。（　　）

四、下列句子朗读节奏划分不正确的是（　　）。

A. 王戎 / 不取 / 道旁李　　B. 尝 / 与诸小儿 / 游

C. 看道 / 边李树 / 多子折枝　　D. 树 / 在道边 / 而多子

五、请根据原文填空。

1. 王戎认为李子一定是苦的，他的依据是____________________（用原文语句回答）。如果李子是甜的，其结果应该是__________。（用两个字回答）。

2. 这个故事对你的启示是______________________________

______________________________。

六、根据原文回答下列问题。

1. 从王戎不取道旁李中可以看出他是个怎样的人？

____

____

2. 如果再给这个故事取个名字，下列最恰当的是（　　）。

A. 道边苦李　　B. 王戎与诸小儿游

C. 王戎七岁　　D. 多子的李树

七、古代像王戎这样聪颖机智的儿童还有很多，请把人物和对应的事件连一连。

曹冲	灌水取球
司马光	称象
孔融	让梨
文彦博	砸缸救人

18　杨氏之子

梁国杨氏子九岁，甚聪惠。孔君平诣其父，父不在，乃呼儿出。为设果，果有杨梅。孔指以示儿曰：“此是君家果。”儿应声答曰：“未闻孔雀是夫子家禽。”

一、下列加点字的解释不正确的是（　　）。

A. 乃呼儿出（于是）　　B. 孔君平诣其父（拜访）

C. 孔指以示儿曰（指示）　　D. 此是君家果（这）

二、把下列加点字的正确解释的序号写在括号里。

1. 甚聪惠（　　）

A. 过分　　B. 很，非常　　C. 的确　　D. 厉害

2. 未闻孔雀是夫子家禽（　　）

A. 听见　　B. 见闻　　C. 听说　　D. 闻名

三、判断题。（正确的打“√”，错误的打“×”）

1. 本文选自南北朝时期刘义庆编写的《世说新语》。（　　）

2. “君”和“夫子”都是对人的一种尊称。（　　）

3. 文中，“家禽”与现在的“家禽”表示的意思相同。（　　）

四、选出下列翻译较准确的一项。

1. 为设果，果有扬梅。（　　）

A. 孩子给孔君平摆上了水果，其中有杨梅。

B. 孔君平为孩子带来了水果，其中有杨梅。

2. 未闻孔雀是夫子家禽。（　　）

A. 我可没有听说孔雀是一种家禽。

B. 我可没有听说孔雀是您家的鸟。

五、下列句子朗读节奏划分不正确的是（　　）。

A. 梁国 / 杨氏子 / 九岁，甚 / 聪惠

B. 为设 / 果，果 / 有杨梅

C. 此 / 是 / 君家果

D. 未闻孔雀 / 是 / 夫子家禽

六、根据原文填空。

1. 本文的主人公是 ________ 和 ________。

2. “未闻孔雀是夫子家禽”这句话反映了杨氏之子思维的 ________，语言的 ________。

3. 文中的第一句点明了人物及其特点，起到了 ________ 的作用。

七、根据原文回答下列问题。

1. 孔君平为什么要说“此是君家果”这句话？

____

____

2. 杨氏之子的回答妙在何处？

____

____

八、请仿照杨氏之子的话对答。

1. 李指以示儿曰：“此是君家果。”

儿应声答曰：“未闻 ________________________。”

2. 石指以示儿曰：“此是君家果。”

儿应声答曰：“未闻 ________________________。

19 孔融让梨

孔融，字文举，鲁国人，孔子二十世孙也。高祖父尚，钜鹿太守。父宙，泰山都尉。孔融年四岁时，与诸兄共食梨，融辄引小者。大人问其故，答曰："小儿，法当取小者。"由是宗族奇之。

一、把下列加点字的正确解释的序号写在括号里。

1. 大人问其故（　　）

A. 原因　　B. 故事　　C. 所以　　D. 故意

2. 融辄引小者（　　）

A. 引导　　B. 拿　　C. 引进　　D. 引导

二、下列加点字的解释不正确的是（　　）。

A. 由是宗族奇之（奇怪）　　B. 孔融年四岁时（年龄）

C. 法当取小者（按照规则）　　D. 与诸兄共食梨（众多）

三、用"/"标出下列句子中的朗读节奏。（标两处）

小 儿，法 当 取 小 者。

四、《三字经》中的哪一句话讲的就是"孔融让梨"的故事？（　　）

A. 昔孟母，择邻处。　　B. 窦燕山，有义方。

C. 香九龄，能温席。　　D. 融四岁，能让梨。

五、根据原文填空。

孔融拿小梨的原因是____________________。（用原文语句回答）

六、你认为孔融是一个什么样的人？

____

20 陶母责子

陶公少时作鱼梁吏，尝以坩鲊饷母。母封鲊付使，反书责侃曰："汝为吏，以官物见饷，非唯不益，乃增吾忧也！"

一、下列故事不是出自《世说新语》的是（　　）。

A. 陶母责子　　B. 望梅止渴

C. 管宁割席　　D. 乐不思蜀

二、解释下列加点的字。

1. 陶公少时作鱼梁吏（　　　　）　　2. 尝以坩饷母（　　　　）

3. 反书责侃曰　　（　　　　）　　4. 以官物见饷（　　　　）

三、判断题。（正确的打“√”，错误的打“×”）

1. 文中的陶公是指晋代大诗人陶渊明。（　　）

2. 鱼梁吏是古代管理河道及渔业的官。（　　）

3. “汝为吏”中的“为”表示是。（　　）

四、把下列语句翻译成现代汉语。

非唯不益，乃增吾忧也！

____

五、陶侃的母亲“责侃”的主要原因是（　　）。

A. 鲊太昂贵　　B. 此为官物

C. 于我无益　　D. 以增吾忧

六、根据原文回答下列问题。

1. 陶母为何拒收陶侃送给她的一罐腌鱼？

____

____

2. 陶母是一个怎样的人？

____

3. 你赞同陶母的做法吗？请说出你的理由。

____

____

21　陈太丘与友期

陈太丘与友期行，期日中。过中不至，太丘舍去，去后乃至。元方时年七岁，门外戏。客问元方：“尊君在不？”答曰：“待君久不至，已去。”友人便怒曰：“非人哉！与人期行，相委而去。”元方曰：“君与家君期日中。日中不至，则是无信；对子骂父，则是无礼。”友人惭，下车引之。元方入门不顾。

一、解释下列句子中加点的字。

1. 陈太丘与友期行　　（　　　　）　　2. 太丘舍去，去后乃至（　　　　）

3. 与人期行，相委而去（　　　　）　　4. 元方入门不顾　　（　　　　）

二、下列朗读节奏划分不正确的是（　　）。

A. 太丘舍 / 去，去后乃 / 至

B. 客 / 问元方："尊君 / 在不？"

C. 与人 / 期行，相委 / 而去

D. 日中 / 不至，则是 / 无信；对子 / 骂父，则是 / 无礼

三、"待君久不至"的句式是（　　）。

A. 判断句　　B. 省略句　　C. 倒装句

四、把下列语句翻译成现代汉语。

1. 非人哉！与人期行，相委而去。

____

2. 日中不至，则是无信；对子骂父，则是无礼。

____

____

五、下列说法不合适的是（　　）。

A. 元方反驳父亲的朋友，主要从"失信"和"失礼"两方面进行

B. 元方是一个没礼貌的孩子，因为他对父亲的朋友竟然入门不顾

C. 元方年纪虽小，但他是一个明白事理、善于言辞、鄙视无信无礼之人的孩子

D. 这个故事说明了"礼"和"信"的重要性，告诫人们要诚信，否则将失去朋友

六、根据原文回答下列问题。

1. 文中友人发怒的原因是什么？（用原文回答）

____

2. 元方义正词严地指出父亲的朋友的哪两点错误（用原文回答）？

（1）______________________________

（2）______________________________

3. 故事中陈太丘的友人已经感到惭愧，元方还是"入门不顾"，他这样做过分吗？请谈谈你的看法。

____

____

22 各人啖一口

人饷魏武一杯酪，魏武啖少许，盖头上题“合”字，以示众。众莫能解。次至杨修，修便啖，曰：“公教人啖一口也，复何疑？”

一、解释下列句子中加点的字。

1. 人饷魏武一杯酪（　　　　　　）　　2. 魏武啖少许（　　　　　　）

3. 公教人啖一口也（　　　　　　）　　4. 复何疑　（　　　　　　）

二、请圈出加点字的正确读音。

1. 魏武啖少许（dàn　tán）

2. 人饷魏武一杯酪（shǎng　xiǎng）

3. 公教人啖一口也（jiào　jiāo）

三、判断题。（正确的打“√”，错误的打“×”）

1. “魏武”是指三国时期的政治家、军事家曹操。（　　）

2. “魏武啖少许”中“少许”的意思是“少量、一点点”。（　　）

3. “次至杨修”中“次至”的意思是“依次轮到”。（　　）

四、请指出下列疑问句中动词或介词的宾语。

1. 复何疑？（　　）

2. 且焉置土石？（　　）

3. 子何恃而往？（　　）

五、把下列语句翻译成现代汉语。

1. 魏武啖少许，盖头上题“合”字，以示众。

____

2. 公教人啖一口也，复何疑？

____

六、文中，杨修认为“公教人啖一口也”的依据是什么？

____

____

23 愚人食盐

昔有愚人，至于他家，主人与食，嫌淡无味。主人闻已，更为益盐。既得盐美，便自念言：“所以美者，缘有盐故。少有尚尔，况复多也？”愚人无智，便空食盐。食已口爽，返为其患。

一、解释下列句子中加点的字。

1. 昔有愚人 ____________　　2. 既得盐美 ____________

3. 更为益盐 ____________　　4. 返为其患 ____________

二、判断题。（正确的打“√”，错误的打“×”）

1. “主人闻已”中“闻已”的意思是“听到之后”。（　　）

2. “既得盐美”中“既”的意思是“已经”。（　　）

3. “缘有盐故”中“缘”的意思是“缘分”。（　　）

4. “至于他家”中的“至于”与现代汉语的意思不同。（　　）

三、把下列语句翻译成现代汉语。

1. 所以美者，缘有盐故。

____

2. 食已口爽，返为其患。

____

四、关于愚人空口食盐的错误原因是（　　）。

A. 主人给他的食物加了点儿盐，食物就不淡了

B. 他认为盐可以使食物的味道变美

C. 他特别喜欢吃盐

D. 他认为食物中的盐越多越美味

五、根据原文回答下列问题。

1. 愚人发现给食物中加盐好吃后，做了什么事？

____

2. “愚人”之“愚”表现在什么地方？造成这一行为的原因是什么？

表现：____。

原因：____。

3. 请你用简洁的语言总结出这个故事蕴含的道理。

____

____

24 欲食半饼喻

譬如有人，因其饥故，食七枚煎饼。食六枚半已，便得饱满。其人恚悔，以手自打，而作是言："我今饱足，由此半饼。然前六饼，唐自捐弃。设知半饼能充足者，应先食之。"

一、解释下列句子中加点的字。

1. 因其饥故（　　　　）　　2. 食六枚半已（　　　　）

3. 唐自捐弃（　　　　）　　4. 设知半饼能充足者（　　　　）

二、下列加点字读音不正确的是（　　）。

A. 譬如有人（pì）　　B. 食六枚半已（yǐ）

C. 其人恚悔（huǐ）　　D. 唐自捐弃（juān）

三、判断题。（正确的打"√"，错误的打"×"）

1. "其人恚悔"中"恚悔"的意思是"既懊恼又后悔"。（　　）

2. "而作是言"中的"是"是判断动词。（　　）

3. "食"读作 sì 时，通"饲"，意思是"喂食、给人吃"。（　　）

四、下列句子朗读节奏划分不正确的是（　　）。

A. 食 / 六枚半已，便得 / 饱满

B. 以手 / 自打，而作 / 是言

C. 我今 / 饱足，由此 / 半饼

D. 设知 / 半饼能充足者，应先食 / 之

五、把下列语句翻译成现代汉语。

1. 食六枚半已，便得饱满。

____

2. 设知半饼能充足者，应先食之。

____

____

六、根据原文回答下列问题。

1. 这个人吃了六块半饼后为什么既懊恼又后悔？

____

____

2. 这个故事讽刺了什么样的人？

七、下列说法不正确的是（　　）。

A. 故事告诉我们，任何事物都有一个积累和发展的过程，不能以偏概全

B. 如果这个人先吃最后半张饼，前面的六张饼就不用浪费了

C. 如果这个人不先吃六个饼，只吃半张饼，是无论如何也吃不饱的

D. 作者抓住人物愚昧的特点，多侧面地描写人物。“其人恚悔”写出了人物的心理活动；“以手自打”写出了人物的动作；“而作是言”写出了人物的语言

25　杀驼破瓮

昔有一人，先瓮中盛谷。骆驼入头瓮中食谷，首不得出。既不得出，其人以为忧。有一老人来语之曰：“汝莫愁，吾教汝出。汝当斩头，自能出之。”即用其语，以刀斩头。既杀驼，而复破瓮。

一、解释下列句子中加点的字。

1. 昔有一人（　　　　）　　2. 有一老人来语之（　　　　）

3. 汝莫愁（　　　　）　　4. 即用其语（　　　　）

二、下列加点字读音错误的是（　　）。

A. 先瓮中盛谷（wèng）　　B. 有一老人来语之曰（yù）

C. 吾教汝出（jiào）　　D. 即用其语（yǔ）

三、判断题。（正确的打“√”，错误的打“×”）

1. “以为”在文言文中指“认为”，又义同“以（之）为”，指“把他（它）看作……”。（　　）

2. 瓮是一种口小腹大的陶器。（　　）

3. “即用其语”中“语”的意思是“谈论、议论”。（　　）

四、请写出下列加“之”字指代的内容。

1. 有一老人来语之曰　　之：____________

2. 自能出之　　之：____________

五、下列句子的翻译不正确的是（　　）。

A. 昔有一人，先瓮中盛谷　　译文：从前有一个人，用陶罐盛粮食

B. 既不得出，其人以为忧　　译文：骆驼的头已经出不来，这个人很发愁

C. 汝当斩头，自能出之　　　译文：你把骆驼的头斩断，自然能够让它出来了

D. 既杀驼，而复破瓮　　　译文：结果，骆驼被杀死了，陶罐也被打破了

六、根据原文回答下列问题。

1. 为什么那个人最后既失去了骆驼，又失去了瓮？

____

____

2. 将骆驼的头从瓮中出来，最好的办法是什么？

____

____

3. 从这个故事中你受到什么启发？

____

____

26　对牛弹琴

公明仪为牛弹《清角》之操，伏食如故。非牛不闻，不合其耳矣。转为蚊虻之声，孤犊之鸣，即掉尾奋耳，蹀躞而听。

一、下列加点字、词的解释不正确的是（　　）。

A. 伏食如故（像以前一样）　　B. 非牛不闻（不是）

C. 孤犊之鸣（离群的小牛犊）　　D. 即掉尾奋耳（摇摆）

二、按照要求填空。

成语“对牛弹琴”用来比喻说话不看对象，对外行说内行话或对不讲理的人讲道理，多用于______（褒／贬）义；其近义词有____________、____________，反义词有____________、____________。

三、判断题。（正确的打“√”，错误的打“×”）

1. “公明仪为牛弹《清角》之操”中的“操”有“琴曲”的意思。（　　）

2. “不合其耳矣”中的“合”表示“适合”。（　　）

3. “蹀躞而听”中的“而”是虚词，无实义。（　　）

四、“非牛不闻，不合其耳矣”的句式是（　　）。

A. 倒装句　　B. 被动句　　C. 判断句

五、“非牛不闻，不合其耳也”这句话的翻译最恰当的是（　　）。

A. 牛并非没有听见，而是这种曲调不适合它听

B. 不是牛不想听，是它的耳朵聋了

C. 不是牛不想听，是因为牛是动物，不懂得音乐

D. 并不是牛不想听，是因为琴声太难听

六、根据原文完成下列问题。

1. 文中“对牛弹琴”的人是指（　　）。

A. 公孙仪　　B. 公明仪　　C. 僧佑　　D. 弘明

2. 公明仪用琴模仿什么声音，牛就摆动尾巴、竖起耳朵？（　　）（多选）

A. 小雨哗哗的声音。　　B. 蚊子、牛虻的叫声。

C. 古雅的清角调琴曲。　　D. 孤独的小牛犊交唤的声音。

七、这个故事给你的启示是什么？

____

____

27　朱詹吞纸

义阳朱詹，世居江陵，后出扬都。好学，家贫无资，累日不爨，乃时吞纸以实腹。寒无毡被，抱犬而卧。犬亦饥虚，起行盗食，呼之不至，哀声动邻，犹不废业，卒成学士。官至镇南录事参军，为孝元所礼。

一、解释下列句子加点的字。

1. 累日不爨　　累：__________

2. 犹不废业　　犹：__________

3. 卒成学士　　卒：__________

二、下列加点字的读音不正确的是（　　）。

A. 义阳朱詹（zhān）　　B. 累日不爨（lèi）

C. 起行盗食（xíng）　　D. 为孝元所礼（wèi）

三、用“/”标出下列句子的朗读节奏。（标四处）

家 贫 无 资，累 日 不 爨，乃 时 吞 纸 以 实 腹。

四、把下列语句翻译成现代汉语。

1. 家贫无资，累日不爨，乃时吞纸以实腹。

____

2. 犹不废业，卒成学士。

____

五、根据原文回答下列问题。

1. 本文采用 __________ 的手法来描写主人公的好学“不辍”。

2. 朱詹的成功在于苦学累日不爨，则 __________________，寒无毡被，则 __________，犹不 __________。（用原文回答）

3. 本文对你的启示是什么？

____

4. 读完这篇故事，请你结合阅读感受拟写一句凝练的话作为自己的座右铭。

____

28 人生小幼

人生小幼，精神专利，长成已后，思虑散逸，固须早教，勿失机也。吾七岁时，诵《灵光殿赋》，至于今日，十年一理，犹不遗忘；二十之外，所诵经书，一月废置，便至荒芜矣。然人有坎壈，失于盛年，犹当晚学，不可自弃。孔子云：“五十以学《易》，可以无大过矣。”

一、解释下列句子中加点的字、词。

1. 精神专利（　　　　）　　2. 固须早教　（　　　　）

3. 犹不遗忘（　　　　）　　4. 然人有坎壈（　　　　）

二、下列语句中“于”的意思是“在”的是（　　）。

A. 失于盛年　　B. 于我如浮云　　C. 闻之于宋君

三、把下列语句翻译成现代汉语。

1. 固须早教，勿失机也。

____

2. 然人有坎壈，失于盛年，犹当晚学，不可自弃。

____

____

四、根据原文回答下列问题。

1. 请简要概括文中提到的学习方法和态度。

____

____

2. 读了这篇文章后，你得到了什么启示？

____

____

五、下列诗句表达的意思与本文主旨不同的是（　　）。

A. 少年易老学难成，一寸光阴不可轻

B. 读书破万卷，下笔如有神

C. 少壮不努力，老大徒伤悲

D. 黑发不知勤学早，白首方悔读书迟

29　慎交游

人在年少，神情未定，所与款狎，熏渍陶染，言笑举动，无心于学，潜移暗化，自然似之。何况操履艺能，较明易习者也！是以与善人居，如入芝兰之室，久而自芳也；与恶人居，如入鲍鱼之肆，久而自臭也。墨子悲于染丝，是之谓矣，君子必慎交游焉。

一、下列加点字、词的解释不正确的是（　　）。

A. 自然似之（代词，指朋友）　　B. 无心于学（没有心思）

C. 是以与善人居（用来）　　D. 慎交游（交往）

二、按照要求填空。

1. “无心于学，潜移暗化，自然似之”中的“潜移暗化”是成语“潜移默化”的不规则形式，意思是指______________________________。

2. “与恶人居，如入鲍鱼之肆”中蕴含的成语是______________，意思是______________，指腐臭污秽的环境，比喻恶人或小人聚集之地。

三、下列说法错误的是（　　）。

A. “神情未定，所与款狎”中“款狎”的意思是“交往亲密”

B. “潜移暗化”中“移”的意思是“移动”

C.“如入鲍鱼之肆”中“鲍鱼”的意思是“咸鱼”

四、把下列语句翻译成现代汉语。

1. 与恶人居，如入鲍鱼之肆。

____

____

2. 墨子悲于染丝，是之谓矣，君子必慎交游焉。

____

____

五、根据原文回答下列问题。

1. 君子要“慎处”的原因可用成语来概括，即近朱者赤，________。

2. 你对这篇文章的观点有什么看法？请简要回答。

____

____

六、下列理解不准确的是（　　）。

A. 本文论述了外部环境对人精神、性情的影响，指出交友在人成长过程的重要性

B. 本文以“入芝兰之室自香，入鲍鱼之肆自臭”这一生活现象来说明人的神情容易被同化的道理，比喻论证生动形象、自然贴切

C.“近朱者赤，近墨者黑”说明了潜移默化的道理，多与名贤交友，方能受到有益熏陶，《颜氏家训》对现在青少年的成长仍有指导意义

D. 在我国传统文化中，常以莲花的“出淤泥而不染”来象征君子不同流合污的品格，这与本文观点一致

30　明山宾卖牛

山宾性笃实，家中尝乏用，货所乘牛。既售牛受钱，乃谓买主曰：“此牛经患漏蹄，治差已久，恐后脱发，无容不相语。”买主遽追取钱。处士阮孝绪闻之，叹曰：“此言足使还淳反朴，激薄停浇矣。”

一、解释下列句子中加点的字。

1. 货所乘牛（　　　　）　　2. 恐后脱发（　　　　）

3. 治差已久（　　　　）　　4. 买主遽追取钱（　　　　）

二、下列加点字的意思与其他三项不同的是（　　）。

A. 处士阮孝绪闻之　　B. 闻鸡起舞

C. 闻所未闻　　D. 久而不闻其香

三、下列朗读节奏划分不正确的是（　　）。

A. 山宾 / 性笃实

B. 买主 / 遽追取钱

C. 处士阮孝绪闻 / 之

D. 此牛 / 经患漏蹄

四、把下列语句翻译成现代汉语。

1. 家中尝乏用，货所乘牛。

____

2. 此言足使还淳反朴，激薄停浇矣。

____

____

五、根据原文回答下列问题。

1. 请用文中的一句话对“山宾卖牛”进行评价。

____

2. 明山宾的诚信表现在哪里？

____

____

3. 文章结尾阮孝绪为何有此感叹？

____

____

4. 这个故事让你明白了什么道理？

____

31 王泰让枣

泰幼敏悟，年数岁时，祖母集诸孙侄，散枣栗于床上。群儿皆竞之，独泰不取。问其故，对曰：“不取，自当得赐。”由是中表异之。既长，通和温雅，人不见其喜愠之色。

一、解释下列句子中加点的字。

1. 祖母集诸孙侄（　　　　）　　2. 群儿皆竞之　（　　　　）

3. 自当得赐　（　　　　）　　4. 人不见其喜愠之色（　　　　）

二、下列故事与“王泰让枣”意思相近的是（　　）。

A. 孔融让梨　　B. 刻舟求剑

C. 守株待兔　　D. 精卫填海

三、“人不见其喜愠之色”中的“其”代指（　　）。

A. 祖母　　B. 中表

C. 王泰　　D. 枣

四、判断题。（正确的打“√”，错误的打“×”）

1. “群儿皆竞之”中的“之”是代词，指代枣和栗。（　　）

2. “问其故”中“故”的意思是“原因”。（　　）

3. 古称父之姐妹所生子女为内兄弟姐妹，母之姐妹所生子女为外兄弟姐妹。（　　）

五、把下列语句翻译成现代汉语。

既长，通和温雅，人不见其喜愠之色。

____

____

六、根据原文回答下列问题。

1. 为什么王泰不去争抢红枣和栗子？（用原文回答）

____

2. 从这个故事中你学到了什么？

____

____

3. 对王泰刮目相看，认为他异于常人，叫“中表异之”。如果你是“中表”之一，会怎么想？

____

____

参考答案

01 截竿入城

一、1. 持，握 2. 起初 3. 古代对老年男性的尊称 4. 用 二、1. × 2. √ 3. √ 三、D 四、1. 起初他竖起来拿着长竿，不能进入城门；又横过来拿着它，也不能进入城门。 2. 我并不是有大智慧的人，只是见过的事情多罢了！为什么不用锯子将长竿从中截断后进入城门呢？ 五、1. 他这样说的目的是想让持竿人信服他。 2. 这说明执竿人做事不善于思考、循规蹈矩、不知变通。故事意在告诉我们，自作聪明的人常常是愚蠢的，不要好为人师。另外，虚心求教的人同样也应善于思考，绝不能盲目地顺从别人。 3. 我认为“老父”的办法不好。如果我是执竿人，会把竿子的一端放在地上，手握住长竿的另一端拉着入城。 六、凡事都要灵活应对，不能固守老传统、老经验，否则很容易将事情办砸。

02 曹冲称象

一、A 二、1. zhì 2. zǔ 3. zhòng 三、1. × 2. √ 3. √ 四、B 五、DCBA 六、1. 从称象这件事上，我感到曹冲是一个爱动脑筋、善于观察、聪明而又大胆的孩子。 2. 曹冲称象的办法好在既可以称出大象的重量，又不用造更大的秤。下半题略，自由表达，言之有理即可。 3. 在生活中，我们要善于观察、多开动脑筋。

03 怀橘遗母

一、A 二、D 三、1. 袁术拿出橘子招待他们，陆绩往怀里藏了三个橘子。 2. 陆绩急忙跪在地上回答说：“我想拿回去给母亲尝尝。”袁术见他小小年纪就懂得孝顺母亲，对此感到很惊奇。 四、B 五、欲归遗母。 六、陆绩是一个有孝心的孩子，他吃到甘甜的橘子也不忘带回去给母亲品尝。

04 刮骨疗伤

一、三国志 魏国 蜀国 吴国 蜀国 二、B 三、1. zhòng 2. chuāng 3. yíng 四、2 五、C 六、1. 这样以后，病患就可以根除。 2. 而关羽依然切烤肉吃，举起酒杯喝酒，谈笑自如。 七、1. 本文主要写关羽被毒箭所伤，大夫给他进行刮骨疗伤时没有麻醉，关羽却依然和诸将饮酒吃肉，谈笑自若。 2. 羽便伸臂令医劈之。时羽适请诸将饮食相对，臂血流离，盈于盘器，而羽割炙引酒，言笑自若。 3. 采用对比的修辞手法。将“刮骨疗伤”的骇人情景与关羽神情自若相对比。

05 乐不思蜀

一、C 二、D 三、D 四、快乐得不想回国 乐而忘返 归心似箭 五、1. 这里很快乐，我不思念蜀国。 2. 为何你刚才说的话，像是郤正的语气呢？ 六、刘禅是一个胸无大志、昏庸无能、贪图享乐的人。

06 盲人摸象

一、1. 其时，彼时 2. 你 3. 种类、类别 4. 立即，马上 二、B 三、1. 大王说：“象是什么样子？” 2. 摸到耳朵的盲人说象像簸箕。 四、1. 摸到象牙的盲人说象的形状像萝卜的根；摸到耳朵的盲人说象像簸箕；摸到象头的盲人说象像石头；摸到象鼻的盲人说象像圆杵；摸到脚的盲人说象像舂米用的木臼；摸到象背的盲人说象像床；摸到象腹部的盲人说象像瓮；摸到象尾的盲人说象像麻绳。 2. 不对。他们对大象只凭片面的认识和了解便妄加猜测，犯了以偏概全的错误。 五、是。示例：坐井观天、井底之蛙、管中窥豹等。

07 投笔从戎

一、D 二、犹当效 / 傅介子、张骞 / 立功异域 三、1. 家里很穷，班超常给官府当雇工抄写书籍养家。 2. 平庸之人怎么能知道心雄胆壮者的志向呢？ 四、反问句。不能久事笔砚间。 五、示例：戎马一生→生不逢时→时来运转→转败为胜→胜券在握 六、1. 常为官佣书以供养。2. 小子安知壮士志哉！

08 陈蕃欲扫天下

一、1. 居住 2. 杂乱肮脏 3. 处理事务 4. 小孩子 二、D 三、D 四、1. × 2. × 3. √ 五、A 六、1. 陈蕃十五岁时，曾经闲居在一间房子里，庭院里杂乱无章。 2. 大丈夫处理事情，应当以扫除天下的祸患为己任。为什么要在意一间房子呢？ 七、1. 示例一：我赞成他的说法。因为人就应该有远大的志向，如果拘泥于小节，就做不成大事。示例二：我不赞成他的说法。因为一屋不扫，何以扫天下？只有把小事做好了，才能成就大事。2. 示例：陈蕃在十五岁就有志“扫除天下”，我们也应该向他学习，树立高远的目标并为之奋斗。 3. 示例一：“扫天下”和“事一室”毫不相干。人的精力是有限的，成大事者应不拘小节，如果把精力都放在鸡毛蒜皮的小事上，很难在重要的事情上有所作为。示例二：“一屋不扫，何以扫天下”，要脚踏实地，不要空话连篇。

09 乐羊子妻

一、B 二、D 三、C 四、1. 一寸一寸地累积不断，才能成丈成匹。 2. 如果求学中途就回来了，那同割断这些织物又有什么不同呢？ 五、C 六、1. 道理：求学要持之以恒。 影响：乐羊子深受感动，重新回去完成了学业。 2. 乐羊子妻“引刀趋机”以自己织布必须日积月累“遂成丈匹”的切身体会，说明求学必须专心致志、持之以恒的道理，最后归结为“若中道而归，何异断斯织乎！”妻子这番借织物来讲道理的话，使乐羊子深受感动，“复还终业”。 3. 乐羊子妻是一位深明大义、教育有方的人。 4. 学习要持之以恒，不能半途而废。（言之有理即可）

10 范式守信

一、1. 是 2. 返回 3. 约定的日期 4. 认真 二、1. 相信 2. 守信用 三、D 四、1. √ 2. √ 3. × 4. √ 五、1. 两个人都请假回到家乡。 2. 张劭把这件事禀告母亲，请母亲准备酒食来等候范式。 六、1. 巨卿信士，必不乖违 范式是一个讲信用的人，他一定不会违约的 2. 侧面烘托 七、1. 这个故事赞扬了范氏守信用的品格。 启示：重诺言、守信用是做人的美德。（言之有理即可） 2. 人而无信，不知其可也。

11 杨震暮夜却金

一、A 二、D 三、1. 四 2. 十 四、1. 密曰："暮夜无知者。" 2. 震曰："故人知君，君不知故人，何也？" 五、1. 到了夜晚怀揣十斤黄金来送给杨震。 2. 天知道，神知道，我知道，你知道。怎么能说无人知道呢！ 六、1. 杨震清正廉洁，绝不受贿。我觉得杨震是一个公正廉洁、不谋私利、严于律己的好官。 2. 不好。"暮夜"交代了故事发生的时间，同时"暮夜"二字说明了杨震在夜深人静之时，在没有第三者知道的情况下拒收重金，更能表现他的高尚品质。 3. 杨震的神态严肃，语气坚决，隐隐流露出一些失望。 4. 读了这个故事，让我想到了社会上的那些贪官，他们为了个人私利却贪赃枉法，最终成为人民的罪人。 不管身处哪一行业都要保持清醒的头脑，做到"拒腐败，永不沾"，这样才能立于不败之地。

12 望梅止渴

一、C 二、1. 三国 煮酒论英雄 割发代首 赤脚迎祢衡等 2. 用空想来安慰自己，实际上愿望无法实现 画饼充饥 贬 3. 条件反射 三、A 四、B 五、1. 士兵们精神大振，步伐加快，最终到达了有水源的地方。 2. 曹操是一个聪明机智、善于思考、懂得变通的人。（意思对即可）

13 身无长物

一、B 二、B 三、即 / 举所坐者 / 送之。 四、C 五、B 六、B 七、1. 因为王恭只有一张竹席，没有多余的席子。 2. 他是一个为官廉洁、洁身自好、不贪图名利的人。

14 管宁割席

一、A 二、1. xīn 2. zhì 3. xuān miǎn 三、D 四、B 五、C 六、1. 两件事。一是两人看到金子时的不同态度；二是两人在高官经过时的不同反应。 2. 通过日常生活中的两件小事，来表现两人品格的差异。一是见到金子：管宁"与瓦石无异"，华歆"捉而掷去之"；二是遇见高官：管宁"读书如故"，华歆却"废书出看"。从中可以看出管宁、华歆两人的品格。 3. 示例一：赞同，"道不同不相为谋"。示例二：不赞同，应对朋友尽规劝之言。 4. 示例：从择友的角度：应该选择志同道合且有修养的朋友，交友应慎重。 从品德修养的角度：应加强自己品德修养，学习应专注，这样才能成才。（自由表达，言之有理即可）

15　郑玄拜师

一、B　二、D　三、1. √　2. √　3. ×　4. √　四、1. 郑玄因此得以脱身。　2. 郑玄也疑心会被追杀，就坐在桥下，穿着木屐浮在水面上。　五、A　六、1. 恐玄擅名而心忌焉　2. 郑玄坐在桥下，穿着木屐浮在水面，让马融觉得他必死无疑，所以不再追杀了。　3. 郑玄是一个有聪明才智的人。

16　荀巨伯探友

一、B　二、C　三、D　四、B　五、C　六、1. 我如今就要死了，您可以离开。　2. 于是胡人撤军离开了，整座城的人都因此得以保全。　七、1. 胡贼被荀巨伯的义所感动（或胡人因自己的无义行为而惭愧）。　2. 友情重于生命（或舍生取义）。　3. 我认为故事的主题是赞扬荀巨伯的义气。因为故事的结局是贼兵被荀巨伯的义气所感化，不战而撤兵，足见其义气可赞可叹。（意思对即可）

17　王戎不取道旁李

一、B　二、1. 果实　2. 李子　3. 只有　三、1. ×　2. √　3. √　四、C　五、1. 树在道边而多子　少子　2. 遇事要善于观察和思考，根据有关现象进行推理判断　六、1. 王戎知道李树长在路边还有那么多李子，说明那些李子肯定是苦的。从中可以看出他是一个细心观察、独立思考的人。　2. A　七、曹冲——称象　司马光——砸缸救人　孔融——让梨　文彦博——灌水取球

18　杨氏之子

一、C　二、1. B　2. C　三、1. √　2. √　3. ×　四、1. A　2. B　五、B　六、1. 杨氏之子　孔君平　2. 敏捷　机智幽默　3. 总领全文　七、1. 他看到杨梅，联想到孩子的姓氏，就故意逗孩子："这是你家的水果。"意思是你姓杨，它叫杨梅，你们本是一家。　2. 孔君平在姓上做文章，孩子也在姓上做文章，由孔君平的"孔"姓想到了孔雀。最绝妙的是他没有直接说"孔雀是夫子家禽"，而是采用了否定回答，说"未闻孔雀是夫子家禽"，婉转对答，表现了应有的礼貌。　八、1. 李子是夫子家果　2. 石榴是夫子家果

19　孔融让梨

一、1. A　2. B　二、A　三、小儿，法当 / 取小者。　四、D　五、小儿，法当取小者。　六、孔融是一个懂得谦让的好孩子。

20　陶母责子

一、D　二、1. 担任　2. 把食物赠送给人家吃　3. 信　4. 拿、用　三、1. ×　2. √　3. √　四、这样做不但没有好处，而且增加了我的忧虑啊！　五、B　六、1. 因为这腌鱼是公家的东西，陶母认为儿子拿公家的东西孝敬他，不但对她没有益处，反而增加她的忧虑。　2. 陶母是一个深明大义、不贪便宜、教子有方的人。　3. 赞同。为官须清廉，陶母这样做是言传身教、以身作则的表现。

21　陈太丘与友期

一、1. 约定　2. 才　3. 丢下，舍弃　4. 回头看　二、A　三、B　四、1. 真不是君子啊！和别人相约同行，却丢下别人自己走了。　2. 中午您没到，这是不讲信用；当着孩子的面骂他的父亲，这是没有礼貌。　五、B　六、1. 与人期行，相委而去。　2.（1）日中不至，则是无信。　（2）对子骂父，则是无礼。　3. 示例一：不过分。元方用机智和果敢的行动维护了父亲的尊严。父亲的朋友失信、无礼应当被教训。示例二：过分。元方不给人改过的机会。既然朋友道歉了，承认了错误，就应该原谅他，要有宽容之心。（言之有理即可）

22　各人啖一口

一、1. 赠送　2. 吃　3. 让　4. 又，还　二、1. dàn　2. xiǎng　3. jiào　三、1. √　2. √　3. √　四、1. 何　2. 焉　3. 何　五、1. 曹操吃了一点儿后，在盖子上写了一个“合”字，拿给大家看。　2. 曹公是让大家每人吃一口，还要疑虑什么？　六、曹操在杯盖上写了一个“合”字，将“合”字拆开看就是一人一口。

23　愚人食盐

一、1. 从前　2. 美味　3. 增加　4. 祸患　二、1. √　2. √　3. ×　4. √　三、1. 这个菜变得这么好吃的原因，是因为加了盐的缘故。　2. 吃后味觉损坏，反而成为他的祸患。　四、C　五、1. 愚人发现给食物中加盐好吃后就空口吃盐。　2. 愚人吃了主人加了适量的盐后变得美味的食物，认为盐美味，便空口吃盐。　愚人“无智”，他不善于动脑筋，更不懂得“过犹不及”的道理。　3. 做事要把握分寸，不能走极端；认识事物不能一知半解。

24　欲食半饼喻

一、1. 原因，缘故　2. 停止　3. 徒然，白白地　4. 假如，如果　二、C　三、1. √　2. ×　3. √　四、D　五、1. 当吃到六块半时停住了，觉得已经吃饱。　2. 假如知道这半个饼能吃饱，就应该先吃这半个饼了。　六、1. 他觉得自己吃饱是因为最后的半个饼，前面的六个饼都被白白地浪费了。　2. 这个故事讽刺了不讲因果关系而只钻牛角尖、徒生苦恼的糊涂虫（愚蠢的人）。　七、B

25　杀驼破瓮

一、1. 以前，从前　2. 告诉，对……说　3. 你　4. 代词，指代老人　二、C　三、1. √　2. √　3. ×　四、1. 指那个人　2. 指骆驼　五、B　六、1. 因为他盲目地听信那位老者的愚见，砍掉了骆驼的头，又打破了瓮。　2. 最好的方法是在瓮与骆驼的接触处涂一些润滑油以减少摩擦力；其次是直接把瓮敲破。　3. 凡事要认真思考、仔细研究，不能因小失大，也不能盲目地听从他人的建议。（意思对即可）

26　对牛弹琴

一、C　二、贬　对牛鼓簧　无的放矢　有的放矢　对症下药　三、1. √　2. √　3. ×　四、C　五、A　六、1. B　2. BD　七、说话不看对象或对愚蠢的人讲深奥的道理，都是不可取的。

27　朱詹吞纸

一、1. 连续　2. 仍然　3. 终，终于　二、B　三、家贫 / 无资，累日 / 不爨，乃时 / 吞纸 / 以实腹。　四、1. 家中贫穷没有钱财，有时竟连续几天都没烧火煮饭，就时常靠吞食废纸来充饥。　2. 但他仍然没有荒废学业，最后，终于成为学士。　五、1. 侧面描写　2. 吞纸以实腹　抱犬而卧　废业　3. 朱詹在如此艰苦的条件下依旧勤奋学习，我们拥有这么好的学习条件，更应该努力学习。　4. 示例一：穷苦之境也是成长之境。示例二：且勤且艰读书作乐。示例三：学习磨炼人生。

28　人生小幼

一、1. 专一而敏锐　2. 因此，所以　3. 仍然　4. 困顿，不得志　二、A　三、1. 因此，需要重视早期教育，不能错失良机。　2. 然而，人会有困顿不得志的时候，如果壮年失去了学习机会，还应当在晚年学习，不可以自暴自弃。　四、1. 注意早教，不要失去精神专注敏锐的大好时机。如果盛年时失去了学习的机会，晚年也应该坚持学习，不可自暴自弃。　2. 示例：读书、学习是人们终身的大事情，无论何时开始读书学习都远远胜过不读书者。（言之有理即可）　五、B

29　慎交游

一、C　二、1. 人的思想、习性等受到外来影响而不知不觉发生变化　2. 鲍鱼之肆　卖咸鱼的铺子　三、B　四、1. 与品行低劣的人在一起，就像进入满是咸鱼的店铺，时间一久，自己也变得腥臭。　2. 墨子看到人们染丝后有所叹惜，说的就是这个意思，君子与人交往一定要慎重啊！　五、1. 近墨者黑　2. 自由表达，言之有理即可。　六、D

30　明山宾卖牛

一、1. 卖　2. 副词，或许，也许　3. 病愈　4. 急忙　二、D　三、C　四、1. 家里曾经贫困，卖掉了所乘坐的牛。　2. 这话足以让人回归淳朴的本性，找回良好的社会风气。　五、1. 此言足使还淳反朴，激薄停浇矣。　2. 买卖双方都已成交，明山宾却把牛曾经生病的事以实相告，结果买主收回了一部分卖牛钱。　3. 阮孝绪听说明山宾在成交后主动告诉买主牛曾经生病一事，认为他能恪守诚信，故而有此感叹。4. 做人要诚实厚道。

31　王泰让枣

一、1. 召集　2. 抢　3. 赐予　4. 怒，怨恨　二、A　三、C　四、1. √　2. √　3. ×　五、等到年长时，他为人通达，性情温和稳重，人们从未见到他把喜怒的神色挂在脸上。　六、1. 不取，自当得赐。　2. 示例：我学到了做人要像王泰一样谦逊有礼，同时也要勤于思考、善于发现。　3. 示例：王泰好聪明啊！虽然我不如他聪慧，但是我可以遇到事情多思考，遵守礼仪。（言之有理即可）

读交大之星
圆名校之梦

穿越历史线 学透小古文

孙洋　主编

唐宋篇

上海交通大學出版社
SHANGHAI JIAO TONG UNIVERSITY PRESS

内容提要

本系列以“历史线”为选文脉络，从分布在“历史线”上的50多种典籍里，精选166篇适合中小学生阅读的小古文，按照时间顺序，分为春秋战国篇、秦汉篇、三国两晋南北朝篇、唐宋篇、元明清篇5个分册。每个分册设置了典籍名片、小古文精讲、思维导图、智慧点拨、知识拓展、学而思等栏目。本书图文并茂、版式活泼，体例和内容的设置注重“融合”，侧重“积累”，加强“训练”，突出“有趣”，旨在培养中小学生学习小古文的兴趣，并让其从中汲取中国传统文化之精华。

图书在版编目（CIP）数据

穿越历史线.学透小古文.唐宋篇 / 孙洋主编.—
上海：上海交通大学出版社，2024.6
（交大之星）
ISBN 978-7-313-29093-9

Ⅰ.①穿… Ⅱ.①孙… Ⅲ.①文言文-小学-教学参考资料 Ⅳ.①G624.203

中国国家版本馆CIP数据核字（2023）第130057号

穿越历史线•学透小古文(唐宋篇)
CHUANYUE LISHIXIAN•XUETOU XIAOGUWEN（TANG-SONG PIAN）

主　　编：孙　洋
出版发行：上海交通大学出版社　　地　　址：上海市番禺路951号
邮政编码：200030　　电　　话：021-64071208
印　　制：苏州市越洋印刷有限公司　　经　　销：全国新华书店
开　　本：787mm×1092mm 1/16　　印　　张：9
字　　数：148千字
版　　次：2024年6月第1版　　印　　次：2024年6月第1次印刷
书　　号：ISBN 978-7-313-29093-9　　音像书号：ISBN 978-7-88941-603-0
定　　价：199.00元（共5册）

前 言

古诗文是中华民族五千年文化的瑰宝，是中国优秀传统文化最好的载体，有丰富的历史文化价值和教育价值，处世为人的哲学，修身、齐家、治国、平天下的道理都蕴含其中。学习经典古诗文，对我们的眼界、胸怀、志气、品格修养的提升大有裨益；学习经典古诗文，也是传承中华传统文化、树立民族精神、增强文化自信的重要渠道。

统编语文教材增加了古诗文比重。小学语文古诗文占全部选篇的36%，初中语文古诗文占全部选篇的48%，较原人教版教材有大幅增加。

中小学生学习古诗文的重要性和必要性不言而喻，但市面上与古诗文相关的书籍大都以主题或类别进行分类，而学生在学习古诗文的时候，往往需要联系作者或诗人所处的时代背景，这样才能更好地理解古诗文深层次的意蕴。而以“历史线”为脉络对古诗文进行梳理分类，有助于学生提高史实意识，在历史的线条中逐渐明晰作者或诗人的生平、遭遇，理解他们所处的时代发展背景，将同时代的作者、诗人或典籍串联起来，进一步拓展学习的广度和深度。因此，我们积极联合专家团队，倾力打造了“穿越历史线•学透古诗词”“穿越历史线•学透小古文”系列图书。

“穿越历史线•学透古诗词”系列精选148首中小学生必背古诗词，按照时间顺序，分为初唐及以前篇、盛唐篇、中晚唐篇、宋代篇、宋代以后篇5个分册，每个分册设有诗人名片、诗人介绍、写作背景、注释、译文悦读、思维导图、诗词鉴赏、知识拓展、学而思等栏目。

“穿越历史线•学透小古文”系列从分布在“历史线”上的50多种典籍里，精选了166篇适合中小学生阅读的小古文，按照时间顺序，分为春秋战国篇、秦汉篇、三国两晋南北朝篇、唐宋篇、元明清篇5个分册。每个分册设置典籍名片、小古文精讲、思维导图、智慧点拨、知识拓展、学而思等栏目。套书体例和内容的设置注重“融合”，侧重“积累”，加强“训练”，突出“有趣”。

希望这套图书能使学生更方便地学习古诗文，感受中华文化的丰厚博大，从中汲取民族文化智慧，积淀文化底蕴，在点滴的学习中浸润渗透，增强学生的文化认同感和民族自豪感。

囿于编写水平，书中如有不足之处，恳请广大读者批评指正，以便我们重印再版时修订完善。

编者

目 录

穿越历史线

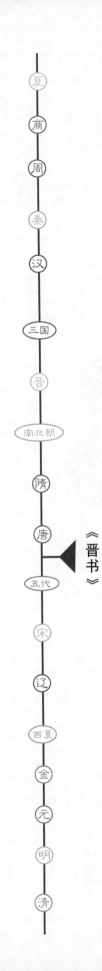

夏
商
周
秦
汉
三国
晋
南北朝
隋
唐
五代
宋
辽
西夏
金
元
明
清

《晋书》

晋书

别　　名　《新晋书》
作　　者　房玄龄等21人
创作年代　唐代
文学体裁　纪传体断代史
文学地位　中国的“二十四史”之一

《晋书》共130卷，包括帝纪10卷、志20卷、列传70卷、载记30卷，由唐代房玄龄等撰。记载了西晋和东晋封建王朝的兴亡史。

房玄龄，名乔，字玄龄，号乔松，是唐初有名的宰相。18岁时，他跟随李世民起兵反隋，深得信任，李世民称赞他有“筹谋帷幄,定社稷之功”。唐武德九年（626），他参与策划“玄武门之变”，协助李世民夺取帝位，立下大功，不久被册封为尚书左仆射和梁国公，总理朝政。房玄龄不但善于用兵，更善于管理国家。唐代的典章律例基本都是他和杜如晦两人制定的，为唐初安定社会起到非常重要的作用。由于他善于谋划，杜如晦善于决断，两人配合得力,人称“房谋杜断”。

名句集锦

◎学之染人，甚于丹青。
◎全一人者德之轻，成天下者功之重。
◎吾不能为五斗米折腰，拳拳事乡里小人邪！
◎大丈夫行事，当磊磊落落，如日月皎然。
◎人有不及，可以情恕；非意相干，可以理遣。

扫码听音频

01 囊萤夜读

náng yíng yè dú

yìn gōng qín bú juàn bó xué duō tōng jiā pín bù cháng dé yóu xià yuè zé liàn náng chéng shù shí yíng huǒ yǐ zhào shū yǐ yè jì rì yān

胤[1]恭勤[2]不倦，博学多通[3]。家贫不常得油，夏月则练囊[4]盛数十萤火以照书，以夜继日[5]焉[6]。

❶胤：东晋大臣。

❷恭勤：肃静勤勉。恭，谨慎。

❸通：通晓，明白。

❹练囊：白色薄绢做的口袋。练，白绢，名词用作动词，指用白绢做。

❺以夜继日：夜晚接着白天。

❻焉：语气助词。

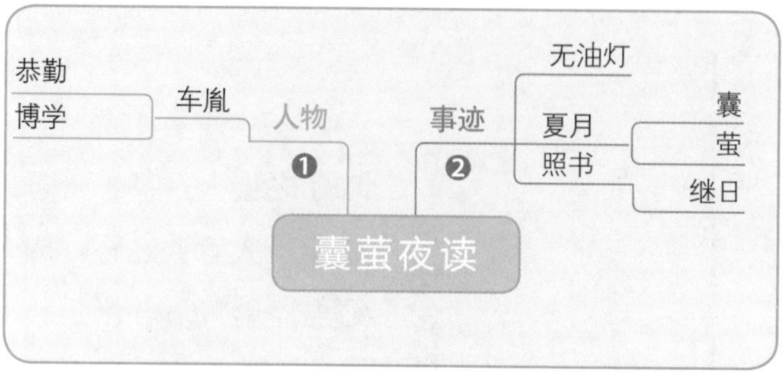

智慧点拨

无论环境多么恶劣，都不能阻挡勤奋苦学的人。只有勤奋刻苦、不懈努力，才能取得成功。

译文悦读

车胤恭敬勤勉而不知疲倦，知识广博，学问精通。他家境贫寒，不能经常得到油点灯，夏天的夜晚，车胤用白绢口袋装了许多萤火虫照亮书本，夜以继日地学习。

知识拓展

何为“五更”？

古人夜间用“更”来计算时间，一夜分为“五更”，每更大约两小时。“五更”对照今天的计时方法如下：

五更	新计时法	五更	新计时法
一更	19:00—21:00	四更	1:00—3:00
二更	21:00—23:00	五更	3:00—5:00
三更	23:00—1:00		

成语“半夜三更”“夜半三更”中的“三更”，约为现在的深夜十一时至次日一时，正好是半夜。例如:“三更灯火五更鸡，正是男儿读书时。”这句诗选自颜真卿《劝学》，意思是每天三更半夜到鸡啼叫的时候，是男孩子们读书的最佳时间。

学而思

一、填空题。

夏天的时候，车胤常用____________________的方法来学习。

二、选择题。

1. 这个故事说明（　　）。

A. 车胤学习刻苦勤奋

B. 车胤家境贫寒

C. 车胤喜欢小动物

2. 下列成语与勤奋苦读无关的是（　　）。

A. 凿壁借光　　B. 悬梁刺股

C. 愚公移山　　D. 囊萤夜读

扫码听音频

wáng xiàn zhī yì shì

02 王献之①逸事

xiàn zhī zì zǐ jìng shào yǒu shèng míng ér gāo mài bù jī qī bā suì shí xué shū

献之字子敬，少有盛名，而高迈不羁②。……七八岁时学书，

xī zhī mì cóng hòu chè qí bǐ bù dé tàn yuē cǐ ér hòu dāng fù yǒu dà míng cháng shū bì

羲之密从后掣③其笔，不得，叹曰：“此儿后当复有大名！”尝书壁④

wéi fāng zhàng dà zì xī zhī shèn yǐ wéi néng guān zhě shù bǎi rén

为方丈大字，羲之甚以为能，观者数百人。

yè wò zhāi zhōng ér yǒu tōu rén rù qí shì dào wù dōu jìn xiàn zhī xú yuē tōu er qīng

夜卧斋中，而有偷人入其室，盗物都尽。献之徐⑤曰：“偷儿，青

zhān wǒ jiā jiù wù kě tè zhì zhī qún tōu jīng zǒu

毡我家旧物，可特置之。”群偷惊走。

① 王献之：晋朝著名书画家，王羲之之子。

② 高迈不羁：气度高雅脱俗，不受约束。

③ 掣：牵，拉。

④ 壁：墙。

⑤ 徐：慢慢地。

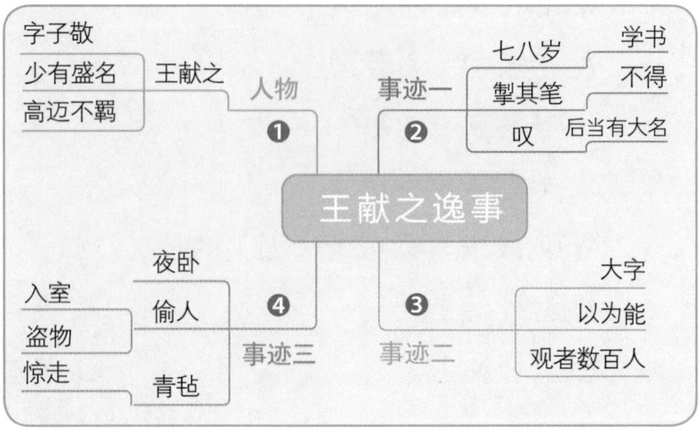

智慧点拨

锲而不舍，金石可镂。我们做任何事情都要坚持不懈，要像王献之这样勤奋努力、刻苦练习，才能走上成功之路。

译文悦读

王献之，字子敬，很小的时候名气就很大，他超然洒脱，不受拘束。……七八岁时他学习书法，王羲之偷偷地从后面拔他的笔，不能得到，并赞叹说："这孩子以后一定会有很大名气！"王献之经常在墙上写很大的字，他父亲很认可儿子的书法才能，旁观者动辄数以百计。

王献之夜里睡在书斋里，家里来了小偷，把东西都快偷光了。王献之慢慢地说："小偷儿，那青毡是我家祖传的，可以把它留下吧。"小偷们都被吓跑了。

知识拓展

文房四宝

"文房四宝"指笔、墨、纸、砚四种文具，又称"文房四士"。

笔 指毛笔，是我国各式笔类中最为独特的一种，也是使用最早的笔，"湖笔"最为著名。

墨 古人利用天然墨作书写颜料，史前已经有用墨的痕迹，而人工墨是从汉代才开始出现的。尤其是明清时期的徽墨，是制墨中的精华杰作。

纸 在西汉时期，我国已经开始了纸的制作，而到东汉时期，蔡伦的造纸术发展更为成熟。其中"宣纸"最为出名。

砚 又称砚台。早期的砚台相对简单。明清时期，砚台的材质出现了多样化，而且由实用性逐步向玩赏性过渡，同时具有审美价值和艺术价值。上品"端砚"诞生在唐初广东肇(zhào)庆。

学而思

一、填空题。

从文中"王献之练字"情节，可以联想到名句"________________________"。

二、选择题。

这个故事启示我们（　　　　）。(多选)

A. 勤能补拙是良训，一分辛苦一分才　　B. 业精于勤荒于嬉，行成于思毁于随

C. 宝剑锋从磨砺出，梅花香自苦寒来　　D. 莫等闲，白了少年头，空悲切

扫码听音频

wén jī qǐ wǔ

03 闻鸡起舞[1]

fàn yáng zǔ tì shào yǒu dà zhì yǔ liú kūn jù wéi sī zhōu zhǔ bù tóng qǐn

范阳[2]祖逖[3]，少有大志，与刘琨[4]俱为[5]司州[6]主簿[7]。同寝[8]，

zhōng yè wén jī míng cù kūn jué yuē cǐ fēi è shēng yě yīn qǐ wǔ

中夜闻[9]鸡鸣，蹴[10]琨觉，曰：“此非恶声也[11]！”因[12]起舞。

---

❶ 闻鸡起舞：指有志之士及时奋发，刻苦自励。闻鸡，听见鸡叫。

❷ 范阳：地名，今河北涿（zhuō）州。

❸ 祖逖：字士稚，范阳遒县人，晋代著名的爱国将领。

❹ 刘琨：字越石，西晋魏昌人。

❺ 为：当，做。

❻ 司州：晋代地名，今河南洛阳。

❼ 主簿：主管文书簿籍的官。

❽ 寝：睡觉。

❾ 闻：听到。

❿ 蹴：踢。

⓫ 此非恶声也：祖逖认为半夜鸡鸣，令人警醒，足以振奋朝气，并非恶声。从前迷信的人认为半夜鸡鸣是不吉之兆。此，这。恶声，不好的声音。

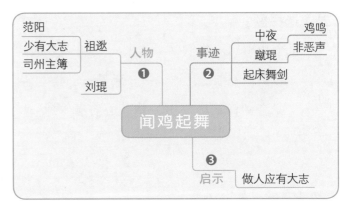

⓬ 因：于是。

智慧点拨

人须有志，有志才有方向。我们应像祖逖一样树立为国效力的大志向，并为之努力拼搏，这样才能做一个对社会有贡献的人。

译文悦读

范阳人祖逖，年轻时就有大志向，曾与刘琨一起担任司州的主簿。祖逖与刘琨睡在一起，半夜时听到鸡鸣，他便踢醒刘琨，说："这并不是不吉祥的声音啊！"于是，二人就起床舞剑。

知识拓展

祖逖是谁？

祖逖，字士稚，东晋杰出的军事家。祖逖出生于范阳祖氏，祖家是北地的大族，世代都有二千石的大官出现。祖逖还年少的时候，性格比较豁达，不拘小节，为人轻财重义，常常接济周边贫困的人，很受家乡村民和族里人的爱戴。他成年后发奋读书，博览群书，古今中外的书籍都有所涉猎，当时的人都认为祖逖有辅佐治理天下的才能。

刘琨是谁？

刘琨，字越石，晋朝的政治家、军事家、音乐家和文学家。年轻的时候还是金谷"二十四友"之一，之后成为并州刺史。在永嘉之乱爆发后，刘琨因为要抵御前赵，在晋阳守了近十年之久。并州失陷后，投奔幽州刺史段匹磾，还和段匹磾结为兄弟，后来驻军在征北小城。因为段匹磾族内各个首领长期互相厮杀，导致力量逐渐削弱。后来，段匹磾杀害了刘琨及其子侄四人。

趣味连线

成语言简意丰。每个成语背后都有一个动人的故事。请读一读，记一记。

闻鸡起舞	→	东晋 · 祖逖
起死回生	→	春秋战国 · 扁鹊
卧薪尝胆	→	春秋战国 · 勾践
完璧归赵	→	战国 · 蔺相如
破釜沉舟	→	秦 · 项羽
精忠报国	→	宋 · 岳飞

学而思

一、填空题。

1. 以下是《三字经》中的内容，请在括号内填入动物名称（一个字）。

（　　）守夜，（　　）司晨。苟不学，曷为人。

（　　）吐丝，（　　）酿蜜。人不学，不如物。

2. 故事一般讲究时间、地点、事件、人物四个要素。请按照要求把文中的四个要素写在横线上。

时间：__________　　地点：__________

事件：__________　　人物：__________

3. 本文内容可用成语________来概括。

二、选择题。

1. 下列句子中的"少"与"范阳祖逖，少有大志"中的"少"的含义不同的一项是（　　）。

A. 战少利，陈余复请兵

B. 陈涉少时，尝与人佣耕

C. 少时常与鲍叔牙游

D. 少而好学，如日出之阳

2. 这个故事让我们明白的道理是（　　）。（多选）

A. 有志者应及早为国效力

B. 生活中听到鸡叫就要起床

C. 青少年要勤奋学习

D. 青少年要不断磨炼自己的意志

柳河东集

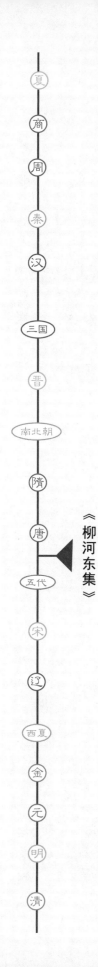

别　　名　《河东先生集》
作　　者　柳宗元
创作年代　唐代
文学体裁　政论、传记、游记、诗歌等
名　　篇　《永州八记》

《柳河东集》是唐代著名文学家、思想家柳宗元的作品集。全书45卷，外集2卷，按文体分类，体例明晰，内容丰富，集前是好友刘禹锡写的序文。

柳宗元，字子厚，唐代河东人，世称“柳河东”；因他最后的官职是柳州刺史，故别称“柳柳州”。他一生创作丰富，议论文、传记、寓言、游记都有佳作。其中，议论文笔锋犀利、逻辑严密，体现了其进步的思想；寓言多用来讽刺时弊，想象丰富、寓意深刻；传记散文多以真人真事为基础，略带夸张虚构；山水游记最为脍炙人口，逐渐发展成为一种独立的文学体裁，柳宗元也因此被称为“游记之祖”，《永州八记》是他的著名代表作。其文章多用短句，节奏明快而富于变化，这是他汲取骈文之长所致。柳宗元与韩愈一起倡导古文运动，一同被列入“唐宋八大家”，并称为“韩柳”。

名句集锦

◎操斧于班、郢之门，斯强颜耳。
◎善恶不可以同道。
◎赏务速而后劝，罚务速而后惩。
◎礼之大本，以防乱也。
◎择天下之士，使称其职；居天下之人，使安其业。

扫码听音频

wú yāo qiān qián

04 吾腰千钱[1]

yǒng zhī méng xián shàn yóu yí rì shuǐ bào shèn yǒu wǔ liù méng chéng xiǎo chuán

永之氓[2]咸[3]善游[4]。一日，水暴甚[5]，有五六氓乘小船

jué xiāng shuǐ zhōng jì chuán pò jiē yóu qí yì méng jìn lì ér bù néng xún cháng qí lǚ

绝[6]湘水。中济[7]，船破，皆游。其一氓尽力而不能寻常[8]。其侣[9]

yuē rǔ shàn yóu zuì yě jīn hé hòu wéi yuē wú yāo qiān qián zhòng shì yǐ hòu

曰："汝善游最也，今何后为？"曰："吾腰千钱，重，是以后。"

yuē hé bú qù zhī bú yìng yáo qí shǒu yǒu qǐng yì dài yǐ jì zhě lì àn

曰："何不去之？"不应，摇其首。有顷[10]，益怠[11]。已济者立岸

shàng hū qiě háo yuē rǔ yú zhī shèn bì zhī shèn shēn qiě sǐ hé yǐ huò wéi

上，呼且号[12]曰："汝愚之甚，蔽[13]之甚，身且[14]死，何以货[15]为？"

yòu yáo qí shǒu suì nì sǐ

又摇其首，遂溺[16]死。

---

❶ 吾腰千钱：我的腰上带着千枚铜钱。腰，名词作动词，指腰上挂着。

❷ 永之氓：永州地方的人。永，永州，在今湖南省零陵县。氓，古代称老百姓。

❸ 咸：全，都。

❹ 游：游泳。

❺ 水暴甚：河水突然涨得很厉害。暴，大，猛。甚，很，非常。

❻ 绝：渡，横渡。

❼ 中济：过河到正中间。济，渡。

❽ 寻常：这里指游不远。古代度量单位，八尺叫"寻"，两寻或十六尺叫"常"。

❾ 侣：同伴。

❿ 有顷：不一会儿。顷，短时间。

⓫ 益怠：更加疲乏。怠，懒惰，松懈，这里指疲倦、游不动了。

⓬ 号：高声喊叫。

⓭ 蔽：愚蠢，糊涂。

⓮ 且：将。

⓯ 货：货币，这里指千钱。

⓰ 溺：被水淹没。

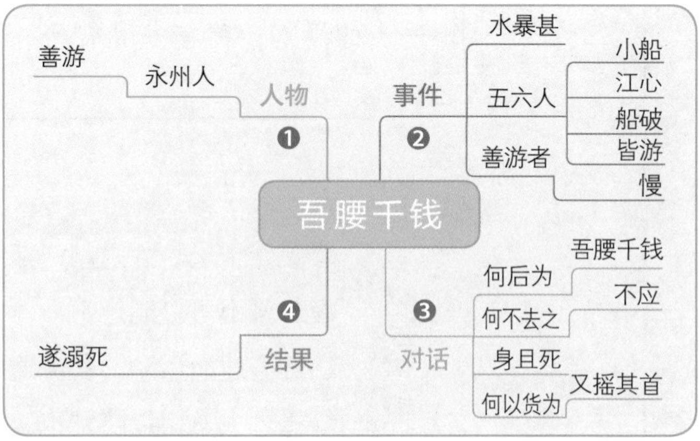

智慧点拨

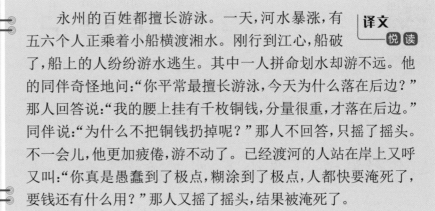

钱财乃身外之物，人的生命才是最宝贵的。我们不能像永州人那样因小失大、本末倒置。如果失去了生命，拥有再多的金钱都没有意义。

译文悦读

永州的百姓都擅长游泳。一天，河水暴涨，有五六个人正乘着小船横渡湘水。刚行到江心，船破了，船上的人纷纷游水逃生。其中一人拼命划水却游不远。他的同伴奇怪地问：“你平常最擅长游泳，今天为什么落在后边？”那人回答说：“我的腰上挂有千枚铜钱，分量很重，才落在后边。”同伴说：“为什么不把铜钱扔掉呢？”那人不回答，只摇了摇头。不一会儿，他更加疲倦，游不动了。已经渡河的人站在岸上又呼又叫：“你真是愚蠢到了极点，糊涂到了极点，人都快要淹死了，要钱还有什么用？”那人又摇了摇头，结果被淹死了。

知识拓展

我国最早的货币

我国最早的货币是海生的贝壳(指带有槽齿的齿贝)，又称货贝。它以“朋”为计量单位，通常是五贝为一朋，也有说十贝为一朋的。商、周时期的墓葬里，经常出土这种贝币。据甲骨文和青铜器铭文记载，商、周的王和贵族，经常以土地、奴隶和贝等赏赐给臣属。商代赏赐贝，一次最多不过十朋，到了周代，则有一次赏赐达百朋的。“贝”字在当时的甲骨文、青铜器铭文上就是齿贝的形象。

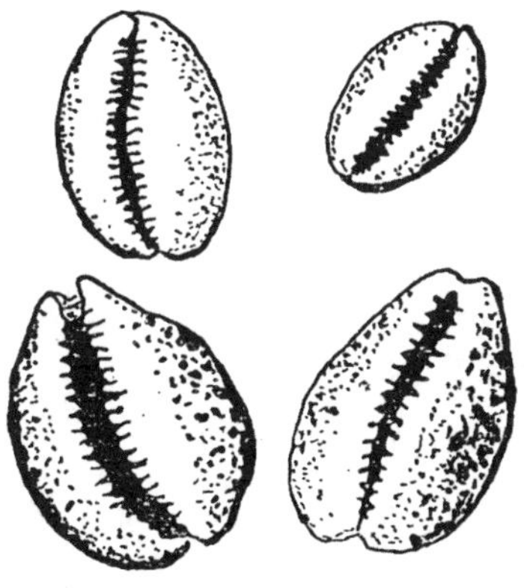

货贝

学而思

一、在以下空格处补充上省略的成分。

______曰：”______何不去之？”______不应，摇其首。

二、根据文章内容，请你说说文中“永之氓溺死”的原因，并谈谈从中你受到的启示。

______

______

扫码听音频

xiǎo shí tán jì

05 小石潭记

cóng xiǎo qiū xī xíng bǎi èr shí bù gé huáng zhú wén shuǐ shēng rú míng pèi huán xīn lè

从小丘西[1]行百二十步，隔篁竹[2]，闻水声，如鸣[3]珮环，心乐

zhī fá zhú qǔ dào xià jiàn xiǎo tán shuǐ yóu qīng liè quán shí yǐ wéi dǐ jìn àn juǎn shí dǐ

之。伐竹取道，下见小潭，水尤清冽[4]。全石以为底，近岸，卷石底

yǐ chū wéi chí wéi yǔ wéi kān wéi yán qīng shù cuì màn méng luò yáo zhuì cēn cī pī fú

以出，为坻，为屿，为嵁，为岩[5]。青树翠蔓，蒙络摇缀，参差披拂。

tán zhōng yú kě bǎi xǔ tóu jiē ruò kōng yóu wú suǒ yī rì guāng xià chè yǐng bù shí

潭中鱼可[6]百许头，皆若空游无所依，日光下澈，影布石

shàng yǐ rán bú dòng chù ěr yuǎn shì wǎng lái xī hū sì yǔ yóu zhě xiāng lè

上。佁然[7]不动，俶尔[8]远逝，往来翕忽[9]，似与游者相乐。

---

1. 西：向西，名词作状语。
2. 篁竹：成林的竹子。
3. 鸣：使……发出声音。
4. 水尤清冽：水格外清凉。尤，格外。冽，凉。
5. 为坻，为屿，为嵁，为岩：成为坻、屿、堪、岩各种不同的形状。坻，水中高地。屿，小岛。堪，不平的岩石。岩，悬崖。
6. 可：大约。
7. 佁然：呆呆的样子。
8. 俶尔：忽然。
9. 翕忽：轻快敏捷的样子。翕，迅疾。

智慧点拨

小石潭旁绿树葱郁，潭中溪水清澈见底、鱼儿自由自在，颇具诗情画意。大自然如此美丽，我们要从自身做起、从点滴小事做起，保护大自然。

译文悦读

从小丘向西走一百二十步，隔着竹林，就听到了水流声，好像人身上佩带的玉佩、玉环相碰发出的声音那样清脆悦耳，我心里感到很高兴。于是我砍倒竹子开辟出一条小路，顺势往下走便是小潭，潭水格外清凉。潭用整块石头作为底，在靠近岸边的地方，石底向上弯曲，露出水面，形成了水中高地、小岛、不平的岩石、石头各种不同的形状。岸上青翠的树，碧绿的藤蔓，覆盖缠绕，摇动联结，参差不齐，随风飘荡。

潭中的鱼大约有一百来条，都好像在空中游动，什么依靠都没有。阳光直照到水底，鱼的影子映在石上，呆呆地一动不动，忽然间又向远处游去了，来来往往轻快敏捷，好像在和游人逗乐。

知识拓展

趣解"步伐"

"步"是一个会意字。甲骨文由二"止"(表示脚)组成，整体表示两只脚一前一后地交替着向前走。

"步"的本义为行走，如"散步"。由此引申指古时两脚各跨一次叫一步，现指行走时两脚之间的距离，如"五十步笑百步"。又引申为脚步、步伐，如"正步"。还引申为跟随、追随，如"步人后尘"。

"伐"也是一个会意字。甲骨文由"人"和"戈"两部分组成，"戈"表示戈形武器，整体像用戈砍掉人头，有击刺、砍杀的意思。

"伐"的本义为击刺、砍杀，如"杀伐"。由此引申为砍伐(树)，如"砍伐"。又引申为攻打、征伐，如"北伐"。

后来，"步"和"伐"作合成词"步伐"，指队伍操练时脚步的大小快慢或行走的步子。比喻事物进行的速度。

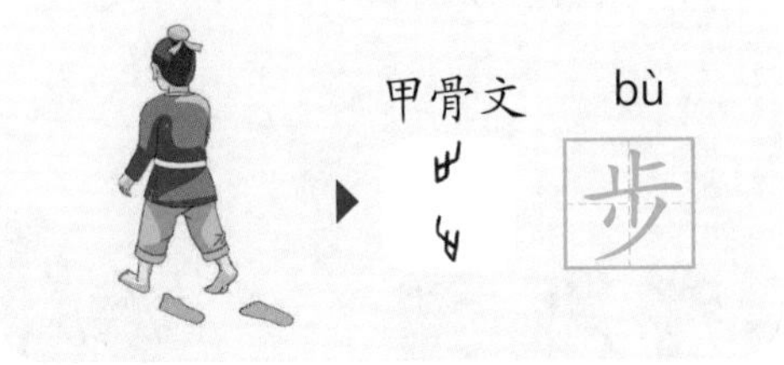

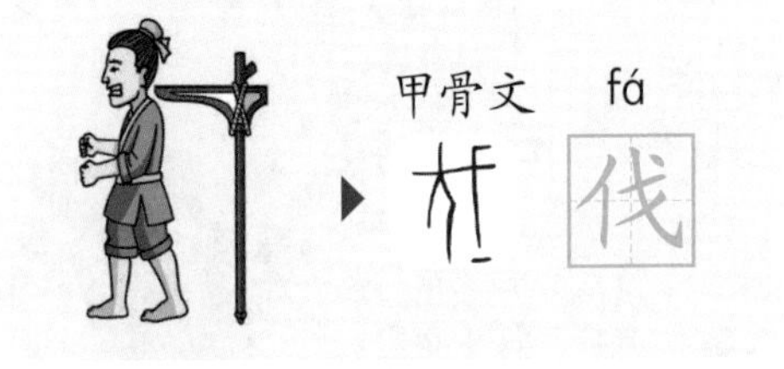

学而思

一、用原文中相关的内容填空。

1."伐竹取道"与前文中的__________呼应，并为下文埋下了伏笔。

2.既表现潭水之清，又暗含石潭之小的语句是：____________________。

二、对联的特点是字句灵活、对仗严格。你能将下列句子改为上联，与下联对仗吗？

坐在小石潭上休息，柳宗元倍感凄神寒骨。

上联：________________________；

下联：醉翁亭中，赏心悦目。

扫码听音频

06 黔①之驴

qián zhī lǘ

qián wú lǘ yǒu hào shì zhě chuán zài yǐ rù zhì zé wú kě yòng fàng zhī shān xià
黔无驴，有好事者②船载③以入。至则无可用，放之山下。
hǔ jiàn zhī páng rán dà wù yě yǐ wéi shén bì lín jiān kuī zhī shāo chū jìn zhī yìn yìn rán mò xiāng zhī
虎见之，庞然④大物也，以为神，蔽⑤林间窥⑥之。稍出近之，慭慭然⑦，莫相知。

tā rì lǘ yì míng hǔ dà hài yuǎn dùn yǐ wéi qiě shì jǐ yě shènkǒng rán wǎng lái shì zhī jué wú yì néng zhě yì xí qí shēng yòu jìn chū qián hòu zhōng bù gǎn bó shāo jìn yì xiá dàng yǐ chōng mào lǘ bú shèng nù tí zhī hǔ yīn xǐ jì zhī yuē jì zhǐ cǐ ěr yīn tiào liáng dà hǎn duàn qí hóu jìn qí ròu nǎi qù
他日，驴一鸣，虎大骇⑧，远遁⑨，以为且⑩噬⑪己也，甚恐。然往来视之，觉无异能⑫者。益习其声⑬，又近出前后，终不敢搏⑭。稍近，益狎⑮，荡倚冲冒。驴不胜怒，蹄⑯之。虎因喜，计之曰：“技止此耳！”因跳踉大㘎⑰，断其喉，尽其肉，乃去。

---

①黔：贵州省的简称。
②好事者：喜欢多事的人。
③载：装运。
④庞然：高大的样子。
⑤蔽：躲藏。
⑥窥：偷看。
⑦慭慭然：小心谨慎的样子。
⑧骇：害怕。
⑨遁：逃走。
⑩且：将。
⑪噬：咬。
⑫异能：特殊的本领。
⑬益习其声：更加习惯它的叫声。益，更加，进一步。
⑭搏：捕捉。
⑮狎：原指态度亲近而不庄重，这里指亲近，靠近。
⑯蹄：名词作动词，踢。
⑰大㘎：大声吼叫。㘎，怒吼。

译文悦读

贵州这个地方没有驴，有个喜欢多事的人用船运载了一头驴进入黔地。运到后却没有什么用处，就把它放在山下。老虎看到驴是个庞然大物，以为它是什么神物，就躲在树林里偷偷看它。老虎渐渐地走出来接近它，很小心谨慎，不知道它究竟是什么东西。有一天，驴叫了一声，老虎非常害怕，远远地逃走了，认为驴要咬自己，非常惊恐。但是老虎来来回回地观察它，觉得它并没有什么特别的本领。老虎渐渐地听惯了它的叫声，又靠近它前前后后地走动，但始终不敢向驴子进攻。老虎又渐渐靠近驴，更加随便地戏弄它，碰撞、倚靠、冲撞、冒犯。驴忍不住发起怒来，用蹄子踢老虎。老虎因此而欣喜，心中盘算："它的本领只不过如此罢了！"于是老虎跳跃起来，大声吼叫，咬断了驴的喉咙，吃光了它的肉，才离开。

智慧点拨

那些看似强大的事物其实并不可怕。我们要透过现象看本质，要相信自己的力量，不怕困难，敢于斗争，勇于拼搏，从而取得最后的胜利。

知识拓展

驴入牛群

从前有一群牛，性温驯良，所到之处都选择丰美鲜嫩的软草吃，选择清净甘凉的泉水喝。这时，有一头恶驴看到后，心中便想：这群牛性情温和驯良，吃鲜美的软草，喝清凉的泉水。我为何不学它们?恶驴便混入牛群，摹仿着牛的样子，和牛群生活在一起。可是时间一长，恶驴便用前蹄刨土，后蹄踢牛，骚扰触犯牛群。还模仿牛的样子大声吼叫："我也是牛，我也是牛。"最终被群牛用尖角抵死了。

唐宋八大家

"唐宋八大家"又称为"唐宋散文八大家"，是唐代和宋代八位散文家的合称，分别为唐代的韩愈、柳宗元和宋代的欧阳修、苏洵、苏轼、苏辙、王安石、曾巩八位。其中，韩愈、柳宗元是唐代古文运动的领袖，欧阳修、三苏（苏轼、苏辙、苏洵）四人是宋代古文运动的核心人物，王安石、曾巩是临川文学的代表人物。他们先后掀起的古文革新浪潮，使诗文发展的陈旧面貌焕然一新。

学而思

一、文中，老虎接近驴是一个渐进的过程。请用原文内容填空。

虎见之 ——→（　　）——→（　　）——→（　　）——→（　　）

二、判断题。（正确的打“√”，错误的打“×”）

1.“驴不胜怒，蹄之”中的“蹄”作动词，意思是踢。（　　）

2.“有好事者船载以入”是判断句。（　　）

3.“至则无可用，放之山下。虎见之”中两个“之”都作代词，但含义不同。（　　）

4.“以为且噬己也”中“噬”的意思是咬。（　　）

三、本文寓意深刻，可用成语“__________”来概括。下列成语与其含义不同的一项是（　　）。

A.江郎才尽　　B.无计可施

C.三头六臂　　D.束手无策

夏
商
周
秦
汉
三国
晋
南北朝
隋
唐
五代
宋
辽
西夏
金
元
明
清

《历代名画记》

历代名画记

作　　者	张彦远
创作年代	唐大中年间（847–859）
类　　型	绘画通史
文学体裁	“史”“论”“评”三位一体
文学地位	中国第一部绘画通史著作
主要影响	有承前启后的里程碑意义

《历代名画记》是中国第一部绘画通史著作。全书十卷，可分为对绘画历史发展的评述与绘画理论的阐述、有关鉴识收藏方面的叙述、370余名画家传记三部分。该书在当时具有绘画“百科全书”的性质，它在中国绘画史学的发展中，也有着无可比拟、承前启后的里程碑意义；并且将中国绘画的起源追溯到传说时代。到现在，《历代名画记》有关早期中国绘画发展的理论仍基本成立。

《历代名画记》的作者是张彦远。他凭着家中丰厚的收藏积累，再加上自己的勤奋细心，并根据所见所闻，搜集并整理了先秦至隋唐300余位画家的小传和创作特色，终于在唐穆宗大中元年（847），撰写成《历代名画记》十卷。

名句集锦

◎图画之妙，爰自秦汉，可得而记。

◎古贤之道，竹帛之所载灿然矣，岂徒墙壁之画哉！

◎若复不为无益之事，则安能悦有涯之生！

◎自古论画者，以顾生之迹，天然绝伦，评者不敢一二。

扫码听音频

huà lóng diǎn jīng

07 画龙点睛[1]

zhāngsēng yáo yú jīn líng ān lè sì huà sì lóng yú bì bù diǎn jīng měi yuē diǎn

张僧繇[2]于金陵[3]安乐寺，画四龙于壁，不点睛。每[4]曰：“点

zhī jí fēi qù rén yǐ wéi dàn yīn diǎn qí yī xū yú léi diàn pò bì yì lóng

之即[5]飞去[6]。”人以为[7]诞[8]，因[9]点其一。须臾[10]，雷电破壁[11]，一龙

chéng yún shàng tiān bù diǎn jīng zhě jiē zài

乘云上天，不点睛者皆[12]在。

[1] 画龙点睛：比喻艺术创作在关键处着墨，或写作、说话时在关键处加上精辟词语，使内容更加生动传神。也比喻做事在重要之处下力。

[2] 张僧繇：南朝·梁画家。

[3] 金陵：地名，今江苏南京。

[4] 每：时常，常常。

[5] 即：立刻，马上。

[6] 去：离开。

[7] 以为：认为。

[8] 诞：荒诞，荒唐。

[9] 因：就。

[10] 须臾：一会儿。

[11] 破壁：击破墙壁。壁，墙壁。

[12] 皆：都，全部。

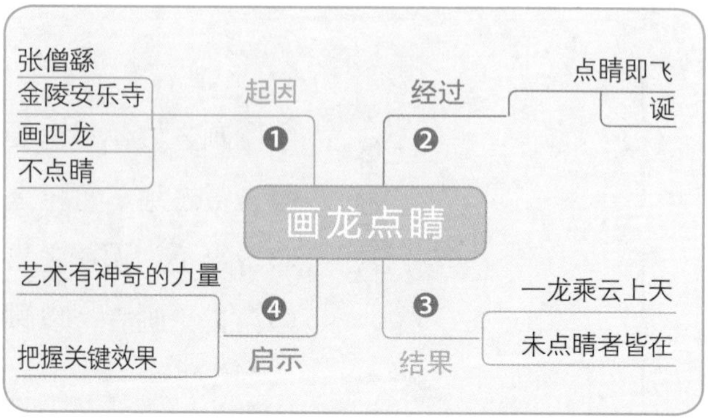

智慧点拨

对待学习、工作，不能眉毛胡子一把抓，而要有轻重缓急，抓住关键，突破要害，从而带动其他方面。“画龙点睛”能使龙腾空而起，关键是点睛之笔。

译文悦读

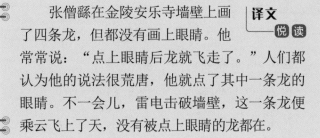

张僧繇在金陵安乐寺墙壁上画了四条龙，但都没有画上眼睛。他常常说：“点上眼睛后龙就飞走了。”人们都认为他的说法很荒唐，他就点了其中一条龙的眼睛。不一会儿，雷电击破墙壁，这一条龙便乘云飞上了天，没有被点上眼睛的龙都在。

知识拓展

“壁”“璧”“臂”和“劈”

“壁”“璧”“臂”和“劈”通常因字形相似而出现错误，都为上下结构，上面都是“辟”。其区别是：“壁”“璧”和“臂”都读作bì，“劈”读作pì。“壁”的下面是“土”，与土壤有关；“璧”的下面是“玉”，与玉石有关；“臂”的下面是“月”，与肉体有关；而“劈”的下面是“刀”，指用刀劈开。

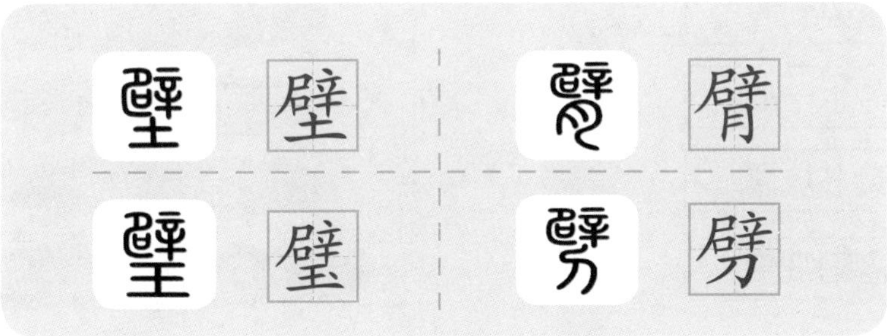

火眼金睛找不同

下列汉字中有四个相同的字与其他不同，你能在1分钟内找出来吗？

学而思

一、请在下面的括号里分别填上一个表示动物的字，组成成语。

画（　　）点睛　　胆小如（　　）　　虎入（　　）群　　（　　）死狐悲

亡（　　）补牢　　伯乐相（　　）　　杯弓（　　）影　　（　　）拿耗子

对（　　）弹琴　　呆若木（　　）　　尖嘴（　　）腮　　豺狼虎（　　）

二、言简意丰的成语如同粒粒明珠散落在中华五千年的文明史中，每个成语背后都有一个有趣的故事。你能把左边的成语与右边对应的故事中人物用线连起来吗？

惊弓之鸟	唐·李白
一言九鼎	秦·张良
梦笔生花	战国·毛遂
孺子可教	战国·蔺相如
指鹿为马	战国·更羸
悬梁刺股	秦·嬴政
背水一战	西汉·韩信
焚书坑儒	魏晋·左思
洛阳纸贵	汉·孙敬、战国·苏秦

三、从文中可以看出，张僧繇擅长画龙。下表中列举了我国著名画家分别擅长画什么。请试着填一填，把表格补充完整。

画家	擅长	画家	擅长	画家	擅长	画家	擅长
齐白石		郑板桥		李可染	牛	徐悲鸿	
黄胄	驴	吴昌硕	花卉	石涛	山水	吴冠中	桥
吴作人	熊猫	张大千		李苦禅	鹰	梁文铭	羊

四、你知道以下城市的旧称吗？请连一连、记一记。

现名：　南京　西安　洛阳　北京　杭州　安阳　开封

旧称：　长安　金陵　蓟城　雒阳　汴梁　临安　殷邑

太平广记

作　　者　李昉等14人

创作年代　宋代

类　　别　类书

文学体裁　纪实故事

文学地位　中国古代文言纪实小说的第一部总集

《太平广记》是中国古代文言纪实小说的第一部总集，由宋代李昉、扈蒙、李穆、徐铉、赵邻几、王克贞、宋白、吕文仲等14人奉宋太宗之命编纂。开始于太平兴国二年（977），次年（978）完成。因为成书于宋太平兴国年间，并与《太平御览》同时编纂，所以称为《太平广记》。全书500卷，目录10卷，取材于汉代至宋初的纪实故事，分类编写而成，所以属于类书。

《太平广记》对后来文学艺术的影响十分深远。宋代以后，话本、曲艺、戏剧的编者都从该书中选取素材后加以改编。例如，家喻户晓的《西厢记》，其最早的素材就选自该书的《莺莺传》。

名句集锦

◎欲知己过，要纳谠言。

◎千里相送，归于一别。

◎金刚怒目，所以降伏四魔；菩萨低眉，所以慈悲六道。

◎世人行嗜欲，我行介独；世人行俗务，我学恬淡；世人勤利，我勤内行；世人得老死，我得长生。

扫码听音频

yì quǎn jiù zhǔ

08 义犬救主

huà lóng hào yì liè xù yì quǎn hào yuē dí wěi měi jiāng zì suí lóng hòu

华隆好弋[1]猎。畜一犬，号曰“的尾”，每将自随[2]。隆后[3]

zhì jiāng biān bèi yí dà shé wéi rào zhōu shēn quǎn suì zé shé sǐ yān ér huà lóng jiāng pū wú

至江边，被一大蛇围绕周身。犬遂咋[4]蛇死焉，而华隆僵仆无

suǒ zhī yǐ quǎn páng huáng háo fèi wǎng fù lù jiān jiā rén guài qí rú cǐ yīn suí quǎn

所知[5]矣。犬彷徨[6]嗥吠[7]，往复路间[8]。家人怪其如此，因随犬

wǎng lóng mèn jué wěi dì zài guī jiā èr rì nǎi sū lóng wèi sū zhī qián quǎn zhōng bù

往。隆闷绝[9]委[10]地，载归家，二日乃苏。隆未苏之前，犬终不

shí zì cǐ ài xī rú tóng yú qīn qi yān

食。自此爱惜[11]，如同于亲戚焉。

---

1 弋：射。

2 将自随：带着它跟随自己。

3 后：后来有一次。

4 咋：咬。

5 无所知：没有一点儿知觉。

6 彷徨：徘徊。

7 嗥吠：吼叫。

8 往复路间：在华隆的家至江边的路上走来走去。

9 闷绝：窒息。

10 委：倒。

11 惜：怜。

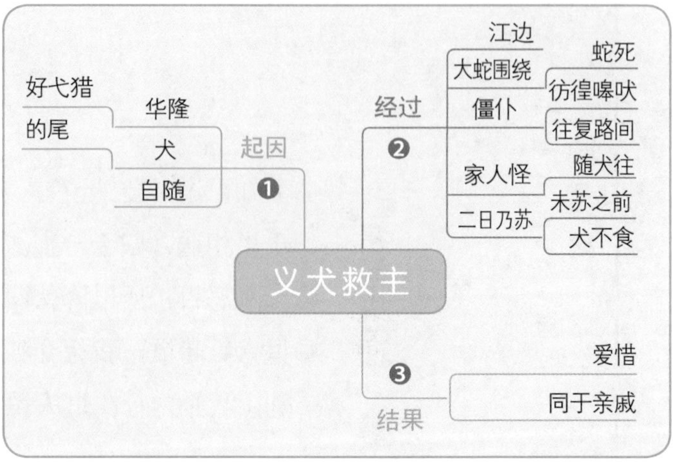

智慧点拨

关爱是相互的，有付出就会有回报。我们关心、爱护他人，他人也会将爱回报给我们。当然，面对他人的关爱，我们也要有感恩之心。

译文悦读

华隆喜欢射猎，他养了一只狗，外号叫“的尾”，他每次去打猎都带着它。后来有一次，华隆来到江边，被一条大蛇缠绕。于是狗将蛇咬死，但华隆浑身僵硬，躺在地上没有一点儿知觉。“的尾”在他周围徘徊并不停地吼叫，在华隆的家到江边的路上走来走去。家人对这条狗的举止感到奇怪，于是跟着狗一起来到江边。看见华隆窒息倒地，于是将他用车载回家，两天后他才苏醒。在华隆还没有苏醒之前，这条狗始终不肯进食。从此他十分爱惜这条狗，像对待自己的亲人一样。

知识拓展

羊羔跪乳

从前，有一只母羊生了一只小羊羔。羊妈妈非常疼爱小羊，白天吃草时把小羊带在身边，形影不离。晚上睡觉时保护小羊睡得又熟又香。遇到别的动物欺负小羊，它总是用犄角抵抗来保护小羊。

小羊感动地对母羊说：“妈妈，您对我这样疼爱，我怎样才能报答您的养育之恩呢？”羊妈妈说：“什么也不要你报答，只要你有这一片孝心我就心满意足了。”小羊听后流下眼泪，跪倒在地，难以报答慈母的一片深情。

从此，小羊每次吃奶都是跪着。它知道是妈妈用奶水喂大它的，跪着吃奶是感激妈妈的哺乳之恩。

学而思

文中，“嗥吠”指吼叫，比“吠”的声音还大，说明当时的情况紧急。不同的动物有不同的叫声，你能把下面表示声音的词语与相关的动物连起来吗？

啸　鸣　嘶　啼　吠　吟　吼　嚎

蝉　虎　猿　马　龙　犬　狼　狮

扫码听音频

yīng wǔ pū huǒ
09 鹦鹉扑火

yǒu yīng wǔ fēi jí tā shān shānzhōng qín shòu zhé xiāng guì zhòng yīng wǔ zì niàn suī
有鹦鹉飞集❶他山，山中禽兽辄❷相贵重❸。鹦鹉自念❹虽
lè bù kě jiǔ yě biàn qù hòu shù yuè shānzhōng dà huǒ yīng wǔ yáo jiàn biàn rù shuǐ rú
乐不可久也，便去。后数月，山中大火。鹦鹉遥见，便入水濡
yǔ fēi ér sǎ zhī tiān shén yán rǔ suī yǒu zhì yì hé zú yún yě duì
羽❺，飞而洒之。天神言：“汝❻虽有志意，何足云❼也？”对❽
yuē suī zhī bù néng rán cháng qiáo jū shì shān qín shòu xíng shàn jiē wéi xiōng dì bù rěn
曰：“虽知不能，然尝侨居❾是山，禽兽行善，皆为兄弟，不忍
jiàn ěr tiān shén jiā gǎn jí wèi miè huǒ
见耳❿。”天神嘉感⓫，即为灭火。

---

❶ 集：栖息。
❷ 辄：总是。
❸ 相贵重：尊重它。相，表示动作指向对象。
❹ 念：想。
❺ 濡羽：沾湿羽毛。濡，沾湿。
❻ 汝：你。
❼ 何足云：有什么值得说的，这里指鹦鹉救火的行为没什么用。
❽ 对：回答。
❾ 侨居：寄住。
❿ 耳：句末语气助词，相当于“罢了”。
⓫ 嘉感：赞许感动。

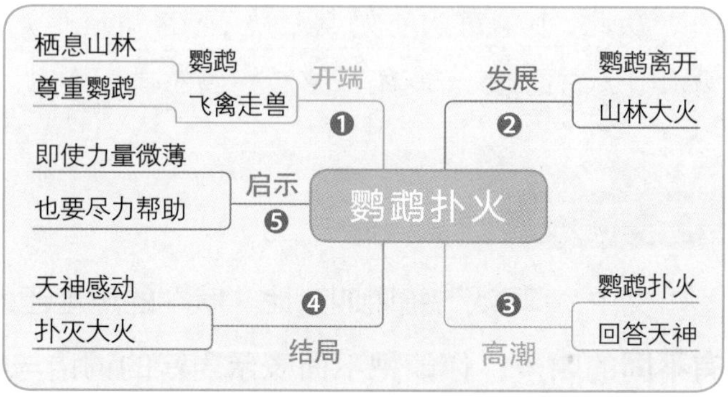

智慧点拨

朋友遇难，我们要竭力相助，虽然自己的力量微薄，但也应尽力，做到问心无愧即可。

译文悦读

一只鹦鹉飞到另一座山林里栖息，这座山林里的飞禽走兽都很尊重它。鹦鹉心想：虽然待在这里生活得很快乐，但终究不能久留，便飞离了那座山。过了几个月后，这座山林遭了大火灾。鹦鹉远远看见了，便飞进水中，沾湿自己的羽毛，再次飞到这山林上空，扇动翅膀，把水洒到大火上面。天神看到了，问它："你虽然有救火的愿望，但凭你洒这几滴水，能扑灭这山林的大火吗？"鹦鹉回答："我知道自己洒的水灭不了大火，但我曾经在这座山林里生活过，这座山林里的飞禽走兽都是我的好朋友，它们待我如同亲兄弟一样，我看到它们遭受火灾，怎能忍心不救呢！"天神很受感动，赞扬它的行为，便帮助鹦鹉把这座山林的大火扑灭了。

知识拓展

火神"祝融"

祝融是中国神话传说中的火神，火神"祝融"和水神"共工"发生战斗，共工失败后，他就一头撞向不周山，支撑天的不周山被撞倒，天破了个大洞，天火从九天之外倾泻到人间。仁慈的女娲不忍看到人类受苦，就在九州找七彩石炼石补天。这就是"共工怒触不周山""女娲补天"的传说。

鹦鹉孝父

从前，在雪山下有一只鹦鹉，它的父母双目失明，鹦鹉常年采摘山中的花果敬奉父母。当时山下有一田主，在种谷物时许下誓愿："我种的田地，稻谷成熟后一定会施舍众生。"

鹦鹉因田主有施舍众生的心愿，便经常到田中取食稻谷，以孝敬父母。田主到田地查看谷物的成长情况时，看到许多稻穗都被鸟雀啄吃了，十分气愤，便派人设下罗网捕捉鸟雀。

鹦鹉因给父母取食，也被罗网捕捉，它对田主说："你以前许下誓愿说稻谷成熟后施舍众生，我才敢来取食。今天，你设下罗网也是对的。田地如母，种子如父，誓语如子，田主如父。你爱护田产也是应该的。"

田主听后十分高兴，便问鹦鹉："你取食稻谷，究竟为谁?"鹦鹉回答说："我有年迈、双目失明的父母，它们生活无法自理，我取食稻谷，是为了供养它们。"

田主听后便放了鹦鹉，说："从今以后，你就经常来取食吧！不要有任何为难。"

学而思

一、填空题。

文中，天神被鹦鹉的 ________________ 所感动，帮助鹦鹉扑灭了山火。

二、选择题。

1. 这则寓言故事说明了“勿以善小而不为”的道理，与下列寓言故事（　　）有相近之处。

A. 愚公移山　　B. 狐假虎威

C. 母鸡和狗　　D. 乌鸦学艺

2. 文中的“鹦鹉”疯狂吗？下列选项中与鹦鹉扑火精神相悖的一项是（　　）。

A. 舍生取义　　B. 忘恩负义

C. 义不容辞　　D. 义无反顾

三、判断题。（正确的打“√”，错误的打“×”）

1.“有鹦鹉飞集他山”中“集”的意思是“栖息”。（　　）

2.“山中禽兽辄相贵重”中“贵重”的意思是“价值高”。（　　）

3.“皆为兄弟，不忍见耳”中“耳”的意思是“罢了”。（　　）

太平御览

初　　名　《太平总类》
作　　者　李昉、李穆、徐铉等
创作年代　北宋
类　　别　类书
文学地位　中国“类书之冠”

《太平御览》是宋代著名的类书，由李昉、李穆等学者编写。该书始于北宋太平兴国二年（977）三月，成书于太平兴国八年（983）十月。它以天、地、人、事、物为序，分成55部550门，编成千卷，所以初名为《太平总类》。据说书成之后，宋太宗每天看三卷，一年后读完，所以又更名为《太平御览》。

《太平御览》是中国百科全书性质的类书，书中共引用古书一千多种，保存了大量宋代以前的文献资料，是中国传统文化的宝贵遗产。它与同时编纂的史学类书《册府元龟》、文学类书《文苑英华》和小说类书《太平广记》，合称为“宋四大书”。

名句集锦

◎礼也者，犹体也。
◎人之进退，唯问其志。
◎知一不难，难在于终。
◎三岁学，不如一岁择师。
◎早起不在鸡鸣前，晚起不在日出后。

扫码听音频

nǚ wā zào rén

10 女娲❶造人

tiān dì kāi pì wèi yǒu rén mín nǚ wā tuán huáng tǔ zuò rén jù wù lì bù

天地开辟，未有❷人民，女娲抟❸黄土作人。剧务❹力不

xiá gōng nǎi yǐn shéng yú ní zhōng jǔ yǐ wéi rén

暇❺供，乃引❻绳❼于泥中，举以为人。

❶女娲：中国上古神话中的创世女神，她开世造物，被称为“大地之母”。

❷未有：没有。

❸抟：（用手把东西）捏聚成团。

❹剧务：繁重的事务。

❺暇：空闲。

❻引：牵，拉。

❼绳：粗绳。

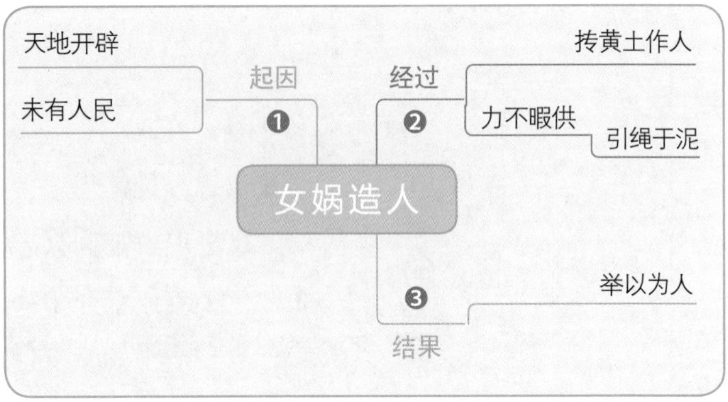

智慧点拨

做事要讲究方法,坚持就是胜利。不要因重复次数过多而懈怠。一定要有想象力,要有创造力,而且更要有劳动能力。

译文悦读

天地刚从混沌分开的时候,大地上还没有人类,女娲把黄土捏聚成团做人。但是她的工作太繁重,力量远远不够,就拿绳子放入泥浆中,再举起绳子一挥,洒落的泥点都变成了一个个活生生的人。

知识拓展

我国古代部分典籍中关于“女娲”的描写

《山海经·大荒西经》:“有神十人,名曰女娲之肠,化为神,处栗广之野,横道而处。”

《楚辞·天问》:“登立为帝,孰道尚之?女娲有体,孰制匠之?”

《淮南子·女娲补天》:“往古之时,四极废,九州裂,天不兼覆,地不周载,火滥炎而不灭,水浩洋而不息,猛兽食颛民,鸷鸟攫老弱。于是女娲炼五色石以补苍天,斩鳌足以立四极,杀黑龙以济冀州,积芦灰以止淫水。苍天补,四极正,淫水涸,冀州平,狡虫死,颛民生。”

《说文解字》:“娲,古之神圣女,化万物者也。”

学而思

选择题。

1. 女娲是用(　　)造人的?

A. 五色石　　B. 黄土　　C. 水　　D. 火

2. 这个神话故事,刻画了女娲的(　　)形象。

A. 勤劳　　B. 勇敢　　C. 母亲　　D. 巨人

3. 在我国创世神话故事中,女娲不仅是人类的母亲神,还是万物的创世神。女娲造人的目的是(　　)。

A.女娲想让人类叫她“母亲”

B.女娲想让世间不再荒凉寂寞,让天地间更加生气蓬勃

C.女娲闲着没事,用泥捏自己的形象来消磨时光

D.女娲想造出更多人来管理宇宙

扫码听音频

11 孙敬悬梁

sūn jìng xuán liáng

sūn jìng, zì wén bǎo, hào xué, chén xī bù xiū. jí zhì mián shuì pí qǐn, yǐ shéng jì tóu xuán wū liáng. hòu wéi dāng shì dà rú.

孙敬，字文宝，好学，晨夕[1]不休。及[2]至眠睡疲寝，以[3]绳系[4]头悬屋梁。后为当世大儒[5]。

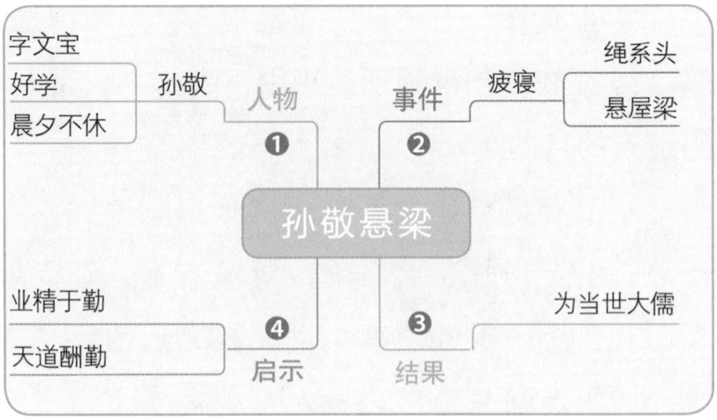

---

❶ 夕：晚上。
❷ 及：等到。
❸ 以：用。
❹ 系：拴。
❺ 大儒：指有学问的人。

智慧点拨

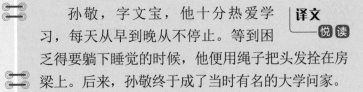

学习要有持之以恒的毅力和不惧困难的决心。古人这种求学的精神令人钦佩。

译文悦读

孙敬，字文宝，他十分热爱学习，每天从早到晚从不停止。等到困乏得要躺下睡觉的时候，他便用绳子把头发拴在房梁上。后来，孙敬终于成了当时有名的大学问家。

知识拓展

由两个典故组合而成的成语

“悬梁刺股”用来形容读书学习勤奋刻苦。这个成语由两个典故组合而成，其一是“孙敬悬梁”，简称“悬梁”；其二是“苏秦刺股”，简称“刺股”，出自《战国策》：“(苏秦)读书欲睡，引锥自刺其股，血流至足。”

“囊萤映雪”用来形容在极端困难的条件下刻苦读书。“囊萤夜读”简称“囊萤”，指晋代车胤小时候家贫，夏天以练囊装萤火虫照明读书；“孙康映雪”简称“映雪”，指晋代孙康冬天常利用雪的反光来读书。

“结草衔环”表示感恩图报。“结草”指用草打成草结，是典故“老人结草”的简称；“衔环”指用嘴叼着玉环，是典故“黄雀衔环”的简称。

学而思

一、填空题。

从文中看出：孙敬是一个__________的人。他在学习中遇到的问题是__________，采用的方法是__________。

二、选择题。

1. 下列与学习无关的成语是（　　）。

A. 囊萤映雪　　B. 凿壁借光

C. 悬梁刺股　　D. 卧薪尝胆

2. 下列说法中错误的一项是（　　）。

A. “孙敬悬梁”是说古人学习勤奋刻苦

B. 我们要学习他这种勤奋刻苦的精神和立志成才的决心

C. 人的成才与否取决于天才、环境或条件

D. 人的成才与否主要取决于后天的勤奋、刻苦和坚持不懈

扫码听音频

12 盘古①开天

天地混沌②如鸡子③，盘古生其中。万八千岁，天地开辟，阳清为天，阴浊为地。盘古在其中，一日九变④，神于⑤天，圣于地。天日高一丈，地日厚一丈，盘古日长⑥一丈。如此万八千岁。天数极高，地数极深，盘古极长。故⑦天去⑧地九万里。

① 盘古：神话传说中开天辟地的神，死后身化万物。

② 混沌：传说中指天地开辟前元气未分、模糊一团的状态。

③ 鸡子：鸡蛋。

④ 九变：复杂多变。九，泛指多次。

⑤ 于：表示比较。

⑥ 日长：每天增长。长，增长。

⑦ 故：所以。

⑧ 去：相差，距离。

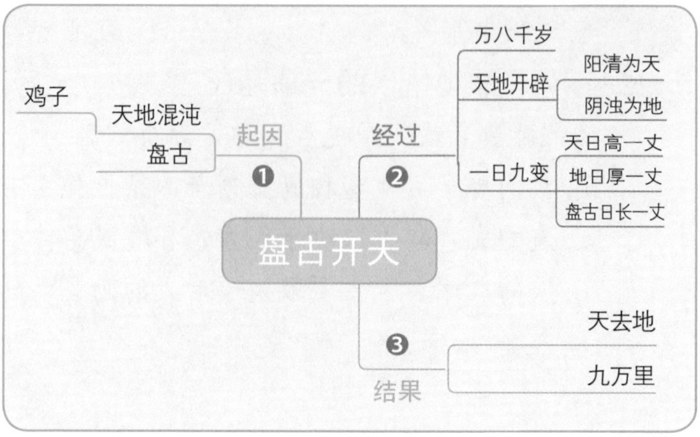

智慧点拨

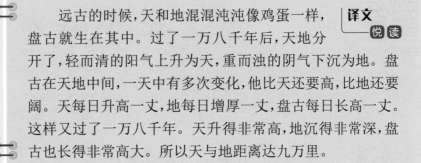

不破不立，打碎腐朽的旧事物，才能创造出更加美好的新事物。同时，我们要学习盘古无私的奉献精神，造福于社会。

译文悦读

远古的时候，天和地混混沌沌像鸡蛋一样，盘古就生在其中。过了一万八千年后，天地分开了，轻而清的阳气上升为天，重而浊的阴气下沉为地。盘古在天地中间，一天中有多次变化，他比天还要高，比地还要阔。天每日升高一丈，地每日增厚一丈，盘古每日长高一丈。这样又过了一万八千年。天升得非常高，地沉得非常深，盘古也长得非常高大。所以天与地距离达九万里。

知识拓展

盘古化生万物

盘古第一个诞生在天地间。临死前，他的身体发生了变化，呼出的气体变成了风云，声音变成了雷霆，左眼变成了太阳，右眼变成了月亮，四肢五体变成了四根撑天的柱子和五座高山，筋脉变成了山脉和道路，肌肉变成了田土，头发和胡须变成了星辰，皮毛变成了草木，牙齿和骨头变成了金属和石头，精气和骨髓变成了珠宝和玉石，汗水变成了雨水和川泽，身上的各种虫子，受风的感召，变成了黎民百姓。

学而思

一、下列句子中加点字的用法与其他两项不同的一项是（　　）。

A. 盘古在其中，一日九变

B. 盘古日长一丈

C. 天日高一丈，地日厚一丈

二、从文中，我们深切地感受到盘古__________的精神。如果遇到盘古，你想对他说些什么？

____

____

扫码听音频

zuān mù qǔ huǒ

13 钻木取火[1]

suì míng guó bù shí sì shí zhòu yè yǒu huǒ shù míng suì mù qū pán wàn qǐng hòu

燧明国[2]不识[3]四时昼夜[4]，有火树名燧木，屈盘万顷[5]。后

shì yǒu shèng rén yóu rì yuè zhī wài zhì yú qí guó xī cǐ shù xià yǒu niǎo ruò xiāo yǐ

世有圣人[6]，游日月之外，至于[7]其国，息此树下。有鸟若鸮[8]，以

kǒu zhuó shù càn rán huǒ chū shèng rén gǎn yān yīn qǔ xiǎo zhī zuān huǒ hào suì rén shì

口啄树，粲然[9]火出。圣人感焉[10]，因[11]取小枝钻火，号燧人氏。

---

1 钻木取火：相传为上古时燧人氏所发明。用钻子钻木，木因摩擦发热爆出火星而得火。

2 燧明国：传说中燧人氏建立的古国。

3 不识：不知道。

4 四时昼夜：春夏秋冬和白天黑夜。

5 屈盘万顷：屈盘起来，占地面积有一万顷。顷，面积单位。

6 圣人：指古代品德最高尚的人。

7 至于：来到。

8 鸮：猫头鹰一类的鸟，吃鼠、兔、昆虫等小动物。

9 粲然：鲜明、显著的样子。

10 感焉：有感于此。焉，于此。

11 因：于是。

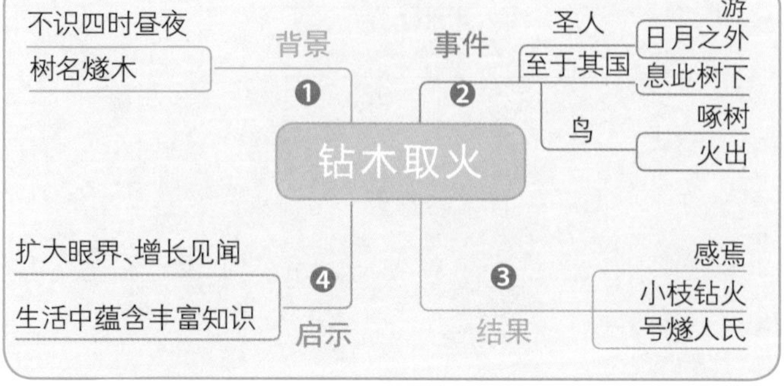

智慧点拨

大自然是最好的老师，燧人氏钻木取火蕴含许多道理与生存的本领。我们做事也要善于观察，多动脑，多思考，多尝试，这样才能成功。

译文悦读

燧明国的人不知道什么是春夏秋冬和白天黑夜，国度里有一棵火树叫燧木，屈盘起来有一万顷那么大。后世有一个圣人，漫游到了日月所照以外的远方，来到此国，在这棵大树下休息。忽然看见像猫头鹰一样的鸟，用尖尖的嘴啄树木，有亮亮的火光发出。于是圣人有所感悟，就取来小树枝钻木取火，后人就称他为燧人氏。

知识拓展

最早的“取火”方法

取火，对现代人来说是极方便的事。然而远古人类从自然取火，到人工取火，经历了漫长的几十万年。历史上燧人氏“钻木取火”仅是传说，而用铁器敲击石块取火，即用“刀”（狭长的铁片）击“石”（易冒火星的小石块）引燃火媒，才是真正的最早的取火方法。

燧人氏

燧人氏是新石器初期河套附近一个母系氏族的首领，他的部落以打猎为生，当击打野兽的石块与山石相撞时产生火花，燧人氏受到启发，便发明了钻木取火。

《钻木取火》这则神话故事，反映我国原始时代从利用自然火进化到人工取火的情况，赞美了燧人氏的聪明智慧和勤劳勇敢。燧人氏是为人民造福的英雄，永远值得我们后人敬仰。

学而思

“处处留心皆学问。”古今中外，留心自然现象而做出发明创造的例子不胜枚举。请将左侧的事件或现象与右侧的发明创造连接起来。

鲁班被小草的叶边小齿划破了手	锯
鱼靠鱼鳔在水中自由沉浮	雷达
蝙蝠发出超声波探路	潜艇
牛顿看见苹果落到地上	万有引力
蜻蜓飞行时翅膀振动	火
燧人氏看见猫头鹰啄树	直升机

扫码听音频

zhèng rén táo shǔ

14 郑人逃暑

zhèng rén yǒu táo shǔ yú gū lín zhī xià zhě rì liú yǐng yí ér xǐ rèn yǐ cóng
郑人有逃暑①于孤林②之下者，日流影移，而徙衽③以从
yīn jí zhì mù fǎn xí yú shù xià jí yuè liú yǐng yí fù xǐ rèn yǐ cóng yīn ér huàn
阴。及至④暮，反席于树下。及月流影移，复徙衽以从阴，而患⑤
lù zhī rú yú shēn qí yīn yú qù ér qí shēn yú shī shì qiǎo yú yòng zhòu ér zhuō
露之濡⑥于身。其阴逾⑦去⑧，而其身逾湿，是巧于用昼而拙⑨
yú yòng xī yǐ
于用夕矣。

---

① 逃暑：避暑，乘凉。

② 孤林：孤树，独立的一棵树。

③ 徙衽：移动卧席。徙，迁移。衽，古人睡觉时用的席子。

④ 及至：直到。

⑤ 患：害病。

⑥ 濡：沾湿。

⑦ 逾：更加。

⑧ 去：离开。

⑨ 拙：笨，不灵巧。

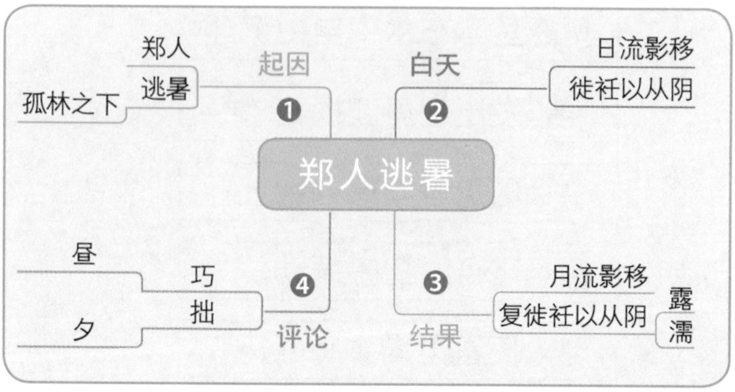

智慧点拨

我们千万不要犯经验主义错误，情况变了，处理办法也应随之改变。做任何事都要根据具体情况，采取相应措施，不能一成不变。

译文悦读

郑国有个躺在一棵大树底下乘凉的人，太阳移动，树影跟着移动，他也不断将卧席随着树影移动。直到黄昏，他反向把卧席放到大树底下。到了月亮在空中移动时，树影也在地上移动，他又将卧席随着树影移动，因而受到了露水沾湿身体的伤害。树影越移越远了，他的身上也越来越湿了，这个人白天乘凉的办法很巧妙，用在晚上却显得很笨拙。

知识拓展

“月”“夕”本有手足之情

“夕”和“月”的甲骨文、金文完全相同，都像月牙，中间的一笔表示月牙中的暗影。后来，为便于区别，在字形上加一笔写作“月”，没有增加笔画的写作“夕”。

“夕”的本义为太阳落山的时候，泛指晚上。“月”的本义为月亮；由此引申为月光、月色。

汉字中，含有“夕”的字多与月亮或夜晚有关，如“飧（sūn，晚饭）、夢（mèng，今简化作“梦”，指夜晚睡觉做梦）”。

汉字中，含有“月”字的含义大致可分为三类：

(1)与月亮、时间有关，如“朗(明亮)、朦胧(月色不明亮)”等；

(2)指人和动物的肢体、器官等，如“臂、腿、脚、膝、胸、脑、肌、肤”等；

(3)指肉体、后代、生育等，如“胚、胎、胞、育”等。

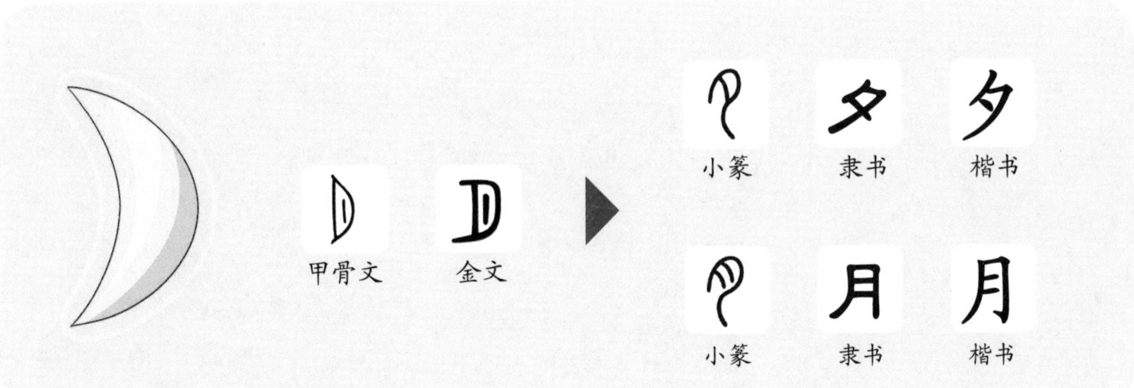

学而思

一、选择题。

1．对“郑人逃暑”的错误行为，可用成语（　　）来概括。（多选）

A. 墨守成规　　B. 因循守旧

C. 循表夜涉　　D. 因地制宜

2．这是一则具有讽刺意义的寓言故事。下列分析不恰当的一项是（　　）。

A. 讽刺了那些不懂顺应变化，只凭经验办事的人

B. 郑人之拙在于晚上也跟随树影移动席子

C. 郑人很聪明，不论白天还是晚上，他都能根据树影移动席子，很好地躲避暑热

D. 总是凭着老经验去对待新事物，必然会受到客观规律的惩罚

二、判断题。（正确的打“√”，错误的打“×”）

1. “郑人有逃暑于孤林之下者”中“孤林”的意思是“一片树林”。（　　）

2. “而徙衽以从阴”中“衽”的意思是“席子”。（　　）

3. “其阴逾去”中“去”的意思是“离开”。（　　）

4. “是巧于用昼而拙于用夕矣”中“拙”的意思是“笨、不灵巧”。（　　）

欧阳公事迹

作　者　欧阳修
创作年代　宋代
文学体裁　传记

《欧阳公事迹》讲的是北宋散文家、词人欧阳修在“四岁而孤，家贫无资”的环境下，从小到大“昼夜忘寝食，惟读书是务”的勤学励志故事。

欧阳修，字永叔，号醉翁、六一居士，吉州永丰人。因为吉州原属庐陵郡，所以他自称庐陵人。大中祥符三年（1010），父亲欧阳观去世，年仅四岁的欧阳修与母亲郑氏相依为命，前往湖北随州投奔其叔叔欧阳晔。欧阳晔在随州任推官二十五年，虽然不算富裕，但他为人正直廉洁，对年幼的欧阳修产生了重要影响。母亲郑氏出身江南名门望族，知书达理，曾用芦秆当笔在沙地上教他写字，让童年的欧阳修得到了良好的教育。

名句集锦

◎太夫人以荻画地，教以书字。
◎抄录未毕，而已能诵其书。
◎以至昼夜忘寝食，惟读书是务。
◎自幼所作诗赋文字，下笔已如成人。

扫码听音频

ōu yáng xiū kǔ dú

15 欧阳修苦读

xiān gōng sì suì ér gū jiā pín wú zī tài fū rén yǐ dí huà dì jiāo yǐ shū

先公[1]四岁而孤[2]，家贫无资[3]。太夫人[4]以荻[5]画地，教以书[6]

zì duō sòng gǔ rén piān zhāng shǐ xué wéi shī jí qí shāo zhǎng ér jiā wú shū dú jiù lǘ lǐ

字；多诵古人篇章，使学为诗。及其稍长，而家无书读，就闾里[7]

shì rén jiā jiè ér dú zhī huò yīn ér chāo lù chāo lù wèi bì ér yǐ néng sòng qí shū

士人家[8]借而读之，或[9]因[10]而抄录。抄录未毕，而已能诵其书。

yǐ zhì zhòu yè wàng qǐn shí wéi dú shū shì wù zì yòu suǒ zuò shī fù wén zì xià bǐ yǐ

以至昼夜忘寝食，惟读书是务[11]。自幼所作诗赋文字[12]，下笔已

rú chéng rén

如成人。

① 先公：欧阳修。先，已过世的上代。

② 孤：幼年丧父。

③ 资：钱财，财物。

④ 太夫人：指欧阳修之母。

⑤ 荻：芦苇秆。

⑥ 书：书写。

⑦ 闾里：街坊，乡里。

⑧ 士人家：读书人家。士人，读书人。

⑨ 或：有时。

⑩ 因：趁着。

⑪ 惟读书是务：只把读书作为第一要务。务，致力，努力从事。

⑫ 文字：文章。

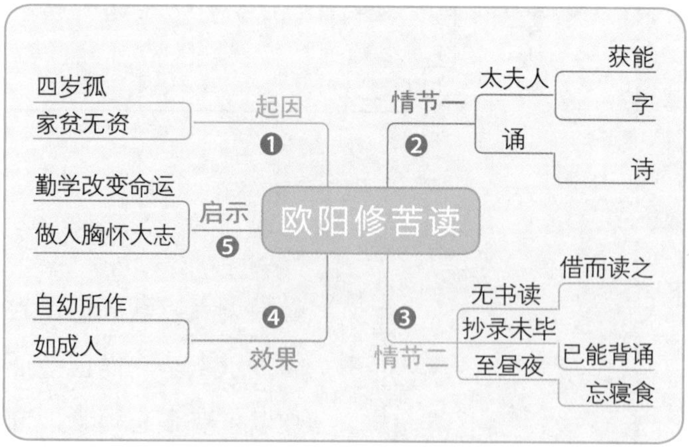

智慧点拨

世上无难事，只怕有心人。本文是中国古代勤学励志的典范，它告诉我们：即使生活贫苦，只要胸怀大志、刻苦读书，终究会走向成功。

译文悦读

欧阳修四岁时父亲去世，家境贫寒没有钱财。他母亲用芦苇秆在地上画字，以此教欧阳修写字；还教他诵读许多古人的篇章，让他学习作诗。等他年龄稍大一些，因为家里没有书可读，他就从乡里士人家借书来读，有时趁着将书抄录下来。有时书还没抄完便已经能够背诵这本书了。他就这样读书经常忘记了时间，忘记休息和吃饭，一心致力于读书。欧阳修小时候写的诗赋和文章，其文笔就已经有成人的水平了。

知识拓展

《百家姓》

《百家姓》是一部关于姓氏的书，由北宋初年钱塘人撰写。《百家姓》包括单姓444个，复姓60个。单姓是指只用一个字的姓，如：王、李、刘、赵、刁等。复姓由两个或两个以上汉字组成，如：欧阳、司马、上官、长孙、南郭、宇文等。

百家姓

赵 钱 孙 李　周 吴 郑 王
冯 陈 褚 卫　蒋 沈 韩 杨
朱 秦 尤 许　何 吕 施 张
孔 曹 严 华　金 魏 陶 姜
戚 谢 邹 喻　柏 水 窦 章

《百家姓》里，为何开头是“赵钱孙李”？

《百家姓》形成于宋朝，而宋朝皇帝名叫赵匡胤，“赵”是当朝的天子姓，自然开头第一个姓，不能是别的，只能是“赵”。

“钱”排在第二，要说到五代十国时期的吴越国，该国国王治国有方，百姓安居乐业，因这个国王姓钱，而编写《百家姓》的作者又是吴越人，他为了感念钱家的恩德，所以把“钱”放在了第二位。

至于“孙”，则是吴越国皇后的姓氏，也是作者的国母姓氏，于是就跟在了“钱”姓之后。

“李”是吴越国的邻国，也是南唐的姓氏，所以排在第四位。

学而思

一、填空题。

1.“以至昼夜忘寝食”可以用成语________来概括，来形容勤奋努力，专心致志。其近义成语有________、________，反义成语有________、________。

2.故事结尾用“自幼所作诗赋文字，下笔已如成人”来表示欧阳修苦读的结果。但也可以用一句诗“____________________，____________________”来概括。

二、欧阳公“自幼所作诗赋文字，下笔已如成人”的根本原因是（　　）。

A.欧阳修聪明过人　　B.太夫人教子有方

C.闾里士人家慷慨借书　　D.欧阳修刻苦攻读

三、“鳏、寡、孤、独”等字泛指无依无靠、生活艰难的人。你知道它们分别指代哪类人吗？请连一连、记一记。

鳏	年幼丧父的孩子
寡	年老无妻或丧妻的男子
孤	残疾的人
独	有疾病的人
废	年老无子女的人
疾	年老无夫或丧夫的女子

欧阳文忠公集

别　　名　《欧阳永叔集》
作　　者　欧阳修
创作年代　宋代
文学体裁　诗文合集

《欧阳文忠公集》全书共153卷，附录5卷，书中《居士集》为欧阳修晚年自己编定，其余都是南宋的周必大编定。

欧阳修，字永叔，号醉翁，晚号六一居士，吉州永丰人，是北宋时期的政治家、文学家，谥号“文忠”，故世称“欧阳文忠公”。欧阳修是宋代文学史上最早开创一代文风的文坛领袖，是“唐宋八大家”之一，与韩愈、柳宗元、苏轼被后人合称为“千古文章四大家”。他在变革文风的同时，也对诗风词风进行了革新；在史学方面，也有较高成就。

名句集锦

◎醉翁之意不在酒，在乎山水之间也。
◎日出而林霏开，云归而岩穴暝。
◎吾亦无他，惟手熟尔。
◎星月皎洁，明河在天，四无人声，声在树间。
◎修身，则同道而相益，以之事国，则同心而共济。

扫码听音频

zuì wēng tíng jì
16 醉翁亭记

huán chú jiē shān yě qí xī nán zhū fēng lín hè yóu měi wàng zhī wèi rán ér shēn
环[1]滁[2]皆山也。其西南诸峰，林壑[3]尤美，望之蔚然[4]而深
xiù zhě láng yá yě shān xíng liù qī lǐ jiàn wén shuǐ shēng chán chán ér xiè chū yú liǎng fēng zhī
秀者，琅琊[5]也。山行六七里，渐闻水声潺潺，而泻出于两峰之
jiān zhě niàng quán yě fēng huí lù zhuǎn yǒu tíng yì rán lín yú quán shàng zhě zuì wēng tíng
间者，酿泉[6]也。峰回路转，有亭翼然[7]临[8]于泉上者，醉翁亭
yě zuò tíng zhě shuí shān zhī sēng zhì xiān yě míng zhī zhě shuí tài shǒu zì wèi yě tài
也。作[9]亭者谁？山之僧智仙也。名之者谁？太守自谓[10]也。太
shǒu yǔ kè lái yǐn yú cǐ yǐn shǎo zhé zuì ér nián yòu zuì gāo gù zì hào yuē zuì wēng yě
守与客来饮于此，饮少辄[11]醉，而年又最高，故自号曰醉翁也。
zuì wēng zhī yì bú zài jiǔ zài hū shān shuǐ zhī jiān yě shān shuǐ zhī lè dé zhī xīn ér yù
醉翁之意[12]不在酒，在乎山水之间也。山水之乐，得之心而寓[13]
zhī jiǔ yě
之酒也。

---

[1] 环：环绕。
[2] 滁：滁州，在今安徽滁州。
[3] 壑：山谷。
[4] 蔚然：茂盛的样子。
[5] 琅琊：山名，在滁州市西南。
[6] 酿泉：泉的名字，因水清可以酿酒得名。
[7] 翼然：四角翘起，像鸟张开翅膀的样子。
[8] 临：近。
[9] 作：建造。
[10] 自谓：自称，用自己的别号“醉翁”来命名。
[11] 辄：就，总是。
[12] 意：情趣。
[13] 寓：寄寓，寄托。

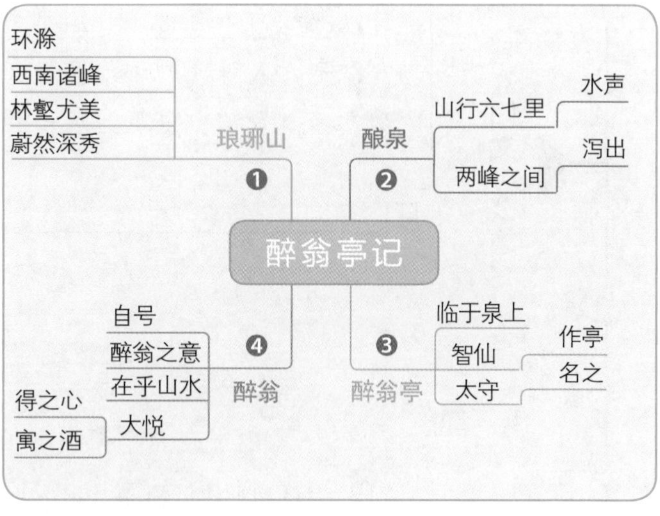

智慧点拨

生活中总会有很多不如意，我们要学会放平心态，乐观豁达，随遇而安。内心郁闷之时不如像欧阳修一样徜徉在大自然的风光中，欣赏自然美景。

译文悦读

滁州城的四面都是山。它西南方向的山峦、树林和山谷尤其秀美，远远看去树木茂盛、幽深秀丽，是琅琊山啊。沿着山路行走六七里，渐渐地听到潺潺的水声，又看到一股水流从两座山峰间飞泻下来，是酿泉啊。山势回环，道路弯转，有一个亭子四角翘起像鸟张开翅膀一样坐落在泉水边的，是醉翁亭啊。造亭子的人是谁？是山里的和尚智仙啊。给它起名的是谁？是太守用自己的别号称它的。太守和宾客来这里饮酒，喝一点儿就醉了，而年龄又最大，所以给自己起了个别号叫“醉翁”。醉翁的心意不在酒上，而在山光水色中。欣赏山水的乐趣，有感于心而寄托在酒上罢了。

知识拓展

古人的“字”“号”

古人的“字”由父亲或尊长取定，“号”可由自己取定，一般只用于自称，以显示某种志趣或抒发某种情感，如：陶渊明，号五柳先生；李白，号青莲居士；欧阳修，号醉翁、晚年又号六一居士；李清照，号易安居士。

“号”和 “字”不一定有意义上的联系。“号”可以有两个字，也可以有三个以上的字，如：陆游，号放翁；陶潜，号五柳先生；苏轼，号东坡居士。字数多的“号”有时可以缩为两个字，如：东坡。

“号”的选取比“字”更自由。“号”一般是文人雅士之间用来互称或自称的，多寄托主人的情怀、品格、兴趣爱好和生活经历等，是人生追求的体现。

学而思

一、写出下列句子中蕴含的成语。

1.峰回路转，有亭翼然临于泉上者，醉翁亭也。

成语：____________形容山峰迂回，道路曲折。

2. 醉翁之意不在酒，在乎山水之间也。山水之乐，得之心而寓之酒也。

成语：____________用来表示本意不在这里，而在其他方面。

二、下列不表示流水声的词语是（　　）。

A. 水声潺潺　　B. 咕嘟咕嘟　　C. 嘀嗒嘀嗒

D. 哗啦哗啦　　E. 叽里咕噜

扫码听音频

mài yóu wēng

17 卖油翁

chén kāng sù gōng shàn shè dāng shì wú shuāng gōng yì yǐ cǐ zì jīn cháng shè yú

陈康肃公[1]善射[2]，当世无双，公亦以此自矜[3]。尝[4]射于

jiā pǔ yǒu mài yóu wēng shì dàn ér lì nì zhī jiǔ ér bú qù jiàn qí fā shǐ shí zhòng

家圃，有卖油翁释担而立，睨[5]之久而不去。见其发矢[6]十中

bā jiǔ dàn wēi hàn zhī

八九，但微颔[7]之。

kāng sù wèn yuē rǔ yì zhī shè hū wú shè bú yì jīng hū wēng yuē wú tā

康肃问曰："汝亦知射乎？吾射不亦精乎？"翁曰："无他[8]，

dàn shǒu shú ěr kāng sù fèn rán yuē ěr ān gǎn qīng wú shè wēng yuē yǐ wǒ zhuó yóu

但手熟尔[9]。"康肃忿然曰："尔安[10]敢轻吾射？"翁曰："以我酌[11]油

zhī zhī nǎi qǔ yì hú lu zhì yú dì yǐ qián fù qí kǒu xú yǐ sháo zhuó yóu lì

知之。"乃取一葫芦置于地，以钱覆[12]其口，徐以杓[13]酌[14]油沥[15]

zhī zì qián kǒng rù ér qián bù shī yīn yuē wǒ yì wú tā wéi shǒu shú ěr kāng

之，自钱孔入，而钱不湿。因曰："我亦无他，惟[16]手熟尔。"康

sù xiào ér qiǎn zhī

肃笑而遣之[17]。

---

1 陈康肃公：陈尧咨，谥号康肃，北宋人。
2 善射：善于射箭。
3 矜：自夸。
4 尝：曾经。
5 睨：斜着眼看。形容不在意的样子。
6 矢：箭。
7 颔：点头。
8 无他：没有别的(奥妙)。
9 但手熟尔：不过手熟练罢了。但，只，不过。熟，熟练。尔，同"耳"，相当于"罢了"。
10 安：怎么。
11 酌：斟酒，这里指倒油。
12 覆：盖。
13 杓：同"勺"。
14 酌：舀取，这里指倒入。
15 沥：注。
16 惟：只不过。
17 遣之：让他走，打发他。

智慧点拨

本文通过略写陈尧咨射箭、详写卖油翁酌油这两件事，形象地说明了“熟能生巧”“实践出真知”的道理。我们无论做什么事，只要下苦功夫，多思勤练，就一定会取得好成绩。

译文悦读

陈尧咨擅长射箭，当时没有第二个人能与他相比，他也因此而自夸。曾经有一次，陈尧咨在自家园子射箭，有个卖油老翁放下担子站着，斜着眼睛看他射箭，很久没有离开。老翁见陈尧咨射出十支箭能射中八九支，只是对此微微地点了点头。

陈尧咨问道：“你也懂得射箭吗？我射箭的技艺难道不精湛吗？”老翁说：“没有别的奥妙，只是手法技艺熟练罢了。”陈尧咨气愤地说：“你怎么敢轻视我射箭的本领呢？”老翁说：“凭我倒油的经验就可以知道射箭是凭手熟的道理。”于是老翁拿出一个葫芦放在地上，将一枚铜钱盖在葫芦口上，然后慢慢地用勺舀起油滴入葫芦，油从铜钱的方孔注入，而铜钱却没有被沾湿。于是老翁说：“我也没有别的奥妙，只是手法熟练罢了。”陈尧咨笑着送他走了。

知识拓展

三百六十行，行行出状元

相传，新科状元叶元清披红戴花在大街上行走，百姓争相观望，状元十分得意。走着走着，一个樵夫背着柴晃晃悠悠地走在前面，不但不避让，还说状元没什么了不起，并说自己在砍柴方面就比状元强。状元不服，便让随从找来一木柴，让樵夫按照他的要求把木柴劈开。路人都涌过来看热闹。只见樵夫不慌不忙地对着木柴瞧了一会儿，然后抡起板斧，“嗨”的一声，刀落处，木柴便按要求劈开了。众人拍手叫绝。

状元看罢樵夫的表演，叹了一口气，说：“真是三十六行，行行出状元啊！”后来，人们又把“三十六行”改为“三百六十行”，便成了今天的谚语“三百六十行，行行出状元”，用以形容行业众多，每个行业都有杰出的人才。

欧阳修的诗文名句

◎ 醉翁之意不在酒，在乎山水之间也。（《醉翁亭记》）

◎ 忧劳可以兴国，逸豫可以亡身。（《伶官传序》）

◎ 月上柳梢头，人约黄昏后。（《生查子·元夕》）

◎ 泪眼问花花不语，乱红飞过秋千去。（《蝶恋花·庭院深深深几许》）

学而思

一、填空题。

文中主要描写卖油翁 ____________ 和陈尧咨 ____________ 两个重要场景。

二、选择题。

1. 对下列加点字词的解释不正确的一项是（　　）。

A. 陈康肃公善射（善于射箭）　　B. 尔安敢轻吾射（安全）

C. 徐以杓酌油沥之（倒油）　　D. 康肃笑而遣之（打发）

2. 这个故事揭示了（　　）的道理。

A. 百步穿杨　　B. 不卑不亢

C. 熟能生巧　　D. 手到擒来

三、判断题。（正确的打“√”，错误的打“×”）

1. “惟手熟尔”中“惟”的意思是“只不过”。（　　）

2. “以钱覆其口”中“覆”的意思是“盖着”。（　　）

3. “见其发矢十中八九”中“八九”是“准确数”。（　　）

4. “无他，但手熟尔”中“尔”的意思是“罢了”。（　　）

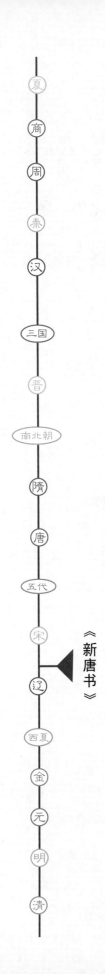

新唐书

作　　者　欧阳修、宋祁
创作年代　北宋
类　　别　纪传体史书
文学地位　中国“二十四史”之一
主要影响　我国正史体裁史书的一大开创

《新唐书》是一部记载唐朝历史的纪传体史书，属“二十四史”之一。该书第一次系统地论述了唐代府兵等军事制度和科举制度，这是我国正史体裁史书的一大开创，被以后《宋史》等所沿袭。书中列传主要由宋祁负责，本纪、志、表主要由欧阳修负责，所以署欧阳修、宋祁撰。

宋祁，字子京，祖籍安州安陆(今湖北安陆)人，北宋官员，著名的文学家、史学家、词人。因“红杏枝头春意闹”句，世称“红杏尚书”。

欧阳修是北宋著名的文学家，擅长古文，至和元年(1054)任翰林学士，主持修史工作。

名句集锦

◎世上本无事，庸人自扰之。
◎人谁无过，当容其改。
◎惟天下至诚，为能尽其性。
◎事危则志锐，情苦则虑深。
◎廉者憎贪，信者疾伪。

扫码听音频

18 牛角挂书

密❶以蒲鞯❷乘牛，挂《汉书》一帙❸角上，行且读。越国公杨素❹适❺见于道，按辔❻蹑❼其后，曰："何书生❽勤如此？"密识素，下拜。问所读，曰："《项羽传》。"因与语，奇之。归谓子玄感❾曰："吾观密识度❿，非若等辈⓫。"玄感遂倾心结纳⓬。

---

❶密：李密，隋末唐初的农民起义军领袖之一。

❷蒲鞯：垫在牛背上的草垫子。

❸一帙：一卷。帙，指书卷。

❹杨素：隋朝权臣，晋爵越国公。

❺适：刚好。

❻按辔：拉住马缰绳（使马缓行）。

❼蹑：追随，跟踪。

❽书生：读书人。

❾玄感：杨素之子。在隋炀帝出征高句丽时反叛，兵败而亡。

❿识度：见识和风度。

⓫非若等辈：不是你们这些人。若，你，你们。

⓬结纳：结交接纳。

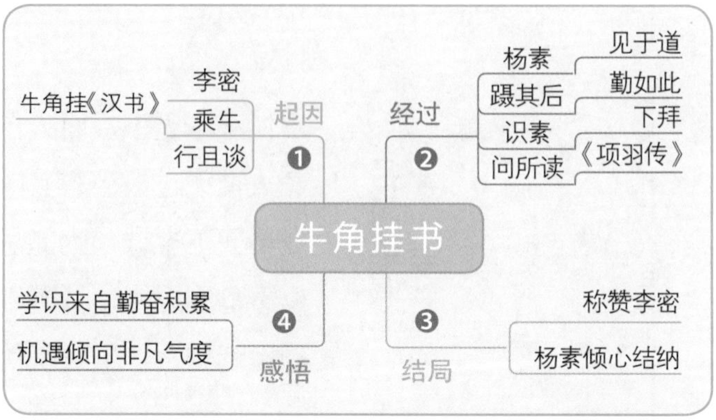

智慧点拨

李密的勤奋学习精神激励着一代又一代人。我们应像他那样，充分利用时间学习，争分夺秒地学习。

译文悦读

李密骑坐在牛背的草垫子上，牛角上挂着一卷《汉书》，一边走一边看。越国公杨素正好在路上看见，便拉住马缰绳跟在他后面，说：“哪来的书生这般勤奋？”李密认识杨素，急忙从牛背上下来参拜。杨素问他读的是什么，他回答：“《项羽传》。”杨素便和他交谈，对他感到很惊奇。回到家后对儿子杨玄感说：“我看李密的见识气度，不是你们这些人能比得上的。”因此杨玄感诚心和李密交往。

知识拓展

“牛”的前世与今生

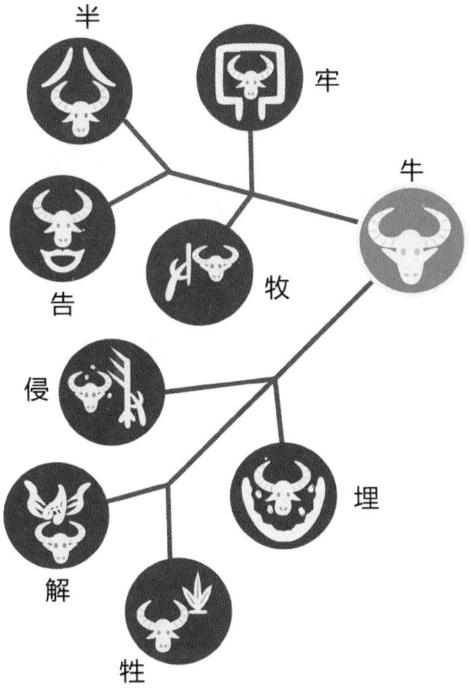

“牛”的汉字树

“牛”是一个象形字，整体像一个牛头的正面形象，两侧向上弯的部分是牛角，牛角之下向两侧伸展的是一双耳朵。这是以局部特征表示整体的造字方法。

“牛”的本义为一种哺乳动物，头上有一对角，力气大，供役使，肉和奶可食用，皮可制革。

因牛的脾性执拗，所以由此引申喻指固执或骄傲，如：牛性子、牛脾气。

又因牛的力气大，所以由此引申为能力强、本事大，如：他真是个牛人。

汉字中，凡由“牛”组合的字大都与牛、牛属动物及其动作、行为有关，如：牝、牡、牟、牧、犀、犁、犊等。

《汉　书》

《汉书》，又称《前汉书》，由我国东汉时期的历史学家班固编撰，是中国第一部纪传体断代史，“二十四史”之一。《汉书》是继《史记》之后我国古代又一部重要史书，与《史记》《后汉书》《三国志》并称为“前四史”。《汉书》全书主要记述了上起西汉的汉高祖元年（公元前206年），下至新朝的王莽地皇四年（公元23年），共230年间的史事。

学而思

一、下列加点字的读音不正确的一项是（　　　）。

A. 密以蒲鞯乘牛（jiàn）　　　　B. 挂《汉书》一帙角上（zhì）

C. 按辔蹑其后（niè）

二、本文篇幅虽短，但写出了三个人物的不同性格。请简要说明他们的性格特点。

1. 李　密：________________

2. 杨　素：________________

3. 杨玄感：________________

三、“牛角挂书”是古代著名的勤学故事。你还知道哪些勤学故事？请按照要求填写表格中的空项。

故事	年代	主人公
牛角挂书	唐	李密
凿壁借光	汉	
囊萤映雪	晋	车胤、孙康
闻鸡起舞	晋	

故事	年代	主人公
韦编三绝	春秋	孔子
悬梁刺股		孙敬
	战国	苏秦
孟母断机	战国	

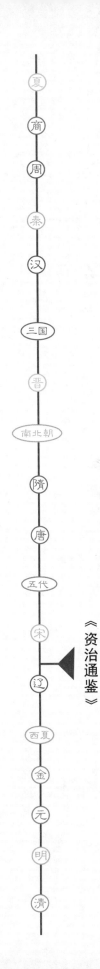

资治通鉴

别　　名　《通鉴》
作　　者　司马光
创作年代　北宋
文学体裁　编年体通史
文学地位　与《史记》并称为“史学双壁”

《资治通鉴》是一部多卷本编年体史书。主要以时间为纲，以事件为目，从周威烈王二十三年（公元前403年）写起，到五代后周世宗显德六年（959年）征淮南停笔，涵盖十六朝1362年的历史，编者历时19年完成。书中总结了许多经验教训，供统治者借鉴，宋神宗认为它“鉴于往事，有资于治道”，所以定名《资治通鉴》。

司马光，字君实，号迂叟，谥号“文正”，陕州夏县涑水乡人,故又称“涑水先生”，北宋著名史学家、文学家。司马光的《资治通鉴》与西汉司马迁的《史记》同为中国史学的不朽巨著，并称“史学双壁”，后世称二人为“史学两司马”。

名句集锦

◎能择善者而从之，美自归己。
◎爱之不以道，适所以害之也。
◎人不可以求备，必舍其所短，取其所长。
◎兼听则明，偏信则暗。
◎行于霜上而知严寒冰冻将至。

19

chū zú jiào zǐ
出镞教子

lǐ cún shěn chū yú hán wēi cháng jiè zhū zǐ yuē ěr fù shào tí yí jiàn qù
李存审①出于寒微，常戒②诸子曰：“尔③父少④提一剑去

xiāng lǐ sì shí nián jiān wèi jí jiàng xiàng qí jiān chū wàn sǐ huò yì shēng zhě fēi yī pò
乡里，四十年间，位极将相，其间出万死获一生者非一，破

gǔ chū zú zhě fán bǎi yú yīn shòu yǐ suǒ chū zú mìng cáng zhī yuē ěr cáo shēng
骨出镞⑤者凡百余。”因授以所出镞，命藏之，曰：“尔曹⑥生

yú gāo liáng dāng zhī ěr fù qǐ jiā rú cǐ yě
于膏粱⑦，当知尔父起家如此也。”

① 李存审：五代时期后唐的大将。

② 戒：告诫，警告。

③ 尔：你，你们。

④ 少：年幼，年轻。与“老”相对。

⑤ 镞：箭头。

⑥ 尔曹：你们。

⑦ 膏粱：指富贵者，富贵之家。膏，肥肉。粱，精米。

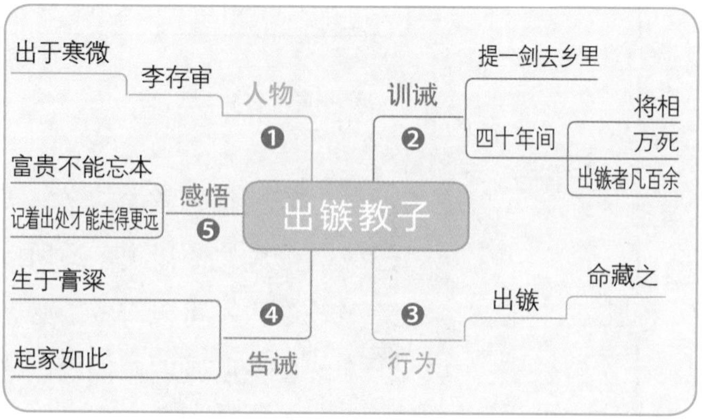

智慧点拨

李存审出生入死，凭借战功官居高位。他深知成功得来不易，用从身上取下的箭头告诫后代，不可忘本，在安逸的生活中也不可丧失斗志，要努力有所作为。

译文悦读

李存审出身于贫穷没有地位的家庭，他常常告诫他的孩子们说："你们的父亲年轻时只带着一把剑离开家乡，经过四十年的奋斗，地位到达将军宰相，在这期间，非死不可的情况下获救不止一次，被利箭射进骨头又取出的情况有上百次。"于是，他把从身上取出的箭头拿给孩子们，吩咐他们收藏起来，说："你们这一辈出身富贵，应该知道你们的父亲是这样起家的。"

知识拓展

"寒"中两点不是水

"寒"是一个会意字。金文1的外边像简陋的房屋，中间像一个人，人的左右两侧像草堆，人下边的两横线表示冰，合起来表示人在低温的天气里，为避寒而住在一间堆满草的屋子里。金文2省略表示冰的元素。

"寒"的本义为寒冷，即温度低，如：饥寒交迫。由此引申为寒冷的季节，如：寒假。

因古代贫困人家一般要忍受饥饿和寒冷，所以由此又引申为（家境）贫困，如：家境贫寒。另外，"寒"还作谦辞，称自己，如：寒门出贵子。

金文 1　金文 2　小篆　隶书　楷书

学而思

一、填空题。

1."其间出万死获一生者非一，破骨出镞者凡百余"，让我们想到《木兰诗》中"________________，________________"。

2."尔曹生于膏粱，当知尔父起家如此也"，又让我们想到陆游的《示儿》："死去元知万事空，但悲不见九州同。______________，______________。"

二、选择题。

有的人为子孙留下了丰厚家财，李存审却把从自己身上取出的箭头留给孩子们，他这样做的目的是（　　）。（多选）

A.教育孩子富贵来之不易，须知创业艰难

B.告诫孩子们不可忘本，安逸时不可丧失斗志

C.旨在让孩子们经常忆苦思甜，要有所作为

扫码听音频

20 刘毅直言

liú yì zhí yán

jìn wǔ dì sān nián chūn dì qīn sì nán jiāo lǐ bì kuì rán wèn sī lì xiào wèi
　　晋武帝三年①春，帝亲祀②南郊，礼毕，喟然③问司隶校尉④

liú yì yuē zhèn kě fāng hàn zhī hé dì duì yuē huán líng dì yuē hé zhì yú
刘毅曰："朕可方⑤汉之何帝？"对曰："桓、灵⑥。"帝曰："何至于

cǐ duì yuē huán líng mài guān qián rù guān kù bì xià mài guān qián rù sī mén yǐ cǐ yán
此？"对曰："桓、灵卖官，钱入官库；陛下卖官，钱入私门。以此言

zhī dài bù rú huán líng yě dì
之，殆⑦不如桓、灵也。"帝

xiào yuē huán líng zhī shì bù wén
笑曰："桓、灵之世，不闻

cǐ yán jīn zhèn yǒu zhí chén gù wéi
此言；今朕有直臣，固⑧为

shèng zhī
胜⑨之。"

---

① 三年：晋武帝（司马炎）太康三年。
② 祀：祭祀。
③ 喟然：感叹的样子。
④ 司隶校尉：官职名。
⑤ 方：相比，比拟。
⑥ 桓、灵：汉桓帝和汉灵帝。
⑦ 殆：副词，大概，恐怕。
⑧ 固：本来。
⑨ 胜：胜过，超过。

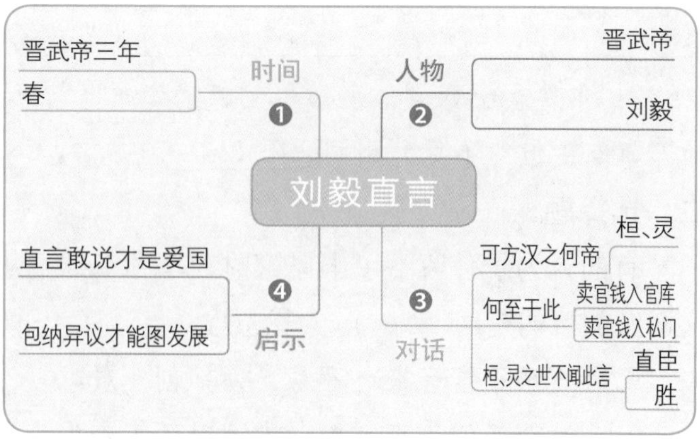

译文悦读

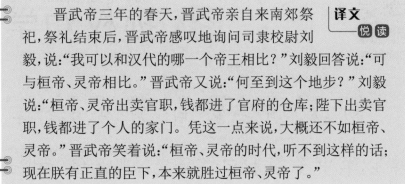

晋武帝三年的春天，晋武帝亲自来南郊祭祀，祭礼结束后，晋武帝感叹地询问司隶校尉刘毅，说：“我可以和汉代的哪一个帝王相比？”刘毅回答说：“可与桓帝、灵帝相比。”晋武帝又说：“何至到这个地步？”刘毅说：“桓帝、灵帝出卖官职，钱都进了官府的仓库；陛下出卖官职，钱都进了个人的家门。凭这一点来说，大概还不如桓帝、灵帝。”晋武帝笑着说：“桓帝、灵帝的时代，听不到这样的话；现在朕有正直的臣下，本来就胜过桓帝、灵帝了。”

智慧点拨

刘毅面对皇帝，敢于直言，刚正不阿，这种精神值得我们学习。晋武帝胸怀宽广、能够善于纳谏、认真听取下层意见，实在难能可贵。

知识拓展

“陛下”的来历

“陛”的本义是台阶，又指帝王宫殿的台阶。“陛下”原指台阶下两旁的侍卫人员。他们负责保卫皇帝的安全和传递消息。凡臣子要求见皇帝或被皇帝召见，先要通过陛下的人。臣子是不敢直呼皇帝的，故借“陛下”指代皇帝，久而久之，“陛下”便等同“皇上”。

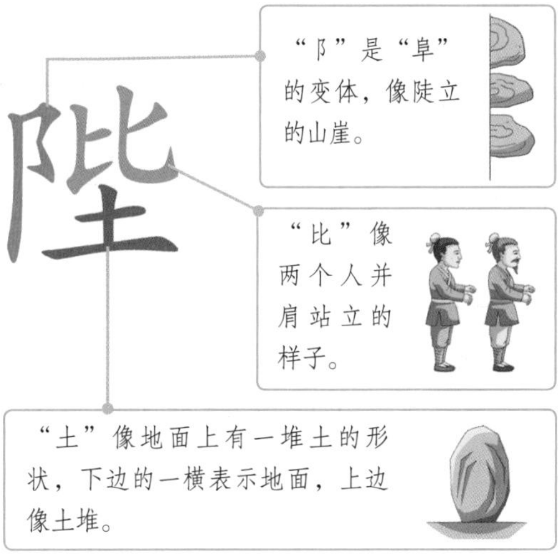

陛
“阝”是“阜”的变体，像陡立的山崖。
“比”像两个人并肩站立的样子。
“土”像地面上有一堆土的形状，下边的一横表示地面，上边像土堆。

帝王是古代国家的最高统治者，自然有一些专用的名号和称谓。商代称“王”，周朝时称为“天子”，到了秦朝，称“始皇帝”。历代帝王常自称“朕”“寡人”“孤”等。臣下对帝王的称呼还有“今上”“天家”“圣上”“万岁”等；对于刚去世还没有谥号的皇帝，通常称为“大行”。

学而思

一、刘毅“直言不讳”的故事被传为美谈，极大地鼓舞了后来那些敢于谏诤的忠臣。请结合原文，分析晋武帝是什么样的人？刘毅又是什么样的人？（　　）

A. 豁达大度　直言敢谏　　B. 昏庸无能　口不择言

C. 豁达大度　口不择言　　D. 昏庸无能　直言敢谏

二、把下列句子翻译成现代汉语。

桓、灵之世，不闻此言；今朕有直臣，固为胜之。

____

扫码听音频

sūn quán quàn xué

21 孙权劝学

chū quán wèi lǚ méng yuē qīng jīn dāng tú zhǎng shì bù kě bù xué méng

初[1]，权[2]谓[3]吕蒙[4]曰："卿[5]今当涂[6]掌事[7]，不可不学。"蒙

cí yǐ jūn zhōng duō wù quán yuē gū qǐ yù qīng zhì jīng wéi bó shì yé dàn dāng shè liè jiàn

辞[8]以军中多务。权曰："孤[9]岂欲卿治经[10]为博士[11]邪[12]！但当涉猎[13]，见

wǎng shì ěr qīng yán duō wù shú ruò gū gū cháng dú shū zì yǐ wéi dà yǒu suǒ yì

往事耳[14]。卿言多务，孰若[15]孤？孤常读书，自以为大有所益。"

méng nǎi shǐ jiù xué

蒙乃始就学。

jí lǔ sù guò xún yáng yǔ méng lùn yì dà jīng yuē qīng jīn zhě cái lüè fēi fù wú

及鲁肃过寻阳[16]，与蒙论议，大惊曰："卿今者才略，非复吴

xià ā méng méng yuē shì bié sān rì jí gēng guā mù xiāng dài dà xiōng hé jiàn shì zhī

下阿蒙！"蒙曰："士[17]别三日[18]，即更刮目相待，大兄何见事[19]之

wǎn hū sù suì bài méng mǔ jié yǒu ér bié

晚乎！"肃遂拜蒙母，结友而别。

---

[1] 初：当初。

[2] 权：指孙权，三国时期吴国的建立者，后来称帝。

[3] 谓：告诉，对……说。

[4] 吕蒙：孙权部下的将领。

[5] 卿：古代君对臣或朋友间的爱称。

[6] 当涂：当道，即当权的意思。涂，同"途"，指道路。

[7] 掌事：掌管政事。

[8] 辞：推托，推辞。

[9] 孤：古时王侯的自称。

[10] 治经：研究儒家经典。治，研究。

[11] 博士：专管经学传授的学官。

[12] 邪：句末语气词，表示疑问或反问，后写作"耶"。

[13] 涉猎：粗略地阅读。

[14] 见往事：了解历史。见，了解。往事，指历史。

[15] 孰若：谁像，谁比得上。孰，谁。若，像。

[16] 寻阳：县名，在湖北黄梅西南。

[17] 士：读书人。

[18] 三：不是确指，几天。

[19] 见事：认清事物。

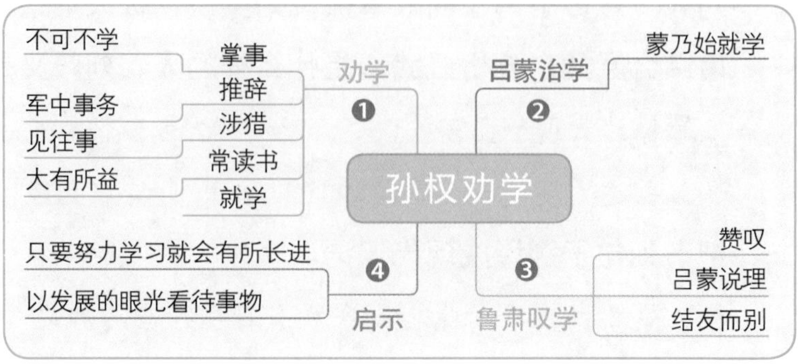

智慧点拨

故事告诉我们：要敢于面对自身的不足，努力完善自己，不能因为事情繁忙而放弃学习。坚持读书是有益的，同时也不能以一成不变的态度看待他人。

译文悦读

当初，孙权对吕蒙说："你现在掌管政事，不可以不学习！"吕蒙以军中事务多为由推辞。孙权说："我难道是让你研究儒家经典去当博士吗？只不过希望你博览群书，了解历史罢了。你说事务多，难道比我更忙？我经常读书，自认为有很大的好处。"于是吕蒙开始学习。

等鲁肃到寻阳，和吕蒙讨论国事，鲁肃惊讶地说："以你现在的才略，已经不是以前在吴县时那个阿蒙了！"吕蒙说："和读书人分别几日，就要用新的眼光来看待他，长兄怎么认清事物这么晚哪！"于是鲁肃拜见吕蒙的母亲，与吕蒙结为朋友后才分别。

知识拓展

劝学

（唐）颜真卿

三更灯火五更鸡，正是男儿读书时。

黑发不知勤学早，白首方悔读书迟。

全诗大意是：晚上在灯火下学到三更，五更鸡叫又早起学习，这一早一晚正是男儿读书的好时候。少年不知道早起勤奋学习，到老了后悔读书少就太迟了。

本诗勉励人们从小读好书，多努力，多学习。类似的古诗如下：

1. 少壮不努力，老大徒伤悲。（《乐府诗集·长歌行》）

   意思是年轻力壮的时候不奋发图强，到了老年再悲伤也没用了。

2. 学如逆水行舟，不进则退。（《增广贤文》）

   意思是学习要不断进取，不断努力，就像逆水行驶的小船，不努力向前，就只能向后退。

学而思

一、请把下列句子中蕴含的成语写出来。

1. 卿今者才略，非复吴下阿蒙！　　　　成语：________

2. 士别三日，即更刮目相待，大兄何见事之晚乎！　　　　成语：________

二、文章结尾写到鲁肃被吕蒙的才略所折服并愿与之结为好友，这样结尾的作用是（　　）。（多选）

A. 这是鲁肃"与蒙论议"的余韵，从侧面表现出了吕蒙才略的惊人长进

B. 这样写进一步表明鲁肃敬才、爱才的品质

C. 文章结尾这样写旨在表达"开卷有益"的中心

扫码听音频

táo kǎn xī gǔ

22 陶侃惜谷[1]

táo kǎn cháng chū yóu jiàn rén chí yì bǎ wèi shú dào kǎn wèn yòng cǐ hé wèi rén

陶侃尝出游，见人持[2]一把未熟稻，侃问："用此何为[3]？"人

yún xíng dào suǒ jiàn liáo qǔ zhī ěr kǎn dà nù jié yuē rǔ jì bù tián ér xì

云[4]："行道所见，聊[5]取之[6]耳[7]。"侃大怒诘曰："汝既不田[8]，而戏

zéi rén dào zhí ér biān zhī shì yǐ bǎi xìng qín yú nóng zuò jiā jǐ rén zú

贼[9]人稻！"执[10]而鞭[11]之。是以[12]百姓勤于农作，家给人足[13]。

[1] 陶侃惜谷：陶侃爱惜谷。陶侃，晋代人，字士行，任广州刺史。惜，爱惜。

[2] 持：拿着。

[3] 用此何为：用这做什么。此，这，指未成熟的禾稻。何为，即"为何"的倒装，疑问代词作宾语时前置，指干什么，做什么。

[4] 云：回答。

[5] 聊：姑且，暂且。

[6] 之：代词，指禾稻。

[7] 耳：罢了。

[8] 田：名词用作动词，种田，耕田。

[9] 贼：名词作动词，指伤害，毁坏。

[10] 执：捉拿，抓住。

[11] 鞭：名词用作动词，用鞭子抽打。

[12] 是以：因此。

[13] 足：丰足。

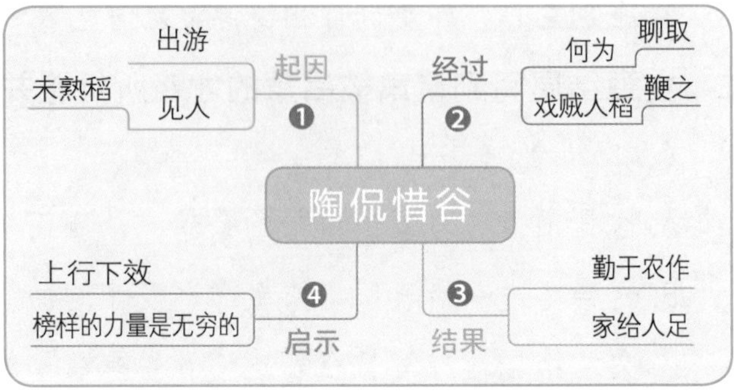

智慧点拨

节约粮食是每个公民应尽的义务,浪费是可耻的行为。同时，我们要知道粮食来之不易，应重视农业生产。

译文悦读

陶侃曾外出巡游,看到一个人拿着一把没成熟的稻穗。陶侃问:“拿这些东西做什么?”那人说:“在路上我看见它,暂且拔一把罢了。”陶侃十分生气地责问说:“你既然不种田,却还毁坏人家的稻子!”于是陶侃就把那人抓起来用鞭子打。这件事广为流传,因此老百姓都勤于耕作,家家丰衣足食。

知识拓展

名词用作动词

文言文中的词类活用,是指在古代汉语中某些实词在特定的语言环境中,临时改变其基本用法和意义,当成另一类词使用。现举例如下:

1. 天雨(yù)雪。 “雨雪”的意思是下雪,其中“雨”是名词用作动词。

2. 夏月则练囊盛数十萤火以照书。 “练囊”是白色薄绢做的口袋,其中“练”的意思是白绢,这里名词用作动词,指用白绢做。

3. 汝姑持肉回陪客饭。 “饭”常用来指谷类粮食做成的熟食,这里用作动词,指吃饭。

4. 日耀之乃光耳。 “光”的本义为光明,多用作名词,这里名词用作动词,指发光。

5. 转视积薪后,一狼洞其中。 “洞”本是名词,表示“洞穴”,这里却临时改变了词性,用作动词,做谓语,表示“打洞”。

6. 众鸟巢其上。 “巢”本指鸟窝,这里名词用作动词,指筑巢。

学而思

本文是讲陶侃珍惜粮食、重视农耕的故事。下列名诗与其含义相近的是(　　)。(多选)

A. 春种一粒粟，秋收万颗子。四海无闲田，农夫犹饿死。(唐·李绅)

B. 锄禾日当午，汗滴禾下土。谁知盘中餐，粒粒皆辛苦。(唐·李绅)

C. 梅子金黄杏子肥，麦花雪白菜花稀。日长篱落无人过，惟有蜻蜓蛱蝶飞。(南宋·范成大)

D. 昼出耘田夜绩麻，村庄儿女各当家。童孙未解供耕织，也傍桑阴学种瓜。(南宋·范成大)

扫码听音频

wèi wén hóu shǒu xìn

23 魏文侯[1]守信

wèi wén hóu yǔ yú rén qī liè shì rì yǐn jiǔ lè tiān yù wén hóu jiāng chū

魏文侯与虞人[2]期猎。是[3]日，饮酒乐，天雨[4]。文侯将出，

zuǒ yòu yuē yǐn jiǔ lè tiān yòu yù jūn jiāng yān zhī wén hóu yuē wú yǔ yú rén

左右[5]曰：“饮酒乐，天又雨，君将焉之[6]？”文侯曰：“吾与虞人

qī liè suī lè qǐ kě bù yí huì qī zāi nǎi wǎng shēn zì bà zhī

期[7]猎，虽乐，岂可不一会期哉？”乃[8]往，身[9]自罢[10]之。

①魏文侯：战国初期魏国君主。

②虞人：管理山林的小官员。

③是：这。

④雨：动词，下雨。

⑤左右：身边侍候的人，近臣。

⑥焉之：到什么地方去，宾语前置句。之，作动词，到。焉，作疑问代词，哪里。

⑦期：约会。

⑧乃：于是。

⑨身：亲自。

⑩罢：停止。

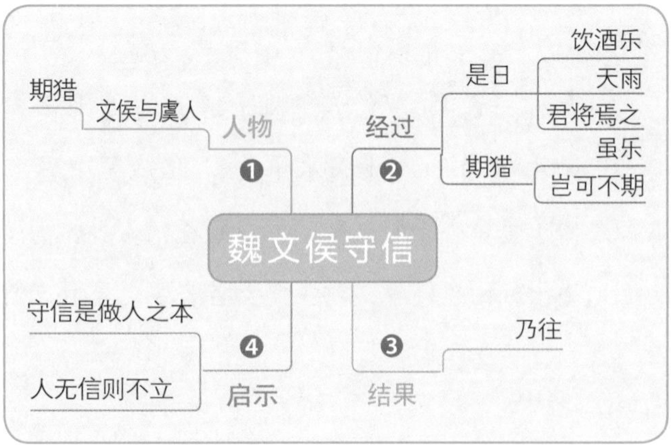

智慧点拨

做人要讲诚信。答应过别人的事情一定要做到，不能违背约定，更不能背信弃义。

译文悦读

魏文侯与管理山林的一个小官员约好了去打猎。这天，魏文侯与文武百官开怀痛饮，天又下起雨来。魏文侯准备出门赴约，身边的官员们说："今天您喝得正开心，天又下雨，您将要到什么地方去？"魏文侯说："我与人约好了去打猎，虽然这里气氛欢乐，但我怎么能不去赴约呢？"于是，魏文侯亲自前往，停止了酒宴。

知识拓展

"信"字趣解

"信"是一个会意字。金文1由"人"和"口"两部分组成，用人口所言表示诚信。金文2、小篆将"口"改为"言"，表示所说的话，合起来表示人言可信。

"信"的本义为言语真实，不虚假，如：信誓旦旦。由此引申泛指对人诚实，有信用，如：信守诺言。又引申为信用，如：仁、义、礼、智、信（即"五常"）。

"五常"是古代做人的基本道德准则，用以处理人与人之间的社会关系。

仁　以人为本，人性关怀；

义　公平正义，坚守原则；

礼　恭敬尊重，礼仪文明；

智　崇尚知识，追求真理；

信　忠于职责，诚实守信。

左　右

"左右"指左面、右面，这是不言而喻的。另外，古文中"左右"也指周围的人。上文"左右曰"，意为周围的人说。又，"帝怒，左右谏曰"，意为皇帝发怒，周围的大臣婉言劝说。如果是一般的人，那么"左右"便指周围的朋友。

学而思

一、“君将焉之”中“之”的意思是“往，去”。下列句子中的“之”与其用法相同的一项是（　　）。

A. 吾欲之南海

B. 执而鞭之

C. 予独爱莲之出淤泥而不染

D. 乃往，身自罢之

二、守信是一个人最基本的品质，也是一切美德的基础。下列名句与守信相关的有（　　）。（多选）

A. 言必信，行必果。（《论语》）

B. 知之者不如好之者，好之者不如乐之者。（《论语》）

C. 人而无信，不知其可也。（《论语》）

D. 信，国之宝也，民之所庇也。（《左传》）

三、魏文侯是在什么情形下去跟虞人会面的？（用原文回答）从中可以看出他是个怎样的人？（用自己的话回答）

____

____

临川先生文集

别　　名　《临川集》
作　　者　王安石
创作年代　宋代
类　　别　诗文别集

《临川先生文集》又称《临川集》，是北宋王安石的著作集。本书反映了王安石的一生经历、社会政治、哲学和文学思想及其成就，是研究王安石和北宋历史的重要资料。近代改革人士对文集中的一些著作十分推崇，并从中得到启示。

王安石，北宋杰出的政治家、思想家、文学家、改革家，唐宋八大家之一。字介甫，晚号半山，抚州临川人，后移居江宁(今南京)，曾封荆国公，人称“王荆公”；谥号“文”，又称“王文公”。熙宁二年(1069)，他积极推行新法，史称“王安石变法”，被列宁称为“中国十一世纪伟大的改革家”。

名句集锦

◎春风又绿江南岸，明月何时照我还？
◎墙角数枝梅，凌寒独自开。
◎遥知不是雪，为有暗香来。
◎千门万户曈曈日，总把新桃换旧符。
◎不畏浮云遮望眼，自缘身在最高层。

24 伤仲永（shāngzhòng yǒng）

扫码听音频

jīn xī mín fāng zhòng yǒng shì lì gēng zhòng yǒng shēng wǔ nián wèi cháng shí shū jù hū
金溪[1]民方仲永，世隶耕。仲永生[2]五年，未尝识书具，忽

tí qiú zhī fù yì yān jiè páng jìn yǔ zhī jí shū shī sì jù bìng zì wéi qí míng qí shī
啼求之。父异[3]焉，借旁近[4]与之，即书诗四句，并自为其名。其诗

yǐ yǎng fù mǔ shōu zú wéi yì chuán yì xiāng xiù cai guān zhī zì shì zhǐ wù zuò shī lì
以养[5]父母、收族[6]为意[7]，传一[8]乡秀才观之。自是指物作诗立

jiù qí wén lǐ jiē yǒu kě guān zhě yì rén qí zhī shāo shāo bīn kè qí fù huò yǐ qián bì
就[9]，其文理皆有可观者。邑人奇之，稍稍宾客[10]其父，或以钱币

qǐ zhī fù lì qí rán yě rì pān zhòng yǒng huán yè yú yì rén bù shǐ xué
乞[11]之。父利其然[12]也，日扳[13]仲永环[14]谒[15]于邑人，不使学。

yú wén zhī yě jiǔ míng dào zhōng cóng xiān rén huán jiā yú jiù jiā jiàn zhī shí èr sān
予闻之也久。明道[16]中，从先人还家，于舅家见之，十二三

yǐ lìng zuò shī bù néng chèn qián shí zhī wén yòu qī nián huán zì yáng zhōu fù dào jiù jiā
矣。令作诗，不能称前时之闻。又七年，还自扬州，复到舅家，

wèn yān yuē mǐn rán zhòng rén yǐ
问焉。曰："泯然众人矣。"

---

❶ 金溪：在今江西金溪县，是王安石外祖父吴玫的家乡。

❷ 生：生长到。

❸ 异：对……感到诧异（惊异）。

❹ 旁近：附近，这里指邻居。

❺ 养：奉养，赡养。

❻ 收族：团结宗族，和同一宗族的人搞好关系。收，聚，团结。

❼ 意：主旨（中心，或文章大意）。

❽ 一：全。

❾ 就：完成。

❿ 宾客：名词作动词，这里指把他的父亲当宾客请去。

⓫ 乞：求取，意思是花钱求仲永题诗。

⓬ 利其然：认为这样是有利可图的。利，认为……有利可图。

⓭ 扳：同"攀"，牵，引。

⓮ 环：四处。

⓯ 谒：拜访。

⓰ 明道：宋仁宗赵祯年号。

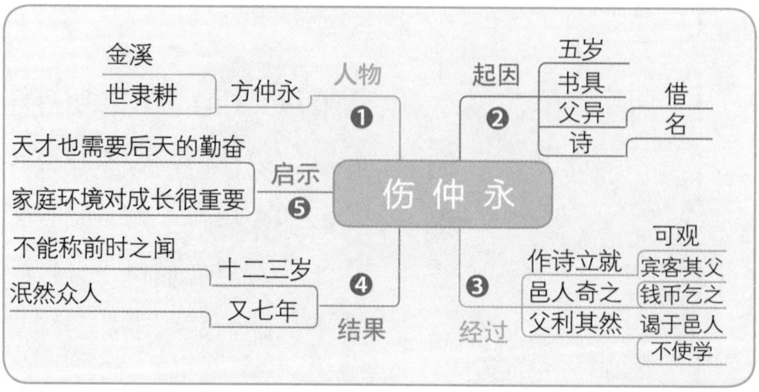

译文悦读

金溪平民方仲永，世代以种田为业。仲永长到五岁时，还不曾认识书写工具，有一天，仲永忽然放声哭着要这些东西。父亲对此感到很惊异，于是，从邻居家借来给他，仲永当即写了四句诗，并题上自己的名字。他的诗把赡养父母、团结族人当作主要内容，于是，他父亲把诗传送给全乡的秀才观赏。从此，指定物品让他写诗，他能立即完成，诗的文采和道理都有值得欣赏的地方。同县的人对他感到很惊奇，渐渐地请他的父亲去做客，有的人还花钱请仲永题诗。他父亲认为这样做有利可图，就每天带着仲永四处拜访同县的人，而不让他学习。

我听说这件事很久了。明道年间，我随先父回到家乡，在舅舅家见到他，他已经十二三岁了。让他作诗，他写出来的诗已经不能与从前的名声相称了。又过了七年，我从扬州回来，再次到舅舅家，问起方仲永的情况，他回答说："他的才能已经完全如常人了。"

智慧点拨

本文强调了后天教育和学习对成才的重要性。一个人天资再聪明，如果后天不努力，也会退化成一般的人。只有重视后天的教育和学习，才能不断进步。

知识拓展

文言文常用的人称代词

在文言文中，第一人称又叫自称，常用"吾、余、我、予"等，通常译为"我"；第二人称又叫对称，常用"尔、汝、女、若"等，通常译为"你、你的、你们、你们的"；第三人称又叫他称，常用"彼、其、之"等，通常译为"他、她、它、他的、他们的"。

请理解下列句子的意思，指出表示第二人称的词。

余闻之也久。（《临川先生文集》）

千磨万击还坚劲，任尔东西南北风。（郑燮《竹石》）

王师北定中原日，家祭无忘告乃翁。（陆游《示儿》）

清朝科举取士

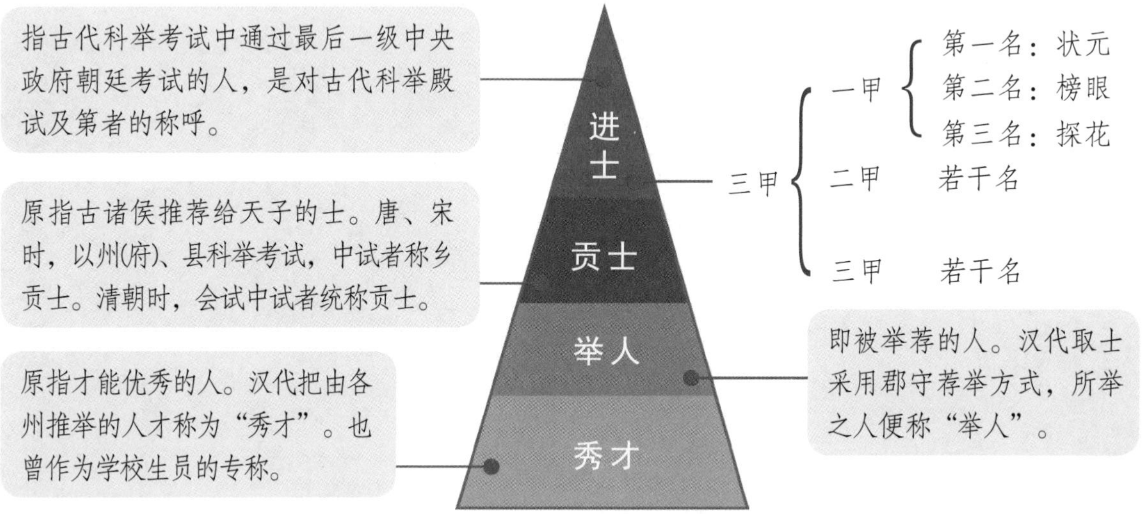

指古代科举考试中通过最后一级中央政府朝廷考试的人，是对古代科举殿试及第者的称呼。
原指古诸侯推荐给天子的士。唐、宋时，以州(府)、县科举考试，中试者称乡贡士。清朝时，会试中试者统称贡士。
原指才能优秀的人。汉代把由各州推举的人才称为"秀才"。也曾作为学校生员的专称。
进士
贡士
举人
秀才
三甲
一甲
第一名：状元
第二名：榜眼
第三名：探花
二甲　若干名
三甲　若干名
即被举荐的人。汉代取士采用郡守荐举方式，所举之人便称"举人"。

学而思

一、本文通过记述方仲永从幼年天资过人到后来沦为平庸的故事，阐明了后天教育对成长的重要性。请按照要求用文中原句填空。

1. 方仲永由天资过人变得“泯然众人”的原因是____________________。

2. “父利其然”中的“其”是指____________________。

3. 文中最能体现方仲永非凡天资的句子是____________________

____________________。

二、“伤仲永”中“伤”的意思是哀伤、叹息。想一想，作者为什么要用“伤”字？（　　）（多选）

A. 父利其然也，日扳仲永环谒于邑人，不使学。

B. 令作诗，不能称前时之闻。

C. 泯然众人矣。

D. 自是指物作诗立就，其文理皆有可观者。

三、对故事理解正确的是（　　）。（多选）

A. 一个人能否成才，这和主观努力没有太大关系

B. 天才，就是一分灵感加九十九分汗水。天资再聪明，后天不努力，也会退化成一般的人

C. 这个故事生动地说明了教育和学习在人的成长过程中所起的决定性作用

D. 如果没有后天的培养和本人的艰苦努力，任何天才都是不能成功的，仲永的遭遇便是一个证明

夏
商
周
秦
汉
三国
晋
南北朝
隋
唐
五代
宋
辽
西夏
金
元
明
清

《梦溪笔谈》

梦溪笔谈

作　者　沈括
创作年代　北宋
文学体裁　笔记体百科全书
价值影响　中国科学史上的里程碑
突出成就　改进天文仪器、磁偏角的发现、会圆术等

《梦溪笔谈》是北宋科学家、政治家沈括编写的一部涉及古代中国自然科学、工艺技术以及社会历史现象的综合性笔记体著作，得名于他晚年居住的“梦溪园”。该书在国际上很受重视，被英国科学史家李约瑟评价为“中国科学史上的里程碑”。书中详细记载了劳动人民在科学技术方面的卓越贡献和他自己的研究成果，反映了中国古代特别是北宋时期自然科学达到的辉煌成就。

沈括，字存中，号梦溪丈人，杭州钱塘县（今浙江杭州）人，北宋官员、科学家。他一生致力于科学研究，在众多学科领域都有很深的造诣和卓越的成就，被誉为“中国整部科学史中最卓越的人物”。

名句集锦

◎人有善念，福虽未至，祸已远行。
◎日月之形如丸。何以知之？以月盈亏可验也。
◎能用度外人，然后能周大事。
◎古人铸鉴，鉴大则平，鉴小则凸。凡鉴凹则照人面大，凸则照人面小。

扫码听音频

chén shù gǔ biàn dào

25 陈述古辨盗

chén shù gǔ mì zhí zhī jiàn zhōu pǔ chéng xiàn rì yǒu rén shī wù bǔ dé shù
陈述古密直，知[1]建州浦城县日，有人失物，捕[2]得数
rén mò zhī dí wéi dào zhě shù gǔ nǎi dài zhī yuē mǒu miào yǒu yì zhōng néng
人，莫知的[3]为盗者[4]。述古乃[5]绐[6]之曰：“某庙有一钟，能
biàn dào zhì líng shǐ rén yíng zhì hòu gé cí zhī yǐn qún qiú lì zhōng qián zì
辨盗，至灵[7]。”使人迎置[8]后阁祠[9]之，引群囚立钟前，自
chén bú wéi dào zhě mō zhī zé wú shēng wéi dào zhě mō zhī zé yǒu shēng shù gǔ
陈[10]：“不为盗者，摸之则无声；为盗者，摸之则有声。”述古
zì shuài tóng zhí dǎo zhōng shèn sù jì qì yǐ wéi wéi zhī nǎi yīn shǐ rén yǐ mò tú
自率同职，祷钟甚肃，祭讫[11]，以帷围之，乃阴[12]使人以墨涂
zhōng liáng jiǔ yǐn qiú zhú yī lìng yǐn shǒu rù wéi mō zhī chū nǎi yàn qí shǒu jiē yǒu
钟，良久[13]，引囚逐一令引手[14]入帷摸之。出乃验其手，皆有
mò wéi yǒu yì qiú wú mò xùn zhī suì chéng wéi dào gài kǒng zhōng yǒu shēng bù gǎn
墨，唯有一囚无墨。讯之[15]，遂承为盗。盖恐钟有声，不敢
mō yě
摸也。

---

❶ 知：做知县。
❷ 捕：捉，捉住。
❸ 的：确实，真实。
❹ 盗者：偷盗的人。
❺ 乃：于是，就。
❻ 绐：哄骗，欺骗。
❼ 至灵：特别灵验。
❽ 置：放。
❾ 祠：供奉。
❿ 陈：说。
⓫ 讫：完毕。
⓬ 阴：背后，背地里。
⓭ 良久：很久。
⓮ 引手：伸手。
⓯ 讯之：审问他。之，指那个手上无墨的人。

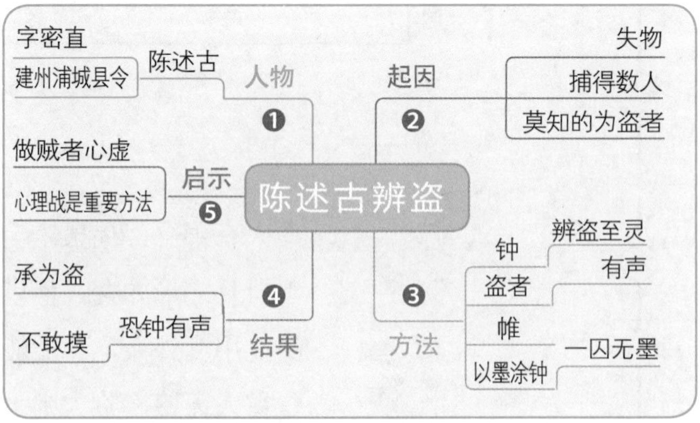

译文
悦读

陈述古，字密直，他在建州浦城县当县令时，有人丢了东西，捉住了几个嫌疑人，但确实不知道谁是偷盗者。于是，陈述古哄骗他们说："某庙里有一口钟，它能辨认出偷盗者，非常灵验。"就让人把这口大钟放到县府衙门来，安放在衙门的后楼里供奉。他把一群嫌疑人带到钟前，自言自语地说："没有偷盗行为的人，用手摸它，它不会发出声音；有偷盗行为的人摸它，它就会嗡嗡作响。"接着陈述古亲自率领同僚严肃地向大钟祷告，祭祀完毕，让人用大帐幔把钟围起来，趁着围帐幔的时候，他暗中派人在钟上涂一层炭墨，过了很久，他命令那些嫌疑人一个个把手伸进那帷幕里去摸钟。手拿出来后立即被检查，大家手上都有墨迹，唯独一个人没有墨迹。陈述古审问他，那人不得不承认自己就是真正的盗窃犯。原来那人做贼心虚，害怕钟真的会发出声音，所以不敢去摸。

智慧点拨

陈述古是一位精通罪犯心理的官吏。他巧妙地利用罪犯的恐惧心理，制造一种神秘的环境而迫使罪犯自我暴露。他启示我们：做事情要多动脑多思考。

知识拓展

"盗"与"贼"

"盗"的甲骨文上面像人流口水的样子，下面像盛物的器皿，合起来表示看到别人器皿中的东西，就想占为己有。所以，"盗"的本义为偷窃、偷，如"掩耳盗钟"。由此引申作名词，指偷窃或抢东西的人，如"强盗"。

"贼"的金文由"貝"（贝）"刀"和"戈"三部分组成，合起来表示用刀和戈毁坏贝壳。所以，"贼"的本义为毁坏、伤害。由此引申特指伤人或杀人。"贼"又指强盗或偷窃东西的人，如"盗贼"；由此引申为出卖国家利益和危害人民的人，如"卖国贼"。

在现代汉语中，把偷东西的称为"贼"，把抢东西的称为"盗"（强盗）；在古代汉语中，把偷东西的称为"盗"，把抢东西的称为"贼"或"盗"。

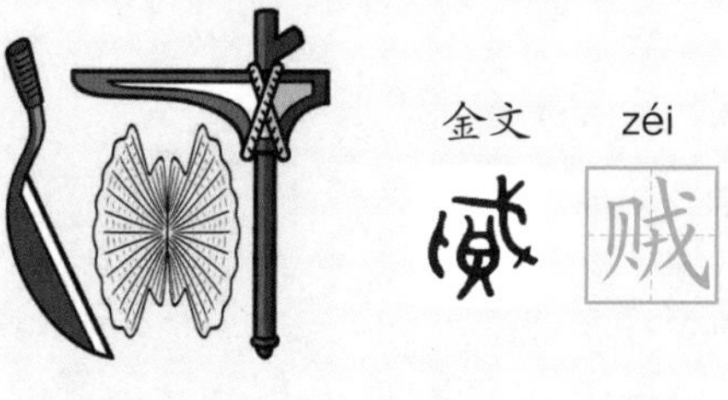

学而思

一、“之”在文言文中常用作指示代词。“不为盗者，摸之无声”中的“之”指钟。下列句子中的“之”也指钟的是（ ）。（多选）

A. 以帷围之　　B. 引囚逐一令引手入帷摸之

C. 讯之，遂承为盗　　D. 使人迎置后阁祠之

二、陈述古之所以能辨认出偷盗者，是因为他抓住了偷盗者（ ）的心理。

A. 虚荣　　B. 爱财

C. 虚伪　　D. 做贼心虚

三、下列说法不正确的是（ ）。

A. 陈述古是一位精通罪犯心理的官吏

B. 要想人不知，除非己莫为，人不能做坏事

C. “为盗者”的心理素质都比较好，轻易不会露出马脚

D. 陈述古是一个非常机智、观察入微的人

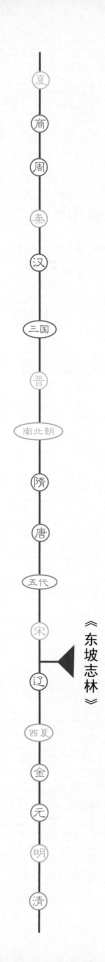

东坡志林

初　　名　《东坡手泽》
作　　者　苏轼
创作年代　北宋
基本类型　笔记文集
价值影响　苏轼笔记散文的代表

《东坡志林》记载了苏轼从元丰至元符二十年中的杂说史论，内容广泛。文章长短不拘、挥洒自如，体现了他行云流水的写作风格。

苏轼,字子瞻,一字和仲,号东坡居士,谥号“文忠”。北宋著名的政治家、文学家、书画家、美食家。他与父苏洵、弟苏辙，合称为“三苏”。苏轼是北宋中期的文坛领袖，在诗、词、散文、书、画等方面都取得了很高成就。诗歌题材广阔，清新豪健，善用夸张比喻，与黄庭坚并称“苏黄”；词开豪放一派，与辛弃疾同是豪放派代表，并称“苏辛”；散文与欧阳修并称“欧苏”，为“唐宋八大家”之一。苏轼还擅长书法，为“宋四家”之一；擅长文人画，尤其是墨竹、怪石、枯木等。后人称他为“全才式的艺术巨匠”。

名句集锦

◎山下兰芽短浸溪，松间沙路净无泥，萧萧暮雨子规啼。
◎谁道人生无再少？门前流水尚能西！休将白发唱黄鸡。
◎庭下如积水空明，水中藻、荇交横，盖竹柏影也。
◎何夜无月？何处无竹柏？但少闲人如吾两人者耳。

扫码听音频

26 记承天寺[1]夜游

jì chéng tiān sì yè yóu

yuán fēng liù nián shí yuè shí èr rì yè, jiě yī yù shuì, yuè sè rù hù, xīn rán
元丰六年[2]十月十二日夜，解衣欲睡，月色入户，欣然[3]
qǐ xíng. niàn wú yǔ wéi lè zhě, suì zhì chéng tiān sì xún zhāng huái mín. huái mín yì wèi
起行。念[4]无与为乐者[5]，遂[6]至承天寺寻张怀民[7]。怀民亦未
qǐn, xiāng yǔ bù yú zhōng tíng. tíng xià rú jī shuǐ kōng míng, shuǐ zhōng zǎo、xìng jiāo
寝[8]，相与[9]步于中庭[10]。庭下如积水空明[11]，水中藻、荇[12]交
héng, gài zhú bǎi yǐng yě. hé yè wú yuè? hé chù wú zhú bǎi? dàn shǎo xián rén rú wú
横，盖[13]竹柏影也。何夜无月？何处无竹柏？但[14]少闲人如吾
liǎng rén zhě ěr.
两人者耳[15]。

---

❶ 承天寺：故址在今湖北省黄冈市城南。

❷ 元丰六年：公元1083年。元丰，宋神宗年号。

❸ 欣然：高兴、愉快的样子。然，……的样子。

❹ 念：想到，考虑。

❺ 者：……的人。

❻ 遂：于是，就。

❼ 张怀民：名梦得，字怀民，清河（今河北清河县）人；他当时也被贬到黄州，寓居承天寺，是作者的朋友。

❽ 寝：睡，卧。

❾ 相与：共同，一起。

❿ 中庭：庭院里。

⓫ 空明：形容水的澄澈。

⓬ 藻、荇：均为水生植物，这里指水草。

⓭ 盖：原来。

⓮ 但：只，只是。

⓯ 耳：语气词，罢了。

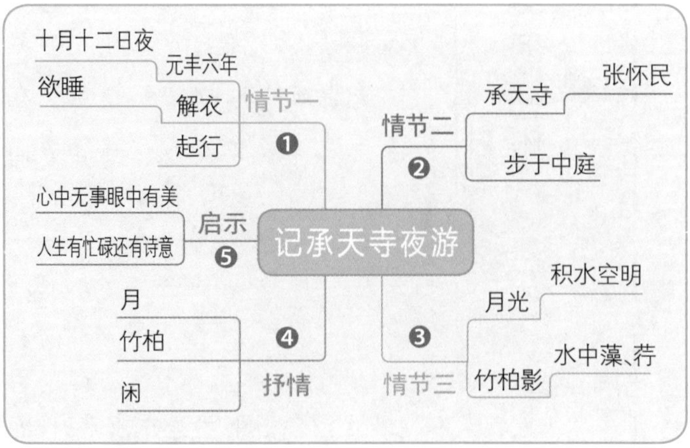

智慧点拨

苏轼做官被贬，心情忧郁，但他并没有沉溺其中，而是设法寻求解脱方法。我们遇到挫折时，不要消沉，应调整好心态，乐观面对。

译文悦读

元丰六年十月十二日夜晚，我脱下衣服准备睡觉的时候，恰好看见月光透过窗户射了进来，高兴地起床出门散步。想到没有与我同乐的人，就到承天寺寻找张怀民。张怀民也没有睡，我们就一起在庭院中散步。庭院中的月光宛如积水那样清澈透明，水中的水藻、荇菜交横错杂，原来是竹子和柏树的影子啊。哪一个夜晚没有月光呢？哪一个地方没有竹子和柏树呢？只是缺少像我们两个这样清闲的人罢了。

知识拓展

寺、庙、观、庵

寺、庙、观、庵都是佛教或道教的建筑名称，但它们有很大的区别。

寺　最初指官署，如大理寺、太常寺等。东汉时，天竺僧人来中国传经，最初住在洛阳的白马寺，于是寺便成为僧人住所的通称，如“少林寺”“灵隐寺”“寒山寺”等。

庙　原是供奉祖先的地方。汉代以后，庙逐渐成为祭鬼神的场所，还常用来敕封、追谥文人武士，如“孔子庙”“关羽庙”等。

观　原指天文学家观察星象的“天文观察台”。据说，汉代道士汪仲都因治好汉元帝顽疾而被引进皇宫中的“昆明观”，从此道教徒感激皇恩，把道教建筑称为“观”。

庵　原指一种小草屋，古时文人们的书斋也称“庵”，如“老学庵”“影梅庵”等。汉以后建设一些庵堂专供尼姑居住，于是“庵”便成了佛教女子出家的专用建筑名称，如“白雀庵”等。

学而思

一、填空题。

1.本文描绘了作者在承天寺夜间看到的________________，同时也抒发了他________________的苦闷心情。

2.文中描写承天寺优美夜景的句子是：“________________________。”

二、选择题。

“但少闲人如吾两人者耳”中“闲人”一词沧桑凝重，它隐含作者怎样的心情？（　　）（多选）

A.对贬谪悲凉人生的感慨。　　B.赏月的欣喜。

C.漫步的悠闲。　　D.对仕途不如意的悲叹。

扫码听音频

mù tóng píng huà

27 牧童评画

shǔ zhōng yǒu dù chǔ shì hào shū huà suǒ bǎo yǐ bǎi shù yǒu dài sōng niú

蜀中有杜处士①，好②书画，所宝③以百数。有戴嵩④《牛》

yì zhóu yóu suǒ ài jǐn náng yù zhóu cháng yǐ zì suí yí rì pù shū huà yǒu yī mù

一轴，尤⑤所爱，锦囊玉轴⑥常以自随。一日曝⑦书画，有一牧

tóng jiàn zhī fǔ zhǎng dà xiào yuē cǐ huà dòu niú yě niú dòu lì zài jiǎo wěi chù rù

童见之，拊掌⑧大笑，曰："此画斗牛也。牛斗力在角，尾搐⑨入

liǎng gǔ jiān jīn nǎi diào wěi ér dòu miù yǐ chǔ shì xiào ér rán zhī

两股间。今乃掉尾⑩而斗，谬⑪矣！"处士笑而然⑫之。

gǔ yǔ yún gēng dāng wèn nú zhī dāng wèn bì bù kě gǎi yě

古语云："耕当问奴，织当问婢。"不可改也。

① 杜处士：姓杜的读书人。处士，古称有才德而隐居不仕的人，后泛指未做过官的读书人。

② 好：喜欢，喜好。

③ 宝：珍藏。

④ 戴嵩：唐代画家，善画牛。

⑤ 尤：特别。

⑥ 锦囊玉轴：用彩锦做装画的袋子，用玉石做卷画的轴子。指对书画品的珍爱。

⑦ 曝：晒，晾。

⑧ 拊掌：拍手。

⑨ 搐：指尾巴夹在两条后腿中。

⑩ 掉尾：摇着尾巴。

⑪ 谬：错误。

⑫ 然：认为……是对的。

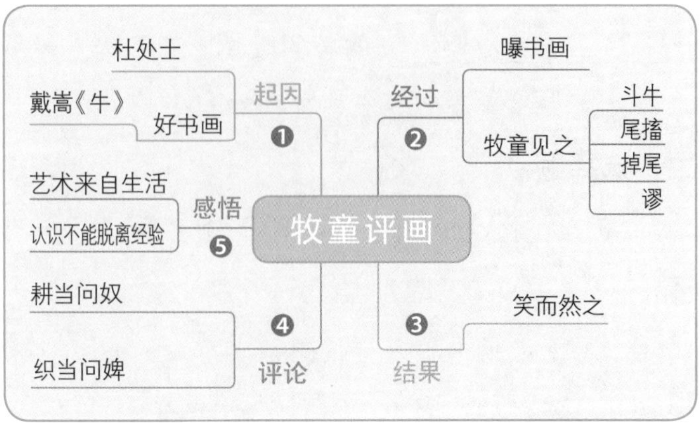

译文悦读

四川有一个姓杜的处士，他喜好书画，珍藏的书画作品有几百件。其中有一卷戴嵩画的《斗牛图》，他特别珍爱，用彩锦做装画的袋子，用玉石做卷画的轴子经常带在身边赏玩。有一天，他把画摊开晾晒，有个牧童看见了这幅画，拍手大笑起来，说："这画的是斗牛啊！牛相斗时力气全都用在牛角上，牛尾巴紧夹在两腿之间。现在这画中的牛却是甩着尾巴在角斗，错了呀！"杜处士笑了笑，觉得牧童说得很对。古话说："耕种就要问农民，纺织就要问女佣。"这个道理不可改变呀！

智慧点拨

绘画讲求形似、神似，艺术来源于生活。这说明了实践出真知的道理。因为画家不了解事实才会画错，而有实践经验的人才能明白其中的道理，所以我们都应向有经验的人虚心学习。

知识拓展

斗 牛

黔东南的许多村寨，每年择期或在重要节日常常举行斗牛比赛。侗族人民在斗牛比赛的基础上，还创造了一种名为古式斗牛的舞蹈。回族也有斗牛的传统项目。

表演开始，斗牛者着红色披风，上身穿单肩坎肩，右侧胸、臂裸露，下身穿黑色灯笼裤。一头壮黄牛被牵进场来，斗牛者脱去披风，开始挑逗黄牛，用鞭抽打，使它发怒。黄牛红眼冲来，斗牛者挺身迎上，顺势抓住牛角，和它来往格斗，使牛体力消耗，然后使出绝招，用力将牛摔倒在地。斗牛也可用水牛，但难度稍逊。

实词"画"趣解

"畫"(画)是一个会意字。甲骨文的上边像手持笔的样子，是"聿"(y&)字，下边像画出来的花纹或图形，整体表示手持笔画花纹或图形。金文的下边将花纹或图形改为"田"，"田"表示田界，整体表示用笔划分田界。小篆在"田"的周围加线条，表示田界。隶书省去两旁的田界而写作"畫"，今简化为"画"。

"画"的本义为画图或田界，泛指划分界限，如"画界"。由此引申为筹划。又引申为绘画，如"画蛇添足"。还引申为画成的作品，如"风景如画"。也引申为用笔或类似笔的东西做出线条或作为标记，如"画记号"。

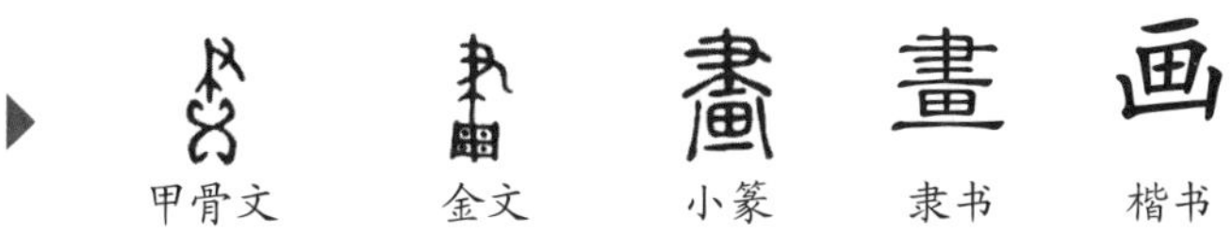

学而思

一、填空题。

文中，“有牧童见之，拊掌大笑”的原因是____。（用原文句子回答）

二、选择题。

读完这个故事后，你明白的道理是（　　）。（多选）

A. 要学会谦虚，乐于接受正确的建议

B. 不能像牧童那样不懂装懂，乱发议论

C. 要注意观察生活，做生活的有心人

D. 做任何事都应该尊重事实，不能想当然

三、判断题。（正确的打“√”，错误的打“×”）

1.“好书画”中“好”的意思是“喜欢”。（　　）

2.“处士笑而然之”中“然”的意思是“对的”。（　　）

3.“今乃掉尾而斗，谬矣”中“谬”的意思是“错误”。（　　）

4.“一日曝书画”中“曝”的意思是“晒、晾”。（　　）

老学庵笔记

作　　者	陆游
创作年代	南宋
文学体裁	笔记
名称由来	由“老学庵书斋”而得名
价值影响	了解宋代的社会政治经济情况,还能体悟陆游的诗歌创作方法。

《老学庵笔记》是南宋陆游创作的一部笔记，是宋人笔记丛书中的佼佼者。书名因作者晚年隐居故乡的“老学庵”书斋而得名。

该书有三大突出特点：一是所录多属本人或亲友见闻；二是特别关心时事人物；三是所述人事多有议论褒贬。因此，本书很有趣味性和阅读性。

陆游，字务观，号放翁，浙江绍兴人，南宋文学家、爱国诗人。他的诗兼具李白的雄奇奔放和杜甫的沉郁悲凉，尤其是饱含的爱国热情对后世影响深远。杨慎评他的词：“放翁词纤丽处似淮海，雄慨处似东坡。”陆游著文也堪称大师，其《入蜀记》是中国第一部长篇游记。

名句集锦

◎“李和儿也。”挥泪而去。

◎文选烂，秀才半。

◎巧妇难为无米之炊。

◎只许州官放火，不许百姓点灯。

◎“放气，放气！”遂疾走而去，追之不及。

zhōu guān fàng huǒ

28 州官放火

tián dēng zuò jùn zì huì qí míng chù zhě bì nù lì zú duō bèi bǎng chī yú shì

田登作郡[1]，自讳[2]其名，触[3]者必怒，吏卒[4]多被榜笞[5]。于是

jǔ zhōu jiē wèi dēng wéi huǒ shàng yuán fàng dēng xǔ rén rù zhōu zhì yóu guān lì rén

举[6]州皆谓灯为“火”。上元[7]放灯[8]，许[9]人入州治游观。吏人

suì shū bǎng jiē yú shì yuē běn zhōu yī lì fàng huǒ sān rì

遂[10]书榜揭[11]于市[12]曰：“本州依例[13]放火三日。”

---

❶ 作郡：做州的长官。

❷ 讳：避讳，封建时代为了维护等级制度的尊严，说话写文章时遇到君主或尊亲的名字都不直接说出或写出。

❸ 触：触动，触怒。

❹ 卒：士兵。

❺ 榜笞：责打。

❻ 举：全。

❼ 上元：正月十五，即元宵节。

❽ 放灯：挂灯。

❾ 许：允许。

❿ 遂：于是。

⓫ 榜揭：张贴告示。揭，告示。

⓬ 市：街头。

⓭ 依例：依照惯例。依，按照。例，老习惯。

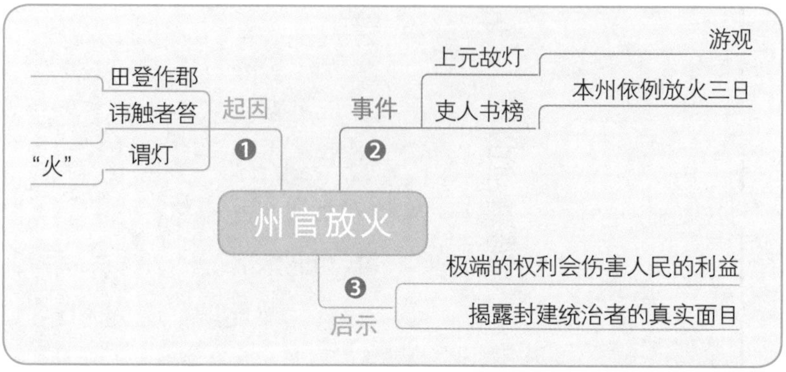

智慧点拨

只允许当官的胡作非为，却禁止老百姓的正常活动。本文讽刺了有权有势的人践踏群众权益的行为，揭露了封建统治者为所欲为的真实面目。

译文悦读

田登担任郡守期间，自己规定要避讳他的名字，谁误用了他的名字，他一定会生气，因此很多官吏差役都被责打过。于是，整个常州的人都称“灯”为“火”。有一年正月十五元宵节放花灯，允许百姓到常州城来游览观看。官吏就写了一张告示张贴在集市上，说：“本州依照惯例放火三天。”

知识拓展

古代的避讳方法

“避讳”是指不愿说出或听到某些会引起不愉快的字眼，又有回避的意思。其中“讳”的意思是因有所顾忌而不敢说或不愿说。

古人对帝王、尊长的姓名不允许直呼或书写，常常采用一些办法避讳。常见的避讳方法如下：

1. 用同义、近义字来代替。如：唐太宗名世民，六部中的民部就改称户部。

2. 用同音或音近字来代替。如：苏轼祖父名序，苏轼给人写序时就改用叙字。

3. 用删字或删除、添加部件的方法。如：五代后晋君主叫石敬瑭（táng），其他姓敬的就改为姓文（即取“敬”字的右半边的变化为“文”字）。又如：孔子名丘，清朝雍正时，为避孔子之讳，于是把地名、姓氏中的“丘”都改作“邱”。

另外，还有缺笔、改读等多种避讳方法。这些做法都给汉字的发展和应用带来了负面影响。

在《琵琶行》中白居易写下了“江州司马青衫湿”的诗句，都知道“司马”是白居易的官职，但这个“司马”的官职和之前朝代的江州司马青衫湿“司马”并不一样，它是由“治中”这一官号改的，原因就是为了避唐高宗李治的讳。

在唐朝时期的《隋书》之中，为了避李世民的讳，每遇到王世充的名字都会写成“王充”。

端月是指农历的正月，一年的开始为正。《史记索隐》在《秦楚之际月表》“端月”下注称因避始皇讳，由于秦始皇帝正月在赵国降生，取名“赵政（赵正）”，所以秦始皇成为秦王之后，为避讳，其臣民便改称正月为端月。

学而思

一、从文中可以看出，田登是一个（　　）的人。（多选）

A. 公私分明，爱护百姓　　B. 独裁专断

C. 胡作非为，不顾百姓生活　　D. 专制蛮横

二、这个故事可以用俗语（　　）来概括。

A. 鸡犬之声相闻，老死不相往来

B. 此地无银三百两，隔壁张三不曾偷

C. 狗咬吕洞宾，不识好人心

D. 只许州官放火，不许百姓点灯

三、下列对故事理解正确的是（　　）。（多选）

A. 故事说明了在封建社会，百姓的正当言行会受到种种限制

B. 故事辛辣地讽刺了那些封建专制的官僚们

C. 古代官民之间有着地位上不可逾越的鸿沟

D. “只许州官放火，不许百姓点灯”源出于苏轼的《老学庵笔记》

宋名臣言行录

别名	《八朝名臣言行录》
作者	朱熹、李幼武
创作年代	南宋
文学体裁	传记
文学价值	中国首部记录名臣言行的著作

《宋名臣言行录》是南宋朱熹和李幼武撰写的传记，共75卷，朱熹撰前集十卷，后集14卷，李幼武撰续集、别集、外集51卷。成书目的是不掺私人观点地整理散乱的史料，将北宋名臣的事迹中可信的部分保留下来，因此它的史料可信度极高。

朱熹字元晦、仲晦，号晦庵，晚称晦翁，谥号“文”，故世称“朱文公”，是南宋时期理学家、思想家、哲学家、教育家、诗人。朱熹是闽学的代表人物，理学集大成者，被后世尊称为朱子，与二程合称“程朱学派”。他的理学思想影响很大，成为元、明、清三朝的官方哲学。

名句集锦

◎人生在勤，勤则不匮。

◎书不可不成诵。

◎君子以同道为朋，小人以同利为朋。

◎守正直而佩仁义。

◎水至清则无鱼，人至察则无徒。

扫码听音频

29 范仲淹[1]发愤

fàn zhòng yān fā fèn

fàn zhòng yān èr suì ér gū mǔ pín wú yī zài shì cháng shān zhū shì jì zhǎng

范仲淹二岁而孤[2]，母贫无依，再适[3]长山[4]朱氏。既长，

zhī qí shì jiā gǎn qì cí mǔ qù zhī nán dū rù xué shè zhòu yè kǔ xué wǔ nián wèi

知其世家[5]，感泣辞母，去[6]之[7]南都入学舍。昼夜苦学，五年未

cháng jiě yī jiù qǐn huò yè hūn dài zhé yǐ shuǐ wò miàn wǎng wǎng zhān zhōu bù chōng

尝[8]解衣就寝。或[9]夜昏怠[10]，辄[11]以水沃面[12]。往往饘粥[13]不充，

rì zè shǐ shí suì dà tōng liù jīng zhī zhǐ kǎi rán yǒu zhì yú tiān xià cháng zì sòng yuē

日昃[14]始食。遂大通[15]六经[16]之旨，慨然[17]有志于天下。常自诵曰：

dāng xiān tiān xià zhī yōu ér yōu hòu tiān xià zhī lè ér lè yě

“当先[18]天下之忧而忧，后[19]天下之乐而乐也。”

---

1 范仲淹：北宋名臣，政治家、文学家。

2 孤：幼年死去父亲。

3 再适：再嫁，改嫁。再，第二次。适，出嫁。

4 长山：古地名。

5 世家：身世。

6 去：离开。

7 之：到，去。

8 未尝：从来没有。

9 或：有时，有时候。

10 昏怠：昏昏沉沉，很疲倦。

11 辄：就。

12 沃面：冲洗脸。沃，浇，淋。

13 饘粥：稠粥。

14 日昃：太阳偏西。

15 大通：精通。

16 六经：指《诗》《书》《礼》《乐》《易》《春秋》。

17 慨然：慷慨激昂的样子。

18 先：在……之前。

19 后：在……之后。

智慧点拨

范仲淹少年贫苦，衣不御寒，食不果腹，然而胸怀大志。我们生在新时代，更应该勤奋学习，为祖国的繁荣富强做出自己的贡献。

译文悦读

范仲淹两岁时死了父亲，母亲贫穷无依无靠，改嫁到长山姓朱的人家。范仲淹长大以后，知道了自己的身世，感动得流下了眼泪，离开母亲去应天府的南都学舍读书。他不分昼夜地刻苦学习，五年里都没有解开衣服睡觉。有时夜晚疲倦了，就用冷水洗脸。他常常是白天苦读，经常连稠粥都吃不上，直到太阳偏西才吃一点东西。多年以后，他精通了六部经典著作的要义，并树立起了治理天下的雄心壮志。他常常自己吟诵说:“仁人志士应当在天下人忧愁之前先忧愁，在天下人都享乐之后才享乐。”

知识拓展

韦编三绝

春秋时期，人们把竹片或木片用结实的绳子按次序连起来，最后制作成一本书(简册)，所以，制作一部书要用许多竹简。通常，人们把用丝线编连起来的竹简叫“丝编”，用麻绳编连起来的竹简叫“绳编”，用熟牛皮绳编连起来的竹简叫“韦编”。

孔子晚年很喜欢读《易经》，反反复复把《易经》全部读了许多遍，又添加了许多内容在上面。孔子这样读来读去，就把串联竹简的牛皮带子都给磨断了几次，不得不多次换上新的。

孔子读《易经》把韦编都磨断了多次，所以人们将这件事称为“韦编三绝”，用以形容读书勤奋刻苦。三绝，多次断绝。

简册

学而思

填空题。

1. 文中，写少年范仲淹身世和家境的句子是“__________”和“__________”；写他发愤苦读的句子是“__________”和“__________”。

2. “先天下之忧而忧，后天下之乐而乐”是出自范仲淹《__________》中的名句，在文中起到______________的作用。

扫码听音频

30 陈谏议教子

宋陈谏议家有劣马，性暴，不可驭[1]，蹄[2]啮[3]伤人多矣。一日，谏议入厩[4]，不见是[5]马，因[6]诘[7]仆[8]：“彼[9]马何以[10]不见？”仆言为陈尧咨售之贾人[11]矣。尧咨者，陈谏议之子也。谏议遽[12]召子，曰：“汝为贵臣[13]，家中左右尚不能制[14]，贾人安[15]能畜[16]之？是移祸于人也！”急命人追贾人取马，而偿其直[17]。戒[18]仆养之终老。时人称陈谏议有古仁人[19]之风。

①驭：控制，驾驭。
②蹄：名词用作动词，踢。
③啮：咬。
④厩：马棚。
⑤是：这，此。
⑥因：于是。
⑦诘：责问。
⑧仆：仆人。
⑨彼：那。
⑩何以：为什么。
⑪贾人：商人。
⑫遽：马上，立刻。
⑬贵臣：朝中重臣。
⑭制：控制，制服。
⑮安：哪里，怎么。
⑯畜：养。
⑰直：通“值”，价值，这里指钱。
⑱戒：告诫。
⑲仁人：有仁德的人。

智慧点拨

己所不欲，勿施于人。陈谏议为人正直，不嫁祸于人，这是做人应有的品质。做事要先考虑后果，不能欺骗别人，更不能为了自己而损坏他人的利益。

译文悦读

宋人陈谏议家里有一匹劣马，性情暴躁，不能驾驭，踢伤咬伤了很多人。一天，陈谏议走进马棚，看不到这匹马，于是责问仆人："为什么不见那匹马？"仆人说，被陈尧咨卖给商人了。陈尧咨是陈谏议的儿子。陈谏议立刻召唤来儿子，说："你是朝中重臣，家里的仆人都不能制服这匹马，商人又怎么能养好它呢？你这是把祸害转嫁给别人啊！"陈谏议赶快让人去追商人索回马，并把卖马的钱退还给商人。陈谏议告诫仆人把那匹马养到老死。当时的人都称赞陈谏议有古代仁者的风范。

知识拓展

为什么"家"字下面是猪？

"家"是一个会意字。甲骨文由"宀"(mián)和"豕"两部分组成，"宀"表示房屋，"豕"表示猪，整体表示养猪的棚屋。

上古时人们在定居以后才在屋内养猪，所以"家"的本义为家庭固定的住所，如"回家"。由此引申为由父母、子女等组成的家庭、人家，如"传家宝"。又指某种学术流派，如"儒家"。由此引申为经营某种行业的人，如"农家乐"。又引申为掌握某种专门学识或从事某种专门活动的人，如"文学家"。

含有"家"字的成语如万家灯火、勤俭持家、成家立业、百家争鸣、家徒四壁等。

谏　议

"谏议"即"谏议大夫"的简称。这个官职从秦朝开始设置，它的职责是掌管朝中议论。如大臣们对朝廷有建议或批评，经谏议大夫筛选后转告皇帝。谏议大夫官职不高，可权力相当大，因为可以直接与皇帝接触。该制度从汉、隋、唐一直延续到明朝。

学而思

一、判断下列说法是否正确。（正确的打“√”，错误的打“×”）

1.“不见是马”中“是”的意思是“这、此”。 （　　）

2.“汝为贵臣”中“贵臣”的意思是“尊贵的臣子”。 （　　）

3.“贾人安能畜之”中“畜”的意思是“家畜”。 （　　）

4.“戒仆养之终老”中“戒”的意思是“告诫”。 （　　）

二、文中，陈谏议教导儿子什么道理？（　　）（多选）

A. 己所不欲，勿施于人。

B. 做人处事可以不为他人着想。

C. 为人正直，不移祸于人，这是做人应有的品德。

D. 做事之前要先考虑后果，更不欺骗他人。

参考答案

01 囊萤夜读

一、白绢做成口袋,装几十只萤火虫照着书本
二、1.A 2.C

02 王献之逸事

一、吾儿磨尽三缸水,唯有一点似羲之 二、AC

03 闻鸡起舞

一、1.犬 鸡 蚕 蜂 2.中夜 司州 闻鸡起舞 祖逖、刘琨 3.闻鸡起舞 二、1.A 2.ACD

04 吾腰千钱

一、同伴 汝 善游者 二、不肯放弃腰中钱财而被溺死。它告诉我们不要过分看重钱财,要重视生命,或在金钱和生命面前要懂得取舍。

05 小石潭记

一、1.隔篁竹 2.坛中鱼可百许头,皆若空游无所依 二、小石潭上,凄神寒骨

06 黔之驴

一、稍出近之 往来视之 又近出前后(稍近) 荡倚冲冒 二、1.√ 2.√ 3.× 4.√
三、黔驴技穷 C

07 画龙点睛

一、龙 鼠 羊 兔 羊 马 蛇 狗 牛 鸡 猴 豹 二、惊弓之鸟—战国·更羸 悬梁刺股—汉·孙敬、战国·苏秦 一言九鼎—战国·毛遂 背水一战—西汉·韩信 梦笔生花—唐·李白 焚书坑儒—秦·嬴政 孺子可教—秦·张良 洛阳纸贵—魏晋·左思 指鹿为马—秦·赵高 三、虾 竹 虎 马
四、西安—长安 南京—金陵 北京—蓟城 洛阳—雒阳 杭州—临安 安阳—殷邑 开封—汴梁

08 义犬救主

啸—虎 鸣—蝉 嘶—马 啼—猿 吠—犬 吟—龙 吼—狮 嚎—狼

09 鹦鹉扑火

一、重情义行为 二、1.A 2.B 三、1.√ 2.× 3.√

10 女娲造人

1.B 2.C 3.B

11 孙敬悬梁

一、勤奋好学 困乏得要躺下睡觉 用绳子把头发拴在房梁上 二、1.D 2.C

12 盘古开天

一、A 二、略

13 钻木取火

鲁班被小草的叶边小齿划破了手—锯 鱼靠鱼鳔在水中自由沉浮—潜艇 蝙蝠发出超声波探路—雷达 牛顿看见苹果落到地上—万有引力 蜻蜓飞行时翅膀震动—直升机 燧人氏看见猫头鹰啄树—火

14 郑人逃暑

一、1.AB 2.C 二、1.× 2.√ 3.√ 4.√

15 欧阳修苦读

一、1.废寝忘食 夜以继日 发愤忘食 无所事事 饱食终日 2.读书破万卷 下笔如有神
二、D 三、鳏—年老无妻或丧妻的男子 孤—年幼丧父的孩子 寡—年老无夫或丧夫的女子 独—年老无子女的人 废—残疾的人 疾—有疾病的人

16 醉翁亭记

一、1.峰回路转 2.醉翁之意不在酒 二、E

17 卖油翁

一、酌油 善射 二、1.B 2.C 三、1.√ 2.√ 3.× 4.√

18 牛角挂书

一、A 二、1.勤奋读书 2.善于发现人才 3.谨记父亲教诲 三、匡衡 祖逖 东汉 孟子

19 出镞教子

一、1.将军百战死 壮士十年归 2.王师北定中原日 家祭无忘告乃翁 二、ABC

20 刘毅直言

一、A 二、桓帝、灵帝的时代,听不到这样的话;现在朕有正直的臣下,本来就胜过桓帝、灵帝了。

21 孙权劝学

一、吴下阿蒙 刮目相看 二、ABC

22 陶侃惜谷

AB

23 魏文侯守信

一、A 二、ACD 三、饮酒乐,天又雨。 魏文侯是一个重信守诺的人。

24 伤仲永

一、1.父利其然也,日扳仲永环谒于邑人,不使学 2.稍稍宾客其父,或以钱币乞之。3.未尝识书具,忽啼求之。父异焉,借旁近与之,即书诗四句,并自为其名 二、ABC 三、BCD

25 陈述古辨盗

一、ABD 二、D 三、C

26 记承天寺夜游

一、1.月下美景 壮志难酬 2.庭下如积水空明,水中藻、荇交横,盖竹柏影也 二、ABC

27 牧童评画

一、此画斗牛也。牛斗力在角,尾搐入两股间,今乃掉尾而斗,谬矣 二、ACD 三、1.√ 2.× 3.√ 4.√

28 州官放火

一、BCD 二、D 三、ABC

29 范仲淹发愤

1.二岁而孤 母贫无依 或夜昏怠 辄以水沃面 2.岳阳楼记 揭示主题

30 陈谏议教子

一、1.√ 2.× 3.× 4.√ 二、ACD

目　录

01　囊萤夜读

胤恭勤不倦，博学多通。家贫不常得油，夏月则练囊盛数十萤火以照书，以夜继日焉。

一、下列加点字的解释不正确的是（　　）。

A. 车胤恭勤不倦（谨慎）　　B. 博学多通（通晓、明白）

C. 练囊盛数十萤火（白绢）　　D. 以夜继日焉（语气助词）

二、下列加点字的读音不正确的是（　　）。

A. 博学多通（bó）　　B. 盛数十萤火以照书（shèng）

C. 车胤恭勤不倦（yìn）　　D. 夏月则练囊（náng）

三、下列朗读节奏划分正确的是（　　）。

A. 车 / 胤 / 恭勤 / 不倦，博学 / 多通

B. 车胤 / 恭勤 / 不倦，博学 / 多通

C. 车胤 / 恭勤 / 不倦，博学多 / 通

D. 车胤 / 恭勤不倦，博学多 / 通

四、把下列语句翻译成现代汉语。

夏月则练囊盛数十萤火以照书，以夜继日焉。

____

五、根据原文内容填空。

1. 选择下列括号里正确的字。

胤恭勤不倦，（博　搏）学多通。家贫不常得油，夏月则（练　炼）囊（盛　胜）数十（萤　荧）火以照书，以夜继日焉。

2. 本文选自《________》，文中形容车胤辛勤读书，精通学问的句子是：“________________________。”

3. 原文中能解释“囊萤夜读”题目的句子是“________________________”（用文中的语句回答），表现了车胤________的精神；这篇文章揭示了________________的道理。

六、根据原文回答下列问题。

1. 车胤买不起灯油读书，他想到了什么方法？

2. 读了这个故事，你有什么感想？

七、下列对原文分析不恰当的是（　　）。

A. 我们应该向车胤那样勤奋学习

B. 从这个故事中我学到了怎样节约用电，如捕萤火虫来照明

C. 故事让我懂得遇事要学会动脑筋，利用条件来解决自己面临的困难

02　王献之逸事

献之字子敬，少有盛名，而高迈不羁。……七八岁时学书，羲之密从后掣其笔，不得，叹曰："此儿后当复有大名！"尝书壁为方丈大字，羲之甚以为能，观者数百人。

夜卧斋中，而有偷人入其室，盗物都尽。献之徐曰："偷儿，青毡我家旧物，可特置之。"群偷惊走。

一、解释下列句子加点的字、词。

1. 七八岁时学书（　　　）　　2. 羲之密从后掣其笔（　　　）

3. 尝书壁为方丈大字（　　　）　　4. 献之徐曰（　　　）

二、下列加点字读音不正确的是（　　）。

A. 而高迈不羁（jī）　　B. 羲之密从后掣其笔（zhì）

C. 夜卧斋中（zhāi）　　D. 青毡我家旧物（zhān）

三、判断题。（正确的打"√"，错误的打"×"）

1. "文房四宝"是指笔、墨、纸、砚四种文具，又称"文房四士"。（　　）

2. 古时男子二十岁行加冠礼时取字，女子十五岁出嫁时行笄礼时取字。（　　）

3. 王羲之和王献之都是古代著名的书法家。（　　）

4. "尝书壁为方丈大字"中"尝"的意思是"尝试"。（　　）

四、把下列语句翻译成现代汉语。

1. 羲之密从后掣其笔，不得。

2. 此儿后当复有大名！

____

五、根据原文回答下列问题。

1. 本文第一自然段围绕王献之写了哪两件事？请用自己的话简要概括一下。

（1）____

（2）____

2. 请用自己的话试着评价一下王献之。

____

03 闻鸡起舞

范阳祖逖，少有大志，与刘琨俱为司州主簿。同寝，中夜闻鸡鸣，蹴琨觉，曰：“此非恶声也！”因起舞。

一、下列加点字的解释不正确的是（　　）。

A. 与刘琨俱为司州主簿（当，做）　　B. 因起舞（因为）

C. 夜闻鸡鸣（听到）　　D. 蹴琨觉（踢）

二、请圈出下列加点字的正确读音。

1. 范阳祖逖（tì　dí）　　2. 少有大志（shǎo　shào）

3. 同寝（qǐn　qǐng）　　4. 蹴琨觉（jué　jiào）

三、用“/”标出下列句子中的朗读节奏。（标两处）

与 刘 琨 俱 为 司 州 主 簿。

四、把下列语句翻译成现代汉语。

中夜闻鸡鸣，蹴琨觉，曰：“此非恶声也！”

____

____

五、根据原文回答下列问题。

1. 请简要概括本文的主要内容。

____

2. 祖逖为什么要夜半“闻鸡起舞”？（用原文语句回答）

____

3. 夜半鸡鸣在祖逖看来并非是令人厌恶的声音，而是一种＿＿＿＿＿＿的声音。

4.“闻鸡起舞”这个成语的意思是 ______________________________

__________，后指有志之士及时奋发，刻苦自励，多用于 ______（褒 / 贬）义。

六、下列对本文理解不正确的是（　　）。

A. 祖逖年轻时就有远大志向，与刘琨互相勉励，闻鸡起舞

B. 刘琨虽然与祖逖情谊深厚，但祖逖缺乏志向

C. 做任何事情都要持之以恒，只有刻苦努力，才能实现梦想

04 吾腰千钱

永之氓咸善游。一日，水暴甚，有五六氓乘小船绝湘水。中济，船破，皆游。其一氓尽力而不能寻常。其侣曰："汝善游最也，今何后为？"曰："吾腰千钱，重，是以后。"曰："何不去之？"不应，摇其首。有顷，益怠。已济者立岸上，呼且号曰："汝愚之甚，蔽之甚，身且死，何以货为？"又摇其首，遂溺死。

一、解释下列句子加点的字。

1. 永之氓咸善游 __________　　2. 一日，水暴甚 __________

3. 乘小船绝湘水 __________　　4. 身且死 __________

二、请圈出下列加点字的正确读音。

1. 乘小船绝湘水（chéng shèng）　　2. 呼且号曰（háo hào）

3. 有顷（qǐng qīng）　　4. 遂溺死（shuì suì，ruò nì）

三、用"/"标出下列句子中的朗读节奏。（标两处）

其 一 氓 尽 力 而 不 能 寻 常

四、下面与"已济者立岸上"中的"济"意思相同的是（　　）。

A. 济世安民　　B. 无济于事

C. 刚柔并济　　D. 同舟共济

五、下列加点字意思相同的是（　　）。（多选）

A. 水暴甚　暴病身亡　　B. 绝湘水　夜久语声绝

C. 汝善游最也　京中有善口技者　　D. 身且死　立岸上呼且号曰

六、"其一氓尽力而不能寻常"的正确翻译是（　　）。

A. 其中有个流氓比平常更用力地划水

B. 其中一个人虽然拼命划水，速度却不如普通人

C. 其中一个人尽力游泳但仍然不能像普通人一样

D. 其中一个人虽然拼命划水却游不远

七、根据原文完成下列问题。

1. 文中运用了 ____________ 和 ____________ 的描写方法，刻画了一个守财奴的形象。

2. 文中最能说明“永之氓溺死”原因的是（　　）。

A. 尽力而不能寻常　　B. 得不有大货之溺大氓者乎

C. 身且死，何以货为　　D. 吾腰千钱，重

3. 这篇短文讽刺了什么样的人？

____

05 小石潭记

从小丘西行百二十步，隔篁竹，闻水声，如鸣珮环，心乐之。伐竹取道，下见小潭，水尤清冽。全石以为底，近岸，卷石底以出，为坻，为屿，为嵁，为岩。青树翠蔓，蒙络摇缀，参差披拂。

潭中鱼可百许头，皆若空游无所依，日光下澈，影布石上。佁然不动，俶尔远逝，往来翕忽，似与游者相乐。

一、解释下列句子中加点的字、词。

1. 水尤清冽 ____________　　2. 佁然不动 ____________

3. 潭中鱼可百许头 ____________　　4. 俶尔远逝 ____________

二、下列加点字的读音不正确的是（　　）。

A. 隔篁竹（huáng）　　B. 心乐之（lè）

C. 水尤清冽（liè）　　D. 参差披拂（cān）

三、下列朗读节奏划分不正确的是（　　）。

A. 隔 / 篁竹，闻 / 水声

B. 伐 / 竹取道，下见 / 小潭

C. 青树 / 翠蔓，蒙络 / 摇缀，参差 / 披拂。

D. 潭中鱼 / 可百许头，皆若空游 / 无所依。

四、把下列语句翻译成现代汉语。

1. 青树翠蔓，蒙络摇缀，参差披拂。

____

2. 往来翕忽，似与游者相乐。

____

五、根据原文回答下列问题。

1. 下列句子中没有比喻义的是（　　）。

A. 如鸣佩环，心乐之

B. 皆若空游无所依

C. 卷石底以出

2. 第二段主要是写景，采用了 ________、________ 等写作手法。

3. 用原文的语句回答下列问题。

（1）与“皆若空游无所依”相呼应的句子是“________________________________”。

（2）描写潭中鱼静态的句子是“________________”；描写其动态的句子是“________________”。

六、下列对本文理解和分析不恰当的是（　　）。

A. 作者隔着篁竹能找到小石潭，是小潭的流水声吸引了他

B. “全石以为底”是说潭的底部都是小石头

C. 第一段作者围绕着“石”来写，在移步换景中引导我们去领略不同的景致

D. 第二段采用动静结合的手法，展现出游鱼嬉闹的画面

06 黔之驴

黔无驴，有好事者船载以入。至则无可用，放之山下。虎见之，庞然大物也，以为神，蔽林间窥之。稍出近之，慭慭然，莫相知。

他日，驴一鸣，虎大骇，远遁，以为且噬己也，甚恐。然往来视之，觉无异能者。益习其声，又近出前后，终不敢搏。稍近，益狎，荡倚冲冒。驴不胜怒，蹄之。虎因喜，计之曰：“技止此耳！”因跳踉大㘎，断其喉，尽其肉，乃去。

一、下列加点字的解释不正确的是（　　）。

A. 有好事者船载以入（装运）　　B. 蔽林间窥之（躲藏）

C. 虎大骇（害怕）　　D. 终不敢搏（拼搏）

二、下列与“觉无异能者”中的“异”意思相同的是（　　）。

A. 异国他乡　　B. 奇花异草

C. 异口同声　　D. 异曲同工

三、下列对“之”字解释有误的是（　　）。

A. 放之山下（结构助词，可以省略）　　B. 虎见之（指代驴）

C. 蔽林间窥之（指代驴）　　D. 蹄之（指代老虎）

四、根据原文回答下列问题。

1. 本文作者是_______（朝代）的文学家____________（人名）。

2. 下列出自本文的典故是（　　）。

A. 狐假虎威　　B. 黔驴技穷

C. 名不副实　　D. 外强中干

3. 下列选项与本文主旨最接近的是（　　）。

A. 苛政猛于虎也　　B. 出淤泥而不染

C. 天时不如地利，地利不如人和　　D. 金玉其外，败絮其中

4. 本文运用拟人的修辞手法推动着故事情节的发展，这一特点表现在老虎的神态变化上：(用原文语句)

____________ → ____________ → ____________ → ____________ → ____________。

5. 驴被老虎吃掉的主要原因是什么？（用原文语句回答）

____

五、下列对本文理解不正确的是（　　）。

A. 这则寓言的主要描写对象是黔之驴，所以作者对驴详写

B. 这则寓言旨在讽刺统治阶级中官高位显而又外强中干的人

C. 文中运用大量细节描写，表现了老虎一步步认清驴的过程

D. 人要有真才实学，才不至于使自己陷入困境

07　画龙点睛

张僧繇于金陵安乐寺，画四龙于壁，不点睛。每曰：“点之即飞去。”人以为诞，因点其一。须臾，雷电破壁，一龙乘云上天，不点睛者皆在。

一、解释下列句子中加点的字、词。

A. 画四龙于壁（　　　）　　B. 须臾，雷电破壁（　　　）

C. 未点睛者皆在（　　　　　）　　　　D. 人以为诞（　　　　　）

二、下列加点字的解释不正确的是（　　）。

A. 不点睛（眼睛）　　　　B. 张僧繇于金陵安乐寺（在）

C. 因点其一（因为）　　　　D. 每曰："点之即飞去（时常）

三、下列朗读节奏划分正确的是（　　）。

A. 张僧繇 / 于 / 金陵 / 安乐寺，画 / 四龙 / 于壁，不 / 点 / 睛

B. 张僧繇 / 于金陵 / 安乐寺，画 / 四龙 / 于壁，不 / 点 / 睛

C. 张僧繇 / 于 / 金陵 / 安乐寺，画 / 四龙 / 于壁，不 / 点睛

D. 张僧繇 / 于金陵 / 安乐寺，画 / 四龙 / 于壁，不 / 点睛

四、"画龙点睛"是一个成语，比喻艺术创作在关键处着墨，或写作、说话时在关键处加上精辟词语，使内容更加生动传神，也比喻做事在重要之处下力，其反义词有______________，"画龙点睛"多用于______（褒 / 贬）义。

五、把下列语句翻译成现代汉语。

1. 每曰："点之即飞去。"

____

2. 须臾，雷电破壁，一龙乘云上天，不点睛者皆在。

____

____

六、根据原文回答下列问题。

1. 点睛的龙为什么能破壁而出，腾云驾雾，飞上九天？

____

____

2. 文中的哪一句说明了画家张僧繇高超的艺术技巧和扎实的绘画功底？（用原文回答）

____

3. 除此之外，你还能列举出画家绘画技艺高超的事例吗？

____

08 义犬救主

华隆好弋猎。畜一犬，号曰“的尾”，每将自随。隆后至江边，被一大蛇围绕周身。犬遂咋蛇死焉，而华隆僵仆无所知矣。犬彷徨嗥吠，往复路间。家人怪其如此，因随犬往。隆闷绝委地，载归家，二日乃苏。隆未苏之前，犬终不食。自此爱惜，如同于亲戚焉。

一、解释下列句子中加点的字。

1. 华隆好弋猎 ______　　2. 犬遂咋蛇死焉 ______

3. 隆闷绝委地 ______　　4. 自此爱惜 ______

二、下列句子朗读节奏划分不正确的是（　　）。

A. 华隆 / 好弋猎

B. 被 / 一大蛇 / 围绕周身

C. 家人 / 怪其如此，因 / 随犬往

D. 自此 / 爱惜，如同 / 于亲 / 戚焉

三、判断题。（正确的打“√”，错误的打“×”）

1. 本文选自中国古代第一部文言纪实小说总集《太平广记》。（　　）

2. “家人怪其如此”中的“怪”是形容词作意动用法，指对……感到奇怪。（　　）

3. 文中的“亲戚”与现代汉语中的“亲戚”意思相同。（　　）

四、把下列语句翻译成现代汉语。

1. 家人怪其如此，因随犬往。

______

2. 自此爱惜，如同于亲戚焉。

______

五、根据原文回答下列问题。

1. “的尾”对主人的义气表现在哪几个方面？

______

______

______

2. 这是一个什么故事？赞美了什么？

______

3. 动物是人类的朋友，但仍然有人大肆猎杀动物。请你以“保护动物”为主题，

拟两条公益广告标语。

____

____

09 鹦鹉扑火

有鹦鹉飞集他山，山中禽兽辄相贵重。鹦鹉自念虽乐不可久也，便去。后数月，山中大火。鹦鹉遥见，便入水濡羽，飞而洒之。天神言：“汝虽有志意，何足云也？”对曰：“虽知不能，然尝侨居是山，禽兽行善，皆为兄弟，不忍见耳。”天神嘉感，即为灭火。

一、解释下列句子中加点的字。

1. 有鹦鹉飞集他山 ______________　　2. 汝虽有志意 ______________

3. 便入水濡羽 ______________　　4. 然尝侨居是山 ______________

二、用“/”标出下列句子中的朗读节奏。（标两处）

鹦 鹉 遥 见 便 入 水 濡 羽 飞 而 洒 之

三、下列与“飞而洒之”中的“之”意思相同的是（　　）。

A. 至之市　　B. 公将鼓之

C. 学而时习之　　D. 何陋之有

四、判断题。（正确的打“√”，错误的打“×”）

1. “山中禽兽辄相贵重”中“辄”的意思是“总是”。（　　）

2. “然尝侨居是山”中“侨居”的意思是“寄住”。（　　）

3. “兄弟”的古义与今义完全相同。（　　）

五、把下列语句翻译成现代汉语。

虽知不能救，然尝侨居是山，禽兽行善，皆为兄弟，不忍见耳。

____

____

六、根据原文回答下列问题。

1. 文中鹦鹉具有的精神是______________________________，鹦鹉的哪些举动体现了这种精神？（用原文回答）

____

2. 天神为什么深受感动？

3. 下列与鹦鹉扑火精神含义相近的是（　　）。

A. 飞蛾扑火　　B. 忘恩负义

C. 管鲍之交　　D. 义不容辞

10　女娲造人

天地开辟，未有人民，女娲抟黄土作人。剧务力不暇供，乃引绳于泥中，举以为人。

一、下列加点字、词的解释不正确的是（　　）。

A. 剧务，力不暇供（担任剧务工作的人）　　B. 未有人民（没有）

C. 乃引绳于泥中（牵，拉）　　D. 娲抟黄土作人（捏聚成团）

二、下列朗读节奏划分正确的是（　　）。

A. 乃 / 引绳 / 于 / 泥中，举以 / 为人

B. 乃 / 引绳于泥中，举以 / 为人

C. 乃引 / 绳 / 于泥中，举 / 以为人

D. 乃引绳 / 于 / 泥中，举以为 / 人

三、“辟”字是多音字，有以下三种读音，“天地开辟”中的“辟”应读作（　　）。

A. pì　　B. pī　　C. bì

四、“乃引绳于泥中”的正确翻译是（　　）。

A. 于是她就引导绳子到泥浆中　　B. 她就拿了绳子放入泥浆中

C. 于是她就拿了绳子沾上泥浆　　D. 她竟然拿了绳子放入泥浆中

五、根据原文回答下列问题。

1. 女娲先（　　）造人，后来（　　）造人。

A. 捏黄土　　B. 刻模子

C. 吹仙气　　D. 甩绳子

2. 女娲用绳沾泥浆造人的原因是（　　）。

A. 捏黄土团造人的速度太慢

B. 用绳沾泥浆，甩起来很有趣

C. 黄土不够了，只能用泥浆

3. 除《女娲造人》外，你还知道哪些神话故事呢？

六、下列对本文理解不正确的是（　　）。

A. 故事详细地描写了女娲造人的具体过程

B. 故事体现了古代人民无穷的想象力

C. 故事反映了古人对人类由来的原始想象

D. 故事运用奇妙的想象，科学地解释了人类的起源

11　孙敬悬梁

孙敬，字文宝，好学，晨夕不休。及至眠睡疲寝，以绳系头悬屋梁。后为当世大儒。

一、下列加点字的解释不正确的是（　　）。

A. 孙敬悬梁（悬挂）　　B. 字文宝，好学（与“坏”相对）

C. 及至眠睡疲寝（等到）　　D. 以绳系头悬屋梁（用）

二、下列加点字的读音不正确的是（　　）。

A. 孙敬，字文宝，好学（hǎo）　　B. 及至眠睡疲寝（qǐn）

C. 以绳系头悬屋梁（jì）　　D. 后为当世大儒（rú）

三、把下列语句翻译成现代汉语。

及至眠睡疲寝，以绳系头悬屋梁。

____

四、根据原文回答下列问题。

1. 孙敬“以绳系头悬屋梁”的目的是（　　）。

A. 惩罚自己　　B. 提醒自己

C. 奖励自己　　D. 结束生命

2. 孙敬是一个什么样的人？

____

3. 这个故事对你有什么启示？

____

4. 下列包含“孙敬悬梁”的成语是（　　）。

A. 命悬一线　　B. 囊萤映雪

C. 夜不闭户　　D. 悬梁刺股

五、下列说法错误的是（　　）。

A. 这个故事是讲古人孙敬刻苦学习的故事

B. 人的成才取决于天才、环境和条件

C. 人的成才主要决定于后天的勤奋、刻苦和坚持不懈

12　盘古开天

天地混沌如鸡子，盘古生其中。万八千岁，天地开辟，阳清为天，阴浊为地。盘古在其中，一日九变，神于天，圣于地。天日高一丈，地日厚一丈，盘古日长一丈。如此万八千岁。天数极高，地数极深，盘古极长。故天去地九万里。

一、解释下列句子中加点的字。

1. 万八千岁，天地开辟，阳清为天，阴浊为地。

岁：________　　为：________

2. 故天去地九万里。

故：________　　去：________

二、请圈出下列句子中加点字的正确读音。

1. 天地混沌如鸡子（hún　dùn）（hūn　dùn）

2. 天地开辟（pì　bì）

3. 地日厚一丈（hòu　hù）

三、下列句子中“于”字的用法与例句中相同的是（　　）。

例句：神于天，圣于地

A. 青出于蓝而胜于蓝　　B. 女娃游于东海　　C. 驴独行于道。

四、下列句子朗读节奏划分不正确的是（　　）。

A. 天地 / 混沌 / 如鸡子，盘古 / 生其中

B. 阳清 / 为天，阴浊 / 为地

C. 天 / 日高一丈，地 / 日厚一丈

D. 天 / 数极高，地 / 数极深，盘古 / 极长

五、把下列语句翻译成现代汉语。

天日高一丈，地日厚一丈，盘古日长一丈，如此万八千岁。

____

____

六、用原文内容填空。

1. 阳清为天，__________。

2. 盘古在其中，一日九变，神于天，__________。

3. 天日高一丈，地__________，盘古__________。

4. 天数极高，地数__________，盘古__________。

七、根据原文回答下列问题。

1. “盘古开天”之前，天地是什么样子的？（用原文回答）

____

2. 你从这个神话故事的哪些方面看出作者的神奇想象力？（用原文回答）

____

____

13 钻木取火

燧明国不识四时昼夜，有火树名燧木，屈盘万顷。后世有圣人，游日月之外，至于其国，息此树下。有鸟若鸮，以口啄树，灿然火出。圣人感焉，因取小枝钻火，号燧人氏。

一、下列加点字、词的解释不正确的是（　　）。

A. 燧明国不识四时昼夜（春夏秋冬）　　B. 游日月之外（的）

C. 因取小枝钻火（因为）　　D. 以口啄树（鸟用嘴取食）

二、下列加点字的读音不正确的是（　　）。

A. 有火树名燧木（suì）　　B. 屈盘万顷（qīng）

C. 有鸟若鸮（xiāo）　　D. 号燧人氏（hào）

三、下列朗读节奏划分不正确的是（　　）。

A. 神 / 而 / 化之，使 / 民 / 宜之，故 / 谓之 / 神农也

B. 有 / 火树 / 名燧木，屈盘 / 万顷

C. 有 / 鸟 / 若鸮，以 / 口 / 啄树

D. 圣人 / 感焉，因 / 取小枝 / 钻火，号 / 燧人氏

四、请结合原文，按照要求填空。

圣人来到________国，在______休息，看到________________产生灵感，

最后取小枝 __________，号称 __________。

五、燧人氏的重大发现是（　　）。

A. 钻木取火　　B. 构木为巢　　C. 火药　　D. 养蚕

六、根据原文回答下列问题。

1. 燧明国的环境是怎样的？（用原文中语句回答）

____

2. 燧人氏是通过什么现象发明钻木取火的？

____

3. “钻木取火”的科学道理是什么？请简要回答。

____

14 郑人逃暑

郑人有逃暑于孤林之下者，日流影移，而徙衽以从阴。及至暮，反席于树下。及月流影移，复徙衽以从阴，而患露之濡于身。其阴逾去，而其身逾湿，是巧于用昼而拙于用夕矣。

一、解释下列句子中加点的字、词。

1. 复徙衽以从阴　　徙：__________

2. 及至暮　　及至：__________

3. 其阴逾去　　去：__________

4. 而其身逾湿　　逾：__________

二、下列加点字的读音不正确的是（　　）。

A. 而徙衽以从阴（rèn）　　B. 及至暮（mù）

C. 而患露之濡于身（rú）　　D. 拙于用夕矣（zuō）

三、判断题。（正确的打“√”，错误的打“×”）

1. “而患露之濡于身”中“患”的意思是“害病”。（　　）

2. “郑人逃暑”中“逃暑”的意思是“避暑、乘凉”。（　　）

3. “而徙衽以从阴”中的“衽”是指郑人的衣服。（　　）

四、把下列语句翻译成现代汉语。

1. 日流影移，而徙衽以从阴。

____

____

2. 是巧于用昼而拙于用夕矣。

____

五、根据原文完成下列问题。

1. “郑人逃暑”巧于用昼的行为是 ______________；到了傍晚，他 ______________，结果却 ______________。（用原文语句填空）

2. 郑人的“拙”表现在什么地方？

____

3. 这则寓言故事告诉你什么道理？

____

____

15 欧阳修苦读

先公四岁而孤，家贫无资。太夫人以荻画地，教以书字；多诵古人篇章，使学为诗。及其稍长，而家无书读，就闾里士人家借而读之，或因而抄录。抄录未毕，而已能诵其书。以至昼夜忘寝食，惟读书是务。自幼所作诗赋文字，下笔已如成人。

一、下列加点字的解释不正确的是（　　）。

A. 先公四岁而孤（幼年丧父）　　B. 家贫无资（钱财）

C. 及稍长，而家无书读（等到）　　D. 惟读书是务（任务）

二、下列加点字的读音不正确的是（　　）。

A. 太夫人以荻画地（dí）　　B. 就闾里士人家借而读之（lǘ）

C. 教以书字（jiào）　　D. 先公四岁而孤（gū）

三、下列与“教以书字”中的“书”意思相同的是（　　）。

A. 四书五经　　B. 罄竹难书

C. 博览群书　　D. 琴棋书画

四、下列说法错误的是（　　）。

A. “就闾里士人家借而读之”中“士人”的意思是“读书人”

B. 从“先公四岁而孤”中的“孤”字可以看出欧阳修是一个无父母的孤儿

C. “以荻画地”中“荻”的意思是“芦苇秆”

D. “或因而抄录”中“或”的意思是“有时”

五、用“/”标出下面句子中的朗读节奏。（标两处）

就 闾 里 士 人 家 借 而 读 之

六、把下列语句翻译成现代汉语。

1. 或因而抄录。抄录未毕，已能诵其书。

____

____

2. 以至昼夜忘寝食，惟读书是务。

____

____

七、根据原文回答下列问题。

1. 欧阳修的“苦读”主要体现在哪些方面？

（1）______________________________；

（2）______________________________。

2. 欧阳修的成功，除了他自身的努力外，还有什么原因？

____

八、下列对本文理解和分析不正确的是（　　）。

A. 就本文而言，欧阳修值得我们学习的是勤学苦练、专心致志

B. 欧阳修能够成功，很大程度上是因为他的学习环境好

C. 本文讲的是欧阳修在艰苦环境下勤学苦读的故事

D. 从文中看出，欧阳修的母亲是一个教子有方、对孩子要求严格的人

16 醉翁亭记

环滁皆山也。其西南诸峰，林壑尤美，望之蔚然而深秀者，琅琊也。山行六七里，渐闻水声潺潺，而泻出于两峰之间者，酿泉也。峰回路转，有亭翼然临于泉上者，醉翁亭也。作亭者谁？山之僧智仙也。名之者谁？太守自谓也。太守与客来饮于此，饮少辄醉，而年又最高，故自号曰醉翁也。醉翁之意不在酒，在乎山水之间也。山水之乐，得之心而寓之酒也。

一、下列加点字的解释不正确的是（　　）。

A. 环滁皆山也（环绕）　　B. 林壑尤美（山谷）

C. 醉翁之意不在酒（意思）　　D. 得之心而寓之酒也（寄寓，寄托）

二、下列说法错误的是（　　）。

A. “有亭翼然临于泉上者”中“临”的意思是“近”

B. “望之蔚然而深秀者”中“蔚然”的意思是“天气晴朗的样子”

C. “作亭者谁”中“作”的意思是“建造”

D. “饮少辄醉”中“辄”的意思是“就，总是”

三、下列句子中加点“之”的含义和用法与例句不相同的是（　　）。

例句：山之僧智仙也

A. 泻出于两峰之间者　　B. 醉翁之意不在酒

C. 望之蔚然而深秀者　　D. 山水之乐

四、把下列语句翻译成现代汉语。

1. 醉翁之意不在酒，在乎山水之间也。

____

2. 山水之乐，得之心而寓之酒也。

____

五、根据原文回答下列问题。

1. 用原文语句回答。

（1）文中描写“醉翁”雅号由来的句子是______________________________

______________________________。

（2）醉翁的心意不在酒上，而在于______________。

2. “环滁皆山也”中的“环”和“皆”描写了滁州地域环境什么特点？

____

3. 远望琅琊山特点鲜明，请把琅琊山的特点用一个词语来概括。

____

4. “有亭翼然临于泉上”中的“翼然”不仅写出了亭的姿态，也写出了人的心情。请结合你的阅读感受，分析“翼然”二字体现了作者什么心情？

____

____

六、成语“醉翁之意不在酒”原指______________________________

______________________________，后用来表示本意不在这里，而在其他方面。

七、下列对本文理解和分析不合适的是（　　）。

A. 本文由面到点介绍了醉翁亭所在，先“环滁”，再“西南”，望“琅琊”，闻“水声”，用听觉置换视觉。一“回”一“转”，方见亭子

B. 本文语言优美，运用了大量的骈散句，增添了语言的韵律美；“而”和“也”字的巧妙运用，把整齐的句子断开，使文章带上了散文的韵味

C. 全文重复运用“……者……也”，并连用了九个“也”字，显得繁杂啰唆

D. “醉翁之意不在酒，在乎山水之间也”是本文的点睛之笔，“醉翁”之“醉”，不仅因太守酒量浅，更有沉醉于山水之美的含义

17 卖油翁

陈康肃公善射，当世无双，公亦以此自矜。尝射于家圃，有卖油翁释担而立，睨之久而不去。见其发矢十中八九，但微颔之。

康肃问曰：“汝亦知射乎？吾射不亦精乎？”翁曰：“无他，但手熟尔。”康肃忿然曰：“尔安敢轻吾射？”翁曰：“以我酌油知之。”乃取一葫芦置于地，以钱覆其口，徐以杓酌油沥之，自钱孔入，而钱不湿。因曰：“我亦无他，惟手熟尔。”康肃笑而遣之。

一、下列加点字、词的解释不正确的是（　　）。

A. 陈康肃公善射（善于射箭）　　B. 公亦以此自矜（自夸）

C. 尔安敢轻吾射（安全）　　D. 我亦无他（也）

二、下列加点字的读音不正确的是（　　）。

A. 公亦以此自矜（jīn）　　B. 睨之久而不去（nì）

C. 康肃忿然曰（fēn）　　D. 以我酌油知之（zhuó）

三、下列说法错误的是（　　）。

A. “惟手熟尔”中“惟”的意思是“只不过”

B. “以我酌油知之”中“酌”的意思是“倒入”

C. “但手熟尔”中的“尔”无实义

D. “汝亦知射乎”中“乎”的意思是“吗”

四、下列朗读节奏划分正确的是（　　）。

A. 陈康肃公 / 善射，当世 / 无双，公 / 亦 / 以此自矜

B. 陈 / 康肃公 / 善射，当世 / 无双，公亦 / 以此自矜

C. 陈／康肃公／善射，当世／无双，公／亦／以此自矜

D. 陈／康肃公／善射，当世／无双，公亦／以此／自矜

五、文中含有多个“之”字，且为“动词＋之”形式的动宾结构。请选择填空。

A. 卖油翁　　B. 油　　C. 射箭是凭手熟的道理

D. 无实义　　E. 陈康肃公

1. 睨之久而不去　（　　）
2. 但微颔之　（　　）
3. 以我酌油知之　（　　）
4. 徐以杓酌油沥之　（　　）
5. 康肃笑而遣之　（　　）

六、根据原文完成下列问题。

1. “卖油翁”指________；主要通过写卖油翁的______，突出________的道理。

2. 你对“康肃笑而遣之”中的“笑”是如何理解的？

____

____

3. “有卖油翁释担而立，睨之久而不去。”若将句子中的“睨”换成“看”“望”“观”等词是否合适？为什么？

____

____

4. 读了本文，你认为一个人应该如何看待自己的长处？如何看待他人的长处？

____

____

____

七、下列对本文的理解不正确的是（　　）。

A. 本文揭示了“熟能生巧、艺无止境”的道理

B. 第一段写陈尧咨射箭的技术高超

C. 第二段写卖油翁酌油的本领过人

D. 本文描写了陈尧咨的自信，卖油翁的自大

18 牛角挂书

密以蒲鞯乘牛，挂《汉书》一帙角上，行且读。越国公杨素适见于道，按辔蹑其后，曰：“何书生勤如此？”密识素，下拜。问所读，曰：“《项羽传》。”因与语，奇之。归谓子玄感曰：“吾观密识度，非若等辈。”玄感遂倾心结纳。

一、下列加点字、词的解释不正确的是（　　）。

A. 越国公杨素适见于道（适当）　　B. 非若等辈（同辈之人，这里指这些人）

C. 玄感遂倾心结纳（结交接纳）

二、下列加点字的读音不正确的是（　　）。

A. 密以蒲鞯乘牛（chéng）　　B. 行且读（xíng）

C. 玄感遂倾心结纳（qīn）

三、下列与“因与语，奇之”中“语”意思相同的是（　　）。

A. 妙语连珠　　B. 鸟语花香

C. 语重心长　　D. 夏虫不可以语冰

四、下列句子中没有省略现象的是（　　）。

A. 挂《汉书》一帙角上　　B. 越国公杨素适见于道

C. 何书生勤如此　　D. 玄感遂倾心结纳

五、把下列语句翻译成现代汉语。

1. 密以蒲鞯乘牛，挂《汉书》一帙角上，行且读。

____

2. 吾观密识度，非若等辈。

____

六、根据原文回答下列问题。

1. 李密“牛角挂书”的故事对你有什么启示？

____

____

2. “牛角挂书”讲述了李密勤奋读书的故事，你能说出两个与故事意思相近的成语吗？

____

七、下列对本文理解不恰当的是（　　）。

A. “牛角挂书”用来比喻读书勤奋，学习刻苦。文中旨在描写李密读书的勤奋

B. “越国公杨素适见于道”的意思是越国公杨素正好在路上碰见他

C. 越国公杨素对在路上骑着黄牛一边走一边读书的李密深表赞叹

D. “吾观密识度，非若等辈”表现出杨素对李密的赏识和钦佩，以此来反激自己的儿子

19　出镞教子

李存审出于寒微，常戒诸子曰：“尔父少提一剑去乡里，四十年间，位极将相，其间出万死获一生者非一，破骨出镞者凡百余。”因授以所出镞，命藏之，曰：“尔曹生于膏粱，当知尔父起家如此也。”

一、下列加点字的解释不正确的是（　　）。

A. 常戒诸子（偶尔）　　B. 少提一剑去乡里（年幼、年轻）

C. 因授以所出镞（箭头）　　D. 当知尔父起家如此也（应当）

二、对“其间出万死获一生者非一，破骨出镞者凡百余”的理解最恰当的是（　　）。

A. 出生入死，千疮百孔　　B. 舍生忘死，骁勇善战

C. 九死一生，身经百战　　D. 万死不辞，冲锋陷阵

三、把下列语句翻译成现代汉语。

1. 尔父少提一剑去乡里，四十年间，位极将相。

____

____

2. 尔曹生于膏粱，当知尔父起家如此也。

____

____

四、李存审“位极将相”之前有怎样的经历？请试着用自己的话简要概括。

____

____

五、下列对本文理解不正确的是（　　）。

A. 李存审出身寒微，凭借战功官至相位

B. 李存审告诫儿子不要忘本

C. 李存审教子的主旨与“生于忧患，死于安乐”的思想恰好相反

D. 李存审出镞是为了告诫孩子们：今天的富贵来之不易，在安逸的生活中更应当努力才能有所作为

20 刘毅直言

晋武帝三年春，帝亲祀南郊，礼毕，喟然问司隶校尉刘毅曰：“朕可方汉之何帝？”对曰：“桓、灵。”帝曰：“何至于此？”对曰：“桓、灵卖官，钱入官库；陛下卖官，钱入私门。以此言之，殆不如桓、灵也。”帝笑曰：“桓、灵之世，不闻此言；今朕有直臣，固为胜之。”

一、解释下列句子加点的字。

1. 朕可方汉之何帝　　方：________

2. 殆不如桓、灵也　　殆：________

3. 固为胜　　固：________　　胜：________

二、下列加点字的读音不正确的是（　　）。

A. 喟然问司隶校尉刘毅曰（wèi）　　B. 桓、灵卖官（huán）

C. 殆不如桓、灵也（dài）　　D. 固为胜之（shèng）

三、用“/”标出下列句子中的朗读节奏。（标两处）

朕 可 方 汉 之 何 帝？

四、把下列语句翻译成现代汉语。

1. 桓、灵卖官，钱入官库；陛下卖官，钱入私门。

____

____

2. 今朕有直臣，固为胜之。

____

五、根据原文完成下列问题。

1. 刘毅认为晋武帝与桓帝、灵帝的共同点是________，不同点是________，所以他认为________。（用原文语句填空）。

2. 同是向君王进谏，有人选择委婉讽谏，而刘毅却选择直言进谏。你赞同哪种进谏方式？请说出你的理由。

____

____

六、下列对本文理解不正确的是（　　）。

A. 刘毅面对皇帝敢于直言，刚正不阿

B. 晋武帝胸怀宽广，善于纳谏，难能可贵

C. 刘毅认为晋武帝做的比桓帝、灵帝好

21 孙权劝学

初，权谓吕蒙曰："卿今当涂掌事，不可不学。"蒙辞以军中多务。权曰："孤岂欲卿治经为博士邪！但当涉猎，见往事耳。卿言多务，孰若孤？孤常读书，自以为大有所益。"蒙乃始就学。

及鲁肃过寻阳，与蒙论议，大惊曰："卿今者才略，非复吴下阿蒙！"蒙曰："士别三日，即更刮目相待，大兄何见事之晚乎！"肃遂拜蒙母，结友而别。

一、填空题。

1. "孙权劝学"选自《____________》，该书是司马光主持编纂的一部__________通史，记载了从战国到五代共1362年间的史事。司马光，字________，________（朝代）著名的政治家、史学家。

2. "孤岂欲卿治经为博士邪"中的"经"是指"__________"，即《诗》《书》《礼》《乐》《易》《春秋》。

二、解释下列句子中加点的字、词。

1. 蒙辞以军中多务（　　　　）　2. 孤岂欲卿治经为博士邪（　　　　）

3. 但当涉猎　（　　　　）　4. 见往事耳　（　　　　）

三、下列加点字的读音不正确的是（　　）。

A. 卿（qīng）今当（dāng）涂掌事　B. 孤岂（qǐ）欲卿治经为博士邪（xié）

C. 但当涉猎（shè liè），见往事耳　D. 即更刮（guā）目相待

四、下列无错别字的句子是（　　）。

A. 蒙词以军中多务　B. 卿言多务，熟若孤

C. 卿今者才略，非复吴下阿蒙　D. 孤常读书，自以为大有所溢

五、下列句子中不含通假字的是（　　）。

A. 士别三日，即更刮目相待　　B. 孤岂欲卿治经为博士邪

C. 尊君在不　　D. 学而时习之，不亦说乎

六、下列语句翻译有误的是（　　）。

A. 孤常读书，自以为大有所益　　译文：我经常读书，自认为大有好处

B. 肃遂拜蒙母，结友而别　　译文：鲁肃于是拜见吕蒙的母亲，与吕蒙结为朋友，然后分别

C. 孤岂欲卿治经为博士邪　　译文：我岂能让你治理经书充当博士呢

D. 卿今者才略，非复吴下阿蒙　　译文：你如今的才干和谋略，不再是当年吴地的阿蒙了

七、根据原文回答下列问题。

1. 用原文语句回答问题。

（1）孙权为什么要劝吕蒙学习？

____

（2）描写吕蒙学习有惊人长进的语句有哪些？

____

____

2. 请分别写出文中三人的性格特点。

（1）孙权：______________________________；

（2）吕蒙：______________________________；

（3）鲁肃：______________________________。

3. “卿今当涂掌事，不可不学”表现了孙权对吕蒙＿＿＿＿＿＿的态度；“卿今者才略，非复吴下阿蒙”表现了鲁肃＿＿＿＿＿＿＿＿的态度。

4. 鲁肃与吕蒙结友的原因是什么？这样写有什么作用？

____

____

八、下列对本文理解和分析不恰当的是（　　）。

A. 文言文中的称谓有自称，也有对他人的爱称、敬称。本文中的“卿”是君对臣的爱称，“孤”是王侯的自称，“大兄”是对朋友辈的敬称

B. 本文中的对话言简义丰，生动传神，富于情味。本文注重以对话来表现人物

性格，仅寥寥数语，就能使人感受到三个人物各自说话时的口吻、神态和心理

C. 要想当权掌事，就必须读书

D. 不能因事情繁忙就放弃学习，坚持读书是有益的

22 陶侃惜谷

陶侃尝出游，见人持一把未熟稻，侃问："用此何为？"人云："行道所见，聊取之耳。"侃大怒诘曰："汝既不田，而戏贼人稻！"执而鞭之。是以百姓勤于农植，家给人足。

一、解释下列句中加点的字。

1. 见人持一把未熟稻 ____________　　2. 聊取之耳 ____________

3. 汝既不田 ____________　　4. 执而鞭之 ____________

二、下列加点的字与"汝既不田"中的"田"用法不同的是（　　）。

A. 天雨（yù）雪　　B. 醉翁之意不在酒

C. 而戏贼人稻　　D. 执而鞭之

三、下列句子的朗读节奏划分正确的是（　　）。

A. 汝 / 既不田，而 / 戏贼 / 人稻

B. 汝 / 既不田，而 / 戏 / 贼人 / 稻

C. 汝既 / 不田，而戏贼人 / 稻

D. 汝既 / 不田，而 / 戏 / 贼人 / 稻

四、判断题。（正确的打"√"，错误的打"×"）

1. "用此何为"是一个宾语前置的倒装句。（　　）

2. "聊取之耳"和"执而鞭之"中的"之"字所指代的内容相同。（　　）

3. "家给人足"中"足"的意思是"丰足"。（　　）

五、根据原文回答下列问题。

1. 陶侃将损害稻谷的人"执而鞭之"后产生的效果是什么？（用文中原句作答）

____

2. 作者对陶侃的态度如何？

____

____

3. 请你写出一句珍惜粮食的名句。

____

23 魏文侯守信

魏文侯与虞人期猎。是日，饮酒乐，天雨。文侯将出，左右曰：“饮酒乐，天又雨，君将焉之？”文侯曰：“吾与虞人期猎，虽乐，岂可不一会期哉？”乃往，身自罢之。

一、下列句子中加点字解释不正确的是（　　）。

A. 魏文侯与虞人期猎（约会）　B. 是日（这）

C. 君将焉之（代词，指魏文侯）　D. 身自罢之（停止）

二、与“公将焉之”中“焉”字用法相同的是（　　）。

A. 心不在焉　B. 积土成山，风雨兴焉　C. 不入虎穴，焉得虎子

三、判断题。（正确的打“√”，错误的打“×”）

1. 文言文中的“左右”与现代汉语意思完全相同。（　　）

2. “天又雨”中的“雨”是名词用作动词，意思是“下（雨、雪等）”。（　　）

3. “身自罢之”中“身”的意思是“亲自”。（　　）

四、把下列语句翻译成现代汉语。

1. 君将焉之？

____

2. 乃往，身自罢之。

____

五、根据原文回答下列问题。

1. 左右阻止文侯出猎的理由是什么？（用原文语句回答）

____

2. 从文中什么地方可以看出魏文侯是一位守信的人？

____

____

六、下列名句与本文主旨相近的是（　　）。

A. 志不强者智不达，言不信者行不果

B. 天行健，君子以自强不息

C. 露从今夜白，月是故乡明

D. 三千里路云和月，八千里路尘和土

24 伤仲永

金溪民方仲永，世隶耕。仲永生五年，未尝识书具，忽啼求之。父异焉，借旁近与之，即书诗四句，并自为其名。其诗以养父母、收族为意，传一乡秀才观之。自是指物作诗立就，其文理皆有可观者。邑人奇之，稍稍宾客其父，或以钱币乞之。父利其然也，日扳仲永环谒于邑人，不使学。

余闻之也久。明道中，从先人还家，于舅家见之，十二三矣。令作诗，不能称前时之闻。又七年，还自扬州，复到舅家，问焉。曰："泯然众人矣。"

一、填空题。

本文的作者是________代著名的文学家、政治家________（人名）。他积极推进________运动，他是"__________"之一。

二、解释下列句子中加点的字。

1. 父异焉（　　　）　　2. 传一乡秀才观之（　　　）

3. 自是指物作诗立就（　　　）　　4. 日扳仲永环谒于邑人（　　　）

三、"之"常用来作代词，指代人和事物。请写出下列"之"指代的具体内容。

A. 忽啼求之____________　　B. 借旁近与之____________

C. 邑人奇之____________　　D. 或以钱币乞之____________

四、用"/"标出下列句子中的朗读节奏。（标一处）

余 闻 之 也 久。

五、根据原文回答下列问题。

1. 本文以方仲永为________面例子，来说明________的重要性。作者在对方仲永惋惜的同时，也提醒人们________________________。

2. 文章开头介绍了方仲永的身世，意在突出表明什么？

____

3. 方仲永的天赋才华在文中的具体体现是什么？（用原文语句回答）

____

____

4. 方仲永从五岁到二十岁间的才能变化可分三个阶段。请用简明的语言概括各阶段。

（1）幼时：________________________；

（2）十二三岁：____________________；

（3）又七年：______________________。

六、下列对本文理解不正确的是（　　）。

A. 本文说明了人的天资与后天成才的关系

B. 本文说明了后天的学习和教育是天才成长的必要条件

C. 本文说明了家庭环境的好坏，是决定一个人能否成才的关键

D. 本文批判了当时不重视人才培养的社会弊端

25　陈述古辨盗

陈述古密直，知建州浦城县日，有人失物，捕得数人，莫知的为盗者。述古乃绐之曰："某庙有一钟，能辨盗，至灵。"使人迎置后阁祠之，引群囚立钟前，自陈："不为盗者，摸之则无声；为盗者，摸之则有声。"述古自率同职，祷钟甚肃，祭讫，以帷围之，乃阴使人以墨涂钟，良久，引囚逐一令引手入帷摸之。出乃验其手，皆有墨，唯有一囚无墨。讯之，遂承为盗。盖恐钟有声，不敢摸也。

一、解释下列句子中加点的字。

1. 捕得数人（捕）______　　2. 使人迎置后阁祠之（祠）______

3. 自陈（陈）______　　4. 祭讫（讫）______

二、下列加点字读音不正确的是（　　）。

A. 莫知的为盗者（de）　　B. 述古乃绐之曰（dài）

C. 祭讫（qì）　　D. 唯有一囚无墨（qiú）

三、判断题。（正确的打"√"，错误的打"×"）

1. "知建州浦城县日"中"知"的意思是"做知县"。（　　）

2. "述古乃绐之曰"中"绐"的意思是"哄骗、欺骗"。（　　）

3. "以帷围之"中的"之"指代"盗贼"。（　　）

四、把下列语句翻译成现代汉语。

1. 不为盗者，摸之则无声；为盗者，摸之则有声。

______

______

2. 盖恐钟有声，不敢摸也。

______

五、根据原文回答下列问题。

1. 盗贼为什么没有用手摸钟？（用原文语句回答）

____

2. 陈述古是如何让盗贼害怕摸钟并营造心理威慑的？

____

____

3. 你觉得陈述古是一个怎样的人？

____

____

26 记承天寺夜游

元丰六年十月十二日夜，解衣欲睡，月色入户，欣然起行。念无与为乐者，遂至承天寺寻张怀民。怀民亦未寝，相与步于中庭。庭下如积水空明，水中藻、荇交横，盖竹柏影也。何夜无月？何处无竹柏？但少闲人如吾两人者耳。

一、解释下列句中加点的字、词。

1. 欣然起行 ____________　　2. 念无与为乐者 ____________

3. 怀民亦未寝 ____________　　4. 庭下如积水空明 ____________

二、下列加点字读音不正确的是（　　）。

A. 遂至承天寺寻张怀民（suì）　　B. 相与步于中庭（xiàng）

C. 水中藻、荇交横（xìng）　　D. 盖竹柏影也（bǎi）

三、用“/”标出下面句子的朗读节奏。（标一处）

相 与 步 于 中 庭。

四、把下列语句翻译成现代汉语。

1. 庭下如积水空明，水中藻、荇交横，盖竹柏影也。

____

____

2. 何夜无月？何处无竹柏？但少闲人如吾两人者耳。

____

____

五、请用原文语句完成下列问题。

1. 文中描写月下美景的语句是 ________

2. 文中描写作者微妙复杂的思想感情的语句是 ________

3. 作者“欣然起行”的原因是什么？

____

六、根据原文回答下列问题。

1. “欣然”表达出作者怎样的心情？

____

2. “庭下如积水空明，水中藻、荇交横，盖竹柏影也。”运用了什么修辞手法？写出了月光和竹柏倒影的什么特点？

____

____

七、下列对“何夜无月？何处无竹柏？但少闲人如吾两人者耳”理解有误的是（　　）。

A. 作者陶醉于大自然的美景之中，产生了异常欣喜之情

B. 作者在政治上受排挤，心情苦闷，只好去大自然中寻找快乐和解脱

C. 表现了作者超然物外、旷达乐观的生活态度

27　牧童评画

蜀中有杜处士，好书画，所宝以百数。有戴嵩《牛》一轴，尤所爱，锦囊玉轴常以自随。一日曝书画，有一牧童见之，拊掌大笑，曰：“此画斗牛也。斗牛，力在角，尾搐入两股间。今乃掉尾而斗，谬矣！”处士笑而然之。

古语云：“耕当问奴，织当问婢。”不可改也。

一、下列加点字解释错误的是（　　）。

A. 尤所爱（特别）　　B. 所宝以百数（宝贝）

C. 谬矣（错误）　　D. 处士笑而然之（认为……是对的）

二、与“掉尾而斗”中“掉”字意思相同的是（　　）。

A. 掉头鼠窜　　B. 掉嘴弄舌

C. 掉以轻心　　D. 尾大不掉

三、在下列句子中补充了省略成分，其中错误的是（　　）。（多选）

A.（杜处士）所宝以百数　　B.（戴嵩）尤所爱

C.（牧童）拊掌大笑　　D.（杜处士）不可改也

四、下列朗读节奏划分不正确的是（　　）。

A. 此画 / 斗牛也

B. 牛斗 / 力在角，尾 / 搐入两股间

C. 有戴嵩 /《牛》一轴

D. 耕 / 当问奴，织 / 当问婢

五、根据原文回答下列问题。

1. 文章以“耕当问奴，织当问婢”结尾，意在告诉人们的道理是____。请模仿这两句古语试着写：______当问______；______当问______；______当问______。

2. 你觉得文中的牧童是一个怎样的人？

____

3. 杜处士听了牧童的话有什么反应？由此可见杜处士是一个什么样的人？

____

____

4. 文章引用古语结尾的作用是什么？

____

5. 下列与“耕当问奴，织当问婢”意思不相符的是（　　）。

A. 实践出真知　　B. 虚心使人进步

C. 术业有专攻　　D. 纸上得来终觉浅，绝知此事要躬行

六、下列说法不准确的是（　　）。

A. 做任何事情都要向内行请教，与被问者的身份、地位无关

B. 想提高艺术创作水平，就要深入实际观察生活

C. 闻道有先后，术业有专攻

D. 做事不能死板硬套，要学会灵活变通

28 州官放火

田登作郡，自讳其名，触者必怒，吏卒多被榜笞。于是举州皆谓灯为“火”。上元放灯，许人入州治游观。吏人遂书榜揭于市曰：“本州依例放火三日。”

一、解释下列句子中加点的字。

1. 自讳其名 (　　　　　)　　2. 触者必怒 (　　　　　)

3. 许人入州治游观 (　　　　　)　　4. 本州依例放火三日 (　　　　　)

二、给下列加点的“其”字选择恰当的解释。(只填序号)

A. 如果，假如　　B. 他的　　C. 表示揣测　　D. 那个，那些

1. 自讳其名 (　　　)

2. 其奈我何 (　　　)

3. 其中原因 (　　　)

三、用“/”标出下列句子中的朗读节奏。(标三处)

触 者 必 怒，吏 卒 多 被 榜 笞。

四、把下列语句翻译成现代汉语。

1. 上元放灯，许人入州治游观。

____

2. 本州依例放火三日。

____

五、根据原文回答下列问题。

1. 为什么全郡的人都要把“灯”称作“火”？

____

____

2. 读了这个故事后，你想对文中的田登说些什么？

____

____

六、下列对本文的理解不正确的是 (　　　)

A. 州官田登不许老百姓拿自己的名字做文章

B. 这个故事讽刺了封建统治者任意妄为、残害人民的丑恶行径

C. 州官田登一心为老百姓着想，允许百姓在上元节放火

D. 州官田登为了维护个人威信，处处刁难老百姓

29 范仲淹发愤

范仲淹二岁而孤，母贫无依，再适长山朱氏。既长，知其世家，感泣辞母，去之南都入学舍。昼夜苦学，五年未尝解衣就寝。或夜昏怠，辄以水沃面。往往饘粥不充，日昃始食。遂大通六经之旨，慨然有志于天下。常自诵曰："当先天下之忧而忧，后天下之乐而乐也。"

一、下列加点字、词的解释不正确的是（　　）。

A. 范仲淹二岁而孤（幼年死去父亲）　　B. 既长，知其世家（身世）

C. 日昃始食（食物）　　D. 夜或昏怠（有时候，有时）

二、下列加点字的读音不正确的是（　　）。

A. 夜或昏怠（dài）　　B. 既长，知其世家（cháng）

C. 五年未尝解衣就寝（qǐn）　　D. 日昃始食（zè）

三、下列朗读节奏划分正确的是（　　）。

A. 当 / 先天下 / 之 / 忧而忧，后天下 / 之 / 乐而乐

B. 当先天下 / 之忧而忧，后天下 / 之乐而乐

C. 当 / 先天下之忧 / 而忧，后 / 天下之乐 / 而乐

D. 当先天下 / 之 / 忧而忧，后天下 / 之 / 乐而乐

四、把下列语句翻译成现代汉语。

1. 昼夜苦学，五年未尝解衣就寝。

____

____

2. 当先天下之忧而忧，后天下之乐而乐。

____

____

五、根据原文回答下列问题。

1. 范仲淹的志向是什么？（用原文语句回答）

____

2. 你是怎么理解"当先天下之忧而忧，后天下之乐而乐也"这句话的？

____

____

____

3. 虽然范仲淹家境贫寒，但他经过勤奋学习，最终成为胸怀天下的政治家、文学家。请用一句话表达出你得到的启示。

____

六、下列对本文理解错误的是（　　）。

A“先天下之忧而忧，后天下之乐而乐”出自范仲淹的《岳阳楼记》

B. 范仲淹喜爱喝粥，常常喝了粥后再读书

C. 范仲淹严格要求自己，不分昼夜地刻苦学习

D. 范仲淹有治理天下的雄心壮志

七、与“当先天下之忧而忧，后天下之乐而乐”的意思最为相近的是（　　）。

A. 天下兴亡，匹夫有责　　B. 举头望明月，低头思故乡

C. 及时当勉励，岁月不待人　　D. 好风凭借力，送我上青云

30　陈谏议教子

宋陈谏议家有劣马，性暴，不可驭，蹄啮伤人多矣。一日，谏议入厩，不见是马，因诘仆：“彼马何以不见？”仆言为陈尧咨售之贾人矣。尧咨者，陈谏议之子也。谏议遽召子，曰：“汝为贵臣，家中左右尚不能制，贾人安能畜之？是移祸于人也！”急命人追贾人取马，而偿其直。戒仆养之终老。时人称陈谏议有古仁人之风。

一、下列加点的字解释错误的是（　　）。

A. 不可驭（驾驭）　　B. 蹄啮伤人多矣（踢）

C. 汝为贵臣（你）　　D. 而偿其直（直接）

二、下列句子翻译不正确的是（　　）。

A. 不见是马　　译文：没有看到这匹马

B. 谏议遽召子　　译文：谏议马上召来儿子

C. 贾人安能畜之　　译文：商人又怎么能养它呢

D. 戒仆养之终老　　译文：让仆人养它到老

三、下列句子是什么问句？你能将它转换为另一种句式吗？

贾人安能畜之？

____

四、根据原文回答下列问题。

1. 劣马的“劣”具体表现在哪里？

____

2. 陈尧咨错在哪里？

____

3. 文中哪些地方体现了陈谏议有古仁人之风？

____

____

4. 你赞同陈谏议的做法吗？为什么？

____

____

5. “陈谏议教子”体现了中华民族的什么美德？

____

五、对文章理解不正确的是（　　）。

A. 陈谏议“急命人追贾人取马”是怕劣马“移祸于人也”

B. 陈尧咨为人淳朴、忠信、宽容

C. “时人称陈谏议有古仁人之风”是对陈谏议的高度评价

D. 这个故事印证了《论语》中“已所不欲，勿施于人”这句名言

参考答案

01 囊萤夜读

一、C 二、B 三、B 四、夏天的夜晚，车胤用白绢做的口袋装了许多萤火虫照亮书本，夜以继日地学习。 五、1. 博 练 盛 萤 2. 晋书 胤恭勤不倦，博学多通 3. 夏月则练囊盛数十萤火以照书 勤学苦读 只有勤奋学习，才能取得好成绩 六、1. 他把抓来的萤火虫放进白绢做成的透光袋子里借着微弱的光读书。 2. 与古人相比，我们的学习条件优越多了。坐在窗明几净的屋子里，可以随时看书。我们应该珍惜今天的学习条件，认真努力学习更多的知识。 七、B

02 王献之逸事

一、1. 书法 2. 牵，拉 3. 墙 4. 慢慢地 二、B 三、1. √ 2. √ 3. √ 4. × 四、1. 王羲之偷偷地从后面拔他的笔，不能得到。 2. 这孩子以后一定会有很大名气！ 五、1.（1）王献之的握笔之力很大，王羲之夺笔失败。（2）王献之在墙上写字引得几百人围观。 2. 示例：王献之是一位才华横溢、宽宏大度的书法家。

03 闻鸡起舞

一、B 二、1. tì 2. shào 3. qǐn 4. jué 三、与刘琨 / 俱为 / 司州主簿。 四、半夜时听到鸡鸣，他便踢醒刘琨，说："这并不是不吉祥的声音啊！" 五、1. 祖逖年轻时就有大志向，夜半时听到鸡鸣就起床舞剑。 2. 少有大志 3. 催人奋进 4. 半夜听到鸡叫就起床舞剑，刻苦练功 褒 六、B

04 吾腰千钱

一、1. 擅长，善于 2. 大，猛 3. 渡，横渡 4. 将 二、1. chéng 2. háo 3. qǐng 4. suì nì 三、其一氓 / 尽力 / 而不能寻常 四、D 五、AC 六、D 七、1. 语言 动作 2. D 3. 本文讽刺了那些贪而无厌、爱财如命的人。

05 小石潭记

一、1. 格外 2. 呆呆的样子 3. 大约 4. 忽然 二、D 三、B 四、1. 岸上青翠的树，碧绿的藤蔓，覆盖缠绕，摇动联结，参差不齐，随风飘荡。 2. 来来往往轻快敏捷，好像在和游人逗乐。 五、1. C 2. 侧面描写 动静结合 情景交融 寓情于景（任选两点） 3.（1）下见小潭，水尤清冽 （2）影布石上，佁然不动 俶尔远逝，往来翕忽 六、B

06 黔之驴

一、D 二、D 三、A 四、1. 唐代 柳宗元 2. B 3. D 4. 慭慭然 大骇 甚恐 益

狎　喜　5. 驴技止此耳。　五、A

07　画龙点睛

一、A. 墙壁　B. 一会儿　C. 都　D. 荒唐　二、C　三、D　四、画蛇添足　褒　五、1. 他常常说：“点上眼睛后龙就飞走了。”　2. 不一会儿，雷电击破墙壁，这一条龙便乘云飞上了天，没有被点上眼睛的龙都在。　六、1. 因为龙被点睛后，就有了活力，具备了腾云驾雾、飞上九天的条件。　2. 因点其一。须臾，雷电破壁，一龙乘云上天。　3. 略。

08　义犬救主

一、1. 射　2. 咬　3. 倒　4. 怜　二、D　三、1. √　2. √　3. ×　四、1. 家人对这条狗的举止感到奇怪，于是跟着狗一起来到江边。　2. 从此他十分爱惜这条狗，像对待自己的亲人一样。　五、1. 华隆被大蛇缠身，犬为救主人，咬死大蛇；华隆僵仆失去知觉，犬奔走嗥吠，招来家人营救；在华隆未苏醒前，犬始终不吃东西。　2. 狗救助主人的故事　赞美了义犬对于主人的忠诚。　3. 示例：动物是人类亲密的朋友，人类是动物信赖的伙伴；我们要像爱护自己的眼睛一样爱护动物。

09　鹦鹉扑火

一、1. 栖息　2. 你　3. 于是，就　4. 这　二、鹦鹉遥见/便入水濡羽/飞而洒之　三、C　四、1. √　2. √　3. ×　五、我知道自己洒的水灭不了大火，但我曾经在这座山林里生活过，这座山林里的飞禽走兽都是我的好朋友，它们待我如同亲兄弟一样，我看到它们遭受火灾，怎能忍心不救呢！　六、1. 见义勇为，舍生取义　鹦鹉遥见，便入水濡羽，飞而洒之。　2. 天神为鹦鹉重情义的行为所感动。　3. D

10　女娲造人

一、A　二、A　三、A　四、B　五、1. AD　2. A　3. 示例:《夸父逐日》《后羿射日》《盘古开天地》等。　六、D

11　孙敬悬梁

一、B　二、A　三、等到困乏得要躺下睡觉的时候，他便用绳子把头发拴在房梁上。四、1. B　2. 孙敬是一个勤奋、热爱学习的人。　3. 学习要有持之以恒的毅力和不惧困难的决心，只有这样才能获得好成绩。　4. D　五、B

12　盘古开天

一、1. 年　变成，形成　2. 所以　距离　二、1. hùn dùn　2. pì　3. hòu　三、A　四、D　五、天每日升高一丈，地每日增厚一丈，盘古每日长高一丈。这样又过了一万八千年。　六、1. 阴浊为地　2. 圣于地　3. 日厚一丈　日长一丈　4. 极深　极长　七、1. 天地混沌如鸡子　2. 示例：从“一日九变”“神于天，圣于地”和“盘古日长一丈”等方面都可以看出作者的想象力。

13　钻木取火

一、C　二、B　三、C　四、燧明　树下　有鸟若鸮，以口啄树，粲然火出　钻火　燧人氏　五、A　六、1. 燧明国不识四时昼夜。　2. 大鸟啄树木有亮亮的火光发出。3. 摩擦起热。

14　郑人逃暑

一、1. 迁移　2. 直到　3. 离开　4. 更加　二、D　三、1. √　2. √　3. ×　四、1. 太阳移动，树影跟着移动，他也不断将卧席随着树影移动。　2. 这个人白天乘凉的办法很巧妙，用在晚上却显得很笨拙。　五、1. 徙衽以从阴　复徙衽以从阴　其阴逾去，而其身逾湿　2. 郑人的“拙”表现在晚上也跟着树影移动席子，以至于受到露水沾湿身体的伤害。3. 做事要随机应变、顺应变化，不要仅凭经验，更不要墨守成规。

15　欧阳修苦读

一、D　二、C　三、B　四、B　五、就 / 闾里士人家 / 借而读之　六、1. 有时趁着将书抄录下来。有时书还没抄完便已经能够背诵了。　2. 他就这样读书经常忘记了时间，忘记休息和吃饭，一心致力于读书。　七、1.（1）家里没有书就去向乡里的读书人家去借书读。（2）读书时废寝忘食。　2. 他的成功与母亲善于教育和严格要求分不开。　八、B

16　醉翁亭记

一、C　二、B　三、C　四、1. 醉翁的心意不在酒上，而在山光水色中。　2. 欣赏山水的乐趣，有感于心而寄托在酒上罢了。　五、1.（1）太守与客来饮于此，饮少辄醉，而年又最高，故自号曰醉翁也　(2)山水之间　2. 滁州周围群山环抱。　3. 蔚然深秀　4.“翼然”以鸟儿展翅的姿态描写醉翁亭，暗含作者像鸟儿挣脱樊笼的自由快乐的心情。　六、真意不在喝酒上，而在于欣赏山里的风景　七、C

17　卖油翁

一、C　二、C　三、C　四、A　五、1.E　2.D　3.C　4.B　5.A　六、1. 卖油的老汉　技艺　熟能生巧　2. 一是对卖油翁高超的技艺以及所说道理的认可；二是在事实面前无话可说的尴尬，有解嘲的意味。　3. 不合适。“睨”表示斜着眼睛看，充分表现出卖油翁对陈尧咨的射箭技艺并不在意，若改为“看”或“观”则不能表现这种意味。　4.“尺有所短，寸有所长。”每个人都有自己的长处和短处，不能因为自己有什么长处而骄傲自满。对于他人的长处要虚心学习，要谨记“三人行，必有我师焉”的道理。　七、D

18　牛角挂书

一、A　二、C　三、D　四、C　五、1. 李密骑坐在牛背的草垫子上，牛角上挂着一卷《汉书》，一边走一边看。　2. 我看李密的见识气度，不是你们这些人能比得上的。　六、1. 示例：我应像李密那样，充分利用时间，争分夺秒地学习。　2. 示例：凿壁偷光、悬梁刺股、囊萤映雪等。七、D

19　出镞教子

一、A　二、C　三、1. 你们的父亲年轻时只带着一把剑离开家乡，经过四十年的奋斗，地位到达将军宰相。　2. 你们这一辈出身富贵，应该知道你们的父亲是这样起家的。四、他身经百战，出生入死，经历了许多磨难，最终才能“位极将相”。　五、C

20　刘毅直言

一、1. 相比，比拟　2. 大概，恐怕　3. 本来　胜过，超过　二、A　三、朕 / 可方 / 汉之何帝？　四、1. 桓帝、灵帝出卖官职，钱都进了官府的仓库；陛下出卖官职，钱都进了个人的家门。　2. 现在朕有正直的臣下，本来就胜过桓帝、灵帝了。　五、1. 出卖官职　桓帝、灵帝卖官的钱进了官府的仓库，晋武帝卖官的钱进了个人的家门　殆不如桓、灵也　2. 自由表达，言之有理即可。　六、C

21　孙权劝学

一、1. 资治通鉴　编年体　君实　北宋　2. 六经　二、1. 推托，推辞　2. 研究儒家经典　3. 粗略地阅读　4. 了解　三、B　四、C　五、A　六、C　七、1.（1）卿今当涂掌事，不可不学。　（2）大惊曰:“卿今者才略,非复吴下阿蒙！”　蒙曰:“士别三日,即更刮目相待,大兄何见事之晚乎！”　2.（1）豁达、大度、开明，待人坦诚，平易近人，关爱下属。（2）坦诚、豪爽，机敏精干，善于学习。　（3）忠厚的长者，爱才、惜才。
3. 严格要求，充满期望　对吕蒙惊人长进的吃惊和赞叹　4. 鲁肃为吕蒙的才略所折服而愿与之深交，表明鲁肃敬才、爱才。　进一步从侧面表现了吕蒙才略的惊人长进。　八、C

22　陶侃惜谷

一、1. 拿着　2. 姑且，暂且　3. 名词用作动词，种田，耕田　4. 捉拿，抓住　二、B　三、A　四、1. √　2. ×　3. √　五、1. 百姓勤于农植，家给人足。　2. 赞赏。　描写了陶侃爱惜粮食，体恤百姓疾苦，重视农业发展。　3. 示例：谁知盘中餐，粒粒皆辛苦。

23　魏文侯守信

一、C　二、C　三、1. ×　2. √　3. √　四、1. 您将要到什么地方去？　2. 于是，魏文侯亲自前往，停止了酒宴。　五、1. 饮酒乐，天又雨。　2. 冒雨从饮酒作乐中抽身去赴约，可以看出魏文侯是一位守信的人。　六、A

24　伤仲永

一、宋　王安石　古文　唐宋八大家　二、1. 对……感到诧异　2. 全　3. 完成　4. 四处　三、A. 书具　B. 方仲永　C. 方仲永写诗这件事　D. 方仲永所写的诗作　四、余闻之也 / 久　五、1. 反　后天学习　重视后天教育，勤奋努力地学习　2.“世隶耕”说明方仲永既非书香门第，又非官宦世家，显出其绝无诗礼的熏陶，更能突出他作诗的天赋非凡。
3. 未尝识书具，忽啼求之；即书诗四句；自是指物作诗立就，其文理皆有可观者。

4.（1）显露异才 （2）才能衰减 （3）才能消失，成为普通人 六、C

25 陈述古辨盗

一、1. 捉，捉住 2. 供奉 3. 说 4. 完毕 二、A 三、1. √ 2. √ 3. × 四、1. 没有偷盗行为的人，用手摸它，它不会发出声音；有偷盗行为的人摸它，它就会嗡嗡作响。2. 原来那人做贼心虚，害怕钟真的会发出声音，所以不敢去摸。 五、1. 盖恐钟有声，不敢摸也。 2. 营造心理威慑靠的是陈述古“某庙有一钟，能辨盗，至灵”的话和摸钟前对钟严肃祈告的动作。 3. 陈述古是一个非常机智、观察入微、精通罪犯心理的人。

26 记承天寺夜游

一、1. 高兴、愉快的样子 2. 想到，考虑 3. 睡，卧 4. 形容水的澄澈 二、B 三、相与 / 步于中庭 四、1. 庭院中的月光宛如积水那样清澈透明，水中的水藻、荇菜交横错杂，原来是竹子和柏树的影子啊。 2. 哪一个夜晚没有月光？哪一个地方没有竹子和柏树呢？只是缺少像我们两个这样清闲的人罢了。 五、1. 庭下如积水空明，水中藻、荇交横，盖竹柏影也。 2. 何夜无月，何处无竹柏？但少闲人如吾两人者耳。 3. 月色入户。
六、1.“欣然”二字，写出了作者内心的喜悦和闲适的心情。 2. 运用比喻的修辞手法，“积水空明”写出了月光的皎洁；“藻荇交横”写出了竹柏倒影的摇曳。 七、A

27 牧童评画

一、B 二、D 三、BD 四、C 五、1. 做事应该向内行人请教，不应妄自揣摩、凭空臆想。 示例：学当问师 习当问友 病当问医 2. 牧童是一个对人或事物观察入微、敢于挑战权威的人。 3. 处士笑而然之。 杜处士是一个乐于接受别人意见的人。
4. 总结全文。 5.B 六、D

28 州官放火

一、1. 避讳 2. 触动，触怒 3. 允许 4. 按照 二、1.B 2.C 3.D 三、触者 / 必怒，吏卒 / 多被 / 榜笞 四、1. 有一年正月十五元宵节放花灯，允许百姓到常州城来游览观看。2. 本州依照惯例放火三天。 五、1. 因“灯”与“登”谐音，会犯田登的名讳，触犯的人多受到笞刑的惩罚。 2. 示例：水可载舟亦可覆舟。（自由表达，言之有理即可） 六、C

29 范仲淹发愤

一、C 二、B 三、C 四、1. 他不分昼夜地刻苦学习，五年里都没有解开衣服睡觉。2. 仁人志士应当在天下人忧愁之前先忧愁，在天下人都享乐之后才享乐。 五、1. 当先天下之忧而忧，后天下之乐而乐也。 2. 把国家、民族的利益放在首位，为国家的前途、命运担忧，为天下人的幸福出力，表现出作者的远大政治抱负。 3. 自由表达，言之有理即可。示例：战胜磨难可以成就一番伟大的事业。 六、B 七、A

30 陈谏议教子

一、D　二、D　三、是反问句，可改为陈述句：贾人不能畜之。　四、1. 性情暴烈，难以驾驭，踢伤、咬伤了好多人。　2. 他欺骗了商人，自己不诚信，把祸害转嫁给他人。3. 陈谏议知道自己的马是劣马，被人买走后，他又要了回来，并退还了钱。　4. 赞同。做人要诚实，不能欺骗他人；做事要凭良心，不能做害人之事。　5. 示例：诚实或诚信；己所不欲，勿施于人。　五、B

交大之星

读交大之星
圆名校之梦

扫一扫，获取音频资源

扫码关注→微课视频→小古文

穿越历史线 学透小古文

练习册（赠送）

孙洋 主编

元明清篇

上海交通大學出版社
SHANGHAI JIAO TONG UNIVERSITY PRESS

目　录

01 破瓮救友

光生七岁，凛然如成人。闻讲《左氏春秋》，爱之，退为家人讲，即了其大指。自是手不释书，至不知饥渴寒暑。群儿戏于庭，一儿登瓮，足跌没水中，众皆弃去。光持石击瓮破之，水迸，儿得活。

一、按照意思填空。

“瓮”是一种陶器，含该字的成语有“瓮中捉鳖”，多用来比喻＿＿＿＿＿＿＿＿＿＿＿＿＿＿＿＿＿＿＿＿；也有“请君入瓮”，多用来比喻＿＿＿＿＿＿＿＿＿＿＿＿＿＿＿＿＿＿＿＿。

二、下列加点字的解释不正确的是（　　）。

A. 即了其大指（手指）　　B. 一儿登瓮（爬到）

C. 水迸，儿得活（涌出）　　D. 众皆弃去（离开）

三、解释下列加点的字。

1. 群儿戏于庭　　戏：＿＿＿＿＿＿

2. 足跌没水中　　没：＿＿＿＿＿＿

3. 闻讲《左氏春秋》　　闻：＿＿＿＿＿＿

四、下列朗读节奏划分不正确的是（　　）。

A. 光生／七岁，凛然／如成人

B. 自是／手不释书，至／不知／饥渴寒暑

C. 群儿／戏于庭，一儿／登瓮

D. 光持／石击／瓮／破之

五、根据原文回答下列问题。

1. 文中描写了司马光的哪两件事？

＿＿＿＿＿＿＿＿＿＿＿＿＿＿＿＿＿＿＿＿＿＿＿＿＿＿＿＿＿＿

2. 文中是如何描写司马光对《左氏春秋》的喜爱的？

＿＿＿＿＿＿＿＿＿＿＿＿＿＿＿＿＿＿＿＿＿＿＿＿＿＿＿＿＿＿

＿＿＿＿＿＿＿＿＿＿＿＿＿＿＿＿＿＿＿＿＿＿＿＿＿＿＿＿＿＿

六、读了这个故事后，司马光对你的启示是什么？

＿＿＿＿＿＿＿＿＿＿＿＿＿＿＿＿＿＿＿＿＿＿＿＿＿＿＿＿＿＿

＿＿＿＿＿＿＿＿＿＿＿＿＿＿＿＿＿＿＿＿＿＿＿＿＿＿＿＿＿＿

02 程门立雪

至是，又见程颐于洛，时盖年四十矣。一日见颐，颐偶瞑坐，时与游酢侍立不去。颐既觉，则门外雪深一尺矣。

一、下列加点字、词的解释不正确的是（　　）。

A. 至是，又见程颐于洛（到这时候）　　B. 时盖年四十矣（覆盖）

C. 颐既觉（等到）　　D. 时与游酢侍立不去（离开）

二、下列加点字的读音不正确的一项是（　　）。

A. 颐偶瞑坐（míng）　　B. 时与游酢侍立不去（zuò　shì）

C. 颐既觉（jué）　　D. 又见程颐于洛（yí）

三、判断题。（正确的打“√”，错误的打“×”）

1. “一日见颐”中“见”的意思是“拜见，拜访”。（　　）

2. “时与游酢侍立不去”中“侍”的意思是“服侍”。（　　）

3. “颐偶瞑坐”中“瞑”的意思是“闭眼”。（　　）

4. “颐既觉”中“觉”的意思是“睡觉”。（　　）

四、把下列语句翻译成现代汉语。

1. 颐偶瞑坐，时与游酢侍立不去。

____

2. 颐既觉，则门外雪深一尺矣。

____

五、根据原文回答下列问题。

1. 从文中什么地方可以看出杨时等待了很长时间？（用原文语句回答）

____

2. 杨时为什么没叫醒程颐？

____

3. 你从杨时身上感受到了什么？像这样的故事你还知道哪些？

____

4. 你可以用“程门立雪”造句吗？

____

____

5. 小学生活令人难忘，老师的教诲应铭记在心。请用古诗名句来表达你对老师的感恩之情。

____

03 赵普读书

普少习吏事，寡学术，及为相，太祖常劝以读书。晚年手不释卷，每归私第，阖户启箧取书，读之竟日。及次自临政，处决如流。既薨，家人发箧视之，则《论语》二十篇也。

一、解释下列句子中加点的字、词。

1. 普少习吏事（　　　　　　）　　2. 读之竟日（　　　　　　）

3. 及次自临政（　　　　　　）　　4. 家人发箧视之（　　　　　　）

二、下列加点字的读音不正确的是（　　）。

A. 普少习吏事（shào）　　B. 晚年手不释卷（juǎn）

C. 阖户启箧取书（hé）　　D. 既薨（hōng）

三、下列典故与赵普有关的是（　　）。

A. 悬梁刺股　　B. 凿壁偷光

C. 半部《论语》治天下　　D. 闻鸡起舞

四、请用文中的原句回答下列问题。

1. 宋太祖劝赵普要多读书的原因是______________________________。

2. 读书给赵普带来的影响是______________________________。

五、把下列语句翻译成现代汉语。

1. 每归私第，阖户启箧取书，读之竟日。

____

2. 及次自临政，处决如流。

____

六、根据原文回答下列问题。

1. 下列与赵普读书精神最接近的是（　　）。

A. 黑发不知勤学早，白首方悔读书迟　　B. 明日复明日，明日何其多

C. 莫等闲，白了少年头，空悲切　　D. 一日不书，百事荒芜

2. 你喜欢赵普这个人吗？为什么？

____

04 扇枕温衾

后汉黄香，字文疆，年九岁失母，思慕惟切，乡人皆称其孝。躬执勤苦，事父尽孝。夏天暑热，扇凉其枕簟；冬天寒冷，以身暖其被席。太守刘护表而异之。

一、下列加点字的解释不正确的是（　　）。（多选）

A. 年九岁失母（走失）　　B. 以身暖其被席（使……暖和）

C. 事父尽孝（侍奉）　　D. 扇凉其枕簟（竹席）

二、黄香用（　　）给父亲暖被窝。

A. 烧火烤　　B. 自己的身体　　C. 手　　D. 脚

三、《三字经》中有一句话描述的就是本文的内容，这句话是：____。

四、下列朗读节奏划分正确的是（　　）。

A. 冬天 / 严寒，以身 / 暖其 / 被席

B. 冬天 / 严寒，以 / 身暖其被席

C. 冬天 / 严寒，以身 / 暖其被席

D. 冬天 / 严寒，以身 / 暖其 / 被席

五、冬天，黄香用自己的身体温暖父亲的被窝是为了（　　）。

A. 自己能在寒冷的冬天和父亲一起睡

B. 让父亲永远不生病

C. 让父亲躺进被窝的时候觉得暖和

六、阅读这篇短文后，你懂得了什么道理？

____

七、“炎”的字形是火上加火，表示火烧得很旺；“热”下边的四点底也是火，表示温度高，上面的“执”表示手持火把。“炎热”一词是由两个表示热的字组成的，表示非常热，这种方式构成的词，你在课外书中读到过吗？请写一写。

____

05 孝感动天

虞舜，瞽瞍之子。性至孝。父顽，母嚚，弟象傲。舜耕于历山，有象为之耕，鸟为之耘。其孝感如此。帝尧闻之，事以九男，妻以二女，遂以天下让焉。

一、填空题。

本文选自元代________所著的__________，书中每个故事都体现了古人的孝心。

二、下列加点字的解释不正确的是（　　）。

A. 父顽（顽劣）　　B. 舜耕于历山（耕田）

C. 鸟为之耘（除草）　　D. 帝尧闻之（嗅到）

三、解释下列“象”字的含义。

1. 弟象傲　　象：____________

2. 象为之耕　　象：____________

四、下列句子中“之”字用法与例句中“之”字相同的是（　　）。

例句：瞽瞍之子

A. 鸟为之耘　　B. 古之学者必有师

C. 象为之耕　　D. 帝尧闻之

五、把下列语句翻译成现代汉语。

1. 舜耕于历山，有象为之耕，鸟为之耘。

____

2. 帝尧闻之，事以九男，妻以二女，遂以天下让焉。

____

____

六、根据原文回答下列问题。

1. 从文中哪句话可以看出舜的孝心感动了天地？（用原文回答）

____

____

2. 尧为什么把天下禅让给舜？

____

3. 你还知道哪些有关“孝”的故事？

____

06 涌泉跃鲤

[汉]姜诗，事母至孝。妻庞氏，奉姑尤谨。母性好饮江水，妻汲而奉之。母更嗜鱼脍，夫妇作而进之，召邻母共食。舍侧忽有涌泉，味如江水，日跃双鲤，诗取以供母。

一、这是一个关于（　　）的故事，它是中华民族传统美德的写照。

A. 忠　　B. 孝　　C. 信　　D. 礼

二、下列加点字的解释不正确的是（　　）。（多选）

A. 事母至孝（到）　　B. 奉姑尤谨（姑姑）

C. 味如江水（好像）　　D. 夫妇作而进之（指婆婆）

三、请圈出下列加点字的正确读音。

1. 奉姑尤谨（jǐn　jǐng）

2. 舍侧忽有涌泉（shè　shě）

3. 日跃双鲤，诗取以供母（gōng　gòng）

四、把下面的语句翻译成现代汉语。

母更嗜鱼脍，夫妇作而进之，召邻母共食。

____

____

五、根据原文回答下列问题。

1. 姜诗和妻子庞氏是如何孝敬母亲的？

____

____

2. 请用一个成语来概括姜诗和妻子孝行的特点。

____

3. 姜诗家旁边突然有一口泉，每天都有两条鱼跃出来，你认为这个故事情节符合逻辑吗？为什么？

____

____

07 哭竹生笋

吴孟宗，字恭武，少孤。母老病笃，冬月思笋煮羹食。宗无计可得，乃往竹林中，抱竹而哭。孝感天地，须臾地裂，出笋数茎，持归作羹奉母，食毕疾愈。

一、“孝”是中华民族的传统美德，下列与“孝”无关的故事是（　　）。

A. 涌泉跃鲤　　B. 卖身葬父

C. 哭竹生笋　　D. 神农化民

二、解释下列句子中加点的字、词。

1. 少孤 ________　　2. 母老病笃 ________

3. 乃往竹林中 ________　　4. 须臾地裂 ________

三、补充下列句子中省略的成分。

1. 出笋数茎，________持归作羹奉母。

2. ________食毕疾愈。

四、下列句子翻译不正确的是（　　）。

A. 母老病笃　　译文：母亲年老病重

B. 宗无计可得　　译文：孟宗得不到办法

C. 乃往竹林中，抱竹而哭　　译文：于是到竹林中去抱着竹子哭

D. 须臾地裂，出笋数茎　　译文：一会儿，地面裂开，长出几根笋来

五、根据原文回答下列问题。

1. 孟宗为什么“抱竹而哭”？

____

2. 笋多生长在春夏之季，为什么冬天地上会长出笋来？（用原文语句回答）

____

3. 文章极具神话色彩，请结合文中具体内容简要说明。

____

____

____

08 单衣顺母

[周]闵损，字子骞，早丧母。父娶后母，生二子，衣以棉絮；妒损，衣以芦花。父令损御车，体寒失靷，父察知故，欲出后母。损曰："母在一子寒，母去三子单。"母闻，改悔。

一、下列加点字的解释不正确的是（　　）。

A. 欲出后母（休弃）　　B. 衣以棉絮（用）

C. 父察知故（因此，所以）　　D. 母闻，改悔（后悔）

二、下列说法错误的是（　　）。

A. "欲出后母"中"欲"的意思是"想"

B. "父令损御车"中"令"的意思是"让，使"

C. "体寒失靷"中"寒"的意思是"怕冷"

D. "母去三子单"中"去"的意思是"离开"

三、与"父察知故"中的"故"意思相同的是（　　）。

A. 无缘无故　　B. 温故知新

C. 一见如故　　D. 欲擒故纵

四、"衣以棉絮"的句式是（　　）。

A. 省略句　　B. 倒装句　　C. 判断句

五、把下列语句翻译成现代汉语。

1. 妒损，衣以芦花。

____

2. 母闻，改悔。

____

六、根据原文回答下列问题。

1. 闵损与弟弟们的衣服有何不同？

____

____

2. 闵损劝父亲不要休弃继母的理由是什么？（用原文语句回答）

____

3. 你觉得闵损是个怎样的人？（　　）（多选）

A. 勤奋好学　　B. 宽容大度

C. 顾全大局　　D. 重视亲情

09 为亲负米

周仲由，字子路，家贫，常食黍薯之食，为亲负米百里之外。亲殁，南游于楚，从车百乘，积粟万钟，累茵而坐，列鼎而食。乃叹曰："虽欲食黍薯之食，为亲负米，不可得也。"

一、下列加点字、词的解释不正确的是（　　）。

A. 为亲负米（父母）

B. 常食黍薯之食（两个"食"含义都为吃）

C. 积粟万钟（多）

D. 列鼎而食（煮饭用的器具，其用途相当于现代的锅）

二、下列加点字的读音不正确的是（　　）。

A. 从车百乘（shèng）

B. 亲殁，南游于楚（mò）

C. 常食黍薯之食（shū）

D. 累茵而坐（yīn）

三、下列说法错误的是（　　）。

A. "常食黍薯之食"中的"常"意思是"时常"

B. "乃叹曰"中的"乃"意思是"于是，就"

C. "虽欲食黍薯之食"中的"虽"意思是"虽然"

D. "积粟万钟"中的"粟"意思是"谷物"

四、用"/"标出下列句子中的朗读节奏。（标一处）

为 亲 负 米 百 里 之 外。

五、把下列语句翻译成现代汉语。

1. 从车百乘，积粟万钟，累茵而坐，列鼎而食。

____

____

2. 虽欲食黍薯之食，为亲负米，不可得也。

____

____

六、根据原文填空。

亲______，南游于______，从车______，积粟______，累茵而______，列鼎而______。

七、根据原文回答下列问题。

1. 子路为什么要去百里之外背米？

____

____

2. 子路做官后，他的生活情况是怎么样的？（用原文语句回答）

____

____

3. 你是如何体会子路说“虽欲食黍薯之食，为亲负米，不可得也”时的心情的？

____

10 卖身葬父

汉董永，家贫。父死，卖身贷钱而葬。及去偿工，途遇一妇，求为永妻。俱至主家，令织缣三百匹乃回。一月完成，归至槐阴会所，遂辞永而去。

一、下列加点字的解释不正确的是（　　）。

A. 汉董永，家贫（贫穷）　　B. 及去偿工（等到）

C. 俱至主家（具备）　　D. 始得归（才）

二、下列加点字、词的读音不正确的是（　　）。

A. 令织缣三百匹乃回（jiān）　　B. 归至槐阴会所（huái　yīn）

C. 遂辞永而去（suí）　　D. 俱至主家（jù）

三、判断题。（正确的打“√”，错误的打“×”）

1. “令织缣三百匹乃回”中的“缣”意思是“细绢”。（　　）

2. 文言文中的“妻子”与现代汉语意思相同。（　　）

3. “遂辞永而去”中的“遂”意思是“于是，就”。（　　）

四、与“遂辞永而去”中的“去”意思相同的是（　　）。

A. 去伪存真　　B. 取其精华，去其糟粕

C. 掐头去尾　　D. 扬长而去

五、把下列语句翻译成现代汉语。

1. 及去偿工，途遇一妇，求为永妻。

____

2. 遂辞永而去。

____

六、根据原文回答下列问题。

1. 董永是如何安葬父亲的？（用原文语句回答）

____

2. 这个妇人为什么要帮助董永？（请发挥想象力）

____

3. 读了这个故事后，你受到了什么启发？

____

11 亲尝汤药

前汉文帝，名恒，高祖第四子。初封代王，生母薄太后，帝奉养无怠。母病三年，帝为之目不交睫，衣不解带，汤药非口亲尝，弗进，仁孝闻于天下。

一、下列加点字、词的解释不正确的是（　　）。

A. 生母薄太后（与“厚”相对）　　B. 帝为之目不交睫（合上眼睛）

C. 弗进（不）　　D. 仁孝闻于天下（闻名，著称）

二、按照要求填空。

1. “目不交睫”是出自《二十四孝》中的成语之一，用来形容 ____________；“睫”的意思是 ________，“交睫”的意思是 ____________________。

2. “衣不解带”是出自《二十四孝》中的成语之一，用来形容 ____________________，也泛指 ____________；其中“带”的意思是 ____________。

三、判断题。（正确的打“√”，错误的打“×”）

1. “帝奉养无怠”中“怠”的意思是“懒惰，松懈”。（　　）

2. 在汉武帝、汉景帝治理下，出现了“文景之治”的盛世。（　　）

3. “衣不解带”中“带”是指用来束衣服的带子。（　　）

4. “仁孝闻于天下”是一个判断句。（　　）

四、下列句子朗读节奏划分不正确的是（　　）。

A. 帝 / 奉养无怠

B. 帝 / 为之 / 目不交睫

C. 汤药 / 非口 / 亲尝，弗 / 进

D. 仁孝 / 闻于天下

五、把下列语句翻译成现代汉语。

1. 母病三年，帝为之目不交睫，衣不解带。

______

______

2. 汤药非口亲尝，弗进，仁孝闻于天下。

______

______

六、根据原文回答下列问题。

1. 汉文帝是如何侍奉薄太后的？（用原文语句回答）

______

______

2. 刘恒是一位孝顺的皇帝，我们应该向他学习。如果妈妈生病了，你会做些什么呢？

______

______

12 宋濂嗜学

余幼时即嗜学。家贫，无从致书以观，每假借于藏书之家，手自笔录，计日以还。天大寒，砚冰坚，手指不可屈伸，弗之怠。录毕，走送之，不敢稍逾约。以是人多以书假余，余因得遍观群书。

一、解释下列句子中加点的字。

1. 余幼时即嗜学 ______ 2. 无从致书以观 ______

3. 走送之 ______ 4. 以是人多以书假余 ______

二、下列句子朗读节奏划分不正确的是（　　）。

A. 余幼时 / 即嗜学

B. 家贫，无从 / 致书以观

C. 手自 / 笔录，计日 / 以还

D. 以是人多 / 以书假余，余因得 / 遍观群书

三、“弗之怠”是个倒装句，它的正常语序是 ____________________；其中，“之”指代 ____________________ 这件事。

四、把下列语句翻译成现代汉语。

1. 录毕，走送之，不敢稍逾约。

____

2. 以是人多以书假余，余因得遍观群书。

____

五、根据原文填空。

1. 本文的中心句是 ______________________________。

2. “天大寒，砚冰坚，手指不可屈伸，弗之怠”这句话的意思是天气 ____________，砚台上的墨水都 ____________，宋濂的手指 ________________，仍 ______________。他如此好学，让我想到了匡衡 _________ 的故事，以及孙敬和苏秦 ____________________ 的故事。

六、根据原文回答下列问题。

1. 很多人愿意把书借给宋濂的原因是（　　）。

A. 家贫，无从致书以观

B. 天大寒，砚冰坚，手指不可屈伸，弗之怠

C. 余幼时即嗜学

D. 宋濂诚实守信，按时归还所借的书籍

2. 宋濂对你的启示是什么？

____

____

3. 宋濂的学习精神可以用哪个名句或俗语来概括？

____

13 孔雀爱尾

孔雀雄者毛尾金翠，殊非设色者仿佛也。性故妒，虽驯之，见童男女着锦绮，必趁啄之。山栖时，先择处贮尾，然后置身。天雨尾湿，罗者且至，犹珍顾不复骞举，卒为所擒。

一、解释下列句子中加点的字。

1. 性故妒 ________　　2. 必趁啄之 ________

3. 然后置身 ________　　4. 卒为所擒 ________

二、判断题。（正确的打“√”，错误的打“×”）

1.“性故妒”中的“故”意思是“原来”。（　）

2.“罗者且至”中的“且”意思是“将”。（　）

3.“卒为所擒”中的“为”表示原因、目的。（　）

4. 孔雀生来就有一身美丽的羽毛。（　）

5. 雄孔雀看见穿着华丽的小孩，一定会去追逐驱赶他们。（　）

6. 雄孔雀太在意自己的尾巴，最终却因此送命。（　）

三、把下列语句翻译成现代汉语。

1. 孔雀雄者毛尾金翠，殊非设色者仿佛也。

____

2. 天雨尾湿，罗者且至，犹珍顾不复骞举，卒为所擒。

____

____

四、根据原文回答下列问题。

1. 文中孔雀有什么特点？

____

2. 从哪里可以看出孔雀善妒？（用原文语句回答）

____

3. 孔雀为什么被捕鸟人捉住？

____

____

五、下列对本文的理解和分析不正确的是（　　）。

A. 孔雀的尾巴不能用画家的彩笔描绘出来

B. 孔雀对自己尾巴的在意程度超过一切

C. 故事告诉我们不要贪慕虚荣，一味追求表面或形式都是错误的

D. 我们应该像孔雀那样多注重自己的仪容仪表

14 北人食菱

北人生而不识菱者，仕于南方，席上食菱，并壳入口。或曰：“食菱须去壳。”其人自护其短，曰：“我非不知，并壳者，欲以清热也。”问者曰：“北土亦有此物否？”答曰：“前山后山，何地不有！”夫菱生于水而曰土产，此坐强不知以为知也。

一、下列加点字的解释不正确的是（　　）。

A. 仕于南方（做官）　　B. 或曰：“食菱须去壳。”（或者）

C. 其人自护其短（缺点，短处）　　D. 此坐强不知以为知也（因为，由于）

二、对下列加点字意思判断正确的是（　　）。

①仕于南方　　②夫菱生于水而曰土产

③并壳者，欲以清热也　　④此坐强不知以为知也

A. ①与②相同，③与④不同　　B. ①与②不同，③与④不同

C. ①与②相同，③与④相同　　D. ①与②不同，③与④相同

三、下列句子朗读节奏划分正确的是（　　）。

A. 北 / 人生而不识菱 / 者，仕于南方

B. 席上 / 食菱，并壳 / 入口

C. 我非不 / 知，并壳者，欲 / 以清热也

D. 北土亦有此 / 物否

四、“其人自护其短”中的“其人”是指（　　）。

A. 其他人　　B. 北人　　C. 问者　　D. 北人和问者

五、选择题。

1. 北人食菱“并壳入口”的原因是（　　）。

A. 连壳吃可以清热

B. 他不知道吃菱要去壳

C. 连壳吃味道鲜美

2. 北人为什么说“前山后山，何地不有”？（　　）

A. 他们那个地方前山后山都有菱。

B. 他不知道菱生长在水里。

六、把下列语句翻译成现代汉语。

1. 我非不知，并壳者，欲以清热也。

2. 此坐强不知以为知也。

______

七、根据原文回答下列问题。

1. 你觉得文中的北人是一个怎样的人？

______

2. 本文给我们多方面的启示，请你选择一个方面简要说明。

______

______

15 治驼

昔有医人，自媒能治背驼，曰：“如弓者，如虾者，如曲环者，延吾治，可朝治而夕如矢矣。”一人信焉，而使治驼。乃索板二片，以一置地下，卧驼者其上，又以一压焉，而即屣焉。驼者随直，亦复随死。其子欲鸣诸官。医人曰：“我业治驼，但管人直，哪管人死！”呜呼！今之为官，但管钱粮收，不管百姓死，何异于此医哉！

一、解释下列句子中加点的字。

1. 昔有医人 ______　　2. 延吾治，可朝治而夕如矢矣 ______

3. 乃索板二片 ______　　4. 其子欲鸣诸官 ______

二、与“以一置地下”中的“以”意思相同的是（　　）。

A. 绳之以法　　B. 以人为镜

C. 拭目以待　　D. 相濡以沫

三、判断题。（正确的打“√”，错误的打“×”）

1. “自媒能治背驼”中的“媒”意思是“介绍”。（　　）

2. “而即屣焉”中的“屣”指鞋子。（　　）

3. “何异于此医哉”中的“异”与“异曲同工”中的“异”意思相同。（　　）

四、用“/”划分下列句子的朗读节奏。（标两处）

可 朝 治 而 夕 如 矢 矣。

五、把下列语句翻译成现代汉语。

1. 我业治驼，但管人直，哪管人死！

____

2. 今之为官，但管钱粮收，不管百姓死，何异于此医哉！

____

____

六、根据原文回答下列问题。

1. 庸医吹嘘自己医术很高明：用“如弓”“如虾”“如曲环”形容__________，再用“____________”形容自己的治疗效果之好、之彻底，又用“朝”“夕”来标榜自己的治疗见效快。

2. 你从哪里可以看出这是个“庸医”？（用原文语句回答）

____

3. 作者其实是借“治驼”来讽刺当时____________________的社会现象。

16 翠鸟移巢

翠鸟先高作巢以避患。及生子，爱之，恐坠，稍下作巢。子长羽毛，复益爱之，又更下巢，而人遂得而取之矣。

一、解释下列句子中加点的字。

1. 及生子 __________　　2. 爱之，恐坠 __________

3. 稍下作巢 __________　　4. 复益爱之 __________

二、下列朗读节奏划分正确的是（　　）。

A. 翠鸟先 / 高作巢 / 以 / 避患

B. 翠鸟 / 先 / 高作巢 / 以避患

C. 翠鸟 / 先高 / 作巢 / 以避患

三、下列句子翻译不正确的是（　　）。

A. 翠鸟先高作巢以避患　　译文：翠鸟先把巢筑得很高，用来躲避灾祸

B. 稍下作巢　　译文：把巢筑得稍微低了一些

C. 子长羽毛　　译文：小鸟长出羽毛

D. 又更下巢　　译文：又移动了树下的巢

四、请根据故事“翠鸟移巢”排序。

（　　）爱之，恐坠，稍下作巢

（　　）复益爱之，又更下巢

（　　）先高作巢以避患

五、根据原文回答下列问题。

1. 翠鸟爱子表现在什么地方？（用原文语句回答）

____

2. 请你至少写出两个带“鸟”的成语。

____

六、下列对本文的理解不正确的是（　　）。

A. 翠鸟“先高作巢”是为了躲避祸患

B. “稍下作巢”是怕幼子掉下去摔伤

C. 等幼子长出羽毛后，“又更下巢”是为了让幼子练习飞翔

D. 这个故事告诉我们，父母溺爱子女，到头来只会害了他们

17 活见鬼

有赴饮夜归者，值大雨，持盖自蔽。见一人立檐下，即投伞下同行。久之，不语，疑为鬼也。以足撩之，偶不相值，愈益恐，因奋力挤之桥下而趋。值炊糕者晨起，亟奔入其门，告以遇鬼。俄顷，复见一人，遍体沾湿，踉跄而至，号呼有鬼，亦投其家。二人相视愕然，不觉大笑。

一、解释下列句子中加点的字、词。

A. 值大雨（　　　）　　B. 以足撩之（　　　）

C. 亟奔入其门（　　　）　　D. 俄顷，复见一人（　　　）

二、下列加点字的解释不正确的是（　　）。

A. 持盖自蔽（伞）　　B. 偶不相值（正好）

C. 号呼有鬼（大声呼喊）　　D. 值炊糕者晨起（正好）

三、请圈出下列句子中加点字的正确读音。

1. 持盖自蔽（bì dì）　　2. 值炊糕者晨起（chuī cuī）

3. 踉跄而至（liàng niáng）　　4. 不觉大笑（jué jiào）

四、下列说法错误的是（　　）。

A. “因奋力挤之桥下而趋”中“因”的意思是“因为”

B. “愈益恐”中“愈”的意思是“更加”

C.“亦投其家”中“亦”的意思是“也”

D.“以足撩之”中的“之”是代词，指代鬼

五、下列朗读节奏划分正确的是（　　）。

A. 有 / 赴饮 / 夜归 / 者，值大雨，持盖 / 自蔽

B. 有 / 赴饮 / 夜归 / 者，值 / 大雨，持盖 / 自蔽

C. 有 / 赴饮 / 夜归者，值 / 大雨，持盖 / 自蔽

D. 有赴饮 / 夜归者，值大雨，持盖 / 自蔽

六、根据原文回答下列问题。

1. 撑伞的人为什么会觉得遇到了鬼？（　　）（多选）

A. 撑伞的人胆子很小。

B. 钻到雨伞下的人一句话也不说。

C. 撑伞的人没有碰到那个人的脚。

2.“号呼有鬼，亦投其家”中的“其”指代什么？（　　）

A. 炊糕者　　B. 夜饮者

C. 投伞者　　D. 桥

3. 钻到伞下的人真的是“鬼”吗？从文中的哪句话可以看出来？

____

____

4. 故事最后两人为什么都笑了？

____

____

七、这个故事给我们的启示是什么？（　　）

A. 鬼神之说有一定的道理。

B. 不要随便帮助陌生人。

C. 察觉到危险要马上脱身。

D. 生活中，我们不要疑神疑鬼，要破除迷信。

18 父子性刚

有父子俱性刚，不肯让人者。一日，父留客饮，遣子入城市肉。子取肉回，将出城门，值一人对面而来，各不相让，遂挺立良久。父寻至见之，谓子曰："汝姑持肉回陪客饭，待我与他对立在此！"

一、下列加点字、词的解释不正确的是（　　）。

A. 有父子俱性刚（都）　　B. 遣子入城市肉（买）

C. 汝姑持肉回陪客饭（吃的东西）　　D. 父寻至见之（指儿子）

二、下列朗读节奏划分正确的是（　　）。

A. 有父子俱 / 性刚，不肯 / 让人者

B. 父 / 留客饮，遣子 / 入城市肉

C. 各不相让，遂 / 挺立 / 良久

D. 待 / 我与他对 / 立在此

三、下列说法错误的是（　　）。

A. "值一人对面而来"中"值"的意思是"值得"

B. "汝姑持肉回陪客饭"中的"汝"是人称代词，意思是"你"

C. "遂挺立良久"中"遂"的意思是"于是，就"

四、对"遣子入城市肉"一句翻译正确的是（　　）。

A.（儿子）打发父亲到城里（去）买肉

B.（父亲）派儿子到城里（去）买肉

C.（父亲）派儿子到城里（去）拿肉

D.（父亲）打发儿子到城里（去）拿肉

五、根据原文回答下列问题。

1. 文中"父寻至"的地方是 ______________________；父"见之"中的"之"是指 ______________________。（用自己的话概括）

2. 故事是如何表现父子俩性格刚烈的？（用原文语句回答）

____

3. 请根据文意试着扩写。

子取肉回，将出城门，此门 ____________，四周 ____________ ____________。值一人对面而来，各不相让，遂挺立良久。

4. 两人如此僵持不下，路人见到后会有何反应？

路人见之，或曰：“________________”，或曰：“________________”，或曰：“________________”。

六、下列对本文主旨理解不正确的是（　　）。

A. 为人不能倔强固执，使气斗狠

B. 要学会谦让，宽大胸怀最重要

C. 退一步海阔天空，忍一时风平浪静

D. 要容忍生活中凡事斤斤计较、不懂谦让的人

19　蛙与牛斗

蛙于草中，视牛渐近，庞然大物也，嫉之。遂吸气鼓腹，欲逾于牛，谓伙曰：“吾腹稍大，似牛乎？”伙曰：“去远矣！”蛙怒，复吸气鼓腹，曰：“今如何？”曰：“与前无异。”蛙暴起，又吸气鼓腹，须臾，腹裂而死。牛历其旁，践蛙尸于泥中。此谓不自量力者也。

一、解释下列句中加点的字。

1. 视牛渐近 ____________　　2. 欲逾于牛 ____________

3. 去远矣 ____________　　4. 牛历其旁 ____________

二、下列加点字的读音不正确的是（　　）。

A. 庞然大物也（páng）　　B. 嫉之（jí）

C. 似牛乎（shì）　　D. 须臾（yú）

三、判断题。（正确的打“√”，错误的打“×”）

1. “遂吸气鼓腹”中“遂”的意思是“于是，就”。（　　）

2. “谓伙曰”中“谓”的意思是“告诉，对……说”。（　　）

3. “蛙暴起”中“暴”的意思是“残暴”。（　　）

四、成语“不自量力”意思是不能正确估计自己的力量，指________________，多用于________（褒／贬）义，其近义词有____________、____________，其反义词有____________。

五、根据原文填空。

青蛙的行为：吸气鼓腹　→　伙伴的评价：____________

青蛙的行为：____________　→　伙伴的评价：与前无异

青蛙的行为：____________　→　结果：____________

六、根据原文回答下列问题。

1. 青蛙对牛的态度如何？（用原文语句回答）

____

2. “蛙与牛斗”讲的是一只青蛙因为嫉妒 ______ 的庞大，________ 鼓起肚子后因肚子破裂而死的故事，从中我们明白的道理是 ______________________________

______________________________。

六、下列选项中与本文主旨最为接近的是（　　）。

A. 螳臂当车　　B. 井底之蛙

C. 狐假虎威　　D. 亡羊补牢

20　吏人立誓

一吏犯赃致罪，遇赦获免。因自誓：以后再接人钱财，手当生恶疮。未久，有一人讼者，馈钞求胜。吏念立誓之故，难以手接。顷之，则思曰：“你既如此殷勤，且权放在我靴筒里。”或曰：“此吏固贪，莫之改也。”

一、下列加点字的解释不正确的是（　　）。

A. 一吏犯赃致罪（因犯……罪）　　B. 因立誓：以后再接人钱财（因为）

C. 有一人讼者（打官司）　　D. 或曰：“此吏固贪，莫之改也（有人）

二、判断题。（正确的打“√”，错误的打“×”）

1. “馈钞求胜”中“馈”的意思是“贿赂”。（　　）

2. “且权放在我靴筒里”中“权”的意思是“暂且”。（　　）

3. “莫之改”中的“之”是人称代词，用于指代官吏。（　　）

三、把下列语句翻译成现代汉语。

1. 吏念立誓之故，难以手接。

____

2. 此吏固贪，莫之改也。

____

四、根据原文回答下列问题。

1. 这位官员之前为什么被免除罪行？（用原文语句回答）

____

2. “吏”让对方把钱财放在靴筒里的原因是什么？

五、与“此吏固贪，莫之改也”意思最接近的是（　　）。

A. 人心不足蛇吞象　　B. 江山易改，本性难移

C. 君子喻于义，小人喻于利　　D. 舍生而取义者也

21 知母贝母

人有初开药肆者，一日他出，令其子守铺。遇客买牛膝并鸡爪、黄连，子愚不识药，遍索笥中无所有，乃割己耕牛一足，斫二鸡脚售之。父归问卖何药，询知前事，大笑，发叹曰：“客若要知母贝母时，岂不连汝母亲抬去了！”

一、解释下列句子中加点的字。

1. 子愚不识药 ________　　2. 乃割己耕牛一足 ________

3. 斫二鸡脚售之 ________　　4. 岂不连汝母亲抬去了 ________

二、下列朗读节奏划分正确的是（　　）。

A. 子愚 / 不识药，遍索笥中无 / 所有

B. 子愚 / 不识药，遍索笥中 / 无所有

C. 子愚不 / 识药，遍索笥 / 中无所有

D. 子愚不 / 识药，遍索笥中 / 无所有

三、下列句子翻译不正确的是（　　）。

A. 一日他出，令其子守铺　　译文：一天，他外出，让他的儿子看守药铺

B. 子愚不识药，遍索笥中无所有　　译文：他的儿子不认识中草药，药箱中也没有这些药

C. 父归问卖何药，询知前事　　译文：他父亲回来后问儿子卖了什么药，询问后知道了这件事

D. 岂不连汝母亲抬去了　　译文：难道你连母亲都要抬出去了

四、根据原文回答下列问题。

1. 愚子是如何售卖中药牛膝和鸡爪的？（用原文语句回答）

____

2. 这则笑话讽刺了哪类人？

____

3. 你能告诉愚子怎样才能不再闹出这样的笑话吗？

____

____

五、下列对本文的理解不正确的是（　　）。

A. 客人来买药时儿子没有找到药，客人没买到只能改日再来

B. 父亲回来知道这件事后，他不但没有生气反而大笑了起来

C. 故事启示我们要多积累知识，才能成为一个学识渊博的人

22 犬报火警

城之东，民家畜一犬，甚羸。一夕，邻火卒发，延及民家。民正熟寝，犬连吠不觉。起曳其被，寝犹如故。复踞床以口附民耳大嗥，民始惊。视烟已满室，急呼妻女出，室尽烬矣。民遂谓所亲曰："吾家贫，犬食恒不饱，不谓今日能免我四人于难也。彼日厚享其人之食，而不顾其患难者，其视犬为何如耶？"

一、解释下列句子中加点的字。

1. 邻火卒发 ____________　　2. 起曳其被 ____________

3. 犬食恒不饱 ____________　　4. 而不顾其患难者 ____________

二、下列加点字的读音不正确的是（　　）。

A. 犬连吠不觉（fèi）　　B. 室尽烬矣（jìng）

C. 复踞床以口附民耳大嗥（háo）　　D. 甚羸（léi）

三、判断题。（正确的打"√"，错误的打"×"）

1. "城之东"中的"之"是助词，没有实在意义。（　　）

2. "复踞床以口附民耳大嗥"中的"踞"意思是"蹲"。（　　）

3. "其视犬为何如耶"中的"何如"意思是"如何，怎么样"。（　　）

四、下列句子翻译不正确的是（　　）。

A. 城之东，民家畜一犬，甚羸　　译文：城的东面，有一户人家养了一条狗，非常瘦弱

B. 起曳其被，寝犹如故　　译文：狗起来拉着主人的被子，主人还像原来一样睡着

C. 复踞床以口附民耳大嗥　　译文：狗又蹲在床上把嘴贴着主人的耳朵大声叫

D. 其视犬为何如耶　　译文：他们把狗看作什么呢

五、根据原文回答下列问题。

1. 请根据故事“犬报火警”排序。

（　　）起曳其被，寝犹如故

（　　）犬连吠不觉

（　　）复踞床以口附民耳大嗥

2. “其视犬为何如耶”中的“其”是指（　　）。

A. 这户人家　　B. 邻居家

C. 狗　　D. 享受丰厚食物却不顾他人患难的人

3. 请你用一两句话来评价文中的犬。

____

六、下列对本文理解不正确的是（　　）。

A. 深夜，邻居家的火势蔓延，狗叫醒了主人一家

B. 狗的伙食很好，但因它受过伤，显得十分瘦弱

C. 文章最后一句运用反问的修辞手法，讽刺了受到他人恩惠却不和他人患难与共的人连狗都不如

23　牧竖巧逮狼

两牧竖入山至狼穴，穴中有小狼二。谋分捉之，各登一树，相去数十步。少顷，大狼至，入穴失子，意甚仓皇。竖于树上扭小狼蹄、耳，故令嗥。大狼闻声仰视，怒奔树下，号且爬抓。其一竖又在彼树致小狼鸣急。狼辍声四顾，始望见之；乃舍此趋彼，跑号如前状。前树又鸣，又转奔之。口无停声，足无停趾，数十往复，奔渐迟，声渐弱；既而奄奄僵卧，久之不动。竖下视之，气已绝矣。

一、解释下列句子中加点的字、词。

1. 相去数十步　______　　2. 狼辍声四顾　______

3. 乃舍此趋彼　______　　4. 气已绝矣　______

二、下列句子中“之”字用法与其他三项不同的是（　　）。

A. 始望见之　　B. 又转奔之

C. 久之不动　　D. 竖下视之

三、用“/”标出下列句子中的朗读节奏。（标两处）

其 一 竖 又 在 彼 树 致 小 狼 鸣 急。

四、根据原文回答下列问题。

1. 请根据故事“牧竖巧逮狼”排序。

（　　）大狼闻声仰视，怒奔树下，号且爬抓

（　　）前树又鸣，又转奔之

（　　）乃舍此趋彼，跑号如前状

（　　）既而奄奄僵卧，久之不动

2. 你赞同牧童的做法吗？为什么？

____

____

五、下列对本文理解不正确的是（　　）。

A. 任何动物都是有爱的，狼也如此

B. 人和狼遭遇，只有坚决斗争，才能战而胜之

C. 大狼不断奔跑，不久便奄奄一息了

D. 我们要向牧童学习，积极模仿牧童的做法

24 木雕美人

商人白有功言：“在泺口河上，见一人荷竹簏，牵巨犬二。于簏中出木雕美人，高尺余，手自转动，艳妆如生。又以小锦鞯被犬身，便令跨坐。安置已，叱犬疾奔。美人自起，学解马作诸剧，镫而腹藏，腰而尾赘，跪拜起立，灵变不讹。又作昭君出塞：别取一木雕儿，插雉尾，披羊裘，跨犬从之。昭君频频回顾，羊裘儿扬鞭追逐，真如生者。”

一、解释下列句子中加点的字。

1. 见一人荷竹簏（　　　　）　　2. 又以小锦鞯被犬身（　　　　）

3. 叱犬疾奔（　　　　）　　4. 灵变不讹（　　　　）

二、用“/”标出下面句子的朗读节奏。（标两处）

于 簏 中 出 木 雕 美 人

三、下列语句中加点的“以”字与例句中“以”的用法相同的是（　　）。

例句：又以小锦鞯被犬身

A. 严阵以待　　　　B. 以理服人

C. 夜以继日　　　　D. 俭以养廉

四、下列句子翻译不正确的是（　　）。

A. 手自转动，艳妆如生　　译文：手和眼能够转动，艳丽的妆容如同真人

B. 安置已，叱犬疾奔　　译文：安置完后，呵斥大狗快跑

C. 跪拜起立，灵变不讹　　译文：在狗背上跪拜站立，变化灵巧而不出现错误

D. 昭君频频回顾，羊裘儿扬鞭追逐，真如生者　　译文：昭君频频回头张望，穿羊皮衣服的男子扬鞭追赶，真像活人一样

五、根据原文回答下列问题。

1. 本文着重从哪两个方面描写木雕？

____

2. 木雕美人“真如生者”有哪些表现？（用原文语句回答）

____

____

____

3. 古代四大美女享有“沉鱼落雁之容，闭月羞花之貌”的美誉，请你对应补充完整。

王昭君——（　　　）　　　　（　　　）——沉鱼

貂　蝉——（　　　）　　　　（　　　）——羞花

25 七　录

溥幼嗜学，所读书必手钞，钞已朗诵一过即焚之，又钞，如是者六七始已。右手握管处，指掌成茧。冬日手皲，日沃汤数次。后名读书之斋曰“七录”。

一、解释下列句子中加点的字。

1. 溥幼嗜学 __________　　2. 钞已朗诵一过 __________

3. 冬日手皲 __________　　4. 后名读书之斋曰“七录” __________

二、判断题。（正确的打“√”，错误的打“×”）

1.“钞已朗诵一过”中的“钞”同“抄”，指抄写。（　）

2.“如是者六七始已”中“始已”的意思是“刚刚开始”。（　）

3.“日沃汤数次”中“汤”的意思是“热水”。（　）

三、用“/”标出下面句子中的朗读节奏。（标两处）

钞 已 朗 读 一 过 即 焚 之。

四、把下列语句翻译成现代汉语。

1. 冬日手皲，日沃汤数次。

______

2. 后名读书之斋曰“七录”。

______

五、根据原文回答下列问题。

1. 张溥为什么给自己的书房起名“七录”？

______

2. 本文是如何描写张溥“嗜学”的？

______

______

3. 故事中的张溥是一个怎样的人？

______

六、许多名人的书房命名很有趣，比如宋代著名诗人陆游将自己的书斋命名为“学老庵”，意为“活到老，学到老”。我国著名画家李可染将自己的画室命名为“师牛堂”，意为“学习牛给予多而索取少的精神”。你也为自己的书屋取个名字吧，请说明理由。

命名：______

理由：______

26 王冕读书

王冕，幼贫。父使牧牛，窃入学舍，听诸生诵书，暮乃反。亡其牛，父怒挞之，已而复然。母曰：“儿痴如此，曷不听其所为？”冕因去依僧寺，夜坐佛膝上，映长明灯读书。

一、下列加点字的解释不正确的是（　　）。

A. 父使牧牛（放牧）　　B. 窃入学舍（偷偷地）

C. 儿痴如此（知道）　　D. 曷不听其所为（为什么）

二、选择题。

1. “暮乃反”中的“反”意思是（　　）。

A. 通“贩”，贩卖，买进卖出　　B. 通“返”，返回

C. 通“返”，偿还，归还　　D. 违背，违反

2. “冕因去依僧寺”中的“因”意思是（　　）。

A. 依靠，凭借　　B. 缘故，缘由

C. 因为，由于　　D. 于是，就

三、下列朗读节奏划分不正确的是（　　）。

A. 窃入学舍，听诸生诵 / 书

B. 儿痴 / 如此，曷不听 / 其所为

C. 夜坐 / 佛膝上，映长明灯 / 读书

四、下列句子的翻译不正确的是（　　）。

A. 父使牧牛，窃入学舍　　译文：父亲让他放牛，他经常偷偷地溜进学堂

B. 亡其牛，父怒挞之，已而复然　　译文：他把牛弄丢了，父亲发怒打他，不久还是老样子

C. 曷不听其所为　　译文：为什么不听听他为什么这样做呢？

D. 夜坐佛膝上，映长明灯读书　　译文：夜晚坐在佛像的膝盖上，用长明灯照着读书

五、根据原文回答下列问题。

1. 请简要概括王冕苦学的两件事。

____

2. “儿痴如此”一句的“此”是指什么？（用原文语句回答）

____

____

3. 王冕具有怎样的品质？

____

4. 你有什么好的读书方法吗？请给大家分享一下。

六、下列对本文的理解正确的是（　　）。

A. 王冕勤奋好学

B. 王冕的母亲是理解儿子的

C. 王冕因为贪玩把牛丢了

D. 读书应该像王冕一样好学刻苦，做事应该像他一样专心致志

27 狼子野心

有富室偶得二小狼，与家犬杂畜，亦与犬相安。稍长，亦颇驯，竟忘其为狼。

一日，主人昼寝厅事，闻群犬呜呜作怒声，惊起周视，无一人。再就枕将寐，犬又如前。乃伪睡以俟，则二狼伺其未觉，将啮其喉，犬阻之不使前也。乃杀而取其革。

此事从侄虞敦言："狼子野心，信不诬哉！"然野心不过遁逸耳；阳为亲昵，而阴怀不测，更不止于野心矣。兽不足道，此人何取而自贻患耶？

一、解释下列句子中加点的字。

1. 亦颇驯 ____________　　2. 乃伪睡以俟 ____________

3. 则二狼伺其未觉 ____________　　4. 阳为亲昵 ____________

二、请圈出下列加点字的正确读音。

1. 与家犬杂畜（xù　chù）　　2. 再就枕将寐（mò　mèi）

3. 则二狼伺其未觉（jiào　jué）　　4. 将啮其喉（niè　chǐ）

三、下列说法错误的是（　　）。

A. "狼子野心"是一个成语，多用来比喻凶暴的人居心狠毒，习性难改

B. "信不诬哉"中"诬"的意思是"诬蔑"

C. "与家犬杂畜"中"畜"的意思是"畜养"

D. "而阴怀不测"中"不测"的意思是"不可预测"

四、下列对"兽不足道，此人何取而自贻患耶"的翻译正确的是（　　）。

A. 禽兽（也）说不出什么，这个人为什么要取下这两条狼的皮给自己留下祸患呢

B. 野兽的本性就不说了，这个人为什么要养它们给自己制造祸患呢

C. 野兽（并）不值得说什么，这个人为什么要取下这两条狼的皮给自己制造祸患呢

D. 野兽（也）说不出什么，这个人为什么要养它们给自己制造祸患呢

五、根据原文回答下列问题。

1. “狼子野心”是一个与狼有关的成语，请用文中语言解释“狼子野心”的意思：________________________。请再列举几个与狼有关的成语：________________________。

2. “阳为亲昵，而阴怀不测”表现了狼的什么特点？

____

3. 故事中提到狼“阳为亲昵，而阴怀不测”，请结合上下文，写出狼的不同表现。

（1）阳为亲昵：________________________。

（2）阴怀不测：________________________。

4. 文中最后一句除了对狼表示谴责以外，还表达了什么感情？

____

5. 你还读过类似的故事吗？请把故事的标题写下来。

____

六、下列对本文理解不正确的是（　　）。

A. 主人在狗的助力下及时除恶，写出了狗的忠诚与知恩图报

B. 文中的狼难改凶狠残暴的本性，表面上对别人很好，暗中却居心叵测

C. 主人知道真相后很失望，便把两只狼放归山林，不再饲养它们了

D. 故事告诉我们，不能被表面现象所迷惑，要看清事物的实质

28　垛子助阵

一武官出征将败，忽有神兵助阵，反大胜。官叩头请神姓名。神曰：“我是垛子。”武官曰：“小将何德，敢劳垛子尊神见救？”答曰：“感汝平昔在教场，从不曾有一箭伤我。”

一、解释下列句子中加点的字。

1. 忽有神兵助阵　　忽：__________

2. 敢劳垛子尊神见救　　见：__________

3. 感汝平昔在教场，从不曾有一箭伤我　　　昔：________

二、“一武官出征将败”中“将”的意思是（　　）。

A. 将军　　　B. 将要，就要　　　C. 率领

三、找出文中的两组反义词。

（　　）对（　　）　　　（　　）对（　　）

四、把下列句子翻译成现代汉语。

一武官出征将败，忽有神兵助阵，反大胜。

____

____

五、根据原文回答下列问题。

1. 垛子尊神为什么出手相助武官？

____

2. 武官是一个怎样的人？（　　）（多选）

A. 毫无建树　　　B. 武艺高超

C. 名副其实　　　D. 徒有虚名

3. 这篇文章讽刺了哪类人？

____

____

29　白鼻猫

一人素性最懒，终日偃卧不起，每日三餐亦懒于动口，恹恹绝粒，竟至饿毙。冥王以其生前性懒，罚去轮回变猫。懒者曰：“身上毛片，愿求大王赏一全体黑身，单单留一白鼻，感恩甚多。”王问何故，答曰：“我做猫躲在黑地里，鼠见我白鼻，认作是块米糕，贪想偷吃，潜到嘴边，一口咬住，岂不省了无数气力？”

一、解释下列句子中加点的词。

1. 一人素性最懒　　　素性：________

2. 终日偃卧不起　　　偃卧：________

3. 恹恹绝粒　　　恹恹：________

二、下列加点字的读音不正确的是（　　）。

A. 终日偃卧不起（yǎn）　　B. 恹恹绝粒（yàn）

C. 竟至饿毙（bì）　　D. 冥王以其生前性懒（míng）

三、“一口咬住，岂不省了无数气力？”是什么问句？你能将其转换一种句式吗？

____

四、下列朗读节奏划分不正确的是（　　）。

A. 一人/素性最懒，终日/偃卧不起，每日三餐/亦懒于动口

B. 愿求大王赏/一全体黑身，单单/留一白鼻，感恩甚多

C. 我做猫/躲在黑地里，鼠/见我白鼻，认作/是块米糕，贪想偷吃

五、根据原文回答下列问题。

1. “一人素性最懒”，他的懒表现在哪里？（用原文语句回答）

____

____

2. 懒者最后的结果是什么？（用原文语句回答）

____

3. 冥王为什么要惩罚懒者轮回变猫？

____

4. 冥王罚懒者轮回变猫，而懒者请求大王赏些什么？请在文中画出来。

5. 懒者打的什么如意算盘？

____

6. 想一想，冥王听了懒人的话后会有什么表情？会说什么？请你模仿小古文试着写出来。

____

30 利　市

一人元旦出门云：“头一日必得利市方妙。”遂于桌上写一“吉”字。不意连走数家，求一茶不得。将“吉”字倒看良久，曰：“原来写了‘口干’字，自然没得吃了。”再顺看曰：“吾论来，竟该有十一家替我润口。

一、解释下列句子中加点的字、词。

1. 一人元旦出门云　　云：________

2. 头一日必得利市方妙　　必得：________

3. 不意连走数家　　　　　　　　　不意：________

二、判断题。（正确的打"√"，错误的打"×"）

1. 在我国古代，元旦是指公元纪年的岁首第一天。（　）
2. "头一日必得利市方妙"中的"利市"意思是"吉利，运气好"。（　）
3. "吾"是古人的自称，同样的称呼还有"予""余""愚"等。（　）

三、与"遂于桌上写一'吉'字"中"于"的意思相同的是（　）。

A. 重于泰山　　　　　　　　B. 受制于人

C. 乃设九宾礼于庭　　　　　D. 之子于归

四、根据原文回答下列问题。

1. 这个人为什么今天要讨个吉利？

____

2. 这个人看着"吉"字，为什么说自己写了"口干"字？

____

31　我有马足

一富翁不通文，有借马者，致信于富翁云："偶遇他出，祈假骏足一乘。"翁大怒曰："我就有两只脚，如何借得人？我的朋友最多，都要借起来，还要把我大卸八块呢！"友在旁解曰："所谓骏足者，马足也。"翁益怒曰："我的足是马足，他的腿是驴腿，他的头是狗头。"友大笑而去。

一、解释下列句子中加点的字、词。

1. 祈假骏足一乘　　　　祈假：________
2. 友在旁解曰　　　　　解：________
3. 翁益怒曰　　　　　　益：________

二、用"/"标出下列句子的朗读节奏。（标两处）

偶 遇 他 出，祈 假 骏 足 一 乘。

三、判断题。（正确的打"√"，错误的打"×"）

1. "一富翁不通文"中的"不通文"意思是"不通晓文墨"。（　）
2. "祈假骏足一乘"中的"假"意思是"假装"。（　）
3. 古时称一车四马为一乘。（　）

四、"所谓骏足者，马足也"是什么句式？（　）

A. 省略句　　B. 判断句　　C. 倒装句

五、根据原文回答下列问题。

1. 有人来信借马，富翁为什么生气？

____

2. 朋友向他解释后，富翁为什么更生气了？

____

3. 富翁是一个什么样的人？（　　）（多选）

A. 自作聪明　　B. 幽默诙谐　　C. 学识浅陋　　D. 胸无点墨

32 吃橄榄

乡人入城赴酌，宴席内有橄榄焉。乡人取啖，涩而无味，因问同席者曰：“此是何物？”同席者以其村气，鄙之曰：“俗。”乡人以“俗”是名，遂牢记之。归谓人曰：“我今日在城尝一奇物，叫名‘俗’。”众未信，其人乃张口呵气曰：“你们不信，现今满口都是俗气哩。”

一、解释下列句子中加点的字。

1. 乡人取啖　　啖：__________

2. 鄙之曰　　之：__________

3. 乡人以“俗”是名　　俗：__________

二、选择题。

1. “乡人入城赴酌”中的“赴”意思是（　　）。

A. 前往　　B. 倒下　　C. 失败

2. “鄙之曰”中的“鄙”意思是（　　）

A. 邻近　　B. 鄙视　　C. 生气

3. “归谓人曰”中的“谓”意思是（　　）

A. 所谓　　B. 知道　　C. 说

三、把下列语句翻译成现代汉语。

乡人以“俗”是名，遂牢记之。

____

四、根据原文回答下列问题。

1. 橄榄是什么味道？（用文中语句回答）

____

2. 同席的人为什么对乡人说“俗”？

____

3. 故事中的乡人是一个怎样的人？（　　）

A. 不耻下问　　B. 敏而好学

C. 不懂装懂　　D. 愚昧无知

五、下列对本文的理解正确的是（　　）。（多选）

A. 农夫认为同席人说的“俗”是橄榄名

B. 农夫自认为尝到一种奇物，回家就迫不及待向人炫耀

C. 只有多看书、多积累知识，才不会惹人笑话

D. 面对他人的询问，我们要有善意、不能随意取笑

参考答案

01　破瓮救友

一、想要捕捉的对象已在掌握之中，伸手可得　用某人整治别人的办法来整治他自己　二、A　三、1. 玩耍　2. 淹没，沉没　3. 听　四、D　五、1. 一是司马光闻讲《左氏春秋》即爱之，二是司马光破瓮救友。　2. 他特别喜欢听人讲《左氏春秋》，了解其大意后回来讲给家人听；他对《左氏春秋》爱不释手，甚至忘记饥渴和冷热。　六、示例一：面对问题，我们要打破常规去寻找解决方法；示例二：遇事要沉着冷静。（自由表达，言之有理即可）

02　程门立雪

一、B　二、B　三、1. √　2. √　3. √　4. ×　四、1. 程颐正好闭着眼睛打瞌睡，杨时与同学游酢恭敬地站立一边，一直没有离开。　2. 等到程颐睡醒时，门外的雪已经一尺深了。　五、1. 颐既觉，则门外雪深一尺矣。　2. 因为他想让程颐多休息一会。　3. 示例：我感受到尊师重道；类似的故事还有曾子避席、一字之师、魏照学师等。　4. 示例：那位年轻人很有程门立雪的精神，为了学到知识，总是恭敬地向老师请教。　5. 示例：春蚕到死丝方尽，蜡炬成灰泪始干。

03　赵普读书

一、1. 熟悉　2. 整天　3. 处理政务　4. 打开　二、B　三、C　四、1. 普少习吏事，寡学术　2. 及次自临政，处决如流　五、1. 每次回到自己的住宅，关上门打开书箱拿出书，整天阅读。　2. 等到第二天处理政务，决断很快。　六、1. D　2. 喜欢。因为他刻苦读书，勤奋好学。

04　扇枕温衾

一、A　二、B　三、香九龄，能温席　四、C　五、C　六、示例：我们要从身边小事做起，孝顺父母、关心父母。　七、示例：寒冷、黑暗、巨大

05　孝感动天

一、郭居敬　《二十四孝》　二、D　三、1. 名字叫象　2. 大象　四、B　五、1. 舜在历山耕田种地，有大象为他耕田，小鸟为他除草。　2. 帝尧听到这些，就派九个儿子服侍虞舜，把两个女儿娥皇和女英嫁给虞舜为妻，最终还把天下禅让给了虞舜。　六、1. 舜耕于历山，有象为之耕，鸟为之耘。　2. 因为舜至孝，深深感动了尧。　3. 示例：扇枕温衾、涌泉跃鲤等。

06　涌泉跃鲤

一、B　二、AB　三、1. jǐn　2. shè　3. gòng　四、母亲还特别喜欢吃鱼肉，夫妻俩就经常做鱼给她吃，并请来邻居老婆婆一起吃。　五、1. 母亲好喝江水，庞氏就去江边取水供她喝；母亲喜欢吃鱼肉，夫妻俩就经常做鱼给她吃。　2. 事必躬亲。　3. 不符合逻辑。故事具有神话色彩，借用神话来赞扬孝这一传统美德。

07　哭竹生笋

一、D　二、1. 幼年丧父　2.（病情）严重　3. 于是，就　4. 一会儿　三、1. 孟宗　2. 母　四、B　五、1. 母亲年老病重，冬天想吃笋煮的羹，孟宗没有办法得到笋。　2. 孝感天地。　3. 孟宗的孝心感动了天地，冬天竟然长出了竹笋。

08　单衣顺母

一、C　二、C　三、A　四、B　五、1. 虐待闵损，把芦花做的衣服给他穿。　2. 继母听到很后悔，从此对待闵损和亲生儿子一样了。　六、1. 弟弟的衣服是棉絮做的，可抵御严寒；闵损的衣服是芦花做的，不保暖。　2. 母在一子寒，母去三子单。　3. BCD

09　为亲负米

一、B　二、C　三、C　四、为亲负米 / 百里之外　五、1. 随从的车马有百乘之众，俸米有几万石，坐在堆叠的褥垫上，享受着丰盛的筵席。　2. 即使我想再吃野菜，为孝敬父母去背米，也不可能了。　六、殁　楚　百乘　万钟　坐　食　七、1. 子路家境贫困，经常吃野菜度日。为了让父母吃到较好的食物，子路不计劳苦，到百里之外背米，回来奉养父母。　2. 从车百乘，积粟万钟，累茵而坐，列鼎而食。　3. 想报答父母，但父母已经离世的悲伤。

10　卖身葬父

一、C　二、C　三、1. √　2. ×　3. √　四、D　五、1. 等到他去偿还人家的工时，在路上遇到一个妇人，自愿做董永的妻子。　2. 妇人便辞别董永离开了。　六、1. 卖身贷钱而葬。　2. 妇人被董永的孝心所感动。（自由表达，言之有理即可）　3. 示例一：好人终会有好报。示例二：我们要做孝敬父母的人。

11　亲尝汤药

一、A　二、1. 不能入睡　眼睫毛　上下眼睫毛相合，即闭眼入睡　2. 侍奉病人的辛劳十分繁忙　束腰的衣带　三、1. √　2. ×　3. √　4. ×　四、C　五、1. 母后病了三年，文帝忧虑得夜里不敢合眼，顾不得解开衣服睡觉。　2. 母亲要喝的汤药不是自己亲口尝过的，就不进献给她。因此，文帝仁孝之名遍传于天下。　六、1. 母病三年，帝为之目不交睫，衣不解带，汤药非口亲尝，弗进。　2. 提示：自由表达，言之有理即可。

12 宋濂嗜学

一、1. 我，宋濂自称 2. 取得，得到 3. 跑 4. 借 二、D 三、弗怠之 亲自抄书 四、1. 抄录完毕后，跑着去送还所借的书，不敢稍微超过约定的期限。 2. 因此人家大都愿意把书借给我，于是我能够阅读很多书。 五、1. 余幼时即嗜学 2. 寒冷的时候 结成坚冰 冻得不能弯曲和伸直 不放松抄录书 凿壁偷光 悬梁刺股 六、1. D 2. 示例：求学之路坎坷，只有勤奋刻苦、不畏艰难才能学有所成。 3. 示例一：路漫漫其修远兮，吾将上下而求索。示例二：书山有路勤为径，学海无涯苦作舟。

13 孔雀爱尾

一、1. 忌妒，嫉妒 2. 追赶 3. 安置 4. 捉，捉住 二、1. √ 2. √ 3. × 4. × 5. √ 6. √ 三、1. 雄孔雀的尾巴金黄、翠绿，并不是画家们用彩笔能够描绘得出来的。2. 天下雨了，打湿了它的尾巴，捕鸟人将要前来捕捉时，它们还在顾惜自己的尾巴，而不肯振翅高飞，最终被捕鸟人捉住了。 四、1. 爱美，善妒。 2. 虽驯之，见童男女着锦绮，必趁啄之。 3. 捕鸟人将要前来捕捉时，它还在顾惜尾巴，不肯振翅高飞，最终被捕鸟人捉住了。 五、D

14 北人食菱

一、B 二、A 三、B 四、B 五、1. B 2. B 六、1. 我并不是不知道，连壳一起吃是想清热解毒。 2. 这是因为他为了装作有学问，硬把不知道的说成知道。 七、1. 文中的北人不懂装懂，还强词夺理，是一个滑稽可笑的人。 2. 示例一：每个人都有缺点，但不要掩饰。示例二：人的知识是有限的，我们要虚心学习，不要不懂装懂。示例三：要听取他人的正确意见。

15 治 驼

一、1. 以前，从前 2. 请，邀请 3. 要 4. 告发 二、B 三、1. √ 2. × 3. √ 四、可 / 朝治 / 而夕如矢 五、1. 我的职业是治驼背，只管把人弄直，不管人死。 2. 今天当官的人，只管收取钱粮，不管百姓的死活，与这个治驼背的医生有什么不同呢？ 六、1. 病人驼背的严重程度 如矢 2. 我业治驼，但管人直，哪管人死！ 3. 官员们只管收取赋税，不顾百姓疾苦

16 翠鸟移巢

一、1. 等到……的时候 2. 落，掉下 3. 筑 4. 更加 二、B 三、D 四、231 五、1. 恐坠，稍下作巢。子长羽毛，复益爱之，又更下巢。 2. 示例：鸟语花香、笨鸟先飞、惊弓之鸟等。 六、C

17 活见鬼

一、A. 正好 B. 试探 C. 急，赶快 D. 一会儿，片刻 二、B 三、1. bì 2. chuī 3. liàng 4. jué 四、A 五、C 六、1. BC 2. A 3. 俄顷，复见一人，遍体沾湿，踉跄而至，号呼有鬼，

亦投其家。 4. 两人都以为自己遇见了鬼，结果发现因自己疑心太重才虚惊一场，所以两人都笑了。 七、D

18 父子性刚

一、C 二、B 三、A 四、B 五、1. 将要出城门的地方 儿子和一人面对面站在城门处（僵持很久） 2. 不肯让人。 3. 示例：既高且阔 虽人来人往，却仍可容数人同时出入 4. 提示：自由表达，言之有理即可。 六、D

19 蛙与牛斗

一、1. 慢慢地 2. 超过 3. 相差 4. 经过 二、C 三、1. √ 2. √ 3. × 四、过高估计自己 贬 以卵击石 眼高手低 量力而行 五、去远矣 复吸气鼓腹 又吸气鼓腹 腹裂而死 六、1. 蛙于草中，视牛渐近，庞然大物也，嫉之。 2. 牛 三次 凡事要量力而行，要正确估量自己的优势与劣势 六、A

20 吏人立誓

一、B 二、1. √ 2. √ 3. × 三、1. 这个官吏想到立下誓言的缘故，难以用手去接。 2. 这官吏本性贪婪，是没有办法改变他贪污的恶习了。 四、1. 遇赦获免。 2. 担心手生恶疮。 五、B

21 知母贝母

一、1. 愚昧，愚蠢 2. 就，才 3. 用刀、斧等砍 4. 难道 二、B 三、B 四、1. 乃割己耕牛一足，斫二鸡脚售之。 2. 不懂装懂、望文生义、不虚心请教的人。 3. 提示：围绕主动请教别人或多学习来回答即可。 五、A

22 犬报火警

一、1. 同“猝”，突然 2. 拖，拉 3. 一直，经常 4. 忧患 二、B 三、1. × 2. √ 3. √ 四、D 五、1. 213 2. D 3. 示例：文中的犬通人性，机智勇敢，对主人忠诚。 六、B

23 牧竖巧逮狼

一、1. 相距 2. 张望 3. 快速跑 4. 断 二、C 三、其一竖 / 又在彼树 / 致小狼鸣急 四、1. 1324 2. 提示：自由表达，言之有理即可。 五、D

24 木雕美人

一、1. 担着，背着 2. 同“披”，盖，穿 3. 呵斥，大声呼喝 4. 误 二、于簏中 / 出 / 木雕美人 三、B 四、A 五、1. 从木雕的肖像和动作两个方面。 2. (1) 手目转动，艳妆如生 (2) 美人自起，学解马作诸剧，镫而腹藏，腰而尾赘，跪拜起立，灵变不讹。(3) 昭君频频回顾，羊裘儿扬鞭追逐，真如生者。 3. 落雁 西施 闭月 杨玉环

25 七 录

一、1. 爱好，喜爱 2. 停止 3. 皲裂，皮肤因寒冷而破裂 4. 屋舍 二、1. √ 2. ×

3. √　三、钞已 / 朗读一过 / 即焚之　四、1. 冬天，皮肤都冻得开裂了，每天要在热水里洗好几次。　2. 后来他把自己读书的房间命名为“七录”。　五、1. 因为张溥所读过的书都要手抄六七遍。　2. 张溥所读的书一定要抄六七遍；无论寒暑，他都不停止读书。　3. 张溥是一个学习勤奋刻苦的人。　六、示例：时习斋，意为提醒自己谨记孔子教诲“学而时习之”。

26　王冕读书

一、C　二、1.B　2.D　三、A　四、C　五、1. 一是在学舍偷听读书，二是在寺庙借长明灯夜读。　2. 窃入学舍，听诸生诵书，暮乃反。亡其牛，父怒挞之，已而复然。　3. 王冕具有吃苦耐劳、勤奋学习的品质。　4. 提示：自由表达，言之有理即可。　六、C

27　狼子野心

一、1. 顺从，驯服　2. 接近，靠近　3. 窥探　4. 表面上　二、1. xù　2. mèi　3. jué　4. niè　三、D　四、B　五、1. 阳为亲昵，而阴怀不测　示例：狼狈为奸、狼奔豕突、如狼似虎、狼吞虎咽、狼心狗肺、鬼哭狼嚎、引狼入室等。　2. 表现了狼阴险狡诈的特点。　3.（1）与家犬杂畜，亦与犬相安。稍长，亦颇驯。（2）乃伪睡以俟，则二狼伺其未觉，将啮其喉。　4. 对主人不识狼阴险本性的嘲笑。　5. 示例：农夫与蛇、东郭先生与狼　六、C

28　垛子助阵

一、1. 忽然　2. 通“现”，出现，显现　3. 从前　二、B　三、败—胜　救—伤　四、一个武官出征打仗，快要战败时，忽然有神兵助阵，反而大胜。　五、1. 因为武官平时在训练场上没有一支箭伤到过垛子。　2.AD　3. 文章讽刺了那些徒有虚名，没有真才实学的人。

29　白鼻猫

一、1. 本性　2. 睡卧，仰卧　3. 精神萎靡的样子　二、B　三、反问句。一口咬住，省了无数气力。　四、B　五、1. 终日偃卧不起，每日三餐亦懒于动口，恹恹绝粒。　2. 饿毙。　3. 生前性懒　4. 提示：画出“身上毛片，愿求大王赏一全体黑身，单单留一白鼻”　5. 用白鼻头引诱老鼠来到嘴边，自己可以继续偷懒，一口咬住老鼠。　6. 示例：冥王怒曰：“你自去做鼠吧。”

30　利　市

一、1. 说　2. 必须，一定要　3. 不料，意想不到　二、1. ×　2. √　3. √　三、C　四、1. 新年第一天要讨个吉利。　2.“吉”字倒着看就是“口干”。

31　我有马足

一、1. 希望借用　2. 解释　3. 更加　二、偶遇 / 他出，祈假 / 骏足一乘。　三、1. √　2. ×　3. √　四、B　五、1. 别人借马，他以为别人要借自己的脚。　2. 友人解释马足，他以为朋友是讽刺他的脚是马足。　3.CD

32　吃橄榄

一、1. 吃　2. 代词，指乡人　3. 庸俗的，鄙俗的　二、1. A　2. B　3. C　三、农夫以为“俗”是橄榄名，于是就牢记在心中。　四、1. 涩而无味。　2. 因为同席的人看不起乡下人，认为他粗俗。　3. D　五、ABCD

读交大之星
圆名校之梦

穿越历史线 学透小古文

孙洋 主编

元明清篇

上海交通大学出版社
SHANGHAI JIAO TONG UNIVERSITY PRESS

内容提要

本系列以“历史线”为选文脉络，从分布在“历史线”上的50多种典籍里，精选166篇适合中小学生阅读的小古文，按照时间顺序，分为春秋战国篇、秦汉篇、三国两晋南北朝篇、唐宋篇、元明清篇5个分册。每个分册设置了典籍名片、小古文精讲、思维导图、智慧点拨、知识拓展、学而思等栏目。本书图文并茂、版式活泼，体例和内容的设置注重“融合”，侧重“积累”，加强“训练”，突出“有趣”，旨在培养中小学生学习小古文的兴趣，并让其从中汲取中国传统文化之精华。

图书在版编目（CIP）数据

穿越历史线.学透小古文.元明清篇 / 孙洋主编
.—上海：上海交通大学出版社，2024.6
（交大之星）
ISBN 978-7-313-29093-9

Ⅰ.①穿… Ⅱ.①孙… Ⅲ.①文言文–小学–教学参考资料 Ⅳ.①G624.203

中国国家版本馆CIP数据核字（2023）第130050号

穿越历史线•学透小古文(元明清篇)
CHUANYUE LISHIXIAN•XUETOU XIAOGUWEN（YUAN–MING–QING PIAN）

主　　编：孙　洋
出版发行：上海交通大学出版社　　地　　址：上海市番禺路951号
邮政编码：200030　　电　　话：021-64071208
印　　制：苏州市越洋印刷有限公司　　经　　销：全国新华书店
开　　本：787mm×1092mm　1/16　　印　　张：9
字　　数：148千字
版　　次：2024年6月第1版　　印　　次：2024年6月第1次印刷
书　　号：ISBN 978-7-313-29093-9　　音像书号：ISBN 978-7-88941-603-0
定　　价：199.00元（共5册）

前　言

古诗文是中华民族五千年文化的瑰宝，是中国优秀传统文化最好的载体，有丰富的历史文化价值和教育价值，处世为人的哲学，修身、齐家、治国、平天下的道理都蕴含其中。学习经典古诗文，对我们的眼界、胸怀、志气、品格修养的提升大有裨益；学习经典古诗文，也是传承中华传统文化、树立民族精神、增强文化自信的重要渠道。

统编语文教材增加了古诗文比重。小学语文古诗文占全部选篇的36%，初中语文古诗文占全部选篇的48%，较原人教版教材有大幅增加。

中小学生学习古诗文的重要性和必要性不言而喻，但市面上与古诗文相关的书籍大都以主题或类别进行分类，而学生在学习古诗文的时候，往往需要联系作者或诗人所处的时代背景，这样才能更好地理解古诗文深层次的意蕴。而以“历史线”为脉络对古诗文进行梳理分类，有助于学生提高史实意识，在历史的线条中逐渐明晰作者或诗人的生平、遭遇，理解他们所处的时代发展背景，将同时代的作者、诗人或典籍串联起来，进一步拓展学习的广度和深度。因此，我们积极联合专家团队，倾力打造了“穿越历史线·学透古诗词”“穿越历史线·学透小古文”系列图书。

“穿越历史线·学透古诗词”系列精选148首中小学生必背古诗词，按照时间顺序，分为初唐及以前篇、盛唐篇、中晚唐篇、宋代篇、宋代以后篇5个分册，每个分册设有诗人名片、诗人介绍、写作背景、注释、译文悦读、思维导图、诗词鉴赏、知识拓展、学而思等栏目。

“穿越历史线·学透小古文”系列从分布在“历史线”上的50多种典籍里，精选了166篇适合中小学生阅读的小古文，按照时间顺序，分为春秋战国篇、秦汉篇、三国两晋南北朝篇、唐宋篇、元明清篇5个分册。每个分册设置典籍名片、小古文精讲、思维导图、智慧点拨、知识拓展、学而思等栏目。套书体例和内容的设置注重“融合”，侧重“积累”，加强“训练”，突出“有趣”。

希望这套图书能使学生更方便地学习古诗文，感受中华文化的丰厚博大，从中汲取民族文化智慧，积淀文化底蕴，在点滴的学习中浸润渗透，增强学生的文化认同感和民族自豪感。

囿于编写水平，书中如有不足之处，恳请广大读者批评指正，以便我们重印再版时修订完善。

编者

目录

穿越历史线

宋史

作　　者　脱脱等

创作年代　元代

文学体裁　纪传体、断代史

文学地位　“二十四史”中篇幅最庞大的一部官修史书

《宋史》是中国二十四史之一，收录于《四库全书》史部正史类，由丞相脱脱和阿鲁图先后主持修撰。它与《辽史》《金史》同时修撰，是二十四史中篇幅最庞大的一部官修史书。

脱脱（1314-1355），字大用，蒙古族蔑儿乞人，元朝末年政治家、军事家。至正元年（1341）脱脱为相，大改旧政，恢复科举取士，并主编《辽史》《宋史》《金史》。后来因病辞职，由继任丞相阿鲁图继续主持编写。至正五年（1345）十月，三史修成。其中,《宋史》历时两年半，由于时间仓促，其中存在许多问题和缺陷，但其史料丰富、叙事详尽，仍是非常重要的史书，且发挥着不可替代的作用。

名句集锦

◎士当以器识为先。

◎诚以待物，物必应以诚。

◎名者由实而生，非徒好而自至也。

◎祖宗疆土，当以死守，不可尺寸与人。

◎天变不足畏，祖宗不足法，人言不足恤。

扫码听音频

01 破瓮[1]救友

光[2]生[3]七岁，凛然[4]如成人[5]。闻讲《左氏春秋》，爱之，退为家人讲，即了其大指[6]。自是手不释书，至[7]不知饥渴寒暑。群儿戏[8]于庭[9]，一儿登[10]瓮，足跌没[11]水中，众皆[12]弃去。光持石击瓮破之，水迸[13]，儿得活。

❶ 瓮：类似缸的盛器，口小肚大。
❷ 光：司马光。
❸ 生：长到，长。
❹ 凛然：形容严肃而令人敬畏的样子。
❺ 成人：古代指弱冠(20岁)，并非现代的18岁。
❻ 指：通“旨”，指主要。
❼ 至：到达，甚至。
❽ 戏：玩耍。
❾ 庭：院子。
❿ 登：爬到。
⓫ 没：淹没，沉没。
⓬ 皆：都。
⓭ 迸：涌出，喷射。

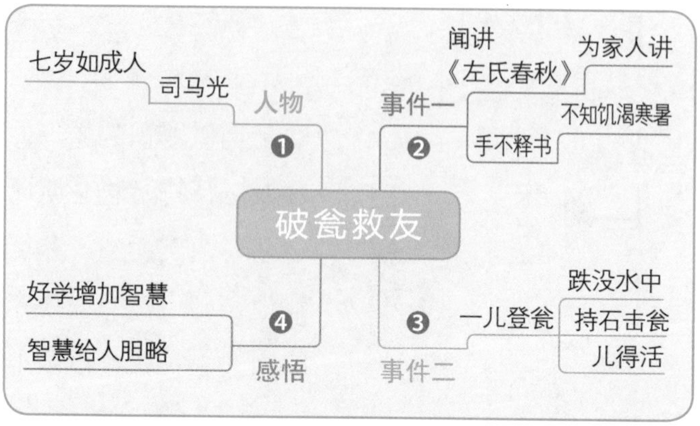

智慧点拨

司马光幼时即有过人的智慧和沉着勇敢的精神。我们也应像他一样，勇于帮助他人，遇事保持沉着冷静，多动脑筋，努力想办法解决问题。

译文悦读

司马光长到七岁时，已经像成年人一样稳重了。他特别喜欢听人讲《左氏春秋》，了解其大意后回来讲给家人听。从此之后，他对《左氏春秋》爱不释手，甚至忘记了饥渴和冷热。一群小孩儿在庭院里玩，一个小孩儿爬到瓮上，失足跌入缸中被水淹没，大家都被吓跑了。司马光拿起石头砸瓮，把瓮砸破了，水喷涌出来，落水的小孩儿得以幸存。

知识拓展

文姬六岁辨弦音

蔡文姬是东汉大文学家蔡邕的女儿，她自幼能诗善文，特别好琴瑟之音。

文姬六岁那年，他缠着父亲教她弹琴，蔡邕便先弹一曲。但因弹奏时用力过猛，而把第一根弦弹断了，可自己还没察觉，照弹不误。

文姬听了出来，说："父亲，您弹断了第一根弦！"蔡邕吓了一跳，女儿从来都未学过弹琴，甚至连琴都未摸过，怎么能听得出他弹断了第一根弦呢？蔡邕继续弹着，故意把第四根弦弹断。

文姬又立刻辨出，说："父亲，您又把第四根弦弹断了！"蔡邕这才相信，女儿的确无师自通，掌握了音律。

后来，蔡文姬在父亲的指导下，琴艺到了炉火纯青的地步。

学而思

一、填空题。

1."自是手不释书，至不知饥渴寒暑"中包含的成语是____________，形容______________________________。

2."众皆弃去。光持石击瓮破之"写出了司马光与众不同的表现，所用的修辞方法是____________，作用是______________________________________。

二、在庭院中嬉戏的孩子中只有司马光砸缸救人，究其原因，前文已经埋下了伏笔，请在文中画出来。从文中可以看出：司马光是一个（　　）的人。（多选）

A.勤奋好学　　　　B.聪明机智

C.心地善良　　　　D.沉着稳重

02 程门立雪

chéng mén lì xuě

zhì shì yòu jiàn chéng yí yú luò shí gài nián sì shí yǐ yí rì jiàn

至是，又见程颐于洛，时盖[1]年四十矣。一日见[2]

yí yí ǒu míng zuò shí yǔ yóu cù shì lì bú qù yí jì jué zé mén

颐，颐偶瞑坐[3]，时与游酢[4]侍立[5]不去。颐既觉[6]，则门

wài xuě shēn yì chǐ yǐ

外雪深一尺矣。

---

❶ 盖：大概。

❷ 见：拜见，拜访。

❸ 瞑坐：闭着眼睛打坐。这里指闭眼睡觉。瞑，闭眼。

❹ 游酢：字定夫，建州建阳（今属福建）人。

❺ 侍立：恭敬地站在一边。侍，服侍。

❻ 既觉：等到睡醒。既，等到。觉，睡醒，醒来。

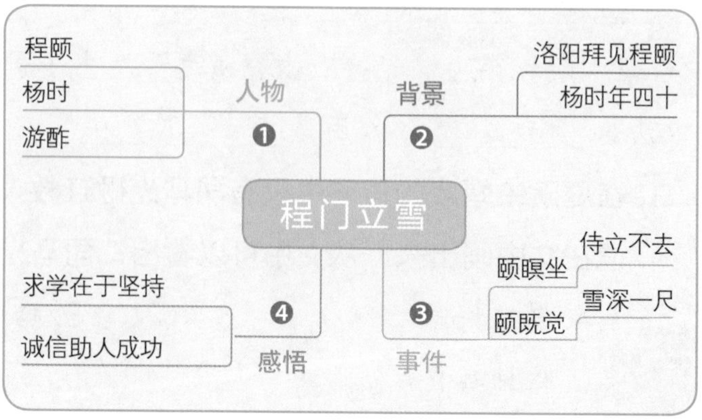

智慧点拨

在求学路上，只有虚心才会不断获得进步，礼貌待人才会赢得他人的尊重。求学要坚持不懈，千万不可半途而废，否则只会前功尽弃。

译文悦读

到这时候，杨时又到洛阳拜见程颐，这时杨时大概四十岁了。一天，杨时拜访程颐，程颐正好闭着眼睛打瞌睡，杨时与同学游酢恭敬地站立一边，一直没有离开，等到程颐睡醒时，门外的雪已经一尺深了。

知识拓展

读一读，记一记

程门立雪 →	北宋·杨时
刮目相看 →	三国·吕蒙
指鹿为马 →	秦·赵高
不耻下问 →	春秋·孔子
多多益善 →	西汉·韩信
图穷匕见 →	春秋·荆轲

学而思

一、按照要求填空。

“程门立雪”是一个尊师重道的典故，用来形容__________________；“程”是指__________，“立雪”的意思是______________。

二、“程门立雪”讲的是杨时求学的故事。你从杨时身上得到了什么启示？（　　）（多选）

A. 杨时谦虚好学、孜孜以求的精神值得我们学习。

B. 我们要尊师好学。

C. 我们要学习杨时下雪天仍坚持拜访老师的精神。

D. 一个人要活到老、学到老。

扫码听音频

zhào pǔ dú shū

03 赵普读书

pǔ shào xí lì shì guǎ xué shù jí wéi xiàng tài zǔ cháng quàn yǐ dú shū wǎn
普少习[1]吏事，寡学术，及为相，太祖常劝以读书。晚

nián shǒu bú shì juǎn měi guī sī dì hé hù qǐ qiè qǔ shū dú zhī jìng rì jí cì
年手不释卷，每归私第[2]，阖户启箧取书，读之竟日[3]。及次

zì lín zhèng chù jué rú liú jì hōng jiā rén fā qiè shì zhī zé lún yǔ
自临政[4]，处决如流[5]。既薨[6]，家人发[7]箧视之，则《论语》

èr shí piān yě
二十篇也。

---

① 习：熟悉。

② 第：府第，大的住宅。

③ 竟日：整天。

④ 临政：处理政务。

⑤ 如流：像水往下淌的样子，喻指快速。

⑥ 薨：君主时代称诸侯或大官的死。

⑦ 发：打开。

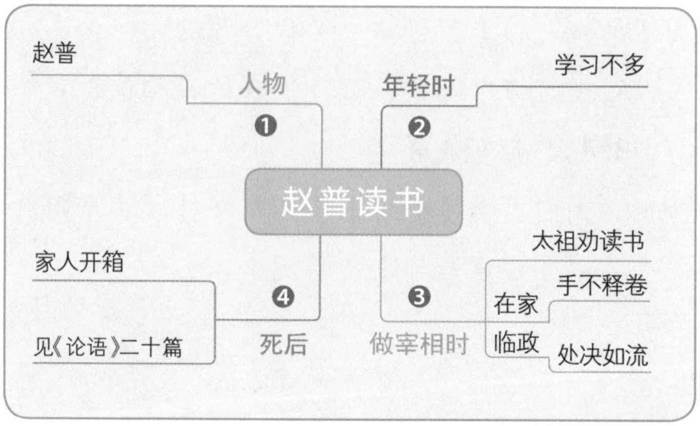

智慧点拨

学习是通往成功的必由之路，何时何地都不要放弃。只要下决心去努力，全身心投入到学习中，即使是先天不足也可以通过后天来弥补。

译文悦读

赵普年轻时熟悉官吏应处理的事务，学问却不多，等到做了宰相，太祖经常劝他读书。赵普晚年时手不离开书卷，每次回到自己的住宅，关上门打开书箱拿出书，整天阅读。等到第二天处理政务，决断很快。他死后，家人打开书箱一看，原来是《论语》二十篇。

知识拓展

手不释卷

三国时期，吴国的大将吕蒙骁勇善战，但很少读书。有一次，吴主孙权劝导他要好好学习，吕蒙却说没有时间读书。孙权就以自己的亲身体验和汉光武帝刘秀的事例鼓励他。从此以后，吕蒙开始发奋读书，进步很快。过了两年，吴国军事统帅周瑜病死，鲁肃接替周瑜为都督。鲁肃因吕蒙是武将而看不起他。有一次，鲁肃路过吕蒙的驻地，与他谈论以后，发现吕蒙是个文武双全的人，大为惊异，便拍着他的肩膀说："我以为你只有武艺而已，想不到现在你这样博学，已经不是从前的阿蒙了。"吕蒙也大笑说："人们三天不见，便要另眼相看，隔了这样久了，你怎么能再用老眼光来看我呢？"后用"手不释卷"形容勤奋好学。

关于读书的名句

学而时习之，不亦说乎？（春秋·孔子）

学而不思则罔，思而不学则殆。（春秋·孔子）

读书百遍，其义自见。（《三国志》）

读书破万卷，下笔如有神。（唐·杜甫）

读书谓已多，抚事知不足。（宋·王安石）

发奋识遍天下字，立志读尽人间书。（宋·苏轼）

立身以立学为先，立学以读书为本。（宋·欧阳修）

读书有三到，谓心到、眼到、口到。（宋·朱熹）

书到用时方恨少，事非经过不知难。（宋·陆游）

要知天下事，须读古人书。（明·冯梦龙）

学而思

一、填空题。

1.本文出自《____________》。赵普，字_______，自古有“__________________”的说法。文中的“太祖”是指______________________。

2.“半部《论语》治天下”强调______________________，如果将它作为上联，你能对出下联吗？

____

二、本文讲述了赵普刻苦读书的故事，旨在告诉我们（　　）。（多选）

A.读书要刻苦，要活到老学到老

B.赵普坚持不懈、刻苦学习的精神值得我们学习

C.黑发不知勤学早，白首方悔读书迟

D.赵普太穷了，晚年只留下了一本《论语》

二十四孝

全　　名	《全相二十四孝诗选集》
作　　者	郭居敬
创作年代	元代
文学体裁	故事
价值影响	中国古代流传甚广的童蒙读物

《二十四孝》由元代郭居敬所编，挑选了从上古时代到唐宋时期，上起天子，下至百姓的孝亲故事，每个故事体现了古人的关于“孝”的一种行为。书中故事通俗易懂、情节感人，诗句朗朗上口、便于记忆，十分适合普通百姓阅读，特别是儿童。该书发行后，得到广泛流传，成为元明清以来儿童的启蒙教材，也是一本广受欢迎的宣扬中华文化精神核心的经典，以及国民“孝”行教育的教材。

郭居敬，字仪祖，尤溪县广平村人，是一位影响世界文化的历史名人，除中华孝典《二十四孝》外，还著有《百香诗》。

名句集锦

◎队队春耕象，纷纷耘草禽。嗣尧登宝位，孝感动天心。

◎母指才方啮，儿心痛不禁。负薪归未晚，骨肉至情深。

◎仁孝临天下，巍巍冠百王。莫庭事贤母，汤药必亲尝。

◎孝悌皆天性，人间六岁儿。袖中怀绿桔，遗母报乳哺。

◎冬月温衾暖，炎天扇枕凉。儿童知子职，知古一黄香。

扫码听音频

shān zhěn wēn qīn

04 扇枕温衾[1]

hòu hàn huángxiāng zì wén jiāng nián jiǔ suì shī mǔ sī mù wéi qiè xiáng rén jiē

后汉[2]黄香，字文疆，年九岁失母[3]，思慕惟切，乡人皆

chēng qí xiào gōng zhí qín kǔ shì fù jìn xiào xià tiān shǔ rè shān liáng qí zhěn diàn

称其孝。躬执勤苦，事[4]父尽孝。夏天暑热，扇凉其枕簟[5]；

dōng tiān hán lěng yǐ shēn

冬天寒冷，以身

nuǎn qí bèi xí tài shǒu

暖[6]其被席。太守

liú hù biǎo ér yì zhī

刘护表而异之。

---

❶衾：被子。

❷后汉：指东汉。

❸失母：母亲去世。

❹事：侍奉，服侍。

❺簟：竹席。

❻暖：形容词作动词用，使……暖和。

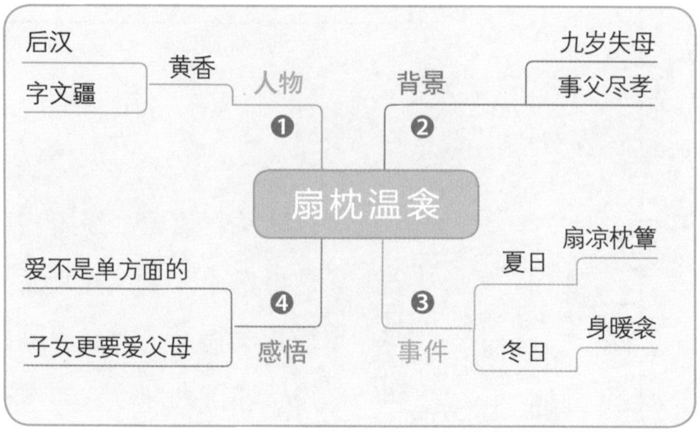

智慧点拨

孝敬父母是中华民族的传统美德，需要代代传承。帮助父母做些力所能及的事情，也是孝道。我们应该从身边的点滴小事做起。

译文悦读

东汉时期有一个人叫黄香，字文疆。九岁时母亲去世，终日思念感怀，极其感切，乡邻们都夸他孝顺。他见父亲劳作辛苦，侍奉父亲非常尽心。夏天酷热，他用扇子为父亲扇凉枕席；冬天寒冷，他用自己的身体为父亲温暖被褥。太守刘护得知其孝行，颇为赞赏，并立为榜样。

知识拓展

“日”字的前世与今生

“日”的甲骨文、金文和小篆像太阳的形状，中间的一横表示光线或最亮点，以区别空心圆。所以，“日”的本义为太阳。因地球自转一周是一天，由此引申为一昼夜。

“日”作为部首，称日部。有的在字的左边，称日字旁；有的在字的下部，称日字底。

“日”作部首时，所组合的字大致可分为三类：

(1)与太阳、天气有关，如明、暗、晴、晖、旭、暑、暖、暮、旱等；

(2)与时间有关，如早、晚、旦、春、时、昨等；

(3)与帽子有关，如“冒”(本义为帽子)和“冕”(miǎn)。

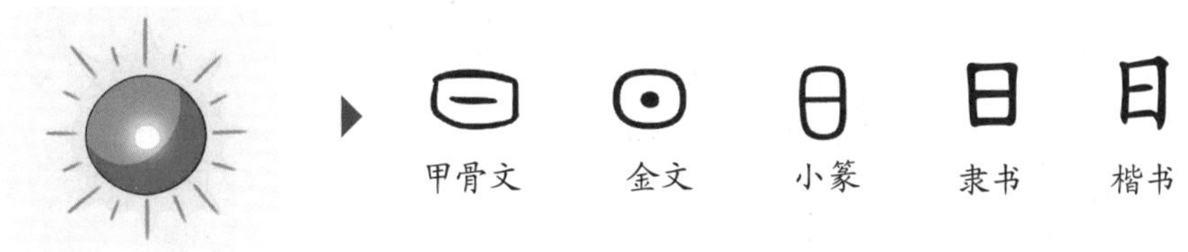

学而思

一、填空题。

读了这个故事，“我”联想到《弟子规》中的一句话“____________________________”，“我”的心灵受到了中华传统美德的熏陶，“我”决心做一个__________的孩子。

二、“孝”是中华民族的传统美德，下列与“孝”无关的一项是（　　）。

A. 涌泉跃鲤　　B. 卖身葬父

C. 扇枕温衾　　D. 神农化民

三、下列是古代家具的名称，请连一连，记一记。

衾　　簟　　榻　　几　　案

被子　　竹席　　床　　窄小的桌子　　长桌子

扫码听音频

xiào gǎn dòng tiān

05 孝感动天

yú shùn gǔ sǒu zhī zǐ xìng zhì xiào fù wán mǔ yín dì xiàng ào shùn gēng

虞舜①，瞽瞍②之子。性至孝。父顽③，母嚚④，弟象傲。舜耕⑤

yú lì shān yǒu xiàng wèi zhī gēng niǎo wèi zhī yún qí xiào gǎn rú cǐ dì yáo wén zhī shì

于历山，有象为之耕，鸟为之耘⑥。其孝感如此。帝尧闻之，事

yǐ jiǔ nán qī yǐ èr nǚ suì yǐ tiān xià ràng yān

以九男，妻以二女，遂以天下让焉。

①虞舜：传说中的远古帝王，史称“虞舜”。

②瞽瞍：远古帝王虞舜的父亲。瞽，瞎眼。瞍，（没有眼珠的）盲人。

③顽：顽劣。

④嚚：愚蠢而顽固。

⑤耕：耕田。

⑥耘：除草。

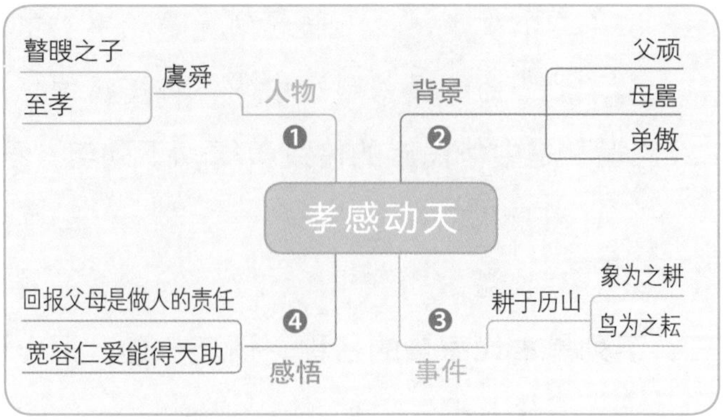

智慧点拨

父母生养我们、教育我们，十分辛苦，我们要像虞舜一样懂得孝敬父母，常怀感恩之心，平时多为父母做些力所能及的小事。

译文悦读

虞舜是瞽瞍的儿子。他天生就懂得大孝。他的父亲顽劣，继母愚顽，同父异母的弟弟名字叫象，傲慢不逊。舜在历山耕田种地，有大象为他耕田，小鸟为他除草。他的孝行感天动地到了这样的程度。帝尧听到这些，就派九个儿子服侍虞舜，把两个女儿娥皇和女英嫁给虞舜为妻，最终还把天下禅让给了虞舜。

知识拓展

“老”与“孝”

“老”的甲骨文左边像一个驼背人，右边像一根拐杖，合起来像老人拄着拐杖的样子。所以，“老”的本义为老人，由此引申为年岁大。

“孝”的甲骨文右边是“老”的省写（表示老人），左下边是“子”(表示子女或子孙)，合起来像子女搀扶着老人，有孝顺的意思。所以，“孝”的本义为孝顺。

谜语:“老”字去拐杖，由“子”来帮忙。 **谜底：**__________

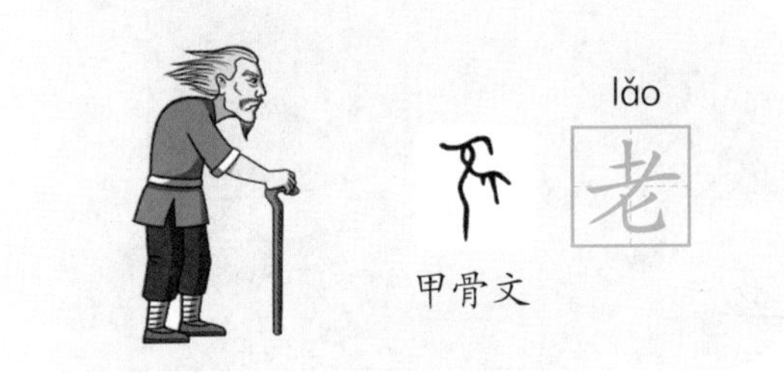

学而思

一、按照要求，用原文填空。

1.舜耕于_______，有_______为之耕，_______为之耘。

2.父________，母________，弟________。

二、本文讲述的是虞舜“孝感动天”的故事，是郭居敬所编《二十四孝》中的第一个故事。下列不属于“二十四孝”故事的是（　　）。

A.百里负米　　B.孟母三迁

C.卖身葬父　　D.鹿乳奉亲

扫码听音频

06 涌泉跃鲤

yǒng quán yuè lǐ

[汉]姜诗，事母至①孝。妻庞氏，奉②姑③尤谨④。母性好饮江水，妻汲⑤而奉之⑥。母更嗜⑦鱼脍⑧，夫妇作而进之，召邻母共食。舍侧忽有涌泉，味如江水，日跃双鲤，诗取以供母。

---

①至：非常。

②奉：侍奉。

③姑：指婆婆。

④尤谨：特别周到。尤，特别。谨，周到。

⑤汲：从井里打水，这里指取水。

⑥之：代词，指婆婆。

⑦嗜：喜欢。

⑧鱼脍：指鱼肉切丝做成的菜肴。

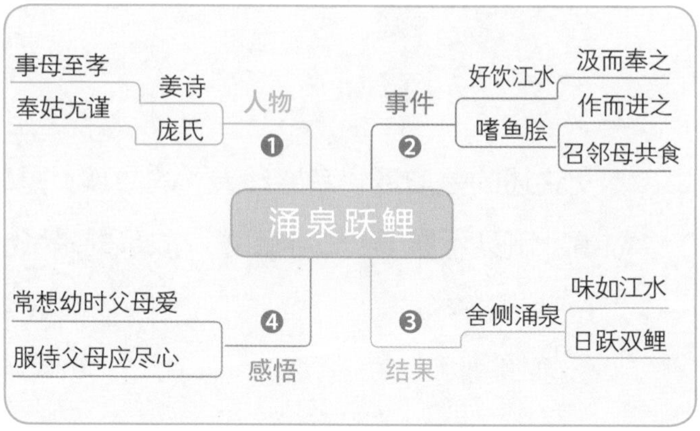

智慧点拨

“孝”是中华民族最源远流长的传统美德之一。父母生养我们十分辛苦，身为子女需要孝敬父母，懂得感恩、尊敬长辈。

译文悦读

东汉的姜诗，待母亲非常孝敬。后来娶妻庞氏，她侍奉婆婆特别周到。姜诗的母亲生性喜欢喝江水，庞氏就亲自去江边取水供她喝。母亲还特别喜欢吃鱼肉，夫妻俩就经常做鱼给她吃，并请来邻居老婆婆一起吃。有一天，屋子旁边忽然涌出泉水，味道像江水。每天还有两条鲤鱼从中跳出，姜诗便拿这些来供奉母亲。

知识拓展

“妻”

妻子，古代称“妻”。甲骨文是会意字，从女，从又（手），妇女以手梳理长发表示结发为妻子之意。小篆还是会意字，像结发插笄之形。古人说“结发妻子”或“发妻”，即源于此。中华人民共和国成立前，农村姑娘出嫁，都要“上头”，就是把辫子盘起来打上网子，表示要出嫁。现在女子结婚常做婚礼盘头，也是这个意思。也有人说，“妻”是用手捉住女人做妻子，是原始社会抢婚制的反映。抢婚要在晚上，所以叫“昏姻”。

《礼记》载：“天子之妃曰后，诸侯曰夫人，大夫曰孺人，士曰妇人，庶人曰妻。”看来古时的“妻”只是平民百姓的配偶。后来，“妻”才渐渐成为所有男人配偶的通称。

“妻子”本来是两个词：“妻”和“子”，表示妻子和儿女。陶渊明《桃花源记》：“自云先世避秦时乱，率妻子邑人，来此绝境，不复出焉；遂与外人间隔。”其中的“妻子”用的就是此义。现在专指婚配的女方，也就是男子的配偶，不再包括儿女。

学而思

一、下列加点字的读音不正确的一项是（　　）。

A. 召邻母共食（shí）　　B. 母性好饮江水（hǎo）

C. 日跃双鲤（yuè）　　D. 舍侧忽有涌泉（yǒng）

二、这个故事的结尾用了神话般的结局，目的是赞美哪种美德？（　　）

A. 忠　　B. 孝　　C. 礼　　D. 智　　E. 信

扫码听音频

kū zhú shēng sǔn

07 哭竹生笋

wú mèng zōng zì gōng wǔ shào gū mǔ lǎo bìng dǔ dōng yuè sī sǔn zhǔ gēng shí zōng wú jì kě dé nǎi wǎng zhú lín zhōng bào zhú ér kū xiào gǎn tiān dì xū yú dì liè chū sǔn shù jīng chí guī zuò gēng fèng mǔ shí bì jí yù

吴孟宗，字恭武，少孤①。母老病笃②，冬月思笋煮羹食。宗无计可得，乃③往竹林中，抱竹而哭。孝感天地，须臾④地裂，出笋数茎，持归作羹奉母，食毕疾愈。

①孤：幼年丧父。

②笃：（病情）严重。

③乃：于是，就。

④须臾：一会儿。

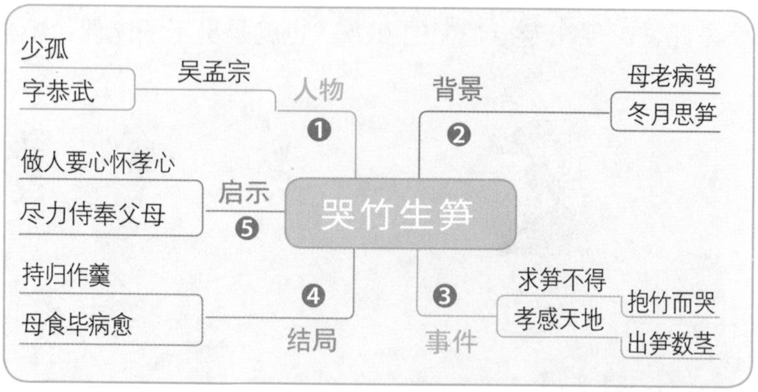

智慧点拨

俗话说“百善孝为先”。身为子女，我们要像吴孟宗一样心存孝心、侍奉父母，以培养自己的人格素养，继承发扬孝道这一中华传统美德。

译文悦读

吴国孟宗，字恭武，幼年时便死了父亲。母亲年老病重，冬天想吃笋煮的羹。孟宗没有办法得到笋，便到竹林中去抱着竹子哭。他的孝心感动了天地，一会儿，地面裂开，长出几根笋来。孟宗拿着笋回家，做羹给母亲吃。母亲吃完以后，病也好了。

知识拓展

“母”“女”本是一家，后来才分化

在甲骨文形成之初，“女”与“母”是同一个字，字形像一个面朝左、双手交叉在胸前、双膝跪地的女子，可见女子在商朝已处于被统治的地位。“女”是统称，表示女性，可以是女孩子，也可以是结过婚的女子。后来，随着对汉字需要的增加，于是在“女”的基础上加两点（乳房），就变成了“母”字，来表示母亲。

综上所述，从字形上看，“母”比“女”多了表示乳房的两点；从含义上看，“女”表示女性（与“男”相对），而“母”表示母亲。

学而思

一、下列句子中的“乃”与“乃往竹林中”中的“乃”意思相同的是（　　）。（多选）

A. 乃取一葫芦置于地　　B. 乃引绳于泥中，举以为人

C. 载归家，二日乃苏　　D. 王师北定中原日，家祭无忘告乃翁

二、用现代汉语翻译下面的句子。

须臾地裂，出笋数茎。

____

三、猜谜语。

1. 头戴尖尖帽，身穿节节衣。

年年二三月，钻出湿湿地。（打一植物）

谜底：__________

2. 幼时味美正好尝，大时做笛把歌唱。

老时拿来撑船用，长年漂流江河上。（打一植物）

谜底：__________

扫码听音频

08 单衣顺母

[周]闵损❶，字子骞，早丧母。父娶后母，生二子，衣以棉絮；妒损，衣以芦花。父令损御车，体寒失靷❷，父察知故，欲出❸后母。损曰：“母在一子寒，母去三子单。”母闻，改悔。

❶ 闵损：字子骞，春秋末期鲁国人，孔子的弟子。孔子曾说过：“孝哉闵子骞。”闵损不做鲁国权臣季孙氏的官，以德行见称。

❷ 靷：引车前行的皮带。

❸ 出：休弃。

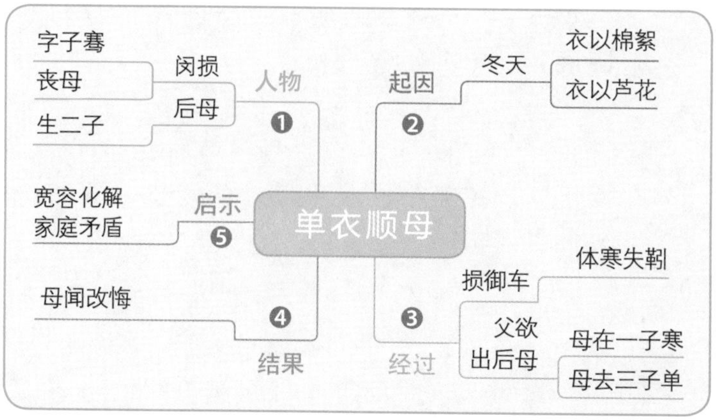

译文悦读

周朝的闵损，字子骞，幼年便死了母亲，父亲续娶继母，又生了两个儿子。继母经常虐待他，在冬天时，把棉絮做的衣服给两个亲生儿子穿，把芦花做的衣服给闵损穿。有一天，父亲坐车出去，叫闵损驾车，他因为身体受寒，把引车的皮带坠落了。父亲发现闵损的衣服是用芦花做的，所以受寒失手，便想把继母休弃。闵损说："继母在，不过一子受寒，如果继母被休，三子都要受寒了。"继母听到很后悔，从此对待闵损和亲生儿子一样了。

智慧点拨

孝敬长辈是中华民族的传统美德。闵损对继母都能做到以孝为先，难能可贵。

知识拓展

"衣"中藏乾坤

"衣"的甲骨文、金文都像一件古代上衣的轮廓图形，上为衣领，两侧的开口处为衣袖，中间是交衽(rèn)的衣襟(jīn)。所以"衣"的本义为上衣（与"裳cháng"相对）。古代的衣服，上身为"衣"，下身为"裳"，今作合成词"衣裳"(shang)。

凡含有"衣"的字，大多与衣服和布匹有关，如初、衬、衫、裘（qiú)、表、袂（mèi)等。

"裹"是在"衣"中加"果"字，本义为(用纸、布或其他片状或条状物)缠、包。

"衷"是在"衣"中加"中"字，本义为贴身穿的内衣。

"褒"是在"衣"中加"保"字，本义为衣襟宽大。夸赞、赞扬(与"贬"相对)是假借义。

"哀"是在"衣"中加"口"字，本义为悲伤、悲痛。

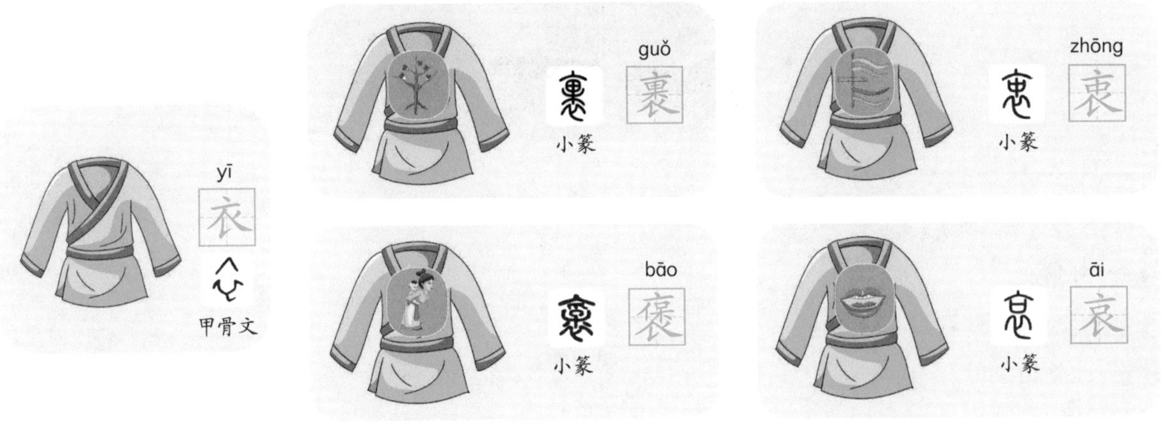

学而思

古代有"孝感天地"的舜、"芦衣顺母"的闵损、"鹿乳奉亲"的郯子……，他们都是孝敬父母的典范。当代也有大孝无边的谢延信、张尚均等，这说明（　　）。

A. 孝敬父母就要尊敬父母　　B. 孝是中华民族的传统美德

C. 自古至今，所有人都能做到孝敬父母　　D. 孝敬父母就要回报父母

扫码听音频

09 为亲负米

周仲由[1]，字子路，家贫。常[2]食黎藿[3]之食，为亲[4]负米百里之外。亲殁[5]，南游于楚，从车百乘，积粟[6]万钟[7]，累茵[8]而坐，列鼎[9]而食。乃叹曰：“虽[10]欲食藜藿之食，为亲负米，不可得也。”

❶ 仲由：字子路，春秋末期鲁国卞(biàn)人。
❷ 常：时常。
❸ 藜藿：藜藿类野菜。
❹ 亲：此处指父母。
❺ 殁：死。
❻ 粟：指谷物。
❼ 万钟：表示数量多。钟是古代量器，也是容量单位，六斛四斗为一钟。
❽ 累茵：多层褥垫。
❾ 列鼎：形容显贵豪门的奢侈生活。列，陈列。鼎，古代烹煮用的器物。
❿ 虽：即使。

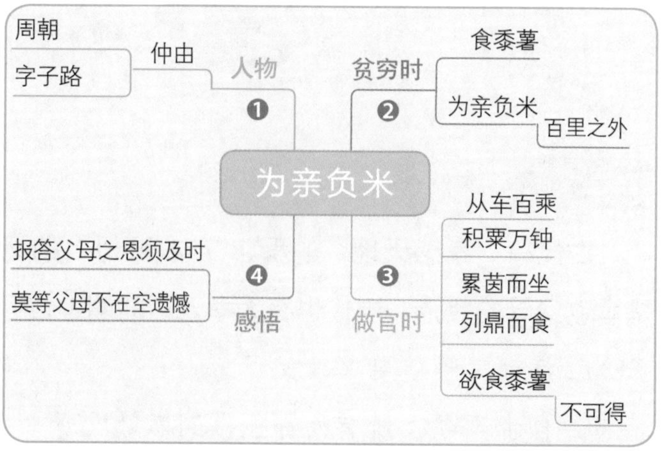

智慧点拨

行孝当及时，错过机会将终生遗憾。所以，为人子女应该在父母健在的时候，尽自己最大的努力孝敬父母，千万不要酿成“子欲养而亲不待”的悲剧。

译文悦读

周朝的仲由，字子路，家境贫困，曾经吃野菜做的食物，为父母到百里之外背米。父母去世后，他做了官，奉命到南方的楚国去，随从的车马有百乘之众，俸米有几万石，坐在堆叠的褥垫上，享受着丰盛的筵席。他想起双亲慨叹地说：“即使我想再吃野菜，为父母背米，也不可能了。”

知识拓展

远古的“白”“百”易混淆

“白”的甲骨文像太阳从地平线升起时发出的光芒使东方变白的样子。本义为白色(与“黑”相对)。

“百”是指事字。因远古时“百”与“白”的结构相似，使用时特别容易混淆，所以甲骨文时代，“百”在“白”的上边加一横作为指事符号，以区别于“白”字。实际上，“百”内的折角是文饰，没有实际意义。“百”的本义是数词，指十个十。

学而思

“虽欲食黍薯之食，为亲负米，不可得也”与下面的哪句话表达的思想感情一致？(　　)

A. 事亲以敬，美过三牲。　　B. 慈孝之心，人皆有之。

C. 树欲静而风不止，子欲养而亲不待。　　D. 凡为父母者，莫不爱其子。

扫码听音频

10 卖身葬父

汉董永[1]，家贫。父死，卖身贷钱而葬。及[2]去偿工，途遇一妇，求为永妻。俱[3]至主家，令织缣[4]三百匹乃回。一月完成，归至槐阴会所[5]，遂[6]辞永而去。

❶ 董永：后汉千乘人，年少失母，随父到汝南，后迁居安陆。今湖北孝感有董永墓。

❷ 及：等到。

❸ 俱：都。

❹ 缣：细绢。

❺ 会所：董永当初会见妻子的地方。

❻ 遂：于是，就。

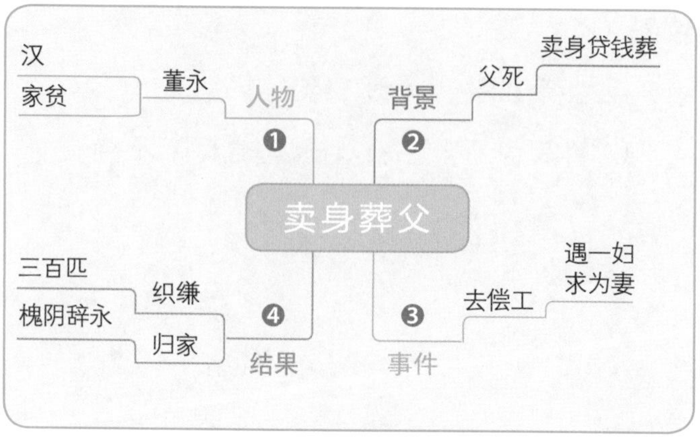

智慧点拨

我们应当学习董永对待父母的孝心，从身边的点点滴滴做起，常怀感恩之心，及时行孝，以报答父母的生养之恩。

译文悦读

汉朝的董永，家境贫寒。父亲死后没钱置办后事，只好卖身给人家做佣工，用借的钱把父亲安葬。等到他去偿还人家的工时，在路上遇到一个妇人，自愿做董永的妻子。于是两个人都到了借钱的主人家，主人命他们织绢三百匹，以抵偿卖身的钱，要完成后才能回家。那妇人一个月就把绢都织好了，当他们回去路过他们相会的槐树下时，妇人便辞别董永离开了。

知识拓展

话说“妻子”

在古代汉语中，“妻子”一般指妻子和儿女；在现代汉语中，“妻子”一般指男子的配偶。

从古至今，“妻子”（男子的配偶）的称呼多种多样。

妻子自称：“贱内”；

尊称他人的妻子：“尊夫人”“嫂夫人”；

谦称自己的妻子：“内人”“贱内”“贱室”“拙荆”；

称正妻：“大老婆”“大太太”；

称前妻：“前房”；

称新媳妇：“新娘”“新嫁娘”；

称年轻的妻子：“小媳妇”“少妻”“少妇”；

称年老的妻子：“老婆子”“老伴儿”；

称好的妻子：“贤妻”“贤内助”“爱妻”。

学而思

一、董永是一个非常孝顺的人，董永妻是一个（　　）的人。（多选）

A. 勤劳　　B. 善良　　C. 多管闲事　　D. 守信

二、下列哪些戏曲与董永的故事相关？（　　）（多选）

A. 豫剧《铡美案》　　B. 黄梅戏《天仙配》　　C. 黄梅戏《白蛇传》

D. 淮剧《七仙女下凡》　　E. 花鼓戏《董永卖身》

扫码听音频

qīn cháng tāng yào

11 亲尝汤药

qián hàn wén dì míng héng gāo zǔ dì sì zi chū fēng dài wáng shēng mǔ bó tài

前汉文帝[1]，名恒，高祖第四子。初封代王，生母薄太

hòu dì fèng yǎng wú dài mǔ bìng sān nián dì wèi zhī mù bù jiāo jié yī bù jiě

后，帝奉养无怠[2]。母病三年，帝为之目不交睫[3]，衣不解

dài tāng yào fēi kǒu qīn cháng fú jìn rén xiào wén yú tiān xià

带[4]，汤药非口亲尝，弗[5]进，仁孝闻[6]于天下。

---

❶ 文帝：汉文帝刘恒（前202—前157），汉高祖刘邦的第四子，薄姬所生。初立为代王，诸吕之乱平定后，为周勃、陈平等拥立。即位后减轻租赋，劝课农桑，废除肉刑，事母以孝闻。又自奉节俭，广开言路，以德化民，天下大治。

❷ 怠：懒惰，松懈。

❸ 交睫：合上眼睛。

❹ 带：用来束衣服的带子。

❺ 弗：不。

❻ 闻：闻名，著称。

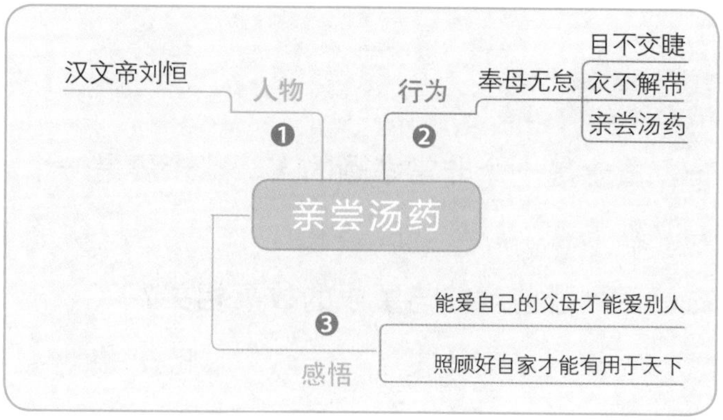

译文悦读

西汉文帝，姓刘名恒，是汉高祖刘邦的第四个儿子。最初他被封为代王，生母薄太后，文帝侍奉孝养，一点儿没有倦怠之意。母后病了三年，文帝忧虑得夜里不敢合眼，顾不得解开衣服睡觉，母亲要喝的汤药不是自己亲口尝过，就不进献给她。因此，文帝的仁孝之名遍传于天下。

智慧点拨

对待父母要懂得感恩、勤于侍奉。汉文帝尚能做到侍奉母亲三年而不倦怠，我们更要如此，常常为父母做一些力所能及的事，回报父母的辛苦付出。

知识拓展

“王”字最初指兵器

“王”的甲骨文、金文都像刃部朝下的斧钺，最上面是斧柄，下面是宽刃。斧钺在古代是王权的象征。后来，小篆上边的一横表示天，下边一横表示地，中间一横表示人，一竖表示至高无上的君主，贯穿天、地、人。

因斧钺是用于杀戮的兵器，所以后来成为一种执法的刑具。古代的军事首领用它来指挥、监督士兵作战，所以斧钺就成为一种权力的象征物，而手执斧钺的人被称为“王”。

在原始社会军事民主制时代，军事首领——“王”是至高无上的君主。夏商周时代，只有天子才能称“王”，到战国时各诸侯国的国君也纷纷自封为“王”。

秦始皇统一中国后，改君主称号为“皇帝”。秦汉以后，“王”不再是君主的称号，而成为皇室和有功大臣的最高封号。

文景之治

“文景之治”是指西汉文帝、景帝统治时期出现的治世方法。

汉初，因多年战乱导致社会经济凋敝，汉廷推崇黄老治术，采取“轻徭薄赋”“与民休息”的政策。汉文帝两次“除田租税之半”，还全免田租，共免收全国田租十三年。汉文帝生活十分节俭，宫室内衣服没有增添，衣不曳地，车类也没有添，帷帐不施文绣，更下诏禁止郡国贡献奇珍异物。因此，国家的开支有所节制，贵族官僚不敢奢侈无度，从而减轻了人民的负担。文景二帝还重视农业，曾多次下令劝课农桑，根据户口比例设置三老、孝悌、力田若干人员，并给予他们赏赐，以鼓励农民生产。奖励努力耕作的农民，劝解百官关心农桑。每年春耕时，他们亲自下地耕作，给百姓做榜样。

汉文景时期，重视“以德化民”，当时社会比较安定，百姓逐渐富裕起来。到景帝后期时，国家的粮仓越来越丰满，府库里的大量铜钱多年不用，以至于穿钱的绳子都烂了，散钱多得无法计算。这就是“贯朽粟陈”典故的出处。

学而思

一、把文中表达汉文帝事母至孝的句子画出来。这句话也可以用成语 ________________ 和 ________________ 来概括。

二、俗话说：“久病床前无孝子。”汉文帝能三年如一日为母亲亲尝汤药，可谓百代孝子的楷模。你身边有类似的孝道故事吗？请写一写。

____

____

宋学士文集

别　　名　《宋文宪公全集》

作　　者　宋濂

创作年代　元末明初

文学体裁　文集

文学特色　义理、事功、文辞三统一

《宋学士文集》是明代著名学者宋濂的著作合集，共75卷。著作计有《孝经新说》《周礼集说》《龙门子》等。

宋濂，字景濂，号潜溪，别号龙门子、玄真遁叟等，是元末明初著名的政治家、文学家、史学家、思想家，与高启、刘基并称为“明初诗文三大家”，被明太祖朱元璋誉为“开国文臣之首”，学者称其为太史公、宋龙门，谥号“文宪”，故称“宋文宪”。宋濂为文强调明道致用、宗经师古，力主义理、事功、文辞三者统一，尤长散文，与刘基并称为散文“一代之宗”。

名句集锦

◎天大寒，砚冰坚，手指不可屈伸，弗之怠。

◎以中有足乐者，不知口体之奉不若人也。

◎夜潜出，坐佛膝上，执策映长明灯读之，琅琅达旦。

◎其业有不精，德有不成者，非天质之卑，则心不若余之专耳，岂他人之过哉！

sòng lián shì xué

12 宋濂[1]嗜学

扫码听音频

yú yòu shí jí shì xué jiā pín wú cóng zhì shū yǐ guān měi jiǎ jiè
余[2]幼时即嗜学[3]。家贫，无从[4]致[5]书以观，每假借[6]
yú cáng shū zhī jiā shǒu zì bǐ lù jì rì yǐ hái tiān dà hán yàn bīng jiān
于藏书之家，手自笔录[7]，计日以还。天大寒，砚冰坚[8]，
shǒu zhǐ bù kě qū shēn fú
手指不可屈伸，弗
zhī dài lù bì zǒu sòng
之怠[9]。录毕，走[10]送
zhī bù gǎn shāo yú yuē
之，不敢稍逾约[11]。
yǐ shì rén duō yǐ shū jiǎ
以是[12]人多以书假[13]
yú yú yīn dé biàn guān
余，余因得[14]遍观
qún shū
群书。

1 宋濂：元末明初政治家、文学家。
2 余：我，宋濂自称。
3 嗜学：爱好读书。嗜，喜欢，爱好。
4 无从：没有办法。
5 致：取得，得到。
6 假借：借。
7 手自笔录：亲手抄写。手自，亲手。
8 砚冰坚：砚台里的墨水结成坚硬的冰。
9 弗之怠："弗怠之"的倒装句，意思是不懈怠，不放松抄书。
10 走：跑。
11 逾约：超过约定的期限。
12 以是：因此。
13 假：借。
14 因得：于是能够。

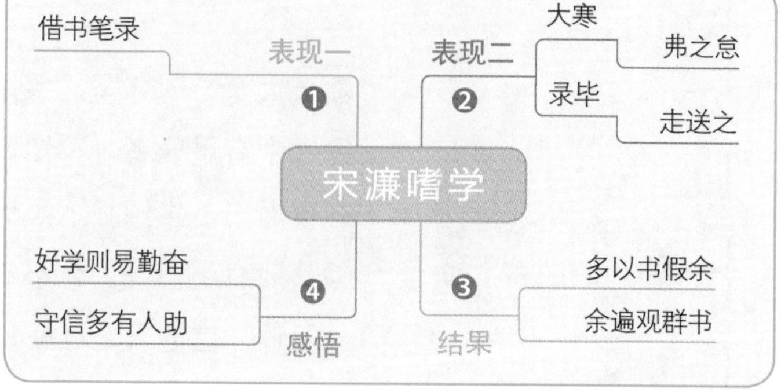

智慧点拨

学习需要能吃苦、不放弃，只有这样才能学得知识、取得成功；对待朋友要守时、讲信用，借东西一定要及时归还。好借好还，再借不难。

译文悦读

我小时候就特别喜欢读书。由于家里贫穷，没有办法买书来读，就经常向有藏书的人家借书，亲手抄写，计算着日子按时送还。天气很冷时，砚台里的墨水结成坚硬的冰，手指冻得不能弯曲伸直，也不放弃抄书。抄录完毕后，跑着去送还所借的书，不敢稍微超过约定的期限。因此人家大都愿意把书借给我，于是我能够阅读很多书。

知识拓展

古汉语中表示否定的词语

古代汉语中常见的否定词大致可以分成以下三类：

(1)副词作否定词，如不、弗、毋、勿、未、否、非，可以解释为“不”“不要”“不是”。

(2)代词作否定词，如“莫”，可以解释为“没有什么”“没有谁”“没有人”。

(3)动词作否定词，如“无”，可以解释为“没有”。

例如：“无从致书以观”，意思是没有办法买书来读。

“手指不可屈伸，弗之怠”，意思是手指冻得不能弯曲伸直，也不放弃抄书。

在文言文中，“之”为何有动词的意思？

“之”的甲骨文由“止”和“一”两部分组成，“止”指脚，脚向前表示向前走，“一”表示出发地，合起来表示人离开此地到其他地方去。所以，“之”的本义为“到……去”，如李白的《黄鹤楼送孟浩然之广陵》中的“之”就是这个意思。

后来，“之”假借作代词，又假借作助词。

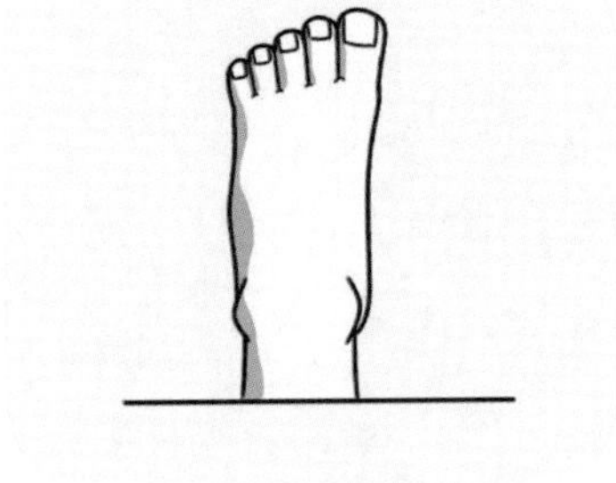

甲骨文　金文　小篆　隶书　楷书

学而思

一、下列句子中的加点字都是人称代词，请选择正确的解释。

A. 我　　　B. 你　　　C. 他

1. 余幼时即嗜学（　　）　　2. 予助苗长矣（　　）

3. 子无敢食我也（　　）　　4. 今以君之下驷与彼上驷（　　）

二、判断下列说法是否正确。

1.“余幼时即嗜学”中的“嗜”意思是“喜欢，爱好”。（　　）

2.“录毕，走送之”中的“走”意思是“快走”。（　　）

3.“以是人多以书假余”中的“以是”意思是“因此”。（　　）

4.“余因得遍观群书”中的“因”意思是“于是”。（　　）

三、下列对原文理解和分析不正确的一项是（　　）。

A.“余幼时即嗜学”中的“嗜学”是全文的中心，文章围绕它而展开

B. 宋濂写自己求学的艰苦是想用自己的例子来训斥后辈学习不用功

C. 本文讲述了作者幼时求学的艰难和勤奋学习的经历，以勉励后辈努力学习

D. 作者在求学过程中遇到了无书、无师的困难，最后他都克服了，并获得了知识

权子

别　　名　《权子杂俎》

作　　者　耿定向

创作年代　明代

文学体裁　志人小说集

价值影响　一部较早的以笑话警世的图书

《权子》是明代耿定向编写的一部志人小说集，也是一部较早的以笑话警世的书籍。全书名中的“杂俎”是指将志怪、传奇、杂录、琐闻、考证等文体编在一起的书刊文集。书中的笑话小说体现了儒家的教化思想。

耿定向，字在伦，又字子衡，号楚侗，人称天台先生，黄州府黄安县人，著名的文学家、理学家。与其弟耿定理、耿定力一起在天台山创设书院，讲学授徒，潜心学问，合称“天台三耿”。1563年，在耿定向的努力下，朝廷批准正式建立黄安县，后改为红安，他因此被誉为“红安之父”。

名句集锦

◎天雨尾湿，罗者且至，犹珍顾不复骞举，卒为所擒。

◎其人手执鹊足，鹊奋飞，声“假假”，其人曰：“先故假，岂今亦假耶？”

扫码听音频

kǒng què ài wěi

13 孔雀爱尾

kǒng què xióng zhě máo wěi jīn cuì shū fēi shè sè zhě fǎng fú yě xìng gù

孔雀雄者毛尾金翠，殊非①设色②者仿佛也。性故③

dù suī xùn zhī jiàn tóng nán nǚ zhuó jǐn qǐ bì chèn zhuó zhī shān qī shí xiān

妒④，虽⑤驯之，见童男女着锦绮，必趁⑥啄之。山栖⑦时，先

zé chù zhù wěi rán hòu zhì shēn tiān yǔ wěi shī luó zhě qiě zhì yóu zhēn gù bú

择处贮⑧尾，然后置⑨身。天雨尾湿，罗者⑩且⑪至，犹珍顾不

fù qiān jǔ zú wéi suǒ qín

复骞举⑫，卒⑬为⑭所擒⑮。

---

①殊非：并非。

②设色：这里指画家。

③故：原来。

④妒：嫉妒。

⑤虽：即使。

⑥趁：追赶。

⑦栖：栖息，歇宿。

⑧贮：安放。

⑨置：安置。

⑩罗者：捕鸟人。

⑪且：将。

⑫骞举：飞腾起来。

⑬卒：最终。

⑭为：被。

⑮擒：捉，捉住。

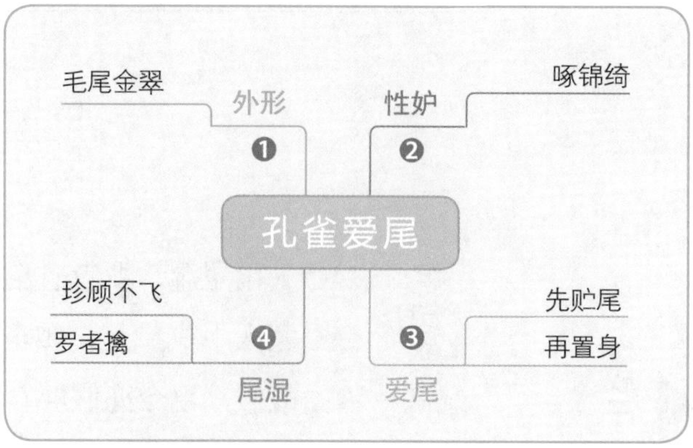

智慧点拨

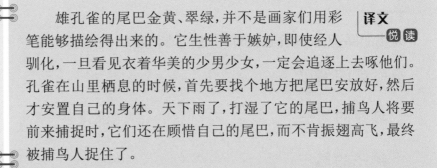

空有美貌而缺乏修养的人是不值得赞美的。我们不要像孔雀一样爱慕虚荣，要注重提升内在，不能一味只追求表面的光鲜和亮丽。

译文悦读

雄孔雀的尾巴金黄、翠绿，并不是画家们用彩笔能够描绘得出来的。它生性善于嫉妒，即使经人驯化，一旦看见衣着华美的少男少女，一定会追逐上去啄他们。孔雀在山里栖息的时候，首先要找个地方把尾巴安放好，然后才安置自己的身体。天下雨了，打湿了它的尾巴，捕鸟人将要前来捕捉时，它们还在顾惜自己的尾巴，而不肯振翅高飞，最终被捕鸟人捉住了。

知识拓展

孔雀为什么要开屏?

孔雀属鸡形目，雉科，又名越鸟、南客，被视为“百鸟之王”，是最美丽的观赏鸟之一，也是吉祥、善良、美丽、华贵的象征。世界上共有两种孔雀：绿孔雀和蓝孔雀。大家熟知的白孔雀和黑孔雀其实是蓝孔雀的变种。

雄孔雀展开色泽艳丽的尾羽后还会用力抖动羽翼，不停地做着各种动作，并发出咯咯的声音，向雌孔雀炫耀自己的美丽来吸引它们。等到它求偶成功之后，便与雌孔雀一起产卵育雏。

开屏也是一种保护方式，孔雀的尾屏上散布着许多眼状斑，这种斑纹由许多颜色组成，遇到敌人来袭又来不及逃避时，孔雀便会突然开屏，然后抖动尾羽，以震慑敌人。

孔雀受敬

有一次，有人从“智幻”国带来一只乌鸦。当地人见到乌鸦都惊喜极了：黑亮的羽毛，大嘴长翅，竟然还能在天上飞翔，真是一种珍奇的动物。虽然乌鸦叫起来沙哑难听，但大家还是把它当成稀世珍物，拿各式各样的谷米、水果来供养它。乌鸦在这里过着神仙一般快活的生活。时间一天天过去了，波遮梨国“优待乌鸦”的消息渐渐传开，四面八方的乌鸦都向这里飞来。没过多久，这儿的树上、房子上、天上、地上，黑压压的一片，全是乌鸦。它们叫着、喊着、飞着、斗着，鸟粪撒满各处，但波遮梨国的人们把它们当作神鸟，丝毫不敢怠慢地供养着它们。这样过了几年，有一次，有个商人从另一个国家带来三只孔雀。波遮梨国的人看到孔雀那五彩斑斓的羽毛不禁目瞪口呆。那孔雀走起路来姿态优雅，好像雍容华贵的夫人，对比之下，乌鸦一跳一跳的，好像小丑。那孔雀鸣叫起来啼声婉转，好像仙女在歌唱；而乌鸦沙哑的嗓音，就跟破锣似的。人们纷纷跑来观赏孔雀，把各式各样的东西拿来供养孔雀，再也没人理睬乌鸦。乌鸦的地位从此一落千丈，找不到吃的、喝的，于是四散飞走，也不知都飞到哪儿去了。

学而思

一、动物的尾巴都有着独特的用途，请将左栏的尾巴与右栏的作用连起来。

老虎的尾巴	吸引异性的爱慕，迷惑或威慑天敌
狐狸的尾巴	像钢鞭一样摆动，把猎物击倒
燕子的尾巴	擦掉雪地上的踪迹，躲开猎人的追捕
壁虎的尾巴	掌握方向，帮助飞行
雄孔雀的尾巴	保护自己，断了还能再生

二、这则寓言故事告诉我们：过于看重自己的优点终会害己。文中孔雀“卒为所擒”的原因是什么？（　　）

A. 捕鸟人的技术太高超了。

B. 因为下雨，孔雀跑不快。

C. 孔雀过于珍视自己的尾巴。

D. 孔雀过于自负，相信自己肯定能逃脱。

夏
商
周
秦
汉
三国
晋
南北朝
隋
唐
五代
宋
辽
西夏
金
元
明
清

雪涛小说

作　　者 江盈科

创作年代 明代中后期

文学体裁 小品文

题　　材 即事感怀

文体特色 口判——独特的法律文体形式

《雪涛小说》是明代作家江盈科所著的小品文集。书中有很多口判，即口头判决。口判是一种独特的法律文体形式，表现出了很强的寓情于理的判案理念以及和睦人际的教化功能，也传递出作者忧国忧民的救世情怀，具有强烈的现实意义。该书讲述了作者在长洲知县任上和求仕期间的见闻感想。文章分为寓言小品和议论小品两类。

江盈科，字进之，号绿萝山人，湖南桃源人，明代文学家，小品文造诣极深。明朝末期文坛“公安派”的重要成员之一，他主张写文章应抒发个人的真情实感，反对“文必秦汉、诗必盛唐”，极力赞成灵性说，被袁氏兄弟称为诗文“大家”。

名句集锦

◎固然，第除祸欲早耳。

◎夫所言皆未然事，奈何见烹？

◎我业治驼，但管人直，不管人死。

◎夫菱角生于水中而曰土产，此坐强不知以为知也。

◎今之为官，但管钱粮收，不管百姓死，何异于此医哉？

扫码听音频

⑭ 北人①食菱

北人生而不识②菱③者，仕于④南方，席上食菱，并壳入口。或⑤曰：“食⑥菱须去壳。”其人自护⑦其短⑧，曰：“我非不知，并壳⑨者，欲⑩以清热⑪也。”问者曰：“北土亦有此物否？”答曰：“前山后山，何⑫地不有！”夫菱生于水而⑬曰土产，此坐⑭强⑮不知以为知也。

---

①北人：北方人。

②识：认识。

③菱：水生植物，结的果实叫菱角，形状像牛头，可以煮着吃。性喜温暖和充足阳光，盛产于我国中部和南部。

④仕于：在……做官。仕，做官。于，在。

⑤或：有的，有的人。

⑥食：食用，这里指吃。

⑦护：掩饰。

⑧短：短处，缺点。

⑨并壳：连壳，连同皮壳。并，一起。

⑩欲：想要。

⑪清热：解热，败心火。

⑫何：哪里。

⑬而：表示转折，这里同“却”。

⑭坐：因为，由于。

⑮强：勉强，硬要。

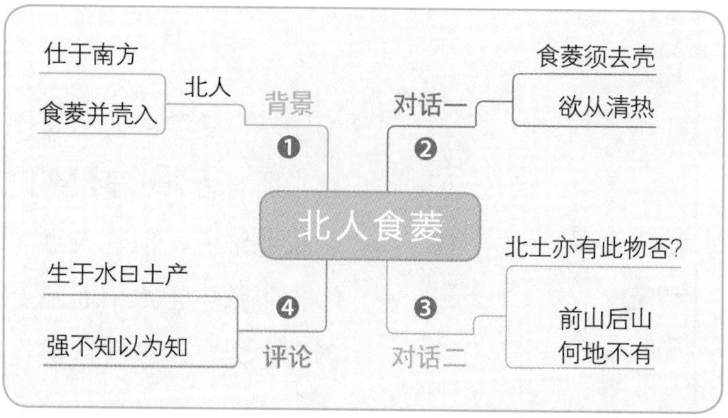

智慧点拨

知识是无穷无尽的，做人不要不懂装懂，否则会贻笑大方。我们要实事求是、不耻下问，做一个有知识、有内涵的人。

译文悦读

有个出生在北方不认识菱角的人在南方做官。一次，他在酒席上吃菱角，连壳一起放进嘴里吃。有人对他说："吃菱角必须去掉壳再吃。"那人为了掩饰自己的缺点，说："我并不是不知道连壳一起吃，是想清热解毒。"有人问他："北方也有这种东西吗？"他回答说："前山后山，哪里没有！"菱角生长在水中，他却说是在土里生长的，这是因为他为了装作有学问，硬把不知道的说成知道。

知识拓展

"知"字大观园

"知"是一个会意字。小篆由"矢"和"口"两部分组成，"矢"表示箭，合起来表示口述事理，就像飞箭一般迅速，就是有知识，"矢"兼表声。

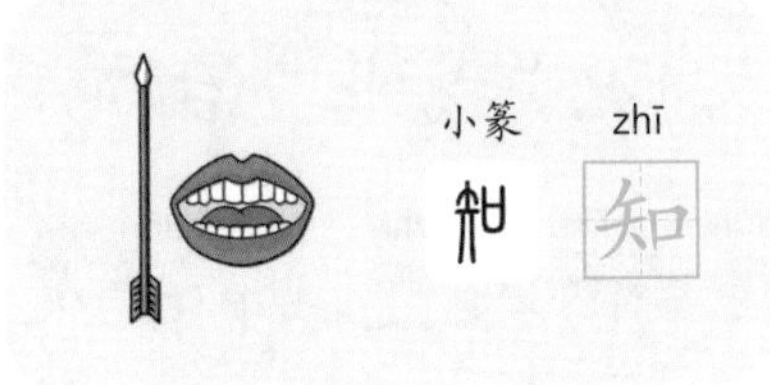

段玉裁《说文解字注》："识敏，故出于口者疾如矢也。"意思是认识、知道的事物，可以脱口而出，像箭一样快。

所以，"知"的本义为知识、见解，如"知识"。由此引申为了解、知道，如"知情"。又引申作使动用法，指使知道，如"通知"。"知"又指知己，彼此了解而关系密切的人，如"他乡遇故知"。

以下是部分含有"知"的成语：

迷途知返	真知灼见	知书达理	知人善任	知根知底
知恩图报	不知所措	不得而知	迷途知返	知难而上

学而思

一、下列说法不正确的一项是（　　）。

A. 人的知识是有限的，因此我们要虚心学习　　B. 北人都不识菱

C. 人人都有缺点，但不要掩饰　　D. 要善于听取他人的意见

二、在朗读"我非不知，并壳者，欲以清热也"和"前山后山，何地不有"这两句话时，用（　　）的语气比较合适。

A. 傲慢、偏执　　B. 自信、自尊　　C. 客观、平静　　D. 求知、疑问

三、如果你遇到文中的"北人"这样的人，会怎么劝说他？（用《论语》中的一句话）

____

扫码听音频

zhì tuó
15 治驼

xī yǒu yī rén zì méi néng zhì bèi tuó yuē rú gōng zhě rú xiā zhě rú
昔①有医人，自媒②能治背驼，曰：“如弓者，如虾者，如
qū huán zhě yán wú zhì kě zhāo zhì ér xī rú shǐ yǐ yì rén xìn yān ér shǐ
曲环者，延③吾治，可朝治而夕如矢④矣。”一人信焉，而使⑤
zhì tuó nǎi suǒ bǎn èr piàn yǐ yī zhì dì xià wò tuó zhě qí shàng yòu yǐ yī yā
治驼。乃索⑥板二片，以⑦一置⑧地下，卧驼者其上，又以一压
yān ér jí xǐ yān tuó zhě suí zhí yì fù suí sǐ qí zǐ yù míng zhū guān yī
焉，而即屣⑨焉。驼者随直⑩，亦⑪复随死。其子欲⑫鸣⑬诸⑭官。医
rén yuē wǒ yè zhì tuó
人曰：“我业⑮治驼，
dàn guǎn rén zhí nǎ guǎn rén
但⑯管人直，哪管人
sǐ wū hū jīn zhī
死！”呜呼！今之
wéi guān dàn guǎn qián liáng shōu
为官，但管钱粮收，
bù guǎn bǎi xìng sǐ hé yì
不管百姓死，何异⑰
yú cǐ yī zāi
于此医哉！

---

①昔：以前，从前。
②媒：原指婚姻介绍人，这里指介绍。
③延：请，邀请。
④矢：箭。
⑤使：让。
⑥索：要。
⑦以：把。
⑧置：安放。
⑨屣：鞋子，这里用作动词，指践踏。
⑩直：笔直。
⑪亦：也。
⑫欲：想要。
⑬鸣：告发。
⑭诸：相当于“之于”。
⑮业：职业。
⑯但：只。
⑰异：不同。

智慧点拨

假如办事只讲主观动机，不管客观实际，那就一定会把事情办糟。

译文悦读

从前有个医生，他介绍自己能治驼背，说："背弯得像弓一样的人，像虾一样的人，像环一样的人，如果请我去医治，保管早上治疗，晚上就像箭一样笔直。"有个人相信了他，就让这个医生给他治驼背。医生便要来两块板子，把一块放在地上，让驼背人躺在上面，又用另一块板子压在他上面，然后到板上践踏。驼背人的背很快就弄直了，但人随即也死了。那人的儿子想要到官府去告状。这个医生说："我的职业是治驼背，只管把人弄直，不管人死。"哎呀！今天当官的人，只管收取钱粮，不管百姓的死活，与这个治驼背的医生有什么不同呢？

知识拓展

"朝夕"古今义不同

在古代汉语中，"朝夕" 指早晨和晚上，又指天天、时时。在现代汉语中，"朝夕" 指天天、时时，又指非常短的时间。"朝" 与 "夕" 是一对反义字。

含有"朝"和"夕"的成语如下：

【朝夕相伴】指整天相陪伴。

【朝夕相处】指整天都在一起。形容相互熟悉，关系密切。

【朝不保夕】指早上保不住晚上会发生变化。形容情况危急。

【朝发夕至】指早上出发，晚上就到达。形容交通便利，也形容路途近。

【朝更夕改】指早上刚改掉，晚上又变了。形容变来变去，没有一定规定。

【朝令夕改】指早上颁布的政令，晚上就改了。形容政令无常，也形容主张、办法等经常改变。

实词"官"字趣解

"官"是一个会意字。甲骨文由"宀"和"𠂤"两部分组成，"宀"像房屋，这里指房顶，"𠂤"是堆的古字，表示大山丘，这里指众多，合起来表示房顶众多，即屋顶相连的大房舍。所以"官"的本义为官舍、官署，又指做官。

上文 "其子欲诉诸官"中的"官"指"官府"，意为"他的儿子要向官府告状"。"今之为官"，意为"如今做官的"。又，成语"官官相护"，意为"做官的与做官的互相袒护"；"官得其人，则治吏"，意为"官府任用合适的人，那么社会就太平了"。

学而思

一、判断下列说法是否正确。

1.“可朝治而夕如矢矣”中的“矢”意思是“箭”。（ ）

2.“乃索板二片”中的“乃”意思是“于是、就”。（ ）

3.“而即屣焉”中的“屣”意思是“鞋子”。（ ）

4.“其子欲鸣诸官”中的“诸”相当于“之于”。（ ）

二、这个故事说明了什么道理？（ ）（多选）

A. 办事如果只讲主观动机，而不管客观效果，那只能把事情办得更糟。

B. 只有良好的愿望是不够的，必须采用科学有效的措施。

C. 做事情一定要分清轻重缓急，切不可本末倒置。

D. 本文讽刺了像治驼人那样草菅人命的现象，具有警世意义。

古今谭概

别　　名　《古今笑史》《谈概》
作　　者　冯梦龙
创作年代　明代
文学体裁　笔记小说集
主要影响　批判当时社会现实

《古今谭概》是一部类书性的小品文集。该书是冯梦龙总录了明代以前各种史书、野史笔记小品中的有趣篇节，加上自己的耳闻目见，按内容的性质分成36部(类)，并穿插自己的评论编辑而成，其文体形式有摘录体、笑话体、实录体三种。

冯梦龙（1574—1646），字犹龙、耳犹、子犹，号龙子犹、茂苑外史、顾曲散人、姑苏词奴、平平阁主人等，江苏苏州人，我国明代著名的文学家、思想家、戏曲家。他与兄冯梦桂、弟冯梦熊并称“吴下三冯”。冯梦龙是一位毕生从事通俗文学搜集整理和编辑工作的专家，对文学史有很大贡献。他编写的著作较著名的有“拟话本”小说“三言”，《警世通言》《喻世明言》《醒世恒言》，是中国白话短篇小说的经典代表。

名句集锦

◎二人相视愕然，不觉大笑。
◎即呼吏新鞋者，令之上树摘果，俾奴窃其鞋而去。
◎以足撩之，偶不相值，愈益恐，因奋力挤之桥下而趋。
◎子长羽毛，复益爱之，又更下巢，而人遂得而取之矣。
◎翠鸟先高作巢以避患。及生子，爱之，恐坠，稍下作巢。

扫码听音频

16 翠鸟移巢

cuì niǎo yí cháo

cuì niǎo xiān gāo zuò cháo yǐ bì huàn jí shēng zǐ ài zhī kǒng zhuì shāo xià zuò cháo zǐ zhǎng yǔ máo fù yì ài zhī yòu gèng xià cháo ér rén suì dé ér qǔ zhī yǐ

翠鸟先高作巢以避患①。及②生子，爱之③，恐坠④，稍下作⑤巢。子长羽毛，复益⑥爱之，又更下巢，而人遂⑦得而取之矣⑧。

① 避患：避免灾祸。患，灾祸。
② 及：等到……的时候。
③ 之：代词，指小鸟。
④ 坠：落，掉下。
⑤ 作：这里指筑。
⑥ 益：更加。
⑦ 遂：于是，就。
⑧ 矣：文言语气词，相当于“了”。

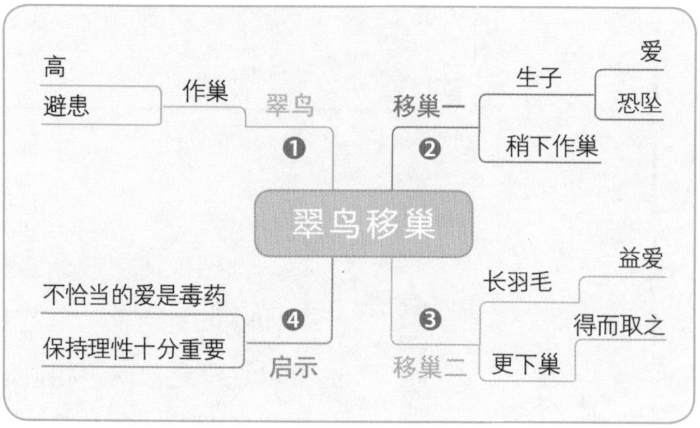

智慧点拨

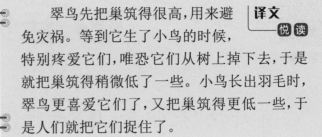

无论做什么事都要全面衡量其利弊，翠鸟因爱雏而把巢的位置逐渐下移，反而让雏鸟被人捉去了。为人父母对子女不要溺爱，爱过了反而会害了他们。

译文悦读

翠鸟先把巢筑得很高，用来避免灾祸。等到它生了小鸟的时候，特别疼爱它们，唯恐它们从树上掉下去，于是就把巢筑得稍微低了一些。小鸟长出羽毛时，翠鸟更喜爱它们了，又把巢筑得更低一些，于是人们就把它们捉住了。

知识拓展

成语中的鸟文化

含有“鸟”的成语我们经常碰到，但一个成语中含有两种鸟的成语你知道哪些呢？

【鸦雀无声】连乌鸦、麻雀的声音都没有。形容非常安静。鸦雀指乌鸦和麻雀。

【莺歌燕语】黄鹂歌唱，燕子呢喃。形容春天美好的景象。莺、燕分别指黄鹂和燕子。

【鸠占鹊巢】斑鸠笨拙不会搭窝，就强占喜鹊的窝。比喻强占别人的住处。鸠、鹊分别指斑鸠、喜鹊。

【鸾翔凤集】鸾鸟在上空盘旋，凤凰成群歇在这里。比喻人才荟萃。鸾、凤分别指鸾鸟、凤凰，都是古代传说中的神鸟。

鸠占鹊巢

学而思

一、填空题。

翠鸟移巢的原因是＿＿＿＿＿＿；结果是＿＿＿＿＿＿＿＿＿＿＿＿；这个故事对我们的启示是＿＿＿＿＿＿＿＿＿＿＿＿＿＿＿＿＿＿＿＿。（前面两空用原文语句填空）

二、这个故事的寓意是父母溺爱子女，到头来会害了他们。下列成语中与其寓意相近的是（　　）。

A. 爱屋及乌　　B. 乌鸦反哺

C. 爱非其道　　D. 舐犊之情

扫码听音频

17 活见鬼

有赴饮①夜归者，值②大雨，持盖③自蔽④。见一人立檐下，即投⑤伞下同行。久之，不语，疑为鬼也。以足撩⑥之，偶不相值⑦，愈益恐⑧，因⑨奋力挤之桥下而趋⑩。值炊糕者晨起，亟⑪奔入其⑫门，告以遇鬼。俄顷⑬，复见一人，遍体沾湿，踉跄⑭而至，号呼⑮有鬼，亦投其家。二人相视愕然⑯，不觉大笑。

---

①赴饮：参加宴会。
②值：正好，赶上。
③盖：古时把伞叫作盖。
④蔽：遮挡。
⑤投：投奔。
⑥撩：招惹，这里指试探。
⑦值：遇到，碰到
⑧愈益恐：更加害怕。愈，更加。
⑨因：快步走。
⑩趋：于是，就。
⑪亟：急，赶快。
⑫其：指炊糕者。
⑬俄顷：一会儿，片刻。
⑭踉跄：走路不稳的样子。
⑮号呼：大声呼喊。
⑯愕然：惊讶的样子。

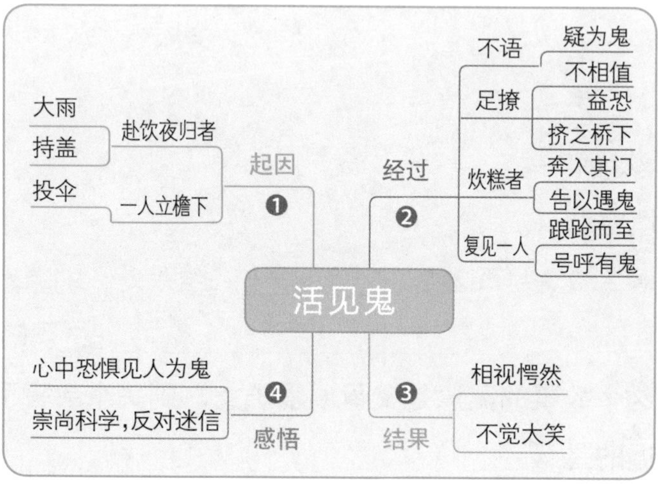

智慧点拨

由于对某种现象不理解而产生畏惧情绪时，便会怀疑有鬼。做事不要疑神疑鬼。唯物主义者认为，鬼是不存在的，我们要相信科学，反对迷信。

译文悦读

有一个参加宴会后深夜回家的人，正赶上下大雨，就撑起伞来遮雨。他看到一个人站在屋檐下避雨，那人跑过来一下子钻到他的伞下，和他一块儿走起来。走了好一会儿，那人也不说话，他怀疑是鬼。就用脚试探，正巧没碰着，他更加害怕了，于是在过桥时用力把那人挤下桥，撒腿就跑。这时刚好有一个做糕点的人早起，他急忙跑进糕点店，告诉店家自己遇见了鬼。不一会儿，又见一个人，浑身湿淋淋的，跌跌撞撞地跑来，大喊有鬼，也跑进糕点店。那两人互相一看，都吃了一惊，不由得大笑起来。

知识拓展

古代房屋的构造

“房屋”是房、屋的总称。“房子”是指有墙、顶、门、窗，供人居住或做其他用途的建筑物。其结构如下：

脊檩（lǐn） 指架在屋架或山墙上面用来支持椽子或屋面板的长条形构件，也叫檩条。

梁 指水平方向的长条形承重构件。木结构屋架中指顺着前后方向架在柱子上的长木。

椽（chuán）**子** 指放在檩上架着屋面板和瓦的木条。

檐（yán） 指屋顶向旁伸出的边沿部分。

另外，“房”与“屋”都指有墙有顶、供人居住或作其他用途的建筑物，可组成双音词“房屋”。房檐、房顶可说成屋檐、屋顶。不同的是，很多情况下二者不可换用，如“买房”“租房”“房间”“房地产”都不用“屋”，“屋脊”也不能写作“房脊”。

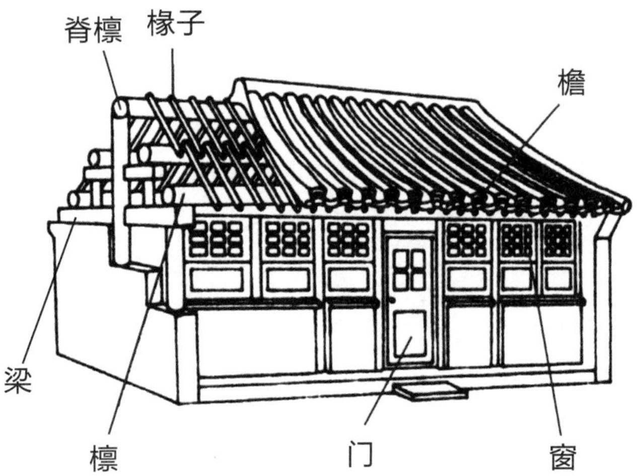

学而思

一、“字不离词，词不离句”是解释文言文字词的原则。细读原文，为下列句子中的加点字选择正确的解释。

1. 有赴饮夜归者，值大雨。（　　）

A. 价值，价钱　　B. 值得，有意义

C. 遇到，赶上　　D. 对着

2. 持盖自蔽。（　　）

A. 器物上部有遮蔽作用的东西　　B. 伞

C. 掩盖，覆盖　　D. 胜过，超过

3. 俄顷，复见一人。（　　）

A. 回去，回来　　B. 回答，答复

C. 重复，重叠　　D. 又，再

4. 号呼有鬼。（　　）

A. 大声地哭　　B. 用喇叭说

C. 有记号　　D. 高声喊叫

二、填空题。

文中，二人“不觉大笑”的原因是什么？（请在文中画出来）。本文给我们的启示是________________。

三、你能为左侧的文言短语找到右边的译文朋友吗？请连一连。

值大雨	片刻，一会儿
持盖自蔽	赶上天下大雨
偶不相值	吃惊的样子
愈益恐	更加害怕
俄顷	撑起伞来遮雨
愕然	正巧没碰上

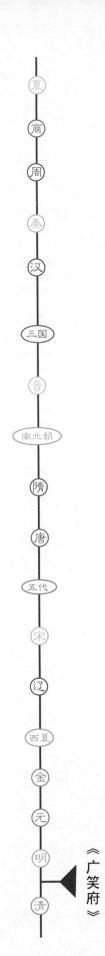

广笑府

别　　名　笑府
作　　者　冯梦龙
创作年代　明代
文学体裁　谐谑小说集
主　　旨　针砭人情世态

《广笑府》是明代文学家冯梦龙编写的文言谐谑小说集。全书在《笑府》基础上略有增加，共13卷，分《儒箴》《官箴》《九流》《方外》等14部，总计401条，末卷附录谜语。该书的主旨是针砭人情世态。

冯梦龙一生从事小说、戏曲、民歌、笑话等通俗文学的搜集整理和编辑工作，为中国文学作出了独特贡献。

名句集锦

◎蛙暴起，又吸气鼓腹，须臾，腹裂而死。
◎客若要知母、贝母时，岂不连汝母亲抬去了！
◎汝姑持肉回陪客饭，待我与他对立在此！
◎春游不是读书天，夏日炎炎正好眠，秋到凄凉无兴趣，不如要笑过残年。

扫码听音频

fù zǐ xìng gāng

18 父子性刚

yǒu fù zǐ jù xìng gāng bù kěn ràng rén zhě yí rì fù liú kè yǐn qiǎn zǐ

有父子俱[1]性刚，不肯让人者。一日，父留客饮，遣[2]子

rù chéng shì ròu zǐ qǔ ròu huí jiāng chū chéng mén zhí yì rén duì miàn ér lái gè bù

入城市[3]肉。子取肉回，将出城门，值[4]一人对面而来，各不

xiāng ràng suì tǐng lì liáng jiǔ fù xún zhì jiàn zhī wèi zǐ yuē rǔ gū chí ròu huí

相让，遂挺立良久[5]。父寻至见之，谓子曰[6]："汝[7]姑[8]持肉回

péi kè fàn dài wǒ yǔ tā duì lì zài cǐ

陪客饭[9]，待我与他对立在此！"

---

1. 俱：都。
2. 遣：让，派。
3. 市：买。
4. 值：遇到，恰好碰上。
5. 良久：很久。
6. 谓……曰：对……说。
7. 汝：你。
8. 姑：暂且。
9. 饭：名词用作动词，这里指吃饭。

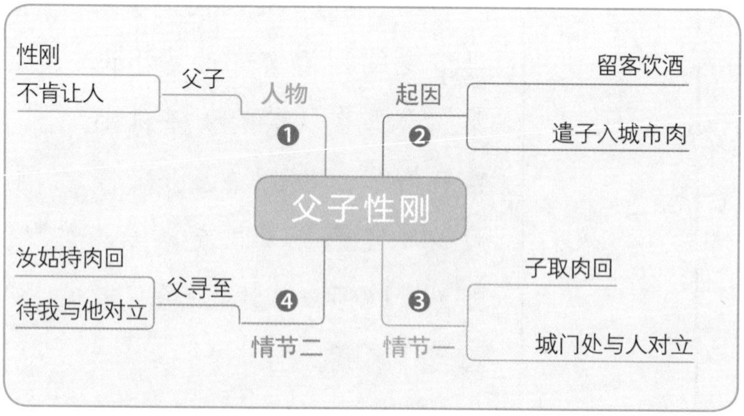

智慧点拨

人与人之间磕磕碰碰总是难免的，为人千万不能像这对父子这样倔强固执、使气斗狠，而是要学会谦让谅解。退一步海阔天空，我们要有宽大的胸怀。

译文悦读

有一对父子性格都很刚烈，一点儿都不肯谦让别人。一天，父亲留客人饮酒，让儿子进城买肉。儿子买好肉回家，将要出城门时，恰巧遇到一个人从对面走来，二人都不肯相让，就直着身子面对面站在那里，僵持了很久。父亲去寻找儿子，看到这种情况，对儿子说："你暂且带着肉回去陪客人吃饭，让我跟他在这里对着站！"

知识拓展

亦步亦趋

从前，有个人非常听话，父亲叮嘱他事事都要效仿老师的做法，他便铭记在心。一天，那人陪老师吃饭，老师怎么吃，他就怎么吃；老师怎么喝，他也怎么喝；老师动动身子，他也动动身子。老师看着学生的行为，不觉暗暗发笑，一笑便打了个喷嚏。学生也想打喷嚏，可怎么也打不出来。无奈之下，他只得起身对老师深深鞠了一躬，羞愧地说："老师的妙处，学生实在难学啊！"

学而思

一、下列说法错误的一项是（　　）。

A.“谓子曰”中“谓……曰”的意思是“对……说”

B.“遂挺立良久”中“遂”的意思是“于是、就”

C.“汝姑持肉回陪客饭”中的“饭”是名词用作动词，这里指吃饭

D.“汝姑持肉回陪客饭”中“姑”的意思是“父亲的姐妹”

二、假如你经过城门口，看到这对父子，你想对他们说些什么？（　　）（多选）

A. 狭路相逢，勇者胜！

B. 人争一口气，佛争一炷香。

C. 退一步海阔天空，忍一时风平浪静。

D. 海纳百川，有容乃大；使气斗狠，后患无穷。

三、选择下面的故事名称填空。（填序号）

A. 单衣顺母　　B. 父子性刚　　C. 为亲负米

D. 亲尝汤药　　E. 卖身葬父

1. ________讲的是孝心转化了家庭的矛盾，使家庭从此幸福和乐。

2. ________告诉我们应该孝顺父母，同时尽孝要趁早，不要在追悔莫及时才思亲，痛亲之不在。

3. ________讽刺了那些不懂得谦让、气量狭小、凡事斤斤计较的人。

4. ________的字面意思是将自己委身于他人为奴，从而换得卖身钱安葬自己的父亲。

5. ________讲的是汉文帝孝顺母亲的故事。

扫码听音频

19 蛙与牛斗

蛙于草中，视牛渐[1]近，庞然大物[2]也，嫉[3]之。遂[4]吸气鼓[5]腹，欲逾[6]于牛，谓[7]伙曰：“吾腹稍大，似牛乎？”伙曰：“去[8]远矣！”蛙怒，复吸气鼓腹，曰：“今如何？”曰：“与前无异。”蛙暴起[9]，又吸气鼓腹，须臾[10]，腹裂而死。牛历[11]其旁，践蛙尸于泥中。此谓不自量力者也。

---

1. 渐：慢慢地。
2. 庞然大物：指外表庞大的东西。庞然，庞大的样子。
3. 嫉：嫉妒，恨。
4. 遂：于是，就。
5. 鼓：让……鼓起来，让……胀大。
6. 逾：超过。
7. 谓：告诉，对……说。
8. 去：相差。
9. 暴起：突然跃起。暴，突然。
10. 须臾：一会儿。
11. 历：经过。

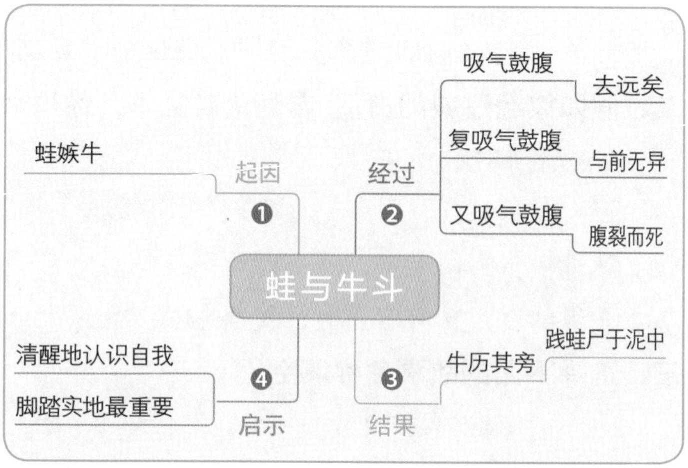

智慧点拨

青蛙想跟牛比大小，如何比得了？做人不要像青蛙这样自不量力，凡事要量力而行，少攀比，莫虚荣。

译文悦读

一只青蛙在草丛中，看见一头牛慢慢地走过来，认为它是很大的东西，十分嫉妒。于是青蛙就吸气让肚子鼓起来，想要超过牛，它对伙伴说：“我的肚子稍微大了些，像牛吗？”伙伴说：“相差太远了！”青蛙十分恼怒，又吸气让肚子鼓起来，说：“现在怎么样？”伙伴说：“和前面没有什么区别。”青蛙突然跃起，再次吸气让肚子鼓起来，不一会儿，青蛙因肚子破裂而死亡。牛经过青蛙的旁边时，把它的尸体踩进了泥土里。这就是(讽刺那些)不自量力的人。

知识拓展

趣辨“同”“跟”和“与”

这四个字既可作介词，又可作连词，其含义都相同，但用法不同。

“同”多用于书面语，作介词较常见，用作连词的较少。

“跟”多用于口语，既可作介词，也可作连词。

“和”使用频率较高，既用于书面语，也用于口语，作连词较常见，也用作介词。

“与”作连词较常见，也用作介词；“与”带有文言色彩，多用于书面语。

从规范角度来讲，“跟”和“同”适合作介词，“和”和“与”适合作连词。

青蛙的行为

青蛙的行为可以用表中的成语来概括。请读一读，记一记。

成语	释义
不自量力	不能正确估计自己的力量。指过高估计自己
好高骛远	指热衷于追求过高的目标
螳臂当车	比喻不自量力
蚍蜉撼树	比喻力量很小而想动摇强大的事物，不自量力
飞蛾扑火	飞蛾扑向火里，比喻自寻死路
以卵击石	用蛋去碰石头，比喻不自量力，自取灭亡

学而思

一、填空题。

本文篇幅虽小，但内含多种描写：心理描写，如“________”；动作描写，如“________________、________________”；侧面描写，如“牛历其旁，践蛙尸于泥中”。

二、在文言文中，有多个词语都表示“一会儿”的意思。请阅读下面的词语，再写几个在现代汉语中表示“一会儿”的词语。

文言文：须臾、少顷、既而、未几、俄而。

白话文：一会儿、________、________、________、________、________。

扫码听音频

20 吏人立誓

一吏犯赃[1]致罪，遇赦[2]获免。因[3]自誓：以后再接人钱财，手当生恶疮。未久，有一人讼[4]者，馈[5]钞[6]求胜。吏念[7]立誓之故，难以手接。顷之，则思曰：“你既如此殷勤，且权[8]放在我靴筒里。”或曰：“此吏固贪[9]，莫之改[10]也。”

---

❶ 犯赃：犯贪污罪。

❷ 赦：赦免罪犯。

❸ 因：于是，就。

❹ 讼：打官司。

❺ 馈：赠送，这里指贿赂。

❻ 钞：钱。

❼ 念：想。

❽ 权：暂且。

❾ 固贪：本性贪婪。

❿ 莫之改：“莫改之”的倒装，没法改变贪污的恶习。

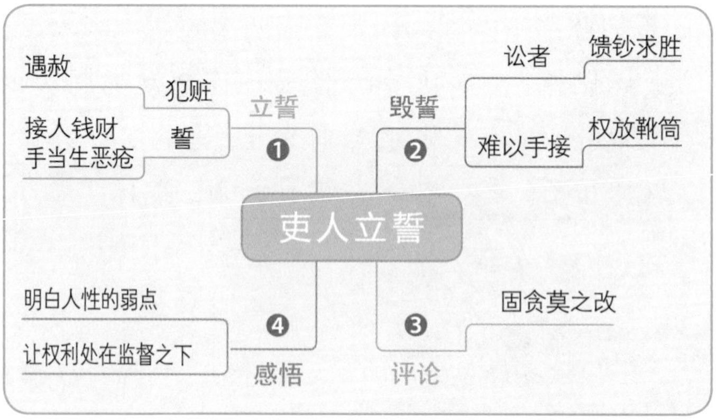

智慧点拨

做人不可贪婪，贪婪会使人犯罪。我们要学会管控自己的欲望，保持高洁的品性，做一个品德高尚的人，千万不能像文中吏人那样贪婪到自欺欺人的程度。

译文悦读

一个官吏犯了贪污罪而被判刑，遇上大赦而获得免罪。于是立下誓言：以后再接别人钱财，手生恶疮。不久，有一个打官司的人贿赂他一笔钱希望他能胜诉。这个官吏想到立下誓言的缘故，难以用手去接。思考了一会儿，说：“你这样巴结讨好，就暂且将钱放在我的靴筒里吧。”有人说：“这官吏本性贪婪，是没有办法改变他贪污的恶习了。”

学而思

一、宾语前置是文言文中常见的倒装句式。文中的“莫之改”是“莫改之”的倒装。下列句式与其不同的一项是（　　）。

A. 吏念立誓之故（这个官吏想到立下誓言的缘故）

B. 何陋之有（有什么简陋的呢）

C. 师不必贤于弟子（老师不一定比学生圣贤）

D. 沛公安在（沛公在哪里）

二、这则笑话出自明代文学家冯梦龙的《广笑府》，主要讽刺（　　）。（多选）

A. 说话不算话的贪官污吏

B. 没有原则、自欺欺人的官员

C. 小吏有谋略，善变通，很有前途

D. 见钱眼开、贪污成性的官员

三、请将下列关于立志的俗语连一连，记一记。

有志者立长志 •	• 志坚勤学虎添翼
小人记仇 •	• 心比坚石
人怕没志 •	• 树怕没皮
志比精金 •	• 君子长志
志大才疏事难成 •	• 无志者常立志

四、对本文理解不恰当的一项是（　　）。

A. 官吏因接受别人的贿赂，手上长出了恶疮

B. 因遇上皇帝大赦天下，官吏被免除了罪行

C. 本文旨在讽刺那些收取贿赂的贪官

D. 官吏曾经立下毒誓，可结果又犯了老毛病

扫码听音频

zhī mǔ bèi mǔ

21 知母贝母[1]

rén yǒu chū kāi yào sì zhě yí rì tā chū lìng qí zǐ shǒu pù yù kè mǎi niú
人有初开药肆[2]者，一日[3]他出[4]，令其子守铺。遇客买牛
xī bìng jī zhuǎ huáng lián zǐ yú bù shí yào biàn suǒ sì zhōng wú suǒ yǒu nǎi gē jǐ
膝[5]并鸡爪[6]、黄连，子愚[7]不识药，遍索笥[8]中无所有，乃[9]割己
gēng niú yì zú zhuó èr jī jiǎo shòu zhī fù guī wèn mài hé yào xún zhī qián shì dà xiào
耕牛一足，斫[10]二鸡脚售之。父归问卖何药，询知前事，大笑，
fā tàn yuē kè ruò yào zhī mǔ bèi mǔ shí qǐ bù lián rǔ mǔ qīn tái qù le
发叹曰："客若要知母贝母时，岂[11]不连汝母亲抬去了！"

---

1. 知母贝母：知母、贝母是两种中药材的名称。
2. 药肆：药铺，药店。肆，手工业作坊。
3. 一日：一天。
4. 他出：外出。
5. 牛膝：一种中药材名称。
6. 鸡爪：一种中药材名称。
7. 愚：愚昧，愚蠢。
8. 笥：盛物的方形竹器。
9. 乃：就，这才。
10. 斫：用刀、斧等砍。
11. 岂：难道。

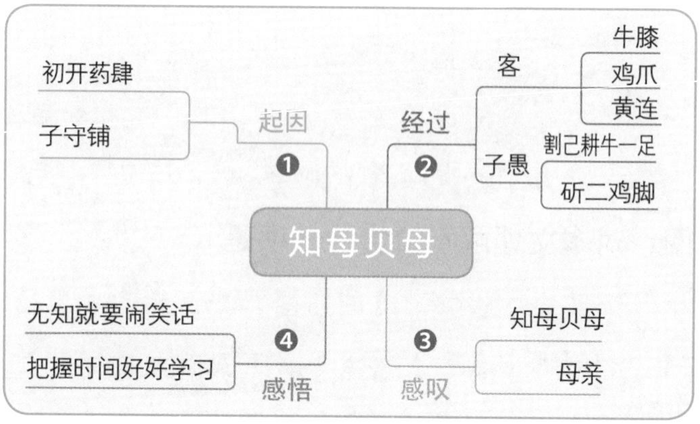

智慧点拨

做人不要不懂装懂，否则会闹出笑话。我们平时要多积累知识，多看书、多学习，扩大自己的知识面，成为一个学识渊博的人。

译文悦读

有一个刚开药铺的人，一天，他外出，让他的儿子守药铺。有一个顾客来买牛膝、鸡爪和黄连，他的儿子不认识中草药，在药箱中找了个遍也没有找到，于是，他把自己家耕牛的一只蹄割了，又砍了一只鸡的两只爪，卖给了买药人。他父亲回来后问儿子卖了什么药，询问后知道了这件事，大笑并感叹说："如果顾客当时想买知母贝母，难道你连母亲都要抬出去了！"

知识拓展

话说“宝贝”

在现代汉语中，“宝贝”指珍奇的东西，又指对小孩儿的爱称，还指无能或奇怪荒唐的人（含讽刺意），如“这个人真是个宝贝”。

在口语中，“宝贝”还有“宝贝疙瘩（gēda）”的意思。“宝贝疙瘩”比喻极受宠爱的孩子，有时也指极受宠爱的人。

在古代汉语中，“宝贝”常常单独使用。下面我们分别看看“宝”和“贝”的含义吧！

“宝”的甲骨文上边像房屋里有贝壳。在古代，贝壳相当于货币，下边像一串玉，合起来表示房屋里有贝、玉等宝物。“宝”的本义为玉石、玉器等珍贵的东西，由此引申为“珍贵的”。

“贝”的甲骨文像一只贝壳。“贝”的本义为有壳软体动物的统称。

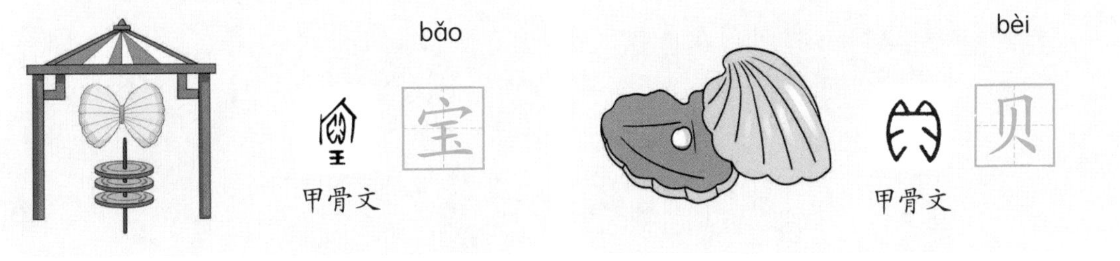

有趣的中草药

中国传统文化源远流长、博大精深，中药文化更是精妙绝伦。下列中药的名字虽然文雅好听，其实都是动物的排泄物。

夜明砂　这名字听起来就像夜明珠一般贵气，但这种药材并不是什么名贵的稀有动植物做成的，而是蝙蝠的粪便。它还有一个俗称：天鼠屎。

望月砂　一看这个名字就知道，这味中药取自嫦娥奔月的故事，确实也与嫦娥有关。“望月”取自嫦娥的月兔，这种药其实就是兔子的粪便配制而成的。

白丁香　这种药材的看相不是很好，一坨一坨脏兮兮的，一看就像动物的粪便。它确实是麻雀的粪便，但却拥有一个十分雅致的药名。

龙涎香　这一药名我们经常在影视剧中听到。它是一种比较名贵的香料，影视剧中常常作为皇帝宫中的熏香。听名字大家会以为它是龙的口水，实际上它是鲸鱼的粪便。不过，鲸鱼本就难得，鲸鱼的粪便也更是珍贵了，所以即便它是一种粪便，却也是一种十分名贵的香料。

学而思

一、下列句子中的“岂”与“岂不连汝母亲抬去了”中的“岂”含义相同的一项是（　　）。

A. 子之道岂足贵邪　　B. 将军岂愿见之乎

C. 岂乐饮酒　　D. 岂弟君子，无信谗言

二、这则笑话出自明代冯梦龙的《广笑府》，主要讽刺（　　）的人。（多选）

A. 不懂装懂　　B. 望文生义

C. 不虚心请教　　D. 牵强附会

三、读了这则笑话后，我们明白的道理是（　　）。（多选）

A. 无知就要闹笑话

B. 药肆之子很聪明，对不知道的东西懂得用其他东西来代替

C. 要把握时间，好好学习，多掌握知识

D. 对不懂的知识要主动向别人请教

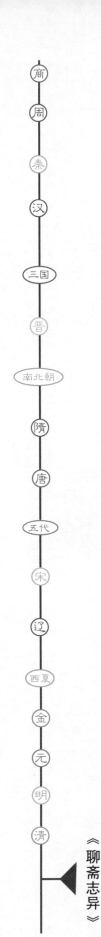

商
周
秦
汉
三国
晋
南北朝
隋
唐
五代
宋
辽
西夏
金
元
明
清

《聊斋志异》

聊斋志异

别　　名　《聊斋》

作　　者　蒲松龄

创作年代　清代

文学体裁　短篇小说集

价值影响　我国文言短篇小说之“王”

《聊斋志异》是中国清代小说家蒲松龄创作的文言短篇小说集，共491篇。书名的意思是在书房里记录奇异的故事，“聊斋”是他的书斋名称，“志”有记述的意思，“异”是指奇异的故事。本书寄托了作者的悲愤心情，因此被称为“孤愤之书”，它将中国古代文言短篇小说发展到了一个新高度。

蒲松龄（1640—1715），字留仙，号柳泉居士，世称聊斋先生，山东淄博人，清代文学家、优秀短篇小说家。他长期不得志，《聊斋志异》发行后立刻风行天下，仿效之作丛出，造成了志怪传奇类小说的再度繁荣。该书很早便走向世界，蒲松龄为中国、为世界创造了宝贵的精神财富。

名句集锦

◎乃悟前狼假寐，盖以诱敌。

◎吾家贫，犬食恒不饱，不谓今日能免我四人于难也。

◎彼日厚享其人之食，而不顾其患难者，其视犬为何如耶？

◎口无停声，足无停趾，数十往复，奔渐迟，声渐弱；既而奄奄僵卧，久之不动。

扫码听音频

quǎn bào huǒ jǐng

22 犬报火警

chéng zhī dōng mín jiā chù yì quǎn shèn léi yì xī lín huǒ zú fā yán jí
城之[1]东，民家畜一犬，甚羸[2]。一夕，邻火卒[3]发，延及[4]
mín jiā mín zhèng shú qǐn quǎn lián fèi bù jué qǐ yè qí bèi qǐn yóu rú gù fù
民家。民正熟寝，犬连吠不觉。起曳[5]其被，寝犹如故。复
jù chuáng yǐ kǒu fù mín ěr dà háo mín shǐ jīng shì yān yǐ mǎn shì jí hū qī
踞[6]床以口附民耳大嗥[7]，民始[8]惊。视烟已满室，急呼妻
nǚ chū shì jìn jìn yǐ mín suì wèi suǒ qīn yuē wú jiā pín quǎn shí héng bù
女出，室尽烬[9]矣。民遂[10]谓[11]所亲曰：“吾家贫，犬食恒[12]不
bǎo bú wèi jīn rì néng miǎn wǒ sì rén
饱，不谓[13]今日能免我四人
yú nàn yě bǐ rì hòu xiǎng qí rén zhī
于难也。彼日厚[14]享其人之
shí ér bú gù qí huàn nàn zhě qí shì
食，而不顾其患[15]难者，其视
quǎn wéi hé rú yé
犬为何如[16]耶[17]？”

---

1. 之：助词，的。
2. 羸：瘦弱。
3. 卒：同“猝”，突然。
4. 及：到。
5. 曳：拖，拉。
6. 踞：蹲。
7. 嗥：（兽）叫。
8. 始：才。
9. 烬：灰烬。
10. 遂：于是，就。
11. 谓：告诉。
12. 恒：一直，经常。
13. 不谓：不料，没想到。
14. 厚：重。
15. 患：忧患。
16. 何如：如何，怎么样。
17. 耶：文言疑问词，相当于“呢”“吗”。

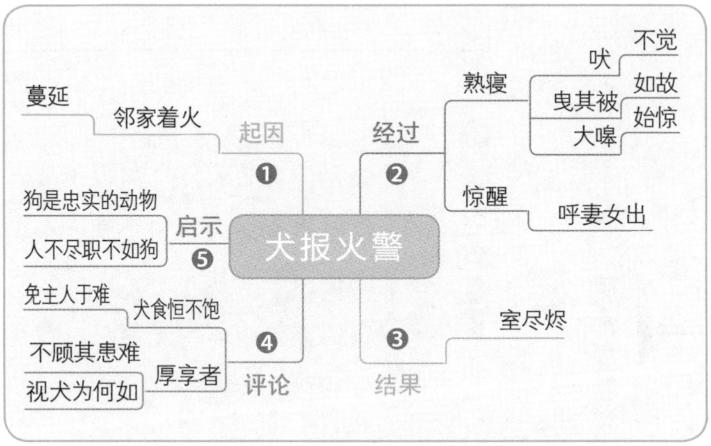

智慧点拨

小狗虽然每天都吃不饱，但当主人遇到危难时仍能挺身相救。我们人更要懂得感恩，受人滴水之恩当涌泉相报，恩人遇到困难要挺身而出。

译文悦读

城的东面，有一户人家养了一条狗，非常瘦弱。一天晚上，邻居家突然着火了，蔓延到了这户人家。这家人睡得正沉，狗连续叫他都没有醒。狗起来拉着主人的被子，主人还像原来一样睡着。狗又蹲在床上把嘴贴着主人的耳朵大声叫，主人这才惊醒过来。他看到烟雾已充满了整个房屋，急忙喊妻子儿女逃出来，屋子全被烧成了灰烬。于是，主人跟他的亲朋说：“我家穷，狗经常吃不饱，没想到今天能使我一家四口躲避了灾难。那些天天享受着别人丰厚食物却不顾他人患难的人，他们看到狗的行为后会怎么样呢？”

知识拓展

字	读音	释义	字	读音	释义
羸	léi	瘦弱	嬴	yíng	姓
蠃	luǒ	一种昆虫	赢	yíng	有余利，获利

学而思

一、文中的犬是怎么报火警的？请你圈出下列表示犬动作的词语。

民正熟寝，犬连吠不觉。起曳其被，寝犹如故。复踞床以口附民耳大嗥，民始惊。

二、万物皆有灵，动物身上也有许多值得我们学习的地方。请把下列动物与它代表的品质连一连。

牛	勤劳奉献
蜜蜂	任劳任怨
狗	勇敢坚强
蚂蚁	团结合作
海燕	忠心耿耿

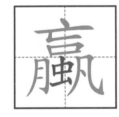

扫码听音频

23 牧竖巧逮狼

两牧竖[1]入山至狼穴，穴中有小狼二。谋[2]分捉之，各登一树，相去[3]数十步。少顷[4]，大狼至，入穴失子，意甚仓皇[5]。竖于树上扭小狼蹄、耳，故[6]令嗥[7]。大狼闻声仰视，怒奔树下，号[8]且爬抓。其一竖又在彼[9]树致[10]小狼鸣急。狼辍声四顾[11]，始望见之；乃[12]舍此趋[13]彼，跑号如前状。前树又鸣，又转奔之。口无停声，足无停趾，数十往复，奔渐迟，声渐弱；既而奄奄[14]僵卧，久之不动。竖下视之，气已绝[15]矣。

---

①牧竖：牧童。

②谋：谋划，出主意。

③相去：相距。去，距离。

④少顷：一会儿。

⑤仓皇：惊慌。

⑥故：故意。

⑦嗥：（豺狼等）大声叫。

⑧号：拖长声音大声叫唤。

⑨彼：另一个。

⑩致：让，令。

⑪顾：张望。

⑫乃：于是，就。

⑬趋：快速跑。

⑭奄奄：气息微弱的样子。

⑮绝：断。

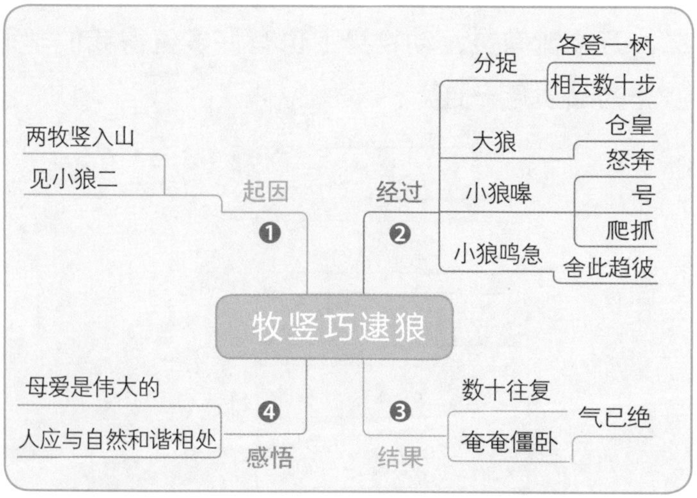

智慧点拨

人与狼相遇，只有坚决斗争，才能战而胜之。遇到危险或困境，我们应该运用各种策略，想出各种办法积极应对，最终取得胜利。

译文悦读

两个牧童来到山里的狼穴，发现洞穴里有两只小狼。他们谋划分别捉走两只小狼，两人各自爬上一棵树，两树相距数十步。一会儿，大狼回来了，进入穴后发现小狼不见了，心里非常惊慌。牧童在树上扭小狼的蹄爪、耳朵，故意让小狼嗥叫。大狼听到声音抬头看，愤怒地跑到树下又叫又抓。另一个牧童在另一棵树上让小狼嗥叫。大狼听到声音，四处张望，才看到小狼；于是离开这棵树，快速跑到另一棵树下，像刚才那样又叫又抓。前面一棵树上的牧童又让小狼嗥叫，大狼又转身跑过去。大狼嘴里没有停止过嗥叫，脚下没有停止过奔跑，这样往返数十次，跑得渐渐慢了，声音也渐渐小了；不久，大狼奄奄一息，僵直地躺在地上，很久都不能动弹。牧童从树上下来看大狼，大狼已经断气了。

知识拓展

屠夫吹狼

黄昏时分，一个屠夫回家，半路上发现后面有一只狼紧跟着他。四野无人，屠夫感到十分害怕。忽然，他看见路旁有一棚屋，便赶紧跑进去闭上门，躲藏起来。屠夫在屋里看见狼从挂着草帘的窗口伸进一只脚爪，他赶紧把狼死死抓住，不让它再缩回去，但又没有打死狼的法子。屠夫身边只带一把小刀，便用小刀割开狼的脚皮，掰开刀口，鼓起腮帮拼命吹气。开始狼拼命地挣扎，屠夫用尽力气吹了好一会儿，觉得狼不大挣扎了，才用带子把刀口扎紧。屠夫走出棚屋一看，只见那只狼已被吹得胀大如牛，四肢僵直，不能弯曲，张开的血盆大口，也不能合拢，早已断气死了。如果不是屠夫，怎么能想出这样的办法来对付恶狼呢？

学而思

一、读了这个故事后，我懂得了（　　）。（多选）

A. 狼虽然凶残，但它表现出的母爱令人感动

B. 做任何事都要专心致志，不要受外界干扰

C. 只要拥有智慧，敢于斗争，任何敌人都可以被战胜

D. 狼是贪婪、凶残的动物

二、猜谜语。

毛皮大衣风雪帽，屁股挎着指挥刀。东郭老人曾相救，遇见小羊它不饶。（打一动物）

谜底：__________

扫码听音频

24 木雕美人

商人白有功言："在泺口[1]河上，见一人荷竹簏[2]，牵巨犬二。于簏中出木雕美人，高尺余，手自转动，艳妆如生。又以小锦鞯[3]被[4]犬身，便令跨坐。安置已，叱犬疾奔。美人自起，学解马[5]作诸剧，镫而腹藏[6]，腰而尾赘[7]，跪拜起立，灵变不讹[8]。又作昭君出塞：别取一木雕儿，插雉尾[9]，披羊裘，跨犬从之。昭君频频回顾，羊裘儿扬鞭追逐，真如生者。"

---

1. 泺口：古地名，在今济南市北郊。
2. 簏：竹篾、柳条等编成的圆筒形器具。
3. 锦鞯：彩色花纹的马鞍垫。鞯，马鞍垫。
4. 被：通"披"。
5. 解马：山东俗称出演马戏为"跑马卖解"。解马，即马戏。解，旧时指杂技表演的各种技艺，特指骑在马上表演的技艺。
6. 镫而腹藏：俗称"镫里藏身"。马戏演员脚踩马镫蹲藏马腹之侧。
7. 腰而尾赘：从马腰向马尾滑坠，再抓马尾飞身上马。
8. 讹：误。
9. 雉尾：野鸡的尾羽，可作帽饰。

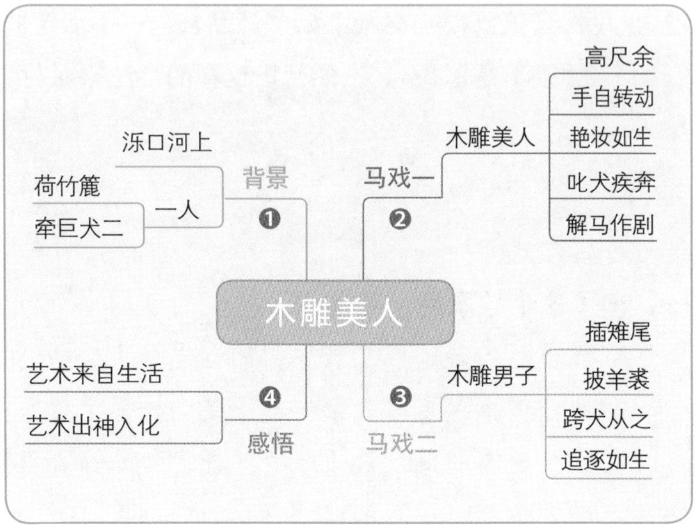

译文悦读

商人白有功说："在济南泺口河岸，看到一个人扛着竹箱子，牵着两只大狗。他从箱子里拿出木雕美女，有一尺多高，手和眼能够转动，穿着艳丽的衣服，如同真人。又用锦缎做成的小马鞍垫子披在狗身上，便命令美女跨上去坐好。安置完后，呵斥大狗快跑。美女自己起身，表演各种马术，先脚踩马镫蹲藏到狗肚子的一侧；再从狗腰向狗尾滑坠，抓住狗尾飞身上狗背；后在狗背上跪拜站立，变化灵巧而不出现错误。又扮作昭君出塞的样子：另外又拿出一个木雕男子，在他帽子上插上野雉尾，给他披上羊皮袍子，让他跨在狗身上跟在美女后面。昭君频频回头张望，穿羊皮衣服的男子扬鞭追赶，真像活人一样。"

知识拓展

实词"美"字趣解

"美"是一个指事字。甲骨文的下边像一个人，头上的部分是指示符号，表示羽毛类的装饰物，有头饰的人看起来很美丽。古人为了狩猎，往往在头上戴上兽角或羽毛做成的装饰，以便接近禽兽。后来这种兽角或羽毛逐渐成为装饰品，戴在头上成为美的标志。

"美"的本义为美丽、容貌好看(与"丑"相对)，如"美貌"。由此引申为味美，即食物的味道可口，如"美食"；又引申为赞美、称赞，如"请美言几句"；再引申作使动用法，表示使美丽，如"美容"；还引申为得意、高兴，如"美滋滋"。

根据古诗文写成语

请将左栏的古诗名句与右栏对应的成语连接起来，读一读，记一记。

会当凌绝顶，一览众山小	鞠躬尽瘁
危楼高百尺，手可摘星辰	登高望远
欲穷千里目，更上一层楼	来之不易
春蚕到死丝方尽，蜡炬成灰泪始干	高耸入云
锄禾日当午，汗滴禾下土	高瞻远瞩

学而思

一、填空题。

1. 又以小锦鞯被犬身。

“被”通 ________，意思是覆盖。

2. 矜、寡、孤、独、废疾者皆有所养。

“矜”通“鳏”，意思是 ______________。

3. 及其久也，相说以解。

“说”通 ________，意思是愉快。

4. 夫子式而听之。

“式”通 ________，意思是古代车厢前作为扶手的横木。

5. 长老、吏、傍观者皆惊恐。

“傍”通“旁”，意思是 ______________。

二、本文重点描写了木雕美人的肖像和动作，所用的描写手法是（　　）。

A. 侧面描写　　B. 白描

C. 对比　　D. 虚实结合

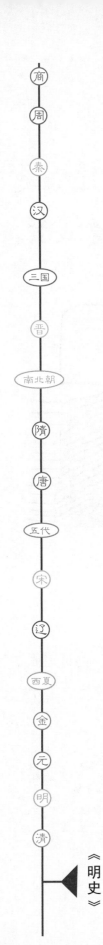

明史

作　　者　万斯同等
署名作者　张廷玉
创作年代　清代
文学体裁　纪传体、断代史
评　　价　“二十四史”之一

《明史》是一部纪传体断代史，记载了从明太祖朱元璋洪武元年（1368）至明思宗朱由检崇祯十七年（1644）共276年的历史。该书编纂得体、材料详实、叙事稳妥、行文简洁，历来为史学家所称赞。

《明史》是在万斯同等所撰《明史稿》的基础上编纂所成的，署名作者张廷玉是修明史的总裁官。

万斯同（1638—1702），字季野，号石园，浙江鄞县（今鄞州区）人，清初著名史学家。他与张岱、谈迁、查继佐合称为“浙东四大史家”。因他在京城讲学，学者尊称他为“万先生”。

名句集锦

◎君子不以冥冥堕行。
◎幸灾不仁，乘危不武。
◎人有所不忍，而后能及其所忍；有所不为，而后可以有为。
◎君子有三惜：此生不学，一可惜；此日闲过，二可惜；此身一败，三可惜。

25 七录[1]

溥[2]幼嗜[3]学，所读书必手钞[4]，钞已[5]朗诵一过[6]即焚[7]之，又钞，如是[8]者六七始已[9]。右手握管处，指掌成茧。冬日手皲[10]，日沃汤[11]数次。后名读书之斋[12]曰“七录”。

---

①七录：抄写七次。

②溥：张溥，明代文学家。

③嗜：爱好，喜爱。

④钞：同“抄”，抄写。

⑤已：停止。

⑥一过：一遍。

⑦焚：烧。

⑧如是：像这样。

⑨始已：才停止。始，才。

⑩皲：皲裂，皮肤因寒冷而破裂。

⑪沃汤：浇热水。汤，热水。

⑫斋：屋舍。

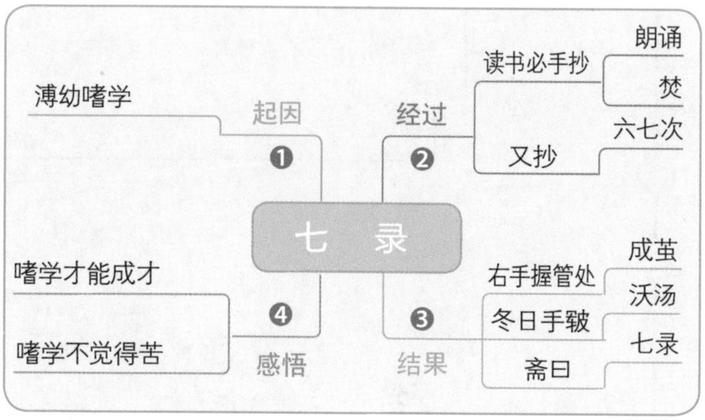

智慧点拨

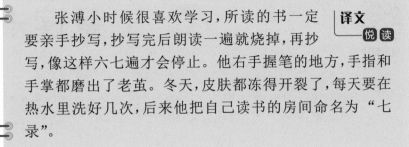

张溥自小就勤学苦练，一丝不苟，可见“天才出于勤奋”，我们对待学习也要像他一样，要做到废寝忘食、勤学苦练、刻苦钻研，如此才能获得成功。

译文悦读

张溥小时候很喜欢学习，所读的书一定要亲手抄写，抄写完后朗读一遍就烧掉，再抄写，像这样六七遍才会停止。他右手握笔的地方，手指和手掌都磨出了老茧。冬天，皮肤都冻得开裂了，每天要在热水里洗好几次，后来他把自己读书的房间命名为“七录”。

知识拓展

古人的“书斋”名称

古人喜欢给自己的书房取一个寓意深刻的名字，以反映自己的个性或喜好，从而寄托自己的情怀。如：张溥的书房取名“七录”，即“七录斋”，用以表示每读一篇文章都要抄六七遍；蒲松龄的书房取名“聊斋”，意为随便聊聊；“咏芳斋”，意为读的都是好书；“四步斋”，意为房间很小；“励志斋”，意为在这间书房里要磨砺自己的意志；还有“乐贝楼”“蜗居”等。

书斋名	含义	人物	作品
阅微草堂	自己阅历少，有待于提高自己	清•纪昀	《阅微草堂笔记》
陋　室	指简陋的居室	唐•刘禹锡	《陋室铭》
老学庵	指读书养静之所	宋•陆游	《老学庵笔记》
稼　轩	归隐田园	宋•辛弃疾	《稼轩长短句》
饮冰室	表达自己内心之忧虑焦灼	梁启超	《饮冰室合集》

学而思

一、填空题。

张溥之所以能成为明末著名的文学家，这与他从小在学习上 ____________（填一个成语）地苦练基本功密不可分，从中让我们懂得了 ______________ 的道理（填一个俗语）。

二、“宋濂嗜学”和“七录”都是明代文人抄书的故事，请阅读后想一想，两者有什么区别？

____

____

扫码听音频

wáng miǎn dú shū

26 王冕读书

wángmiǎn yòu pín fù shǐ mù niú qiè rù xué shè tīng zhū shēngsòng shū mù
王冕，幼贫。父使牧①牛，窃②入学舍，听诸生诵书，暮

nǎi fǎn wáng qí niú fù nù tà zhī yǐ ér fù rán mǔ yuē ér chī rú
乃反③。亡④其牛，父怒挞⑤之，已而⑥复然。母曰：“儿痴如

cǐ hé bù tīng qí suǒ wéi miǎn yīn
此，曷⑦不听其所为？”冕因⑧

qù yī sēng sì yè zuò fó xī shàng yìng
去⑨依⑩僧寺，夜坐佛膝上，映

chángmíngdēng dú shū
长明灯⑪读书。

① 牧：放牧。
② 窃：偷偷地，暗地里。
③ 反：同“返”，返回。
④ 亡：丢失。
⑤ 挞：用鞭子或棍子打。
⑥ 已而：后来，不久。
⑦ 曷：同“何”，为什么。
⑧ 因：于是。
⑨ 去：离去，离开。
⑩ 依：投靠。
⑪ 长明灯：佛像前昼夜不熄的油灯。

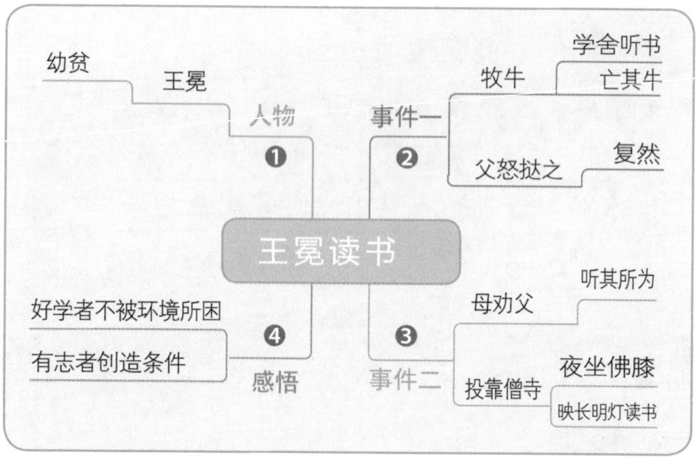

智慧点拨

王冕年幼时读书专心致志，好学不倦，常常能达到入迷的程度。青少年都应向他学习，珍惜青春年华，发奋学习科学文化知识，为报效祖国奠定坚实的基础。

译文悦读

王冕小时候家里很穷。父亲让他放牛，他经常偷偷地溜进学堂，听学生们读书，到了傍晚才离开。结果他把牛弄丢了，父亲发怒打他，不久还是老样子。母亲说：“儿子对读书痴迷到如此地步，为什么不由着他去做他想做的事呢？”于是，王冕离家来到寺庙里，夜晚坐在佛像的膝盖上，用长明灯照着读书。

知识拓展

古人的读书方法

名人	年代	读书方法	典故(故事)
苏秦	战国	用锥子刺大腿,让疼痛来驱赶困意	苏秦刺股
匡衡	西汉	凿穿墙壁引邻舍之烛光读书	凿壁偷光
孙敬	东汉	把辫子悬在梁上,避免打瞌睡	孙敬悬梁
孙康	东晋	躺在雪地里用雪的反射光读书	孙康映雪
车胤	东晋	将萤火虫装在袋子里,用微弱的光读书	囊萤夜读
李密	隋朝	把书挂在牛角上,有空便读	牛角挂书
王冕	元朝	坐在佛像的膝盖上,映着长明灯读书	王冕读书

“暮”的前世今生

“暮”是后起形声字。隶书的形旁为“日”,声旁为“莫”(是“暮”的古字)。徐锴《系传》记载:“平野中,望日且莫将落,如在中也,今俗作暮。”

“暮”的本义为傍晚,太阳落下的时候,如“朝(zhāo)暮”。“暮色”指傍晚昏暗的天色。“暮霭”指傍晚的云雾。

“暮”由本义引申为(时间)将尽、晚,如“暮年”(晚年);又引申为精神颓唐、不振作,如“暮气”(不振作的精神和疲疲沓沓不求进取的作风,跟“朝气”相对)。

另外,“暮”还作姓氏用字。

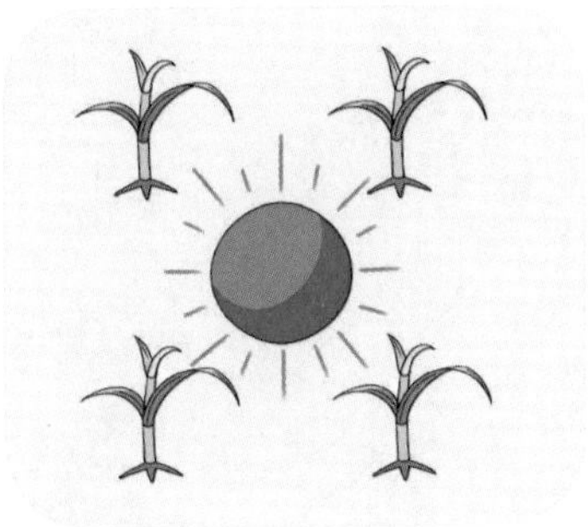

小篆

暮

隶书

暮

楷书

学而思

一、选择题。

1.“亡其牛”中的“亡”意思是（　　）。

A.丢失，失去　　B.逃亡

C.忘记　　D.出外，不在

2.“父怒挞之”中的“挞”意思是（　　）。

A.用手打　　B.用脚踢

C.用鞭子或棍子打　　D.棍子

3.“冕因去依僧寺”中的“去”意思是（　　）。

A.离开　　B.死亡

C.距离　　D.去掉

二、王冕是元代末期著名画家、诗人。从文中可以看出，王冕成功的原因是（　　）。（多选）

A.王冕幼时读书专心致志，好学不倦，甚至达到入迷的程度

B.王冕从小到大都有名师指导

C.王冕自幼便有坚定的志向和顽强的学习精神

D.王冕珍惜时间，刻苦勤奋，为后来的成功奠定了坚实的基础

阅微草堂笔记

别　　名　《阅微笔记》
作　　者　纪昀
创作年代　清代
文学体裁　讽喻小说
文学价值　清代笔记小说“双璧”之一

《阅微草堂笔记》是纪昀以笔记形式编写而成的文言短篇志怪小说，记载了大量社会基层、边疆士卒和少数民族的故事，赞扬了他们的勤劳质朴和胆识，并对当时的民间疾苦寄予很深的同情。其文体简约、笔法凝练、语言精湛，在清代大量的笔记小说中独树一帜，与《聊斋志异》一起被誉为“清代笔记小说双璧”。

纪昀，字晓岚，别字春帆，号石云，道号观弈道人、孤石老人，谥号“文达”，直隶献县（今河北省）人，清代官员、文学家，主修编纂《四库全书》。纪昀一直是官方学术的领头人，一生领导或参与多部重要典籍的编修，对中国文化史有重大贡献。

名句集锦

◎至可畏者莫若人，鬼何畏焉？
◎春风豆蔻知多少，并作秋江一段愁。
◎狼子野心，信不诬哉！然野心不过遁逸耳。
◎虽琵琶别抱，已负旧恩，然身去而心留，不犹愈于同床各梦哉。

扫码听音频

27 狼子野心[1]

有富室偶[2]得二小狼，与家犬杂畜[3]，亦与犬相安[4]。稍[5]长，亦颇[6]驯[7]，竟忘其为狼。

一日，主人昼[8]寝[9]厅事，闻群犬呜呜作[10]怒声，惊起周视，无一人。再就[11]枕将寐，犬又如前。乃伪睡以俟[12]，则二狼伺[13]其未觉[14]，将啮[15]其喉，犬阻之不使前也。乃杀而取其革[16]。

此事从侄[17]虞敦言：“狼子野心，信[18]不诬[19]哉！”然野心不过遁逸[20]耳；阳[21]为亲昵，而阴[22]怀不测[23]，更不止于野心矣。兽不足道，此人何取而自贻[24]患耶？

---

[1] 狼子野心：比喻凶残的人用心险恶，本性难改。狼子，幼狼。野心，凶残不驯的本性。

[2] 偶：偶然。

[3] 杂畜：混在一起喂养。杂，掺杂。畜，畜养。

[4] 安：安全，平安。

[5] 稍：渐渐地。

[6] 颇：很。

[7] 驯：顺从，驯服。

[8] 昼：白天。

[9] 寝：睡觉。

[10] 作：发出。

[11] 就：接近，靠近。

[12] 俟：等待，等候。

[13] 伺：窥探。

[14] 未觉：没有醒。觉，睡醒。

[15] 啮：咬。

[16] 革：皮。

[17] 侄：侄子。

[18] 信：确实。

[19] 诬：诬蔑。

[20] 逸：逃走。

[21] 阳：表面上。

[22] 阴：暗地里，背地里。

[23] 不测：险恶难测的居心。

[24] 贻：留下。

译文悦读

有个富人偶然得到两只小狼，将它们与自家的狗混在一起喂养，小狼与狗平安相处。两只小狼稍微长大一些后，也变得比较驯服，富人竟然忘了它们是狼。

有一天，主人白天在客厅里睡觉，听到许多狗发出咆哮声，惊醒后环视四周，却没看到一个人。于是又靠近枕头准备睡觉，这时，狗又像刚才那样狂叫。他便假装睡着来看看是怎么回事，却发现那两只狼想等他睡去没有防备的时候，去咬他的喉咙，忠心的狗发现了狼的企图，便发出声音阻止狼，不让它们靠近主人。于是，富人就把狼杀掉，剥了它们的皮。

这个故事从侄子虞敦那里听到："狼子的这种野心，确实没有污蔑它们啊！"但是它们的凶恶本性只不过是隐藏起来罢了。表面上对别人很好，可在背地里却有险恶难测的居心，这可不仅仅是野心了。野兽的本性就不说了，这个人为什么要养着它们给自己制造祸害呢？

智慧点拨

对那些凶恶的敌人，不要指望他们能弃恶从善，而要及时予以制裁。

知识拓展

"心"字的前世今生

"心"是一个象形字。甲骨文、金文像心脏的轮廓。小篆的象形功能尽失。

"心"的本义为心脏，如"呕心沥血"。因古人认为心脏具有思维功能，相当于"脑"，由此引申为思维器官，即脑的代称，如"心灵手巧"。又引申为人的思想感情等内心世界，如"心不在焉"。因心脏处于胸部位置，由此引申为胸部，如"心口"。又因心脏处于身体的中央，由此引申为中心或中央的部分，如"核心"。

"心"作为部首，称心部。附形部首"忄"和"⺗"都是"心"的变体。在字的左边时一般写作"忄"，像竖起来的心，故称竖心或竖心旁。在字的底部时写作"⺗"，称心字底；"恭"是部中常用字，故又称恭字底。

部中的字多与心有关系，大致可分为三类：

(1)与心有关的事物，如"意、性、情、态、恩、惠"等；

(2)与心有关的性状，如"忠、恭、慈、慎、愚、恶、懦、怠、惰、懈、懒、慷慨、惆怅、憔悴"等；

(3)与心有关的动作，如"想、念、怀、忘、悔、恨、忧、愁、愧、憎、怒、怜、悦、慰、惧"等。

"心"也作音符构成形声字，如"芯、沁、吣"等。

学而思

一、填空题。

1. 本文选自______代文学家________的《阅微草堂笔记》。本文最后一句既是对狼的__________表示谴责，又是对主人______________________表示嘲讽。

2. 文中，“与家犬杂畜，亦与犬相安。稍长，亦颇驯”表现了狼________的特点。

二、本文告诉我们要警惕像狼一样的坏人，这类人具有什么特点？（用文中语句回答）

____

三、下列句子中的“其”分别指代什么？

A. 小狼　　　　B. 主人

1. 竟忘其为狼（　）　2. 将啮其喉（　）　3. 乃杀而取其革（　）

笑林广记

别　　名　《增广笑林广记》
作　　者　程世爵
创作年代　清代
文学体裁　笑话集
价值影响　中国古代民间传统笑话的集大成者

《笑林广记》是中国古代民间传统笑话的集大成者，由清代程世爵收集整理而成。该书分12部，收集的笑话或直刺现实，或隐讽世情，或格调高雅，或妙趣横生，充分展现出了劳动人民的智慧和幽默，表现出了对世间邪恶习气的嘲讽。

《笑林广记》语言风趣，文字简练，表现手法也十分成熟，每部都有其独特的主题。书中素材大多取自明清笑话集，或编者自行撰稿。书中十之七八是世情笑话。“世情”是指平民社会中的人情世故。这部作品涵盖了世俗生活的各个方面，包括家庭生活、社会风貌等，批判了人性中的卑劣之处和不良风气，因此该书又是一部古代社会的风俗画。

名句集锦

◎我的足是马足，他的腿是驴腿，他的头是狗头。

◎我做猫躲在黑地里，鼠见我白鼻，认作是块米糕，贪想偷吃，潜到嘴边，一口咬住，岂不省了无数气力？

扫码听音频

duǒ zi zhù zhèn

28 垛子助阵

yī wǔ guān chū zhēng jiāng bài hū yǒu shén bīng zhù zhèn fǎn dà shèng guān kòu tóu

一武官出征将[1]败，忽有神兵助阵，反大胜。官叩头

qǐng shén xìng míng shén yuē wǒ shì duǒ zi wǔ guān yuē xiǎo jiàng hé dé gǎn láo

请神姓名。神曰：“我是垛子。”武官曰：“小将何德，敢劳

duǒ zi zūn shén xiàn jiù dá yuē gǎn rǔ píng xī zài jiào chǎng cóng bù céng yǒu yí

垛子尊神见[2]救？”答曰：“感汝平昔在教场，从不曾有一

jiàn shāng wǒ

箭伤我。”

---

[1] 将：即将，就要。

[2] 见：通“现”，出现，显现。

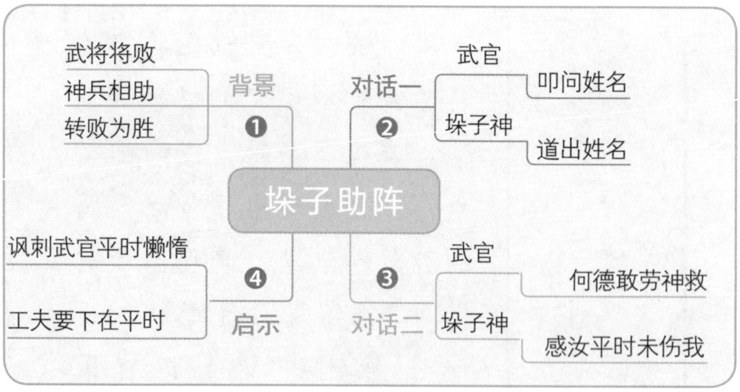

智慧点拨

这则故事讽刺了那些毫无建树的武官，告诉人们平时不下功夫就无法取得成功的道理。

译文悦读

一个武官出征打仗，快要战败时，忽然有神兵助阵，反而大胜。武官叩头请问神仙的姓名，神仙说：“我是垛子(古代用来射箭的靶子，用柴草捆扎而成)。”武官说：“小将有什么能耐，敢劳驾您相救？”垛子说：“感谢你平时在训练场上，从来没有一支箭伤到过我。”

知识拓展

实词“兵”字趣解

“兵”是一个会意字，甲骨文、金文由“斤”和“廾”(gǒng)两部分组成，“斤”表示斧类工具，“廾”表示双手，整体表示用双手拿着斧类工具。

“兵”的本义为兵器，如“兵器”，由此引申为军人、军队，如“兵败如山倒”；又引申为战士，如“士兵”；还引申为与军事或战争有关的，如“兵书”。

“兵”在古代多指整个军队，很少用来专指一个战士。

学而思

一、解释下列加点字的意思。

1. 反大胜　　　　反：________

2. 感汝平昔在教场　　汝：________

二、将下列句子翻译成现代汉语。

1. 小将何德，敢劳垛子尊神见救？

____

2. 感汝平昔在教场，从不曾有一箭伤我。

____

三、下列关于原文的说法错误的是（　　）。

A. 做任何事都与打仗一样，平时不下功夫是无法取得胜利的

B. 这篇寓言运用丰富的想象，辛辣地讽刺了武官的无能

C. 平时训练不卖力，战时有神相助其实只是一个梦想

D. 故事中的武官作战勇猛，成功地击败了敌人

扫码听音频

29 白鼻猫

一人素性[1]最懒，终日偃卧[2]不起，每日三餐亦懒于动口，恹恹[3]绝粒，竟至饿毙。冥王[4]以其生前性懒，罚去轮回变猫。懒者曰：“身上毛片，愿求大王赏一全体黑身，单单留一白鼻，感恩甚多。”王问何故，答曰：“我做猫躲在黑地里，鼠见我白鼻，认作是块米糕，贪想偷吃，潜到嘴边，一口咬住，岂不省了无数气力？”

❶ 素性：向来的性情，即本性。

❷ 偃卧：睡卧，仰卧。

❸ 恹恹：精神萎靡的样子。

❹ 冥王：“阎罗”的俗称，迷信谓阴间的主宰。

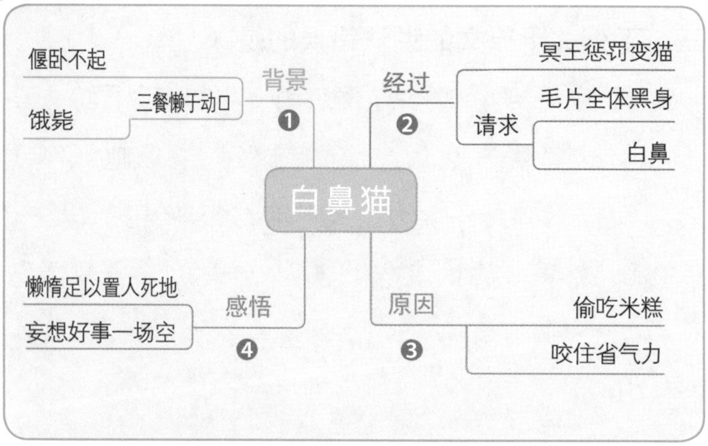

智慧点拨

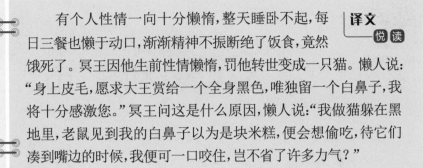

文中之人过于懒惰，以致饿死，哪怕被罚投胎成猫，也想不动便能收获。可惜天上不会掉馅饼，做人莫要懒惰，勤劳才能致富。

译文悦读

有个人性情一向十分懒惰，整天睡卧不起，每日三餐也懒于动口，渐渐精神不振断绝了饭食，竟然饿死了。冥王因他生前性情懒惰，罚他转世变成一只猫。懒人说："身上皮毛，愿求大王赏给一个全身黑色，唯独留一个白鼻子，我将十分感激您。"冥王问这是什么原因，懒人说："我做猫躲在黑地里，老鼠见到我的白鼻子以为是块米糕，便会想偷吃，待它们凑到嘴边的时候，我便可一口咬住，岂不省了许多力气？"

知识拓展

猫儿索食

小猫渐渐长大了。断奶的那一天，它问猫妈妈说："从现在起，我应该吃什么东西呢？"

猫妈妈微笑着回答说："人们自然会教你的。"

小猫心里挺纳闷，它想："人们会怎样教我呢？"天黑的时候，它悄悄地溜进一户人家，蹲在坛坛罐罐中间。

主人看见进来一只猫，连忙关照家里人说："锅子里有奶酪、酥肉，小心盖好。小鸡笼子高高挂起来，不要让猫儿偷吃了。"

一字一句都让小猫听见了，它高兴地说："人们果然教我了，原来奶酪、酥肉和小鸡都是我应该吃的东西。"

学而思

一、下列说法与这则笑话寓意不相符的一项是（　　）。

A. 一个生性懒惰的人是没有好下场的

B. 懒人随时都能想出好办法

C. 懒惰的人到死也难改这个恶习

D. 懒人总是能找出懒的理由

二、猜谜语。

身体老虎形，自小有胡须。

但看两只眼，便知是何时。（打一动物）

谜底：________

三、下列句子中的"以"与"冥王以生前性懒"中的"以"意思相同的一项是（　　）。

A. 不以物喜，不以己悲

B. 以书映光而读之

C. 资给以书，遂成大学

D. 孺子何不洒扫以待宾客

扫码听音频

30 利市[1]

一人元旦出门云[2]:“头一日必得[3]利市方妙。”遂[4]于桌上写一“吉”字。不意[5]连走数家,求一茶不得。将“吉”字倒看良久[6],曰:“原来写了‘口干’字,自然没得吃了。”再顺看曰:“吾[7]论来,竟该有十一家替我润口。

❶ 利市:吉利,运气好。
❷ 云:说。
❸ 必得:必须,一定要。
❹ 遂:于是,就。
❺ 不意:不料,意想不到。
❻ 良久:很久。
❼ 吾:我。

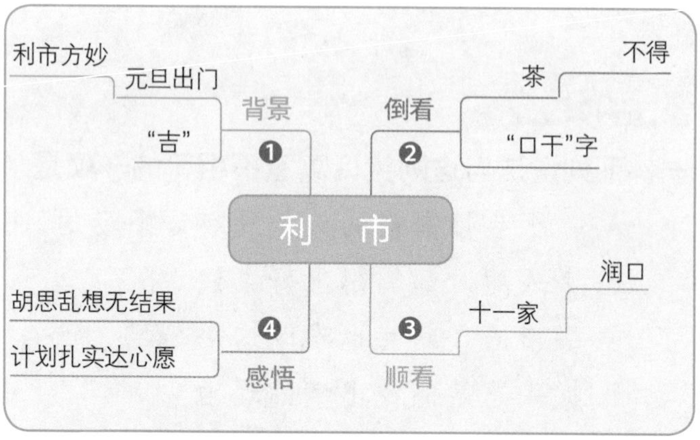

智慧点拨

做人应当脚踏实地,不要像文中之人只会胡思乱想,更不要将希望寄托在迷信上,想要达成心愿必须自己行动起来。

译文悦读

一个人元旦这天临出门时说:“新年第一天一定要讨个吉利才好。”说完就在桌子上写了个“吉”字。不料他拜访了许多家,却连杯茶都没喝到。回到家他把桌上的“吉”字倒着看了很久,恍然大悟地说:“原来我写的是‘口干’,怪不得没茶喝。”又顺着看了很久,说道:“要我说,最终应该有十一家替我润口才对啊。”

知识拓展

“吉”的前世与今生

“吉”是一个会意字，甲骨文、金文的上边像一把兵器或斧形，下边像器具的形状，合起来表示把兵器放在器具中不用，即天下太平。

“吉”的本义为福善、美好（与“凶”相对），如“吉兆”，由此引申为吉利、吉祥，如“吉日”（吉利的日子）；又引申为吉日，古代指农历每月初一，如“初吉”（初时吉利）。

此外，“吉”也指吉林省的简称，如“黑吉辽”。

火眼金睛找不同

下列汉字中有四个相同的字与其他不同，你能在一分钟内找出来吗？

竟竟竟竟竟竟竟竟竟竟竟竟竟竟竟竟竟竟竟竟竟竟
竟竟竟竟竟竟竟竟竟竟竟竟竟竟竟竟竟竟竟竟竟竟
竟竟竟竟竟竟竟竟竟竟竟竟竟竟竟竟竞竟竟竟竟竟
竟竟竟竟竟竞竟竟竟竟竟竟竟竟竟竟竟竟竟竟竟竟
竟竟竟竟竟竟竟竟竟竟竟竟竟竟竟竟竟竟竟竟竟竟
竟竟竟竟竟竟竟竟竟竟竟竞竟竟竟竟竟竟竟竟竟竟
竟竟竟竟竟竟竟竟竟竟竟竟竞竟竟竟竟竟竟竟竟竟

学而思

这个人看着自己写的“吉”字，为什么说“该有十一家替我润口”呢？

扫码听音频

31 我有马足
wǒ yǒu mǎ zú

yí fù wēng bù tōng wén yǒu jiè mǎ zhě zhì xìn yú fù wēng yún ǒu yù tā
一富翁不通文[1]，有借马者，致信于富翁云：“偶遇他
chū qí jiǎ jùn zú yí shèng wēng dà nù yuē wǒ jiù yǒu liǎng zhī jiǎo rú hé
出，祈假[2]骏足[3]一乘[4]。”翁大怒曰：“我就有两只脚，如何
jiè dé rén wǒ de péng you zuì duō dōu yào jiè qǐ lai hái yào bǎ wǒ dà xiè bā
借得人？我的朋友最多，都要借起来，还要把我大卸八
kuài ne yǒu zài páng jiě yuē suǒ wèi jùn zú zhě mǎ zú yě wēng yì nù yuē
块呢！”友在旁解曰：“所谓骏足者，马足也。”翁益怒曰：
wǒ de zú shì mǎ zú tā de tuǐ shì lǘ tuǐ tā de tóu shì gǒu tóu yǒu dà xiào
“我的足是马足，他的腿是驴腿，他的头是狗头。”友大笑
ér qù
而去。

---

❶ 不通文：不通晓文墨，指学识浅陋。

❷ 祈假：希望借用。祈，请求。假，借用。

❸ 骏足：骏马，良马。

❹ 一乘：古时称一车四马，此指一匹。

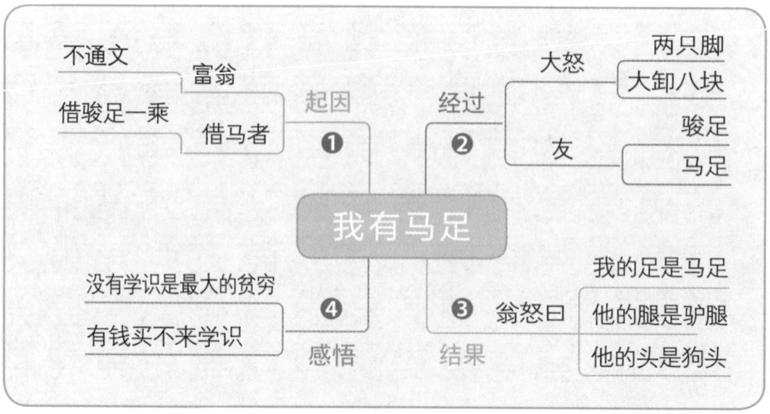

智慧点拨

没文化真可怕。我们要多看书、多学习，努力拓展自己的知识面，成为一个学识渊博的人，莫要像文中富翁那样胸无点墨，惹人笑话。

译文悦读

有个富翁学识浅陋，有个借马的人给他写信说：“偶尔有事需要外出，希望能借我一匹骏足。”富翁非常生气地说：“我就只有两只脚，怎么能够借给别人呢？我的朋友最多，如果都要来借，还不把我大卸八块？”有个朋友在旁边解释道：“所谓骏足，就是马足呀。”富翁更加生气地骂道：“我的足是马足，他的腿是驴腿，他的头是狗头。”朋友大笑着走开了。

知识拓展

古代的“六畜”

在远古时代，先民们的生活主要依靠狩猎和采集，后来人们渐渐驯化了一些野兽养在身边，以备不时之需。他们根据生活的需要和对动物的了解程度，选择了马、牛、羊、鸡、狗、猪六种动物进行饲养、驯化，这六种动物也就是我们常说的“六畜”，与我们现在的生活也息息相关。

请把下列不属于“六畜”的动物挑选出来。

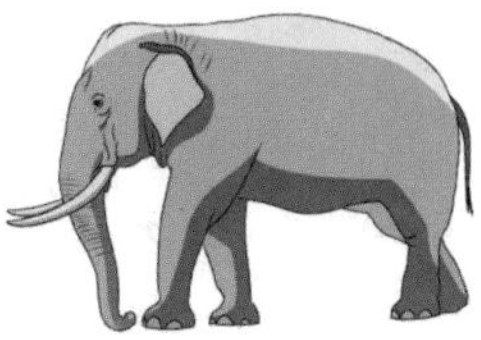

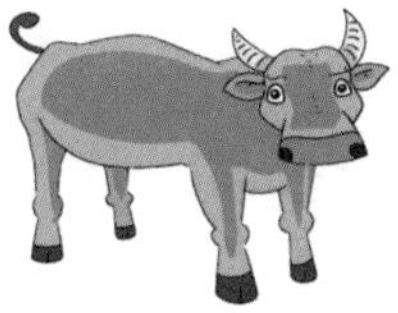

学而思

“我有马足”和“知母贝母”两则笑话的主人翁犯了同样的错误。下列总结正确的一项是（　　）。（多选）

A. 学问浅薄，张冠李戴

B. 望文生义，不懂装懂

C. 幽默诙谐，才思机敏

D. 不学无术，学识浅陋

扫码听音频

32 吃橄榄

乡人入城赴酌①，宴席内有橄榄②焉。乡人取啖③，涩而无味，因④问同席者曰：“此是何物？”同席者以其村气⑤，鄙⑥之⑦曰：“俗⑧。”乡人以“俗”是名，遂⑨牢记之。归谓⑩人曰：“我今日在城尝一奇物，叫名‘俗’。”众未信，其人乃⑪张口呵气曰：“你们不信，现今满口都是俗气哩。”

---

①赴酌：赴宴。

②橄榄：常绿乔木，羽状复叶，小叶为椭圆形，花白色，果实为椭圆形，两端稍尖，绿色，可以吃，也可入药。

③啖：吃。

④因：于是，就。

⑤村气：这里指粗俗。

⑥鄙：轻视，看不起。

⑦之：代词，指乡人。

⑧俗：庸俗的，鄙俗的，与“雅”相对。

⑨遂：于是，就。

⑩谓：告诉，对……说。

⑪乃：于是。

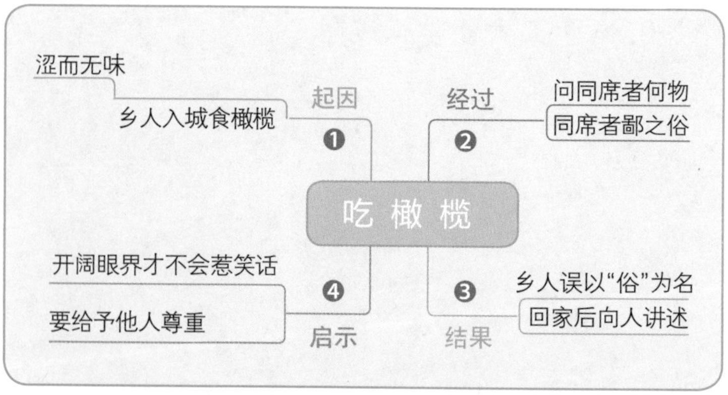

智慧点拨

只有多看书、多积累知识，才不会惹人笑话。当然，我们对待他人也要给予尊重、保持善意，不要高高在上、过于冷漠，更不要随意取笑他人。

译文悦读

有个农夫进城赴宴，席中有橄榄。农夫取来便吃，感到既涩又没有味道，于是询问同席的人说："这是什么东西？"同席的人认为他粗俗，便鄙视他说："俗。"农夫以为"俗"是橄榄名，于是就牢记在心中，回家后对人们说："我今天在城里吃到一种稀奇的东西，名叫'俗'。"大家听了都不相信，于是农夫张口呵气说："你们不信，现在我满口都是俗气哩。"

知识拓展

"俗"的前世与今生

"俗"是形声字，金文的左边是"人"(亻)，作形旁，右边是"谷"，作声旁，小篆与金文的形体相似且线条化，隶书定型后写作"俗"。

"俗"的本义为习惯，即在长时期里逐渐养成的、一时不容易改变的行为、倾向或社会风尚，如"入乡随俗"，由此引申为普遍流行的、大众化的，如"通俗读物"，又引申为庸俗，指平庸鄙俗或不高尚，如"粗俗"。

此外，"俗"还指没出家的人，区别于出家的佛教徒等，如"俗家弟子""凡夫俗子"。

含有"俗"字的成语

入乡问俗　　入乡随俗　　雅俗共赏　　伤风败俗　　不同流俗

俗不可耐　　超凡脱俗　　化民成俗

含有"俗"字的诗句

◎ 谁知出尘俗，驭上寒山南。（唐·寒山《诗三百三首》）

◎ 越人传楚俗，截竹竞萦丝。（唐·褚朝阳《五丝》）

◎ 直是难苏俗，能消不下堂。（唐·齐己《赠李明府》）

学而思

一、请为下列句子中的“因”选择合适的含义。

A. 依靠，凭借　　B. 沿袭　　C. 于是，就

D. 原因　　E. 介词，由于

1. 因问同席者（　　）

2. 为高必因丘陵，为下必因川泽（　　）

3. 因前使绝国功（　　）

4. 周因于殷礼（　　）

5. 秦军解，因大破之（　　）

二、本文讽刺了农夫张冠李戴、以讹传讹之事，但这件事是“同席者”造成的。你觉得同席者是一个什么样的人？（　　）（多选）

A. 误人子弟　　B. 轻视他人

C. 自命不凡　　D. 出类拔萃

参考答案

01 破瓮救友

一、1.手不释卷　勤奋好学　2.对比、衬托　突出了司马光的沉着机智　二、光生七岁，凛然如成人　ABCD

02 程门立雪

一、尊师重道，虔诚求教　宋代理学家程颐　站在雪地里　二、ABD

03 赵普读书

一、1.宋史•赵普传　则平　半部《论语》治天下　宋太祖赵匡胤　2.学习儒家经典的重要性　示例：一句箴言益人生　二、ABC

04 扇枕温衾

一、亲爱我，孝何难；亲憎我，孝方贤　有孝心　二、D　三、衾—被子　簟—竹席　榻—床　几—窄小的桌子　案—长桌子

05 孝感动天

一、1.历山　象　鸟　2.顽　嚚　傲　二、B

06 涌泉跃鲤

一、B　二、B

07 哭竹生笋

一、AB　二、一会儿，地面裂开，长出几根竹笋来　三、1.竹笋　2.竹子

08 单衣顺母

B

09 为亲负米

C

10 卖身葬父

一、ABD　二、BDE

11 亲尝汤药

一、帝奉养无怠。母病三年，帝为之目不交睫，衣不解带，汤药非口亲尝，弗进。　目不交睫　衣不解带　二、略

12 宋濂嗜学

一、1.A　2.A　3.B　4.C　二、1.√　2.×　3.√　4.√　三、B

13 孔雀爱尾

一、老虎的尾巴—像钢鞭一样摆动，把猎物击倒　狐狸的尾巴—擦掉雪地上的踪迹，躲开猎人的追捕　燕子的尾巴—掌握方向，帮助飞行　壁虎的尾巴—保护自己，断了还能再生　雄孔雀的尾巴—吸引异性的爱慕，迷惑或威慑天敌　二、C

14 北人食菱

一、B　二、A　三、知之为知之，不知为不知，是知也。

15 治　驼

一、1.√　2.√　3.×　4.√　二、ABD

16 翠鸟移巢

一、爱子，恐坠　人遂得而取之矣　爱子要有度，否则害己害子　二、C

17 活见鬼

一、1.C　2.B　3.D　4.D　二、值炊糕者晨起，亟奔入其门，告以遇鬼。俄顷，复见一人，遍体沾湿，踉跄而至，号呼有鬼，亦投其家。　做什么事情都不可疑神疑鬼，要相信科学，破除迷信　三、值大雨—赶上天下大雨　持盖自蔽—撑起伞来遮雨　偶不相值—正巧没碰上　愈益恐—更加害怕　俄顷—片刻，一会儿　愕然—吃惊的样子

18 父子性刚

一、D　二、CD　三、1.A　2.C　3.B　4.E　5.D

19 蛙与牛斗

一、嫉之　遂吸气鼓腹，欲逾于牛　蛙暴起，又吸气鼓腹，须臾，腹裂而死　二、片刻　瞬

间　顷刻间　一下子　刹那间

20 吏人立誓

一、A　二、ABD　三、有志者立长志—无志者常立志　小人记仇—君子长志　人怕没志—树怕没皮　志比精金—心比坚石　志大才疏事难成—志坚勤学虎添翼　四、A

21 知母贝母

一、A　二、ABCD　三、ACD

22 犬报火警

一、吠　起　曳　踞　嗥　二、牛—任劳任怨　蜜蜂—勤劳奉献　狗—忠心耿耿　蚂蚁—团结合作　海燕—勇敢坚强

23 牧竖巧逮狼

一、ABC　二、狼

24 木雕美人

一、1.披　2.老而无妻的人　3.悦　4.轼　5.旁边　二、B

25 七　录

一、一丝不苟　天才出自勤奋　二、略

26 王冕读书

一、1.A　2.C　3.A　二、ACD

27 狼子野心

一、1.清　纪昀　阴险狡诈　不识狼的阴险本性　2.阴险狡诈　二、阳为亲昵,而阴怀不测。　三、1.A　2.B　3.A

28 垛子助阵

一、1.反而　2.你　二、1.小将有什么能耐,敢劳驾您相救?　2.感谢你平时在训练场上,从来没有一支箭伤到过我。　三、D

29 白鼻猫

一、B　二、猫　三、A

30 利　市

“吉”由“士”和“口”组成,“士”由“十”和“一”组成,即十一,“口”表示家,所以“吉”是十一家。

31 我有马足

ABD

32 吃橄榄

一、1.C　2.A　3.E　4.B　5.C　二、BC